知的財産法のモルゲンロート

土肥一史先生古稀記念論文集

外川英明
高松孝行
加藤暁子
藤田晶子
編

中央経済社

謹んで古稀をお祝いし

「モルゲンロート※」とともに

土肥一史先生に捧げます

執筆者一同

※ 「モルゲンロート」：曙光，黎明，朝焼け

目　次

第1編　市場の秩序維持法
　　　―不正競争防止法・商標法・種苗法をめぐる法的諸問題―

使用による識別力を獲得した商標　　　　　　　　髙部　眞規子　　3

商標の類否判断にかかる基礎的考察　　　　　　　辻田　芳幸　　21

商標法の『市場創造法』としての側面に関する一考察　吉澤　和希子　45

フランスにおける原産地称呼および地理的表示保護
　　―2014年のHamon法をふまえて―　　　　　　今西　頼太　　63

商標の使用による識別力　　　　　　　　　　　　大西　育子　　81

商標法4条1項15号にいう「混同を生ずるおそれがある商標」
　　　　　　　　　　　　　　　　　　　　　　　安田　和史　　101

わが国商標制度における位置商標の役割　　　　　外川　英明　　123

スローガンからなる標章の商標権による保護　　　加藤　暁子　　141

商標法38条3項における損害概念　　　　　　　　宮脇　正晴　　157

種苗法における登録品種と育成者権の権利範囲との関係に関する
　一考察　　　　　　　　　　　　　　　　　　　高松　孝行　　171

IoT時代の情報財（営業秘密を含む）の利用に関する課題と対応
　　　　　　　　　　　　　　　　　　　　　　　林　いづみ　　185

人工知能における学習成果の営業秘密としての保護　奥邨　弘司　　211

第2編　産業上の創作保護法
　　　―特許法をめぐる法的諸問題―

特許を受ける権利　　　　　　　　　　　　　　　神山　公男　　231

パイオニア発明の保護
　—知財高判（大合議）平成28年3月25日を契機として— 辻居　幸一　255

発明者名誉権の検討—ドイツ法との比較を通じて— 茶園　成樹　273

発明の成立性（記載欄を設けた紙葉の発明成立性）について
　　　　　　　　　　　　　　　　　　　　　　　岡本　　岳　291

均等侵害第1要件再考試論
　—マキサカルシトール事件を受けて— 根岸　裕一　307

特許製品の部品の販売と特許権の行使について
　—消尽論および黙示の許諾論に基づく検討— 横山　久芳　329

審査基準に関する一考察—明確性要件などを題材として— 淺見　節子　353

第3編　学術文化的な創作保護法
　—著作権法をめぐる法的諸問題—

土肥一史先生と著作権法改正 末吉　　互　371

サルの自撮り写真をめぐる著作権法を中心とした法的諸問題
　—サルとAIの比較— 大本　康志　387

建築設計図と著作権の潮流
　—建築設計図の著作物性をめぐる問題を中心に— 小坂　準記　399

応用美術の創作性判断にかかる非区別説 鈴木　香織　417

近代欧州における著作権法制の発展
　—1851年英仏条約の研究— 加納　昌彦　439

著作権法における行政法的規制と公私協働
　—不明権利者の裁定制度・拡大集中管理の法的基礎づけ— 龍村　　全　469

出版権規定の形成過程
　—出版権法案と昭和9年改正を中心に— 金子　敏哉　501

著作権法裁判例における「規範的主体論」 藤田　晶子　519

リーチサイトと著作権の間接侵害　　　　　　　　　　角田　政芳　563
時事の事件の報道―著作権法41条をめぐる現代的課題―　上野　達弘　587
応用美術に関する裁判例について
　―「TRIPP TRAPP事件」以降の裁判例を中心として―　清水　節　605

土肥一史先生略歴および業績一覧　635

「感謝」―あとがきに代えて　649

編集後記　652

執筆者一覧 （執筆順。＊は編集委員）

判事（知的財産高等裁判所）	髙 部	眞規子
名古屋経済大学法学部教授	辻 田	芳 幸
弁理士（ビーエルエム弁理士事務所）	吉 澤	和希子
尚美学園大学総合政策学部講師	今 西	頼太
弁理士（オリナス特許事務所）・博士（経営法）	大 西	育 子
東京理科大学非常勤講師（㈱スズキアンドアソシエイツ取締役）		
	安 田	和 史
弁理士（外川特許事務所）	外 川	英 明＊
日本大学大学院知的財産研究科（専門職）准教授	加 藤	暁 子＊
立命館大学法学部教授	宮 脇	正 晴
弁理士（ブランシェ国際知的財産事務所）	高 松	孝 行＊
中央大学法科大学院客員教授・弁護士（桜坂法律事務所）		
	林	いづみ
慶應義塾大学大学院法務研究科教授	奥 邨	弘 司
弁理士（特許業務法人YKI国際特許事務所）	神 山	公 男
中央大学大学院法務研究科客員教授・弁護士	辻 居	幸 一
大阪大学大学院高等司法研究科教授	茶 園	成 樹
判事（甲府地方・家庭裁判所長）	岡 本	岳
弁理士（NTTアドバンステクノロジ株式会社）	根 岸	裕 一
学習院大学法学部教授	横 山	久 芳
東京理科大学専門職大学院イノベーション研究科教授		
	淺 見	節 子
弁護士（潮見坂綜合法律事務所）	末 吉	亙
弁護士（大本総合法律事務所）	大 本	康 志
弁護士（TMI総合法律事務所）	小 坂	準 記
東京理科大学非常勤講師（㈱スズキアンドアソシエイツ代表取締役社長）		
	鈴 木	香 織
一橋大学大学院国際企業戦略研究科博士後期課程	加 納	昌 彦
弁護士（龍村法律事務所）	龍 村	全
明治大学法学部准教授	金 子	敏 哉
日本大学大学院知的財産研究科准教授・弁護士	藤 田	晶 子＊
東海大学法科大学院教授	角 田	政 芳
早稲田大学法学学術院教授	上 野	達 弘
判事（知的財産高等裁判所長）	清 水	節

第1編

市場の秩序維持法
―不正競争防止法・商標法・
　種苗法をめぐる法的諸問題―

使用による識別力を獲得した商標

髙部 眞規子

第1節　はじめに
第2節　使用による自他商品識別力
第3節　出願商標と使用商標の同一性について
第4節　出願商標の指定商品と使用商標に係る商品の同一性
第5節　商標法3条2項における識別力の考え方
第6節　新しい商標と商標法3条2項
第7節　終わりに

第1節　はじめに

1　商標法3条1項

　商標法3条1項は，商標の一般的登録要件を定めたものである。その要件は，①自己の業務に係る商品または役務について使用をする商標であること（商標法3条1項柱書），②自他商品・役務識別力（同項各号）である。同項は，識別力のない商標を登録要件がないとする規定であり，同項6号は，その総括的規定であり，同項1号から5号は，具体例を例示列挙したものである。

　商標法3条1項3号は，「その商品の産地，販売地，品質，原材料，効能，用途，形状（包装の形状を含む。），生産若しくは使用の方法若しくは時期その他の特徴，数量若しくは価格又はその役務の提供の場所，質，提供の用に供する物，効能，用途，態様，提供の方法若しくは時期その他の特徴，数量若しくは価格を普通に用いられる方法で表示する標章のみからなる商標」について，商標登録を受けることができないと規定している。同項3号に該当する商標は，特定人によるその独占使用を認めるのを公益上適当としないものであるとともに，一般的に使用される標章であって自他商品識別力を欠き，商標としての機能を果たし得ないものとして，商標登録の要件を欠く（最三小判昭和54年4月10日裁判集民事126号507頁〔ワイキキ事件〕）。

　また，同項4号は「ありふれた氏又は名称を普通に用いられる方法で表示す

る標章のみからなる商標」，同項5号は「極めて簡単で，かつ，ありふれた標章のみからなる商標」について，商標登録を受けることができないと規定している。

2　商標法3条2項

このように，商標法3条1項3号ないし5号に該当する自他商品識別力を有しない商標であったとしても，商品等の出所を表示し，自他商品を識別する標識として用いられ，または使用をされた結果，その商標が自他商品識別力を獲得した場合には，商標登録を受けることができる。商標法3条2項は，商標法3条1項3号ないし5号に該当する商標であっても，「使用をされた結果需要者が何人かの業務に係る商品であることを認識することができるもの」について，商標登録を受けることができることを規定している。

3　特許庁の審査基準

特許庁の審査基準は，従来から，商標法3条2項を適用して登録が認められるのは，「出願された商標……及び指定商品又は指定役務と，使用されている商標……及び商品又は役務とが同一の場合のみとする。」とされ，厳格に運用されていた[1]。

しかし，商標の同一性及び商品または役務の同一性を厳格に要求することには疑問がある。本稿は，その点を中心に考察するものである。

第2節　使用による自他商品識別力

1　商標法3条2項の趣旨

商標法3条2項の趣旨は，特定人が当該商標をその業務に係る商品の自他識別標識として他人に使用されることなく永年独占排他的に継続使用した実績を有する場合には，当該商標は例外的に自他商品識別力を獲得したものということができる上に，当該商品の取引界において当該特定人の独占使用が事実上容認されている以上，他の事業者に対してその使用の機会を開放しておかなければならない公益上の要請は薄いということができるから，当該商標の登録を認

---

1)　特許庁編『商標審査基準』36頁（一般社団法人発明推進協会，改訂第11版，2015年）。

めようというものである（知財高判平成18年6月12日判時1941号127頁〔三浦葉山牛事件〕）。

2　主張立証責任

　商標法3条1項3号ないし5号に該当する商標であっても，使用の結果需要者が何人かの業務に係る商品または役務であることを認識することができるものに当たるときは，商標登録を受けることができる（商標法3条2項）。したがって，同条2項の適用を受けるには，査定系の審決取消訴訟においては出願人，当事者系の審決取消訴訟においては商標権者において，使用の実績に基づく識別性獲得の事実を主張立証しなければならない。

　判断の基準時は，査定時または審決時である。

3　立体商標と商標法3条2項の識別力

　ア　従前，商標法3条2項に関しては，立体的形状からなる商標（いわゆる立体商標）が使用により自他商品識別力を獲得したかどうかという場面などで多く問題にされてきた。商標法3条1項3号に該当する商標であったとしても，商品または商品の包装の機能を確保するために不可欠とまでは評価されない立体的形状については，それが商品等の機能を効果的に発揮させ，商品等の美感を追求する目的により選択される形状であったとしても，商品等の出所を表示し，自他商品を識別する標識として用いられ，または使用をされた結果，その形状が自他商品識別力を獲得した場合には，商標登録を受けることができる（商標法3条2項）。

　イ　その判断要素としては，①当該商標が使用された期間及び地域，商品の販売数量及び営業規模，広告宣伝がされた期間及び規模等の使用の事情のほか，②当該商標の形状及び当該形状に類似した他の商品等の存否を総合して判断すべきである（知財高判平成19年6月27日判タ1252号132頁〔ミニマグライト事件〕，知財高判平成23年4月21日判時2114号9頁〔JEAN PAUL GAULTIER "CLASSIQUE"事件〕）。

　形状の特異性と使用の期間，宣伝広告の程度等が相関して考慮されるのは，不正競争防止法2条1項1号所定のいわゆる商品形態が周知商品等表示に該当するか否かの判断と共通するものがある。

4　商品形態の商品等表示性との関連

　不正競争防止法2条1項1号は，他人の周知な商品等表示と同一または類似の商品等表示を使用することをもって不正競争行為と定めたものであるところ，その趣旨は，周知な商品等表示の有する出所表示機能を保護するため，周知な商品等表示に化体された他人の営業上の信用を自己のものと誤認混同させて顧客を獲得する行為を防止することにより，事業者間の公正な競争を確保することにある（不正競争防止法1条）。同号にいう「商品等表示」とは，「人の業務に係る氏名，商号，商標，標章，商品の容器若しくは包装その他の商品又は営業を表示するもの」をいう。商品の形態は，商標等と異なり，本来的には商品の出所を表示する目的を有するものではないが，商品の形態自体が特定の出所を表示する二次的意味（Secondary meaningなどと呼ばれる）を有するに至る場合がある。商品の形態が商品等表示の一態様として不正競争防止法2条1項1号の保護の対象となり得ることは，従前から，裁判例・学説によって承認されている[2]（知財高判平成24年12月26日判時2178号99頁〔見えルーペ事件〕，知財高判平成23年3月24日最高裁HP（平成22年（ネ）第10077号）〔角質除去具事件〕，東京地判平成16年7月28日判タ1167号284頁〔腕時計事件〕，東京地判平成9年2月21日判時1617号120頁〔キッズシャベル事件〕）。

　そして，このように商品の形態自体が特定の出所を表示する二次的意味を有し，不正競争防止法2条1項1号にいう「商品等表示」に該当するためには，①商品の形態が客観的に他の同種商品とは異なる顕著な特徴を有しており（特別顕著性），かつ，②その形態が特定の事業者によって長期間独占的に使用され，または極めて強力な宣伝広告や爆発的な販売実績等により（周知性），需要者においてその形態を有する商品が特定の事業者の出所を表示するものとして周知になっていることを要すると解されている（知財高判平成24年12月26日判時2178号99頁〔見えルーペ事件〕，東京地判平17年2月15日判タ1199号269頁〔マンホール用ステップ事件〕，東京地判平成9年3月31日判タ949号207頁〔龍村裂地事件〕）。すなわち，商品の形態が不正競争防止法2条1項1号所定の周知商品等表示に該当するか否かの判断において，本来商品の美観を高めることを目的として作られる商品の形態や模様が，商標等と同様に，副次的に出所表示機能を有し同条項における周知商品表示として保護されるためには，①他の形態や模様と比

　2）　松尾和子「形態周知について」清永利亮ほか編『現代裁判法大系26』332頁（新日本法規出版，2000年）。

べ，需要者の感覚に端的に訴える独創的かつ印象的な意匠的特徴を有し，その意匠的特徴が商品表示としての統一的な把握を可能にするものであって，需要者が一見して特定の営業主体の商品であることを理解することができる程度の識別力を備えたものであることが必要であるとともに，②当該形態や模様が長期間特定の営業主体の商品に排他的に使用され，または，当該商品ないしその模様が短期間でも強力に宣伝広告されたものであることが必要であるとされている。

したがって，客観的に他の同種商品とは異なる顕著な特徴を有しているとはいえない場合には，商品の形態が不正競争防止法2条1項1号所定の「商品等表示」に該当するということはできない（東京地判平成17年5月24日判タ1196号294頁〔マンホール用足掛具事件〕，東京地判平成17年1月13日判タ1219号299頁〔PTPシート事件〕）。

なお，類似の形態の商品の存在という点については，東京地判平成10年2月27日判タ974号215頁・東京高判平成12年2月24日判時1719号122頁〔ギブソンギター事件〕が，米国楽器メーカーのエレクトリックギターの形態につき，いったん獲得された形態の出所表示性が，類似形態の商品が市場に出回り続け，何らの対抗措置も執られていないため，需要者が商品形態を見ただけで当該商品の出所を識別することは不可能であることを理由に消滅したものとされ，不正競争防止法2条1項1号該当性を否定したことが参考になる。

5 識別力取得の判断

ア 商標法3条2項による識別力を取得するために必要な期間は，必ずしも「永年」である必要はなく，使用の態様によっては，短期間でも，識別力が取得されることもあろう。

この点は，不正競争防止法2条1項1号の周知性が，特定の事業者によって長期間独占的に使用され，または極めて強力な宣伝広告や爆発的な販売実績等を総合して判断されていることと整合的である。すなわち，当該商標が使用された期間および地域，商品の販売数量および営業規模，広告宣伝がされた期間および規模等の使用の事情を総合して判断されている。

イ また，商標法3条1項3号ないし5号所定の商標は，本来は，登録できないものであり，登録が許される結果，全国的に使用を独占することができるようになるのであるから，使用による識別力の取得を認めるためには，一地域

において識別力があるだけでは足りず，その商品または役務の需要者の間で全国的に識別力を取得する必要があるであろう（東京高判昭和59年2月28日判時1121号111頁〔アマンド事件〕）。

ウ　商標が，識別力を発揮する態様ではなく記述的な表示として使用される場合（東京高判昭和41年11月17日行裁例集17巻11号1247頁〔ボックス事件〕），産地，品質，原材料等を表示するものとして需要者に認識されている場合（東京高判昭和57年6月29日判時1055号119頁①事件〔甲州黒事件〕）は，使用による識別力を取得することは困難であろう。また，出願された商標「純」が，単独ではなく「宝焼酎」とともに使用されており，「純」のみでは，識別力を獲得していないとされた事例もある（東京高判平成4年12月24日判時1471号143頁〔宝焼酎純事件〕）。

エ　なお，識別力獲得を立証する証拠として，需要者の商標の認識度を調査したアンケートが提出されることがあるが，アンケートは，実施者，実施方法，対象者等その客観性について十分に配慮したものでなければならない。また，近時，インターネット上の情報によって立証をしようとする場合もあるが，その正確性及び信用性には注意を要する。

第3節　出願商標と使用商標の同一性について

1　同一説

(1)　審査基準

　前記のとおり，商標法3条2項によって登録を認めるには，出願に係る商標と使用に係る商標とが同一であることを要するとするのが従来からの特許庁の審査基準である。

(2)　学　説

　審査基準を支持する学説も見られる[3]。

(3)　裁判例

　(ア)　知財高判平成18年6月12日判時1941号127頁〔三浦葉山牛事件〕は，商標法3条2項の趣旨に照らすと，同条項によって商標登録が認められるためには，以下のような要件を具備することが必要であると判断した。

3）　工藤莞司『実例で見る商標審査基準の解説』135頁（発明推進協会，第7版，2012年），牧野利秋編『実務解説特許・意匠・商標』572頁〔工藤莞司＝水谷綾乃〕（青林書院，2012年），中川浄宗「判批」発明109巻4号45頁（2012年）。

(ⅰ) 使用により自他商品識別力を有すること

商標登録出願された商標（以下「出願商標」という）が，商標法 3 条 2 項の要件を具備し，登録が認められるか否かは，実際に使用している商標（以下「使用商標」という）および商品，使用開始時期，使用期間，使用地域，当該商品の生産または販売の数量，ならびに広告宣伝の方法および回数等を総合考慮して，出願商標が使用された結果，判断時である審決時において，需要者が何人かの業務に係る商品であることを認識することができるものと認められるか否か（いわゆる「自他商品識別力（特別顕著性）」の獲得の有無）によって決すべきものである。

(ⅱ) 出願商標と使用商標の同一性が認められること

商標法 3 条 2 項の要件を具備するためには，使用商標は，出願商標と同一であることを要し，出願商標と類似のもの（例えば，文字商標において書体が異なるもの）を含まないと解すべきである。なぜなら，同条項は，本来的には自他商品識別力がなく，特定人の独占にもなじまない商標について，特定の商品に使用された結果として自他商品識別力を有するに至ったことを理由に商標登録を認める例外的規定であり，実際に商品に使用された範囲を超えて商標登録を認めるのは妥当ではないからである。そして，登録により発生する権利が全国的に及ぶ更新可能な独占権であることをも考慮すると，同条項は，厳格に解釈し適用されるべきものである。

(イ) 知財高判平成19年 3 月29日最高裁 HP（平成18年（行ケ）第10441号）〔お医者さんのひざベルト事件〕も，商標法 3 条 2 項の趣旨からすると，商標法 3 条 2 項の要件を具備し，登録が認められるための要件は，①実際に使用している商標が，判断時である審決時において，取引者・需要者において何人の業務に係る商品であるかを認識することができるものと認められること，②出願商標と実際に使用している商標の同一性が認められること，であると判断している。

(4) **立体商標**について

立体商標については，特にこれが厳格に審査され，商品の容器を立体商標として実際に使用する場合，文字標章と併用されることが多いため，従前，出願商標と使用商標との同一性が認められないことを理由に登録が認められない例が多く見られた。

(ア) 東京高判平成13年 7 月17日判タ1077号270頁〔乳酸菌飲料事件〕は，原

告の商品である乳酸菌飲料「ヤクルト」について，その収納容器に「ヤクルト」の文字商標が付されないで使用されてきたことを認めるに足りる証拠はないことなどを主たる根拠として，原告の商品「ヤクルト」の容器が，その形状だけで識別力を獲得していたと認めるのは困難であると判断した。

(イ) 東京高判平成15年8月29日（平成14年（行ケ）第581号）〔角瓶立体商標事件〕は，「出願に係る商標が，指定商品に係る商品等の形状を表示するものとして商標法3条1項3号の記述的商標に該当する場合に，それが同条2項に該当し，登録が認められるかどうかは，使用に係る商標及び商品等，使用開始時期及び使用期間，使用地域，当該商品等の販売数量等並びに広告宣伝の方法及び回数等を総合考慮して，出願商標が使用をされた結果，需要者が何人かの業務に係る商品であることを認識することができるものと認められるかどうかによって決すべきものであり，その場合に，使用に係る商標及び商品は，原則として出願に係る商標及び指定商品に係る商品等と同一であることを要するものというべきである。」とした上，本願商標と使用に係るウイスキー瓶とは，その立体的形状は同一と認められる範囲内のものであると認められるものの，両者は，立体的形状よりも看者の注意をひく程度が著しく強く商品の自他商品識別力が強い平面標章部分の有無において異なっているから，全体的な構成を比較対照すると，同一性を有しないとして，商標法3条2項の適用を否定した。

2　緩和説
(1)　**学　説**

これに対し，出願に係る商標と使用に係る商標の同一性について，厳格な審査ではなく，実質的に同一と認められる範囲にこれを緩和する見解もある。出所識別力を獲得した商標と若干異なる態様の商標が出願された場合に，出願商標で需要者が出願人の業務に係る商品であると現に認識し得るのであれば，登録を認めるべきであるとする[4]。

(2)　**裁判例**

(ア) 知財高判平成19年6月27日判タ1252号132頁〔ミニマグライト事件〕は，商品等は，その販売等に当たって，その出所たる企業等の名称や記号・文字等からなる標章などが付されるのが通常であることに照らせば，使用に係る立体

---

4)　田村善之『商標法概説』190頁（弘文堂，第2版，2000年）。

形状に，これらが付されていたという事情のみによって直ちに使用による識別力の獲得を否定することは適切ではなく，使用に係る商標ないし商品等の形状に付されていた名称・標章について，その外観，大きさ，付されていた位置，周知・著名性の程度等の点を考慮し，当該名称・標章が付されていたとしてもなお，立体形状が需要者の目につき易く，強い印象を与えるものであったか等を勘案した上で，立体形状が独立して自他商品識別機能を獲得するに至っているか否かを判断すべきであると判断した。

　(ｲ)　知財高判平成23年4月21日判時2114号19頁〔L'EAU D'ISSEY事件〕は，使用に係る商品等の立体的形状において，ごく僅かに形状変更がされたことや，材質ないし色彩に変化があったことによって，直ちに，使用に係る商標ないし商品等が自他商品識別力を獲得し得ないわけではないとする。

　(ｳ)　東京高判平成14年1月30日判タ1089号272頁〔角瓶名称事件〕も，商標の同一性については，取引者・需要者等に不測の不利益を及ぼすおそれがないものと社会通念上認められるのであれば，同一性の要件を満たすとしている。

(3)　審査基準

　立体商標の審査基準も，緩和説にかかる裁判例の出現後，近時，若干の緩和をしている。すなわち，出願に係る商標が立体的形状のみからなるものであるのに対し，提出された証拠中の使用に係る商標には，立体的形状に文字，図形等の平面標章が付されている場合，両商標の全体的構成は同一ではないことから，原則的にはそのような証拠に基づき使用により識別力を有するに至った商標と認めることはできないとしながらも，使用に係る商標の形状の全体を観察した場合，①その立体的形状部分と出願に係る商標とが同一であり，②その立体的形状が識別標識として機能するには，そこに付された平面標章部分が不可欠であるとする理由が認められず，むしろ平面標章部分よりも立体的形状に施された変更，装飾等をもって需要者に強い印象，記憶を与えるものと認められ，③かつ，需要者が何人かの業務に係る商品等であることを認識することができるに至っていることの客観的な証拠の提出があったときは，ただちに商標の全体的な構成が同一ではないことを理由として同項の主張を退けるのではなく，提出された証拠から，使用に係る商標の立体的形状部分のみが独立して，自他商品または役務を識別するための出所表示としての機能を有するに至っていると認められるか否かについて判断することとする。

　また，平成28年4月以降適用される商標審査基準改訂第12版では，「出願商

標と使用商標とが外観において異なる場合は、出願商標を使用しているとは認めない。ただし、出願商標と使用商標とが外観上厳密には一致しない場合であっても、外観上の差異の程度や指定商品又は指定役務における取引の実情を考慮して、商標としての同一性を損なわないものと認められるときは出願商標を使用しているものと認める。」とし、同一性が認められる場合の例として、①出願商標と使用商標が文字の表記方法として縦書きと横書きの違いがあるに過ぎない場合、②出願商標と使用商標が共に一般的に用いられる字体であり、取引者または需要者の注意をひく特徴を有せず、両者の字体が近似している場合、③出願商標と使用商標の立体的形状の特徴的部分が同一であり、その他の部分にわずかな違いが見られるに過ぎない場合があげられている。しかし、他方において、同一性が認められない場合の例として、①出願商標が草書体の漢字であるのに対し、使用商標が楷書体または行書体の漢字である場合、②出願商標が平仮名であるのに対し、使用商標が片仮名、漢字またはローマ字である場合、③出願商標がアラビア数字であるのに対し、使用商標が漢数字である場合、④出願商標が立体商標であるのに対し使用商標が平面商標である場合、または出願商標が平面商標であるのに対し使用商標が立体商標である場合等があげられている。

第4節　出願商標の指定商品と使用商標に係る商品の同一性

1　同一説
(1)　審査基準

出願に係る商標の指定商品・指定役務と使用に係る商品・役務とが同一であることを要するとするのが、従前の特許庁の審査基準である。

(2)　学　説

審査基準を支持する見解があるのは、商標の同一性の場合と同様である。例えば、①現に使用されている商品と類似する商品を含む指定商品について商標登録を認めると、その指定商品に類似する商品まで登録商標の保護範囲が及ぶことになり、その結果、独占適応性を欠く商品に関してまで商標権の保護が及ぶ可能性を否定できないとして、現に使用されている商品以外の商品が指定商品に含まれる場合は、商標法3条2項に該当しないとする見解、②使用による識別力が認められるのは、使用にかかる商品で、単品が原則であるとする見解、

③商標法3条2項は，サーチコスト削減効果の観点から要保護性は低いがゼロでない商標について登録を認めるための要件として規定されており，出願商標が現実に獲得した信用保護のために必要十分な範囲でのみ登録を認めるのが適切であるとする見解である[5]。

(3) 裁判例

そして，その立場を前提にすると，使用による識別力は，指定商品または指定役務全部について取得していなければならず，その一部について使用による識別力の取得が認められなければ，出願の分割または手続補正により登録を受けることのできない指定商品または指定役務が削除されない限り，その出願は全体として登録を受けることができないことになる（東京高判昭和45年5月14日無体集2巻1号315頁）。

(ア) 東京高判昭和59年9月26日無体集16巻3号660頁〔GEORGIA事件〕は，指定商品中「コーヒー」「ココア」「コーヒー飲料」については使用による識別力を獲得するに至っていたが，少なくとも「紅茶」については識別力を獲得していないとして，商標法3条2項該当性を否定した。

(イ) 東京高判平成3年1月29日判時1379号130頁〔ダイジエステイブ事件〕は，出願商標が「ビスケット」に使用されていた事案でこれが指定商品「菓子，パン」の一部にすぎないことが明らかであるとして，登録を認めなかった。

2 緩和説

(1) 学　説

指定商品と使用に係る商品との同一性については，厳格な運用を控えるべきであるとする見解がある。その説明としては，①使用した商品に係る識別力が出願商標に転移することにより，セカンダリー・ミーニングを肯定してよいとか，使用商標の識別力があふれ，その商標の近接する商標まで浸透しているとする見解，②ある指定商品について商標法3条2項の適用に十分な使用の事実が認められた場合に，商品同士が極めて密接な関連を有し，また取引者や需要者も共通する他の指定商品等を含めて同項を適用する余地を認めたものと評価する見解もある[6]。

---

5) ①の見解は，田村・前掲注4）191頁。②の見解は，工藤・前掲注3）135頁，牧野編・前掲注3）572頁〔工藤莞司＝水谷綾乃〕，中川・前掲注3）45頁。③の見解は，宮脇正晴「商標法3条2項により登録が認められる商品の範囲」L&T62号40頁（2013年）。

(2) 裁判例

　裁判例にも，取引者・需要者の重複を理由に，使用している商品とまったく同一のもの以外の指定商品についても，商標法3条2項を適用して商標登録を認めたものがある。

　(ア)　知財高判平成19年10月31日最高裁HP（平成19年（行ケ）第10050号）〔DB9事件〕は，自動車に使用して識別力を獲得した場合に「自転車」等の指定商品にも商標登録を認めた。

　(イ)　知財高判平成23年4月21日判時2114号9頁〔JEAN PAUL GAULTIER "CLASSIQUE"事件〕は，香水に使用して識別力を獲得した場合に，「美容製品，せっけん，香料類及び香水類，化粧品」の指定商品について商標登録を認めた。

　(ウ)　知財高判平成25年1月24日判時2199号162頁〔あずきバー事件〕は，あずきを加味してなる棒状の氷菓子に使用して識別力を獲得した場合に，「あずきを加味してなる菓子」の指定商品について商標登録を認めた。

　(エ)　知財高判平成24年9月13日判時2166号133頁〔KAWASAKI事件〕は，長年バイク関連で使用された結果バイク関連のブランドとして著名性を有するほか，それ以外の「アパレル関係の商品」で使用された場合でもなお当該取引者・需要者領域において出所表示機能を有すると認められるなどとして，商標法3条2項の適用を肯定したものである。

第5節　商標法3条2項における識別力の考え方

1　商標の同一性の場面

　商標法3条2項の適用において重要なことは，本来的には識別力を有していない同条1項3号ないし5号に該当する出願商標が，使用により識別力を獲得したか否かが問われるべきである。

　したがって，本来的には識別力を有しない使用商標と出願商標とは，実質的

---

6)　①の見解は，渋谷達紀『知的財産法講義Ⅲ』347頁（有斐閣，第2版，2008年），安原正義「商標法3条2項により登録を受けた商標権に関する一考察」知財管理63巻5号675頁，土肥一史「新商標の識別性と類似性」中山信弘先生古稀記念論文集『はばたき―21世紀の知的財産法』779頁（弘文堂，2015年），川瀬幹夫「判批」知財管理63巻5号742頁。②の見解は，青木大也「判批」ジュリスト1457号118頁（2013年），小林茂「使用による識別性が認められる出願の指定商品」パテント66巻12号52頁（2013年）。

に同一であれば足り，完全に同一であることを厳格に求める必要性はない。要は，使用の結果，何人の業務に係るものかが識別できるのであれば足りるものと解すべきである。

2 商品の同一性の場面

ア 商品についても，本来的には識別力を有していない同条1項3号ないし5号に該当する出願商標が，使用により出願商標の指定商品について識別力を獲得したか否かが問われるべきである。

すなわち，たとえば，知財高判平成23年4月21日判時2114号9頁〔JEAN PAUL GAULTIER"CLASSIQUE"事件〕の例でいえば，香水に出願商標が長期間使用されて周知性を獲得し，香水の需要者（おしゃれに関心がある女性）が，当該出願商標が化粧品会社Xの商品であることを認識することができるに至った場合に，香水と需要者を共通にする指定商品「美容製品，せっけん，香料類及び香水類，化粧品」についても，出願商標が使用されれば同じ化粧品会社の商品であると認識できるという場合に，商標法3条2項を適用することになる。そこでは，取引の実情が加味されている。

これを一般化すると，特定の商品aに商標Tが長期間使用され，爆発的に販売された場合に，商品aの分野で「商標T」といえば，需要者がXの出所を表示していると認識することができるというケースにおいて，商品Aが商品aを含む概念の商品である場合に，商品AにTを使用した場合も，共通の需要者・取引者からみてそれがXの出所を表示していることが認識できるのであれば，指定商品を商品Aとして登録可能である趣旨を述べたものということができる[7]。商品A'が商品aと密接な関連性を有し，需要者・取引者を共通にする場合も同様であろう。あたかも不正競争防止法上の周知商品表示が，全く同一の商品に使用された場合だけでなく，需要者を共通にする商品や類似の商品に使用された場合にも，混同を生ずるおそれがあるとして不正競争行為とされる場合を想起させる（不正競争防止法2条1項1号）。

イ 厳格な同一説は，本来的には自他商品識別力がなく，特定人の独占にもなじまない商標について，実際に商品に使用された範囲を超えて独占権たる商標登録を認めることによる弊害を理由に商品の同一性を厳格に要求するものと

---

[7] 髙部眞規子『実務詳説商標関係訴訟』225頁（金融財政事情研究会，2015年）。

考えられる。しかし，このような商標登録を認めた場合に，具体的に使用していなかった商品についても需要者は出願人たる業者のものと出所を誤認混同するおそれは否定できないのであるから，当該登録商標を使用している者に対し，商標法36条に基づく権利行使をすることに，弊害があるとまではいえないように思われる。

　すなわち，たとえば，知財高判平成23年4月21日判時2114号9頁〔JEAN PAUL GAULTIER "CLASSIQUE" 事件〕の例でいえば，香水について出願商標が周知性を獲得し，香水と需要者を共通にする「化粧品」については出願時に出願人が使用していなかった商品であったとしても，需要者がその出所を認識することができると認定された結果，商標法3条2項が適用されることにより商標登録された場合を検討したい。このケースで，許諾を受けない第三者が化粧品に当該商標を使用したとき，商標権者が出願時に使用してはいなかった化粧品についても権利行使をすることができるとして，とくに弊害はないし，需要者が共通しているのであるから，権利行使できるのが当然と解される。

　もっとも，さらにこれと類似の商品に対しても独占権を及ぼす商標法37条の適用に関しては，もともと独占適応性を欠くところから，難しい問題を含むようにも思われる。すなわち，もともとは，aという商品のみに使用して識別力を獲得し，「A（aを含む商品）＋A'」について商標法3条2項が適用されてこれを指定商品として登録された商標権の効力は，Aについて効力ありとしているならA'にも効力を及ぼしてもよいものと思われる。ただし，A'には類似するがaとは非類似の商品の場合にも，禁止権を及ぼすべきかは，悩ましいところではあるものの，商標法3条2項該当を理由に登録された商標か否かは，登録原簿に記載されるわけでもなく，同条1項非該当の商標と区別されてはいない。また，被告の使用行為が商標法26条1項各号に該当して，商標権が及ばないとされるケースもあり得よう。そうすると，商標登録された権利に基づく権利を行使することに，弊害があるとまではいえないように思われる。

　ウ　また，同一説を厳格に適用すると，使用した「商品」とは何かが問題になり得る。この点について，「単品」であることが原則であるとか，当該商品の一般的な取引態様を基準に判断されることとなるとする見解もあるが[8]，抽象的に過ぎると思われる。

8）　宮脇・前掲注5）40頁。

すなわち，たとえば，知財高判平成25年1月24日判時2199号162頁〔あずきバー事件〕の事案では，出願人は，具体的には「あずきを加味してなる棒状の氷菓子」（あずき味の棒状の形状のアイスキャンデー）に使用していたものであるが，指定商品としては，「あずきを加味してなる棒状のアイスキャンデー」，「あずきを加味してなる氷菓子」，「棒状の氷菓子」（アイスキャンデイー），「氷菓子」あるいは「あずきを加味してなる棒状の菓子」，「あずきを加味してなる菓子」，「棒状の菓子」，「冷菓」といった，さまざまな商品が考えられる。商標法施行規則別表に出てくる商品名としては，「菓子」の中に「和菓子」と「洋菓子」があり，「和菓子」の中に「ゆで小豆」，「洋菓子」の中に「アイスキャンデー」「アイスクリーム」といった品名が掲載されているが，そのような中で，いかなる指定商品にすれば使用商品と「同一の商品」といえるのだろうか。事案によっては，「商品」としてあまりに細かすぎる場合があったり，その適用が困難な場面も出てくるように思われる。その意味で，同事件では，一定の上位概念化をした出願に係る指定商品「あずきを加味してなる菓子」について，商標法3条2項が適用されたのではないかと解される。

第6節　新しい商標と商標法3条2項

1　審査基準

　特許庁は，平成28年4月以降適用する商標審査基準改訂第12版では，「出願商標の指定商品又は指定役務と使用商標の使用する商品又は役務とが異なる場合には，指定商品又は指定役務について出願商標を使用しているとは認めない。ただし，指定商品又は指定役務と使用する商品又は役務とが厳密には一致しない場合であっても，取引の実情を考慮して，指定商品又は指定役務と使用する商品または役務の同一性が損なわれないと認められるときは，指定商品又は指定役務について出願商標を使用しているものと認める。」との表現に改めている。

　また，①動き商標の出願商標と使用商標の同一性が認められる例として，「使用商標中に，出願商標の構成要素以外の要素が含まれているが，出願商標部分のみが独立して自他商品・役務の識別標識として認識されると認められる場合」，②ホログラム商標の出願商標と使用商標の同一性が認められる例，色彩のみからなる商標の出願商標と使用商標の同一性が認められる例，位置商標

の出願商標と使用商標の同一性が認められる例として，いずれも「使用商標中に，出願商標以外の標章が含まれているが，出願商標部分のみが独立して自他商品・役務の識別標識として認識されると認められる場合」を挙げている。また，③音商標の出願商標と使用商標の同一性が認められる例として，「同一の音商標であると需要者が認識する場合」及び「出願商標が使用商標の一部に含まれている場合（使用商標中に，出願商標以外の標章が含まれている場合）であって，出願商標が独立して自他商品・役務の識別標識として認識するものと認められるとき」をあげ，前者については「出願商標が音商標であって，出願商標と使用商標が厳密には同一ではない場合であっても，同一の音商標であると需要者が認識し得るときには，出願商標と使用商標は同一のものとしてあつかうものとする」としている。

これらの基準は，従前「同一の使用商標」に限るとしていた審査実務を，若干緩和したものということができよう。もっとも，「出願商標部分のみが独立して自他商品・役務の識別標識として認識されると認められる場合」という限定が付されていることには，注意が必要であり，今後の審査の運用をみていく必要があると思われる。

2 新しいタイプの商標の識別力

新しいタイプの商標についても，ある標章が商標法3条2項所定の「使用をされた結果需要者が何人かの業務に係る商品であることを認識することができるもの」に該当するか否かは，出願に係る商標と外観において同一とみられる標章が指定商品とされる商品に使用されたことを前提として，その使用開始時期，使用期間，使用地域，使用態様，当該商品の販売数量または売上高等，当該商品またはこれに類似した商品に関する当該標章に類似した他の標章の存否などの事情を総合考慮して判断されるべきである。新しいタイプの商標の登録の可否についても，前記第4節，第5節における議論が有益である。

そこでの判断手法は，不正競争防止法2条1項1号の周知表示の認定手法と共通性がある。たとえば，特定の商品aに一定の色彩が長期間使用され，爆発的に販売された場合に，特定の商品aの分野で当該色彩といえば，需要者がXの出所を表示していると認識することができるというケースにおいて，商品Aが商品aを含む商品あるいは関連性の強い商品である場合に，商品Aに当該色彩を使用した場合も，共通の需要者・取引者からみてそれがXの出所を

表示していることが認識できるのであれば，指定商品を商品Aとして登録可能である趣旨を述べたものということができる。

第7節　終わりに

　商標法3条2項の適用について，従前の審査基準と異なる裁判例が散見されるようになり，審査基準も見直しを求められている。

　商標法3条2項の適用をめぐっての議論は，単に登録の可否にとどまらず，このような商標を登録した後の効力の範囲をいかに考えるかという問題に直結する。また，商品の同一性の単位等，今後の裁判例の集積が待たれるところである。

商標の類否判断にかかる基礎的考察

辻田　芳幸

第1節　問題の所在
第2節　商標法4条1項10号・11号・15号の複層構造
第3節　登録可否の場面における商標の類否判断
第4節　侵害成否の場面における商標の類否判断
第5節　結びにかえて

第1節　問題の所在

1　背　景[1)]

　商標法1条は，「この法律は，商標を保護することにより，商標の使用をする者の業務上の信用の維持を図り，もって産業の発達に寄与し，あわせて需要者の利益を保護することを目的とする。」と規定し，商標法の目的が商標を使用する者の業務上の信用の維持にあることを明らかにしている[2)]。

　商標を使用する者の信用を維持するためには，商標が模倣者から守られることが必要である。商標の模倣がなされるがままとなれば，不正な競業者が商標を使用する者の商標とまぎらわしい商標を使用することにより，その商品または役務との間に混同を生じさせ，結果としてその者の信用が毀損されることがあるからである。このような不正な競業者の不正な行為に対する法規のひとつとして商標法が存在している[3)]。「商標を使用する者の業務上の信用を維持するという目的」は，他方で不正競争防止法においても見られる。

---

1) 土肥一史『商標法の研究』（中央経済社，2016年）「はしがき」において，「商品や役務の出所を取引者・需要者が混同したり，商品の品質や役務の質を誤認したりするような，市場の透明性を阻害する夾雑物が排除される必要がある。」と述べられている。商標の類否判断は，市場における業務上の信用維持を担う法領域にあって，このような夾雑物の排除に資するものと位置づけられよう。
2) 特許庁『工業所有権法（産業財産権法）逐条解説』1257頁（特許庁Web，第19版，2013年）。
3) 特許庁・前掲注2）参照。

(1) 不正競争防止法

まず，不正競争防止法2条1項1号は，「他人の商品等表示……として需要者の間に広く認識されているものと同一若しくは類似の商品等表示を使用し，又はその商品等表示を使用した商品を譲渡し，引き渡し，譲渡若しくは引渡しのために展示し，輸出し，輸入し，若しくは電気通信回線を通じて提供して，他人の商品又は営業と混同を生じさせる行為」を不正競争のひとつ（混同惹起行為）として規定し，「類似」の商標を使用して他人の商品等と混同を生じさせる行為に対する規律を置いている。

この類似性の判断基準に関して，学説においては，混同行為の防止が究極の目的であるから，類似性の要件に対してあまり実質的な意味を持たせず，混同のおそれが認められるときには表示も類似すると考える見解が有力とされており，これと同旨の判断を述べる下級審判決も存在する[4]。これに対して最高裁は，類似性要件が混同要件とは別個のものであることを前提として[5]，「取引の実情のもとにおいて，取引者，需要者が両者の外観，称呼，または観念に基づく印象，記憶，連想等から両者を全体的に類似のものとして受け取るおそれがあるか否かを基準として判断するのを相当とする」[6] としている。

2条1項1号においては，要件として商品等表示の周知性と他人の商品等との出所の「混同のおそれ」が求められているとするのが条文に素直な解釈であり，学説の立場が妥当というべきであろう。

つぎに，不正競争防止法2条1項2号は，「自己の商品等表示として他人の著名な商品等表示と同一若しくは類似のものを使用し，又はその商品等表示を使用した商品を譲渡し，引き渡し，譲渡若しくは引渡しのために展示し，輸出し，輸入し，若しくは電気通信回線を通じて提供する行為」を不正競争のひとつ（著名表示冒用行為）として規定し，他人の著名表示と同一または「類似」の商標を自己の商品等表示として使用する行為を規律している。

ここでは要件として著名性が要求される一方，文言上「混同のおそれ」は求められていない。ここにおける類似性の判断基準に関して裁判所は，「取引の実情の下において，需要者又は取引者が，両者の外観，称呼，又は観念に基づ

---

[4] 渋谷達紀「判批」判例評論303号45頁（1984年）。裁判例としては，東京地判昭和56年1月30日無体集13巻1号6頁〔日本ウーマン・パワー事件〕など。
[5] 茶園成樹『不正競争防止法』29頁（有斐閣，2015年）。
[6] 最判昭和58年10月7日民集37巻8号1082頁〔日本ウーマン・パワー事件上告審〕。

く印象，記憶，連想等から両者を全体的に類似のものと受け取るおそれがあるか否かを基準に判断すべきである」[7]としており，1号の類似性判断基準と同じ理解をしているといえる。これに対して学説では，著名表示と著名標章との1対1対応を崩し，希釈化等を引き起こすほど似ている表示であると解する立場が有力である[8]。

(2) 商標法

これらに対し，商標法では，商標の不登録事由を定めた4条1項11号，および商標権の間接侵害を定めた37条において商標の類否が典型的に問題になる。ここでは「類似」が要件とされているが，「混同のおそれ」は明文上の要件とされていない。なお，旧不正競争防止法6条は，旧不正競争防止法1条1項1号・2号の混同行為等については「……商標法ニ依リ権利ノ行使ト認メラルル行為ニハ之ヲ適用セズ」としていたが，平成5年の改正により削除され，これにより「不正競争防止法並びに商標法に基づく請求権は競合することとなり，両法の関係の解明が一層重要となってきた」[9]と指摘されている。

2 問題の所在

商標法上，商標の類否判断は重要論点であるものの，その判断基準および判断資料については未だ定説を見ないといわれている。それどころか，文献を渉猟するうちに「商標の類似」という概念自体曖昧なことが分かった[10]。もちろん，「類似」とは二つ以上の商標の相対的な関係性を示す言葉であり，また，似ていることであり，近似性であるが，そのように定義しなおしたところで，それらは同意反復にすぎず，辞書的な意味以上の何も提供しない。

ところで，商標法4条1項11号における商標の類否判断の手法は，37条適用時にも参照されるなど判例上独自の展開をしており興味深い。しかし一部には――商標の類否判断は商品と関連づけてなされるという文脈においてではあるが――最判昭和43年2月27日民集22巻2号399頁〔氷山印事件〕[11]の判旨から，「商

---

7) 大阪地判平成11年9月16日判タ1044号246頁〔アリナビック事件〕，大阪地判平成24年9月20日判タ1394号330頁〔正露丸Ⅱ事件〕など。茶園・前掲注5）44頁参照。
8) 田村善之『不正競争法概説』246頁（有斐閣，第2版，2003年），小野昌延『新注解不正競争防止法』452頁〔山名美加＝重富貴光〕（青林書院，第3版，2012年）。
9) 小野昌延＝三山峻司『新商標法概説』93頁（青林書院，第2版，2014年）。
10) 田村善之『商標法概説』111頁（弘文堂，第2版，2001年）も参照。現在でもその状況は基本的に変わらないものと思われる。

標の類似とは，取引において，対比されるそれぞれの商標が商品に使用されたとき，その商標を付した商品が出所混同を生ずるほど両商標が相紛らわしいことをいうとされる」と短絡的に帰結してしまう文献もあるが，若干ミスリーディングであろう。また，氷山印事件判決がその後の最判平成4年9月22日判時1347号139頁〔大森林事件〕や最判平成9年3月11日民集51巻3号1055頁〔小僧寿し事件〕などの商標権侵害事例の最高裁判例においても参照されていることから，「最近の最高裁判所判決によって類似と混同のおそれと両者間に区別はほぼなくなった」と断定してしまうのも誤解を招きかねない表現であると思われる[12]。

　商標法の直接の保護法益は出所識別機能であるとされる[13]。取引者・需要者は，商品に付されている商標の外観を見，称呼を聞き，意味（観念）によって商標の付された商品・役務を識別する[14]。このような前提のもとでは，商標類否の判断手法として従来から基本とされてきた商標の「外観，称呼，観念」の三要素の観察から，主観を完全に排除するのは相当困難であろう。そうであるならば，どのような判断資料を用いてどの程度の両商標の相対的な関係性を「類似」と認めるべきかは，不正競争防止法との役割分担にも配慮しながら，問題となる場面が商標としての登録が争われる場面であるのか，あるいは商標権の侵害の場面であるのかに留意しつつ，それぞれの制度の趣旨・目的によって判断すべきものと思われる。

　そこで，本稿では，以上のような問題意識にもとづいて，商標の類否判断にかかる考察を行うこととし，具体的には次のように進める。まず，商標法4条1項11号の法的性質を，主として立法趣旨の考察によって導く。4条1項10号および15号と11号との関係性を把握し，同時に「混同を生ずるおそれ」と「類似」の関係を明らかにする。つづいて，登録可否の場面と侵害成否の場面それぞれの商標の類否判断について考察する。ここでは主要学説や重要判例に言及しながら，その関連条文の立法趣旨にかんがみつつ検討を加える。そして，類

---

11) 氷山印事件は，商標が類似のものであるかどうかは，商標をある商品につき使用した場合に，商品の出所について誤認混同を生ずるおそれがあると認められるかどうかにより判断すべきとした最判昭和36年6月27日民集15巻6号1731頁〔橘正宗事件〕を受け継ぎつつ発展させた判決である。
12) 小野＝三山・前掲注9）261頁参照。
13) 田村・前掲注10）8頁。
14) 小野＝三山・前掲注9）221頁。

否判断における「混同を生ずるおそれ」および「三要素」に対する「取引の実情」の位置づけを要件事実論の観点から検証する。

第2節　商標法4条1項10号・11号・15号の複層構造

1　商標法4条1項

　4条1項は，商標登録出願にかかる商標の不登録事由を列挙している。そのうち，4条1項10号においては，「他人の業務に係る商品若しくは役務を表示するものとして需要者の間に広く認識されている商標又はこれに類似する商標であって，その商品若しくは役務又はこれらに類似する商品若しくは役務について使用をするもの」，11号においては，「当該商標登録出願の日前の商標登録出願に係る他人の登録商標又はこれに類似する商標であって，その商標登録に係る指定商品若しくは指定役務……又はこれらに類似する商品若しくは役務について使用をするもの」を掲げている。他方，4条1項15号は「他人の業務に係る商品又は役務と混同を生ずるおそれがある商標（第十号から前号までに掲げるものを除く）」を掲げている。

　文言上は，4条1項10号および11号については「類似する商標」，4条1項15号においては他人の商品等と「混同を生ずるおそれがある商標」であることが決め手のひとつになっているように見える。「類似」および「混同を生ずるおそれ」（以下，たんに「混同のおそれ」という場合がある）それぞれの意味内容や互いの関係性は，4条1項15号括弧書きにおいて10号から14号との重複適用が回避されていること[15]も併せ考えつつ，4条1項10号，11号および15号の関連性をどうとらえるかにかかっていると思われる。

2　商標法4条1項10号

　4条1項10号は，商標登録出願にかかる商標の不登録事由の一つとして，需要者の間に広く認識されている他人の商標，いわゆる未登録周知商標と抵触する商標は登録できない旨を定めたものとされている[16]。これは，登録主義を原則としながらも，その弊害を取り除くために一定の先使用に考慮したものと

---

15) もっとも，この点に関して最高裁は，4条1項11号の類似性も出所の混同を生ずるか否かによって判断すべきとはしている。前掲氷山印事件判決参照。
16) 小野昌延編『注解商標法』240頁〔工藤莞司＝樋口豊治〕（青林書院，新版，2005年）。

されている。本号の判断時は登録出願時（4条3項）であるが，「周知」であるかどうかの判断は需要者の認識にかかるものであることから，直接的かつ客観的に証明することは困難であり，使用期間が長期であること，販売等の数量が多いこと，売上高が高いことなどから当該商標は周知となっていると推定されるに過ぎない[17]。

4条1項15号括弧書きの書きぶりから，本号の立法趣旨にも商品等の出所混同のおそれの排除が含まれていることは否定できないというべきである[18]。よって，本号には出所混同防止という目的と出願当時すでに存在する周知商標の使用事実の保護という目的があるというべきことになる[19]。

3　商標法4条1項11号

4条1項11号は，先願登録主義を採用した商標登録制度の基本規定として，先願にかかる他人の登録商標と牴触する商標は登録されない旨を定めたものとされている。そして，出所の混同を防止するべく，取引の経験則から具体的に混同のおそれのある一態様を規定したものと解されている[20]。本号の趣旨について直接言及した裁判例はないものの，出所の混同の防止を前提として判断しているものの存在が指摘されている[21]。

本号は，「商標の同一または類似」，および，「商品等の同一または類似」の概念を用いて先願登録商標との間で問題となる類型を提示することで，定型的・技術的な適用を可能とするとともに，本号の要件として明定して，判断を容易にし，商標登録出願の審査の安定性を確保したものである[22]。

また，本号は，先願登録商標が現に使用されているかどうかという使用の事実を問うていないから，これと定型的に誤認混同が生ずるおそれのある登録を使用の有無にかかわらず阻止しようとするものと解すべきである。未使用の登

---

17) 小野・前掲246頁。
18) 裁判例においても，「〔4条1項10号の〕内容および4条1項15号の規定の趣旨などに照らすと，その立法趣旨には商品の出所の混同を防止することが含まれていると解される」とするものがある。東京高判平成10年12月24日知的裁集30巻4号1070頁〔ハッピータッグ事件〕など。
19) 松村信夫「商標の類似」日本工業所有権法学会年報31号79頁（2007年）。
20) 小野・前掲注16）262頁。
21) 小野・前掲注16）263頁，東京高判昭和60年10月15日無体集17巻3号444頁〔宝福一事件〕。
22) 工藤莞司『商標法の解説と裁判例』161頁（マスターリンク，改訂版，2015年）参照。

録商標との牴触関係が問題とされるのは，登録商標が未使用であっても，これと誤認混同するような商標が登録されることになれば，爾後先願登録商標の信用蓄積の機会が奪われ，先願登録であるにも関わらず，その利益が保証されない事態となる場合があるからである。

4条1項15号括弧書きの書きぶりから，本号にも出所混同の防止の目的が存することは否定できないというべきであり，また，先願登録商標と牴触する後願の類似商標を排除する目的があるといえる[23]。

4　商標法4条1項15号

4条1項15号は，商標登録出願にかかる商標の不登録事由の一つとして，他人の商品等の出所の混同を生ずるおそれのある商標は登録できない旨を定めたものとされている[24]。

商品の出所の混同を生ずるおそれ[25]のある商標が不登録事由とされているのは，この様な商標は需要者を惑わすのみならず，自他商品識別機能を減殺して商標使用者の売上げを減少させ，さらには取引の秩序を乱すものであるからとされている。この様な点から，商標登録制度では排除しなければならない基本的な事項に属するものとも考えられている[26]。

4条1項15号においては，「商品の同一または類似」は求められていないから，商品が異なっていても混同を生ずるおそれがあるかどうかが具体的な取引実情のもとに判断されることが望まれているというべきである。

ところで，「混同を生ずるおそれ」のある商標は，商標が同一または類似で，使用商品等も同一または類似のときに典型的に生じるであろうから，登録商標とこの様な関係にある商標の登録は排除される必要がある。しかし，実際に商品の出所の混同のおそれのある商標はこれらに限定されないから，これら以外にも混同のおそれのある商標の登録は排除されなければならない。本号は，とくに後者を目的とするもので，「混同のおそれを排除するための総括規定」[27]

---

23)　立法の沿革などからこの点を指摘するものとして，松村・前掲注19) 79頁。
24)　小野・前掲注16) 383頁。
25)　なお，「混同を生ずるおそれ」には，いわゆる広義の混同も含まれるとされている（最判平成12年7月11日民集54巻6号1848頁〔レールデュタン事件〕）。
26)　商標法1条，小野・前掲注16) 385頁参照。
27)　小野・前掲注16) 385頁。他に，総則規定や一般的規定と呼ぶ文献もあるが，実のある議論ではない。

として位置づけられており，4条1項10号や11号で問題とならなかった，具体的な取引事情を前提とした他人の業務にかかる商品等と混同のおそれがある商標の登録を本号によって阻止することが可能となるといわれている[28]。換言すれば，4条1項10号ないし14号の規整類型から抜け落ちたが，なお出所の混同を生じるおそれのあるものである場合に，本号を適用して当該商標を排除し具体的妥当性を高めるところにその意義を見いだすことができる。

5　商標法4条1項10号・11号・15号の複層構造

　以上より，4条1項10号および11号は，混同のおそれのある商標のうち，「商標の同一または類似」，および「商品の同一または類似」の概念を用いて定型的・技術的に適用することにより法的安定化を図ったものであり，他方4条1項15号は，10号から14号以外の混同のおそれのある商標について，商標ごとにその取引実情にかんがみつつ適用して，具体的妥当性をねらったものということができる[29]。

　この様に考えると，「混同を生ずるおそれ」は10号ないし15号において通有的な指標となっているというべきであり，10号および11号の類否判断の際にも無視できない。「混同を生ずるおそれ」は商標の類否を決する重要な指標とされているというべきである。とはいえ，のちに検討するように，明文上の要件とはなっていない「混同を生ずるおそれ」をどのレベルに位置づけて検討するかという別の問題があり，異なる見解がありうる。

　また，4条1項11号においては，商標が現に使用されているか否かは問われていないから，商標の類否について，時間の経過とともに評価が変わってくるような判断はなされるべきではなく，取引事情に左右されないか，あるいはその取引に一般的に見られるような事情の下でのみ判断されるなど，普遍性の高い要素に基づく類否判断が望まれているというべきである[30]。

---

28)　松村・前掲注19) 81頁。
29)　小野・前掲注16) 385頁。
30)　松村・前掲注19) 83頁も参照のこと。未使用先願商標との間で類否判断が必要になった場合についても，仮に後願商標の具体的な取引の事情が考慮されてしまうと，後願商標が非類似となってしまうことがあり，商標法が商標保護の前提として使用の事実を求めていないにも関わらず，結果として未使用商標の以後の信用化体が事実上妨げられることになってしまい，好ましくないであろう。

第3節　登録可否の場面における商標の類否判断

1　判例の推移
(1)　概　要

　登録可否の場面における商標の類似に関して大審院は，当初，専ら商標が相紛らわしいことにより商標自体が誤認混同される場合にはこれらを類似の商標と解した（大判大正8年3月4日民録25輯390頁，大判昭和11年10月18日民集3巻11号597頁）。また，具体的に，商標の類似とは，外観，称呼の類似，観念の同一であるとか（大判昭和2年6月7日民集6巻8号337頁），その判断に際しては，取引の実情[31]における経験則に照らして行うとするもの（大判昭和4年12月17日新聞3090号9頁）があった。その後，大審院においては，商品の出所の混同を要件とすべきことを示唆するもの（大判昭和7年7月1日判例工業所有権法737の8頁）があらわれた[32]。

　その後最高裁は，大正10年法2条1項9号[33]の商標の類似について，商品の出所について誤認混同を生ずるおそれを基準として商標の類否判断をすべきであるとした[34]。

　さらに最高裁は，前掲最判昭和43年2月27日〔氷山印事件〕において，「商標の類否は，対比される両商標が同一または類似の商品に使用された場合に，商品の出所につき誤認混同を生ずるおそれがあるか否かによって決すべきであるが，それには，そのような商品に使用された商標がその外観，観念，称呼等によって取引者に与える印象，記憶，連想等を総合して全体的に考察すべく，しかもその商品の取引の実情を明らかにしうるかぎり，その具体的な取引状況に基づいて判断するのを相当とする。」と判示し，また，「商標の外観，観念また

---

31)　「取引の実情」に関しては，知的財産研究所『商標権審決取消訴訟における取引の実情に関する調査研究報告書』（2012年）がある。
32)　小田真治「商標の類似」牧野利秋＝飯村敏明＝高部眞規子＝小松陽一郎＝伊原友己『知的財産訴訟実務大系Ⅱ—特許法・実用新案法(2)，意匠法，商標法，不正競争防止法』245頁（青林書院，2014年）。
33)　現行4条1項11号は，大正10年商標法2条1項9号と趣旨を同じくする規定であるとされており，文言上の相違点はあるが，内容面においては本質的に異なるものではない。したがって，旧2条1項9号下における裁判例を現行4条1項11号の検討にあたって参照することは許されるものと思われる。
34)　前掲注11)最判昭和36年6月27日〔橘正宗事件〕。

は称呼の類似は，その商標を使用した商品につき出所の誤認混同のおそれを推測させる一応の基準にすぎず，従って，右三点のうちその一において類似するものでも，他の二点において著しく相違することその他取引の実情等によって，なんら商品の出所に誤認混同をきたすおそれの認めがたいものについては，これを類似商標と解すべきではない。」として[35]，「総合考慮」，「取引の実情の考慮」の必要性を示した[36]。

なお，「最高裁判例は，出所の混同のおそれについて，指定商品の具体的な取引事情に基づくとしているにも関わらず，この具体的な取引の実情については，東京高裁（知財高裁）では，当該商標にかかる個別具体的（周知・著名性を含む）なものと解する裁判例と，当該指定商品・役務にかかる一般的，恒常的なものと解する裁判例に別れている。」[37] という指摘がある。

(2) **最判昭和43年2月27日〔氷山印事件〕の評価**

氷山印事件判決に対しては，「同判決は，商標がその指定商品に用いられた場合に誤認混同を生じるか否かは，原則として，当該商標の外観，称呼又は観念の類否によって決せられるべきであるとの前提に立ちつつ，その判断にあたっては，可能な限り当該指定商品の取引事情に基づきその判断方法（すなわち外観，称呼又は観念のいずれかの類似のみを重視すべきか否か）の相当性を検討

---

[35] 飯村敏明「商標の類否に関する判例と拘束力―最三小判昭和43年2月27日判決を中心にして」Law & Technology No.52, 55頁（2011年）は，ここでは①商標の類否は，対比される両商標が同一または類似の商品に使用された場合に，商品の出所につき誤認混同を生ずるおそれがあるか否かによって決すべきである，②そのような商品に使用された商標がその外観，観念，称呼等によって取引者に与える印象，記憶，連想等を総合して全体的に考察すべきである，③その商品の取引の実情を明らかにしうるかぎり，その具体的な取引状況に基づいて判断すべきである，というテストを示したと指摘している。

[36] このほか，「取引の実情」を考察すべきことに言及し，橘正宗事件判決の立場を踏襲して氷山事件判決と同様の立場に立つものとして，たとえば東京高判昭和60年10月15日無体集17巻3号444頁〔宝福一事件〕や東京高判昭和61年3月6日判タ625号218頁〔オルターゼ事件〕がある。前者においては，「商標の類否の判断にあたっては，取引の実情を離れてはこれを考察すべきではなく，即ち，その商品の取引の実情において，取引者又は需要者の間に商品の出所につき混同をひきおこすおそれがあるかどうかで決すべきものと解するを相当」とされ，後者においては，「本来，商標の称呼，外観，又は観念の類似は，その商標を使用した商品について出所の混同のおそれを推測させる一応の基準に過ぎないのであるから，これら三点のうちいずれかにおいて類似する場合においても，取引の実情等により商品の出所の混同をきたすおそれを認め難い特段の事情があるときは右具体的事情が優先し，類似の商標と認め得ないものと解するを相当」とされた。

[37] 工藤・前掲注22) 219頁。ここにおいて，前者の例として，東京高判昭和51年7月13日審決取消訴訟判決集昭和51年521頁〔アリナポン事件〕，東京高判平成3年10月15日判時1415号124頁〔ラーバン事件〕などがあげられている。

する必要があることを指摘しているのであって，外観，称呼又は観念のいずれもが類似しない商標間においても，あらゆる具体的な取引事情を考慮して，誤認・混同がある場合には類似性を認めることを肯定する趣旨を含んでいるとまでは言い切れない。」[38]として，商標の類否判断における先例的意義をとくに認めないものがある。他方で，商標の類否は商品に使用した場合の商品の出所の誤認混同を生ずるおそれがあるか否かで判断するという基本思想は，すでに，最判昭和36年6月27日民集15巻6号1731頁〔橘正宗〕で示されているとして，本判決が最初に判断を示したものではないとしながらも，「当初の特許庁の実務では，本願商標と引用商標を対比して，『外観』，『称呼』，『観念』の1つでも類似するときには，両商標は類似するという形式的・画一的な運用を行っていたこともあって，そのような形式的・画一的な判断基準を排斥する意味から，全体的考察をすべきとの点を強調した」[39]としてその意義を積極的に解するものがある。もっとも，この見解も，形式的・画一的な処理自体を全否定しているわけではないであろう。

　氷山印事件判決にいう「取引の実情」については，指定商品の一般的，恒常的なものを前提としている，と解した最高裁判決（最判昭49年4月25日審決取消訴訟判決集昭和49年443頁〔保土ヶ谷化学社標事件〕）がある[40]。これに対して「なるほど，取引事情のごとき固定するものではなく，時とともに変遷があり，これに伴って商標の類似範囲にも変動があろう。しかし，出願商標が既登録商標に類似し，商品の出所に混同を生じさせるおそれがあるかどうかは，商標の出願時とか査定時，審決時とか一定の時点を捉えて，その時現在をもって判定するほかないのである。商標権の存続期間を通じて取引の状況の変化等を見通して登録の適格性を判断することは困難であり，法もまたそのようなことを要求してはいないと思う。したがって右のような判断時において具体的事実として商品の出所混同のおそれがなければ，その商標を非類似と認めて妨げないわけ

---

38) 松村・前掲注19) 85頁。
39) 飯村・前掲注35) 58頁。
40) 「商標の類否判断に当たり考慮することのできる取引の事情とは，その指定商品全般についての一般的，恒常的なそれを指すものであって，単に商標が現在使用されている商品についてのみ特殊的，限定的なそれを指すものでないことは明らかであり，所論引用の判例も，これを前提とするものと解される。」としている。近時，同様の立場に立つものとしては，たとえば，知財高判平成19年5月29日裁判所ウェブ〔青葉事件〕，知財高判平成20年12月25日裁判所ウェブ〔CIS事件〕などがある。工藤・前掲注22) 219頁参照。

である。」[41]とするものがあるが，これによると，判断時の取引の事情はすべて斟酌できることを示唆しているようにも見える[42]。しかしながら，「商標権の存続期間を通じて取引の状況の変化等を見通して登録の適格性を判断することは困難」であるからこそ，斟酌される取引の事情は一般的，恒常的なものに限定されなければならないともいえるから，判断時期が限定されるということが取引の事情を直接性格づけるわけではないであろう。

2 学説の対応
(1) 商標類否の評価基準についての学説

まず，商標の類否判断にあたって，商標の外観，称呼，観念の三要素による判定が基礎とされることについて争いはないものと思われる。そのうえで，商標の類否に関する学説を分類すると，おおよそつぎの三つに分けられるとされている[43]。

第一の説は，「商標自体が互に混同されるか否か」について，商標の有する外観，称呼，観念を考慮し，取引の実際における経験則で判断すべきとする[44]。第二の説は，「取引の経験則に照らして商品の出所が混同される程度に両商標が相紛らわしいか否か」について，商標の有する外観，称呼，観念を考察して判断すべきとする[45]。第三の説は，「商品の出所の混同につき誤認混同を生ずるおそれがあるか否か」について判断すべきとする[46]。

本稿は，基本的に第一の説を支持したい。この説は直接商品の出所の混同を考慮することはないが，私見によれば，ふたつの商標が誤認混同されるような場合には，当然，商品の出所の混同は事実上生じるものと思われるからである。第二の説は，商標自体が取り違えられるまでに似ているわけではないが，商品の出所の混同が生じる程度には似ていると解するものと思われる。第三の説は，

---

41) 矢野邦雄「判解」最判解民事篇昭和43年度61～62頁。
42) この点を指摘するものとして，戸川英明「商標の類否について―商標の類否判断手法と取引の実情に焦点をあわせて―」別冊パテント8号96頁（2012年）。
43) 小野・前掲注16) 265頁，また島並良「登録商標権の物的保護範囲(1)」法学協会雑誌114巻5号114頁参照。
44) たとえば，豊崎光衛『工業所有権法』369頁（有斐閣，新版増補，1980年），田村・前掲注10) 115頁などがこれに属するものと思われる。
45) たとえば，光石士郎『商標法詳説』116頁（ぎょうせい，新訂版，1974年）などがこれに属するものと思われる。
46) たとえば，渋谷達紀『商標法の理論』335頁（東京大学出版会，1973年）などがこれに属するものと思われる。

商標それ自体の近似性は決定的な要素とはしないものと思われる。

ところで，第一の説は混同のおそれで足りる説と対置され，すなわち，商標それ自体の近似性と混同のおそれという対立構造として捉えられることがある。しかし，私見では，第一の説においても商標が取り違えられるほど似ている場合には，出所の誤認混同は当然生じていると見るべきと考えるから，商標自体が取り違えられるほど似ているのか，そこまでは要さず，混同のおそれが生じる程度でよいとするのかという，いわば同一ベクトル上の程度問題と捉える方が適切である。いずれの見解も混同のおそれは前提とされているのであって，このことは4条1項15号と11号の条文構造から見ても明らかである。

(2) 取引の実情を考慮すべきとする判例に対する学説の対応

商標の類否判断において考慮すべき「取引の実情」をいくつかのレベルに分けてみると[47]，①すでに経験則化した一般的・恒常的取引実情に限定されるのか，②経験則とまでは言えない一般的・恒常的取引実情をも含むのか，③当該商標の使用にかかる個別具体的な事情までをも指すのか，という問題と関連していることになろう。

学説には，商標自体が取り違えられる程度似ている場合，取引の実情を一切考慮しないとするもの[48]や，一般的な経験則を探る補助的資料として①②までは許されるとする見解がある[49]。また，あらゆる取引の実情を斟酌して商標の類否を判断すべき侵害事件と比較しつつ，審査・登録の段階では，一般的，恒常的な取引の実情を斟酌すべきことを限界とするもの（①②まで）がある[50]。

他方，商品の出所の混同のおそれを商標の類否判断の基準とする学説においては，商標の使用の有無について区別し，不使用商標については，①②に限られるべきとすると思われるものがある。権利者の商標が使用されているときは，使用に由来する事実（③）を加えて考慮してよいとするものがある[51]。

取引の実情に当該商標の著名性が含まれるかという問題についても見解の対立がある[52]。少なくとも，登録商標の著名性の識別力ゆえに後願商標との類

---

47) 小野・前掲注16) 274頁。
48) 豊崎・前掲注44) 368頁。
49) 田村・前掲注10) 118頁。
50) 外川・前掲注42) 99頁。
51) 渋谷・前掲注46) 347頁，矢野・前掲注41) 60～61頁。
52) 肯定説として渋谷・前掲注46) 348頁，網野誠『商標法あれこれ』71頁（東京布井出版，1989年），否定説として兼子一＝染野信義『全訂特許・商標』470頁（青林書院，1957年）。

似性が否定されることは避けられなければならないだろう。なぜなら，登録商標にすでに積み上げられた信用が傷つけられるリスクが大きくなるからである。著名性の考慮は，商標の冒用行為に関する不正競争防止法2条1項2号によって対処すべきである。

3 特許庁の登録審査基準

特許庁がウェブサイトで公開している商標審査基準（商標審査基準〔改訂12版〕平成28年5月3日確認）「十，第4条第1項第11号（先願に係る他人の登録商標）」においては，商標の類似性に関して，「1．商標類否の判断は，商標の有する外観，称呼及び観念のそれぞれの判断要素を総合的に考察しなければならない。2．商標の類否の判断は，商標が使用される商品又は役務の主たる需要者層（例えば，専門家，老人，子供，婦人等の違い）その他商品又は役務の取引の実情を考慮し，需要者の通常有する注意力を基準として判断しなければならない。」として，商標の類否判断にあたっては商品等の取引の実情を考慮し，需要者の通常有する注意力を基準として，商標の外観，称呼，観念の三要素を総合的に考慮することが示されている。

また，「3．本号に該当する旨の拒絶理由通知において引用した登録商標の商標権者による取引の実情を示す説明書及び証拠の提出が出願人からあったときは，次のとおり取り扱うこととする。(1)本号の審査において，引用商標の商標権者による取引の実情を示す説明及び証拠が提出された場合には，取引の実情を把握するための資料の一つとして参酌することができる。」とすると同時に「願書に記載された商標が同一又は明らかに類似……し，かつ，願書に記載された指定商品又は指定役務も同一又は明らかに類似……するものである場合」等は除外されるとしている。ここでは，商品が「同一または明らかに類似」で，かつ商標が取り違えられるほどに近似している場合には，取引の実情は考慮しないということが示されているものと解される。

しかし他方で，上記三要素の判断基準については，一般的基準は明らかでなく，審査基準の記述によると，事案ごとに判断しているようであり[53]，その際，商品の出所の混同のおそれというよりはむしろ，商標自体の混同のおそれの有無によっているとの指摘[54]がある。例えば，項目8において，「商標の称呼の

---

53) 古関宏『商標法概論』82頁（法学書院，2009年）参照。
54) 島並・前掲注43) 560頁。

類否を称呼に内在する音声上の判断要素及び判断方法のみによって判断するとき」には「商標の称呼類否判断にあたっては，比較される両称呼の音質，音量及び音調並びに音節に関する判断要素……のそれぞれにおいて，共通し，近似するところがあるか否かを比較する」とともに「両商標が特定の観念のない造語であるか否か……を考慮し，時と所を異にして，両商標が称呼され，聴覚されるときに聴者に与える称呼の全体的印象〔音感〕から，互いに相紛れるおそれがあるか否かによって判断するものとする。」とされている。

4 本稿の立場

　商標は使用者に継続的に使用されることでそこに信用を蓄積させていくから，後願類似商標が登録されてしまうと，商標の出所識別機能は次第に損なわれ，商標権者の信用が毀損されることにもつながる。先願登録商標が使用されていない場合には，将来の信用の蓄積が妨げられることになる[55]。

　このような前提で考えるならば，一般的に，商標が使用され，そこに信用が蓄積されて周知になった場合には，他人の紛らわしい商標の登録は，商標が未使用である場合に比してより広く，できるだけ排除されることが望ましい。

　このような使用によって広く知られている場合の後願排除は，4条1項10号，あるいは15号によっても可能である。そうであるならば，翻って先願登録商標と牴触する後願の類似商標を定型的・技術的に排除し，商標登録出願の審査を安定的に行うという観点からは，商標の外観，称呼，観念を観察し，商標自体を取り違えるほど紛らわしい場合に，類似する商標として，4条1項11号により登録は排除されるべきである[56]。

　取引の実情については，経験則に近い一般的・恒常的な実情を限度としてあくまで補助的に斟酌されてもよいと考えられる[57]。なぜなら，そうすることで類似商標を定型的・技術的に排除することが可能となり，迅速公正な審査実務に資すると考えられるからである。もちろん，そもそも未使用商標は具体の取引状況を斟酌しえない。仮に当該商標の使用にかかる個別具体的な事情まで斟酌することになれば，不確定要素が多く存することになり，審査実務が煩雑

---

[55] 工藤・前掲注22) 214頁参照。
[56] 田村・前掲注10) 115頁，松村・前掲注19) 87頁同旨。
[57] 松村・前掲注19) 87頁も同旨。かりに具体的な取引の事情まで斟酌できるとしたところで，同一または類似の商品の範囲はときには広範囲に及ぶこともあるから，現実にその取引の実情を確実に把握しうるものなのかは疑わしいからである。

になるほか，何よりも，結局出願審査を受けなければ登録されるか否か分からない場合も生じることになり，出願人にとっての予測可能性が著しく低下するという不都合が生じる。

なお，浮動的な取引の事情を考慮することが認められるかという論点があり，これを部分的に肯定する見解もあるが，このような取引の実情の考慮は4条1項10号あるいは15号や不正競争防止法に任せてしまうと考えた方が運用上の便益に資するものと思われる。

したがって，私見によれば，取引の実情は既述のような限度で用いられる限り，三要素の観察のみによる硬直的判断の危険を回避し，またそれによる第一次的な判定に潜在的に存するいわば「ゆらぎ」の部分について，実情の内容により類似する方向にも非類似とする方向にも用いられる可能性が生まれ，もって審査実務上の調整原理として機能させることができる[58]。

第4節　侵害成否の場面における商標の類否判断

1　類否判断の視座

商標法は，登録商標を指定商品・役務に使用する行為（商標法25条）のみならず，登録商標に「類似」する商標を指定商品・役務と類似する商品・役務に使用する行為についてまでも禁止権を拡大させている（商標法37条）。

商標法37条の趣旨については，「商標権者は専用使用権の侵害とみなす行為として一般的に登録商標に化体された信用を害する恐れの強い行為，つまり本来的な商標権（指定商品について登録商標の使用を専有する権利（25条））の侵害を類似の商品及び商標に拡大するとともに，その予備的行為を侵害そのものとみなして商標権の保護に完全を期そうとするものである。」[59]とされている。

そもそも「類似」は，基本的には商標権の効力範囲を画するための規範的概

---

[58]　飯村・前掲注35）56頁は，「『一般的な取引を前提にすると，出所の混同が考えられるが，具体的な取引の実情に基づくと出所の混同が生じない場合』のみならず，『一般的な取引を前提とすると，出所の混同が考えられないが，具体的な取引の実情に基づくと，出所の混同が生じるような場合』の両者の場合が想定でき，いずれの場合においても，取引の実情を考慮した判断を優先することを意味することになる。」とする。斟酌されるべき取引の事情の位置づけとそれに対する考え方は本稿の立場とは異なるが，一種の調整原理として働くものと理解する点は共通しているといえよう。

[59]　特許庁・前掲注2）1407頁。

念と解すべきである。したがって，たしかに37条の「類似」をめぐっては，不登録事由の一つである4条1項11号の「類似」と判例上の強い関連性を指摘することができるものの，かならずしも同じ判断手法および判断資料を用いる必要はない[60]。同じく商標の類否判断ではあっても，登録可否の場面と侵害成否の場面では類似性判断に求められている趣旨が異なるからである[61]。

2 判例の状況

判例は，侵害訴訟における商標の類否についても，登録の可否をめぐって争われた前掲最判昭和43年2月27日〔氷山印事件〕を参照して，基本的に4条1項11号の類否判断枠組みを利用している[62)63]。

(1) 最判平成4年9月22日〔大森林事件〕

大森林事件判決（判時1437号139頁）は，「商標の類否は，同一又は類似の商品に使用された商標がその外観，観念，称呼等によって取引者に与える印象，記憶，連想等を総合して全体的に考察すべきであり，しかもその商品の取引の実情を明らかにし得る限り，その具体的な取引状況に基づいて判断すべきものであって（最高裁昭和39年（行ツ）第110号同43年2月27日第三小法廷判決・民集22巻2号399頁参照），綿密に観察する限りでは外観，観念，称呼において個別的には類似しない商標であっても，具体的な取引状況いかんによっては類似する場合があり，したがって，外観，観念，称呼についての総合的な類似性の有無

---

60) 松村・前掲注19) 80頁同旨。
61) 裁判例においても，たとえば大阪地判昭和48年12月21日無体裁集5巻2号510頁〔Love事件〕においては，「特許庁が商標出願について，既登録の他人の商標と対比し，登録を認めるべきかどうかの判断をなすにあたり，右引用登録商標に対してなす解釈は，商標出願に対する商標行政の見地からなされるのであり，登録商標の保護範囲についてなす裁判所における解釈とは視座が異なる。」としている。この点につき，工藤・前掲注22) 229頁。
62) この点に関し，「侵害訴訟における商標の類否判断にも引用され，『商品の出所の誤認混同』の有無が商標の類否の決定的要素であるかのように誤解するに至ったことは，その際に斟酌する取引事情の範囲に不明確さともあいまって商標の類否判断の基準を極めて不安定なものにしている」との批判がある（松村・前掲注19) 85頁）。この見解は，他方，侵害の成否の場面では，最終的には「商品や役務の具体的な取引の事情をできるだけ明らかにし，……出所を誤認混同するおそれがあるか否かを基準として決すべきである」(93頁) としている。
63) 小僧寿し事件判決においては，外形上，氷山印事件を引用しているように見えるが，最高裁は「参照」しつつ説示の一部に変更を加えており，論理的には別物と理解すべきである。

も，具体的な取引状況によって異なってくる場合もあることに思いを致すべきである。」とした。

本件については，「商品取引の実情を商標の類似性を否定する方向においてだけではなく，肯定する方向においても勘案しうることを明らかにした点」に意義を認めるとするものがある[64]。また，「取引の実情として，訪問販売によっているのかあるいは店舗販売によっているのか，さらに展示態様はどうかなど極めて具体的事情の考慮を求めた点において実務上大きな影響を与えた」[65]とするものがある。

(2) **最判平成9年3月11日〔小僧寿し事件〕**

また最高裁は，小僧寿し事件（民集51巻3号1055頁）において，「商標の類否は，同一又は類似の商品に使用された商標が外観，観念，称呼等によって取引者，需要者に与える印象，記憶，連想等を総合して全体的に考察すべきであり，かつ，その商品の取引の実情を明らかにし得る限り，その具体的な取引状況に基づいて判断すべきものである。右のとおり，商標の外観，観念又は称呼の類似は，その商標を使用した商品につき出所を誤認混同するおそれを推測させる一応の基準にすぎず，したがって，右三点のうち類似する点があるとしても，他の点において著しく相違するか，又は取引の実情等によって，何ら商品の出所を誤認混同するおそれが認められないものについては，これを類似商標と解することはできないというべきである（最高裁昭和39年（行ツ）第110号同43年2月27日第三小法廷判決・民集22巻2号399頁参照）。」とした。

本件については，「民集登載判例として初めて氷山事件の判断基準が侵害訴訟にそのまま適用されることを明らかにした点に理論的意味がある」[66]とするものがある。他方で「右三点のうち類似する点があるとしても，他の点において著しく相違するか，又は取引の実情によって何ら商品の出所を誤認混同するおそれが認められないものについては，これを類似商標と解することはできないというべきである」との説示について，「『取引の事情』が『外観，観念，称

---

64) 渋谷達紀「商標登録『大森林』と商標『木林森』との類否」民商法雑誌108巻6号138頁（1993年）。
65) 小田・前掲注32）242頁，とくに247頁。そのほかにも極めて具体的な取引の実情を考慮すべきといっている点に本件判決の意義を認めるもの（牧野利秋「商標の類否判断の要件事実」パテント62巻13号73頁（2009年））もあるが，これらは本件の特徴というよりは侵害訴訟であるから当然のことともいえる。
66) 小田・前掲注32）248頁。

呼』から別個独立した要素であるかのように読むことができる変更を氷山印最高裁判決が示した基準に加えている……」[67]と正しく指摘するものがある。

3 混同のおそれと類似性

　氷山印事件判決は，商標の類否は商品の出所の誤認混同のおそれによって判断すべきとする最判昭和36年6月27日〔橘正宗事件〕と同じ立場に立っていると思われる。そうすると，そもそも最高裁は，4条1項11号と同15号の区別をどう考えているのか，という疑問が生じる。これに関して，「〔氷山印事件判決は〕15号との棲み分けを考慮する必要はないとの見解に立って判示をしている」[68]と解するものがある。しかし，本稿ですでに検討したように，15号はその前提として，商品および商標の類似は問わないものであるのに対し，11号は同一または類似の商品等についての商標の類似性を前提としているという違いがあるから，11号の適用事例である氷山印事件にいう「混同のおそれ」もまた，商標自体の類似性を前提としたものというべき点で違いがある。したがって，明示的に氷山印事件を参照している侵害事例においても，混同のおそれは商標自体の類似性を前提としたものと解されることになる。

　以下では，このような前提のもとに「取引の実情」は具体的にどのようなものを指すのか，また，商標類否の基本的な判断要素とされている外観，称呼，観念の三要素に対する取引の実情の判断構造上の位置づけはどのようなものかについて検討する。

4 斟酌されるべき取引の実情

　侵害訴訟の場面であるから，斟酌されるべき取引の実情も当然このような前提で考えることになる。

　まず，登録可否の場面では，経験則に加え，経験則にはなっていないが一般的・恒常的な取引の実情を限度として考慮してよいとするのが本稿の立場であった。このような場面では，斟酌すべき具体の取引状況は不明である場合が多いと考えられるし，また，そうでなくても，指定商品等の広範な具体的取引状況を斟酌することは，事実上きわめて困難と思われるからである。これに対して，侵害成否の場面においては，侵害状況を具体的に把握することが求めら

---

67) 外川・前掲注42) 98頁。
68) 飯村・前掲注35) 57頁。

れている。加えて侵害訴訟においては，少なくともどちらかの商標は使用されているわけだから，より具体的な浮動的・一時的な取引の実情であっても，判断時の，被告商標にかかるものであれば斟酌されてよいと考えられる[69]。一方，原告登録商標の周知性・著名性，あるいは使用の有無が侵害否定の理由となることは政策的に避けられなければならない。なぜなら，これが認められると，結果として登録商標への信用蓄積が阻まれたり，あるいはすでに蓄積された信用が毀損されたりすることにもなりかねないからである。これらの要素は，もっぱら不正競争防止法2条1項1号の適用時に検討されるべきである[70]。

5　取引の実情の位置づけ

では，このような「取引の実情」は，「混同のおそれ」および「三要素」に対していかに位置付けられるべきであろうか。

商標法37条は，登録商標に「類似」する商標の使用等を問題としている。本稿は，基本的に商標自体が取り違えられるほどに似ている場合に商標の類似性を肯定する立場に立つ。私見では，商標自体が取り違えられるほど似ている場合には，当然商品の出所の混同は生じていると考えるが，出所の混同の有無を直接の基準として判定しようとするものではない[71]。

したがって，本稿の立場では，三要素と取引の実情の位置づけが主として問題となる。これに関連して，最判昭和35年9月13日民集14巻11号2135頁〔蛇の目ミシン事件〕の判例解説において「商標が類似するかどうかは，その外観，観念，称呼等を比較して判定される。今，商標が外観上類似するとの主張がある場合に，外観上類似する理由の説明に関する主張は，要するに，主要事実

---

69) 外川・前掲注42) 99頁同旨。前掲注11) 最判昭和36年6月27日〔橘正宗事件〕は登録の可否の場面の事例だから，侵害事例については，前述のとおりこれと異なった考えは許されよう。田村・前掲注10) 127頁もこれを否定していないものと考えられる。これに対して，塩月秀平「商標の類否・商品（役務）の類否判断の仕方」西田美昭＝熊倉禎男＝青柳昤子『民事弁護と裁判実務 8 知的財産権』483頁（ぎょうせい，1998年）は，「一般的取引の実情を普遍的，固定的に捉えるのは妥当でない」とする一方，「新製品開発当初などに生じる一過性の特殊事情に基づく取引状況などは，浮動的な実情として商標の類否判断の資料から除かれる」としている。
70) 田村・前掲注10) 130頁参照。
71) 牧野・前掲注65) 75頁も，「この出所の混同のおそれというのは，商標の類似性を判断する根拠となる外観，称呼，概念を総合的に考慮して商標は類似しているのかということを判断するにあたっての指標，基準として位置付けられなければならない」としている。

（商標が類似すること）を説明するための間接事実の主張に過ぎない……。さらに，商標が外観，観念，称呼のいずれの点で類似するかということに関する主張自体も，主要事実に関する主張ではない……」[72]とされている。これによれば，取引の実情もまた間接事実ということになる[73]。

取引の実情の斟酌を商標の類否判断のどこに位置付けるかという問題については，二つの考え方があると分析されている[74]。すなわち，①取引の実情は三要素とは別個の商標の類否を決しうる独立の要素とするもの，②三要素が商標の類否判断にどれほどの影響力を有するかを決める補助的な要素とするものである。すでにみたように，商標権侵害訴訟においては「類似」が要件となっており，類似性の判断に用いられる外観，称呼，観念の三要素は「類似」という主要事実を推認するための意味ある事実だから，間接事実というべきであり[75]，またそういう意味で「取引の実情」も同じく間接事実というべきである[76]。類似性の判断は商標自体の近似性を前提とすべきだから，商標の類否判断は，三要素の判断を基礎としつつ，その最終判断にあたって，取引の実情にもかんがみて取り違えるほど似ているものかどうかを再度判定するものと解すべきである。そうすると，上記①でも②でも，「取引の実情」が果たす機能上の実質的差異はないことになる[77]。三要素の判断によって近似性が肯定されても取引の実情にかんがみて取り違えるほど似ているわけでなければ「類似」とすべきではないし，反対に近似性が否定されていれば，もとより「類似」しようがない。

そもそも37条は，本来的な商標権の侵害を類似の商標等に拡大して商標権の保護に完全を期そうとするものとされているから，本来的に登録商標と取り違えられるほど似ているものを捕捉すれば十分であり，それ以上の保護は37条の予定するところではないというべきである[78]。

72) 白石健三「判解」最判解民事篇昭和35年度327頁。
73) 取引の実情の要件事実論的位置づけに言及するものとして，すでに塩月・前掲注69) 484頁，牧野・前掲注65) 75頁以下。
74) 牧野・前掲注65) 75頁。
75) 要件事実論については，例えば，伊藤滋夫『事実認定の基礎』83頁（有斐閣，2000年）参照。
76) なお，これに関し牧野・前掲注65) 77頁も同旨。塩月・前掲注69) 484頁は，「外観，称呼，観念の三要素は，出所の混同が生じるおそれを認定するための間接事実であって，これらの間接事実を総合した結果の出所混同のおそれをもって，商標類否の主要事実と理解することになる。」としている。
77) 田村・前掲注10) 129頁は，体系的な整理の問題に過ぎないと指摘している。

第5節　結びにかえて

　商標の本質的機能は出所識別機能にあるといわれている。人の識別行為は，五感とそこから生じるイメージによってなされるものと思われるから，商標の類否判断においても，完全に主観を排することはもとより困難であろう。したがって，商標の外観，称呼，観念の三要素の判定のみによって商標の類似を導き出せたとしても，そこには一定のゆらぎが存するはずである。

　「類似」は，基本的に商標権の効力範囲を画するための規範的概念と捉えるべきであるから，商標の類否が問題となる場面ごとに，関連する制度の趣旨・目的に照らして解釈すればよい。

　商標の不登録事由に関する4条1項11号の類似性については，商標自体が取り違えられるほど似ている場合に認められるべきとする考え方を基本的に支持したい。そして，法が未使用登録商標の存在を認めている以上，一般的・恒常的な取引の実情までを限度として斟酌することを許容するにとどめ，「類似」であるかどうかが決定されるべきと考えられる。この様な考えは，「混同のおそれ」の有無を判断要素とする判例の立場と一見矛盾するように見えるが，少なくとも私見においては，商標が取り違えられるほど似ている場合には，当然商品の出所混同のおそれはその水面下に生じていると認識するものであるから，判例の立場との平仄は取れているものと考えられる。

　侵害の場面では，37条の「類似」が問題となるが，判例は4条1項11号の適用事案である氷山印事件判決を参照[79]しつつ，その類否判断を行っているといえる。侵害成否の場面では，損害賠償請求については侵害成立時，差止請求

---

78) 商標法37条の趣旨に関して，「37条1項1号及び2号の間接侵害は，登録商標と類似する商標の使用を禁止することにより，登録商標を使用もしくは使用することが予想された商品等と誤認混同が生ずる恐れのある商品等の流通を防止し，登録商標に対する需要者等の信頼を保護することを目的としている」（松村・前掲注19）92頁）とするものがあるが，同時に法37条はあくまで商標権の保護の完全を期すために類似の商標等の範囲まで禁止権を拡大しているものであることを忘れてはならない。手段が自己目的化すると，その境界は目的とかけ離れて拡大し続ける危険性があるからである。

79) 文献においては，氷山印事件判決から小僧寿し事件判決まで連綿とつながる商標の類否判断理論があるかのように捉えるものも散見されるが，誤りである。類否判断は各々の規定の趣旨にしたがってなされるべきであり，小僧寿司事件の判示内容が，趣旨が異なる商標の登録可否が問題となる場面に「先祖返り」するようなことがあってはならない。

については口頭弁論終結時にかかる侵害状況の考察が必要となるので，その具体的な取引事情を参酌しつつ判断されることになる。37条で要件とされているのは，あくまで「類似」である。三要素，取引の実情は，証拠法上，ともに「類似」を推認させる間接事実である。商標の類否判断は三要素による判定を基礎とするが，ここで近似性が認められても取引の実情に照らして取り違えられるほどでなければ，法的救済の必要はないのであり，37条の「類似」の要件は満たさないものとされるべきである。また，この際原告商標の周知性・著名性は，政策的な理由から判断資料として斟酌されるべきではないと考えられる。もしこれを許容する場合には，信用が蓄積されているがゆえに商標法による保護が否定される結果となり，むしろ商標法の目的に反することになってしまうからである。

商標法の『市場創造法』としての側面に関する一考察

吉澤 和希子

第 1 節　はじめに
第 2 節　市場創造法のコンセプトを支える三つの視点
第 3 節　保護対象としての新市場の創造を牽引する商標の機能
第 4 節　新市場の創造を牽引する商標の機能に対する保護の在り方
第 5 節　むすび

第 1 節　はじめに

　商標法は，一般に，取引秩序を維持する法律として位置づけられていると考える。たとえば「商標を保護することは，一定の商標を使用した商品又は役務は必ず一定の出所から提供されるということを確保することになる。……したがって，一定の商標を使用した商品又は役務は一定の出所から提供されるという取引秩序を維持することは，消費者等の利益を保護することになると同時に，商品及び役務の取引秩序の維持ということを通じて産業の発達にも貢献する」と説明される[1]。かかる説明自体に異論はないが，取引秩序維持以外の方法でも，商標を介して，商標法1条に規定する「産業の発達」に貢献できるのではないか。また，かかる説明は，既存市場に複数の事業者が似たような商品・役務を提供して競争している状態を想定し，市場が立ち上がらず競争相手が現れていないような状態は想定していないようにも思われる。

　しかし，わが国商標法は，登録主義を採用するため，市場が存在していない状況での商標の機能を認識しているとも解し得る。近時，とくに潜在的な顧客の欲求や満たされないニーズに対応する新市場の創造が，以前にも増して必要とされており，新市場が芽吹くとき，商標は何らかの機能を果たして「産業の発達」に貢献するのではないか。

---

1) 特許庁編『工業所有権法（産業財産権法）逐条解説』1152頁（発明協会，第17版，2008年）。

そこで，本論は，かかる問題意識を掘り下げるべく『新市場の創造を牽引する商標の機能[2]』を観念し，その機能を整理する。そしてその機能を促進する知的財産法の一類型として『市場創造法』というコンセプトを提案し，そのコンセプトの下で商標法を再考することを試みる。なお，市場創造法のコンセプトは，商標の創作物としての側面に着目して，これを商標法で保護しようというものではない。本論は，商標の機能の発揮が，新市場の創造を促し，「産業の発達」に直接貢献するという繋がりを見出そうとするものである。

第2節　市場創造法のコンセプトを支える三つの視点

1　新市場の創造の鍵となるのは商品・役務のカテゴリの創造

新市場の創造の鍵となるのは，『商品・役務のカテゴリ[3]』の創造ではないかと考える。市場は，商品・役務が取引きされる場であるが，その供給者と需要者が共通の認識をもって取引きにあたるためには，商品・役務のカテゴリ化による価値共有が必要である。すなわち，商品・役務のカテゴリは，何らかの物事を，一定の用途や機能または特徴等で分類し意味づけられ，皆が共通に使用できる名前が付され，中身も次第に規格化されていったと考える。たとえば，人間社会の歴史のなかで当初より，自動車のカテゴリが存在していたわけではないが，現代社会で複数人に「自動車」とは何かと聞いたら，似たような用途や機能または特徴等をもつ乗り物のカテゴリを思い浮かべるだろう。

社会，地域，時代等によって，潜在・顕在顧客の欲求やニーズは異なり，これらを満たすものが何であるか客観的に明らかにするには，商品・役務のカテゴリの創造が鍵となると考える。もっとも，カテゴリに明確な定義や名前がない場合や，物理的価値に着目したものではなく精神的価値に着目したカテゴリ化も多いだろう。いずれにしても，事業者と潜在・顕在顧客のコミュニケーションによる価値共有により，商品・役務のカテゴリが創造されると考える。すなわち，事業者が一定の用途や機能または特徴等を有する商品・役務を提供し，これに対し潜在・顕在顧客が「これまでになかった」と認識することで，

---

2) 「新市場の創造」とは，本論では「市場の再創造」等を含む広い意味として用いる。なお，本文中の『　』は，筆者の造語または強調したい言葉・文章である。
3) 「カテゴリ」には，その下位概念の「サブカテゴリ」も含む意味として用いる。また，「商品・役務」は，商品または役務のほかに，商品および役務という意味も含む。市場では，たとえば「役務」とセットで販売される「商品」があるからである。

商品・役務のカテゴリが創造され，かつ，これを顧客が欲しいと思い，魅力を感じるような，いわば『顧客が感じる価値』がある場合に，新市場が芽吹くと考える。

そうすると，本論では，新市場の創造の鍵となるのは，商品・役務のカテゴリの創造であるということが第1の視点となる。

2　事業者の営業努力が商品・役務のカテゴリの創造を主導する

取引秩序を維持する法律は，第一義的には，市場における競争を健全なものにして「産業の発達」を図るべく，一定の商標の下で一定の商品・役務を提供する事業者の営業努力に着目し，商標を保護するものと考える。これに対し，市場創造法のコンセプトでは，事業者と潜在・顕在顧客のコミュニケーションによる価値共有が核となり，商品・役務のカテゴリが創造され，新市場の創造に繋がり，「産業の発達」が図られると考えていくため，競争は，市場が創造された効果と捉える。そうすると市場創造法のコンセプトで着目すべき事業者の営業努力はどのようなものであろうか。

この点，P.F.ドラッカー氏によれば，「市場をつくるのは，神や自然や経済ではなく企業である。企業が満足させようとする欲求は，顧客がそれを満たす手段の提供を受ける前から感じていたものかもしれない」が，「有効需要に変えられるまでは，潜在的な欲求であったにすぎない。有効需要に変えられて初めて，顧客と市場が誕生する[4]」とされる。

これによれば，新市場を切り拓く商品・役務のカテゴリの創造をドライブするハンドルは，事業者が握らなければならない。すなわち，事業者は，商品・役務のカテゴリの『あるべき姿』を，一定の用途や機能または特徴等を有する商品・役務でいち早く明らかにし，潜在・顕在顧客に提供していくといった，開発の成果を市場に繋げる一連の努力を要する。あるべき姿の実現は，潜在・顕在顧客を意識した事業者の試行錯誤の結果であり，顧客が価値を感じて受入れた後も，事業者は顧客の期待を裏切らないよう品質コントロールを徹底化する必要があろう。また，新市場の創造で果実を得るのは，市場を芽吹かせた事業者でない場合も多いだろう。したがって，顧客とのコミュニケーションによる価値共有に成功した事業者は，その関係性を維持し，または深める必要があ

---

4) P. F. ドラッカー著，上田惇生訳『ドラッカー名著集13　マネジメント（上）―課題，責任，実践』73頁（ダイヤモンド社，2008年）。

る。

　さらに，あるべき姿は，事業者と顧客とのコミュニケーションを核として，補完的生産者や供給者等の協力を得て，かつ，事業者の品質コントロールを流通業者や販売業者等にも及ぼすことで達成される[5]。新市場を切り拓く商品・役務のカテゴリの創造は，これらの各事業者の営業努力も促し，「産業の発達」が図られると考える。

　そして，以上のような事業者の営業努力は，商品・役務のカテゴリ自体への人々の満足の質を高め，これに追随する他の事業者の努力が，商品・役務のカテゴリを定着させる。結果として市場における競争が生まれたら，かかる競争の健全性は，取引秩序を維持する法律で担保されるだろう。

　そうすると，本論では，事業者の営業努力が，商品・役務のカテゴリの創造を主導するということが第二の視点となる。

3　商品・役務のカテゴリの保護を創作法のみに委ねる弊害

　特定の商品・役務が既存のものから脱し，新市場を切り拓くような新たな商品・役務のカテゴリに属すると認識されるような場合，その背後で，新しい技術的思想，著作物または外観形態を用いる等して，商品・役務を具現化するという創作的努力が注がれている場合も多い。したがって，新たな商品・役務のカテゴリの創造に関して，知的財産法で保護しようとする場合，特許法，意匠法，著作権法等のいわゆる創作法に委ねるべきとも考えられる。

　しかし，特許法や意匠法等のいわゆる創作法による保護は，市場に出される前の創作に着目している。そして特許法や意匠法で保護されるコンセプト[6]は，技術的思想や外観形態レベルのものである。いわば『技術コンセプト[7]』と『顧客が感じる価値コンセプト』とは必ずしも一致しない。また，コミュニケーションの相手がいなくても，ある創作物に創作者の個性が発揮されていれば著作権が発生し得る。そうすると，いわゆる創作法で保護される創作物を基盤に，商品・役務を開発し，顧客が感じる価値と，事業者が提供する価値に大

---

[5]　不当な取引制限，不公正な取引方法等，独占禁止法に違反するような市場のコントロールまで含む意図はない。

[6]　意匠は，少なくともわが国意匠法で保護を受けるには，図面等で具体的な物品の外観形態として保護対象を特定する必要があるが，関連意匠等を用いることで，実質的に，外観形態レベルのコンセプトを保護できると考える。

[7]　技術的思想や，意匠を構成する形態自体がもつコンセプト等が含まれる。

きなズレがあり，事業者がそれに気づかなければ，「技術でできることを開発することが中心となり，真に顧客の問題を解決できていない[8]」という事態に陥る。たとえば，ある技術分野で特許権を取得した場合，製品開発でその特許発明を活用することに主眼がおかれると，顧客が感じる価値と乖離するおそれがあるということだ。そこで，商標法による保護も重要と考え，商品・役務を構成する要素，たとえば技術や成分自体の商標を考え，商標権を取得しても，それだけでは上記「技術でできることを開発することが中心とな」るという問題を解消しないばかりか，これを助長する危険もある。

以上をふまえ，ドラッカー氏の論を参考にすると，顧客が感じる価値コンセプトを起点にする重要性を改めて認識できる。すなわち，同氏によれば「企業の目的は顧客の創造である。したがって，企業は二つの，ただ二つだけの企業家的な機能をもつ。それがマーケティングとイノベーションである[9]」とされる。そして「マーケティングの理想は販売を不要にすること」であり，それが「目指すものは，顧客を理解し，顧客に製品とサービスを合わせ，自ら売れるようにすること[10]」とされ，イノベーションは「技術ではなく経済や社会のコンセプトであ」り[11]，「社会のニーズをもって，利益をあげる事業機会としてとらえなければならない[12]」とされる。

そこで再確認すると，本論が，新市場の創造の鍵となるのは，商品・役務のカテゴリの創造である旨考えるのは，本節1で述べたように，潜在・顕在顧客の欲求やニーズを満たすものが何であるかを客観的に明らかにするためであった。とすれば，顧客が感じる価値コンセプトを起点にして，あるべき姿を一定の用途や機能または特徴等を有する商品・役務でいち早く明らかにして，潜在・顕在顧客に提供していくといった事業者の一連の営業努力は，新規な技術や意匠等の創作を包含しつつ，これと異なる上位の次元の創作として把握すべきと考える。本論では，上位の次元の創作を，ドラッカー氏のいう「マーケティングとイノベーション」と同旨と捉え，これらの過程で，新市場を切り拓く商品・役務のカテゴリが，事業者の営業努力を主導として創造されると捉え

---

8) 宮永博史『顧客創造 実践講座―ケースで学ぶ事業化の手法』26頁（ファーストプレス，2008年）。
9) ドラッカー・前掲注4）74頁。
10) ドラッカー・前掲注4）78頁。
11) ドラッカー・前掲注4）81頁。
12) ドラッカー・前掲注4）83頁。

る。
　そうすると，本論では，商品・役務のカテゴリの創造に関する保護を，いわゆる創作法のみに委ねるべきではないということが第三の視点となる。

第3節　保護対象としての新市場の創造を牽引する商標の機能

　市場創造法のコンセプトをささえる第一および第二の視点で述べた事柄，すなわち，新市場の創造の鍵となるのが，商品・役務のカテゴリの創造であり，事業者の営業努力がその創造を主導することに着目すると，新市場の創造を牽引する商標の機能は，これらとどのように関係して発揮されるのか，かかる機能が商標法の保護対象となり得るのか以下で検討する。

1　ブランド構築段階と現行商標法の保護の射程

　ブランド論で著名なデービッド.A.アーカー氏は，ブランド構築段階を，「カテゴリーあるいはサブカテゴリーを選ぶ」ことと「検討するブランドをいくつか選ぶ」ことからなる「ブランド・レレバンス」が問題となる段階（以下本論では「一つ目の段階」という）と，「検討グループからブランドを選ぶ」ことと「使用経験」からなる「ブランド選好性」が問題となる段階（以下本論では「二つ目の段階」という）として，概念的に二つに分けた研究[13]を行っている。これを参考に，上述の第一および第二の視点で述べた事柄が，いずれの段階の問題なのか確認する。
　まず，顧客は，何らかの問題を解決し，またはニーズや欲求を満たすべく，商品・役務のカテゴリを選択する。つぎに，顧客は，選択したカテゴリ内で，いくつかブランドを選ぶことが想定される。筆者は，たとえば，いつでも気軽に文書等作成したいと考えた場合，ノートパソコンを思い浮かべ，そのカテゴリ内でいくつかブランドを思い浮かべたが，今日では，タブレット型PCや，スマートフォン等の複数のカテゴリも選択肢となるだろう。この段階でブラン

---

13)　デービッド.A.アーカー著，阿久津聡監訳，電通ブランド・クリエーション・センター訳『カテゴリー・イノベーション　ブランド・レレバンスで戦わずして勝つ』33頁［図表1-2］（日本経済新聞出版社，2011年）。なお，「レレバンス」の概念については，本書に詳細に説明されているため，これを参照されたい。本論では「レレバンス」を，「自分も欲しいと思う，魅力を感じる」（同書33頁）といった意味合いと解釈する。

ドの競争は，カテゴリ同士の競争として始まっており，一つのカテゴリ（たとえば，「スマートフォン」）が他のカテゴリ（たとえば，いわゆる「ガラケー」）を駆逐する場合もある。以上がブランド構築段階の『一つ目の段階』であり，ここでの事業者の課題は，アーカー氏が挙げるものから抽出すると，「そのブランドが関わる製品カテゴリやサブカテゴリを顧客にとって関連性あるものにすること，またはその状態を維持すること」と，「顧客が，そのブランドを製品カテゴリやサブカテゴリのなかの選択肢の1つだと考えるようにすることである。」[14]。

つぎに，『二つ目の段階』とは，顧客が選択したカテゴリ内で一つのブランドを選び，使用経験を介して再購入したり他人に勧めたりする段階である。ここでの事業者の課題は，アーカー氏が挙げるものから抽出すると「差別化を行い，ロイヤルティを高める」ことと「期待に応える使用経験をさせる」ことである[15]。ただし，アーカー氏は「ブランド・マネジメントのほとんどは，ある用途を前提として検討される一連のブランド群の中で，差別化を実現することに焦点を当てている」が，カテゴリに関する「関連性がなければ，差別化も選好性も価値がない」と指摘する[16]。確かに，縮小しているカテゴリ内でブランドによる差別化を図っても徒労に終わることは容易に想像できる。また，既存カテゴリ内で先発ブランドが，商品・役務のカテゴリのあるべき姿を浸透させ，これに顧客が馴染んでいる場合，後発事業者が多少の差別化を図っても，先発ブランドの地位は簡単には揺るがないだろう。結局，後発ブランドは，先発ブランドの要素を取り入れなければ，そのカテゴリに属すると認識されないため，模倣とならないギリギリのところで追随するしかない。

以上から，上述の第一および第二の視点で述べた事柄は，ブランド構築段階の主として一つ目の段階の課題として位置付けられる。そしてブランド構築上，かかる一つ目の段階の課題に取り組むことが近年増々重要になっていると考える。一方，現行商標法は，主に，二つ目の段階で，取引秩序の維持を目的に，商品・役務のカテゴリ内で，商標による自他商品（役務）を区別し，ひいては

---

14) デービッド．A．アーカー著，阿久津聡訳『ブランド・ポートフォリオ戦略─事業の相乗効果を生み出すブランド体系』131頁（ダイヤモンド社，2005年）。「関連性」の用語は，前掲注13) で用いられる「レレバンス（relevance）」の用語を日本語に訳したものである。
15) アーカー・前掲注13) 33頁［図表1-2］。
16) アーカー・前掲注14) 132～133頁。

差別化を助ける手段として機能してきたと考える。

2　ブランド構築段階の一つ目の段階における商標の機能

　上述のように，第一および第二の視点で述べた事柄が，ブランド構築段階の主として一つ目の段階の課題として位置付けられるとして，商標はこれにどのように関係して，新市場の創造を牽引する機能を発揮するか以下検討する。

　一般に，商品・役務のカテゴリは，一定の用途や機能または特徴等で分類し意味づけられ，社会，地域，時代等によって変化するものと解される。すでにこの社会では，自動車，洋服，バッグ，菓子，クリーニング，レストランといったカテゴリが山ほど定着している。開発した商品・役務が，既存のカテゴリに照らして，既存のものの改良に留まる場合は，既存の商品・役務のカテゴリに含まれるだろう。しかし，既存のものと質的に異なる変化があり，これまでにない顧客が感じる価値提案を伴う場合等は，既存の枠組みを超えて，新市場を切り拓く新たな商品・役務のカテゴリの創造に結びつく可能性がある。もっとも，新たな商品・役務のカテゴリに結びつく可能性があっても，既存のものに押し込んでいる例が世の中に沢山あるのではないか。たとえば，ノンアルコールビール（その他，ビールテイスト飲料等）と呼ばれる飲料は，酒税法上のビールに属さず，炭酸飲料[17]に属する。そこでかりに，現在，ノンアルコールビールとして知られる商品を，炭酸飲料として販売していたら，新たな商品・役務のカテゴリの創造に結びつかなかっただろう。

　ここで一つ例を挙げてみよう。「ルンバ（Roomba）」と聞くと，どんな商品・役務を想起するだろうか。既存の掃除機のカテゴリに含まれるだろうか。筆者の意見であるが，「ルンバ（Roomba）」に係る商品は，掃除をする用途から考えると既存の家庭用掃除機に含まれるが，これまでの掃除機にない特徴的機能の付加等によって，勝手に掃除をしてくれるという物理的価値や，動き回ってペットのように愛着を感じさせるという精神的価値を実現していると解される。これにより既存のものと質的に異なる変化があり，これまでにない顧客が感じ

---

[17]　「ノンアルコールビール」のカテゴリの創造は，商標「キリンフリー」に係る商品が牽引したと解される（たとえば，勝見明著，野中郁次郎監修「成功の本質　第54回キリンフリー」Works 第17巻第1号通巻105号56〜61頁（リクルートワークス研究所，2011年）を参考）。一方で，キリン株式会社HP（http://www.kirin.co.jp/products/nonalcohol/kirinfree/lineup/）に掲載の商品概要の名称は「炭酸飲料」と表示されている（2016年8月現在）。

る価値提案を伴うため，「ルンバ（Roomba）」に係る商品は，新たな商品・役務のカテゴリの創造を促したと解される。そして「ルンバ（Roomba）」に係る商標登録[18]の情報を見ると，「家庭用電気掃除機，業務用電気掃除機」以外に，「家庭用掃除ロボット」の商品が指定されている。アイロボット社の日本人向けHP[19]にも，「ロボット掃除機　ルンバ」と表明している。確かに最近，お掃除ロボット（その他，ロボット掃除機等）という言葉が社会に広まったように思うが，筆者の意見では，お掃除ロボットから真っ先に想起されるのは「ルンバ（Roomba）」なのではないか。なお，最近では同種のお掃除ロボットが数社から販売されるに至っている。「ルンバ（Roomba）」は，掃除機のカテゴリ内でお掃除ロボットのサブカテゴリを創造し，家庭用ロボットのカテゴリの拡大にも寄与したといえるだろう。

　以上を参考に考えると，顧客が感じる価値コンセプトを起点に，以下の二つの道筋を相互に影響させながら，商品・役務のカテゴリを事業者自ら『定義する』ことが，そのカテゴリの創造において重要になると考える[20]。すなわち，カテゴリのあるべき姿を一定の用途や機能または特徴等を有する商品・役務で提供すること（上記の例では「ルンバ（Roomba）」の商品そのもの）と，カテゴリ自体を一定の用途や機能または特徴等で分類し意味づけすること（上記の例では「ロボット掃除機」の名称とその説明等[21]）である。ここで，商標の機能は，あるべき姿としての商品・役務や，カテゴリを分類し意味づけする言葉等，二つの道筋からアウトプットされた『定義化要素』を集約し，事業者と潜在・顕在顧客のコミュニケーションによる価値共有を促す手掛かりを与えることといえる。

　そうするとブランド構築段階の一つ目の段階で，商標は，商品・役務のカテ

---

[18]　たとえば，「アイロボット　コーポレイション」は，商標登録第4781882号（商標「ルンバ」），商標登録第4781883号（商標「Roomba（デザイン化あり）」）等を有している（2016年8月現在）。

[19]　https://www.irobot-jp.com/ を参照。2016年8月現在。

[20]　アーカー氏は，「カテゴリーを形成したら，そのまま放置して市場に定義を任せるようなことをしてはならない。……新しいカテゴリーあるいはサブカテゴリーは，定義し，そのイメージを積極的に管理し，ブランドと関連づける必要がある」等と指摘する（前掲注13）67～68頁）。

[21]　1997年に「陸地の地雷を探査・除去するためのロボット「Fetch（フェッチ）」を開発」し，これに搭載された「頭脳は，後にルンバの「床のゴミを探し，部屋を包括的に掃除する」機能として用いられ」る等と説明される（iRobot 研究所 HP（http://labo.irobot-jp.com/history/））。2016年8月現在。

ゴリを事業者自ら定義することを促し、事業者と潜在・顕在顧客のコミュニケーションによる価値共有を促す手掛かりとなって、そのカテゴリの創造に関係し、その創造を主導する事業者の営業努力の成果を商標に蓄積させ、新市場の創造を牽引する機能を発揮すると考える。

3 保護対象たる「新市場の創造を牽引する商標の機能」

現行商標法による保護をブランド構築段階の一つ目の段階まで広げるべきとして、本節2では一つ目の段階で、商標は、商品・役務のカテゴリを事業者自ら定義することを促し、事業者と顧客のコミュニケーションによる価値共有を促す手掛かりを与える旨述べた。これらの点に着目して、新市場の創造を牽引する商標の機能を、商標法の保護対象として把握できるかについて以下検討する。

商標法上の保護対象となり得る商標は、『自他商品（役務）識別機能（以下「識別機能」という）』を発揮するものと一般に解され[22]、識別機能とは「個性化された一群の商品を他の商品群から識別する機能であり、商品の同一性を表示する機能である[23]」との見解が有力である。かかる「他の商品群から識別する」という部分から、識別機能は、商品・役務のカテゴリ内で、商標による自他商品（役務）を区別し、ひいては差別化を助ける機能と解され得るが、本論では「同一性を表示する機能」を、より本質的または基本的な意味と理解したい。これがないと、区別し、ひいては差別化を助ける機能も発揮されないからである。

ところで、以上のような「同一性を表示する機能」を重視する本論の見解は、近時、内外の学説で提唱されている、いわゆる『コミュニケーション機能』に近いのではないかと考える。この機能について、たとえば「商品生産者と需要者の間のコミュニケーション・チャネルとしての商標の手段性に着目して、商標の出所表示機能、品質保証機能及び広告機能は、いずれも商標のコミュニ

---

[22] たとえば、前掲注1）では、「一条、二条一項、三条等の趣旨を総合すれば、現行法においても商標は自他商品識別をその本質的機能としていると考えられる」と説明される（1163頁）。ただし、学説・判例上「識別機能」を「出所識別機能」と解するものもある。たとえば、小僧寿し事件（最判平成9年3月11日民集51巻3号1055頁）では、「商標権は、商標の出所識別機能を通じて商標権者の業務上の信用を保護するとともに、商品の流通秩序を維持することにより一般需要者の保護を図ることにその本質があ」ると判示される。

[23] 網野誠『商標』74頁（有斐閣、第6版、2002年）。

ケーション機能の1側面に過ぎない、とする理解もある[24]」と説明される。かかる理解は「Frank I. Schechter, The Rational Basis Of Trademark Protection, 40 Harvard Law Review 813-833（1927）」（以下「Schechter論文」という）、および、「Karl H. Fezer, Markenrecht, 1997, SS. 68-71」にみられるという[25]。Schechter論文は、商標の「販売力（selling power）」に焦点をあて、それが特に商標の「識別力」に由来し、「その識別力が強ければ強いほど販売力は効果的になる（the more distinctive the mark, the more effective is its selling power）」と述べている[26]。もっともかかる「販売力（selling power）」は、一方的に売りつけるという意味ではなく、「顧客の創造と維持が、出所の明示よりもむしろ、今日の取引上の第一の目的（…the *creation and retention of custom*, rather than the designation of source, is the primary purpose of the trademark today, …）」である[27]という見地から導かれるものであろう。これは、本論で引用したドラッカー氏の「企業の目的は顧客の創造である」とする見解と趣旨を同じくするものではないだろうか。コミュニケーション機能の正否を論ずる力は筆者にないが、かかる「顧客の創造と維持」に繋がる商標の「販売力」を発揮させる前提として、どのような対象を商標に識別させるかを重視すること、すなわち「同一性を表示する機能」を、より本質的または基本的な商標の機能と解することは、それなりの合理性があるように思う。

　そこでさらに検討を進めると、商標が「同一性を表示する機能」を発揮させるにあたって、上述のように「潜在的な欲求であったにすぎない」ものを「有効需要に変え」ていく事業者の一連の営業努力を、反映させることが望ましい。すなわち、本節2で述べたように、ブランド構築段階の一つ目の段階で、あるべき姿としての商品・役務や、カテゴリを分類し意味づけする言葉等、二つの道筋からアウトプットされた定義化要素を集約し、「個性化された一群の商品[28]」にまとめあげ、これに対して商標が「同一性を表示する機能」を発揮させることができれば、事業者と潜在・顕在顧客のコミュニケーションによる価値共有が促されると考える。共有する価値が、既存のカテゴリと質的に異な

---

24) 土肥一史『知的財産法入門』52頁（中央経済社、第14版、2013年）。
25) 土肥・前掲注24) 52頁。
26) 前掲注25) にあげたSchechter論文819頁（和訳は筆者）。
27) 前掲注25) にあげたSchechter論文822頁（和訳は筆者）。
28) 「個性化された一群の役務」も該当するが、引用先では省略されているため、これに従う。

る変化があり，これまでにない顧客が感じる価値提案を伴う場合等は，新たな商品・役務のカテゴリの創造に繋がる可能性が高い。このような場合は，商標の機能の発揮が「産業の発達」に直接貢献するため，新市場の創造を牽引する商標の機能を観念でき，これを商標法で保護すべきといえるのではないか。

以上をふまえ，商標法上は，商標の識別機能，厳密には同一性を表示する機能を保護対象と把握すべきと考える。そして，かかる機能が，事業者と潜在・顕在顧客のコミュニケーションによる価値共有を促すべく発揮され，そのなかの少なくとも一部が，新市場の創造を牽引する商標の機能として観念できるようになると考える。

第4節　新市場の創造を牽引する商標の機能に対する保護の在り方

市場創造法のコンセプトをささえる第三の視点として，第2節3で，商品・役務のカテゴリに関する保護を，いわゆる創作法のみに委ねるべきではない旨述べた。新規な技術や意匠等の創作を包含しつつ，これと異なる上位の次元の創作により，新市場を切り拓くような商品・役務のカテゴリが創造されると考えたからである。それでは，上位の次元の創作を商標法で保護できるか考えるに，現行商標法は，取引秩序を維持する法律と解されるため，そのままでは対応できないとも考えられる。

しかし，現行商標法は登録主義の下，市場が存在していない状況でも，商標を登録し保護することは可能と考える[29]。そこで市場創造法のコンセプトの下で，第3節3では，商標の「同一性を表示する機能」を保護対象とし，かつ，そのなかの少なくとも一部が，新市場の創造を牽引する商標の機能として観念できこれを保護すべきと述べた。ただし，現行商標法が取引秩序を維持する法律と解される以上，商標登録による保護は得られても，競争相手がいない状況で，新市場の創造を牽引する商標の機能が何らかの他人の行為によって害されても，これをもって商標権侵害として，救済は得られない。

そこで，これまでの検討をふまえ，以下では，市場創造法のコンセプトの下

---

29) 実務上は，新しい商品・役務を指定して商標登録出願する場合，資料を提出し特許庁にその内容を説明したり，必要があれば，適切な商品・役務名に補正して商標登録される場合もある。

で商標法を再考し，新市場の創造を牽引する商標の機能に対する『保護の在り方』について考える。

1 ブランド構築段階の二つ目の段階における商標法による保護

現行商標法は，同法25条および37条1号により，「登録商標」および「指定商品又は指定役務」と同一・類似範囲にその商標権の効力を及ぼすことを原則として認める。「類似」の範囲とは，出所の混同が生ずるおそれのある範囲と解されており，判例もそのような立場にたっていると解してよいだろう[30]。出所混同のおそれを要件とした商標権侵害に対する救済制度は，登録商標が，商品・役務のカテゴリ内で，商標による自他商品（役務）を区別し，ひいては差別化を助けるため，第3節1で述べたブランド構築段階の二つ目の段階における保護制度と考えられる。新市場の創造を牽引する機能を発揮するような商標は，このような区別や差別化ができる根源的な力をもつため，防護標章登録を含め，かかる救済制度で保護されるだろう。

以上とは異なる観点から，現行商標法の下，商標の経済的機能に着目した保護が考えられる。商標の主要な経済的機能として，識別機能に加え，出所表示機能，品質保証機能，および，宣伝広告機能が一般にあげられるが，宣伝広告機能について，現行商標法で保護されるか問題となる。同機能を，顧客吸引力を有する一定のイメージを有するに至った商標自体が，商品・役務を宣伝広告するようになる機能と解すると，他人がかかるイメージについて，フリーライドまたは毀損することで，出所の混同のおそれを伴わなくとも，経済的機能が害される可能性があるからである。もっとも宣伝広告機能を，ブランド構築段階の二つ目の段階で，莫大な宣伝広告費をかけ，いわば広告代理店等により事後的に創作されるイメージまたは宣伝広告自体を意味するものと解すると，第2節3で述べた「販売を不要にすること」を理想とするマーケティングに照らしても，保護を促進する必要はないようにも思われる。また，宣伝広告機能の用語を用いるとしても，社会の実情を反映した解釈を伴って用いる方がよいのではないか。思うに，宣伝広告機能の用語の下で把握しようとする機能は，ただやみくもに宣伝広告費をかければ発揮されるものでもないだろう。イメージの根拠となる商品・役務が，顧客が感じる価値コンセプトを起点に，物理的

---

[30] 氷山事件（最判昭和43年2月27日民集22巻2号399頁），小僧寿し事件（最判平成9年3月11日民集51巻3号1055頁）等。

価値のみならず，精神的価値や自己表現的価値等を伴うものとして創造されて初めて発揮されるのではないか。すなわち第3節3で述べたように，事業者自ら積極的に，顧客が感じる価値コンセプトを起点にしてまとめ上げられた「個性化された一群の商品」について，商標は「同一性を表示する機能」を発揮させ，潜在・顕在顧客とのコミュニケーションによる価値共有が促される。そして価値共有の深化によって，商標は，かかる価値をもたらすイメージを潜在・顕在顧客の記憶に刻み込み，多大な財産的価値を有するに至ると考える。いわば，宣伝広告機能は「同一性を表示する機能」が発揮された効果である。効果のみに着目すれば，商標が有するイメージが，商品・役務のカテゴリ内で，自他商品（役務）を区別し，ひいては差別化を助けるため，ブランド構築段階の二つ目の段階で把握すべき保護対象ともいえる。しかし，上述のように，莫大な費用をかけて実体とかけ離れたイメージまで保護する必要はないとも考えられるため，上述のように，宣伝広告機能は「同一性を表示する機能」とセットで考え保護対象と把握すべきと考える。

2　ブランド構築段階の一つ目の段階まで広げた保護

　宣伝広告機能は，本節1で述べたように「同一性を表示する機能」とセットで考え保護対象と把握すべきと考えると，もはやコミュニケーション機能と解すべきかもしれないが，「商標の出所表示機能，品質保証機能及び広告機能は，いずれも商標のコミュニケーション機能の1側面」と解する場合，結局，個別の機能の検討も要する。そこで，本論では，商標が宣伝広告機能を発揮することを認めるとして，かかる機能の解釈については次のような見解を参考にしたい。すなわち「商標の市場への浸透度が極めて高くなると，商品の単なるマークではなくて，商標そのものから商品自体を連想させるようになる[31]」というように，商品・役務と商標の強い結びつきが，人々の記憶の中に形成される状態に着目した見解である。かかる状態は「著名商標とりわけ商標と商品との唯一絶対的な観念的結合関係が認められる場合に強くな」り，「商標の正当な使用者以外の者が無断でその者の商品に使用すると，著名商標のこの観念的結合関係が切断されたり，あるいは希薄になったりするおそれがあ」るとされ，これが商標の『希釈化』という問題であるとされる[32]。出所混同のおそ

---

31)　土肥・前掲注24) 51頁。

れがなくとも、希釈化のおそれがあれば商標権侵害を認め、これを救済する制度は、商標が有するに至ったイメージの保護と捉えると、結局、ブランド構築段階の二つ目の段階での保護といえるかもしれない。しかし、上記の説明のように「観念的結合関係が切断されたり、あるいは希薄になったりする」場合にこれを救済して、商品・役務と商標の強い結びつきを保護する点に着目すると、ブランド構築段階の一つ目の段階まで保護を広げたものと考えることができる。なぜなら一つ目の段階で、潜在・顕在顧客が価値を感じる商品・役務のカテゴリを、一事業者の営業努力で創り出すことができ、その場合、商品・役務と商標の強い結びつきが人々の記憶の中に形成される可能性がある。そしてそのカテゴリから商標を手掛かりに自己のブランドが真っ先に想起されるような状態が期待できるからである。かかる状態を形成するには、第3節2で述べたように、一つ目の段階で、商標は、商品・役務のカテゴリを事業者自ら定義することを促し、事業者と潜在・顕在顧客のコミュニケーションによる価値共有を促す手掛かりとなって、そのカテゴリの創造に関係し、かつ、カテゴリ創造を主導する事業者の営業努力の成果を蓄積させ、新市場の創造を牽引する機能を発揮させることが望ましい。すなわち、通常は、事業者の営業努力によって、商品・役務のカテゴリが創造された場合でも、特許法等の創作法で保護される場合は別論、商品・役務のカテゴリは一般に普及し、取引きにおいて皆で共有されていくだろう。しかし、そのカテゴリの創造に注いだ事業者の営業努力は、商品・役務と商標の強い結びつきが人々の記憶の中に形成されることで、報われる可能性が高い。その形成を自然の成り行きに任せるのではなく、第3節3で述べたように「個性化された一群の商品」を事業者が自らまとめあげ、商標を用いてその「同一性を表示する機能」を発揮させることができれば、商品・役務と商標の強い結びつきを自ら創り出せるだろう。その場合、出所混同のおそれがなくとも、希釈化のおそれがあれば商標権侵害を認め、これを救済する制度が必要である。

　そうすると、ブランド構築段階の一つ目の段階まで商標法の保護を広げたものにし、商標の宣伝広告機能を「同一性を表示する機能」とセットで考えてそ

---

32) 土肥一史「68　商標の機能」牧野利秋編『法律知識ライブラリー5　特許・意匠・商標の基礎知識』284頁（青林書院、第3版、1999年）。ここでは、「宣伝広告機能」ではなく、「広告機能」の用語が用いられるが、両用語は本論では同旨と捉える。また、ここでは「ダイリューション」の用語が用いられるが、この部分は引用せず、同旨と解される「希釈化」の用語を用いた。

の保護対象とし，出所混同のおそれがなくとも，希釈化のおそれがある場合に
商標権侵害を認め，これを救済する制度を現行商標法に導入すべきと考える。
その場合，最終的に保護される商標は，著名性の要件や適用除外等で少ないこ
とが想定されるものの，同一性を表示する機能がセットで保護対象となってい
ることで，商品・役務のカテゴリの創造に繋がり得る，新規な技術や意匠等の
創作を包含しつつ，これと異なる上位の次元の創作を生み出すインセンティブ
を与えることもできるのではないか。具体的には，商標登録出願の際，指定さ
れる商品・役務が，顧客が感じる価値コンセプトを起点にし，物理的価値のみ
ならず，精神的価値や自己表現的価値等を伴うものか否かのチェックの機会を
得ることが考えられる。既存の商品・役務の多少の改良に留まらず，既存のも
のと質的に異なる変化があり，これまでにない顧客が感じる価値提案を伴う商
品・役務の提供を促すことも期待できるのではないか。

　それでは実際，わが国現行商標法に，出所混同のおそれがなくとも，希
釈化のおそれがある場合に商標権侵害を認め，これを救済する制度を導入す
ることは可能だろうか。この点，第3節3であげたSchechter論文にたちか
えって，アメリカ合衆国の制度を概観することが一つの参考になろう。「米国
において初めて稀釈化理論の考え方を示したのは，1927年のSchechterの論文
であるとされる[33]」ところであり，同論文には「競合しない商品に使用さ
れることにより，マークまたは名称の識別力および公衆の心理に及ぼす影響力
が漸減し拡散する（It is the gradual whittling away or dispersion of the identity
and hold upon the public mind of the mark or name by its use upon non-competing
goods.）[34]」という「希釈化」の特徴がすでに説明されていた。その後，希釈化
に対する救済制度は，コモン・ローや州法のレベルで発展し，1995年には連邦
商標希釈化法が，2006年には連邦商標希釈化改正法が制定され，現在，連邦
商標法43条(c)に関連条項が盛り込まれている。本論では，紙面の関係上，かかる
希釈化に対する救済の要件・効果・適用除外等への言及はできないが，「希釈
化」の二つの類型の一つである「不鮮明化による希釈化（dilution by blurring）」
を被る対象は，「著名商標の識別性（the distinctiveness of the famous mark）」
であるとされ，かつ，連邦商標法45条で規定される「商標（Trademark）」の

---

33) 宮脇正晴「標識法の保護領域の拡大―稀釈化に関する米国法を題材として―」『平成
　　13年度工業所有権研究推進事業報告書』12頁（知的財産研究所，2002年）。
34) 前掲注25) にあげたSchechter論文825頁（和訳は筆者）。

定義に含まれる「商品の同一性を表示しおよび識別する（...to identify and distinguish his or her goods, ...）」という機能と同義の文言が使用されている点が重要であると解する。また，もう一つの類型である「汚染化による希釈化（dilution by tarnishment）」を被る対象は「著名商標の名声（the reputation of the famous mark）」であるが，好ましくない要素（商品等）の連想を付加して，その識別性の高さから生ずる名声（reputation）を減退させると捉えると，保護対象は「識別性（the distinctiveness）」と解し得る[35]。そうすると，わが国でも，学説・判例上，商標法により保護される商標は「識別機能」との解釈が定着していると解されるところ，出所混同のおそれがなくとも，希釈化のおそれがある場合に商標権侵害を認め，これを救済する制度を現行商標法に導入する妥当性は十分にあると考える。

　以上のように，新市場の創造を牽引する商標の機能がもたらす，人々の記憶に形成される商品・役務と商標の強い結びつきに対する保護として，新たな救済制度を設ける必要性を述べることで，商標法を市場創造法のコンセプトの下で再考する試みを終える。

第5節　むすび

　本論は，商標登録出願をすることに意味があるのか，その商品・役務に商標を考える必要があるのか，遡って，その商品・役務は社会に必要なのかという素朴な疑問から始まっている。日本という物質的に恵まれサービスも行き届いた国で湧いた疑問であるが，近時，日本であっても，解決すべき人々が抱える問題は山積している。「こんなものがあったらいいな」というものが商品・役務として意外にない。そんな中，筆者は，弁理士として働くなかで「そんな問題が社会にあったのか」「そんな解決方法があるのか」と，事業者の方に驚かされた経験が何度かある。たとえば，ある NPO 法人さんは，社会において，出産前の充実した商品・役務または社会的配慮等があることとは対照的に，気づかれてもいなかった「産後」の問題に光をあて，問題提起をするとともに，新たなサービスを事業化し一つの解決方法を示した。思うに，商品・役務のカテゴリの創造は，結局，一事業者が，問題を発見し，創作活動を含めた営業努

---

[35]　連邦商標法の規定の文言の和訳は筆者。

力を行うことにかかっているのではないか。その営業努力は，他の事業者と差別化を図ることから始まるのではなく，社会の人々，ときに自分が抱える問題を発見し，潜在・顕在顧客の欲求やニーズを満たそうと奔走することから始まるのではないかと考え，本論を書いた。

　ところで，筆者は，2008年に土肥先生のご指導の下，希釈化規制に関する修士論文を書いたのだが，「希釈化」の問題は，高級ファッションブランドを代表格とするような著名商標の保護の観点から語られることが多く，救済制度が本当に必要なのか迷いもあった。しかし，今回再考するに，市場を切り拓いた商品・役務に使用される商標が著名商標となり得るのではないかとの考えに至り，希釈化の問題を含めて，商標法を市場創造法のコンセプトの下で再考することを試みた。本論を書く前，「何を書いていいか全く解らない」と泣きつく筆者に，土肥先生は，筆者が別の大学院で，経営やマーケティングを勉強したことを覚えていて下さって，その視点で書けばと一言コメントしてくださった。先生は，ご自分の意見を押し付けることはないが，解決のヒントを少し与え，そっと見守ってくれる優しさがある。そんな懐の深い先生と出会えたことは一生の宝になるだろう。

　ただし，本論は，学説・判例の検証を十分行わず自由に書いてしまった点否めず，この点反省するとともに，今後は，本論で述べたコンセプトの検証をして行きたいと思う。

フランスにおける原産地称呼および地理的表示保護
—2014年の Hamon 法をふまえて—

今西　頼太

第1節　はじめに
第2節　フランスにおける原産地称呼および地理的表示保護の概要
第3節　IGPIA 制度の概要
第4節　民事的救済
第5節　おわりに

第1節　はじめに

　フランス商標法[1]は，2014年改正[2]により，生産品に付される地理的表示制度における保護客体を拡大した（フランス商標法L.721-2条以下。なお，本稿では，以下，フランス商標法の条文を示す場合は，たんに，条文のみを示す）。

　後述するが，従来，フランスにおいて生産品にかかる原産地称呼および地理的表示は，農産物・森産物・食料品・海産物を，原則，その客体として保護が図られてきた（2012年11月21日のEU規則（n°1151/2012）も参照）。

　しかしながら，これら農産物などの飲食生産品以外についても，EU内での移動の自由を損なわない限り，国内法で生産品に付される地理的表示の規制は可能である。そこで，これら農産物などの飲食生産品以外の生産品に付される地理的表示を護るべく，その生産地における伝承の技などに起因する特有の品質や性質，さらには社会的評価を示す地理的表示を保護する（indications géographiques protégeant les produits industriels et artisanaux，以下，IGPIAとする）制度が導入された（L.721-2条）。なお，このIGPIA制度下においては，地

---

[1] 厳密に言えば，フランスにおいて，商標法は，1992年以降，知的財産法典（code de la propriété intellectuelle）L.711-1条以下として取り込まれている。本稿では，便宜上，このL.711-1条以下の部分を商標法という。
[2] Loi n°2014-344 du 17 mars 2014　なお，この改正法は，通称 Hamon 法と呼ばれている。

理的表示の客体である生産品は，大量生産品であれ，少量生産品であれ (produits industriels et artisanaux)，生産規模は問われない (L.721-2条以下)。

本稿では，邦語文献では紹介の乏しいと思われる，IGPIA 制度の紹介に，紙幅の許す限りで，取り組む。

IGPIA 制度の紹介に取り組む前に，フランスにおける原産地称呼および地理的表示の保護の概要を振り返り（第2節），紙幅の限りで，IGPIA 制度の概要を示し（第3節），IGPIA 侵害予防措置に特徴のある民事的救済措置の紹介を試みる（第4節）。

第2節　フランスにおける原産地称呼および地理的表示保護の概要

1　これまでのあゆみ
(1)　フランス国内法

フランスにおける原産地称呼および地理的表示にかかる保護を根拠づける法体系は，いささか複雑である。ある単一の法典に基づき，原産地称呼および地理的表示が保護されてきたのではなく，さまざまな法典を根拠にしてそれら表示の保護が図られてきた。すなわち，生産物に付される原産地称呼および地理的表示の保護は，消費者保護の観点，農産物および海産物保護の観点，そして知的財産保護の観点から，それぞれ消費法典 (code de la consommation)，農事海洋業法典 (code de rural et de la pêche maritime)，そして知的財産法典（の商標法の部分）が規律してきたのである。

以下では，まず，それぞれの法典ごとに生産品に付される原産地称呼および地理的表示保護につき，そのあゆみを簡潔に振り返ることにする。

①　消費者保護に関する法

まず，消費者保護からの観点からは，1891年の「虚偽の，または誤認を生じさせる原産地表示の防止に関するマドリッド協定 (Arrangement de Madrid du 14 avril 1891)」を受け，消費者を欺罔する生産物に付された地理的表示 (l'origine) から消費者を保護する目的で制定された1905年8月1日の法律[3]にその起源を有する。その後，ワインおよび蒸留酒にかかる原産地表示を制限する，先述の1905年法を改正する1908年8月5日の法律[4]，原産地称呼 (appellations d'origine，以下，適宜，AO[5]とする場合もある。) 保護に関する1919年5月6日

の法律[6]）（消費法典（旧）L.115-1条以下に相当した）が制定された。ただし，この1919年法には，生産物の品質にかかる文言が盛り込まれなかったため（同法1条参照），AO 概念に品質が含まれるか否か見解の相違があった。この点につき，破毀院民事部1925年5月26-27日判決[7]が，この1919年の法律による AO は，生産地を示すだけにすぎず，その生産物の品質を保証するものではないと判示した。

この破毀院判決もあり，悪品質のワインが市場に拡布されていたこともあり，1919年法を補足する，ワインの品質を担保する条文を加える1927年7月22日の法律，さらには生産品に付せられる生産者または取引者を示す包装・ラベル等への規制にかかる1930年5月26日の法律が制定された。

これら1919年法以後の法律制定もあり，司法も AO 概念に対する態度を変えることになる。すなわち，破毀院1933年11月21日判決[8]は，ワインにかかる AO を使用するにあたって，ワインの品質基準を考慮すべきであるとした。この破毀院判決によって，AO とワインに限定されるものの生産品にかかる品質とが結びついたのである。

---

3) Loi du 1er août 1905 sur les fraudes et falsifications en matière de produits ou de services. この法律は，後述する1993年制定の消費法典制定にともない，第9条を除き，削除された（loi n°93-949 du 26 juillet 1993）。なお，地理的表示を伴わない，商品名一般の改変または詐称にかかる法律としては，この1905年法よりも前に，「生産品にかかる商品名の改変または詐称に関する1824年7月28日の法律（la loi du 28 juillet 1824 relative aux altérations de noms ou suppositions de noms sur les produits fabriqués)」が制定されていた。

4) この法律の具体的な措置である，ワインおよび蒸留酒にかかる "Champagne" という原産地表示を制限する1908年12月17日のデクレおよび同様にワインおよび蒸留酒にかかる "Bordeaux" という地理的表示を制限する1911年2月18日のデクレが制定されている。

5) AO および後述の AOC に関する邦語文献として，さしあたり，海老原健介「フランス第三共和制におけるワイン法の成立—80周年を迎えた AOC 制度の意義—」明治学院大学法学研究100号，87頁以下（2016年）。

6) Loi du 6 mai 1919 relative à la protection des appellations d'origine. なお，この1919年の法律は，1927年7月22日の法律（loi du 22 juillet 1927）（本文後述），1951年2月11日の法律（loi n°51-146 du 11 février 1951）など，幾度も改正された。その後，消費法典制定に伴い，この1919法の規定は大部分削除されたが，刑事訴訟（軽罪にかかるもの）に関する第8条，ワインおよび蒸留酒にかかる特別規定である第11条・第12条，シャンパン以外の発泡ワインにかかる特別規定である第17条は2016年8月末現在においても存続している。

7) Civ.,26 et 27 mai 1925 :Dalloz 1926.1.p.218. この破毀院判決と同じ立場を採るものとして，破毀院民事部1929年7月7日判決（Civ.,7 juillet 1929:Recueil hebdmaire de jurisprudence Dalloz 1929,p.29（ただし，資料入手の問題から，Paul Roubier,"Le droit de propriété industrielle,tome Ⅱ",Recueil Sirey,1954, p.786を参照した））。

この1933年の破毀院判決を受け，1935年7月30日のデクレ・ロワ（décret-loi）によって，ワインおよびアルコール飲料にかかる，品質担保を伴う統制原産地呼称（l'appellation d'origine contrôlée:AOC，以下，AOCという）制度が設けられた[9]。その後，1949年12月18日の法律により，ワインおよびチーズにかかる簡易原産地称呼（l'appellation d'origine simple）制度が設けられた[10]。これらの立法は，個別の品目や称呼に特化したものであった[11]。ようやく，先述の1919年法を改正する1990年7月2日の法律により，農産物および食料品全般にかかるAOCが設けられた。その後，フランスでは，1990年代初頭，法典化が進められており[12]，その流れの中で，消費者保護に関する法が体系化および法典

[8] 海老原・前掲注5）117頁。ただし，この117頁においては，破毀院判決の出典は明記されていない。しかし，Roubier・前掲注7）787頁によると，この破毀院判決の原々審と考えられる Vaucluse 地方裁判所1929年6月28日判決（tribunal de Vaucluse, 28 juin 1929:Revue des fraudes,p.47-48）が，"Châteauneauf-du-Pape" という AO につき，品質要件を加える旨の判決を下したようである。なお，地方裁判所（tribunal）とは，フランス革命後の1790年に設立された民事第1審裁判所であり，その後，民事裁判所（tribunal civile），現在の大審裁判所（tribunal de grande instance）へと移行している。

[9] ワインおよび蒸留酒の原産地表示およびそれらの生産条件を管理する国家委員会（Comité national des appellations d'origine de vins et eaux-de-vie）も1947年に設立された。その後，この委員会は，1990年7月2日の法律（loi n°90-558 du 2 juillet 1990）により，国家原産地称呼機関（Institut national des appellations d'origine（INAO）となった。なお，このINAOは，農業大臣の管轄下に置かれている（農事海洋業法典L.642-5ないしL.642-16条）。

[10] ただし，1973年12月12日の法律（loi n°73-1097 du 12 décembre 1973）により，この簡易原産地称呼制度は廃止された。

[11] たとえば，"montagne"（山）という称呼を保護する1985年1月9日法律（loi n°85-30 du 9 janvier 1985）が挙げられる。ただし，この1985年法については，EC司法裁判所1997年5月7日判決において，この "montagne" という称呼は，フランスの生産者が独占することになり，他のEC加盟国の生産者に対する差別を引き起こすとの理由で旧ローマ条約30条（現行リスボン条約28条1項：物における移動の自由）に反するとされた（Cour de justice des communautés européennes,7 mai 1997 affaire C-321,322,323 et 324/84:Recueil CJCE, I ,p.2443）。

　なお，この "montagne" という称呼は，フランス法においては，2006年12月7日のオルドナンス（ordonnance n°2006-1547 du 7 décembre 2006）により，新・農事法典（旧）L.641-14条ないし（旧）L.614-17条において規定が置かれ，農事海洋業法典においてもこれらの規定は維持されている（なお，条文の位置づけは新・農事法典と同じ）。この農事海洋業法典における "montagne" という称呼については，山がある地域において生産された物で，加工されていない農産物および人が消費することが予定されている農産物には，EUが定めるもの（2012年のAOに関する規則（CE）n°1151/2012・31条およびこの規則が援用する規則（CE）n°1257/1999・18条1項）を除いて，用いることができる（同法典L.641-14条）。ただし，このL.641-14条が定める称呼の取り扱いは，他のEU諸国，ヨーロッパ経済領域（EEC）およびトルコに存在し，または，市場に置かれている農産物には適用されない（同法典L.641-15条）。

化された消費法典が1993年に制定された[13)14)]。その後，(前身のEC時代も含めて) EU法の影響を受け (後述)，保護原産地称呼 (appellations d'origine protégées，以下，AOPとする) および保護地理的表示 (indications géographiques protégées，以下，IGPとする) という概念[15)]が，消費法典 (旧) L.115-26-1条ないし (旧) L.115-26-4条に盛り込まれた (一方で，新・農事法典や農事海洋業法典は，消費法典の規定を援用する形でAOCおよびIGP制度を規定した)[16)]。その後，2006年12月7日のオルドナンス (ordonnance)[17)]により，新・農事法典の規定を援用する形でAOPおよびIGP制度にかかる規定を置くように改正した (消費法典 (旧) L.115-21条および (旧) L.115-22条)。

ところが，2016年3月14日のオルドナンス[18)]により，生産品に付されたAOおよび地理的表示にかかる規定が置かれている消費法典 (旧) 第1編第1部第5章 ((旧) L.115-1条ないしL.115-33条) が，2016年6月末をもって削除された。

② **農産物および海産物に関する法**

農産物など農事に関する法については，フランス革命以降，1791年の農事に関するデクレ (décret) 以降の立法を法典化した1955年制定[19)]の旧・農事法典 (code rural ancien)，1991年および1992年に渡って制定された[20)]新・農事法典

---

12) 周知のとおり，1992年には，それぞれ別個に存在していた著作権法・特許法・商標法などが法典化され，知的財産法典 (code de la propriété intellectuelle) が制定された (loi n°92-597 du 1er juillet 1992)。
13) Loi n° 93-949 du 26 juillet 1993
14) AOに関する規定は，消費法典第1編第1部第5章 (生産物および役務にかかる価値の維持) に取り込まれた。しかし，後述するように，この第5章はすべて2016年6月末をもって削除された。
15) AOPは，AOCと同じく，生産物の原産地 (国・地方・特定地) 称呼にかかるものであり，その原産地における地理的環境および住民が有する伝承知識と生産物との結びつきが求められる。一方，IGPは，生産物の原産地 (国・地方・特定地) を示す称呼ではあるが，生産物と生産者の伝承知識との結びつきまでは求められていない (EU規則n° 1151/2012・5条)。
16) 消費法典へのAOPおよびIGP制度の導入時 (loi n°94-2 du 3 janvier 1994) において，消費法典 (旧) L.115-26-1条それ自体が，AOPおよびIGPの定義規定であった。すなわち，1994年当時の消費法典には，AO，AOPおよびIGPの定義規定が盛り込まれていた。
17) Ordonnance n°2006-1547 du 7 décembre 2006
18) Ordonnance n°2016-301 du 14 mars 2016 このオルドナンスでは，AOや包装に付けられるラベルに関する規定 ((旧) L.115-1条ないし (旧) L.115-20条) のみならず，紙幅の都合，紹介はできないが，複数の章単位での大がかりな削除が行われている。
19) Loi n°55-433 du 3 avril 1955
20) Loi n°91-363 du 15 avril 1991およびloi n°92-1283 du 11 décembre1992

（code rural nouveau），2010年5月6日のオルドナンス[21]によって，先述の海洋漁業をも法典の対象とした農事海洋業法典の3法典が，2016年8月末現在において，施行されている[22]。

先述のとおり，飲食物にかかるAOおよびAOC制度は，個別立法という形で存在していたが，旧・農事法典にはこれらの制度にかかる規定は盛り込まれなかった。また，新・農事法典が施行された後も，しばらくは，AOおよび地理的表示にかかる規定はなされなかった。その後，消費法典との連携を図る1998年7月8日の法律[23]により，AO関連の規定を含む農産物に関する規定を，消費法典の規定を援用する形であるが，新・農事法典においても制定した（新・農事法典（旧）L.642-1条）。その後，農事海洋業法典において，消費法典（旧）L.115-1条を援用する形でAOC制度（同法典L.641-5条ないしL.641-9条）を，EU規則（後述）を援用する形でAOP制度（同法典L.641-10条）を，さらにEU規則（後述）を援用する形でIGP制度（同法典L.641-11条およびL.641-11-2条）が規定されている。

③ 知的財産に関する法

最後に，知的財産法典からの観点からは，生産品に付されるAOの保護については，周知のとおり，1883年のパリ条約2条が生産品に付される地理的表示は産業財産から生じる権利として位置づけていた。しかし，フランスは，パリ条約制定前後から個別立法や消費法典および農事法典においてAOを保護していたこともあり，（法典化前の）商標法および知的財産法典としてはAOにかかる規定を設けていなかった。その後，先述の1993年7月26日の法律により，消費法典（旧）L.115-1条を援用する形で，知的財産法典L.721-1条としてAOに関する規定が盛り込まれた[24]。

(2) EU法との関係

フランスはEU加盟国であるため，いわゆるEU法がフランス国内法に与える影響は非常に大きい。

---

21) Ordonnance n° 2010-462 du 6 mai 2010
22) 旧・新農事法典とも，部分的な規定が存続しているに留まる。
23) Loi n° 98-565 du 8 juillet 1998
24) ただし，先述のとおり，AOを定義する消費法典（旧）L.115-1条が2016年6月末を以て削除された。しかし，本稿執筆時である2016年8月末現在では，この（旧）L.115-1条を援用する形を採る知的財産法典L.721-1条は，この消費法典の部分削除に対応しなかったため，空虚な規定となっている。

まず，EU の前身である EC 議会は，1992年に農産物および食料品にかかる AO および地理的表示保護にかかる規則[25]（CE n°2081/92 du Conseil du 14 juillet 1992）を制定した。フランス国内法としても1994年の改正[26]により，先述のとおり，AOP および IGP 制度が消費法典へ導入された[27]。

EU 議会は，その後，2003年に EU として AOP および IGP という名称の分類を設け（CE n°692/2003 du Conseil du 8 avril 2003），さらに2006年には AOP および IGP 登録手続きを簡略化した規則（CE n°510/2006 du Conseil du 20 mars 2006）を制定した。この2006年の規則を受け，同年のオルドナンス[28]によりこれらの登録手続が簡略されたと同時に，IGP 制度が新・農事法典 L.641-11条ないし L.641-11-2条という形で盛り込まれた（農事海洋業法典においても条文の位置づけは同じ）。

その後，2012年には，2006年の規則（CE n°510/2006）を廃止する形で，現行規則（CE n°1151/2012 du Conseil du 21 novembre 2012）が制定されている。また，ワインにかかる AOP および IGP については，2013年の規則（UE n°1308/2013 du 17 décembre 2013）が現在施行されている。

(3) 小 括

フランスにおける飲食生産品における AO および地理的表示は，消費者保護，農産海産物の保護，および知的財産法の観点から，それぞれ立法が為されてきた。また，フランス国内法としての AO および AOC 制度と EU 法としての AOP および IGP 制度との併存状態にある。さらに，とりわけ近時10年は AO および地理的表示にかかる立法は多元的かつ混沌の様相を示していた（消費法典（旧）L.115-1条・農事海洋業法典 L.640-1条以下，知的財産法典 L.721-1条，EU 規則）。しかしながら，先述のとおり，フランス国内法としては，少なくとも消費法典と農事海洋業法典との関係においては，消費法典から AO および地理

---

[25] EU 規則（Regulation）は，指令（Directive）とは異なり，加盟国に直接適用される（欧州連合の機能に関する条約（Le traité sur le fonctionnement de l'Union européene）288条）。

[26] Loi n°94-2 du 3 janvier 1994

[27] 消費法典（旧）L.115-26-1条については，2006年12月7日のオルドナンス（ordonnance n°2006-1547 du 7 décembre 2006）およびこのオルドナンスを追認した2007年12月24日の法律（loi n°2007-1821du 24 décembre 2007）により，AOP および IGP の定義とは無関係の規定に改められた。同法典（旧）L.115-26-2条ないし（旧）L.115-26-4条は同オルドナンスにより，2006年末を以て削除された。また，同法典（旧）L.115-26-1条それ自体も，先述のとおり，2016年6月末を以て削除された。

[28] Ordonnance n°2006-1547 du 7 décembre 2006

的表示に関する規定をすべて削除した。その上で，これらAOおよび地理的表示にかかる規定は，農事海洋業法典に集約するという方向性を採ったのである。

2　AOCとAOPとの関係

AOC制度とAOP制度との関係について，AOC制度は，EUとの調和の観点から，AOP制度への過渡期にある。現行制度では，AOC審査に合格した場合，改めてEUでAOPの審査が行われる。AOPの審査に不合格の場合，AOCの認可も取り消される（農事海洋業法典L.641-10条）。しかし，AOC制度は完全にその機能を失ったわけではない。ワインにおいては，AOC制度およびその表示（ラベル）もAOを示すものとして許容されている[29]。

3　原産地称呼の法的性質

AOは，集合的な性質を有するものとされ，生産者個人または事業者個人が保有すべき性質ではない（破毀院商事部1987年12月1日判決[30]）。

また，AOの法的保護は公益に資するゆえ，その不正使用は私的なものであっても，禁止される（パリ控訴院2001年9月12日判決[31]）。

4　保護されるフランス国外の原産地称呼

保護されるAOは，フランス国内のそれらには限定されていない。破毀院商事部1994年3月29日判決[32]において，「原産地表示の保護およびその国際登録に関するリスボン協定（l'Arrangement de Lisbonne du 31 otctobre 1958）」をフランスが批准していることもあり，フランス国外のAOもフランス国内のそれらと等しく扱うことが確認されている。

5　保護される原産地称呼および地理的表示の客体

先述のとおり，AOC，AOPおよびIGP制度下においては，農産物および海

---

29)　ワインのAOに関するEU規則n°1308/2013・119条3項は，ワインのAOC表示を許容している。
30)　Com.,1er décembre 1987;JCP 1988, Ⅱ ,21081
31)　Paris,12 septembre 2001;Dalloz 2002,n°23,p.1894
32)　Com.,29 mars 1994;PIBD 1994,n°570, Ⅲ ,p.381（たばこの包装に付された，キューバ国を示す"CUBAN"というAOにかかる事件）

産物をその保護対象としてきた。しかし，それら農産物海産物以外の生産物についても，AO として保護されてきたのである。

まず，デクレにより原産地表示として保護されているものとして，"Monoï de Tahiti"（Tahiti 芳香油）がある（1992年4月1日のデクレ[33]）。

次に，司法の判断に基づき，保護されている AO として，以下の事案がある。"Dentelle du Puy"（le Puy レース）（Le Puy 民事裁判所1931年2月19日判決[34]），"Poterie de Vallauris"（Vallauris カーテン）（破毀院民事部1930年11月18日判決[35]），さらに近時においても，"Mouchoirs,toiles ou tissus de Cholet"（Cholet ハンカチーフ・布・生地）（Angers 控訴院1992年2月17日判決[36]）という原産地表示は，1919年5月6日の法律1条を根拠に保護されてきた。

もちろん，地名を生産物の名称に付加していれば，つねに AO として法律上の保護を受けられるわけではない。まず，一般名称と評価されるものは，AO として認められない（破毀院審理部1928年10月24日判決[37]，農事海洋業法典 L.643-1条）。つぎに，"Linge basque"（basque 布）という AO は，basque 地域と本質的に無関係な技術に基づいて生産されていることおよび適切な設備があれば地域を問わず生産できる布であることを理由に，この AO は法律上の保護を受けないと判示されている（パリ控訴院1957年3月8日判決[38]）。

6 小 括

非農産海産物にかかる AOC，AOP および IGP 制度については，EU 法による規制はない。EU 内での自由な物の移動を妨げない限り（リスボン条約28条1項参照），国内法によって非農産海産物の AO および地理的表示を規制することは可能である。そこで，フランスは，先述のとおり，2014年，知的財産法典において，IGPIA 制度を導入したのである（第3節）。

---

33) Décret du 1er avril 1992
34) Tribunal civil du Puy, 19 février 1931 :Sirey 1931, II ,p.124
35) Civ.,18 novembre 1930:Dalloz 1931,p.20
36) Angers,17 février 1992:PIBD 1992 n°531, III p.554
37) Req.,24 octobre 1928:Recueil hebdomadaire de jurisprudence Dalloz 1928,p.541. この破毀院判決後の事案としては，パリ控訴院1929年3月19日判決（Paris,19 mars 1929:Recueil hebdomadaire de jurisprudence Dalloz 1929,p.257）では，"moutarde de Dijon（Dijon マスタード）" が一般名称とされた。なお，資料入手の問題から，両判決については，Roubier・前掲注7）p.764-765を参照した。
38) Paris,8 mars 1957:Dalloz 1957,somm.,p.118

第3節　IGPIA 制度の概要

　IGPIA 制度は，その名称から推察できるとおり，IGP 制度を参照している[39]（EU 規則 n°1151/2012・5条参照）。端的に言えば，IGP 制度との違いは，その保護客体である（L.721-2条）。したがって，IGP 制度との相違点に焦点を当てるべきであろう。しかし，そもそも IGPIA 制度の基である IGP 制度に取り組む，フランス法における先行研究[40]が我が国では乏しいこともあり，本稿では，紙幅の限りではあるが，IGPIA 制度の概要紹介に取り組む。

1　定　義

　この IGPIA 制度における地理的表示とは，出所を示し，かつ，その出所にら本質的に帰する一定の品質・社会的評価・その他の性質を有する生産物の特定に有用な地理的領域または指定地の称呼から構成される（L.721-2条）。ただし，繰り返しになるが，この IGPIA 制度は，AO，AOC，AOP および IGP 制度を，いわば，補完する制度であるため，農産物，森産物，食料品，海産物にかかる地理的表示は，IGPIA 制度の適用を受けることはできない（L.721-2条）。

　切り分け，抽出，組み立てのような生産品に対する生産または加工にかかる条件は，L.411-4条[41]の適用を受けた規定の認可済み仕様書（le cahier des charges）（後述）に従う。

2　商標等との抵触

　IGPIA とそれよりも先に産業財産権庁に登録された商標（以下，先行商標という）との抵触関係については，L.713-6条が規律している。すなわち，IGPIA と同一または類似の先行商標が IGPIA の登録よりも先に産業財産権庁に登録されていた場合，その先行商標が周知である場合を除いて，IGPIA 権者は，

---

[39]　IGP 制度の適用を受けるためには，原産地および品質庁（l'Institut national de l'origine et de la qualité）へ仕様書を提出する必要がある（農事海洋業法典 R.641-11条）。

[40]　フランスにおける AO および地理的表示に関する先行研究として，一般社団法人日本国際知的財産保護協会『諸外国の地理的表示保護制度及び同保護を巡る国際動向に関する調査研究報告書』315ないし338頁（2011年）。

[41]　L.411-4条：「産業財産権庁長官は，産業財産権の付与，拒絶，維持，ならびに L.721-2条において規定される地理的表示への仕様書にかかる認可，拒絶または変更を行うに際し，本法典に規定される決定を行うものとする。……（以下，略）」。

その先行商標の存在にかかわらず，IGPA を使用することができる（L.713-6条1項）。ただし，IGPIA の使用が，先行商標権に損害を与えている場合，先行商標権者は，IGPIA の使用を禁止または制限するよう請求することができる（L.713-6条2項）。

一方，IGPIA 登録された後の標章との抵触については，L.711-4条が規律する。すなわち，L.711-4条，とりわけ，同条(d)は，AOP・IGP・IGPIA が先に知的財産権庁に登録されていた場合，それらを侵害する標章を含む商標の登録はできないと規定している[42]。

3　手　続

IGPIA 制度の適用を受けるには，L.721-4条が定める当該関係事業者を代表する地理的表示保護管理団体による産業財産権庁への出願およびその認可が必要である（L.721-3条1項）。

IGPIA 認可決定においては，以下の点が考慮される。すなわち，(1) IGPIA 制度利用にかかる仕様書の内容および地理的表示保護管理団体に所属する当事者の代表者として相応しいか否か，(2) R.721-3条に定められた様式に基づくアンケート結果，(3)以下に掲げる者による鑑定意見，(a)当該領域における団体によるもの，(b)当該職業集団によるもの，(c) L.721-2条に規定される地理的表示の称呼が，農事海洋業法典に規定される AOP または IGP と混同する可能性がある場合には，国家原産地および品質機関長（le directeur de l'Institut national de l'origine et de la qualité）によるもの，(d)消費法典に定めのある個別承認を受けた消費者団体によるもの，である（以上，L.721-3条2項）。

鑑定意見請求から2カ月以内にこれら団体による鑑定意見が提出されない場合は，鑑定意見は，IGPIA 認可に肯定的な評価であるとみなされる（L.721-3条3項）。

IGPIA 認可を受けるための出願または仕様書補正の出願につき，産業財産権庁は，当該仕様書に記載された生産または加工業務，および IGPIA に用いられる地域の範囲につき，当該生産物が，地理的表示と結びつく地理的範囲または指定地に本質的に帰する品質，社会的評価，その他の本質を出願人が意図している通りに示しているかを審査する（L.721-3条4項）。

---

42) AO にかかる事件ではあるが，先述の破毀院民事部1987年12月1日判決は，AO より後に出願された，AO と同一の商標は無効であると判示している。

IGPIA認可決定は，当該仕様書とともに産業財産権公報において公開される（L.721-3条5項）。仕様書の補正についても，認可決定の場合と同様に，産業財産権公報において公開される（L.721-3条5項）。

IGPIA制度の適用を受けるには，産業財産権庁へのIGPIA制度利用料の支払いが必要となる（L.721-3条5項）。この利用料は，L.721-4条が定める管理機関によって管理される（L.721-3条6項）。

4　IGPIAの管理保護体制

このIGPIA制度の適用を受ける生産物にかかる管理および保護は，法人格を有する民間機関によってなされる（L.721-4条1項）。

この民間機関は，生産物の保護管理を審査することができる（L.721-4条2項）。なお，この民間機関の構成および役割にかかる規則は，当該事業者の代表による審査を受けなくてはならない（L.721-4条3項）。

これらIGPIAにかかる保護管理の在り方については，この民間機関が他の機関から独立して行う。

5　当事者の資格

IGPIA出願を行う者は，当該保護管理団体に所属する義務がある（L.721-5条1項）。また，IGPIAを生産物に表示する事業者も，同様に，当該保護管理団体に所属していなければならない（L.721-5条2項）。

6　IGPIA保護管理団体

IGPIA保護管理団体の果たすべき役割は，当該地理的表示の保護に関する一般的任務および当該地域・当該地域に伝わる伝統・伝承知識これらの価値向上・それら伝統知識から生み出される生産物の活用である（L.721-6条1項参照）。具体的には，以下に列挙される任務に携わることが求められている（L.721-6条2項）。すなわち，(1)仕様書案の推敲および産業財産権庁からの認可を得るべく，当該仕様書案を産業財産権庁に提出し，事業者が仕様書の記載通りに事業を遂行できるよう協力すること，(2)仕様書補正案すべてを産業財産権庁に提出すること，(3)L.721-9条が定める機関による監査業務が，仕様書に定められた条件において，適切になされているか確認すること（L.721-9条4項も参照），(4)事業者の代表性が，事業者構成役務規則に合致しているか確認すること，(5)事

業者リストを定められた期日までに作成し，そのリストを産業財産権庁に定められた期日までに提出すること，(6)仕様書を遵守せず，かつ，(3)にある適切な手段を遂行していない事業者を，いかなる者であれ，催告の後，除名すること。また，L.721-9条が定める保証団体による証明を受けていない，証明が保留され，取り消された事業者を除名すること，(7)IGPIA生産地区に関する統計作業に取り組むと共に，その生産物および伝承知識に対する防御・保護・有効性にかかる訴訟に参加すること，以上7項目である。

7　仕様書

　仕様書に記載すべき項目は以下のとおりである。すなわち，(1)地理的表示の名称，(2)地理的表示にかかる生産物，(3)地理的表示に用いる地理的範囲または指定地にかかる境界線，(4)これら地理的範囲または指定地に本質的に帰し，当該生産物が有する品質・社会的評価・伝承知識・その他の性質，および当該生産物とこれら地理的範囲との関係を示す要素，(5)(4)で掲げた生産物の性質を保証すべく，当該地理的範囲または指定地において事業者が行わなければならない準備・生産・加工にかかる過程，(6)保護管理団体の身元・当該団体規約・当該団体に所属する代表的な事業者一覧およびそれら事業者の当該団体に対する財務的負担における様式，(7)L.721-9条において規定される，地理的表示にかかる規制様式・その期間および保護管理団体の種類，ならびに当該地理的表示の規制にかかる資金調達の様式（この様式には，どの時点から生産物にかかる地理的表示を規制するのかという点および生産物に貼り付けるラベルの要素に関する規制も含まれる），(8)仕様書の遵守への認証を得るべく，事業者が具備すべき宣言的または地理的表示の登録から生じる義務，(9)仕様書を遵守しない事業者への催告または当該保護管理団体から除名する様式，(10)当該保護管理団体の積立金，(11)当該生産物に貼り付けるラベルの個別要素，(12)事業者が廃業した場合の，管理保護団体が引き継ぐ当該事業者の社会的および環境的取り組み，以上12項目である（以上，L.721-7条）。

8　IGPIAの保護範囲

　まず，称呼保護の原則である。IGPIAに限らず，登録された称呼に関しては，知的財産法典L.722-1条[43]の適用を受ける（L.721-8条Ⅰ）[44]。

　知的財産法典L.722-1条の適用を妨げない限り，登録された称呼は，以下の

行為に対して保護を受ける。(1)称呼について複数の登録により，生産物間において混同を生じさせる可能性がある場合または称呼の使用により保護された称呼が有する社会的評価から利益を得ている場合，IGPIA 登録の保護範囲外の生産物に対する，その登録された称呼の，直接的であれ間接的であれ，いかなる商業的使用，(2)生産物またはサーヴィスの原産地が真正に表示されている場合であっても，または，保護された称呼が"genre", "type", "méthode", "façon", "imitation" のような表現とともに示されている場合には，いかなる詐称・模倣・喚起，(3)生産物の陳列・包装につき，および生産物にかかる広報・書類において，その生産地・本質または基本的性質を欺くその他のいかなる表示・生産物の原産地につき誤解を与えかねない容器包装への使用，(4)消費者に対し生産物にかかる真の原産地を誤解させるようなその他のいかなる行為，である（L.721-8条Ⅰ）。

　ただし，地理的表示が，それ自体，一般名称とみなされる生産物の称呼を含んでいる場合，その一般名称の使用は，(1)および(2)に該当しない（L.721-8条Ⅰ2項）。

　産業財産権庁から認可を受けた仕様書に記載された地理的表示は，一般的性質を示しているとはみなされず，かつ，公有であるとみなされない（L.721-8条Ⅱ）。

9　IGPIA 制度監査制度

　事業者が仕様書を遵守しているか否かにかかる監査は，国家信任機関（l'instance nationale d'accréditation）またはフランス以外の EU 加盟国の国家信

---

43)　知的財産法典 L.722-1条：「①ヨーロッパ連合法または国内法によって付与された地理的表示に対して損害を与える行為は，すべて，損害を与えた者に責任を負わせる侵害である。②本章の規定を適用するにあたって，「地理的表示」とは，(a)消費法典 L.115-1条において定義される原産地称呼，(b)L.721-1条において定義される地理的表示，(c)ヨーロッパ連合法によって保護された原産地称呼および地理的表示をいう。③地理的表示が付された物の生産・提供・販売・市場への拡布・輸入・輸出・運送は禁止される。それらを目的としたそれら物の使用・占有は地理的表示の侵害または侵害の虞があるとされる。」なお，丸数字は筆者による。

44)　L.721-8条Ⅰは，消費法典（旧）L.115-16条を援用しているが，先述のとおり，消費法典（旧）L.115-16条は，2016年6月末を以て削除された。しかしながら，本稿執筆時である2016年8月末現在において，知的財産法典 L.721-8条は，消費者法典の改正と調和されておらず，この規定の一部は空虚なものになっている。なお，削除された消費法典（旧）L.115-16条は，登録された AO および地理的表示違反に関する刑事罰規定であった。

任機関，若しくはヨーロッパ信任機関（La coopération européene pour l'accréditation），から信任を受けた評価団体によって行われる（L.721-9条1項）。なお，この評価団体は，IGPIA制度にかかる検査団体および認証団体をも兼ねることができる（L.721-9条1項）。

　事業者が仕様書通りにIGPIA制度を遂行しているかの評価は，保護管理団体に報告され，その評価報告に基づき，保護管理団体は，仕様書を遵守していない事業者への制裁手段を決定する（L.721-9条2項）。

　認証団体は，仕様書にかかる認証の付与・維持・延長を決定する（L.721-9条3項）。また，事業者が仕様書を遵守していない場合，その事業者への制裁手段をも決定する（L.721-9条3項）。

　産業財産権庁は，事業者による仕様書に基づいて為されたIGPIA管理が，評価団体によって適切に監査されたかを認証する。さらに産業財産権庁は，仕様書に規定されたIGPIA保護手段・仕様書を遵守しない事業者への催告および排除手段が適切に為されているかについても認証する（L.721-9条5項）。

　IGPIAにかかる保護またはその保護手段が，一定期間までに適切に為されていない場合，保護管理団体による催告を受け，産業財産権庁は，仕様書の認可を取り消すことができる（L.721-9条6項）。

　仕様書の認可取消は，産業財産権公報にて公開される（L.721-9条7項）。

第4節　民事的救済

　紙幅の都合，IGPIA侵害行為に対する特徴に焦点を当てて紹介しておきたい。

1　IGPIA侵害行為

　どのような行為がIGPIA侵害行為に該当するかである。この点については，第3節8においてすでに触れた。

2　当事者適格および原告適格

　IGPIA侵害訴訟を提起できる者は，当該地理的表示を使用する権限を有する者すべておよび法が当該地理的表示を保護管理する権限を付与した団体すべてである（L.722-2条1項）。

　これら地理的表示を使用する権限を有する者および保護管理団体は，第三者

が当事者となっている侵害訴訟に参加することができる（L.722-2条2項）。

3 仮差押および間接強制

IGPIA 侵害訴訟における原告適格を有する者は，IGPIA 侵害行為に対して，急速判決に基づき，侵害物に対する仮差押を請求することができる（L.722-3条1項）。

裁判所は，IGPIA 侵害者または IGPIA 制度を利用している商人など中間業者に対して，必要に応じて，間接強制（astreinte）を命じることもできる（L.722-3条1項）。また，裁判所は，IGPIA 侵害を予防またはすでに行われている侵害と疑われる行為を中止させるいかなる緊急処置を IGPIA 侵害者または IGPIA 制度を利用している中間業者に命ずることもできる（L.722-3条1項）。さらに，それら IGPIA 侵害への処置が相反しないよう強く求められている事情がある場合，とりわけ，処置命令が遅れることにより，IGPIA 出願人に賠償できないほどに損害を与える場合，この出願人の請求に応じて，裁判所はいかなる緊急措置を命ずることもできる（L.722-3条1項）。急速判決による仮差押または IGPIA 出願人の請求により，裁判所は，IGPIA 侵害にかかる証明事項が，IGPIA に損害を与えているか・そのような損害が急迫であることを示している場合のみ，この出願人が求めた措置を命ずることができる（L.722-3条1項）。

4 侵害予防的措置

裁判所は，IGPIA 侵害と疑われる行為につき，その中止を命ずることができる（L.722-3条2項）。また，裁判所は，IGPIA 出願人の最終的な損害額を保障するため，担保の設定を命じることができる（L.722-3条2項）。さらに，裁判所は，被擬侵害物が市場に拡布されないよう，第三者が占有している被擬侵害物の差押または返還を命ずることもできる（L.722-3条2項）。

IGPIA 出願人が IGPIA 侵害による損害補填を困難にする事情を立証する場合，裁判所は，被擬 IGPIA 侵害者が占有する被擬 IGPIA 侵害品の保全差押（la saisie conservatoire）[45] を命ずることができる（L.722-3条2項）。さらに，裁判所は，被擬侵害者の銀行口座の凍結やその他財産の差押も命ずることができる

---

45) 執行差押 saisie-executoire と異なり，債務者の動産質 gage を確保することのみを目的とする（山口俊夫編『フランス法事典』117頁（東京大学出版会，2002年）参照。

(L.722-3条2項)。

　IGPIA侵害が疑われている物を仮差押の対象とするか裁判所が決定するにあたって，裁判所は，銀行・財務・会計・商業にかかる書類および参考となる情報の提出を命ずることができる（L.722-3条2項）。

　IGPIA出願人に損害があることに疑いがないと判断できる場合，裁判所はこの出願人に対して，暫定的な損害賠償金を付与することもできる（L.722-3条3項）。

　IGPIA侵害訴訟が最終的に判決に至らない場合またはそれら措置が取り消された場合，急速判決に基づく仮差押またはIGPIA出願人の請求により，裁判所は，この出願人が最終的に被る損害額を保障するために担保設定する処置の行使を命ずることができる（L.722-3条4項）。

　IGPIA侵害を差し止める措置が，IGPIA侵害訴訟が開始される前に明示された場合，IGPIA出願人は，本法典規則で定められた期間内に，民事または刑事訴訟の提起または検察官への告訴を行わなければならない（L.722-3条5項）。IGPIA出願人が主張しうる損害がない場合，先述の措置は取消になる（L.722-3条5項）。

　裁判所は，職権でまたは侵害訴訟を提起することができるいかなる者による請求に基づき，侵害差押（saisie-contrefaçon）[46]がL.722-4条に規定されている条件においてあらかじめ命ぜられていない場合であったとしても，いかなる措置を命ずることもできる（L.722-4-1条）。

第5節　おわりに

　IGPIA制度については，新設されてから日も浅いことから，その登録・侵害にかかる問題について，注意深く追う必要があろう。また，紙幅の都合，AOおよび地理的表示にかかる制度および裁判例について詳細に扱うことができなかったところも多々有り，これらの点は別稿に期したい。

---

[46]　侵害差押とは，知的財産侵害の立証を目的として，差押地の大審裁判所所長への申請に基づいて，その所長の許可に基づいてなされる差押である。特許法においては，1844年法47条において，商標法においては，1857年法17条において，著作権に関しては，1957年法66条において制定された。なお，現行法典においては，特許権侵害につき，L.615-5条およびR.615-1条，商標権侵害につき，L.716-7条およびR.716-1条以下，著作権侵害につき，L.332-1条以下およびR.332-1条以下が規定する。

商標の使用による識別力

大西 育子

第1節　はじめに
第2節　本来的識別力と使用による識別力
第3節　商標法3条2項適用のための「使用」
第4節　おわりに

第1節　はじめに

　商標法は，同法2条1項に規定する商標の登録要件のひとつとして，商標が特別顕著性，すなわち，自他商品（役務）識別力（以下，たんに「識別力」ということがある）を有することを求める（3条）。この識別力には，商標に本来的に具わっているとされる識別力（本来的識別力）と，実際の使用を通じて後発的に獲得される識別力（使用による識別力）[1]がある。商標法は3条2項において，同条1項3号から5号に該当する商標（以下，「本来的識別力を欠く商標」という）であっても，使用の結果，需要者が何人かの業務に係る商品または役務であることを認識することができるものについては，1項の規定にかかわらず，登録されうる旨を規定している。

　本来的識別力と使用による識別力については，一般に，本来的識別力を具えているがゆえに登録されることが原則であって，使用による識別力が認められて登録されることは例外であると理解されている。かような理解は，商標法3条2項の適用が争点となる審決取消訴訟事件において特許庁のみならず，裁判所によっても示されており[2]，使用による識別力の獲得自体が例外的である旨を説示する判決も見受けられる[3]。商標が使用によって識別力を獲得することが例外的であるかどうかは，商標の識別力についての考察を通して判断すべき問題である。

　そこで，本稿では，商標の自他商品（役務）識別力についての考察を通して，

1）　後発的に商標登録を受けることができる程度に達した自他商品（役務）識別力をいうと解すべきであろう。

標章が使用によって識別力を獲得することを例外と捉えるべきかをまず検討し，そのうえで，商標および商品（役務）のそれぞれについて使用による識別力が認められうる範囲の検討を試みたい。

第2節　本来的識別力と使用による識別力[4]

　商標法は，同法1条に掲げる法目的を実現するため，商標を保護する。商標が同法による保護を受けるには，出願商標がその指定商品（役務）について自他商品（役務）識別力を具えていることが必要である。

　工業所有権の保護に関するパリ条約（以下「パリ条約」という）は，6条の5C(1)において「商標が保護を受けるに適したものであるかどうかを判断するに当たっては，すべての事情，特に商標が使用されてきた期間を考慮しなければならない。」と規定しており[5]，考慮されるべき事情には，本来的に識別力を欠く商標が使用によって後発的に識別力を獲得したことも含まれる[6]。

　大正10年商標法は，商標登録を受けうる商標について「文字，図形若ハ記号又ハ其ノ結合ニシテ特別顕著ナルモノナルコトヲ要ス」（1条2項）と規定し，「特別顕著」を具体的に規定していなかったため，その解釈に争いがあった[7]。また，大正10年法には現行法3条2項に対応する規定はなく，使用による商標の特別顕著性を認めるべきかについても議論があった[8]。この点に関し，

2）　商標法3条2項を例外規定であると特許庁が述べている事件として，たとえば，知財高判平成22年6月30日判夕1388号244頁〔紅いもタルト事件〕がある。また，裁判所も同規定を例外規定であるとみていることが，たとえば，東京高判平成16年11月29日裁判所HP〔履物の底面の図形商標事件〕，知財高判平成18年6月12日判時1941号127頁〔三浦葉山牛事件〕，知財高判平成18年11月29日判時1950号3頁〔ひよこ立体商標事件〕，知財高判平成19年3月29日裁判所HP〔お医者さんのひざベルト事件〕，知財高判平成19年4月10日裁判所HP〔SpeedCooking事件〕から窺える。

3）　たとえば，前掲注2）三浦葉山牛事件，知財高判平成19年3月28日判時1981号79頁〔本生事件〕，前掲注2）お医者さんのひざベルト事件，前掲注2）SpeedCooking事件。知財高判平成24年9月13日判時2166号131頁〔Kawasaki事件〕も同旨説示。

4）　本節の内容については，拙稿「商標の本来的識別力と使用による識別力」渋谷達紀教授追悼論文集『知的財産法研究の輪』395頁（発明推進協会，2016年）で詳細に論じた。

5）　1925年（大正14年）のヘーグ改正会議後，1958年（昭和33年）のリスボン改正会議までは，商標の自他商品識別力についてのみ規定していた（G.H.C. Bodenhausen, Guide to the application of the Paris Convention for the protection of industrial property, as revised at Stockholm in 1967, pp.117-18）。

6）　Id. at p.118

特許局は当初，積極説に立ったが，その後，消極説に転じた[9]。他方，大審院は，特許局とは異なり，当初，消極説を採ったが，その後，大判昭和3年4月10日民集7巻185頁〔パスター事件〕で初めて積極説を採用した[10]。このように，使用による特別顕著性の獲得は，大正10年法のもとでは判例理論によって認められていたにすぎない[11]。

大審院は，前掲パスター事件で「或商標カ自他ノ商品ヲ甄別スル標識トシテ特別顕著性ヲ有スルヤ否ハ商標自体ノ構造ノミニ依ルニアラスシテ<u>一定ノ商品ニ対スル関係ニ於テ該商標カ一般取引上如何ナル印象ヲ与フルヤニ依リ</u>之ヲ定ムヘキモノナレハナリ」（下線は筆者による）と述べ，永年の使用によって商品の出所を取引上認識できるならば，特別顕著性を有するとして商標登録を受けることができるとした。大審院判示のように「特別顕著」を解すれば，標章が商取引で永年にわたり独占的に使用されることで特別顕著性が獲得されうる一方，商標の使用態様あるいは商標管理次第では，本来的か後発的かを問わず，特別顕著性が喪失されることもあり，商標の使用態様や使用期間等により，特別顕著性の強さも変わりうることになる。特別顕著性が商標の識別力を意味するならば，使用による特別顕著性の獲得が主張，立証されたときには，その獲得の有無を検討し，考慮することは当然のことであり[12]，パリ条約6条の5C(1)の規定にも合致することになる。

現行商標法は，「特別顕著」が商標の自他商品（役務）識別力を意味し，登録要件であることを明らかにすべく[13]，当該語を用いずに，商標が識別力を欠く場合を具体的に列挙し（3条1項各号）[14]，使用による識別力については，「前項第3号から第5号までに該当する商標であっても，使用をされた結果需

---

7) 「特別顕著」が，自他商品識別力を意味するという見解と，商標を構成する文字，図形もしくは記号もしくはこれらの結合またはこれらと色彩との結合が明瞭であることを意味するという見解に分かれていた。また，前者の見解を採る場合，「特別顕著」が商標の構成要件か，登録要件かについても見解が分かれていた。特許庁編『新工業所有権法逐条解説』557頁（発明協会，1959年）。網野誠『商標』170頁（有斐閣，第6版，2002年）も参照。

8) 三宅發士郎『日本商標法』83頁（巖松堂，初版再刷発行，1937年）。

9) 三宅・前掲注8）。網野・前掲注7）183頁も参照。

10) 同上。

11) 田倉整「商標の永年使用による特別顕著性の取得―判例に現われた問題点―」入山実編『工業所有権の基本的課題（下）』879頁，880頁（有斐閣，1972年）。

12) 網野・前掲注7）183頁同旨。

13) 特許庁編・前掲注7）935頁。

14) 網野・前掲注7）171頁。

要者が何人かの業務に係る商品又は役務であることを認識することができるものについては，同項の規定にかかわらず，商標登録を受けることができる。」と規定している（3条2項）。

商標法3条1項3号から5号と同法3条2項の関係については，複数の審決取消訴訟事件において，3条2項は，本来的識別力について規定している同条1項3号ないし5号に対する例外規定であるとされている[15]。3条2項を例外規定であるとする知財高裁判決では，同規定の趣旨は，「特定人が当該商標をその業務に係る商品の自他識別標識として他人に使用されることなく永年独占排他的に継続使用した実績を有する場合には，当該商標は<u>例外的に自他商品識別力を獲得した</u>ものということができる上に，当該商品の取引界において当該特定人の独占使用が事実上容認されている以上，他の事業者に対してその使用の機会を開放しておかなければならない公益上の要請は薄いということができるから，当該商標の登録を認めようというものである」（下線は筆者による）と説明されている[16]。この説示によれば，商標登録を受けるには，原則として標章が本来的識別力を具えている必要があり，使用によって識別力が獲得されるのは例外的なことであって，例外的に識別力を獲得した商標の特定人による独占排他的使用が取引界に受容れられており，当該商標の使用の機会を開放しておくべき必要性が低いという状況下において，使用による識別力を獲得した商標は登録を例外的に許されるということになる。つまり，商標法3条2項の規定が同法3条1項3号ないし5号に対する例外規定とされる理由は，本来的識別力と使用による識別力の関係が原則と例外の関係にあることに求められる。

はたして，このように考えることは妥当なのだろうか。

商標が自他商品（役務）識別力を有するかどうかは，その商標が使用される商品（役務）の取引者，需要者（以下，併せて「需要者」という）の認識を基準に判断されるべきものである[17]。なぜなら，商標は商取引の場において使用

---

15) 前掲注2）三浦葉山牛事件，前掲注2）お医者さんのひざベルト事件，前掲注2）SpeedCooking事件ほか。
16) 前掲注2）三浦葉山牛事件。たとえば，前掲注3）本生事件，前掲注2）お医者さんのひざベルト事件，前掲注2）SpeedCooking事件，前掲注3）Kawasaki事件も同旨説示。
17) 土肥一史「新商標の識別性と類似性」土肥一史『商標法の研究』67頁（中央経済社，2016年），初出・中山信弘先生古稀記念論文集『はばたきを—21世紀の知的財産法』779頁，789頁（弘文堂，2015年）。

され，需要者がある事業者の商品（役務）を他の事業者の商品（役務）から識別できるよう機能することが商標の本質的機能だからである。需要者がある標章を商標と認識するかどうか，すなわち，その標章を手掛かりにある事業者の商品（役務）を他の事業者の商品（役務）から識別できるかどうかは，商取引の場での当該標章の使用の態様や期間等に左右される。このことは，本来的識別力を欠く商標が商品（役務）について使用されることによって識別力を獲得しうることのみを意味するものではない。識別力を具えた商標であっても，商標所有者自身による使用の態様に起因して，あるいは，商標所有者が他人による使用を放置した結果，識別力が失われることがある（いわゆる商標の普通名称化）[18]。このような商標の普通名称化は，使用によって後発的に識別力を獲得した商標についてのみ起こりうるものではなく，本来的識別力を具えた商標についても起こりうる。たとえば，初めて市場に投入された商品や役務については，先発者の商品（役務）の市場占有率が極めて高く，当該商品（役務）の一般名称が確立していないことが少なくない。かかる状況下では，先発者が当該商品（役務）について使用する商標が，先発者の商品（役務）のみならず，後発者の同種商品（役務）をも指称するものとして使用されるなど，あたかも当該商品（役務）の一般名称のように需要者に認識されて使用され，その結果，先発者の商標が識別力を喪失してしまうことが起こりうる。また，商標が本来的識別力を有するとしても，商品の品質や役務の質等を暗示するような商標は識別力が弱く，造語からなる商標は識別力が強いというように，識別力の強さは商標によって異なり，さらには，使用によって商標の識別力の強さは変わりうる。商標を表示して商品（役務）の宣伝広告が頻繁に行われるなど，商取引において商標が大々的に使用されると，商標とそれが使用される商品（役務）との結び付きが強まり，たとえ本来的には弱い識別力しか具えていない商標であっても，その商標の識別力は強化されうる。このように，商標の識別力は，使用によって後発的に獲得されることがあるだけでなく，それが本来的なものであるか否かを問わず，商標の使用態様を含む，当該商標に関する事情に影響される性質をもつ。

　すでに述べたとおり，パリ条約では，ヘーグ改正会議以降，商標の識別力の判断において商標の使用期間を含むすべての事情を考慮しなければならない旨

---

[18] 普通名称化したものと認定された事件として，たとえば，大阪高判平成22年1月22日判時2077号145頁〔招福巻事件〕がある。

が規定されている。わが国商標法3条2項は，この条約の規定を反映するものであるが，商取引での商標の使用についてのすべての事情が考慮される必要があるのは，使用による識別力の獲得の判断の場面だけでなく，本来的識別力の有無の判断の場面にもあてはまる。上述のとおり，本来的識別力も使用の態様によっては喪失されうるのであり，上記パリ条約の規定もかかる解釈を排除するものではないと考えられる。もっとも，使用による識別力の獲得の判断において考慮されるべき事情としては，出願人による使用期間や使用態様が中心となるのに対し[19]，本来的識別力の有無の判断において考慮されるべき事情としては，当該商品（役務）の取引における第三者による使用の有無や態様が中心になる[20]。前者の場合，商標が本来的識別力を欠き，登録を受けることができないという判断が前提にあるのに対して，後者の場合，本来的識別力を認めて商標登録をすることの妥当性を確認するため，第三者による使用の有無や態様が考慮されることになるからである。

　商標の識別力を否定する場面においても，肯定する場面においても，当該商標の使用に関する事情を考慮すべきことは，その商標の使用に関する事情によって，その有無や強弱が決まるという商標の識別力の性質に照らせば当然のことである。商標法3条2項が同条1項3号から5号に対する例外規定であるとする説明は，使用による識別力の獲得が立証され，認められない限り[21]，その商標は本来的識別力を欠くとして登録を拒絶されることを意味するにすぎず，商標の識別力の上記性質から導かれるものではない。

　商標法は，自他商品（役務）識別力を有する商標を保護対象としているが，識別力が本来的か後発的かによって商標を区別する規定を設けていない。このことは，商標の識別力が本来的か否かを問わず，商標登録を受け得る程度の識別力が肯定されれば同法が同様に保護することを示している。

---

[19] 商取引における第三者による使用の有無や態様も考慮される。特許庁編『商標審査基準〔改訂第12版〕』第2の2(2)④参照。

[20] 出願人の商標管理が徹底していない場合には，出願人自身による使用が本来的識別力を否定する状況を生むことも考えられる。

[21] 出願人からの証拠の提出を待たずに職権で商標法3条2項が適用されることもありえよう。

第3節　商標法3条2項適用のための「使用」

1　商標法3条2項の要件

　商標法3条2項の書きぶりから明らかなように，本規定の適用要件は，使用の結果，需要者が本来的識別力を欠く商標によって商品（役務）の出所を識別することができる状態になっていることのみであり[22]，商標登録を受けることができる程度の自他商品（役務）識別力の獲得の原因となる「使用」について詳細には規定されていない[23]。これより，本規定にいう「使用」は，本来的識別力を欠く商標が指定商品（役務）について登録を受けうる程度に識別力を発揮する状態に至る原因となる使用を意味するが，必ずしも，出願商標と完全に同一の商標の使用である必要も，指定商品（役務）についてのものである必要もないと解される。

　では，本来的識別力を欠く商標が指定商品（役務）について商標登録を受けうる程度に識別力を発揮するに至る原因となる使用とはいかなる使用か。出願商標と完全に同一の商標が指定商品（役務）と同一の商品（役務）に使用された結果，かかる程度の識別力が発揮される状態になっていることを示す十分な証拠が提出された場合には商標法3条2項の適用の認定は容易であろう。しかし実際は，そのような認定容易な事案ばかりではない。3条2項の適用が認められるには，一般的には相当の期間にわたる使用が必要だが[24]，使用開始時の商標の態様に変更を加えて使用が継続されることは珍しくなく，他の標章とともに使用されることもある。このように，必ずしも，出願商標がそのままの態様で，あるいは，単独で使用されるとは限らない。かような使用態様の場合，3条2項の適用の可否をいかに考えるべきかが問題になる。また，商標登録を受けうる程度の識別力獲得の原因となる「使用」が指定商品（役務）自体につ

---

[22]　土肥・前掲注17)『商標法の研究』71～73頁参照。この点が商標法3条2項の適用において究極的に重要なことであると指摘し，さらに，商標法3条2項が使用商標と出願商標に関する限定を伴っているわけではなく，取引者・需要者の観点から，出願商標に識別力が備わっているか否かにより判断されるのが原則であり，それで足りるとする。

[23]　安原正義「商標法3条2項により登録を受けた商標権に関する一考察」知財管理63巻5号675頁，677頁。

[24]　宣伝広告の方法や頻度など使用態様によっては，短期間の使用でも足りることはありうる。髙部眞規子『実務詳説　商標関係訴訟』223頁（金融財政事情研究会，2015年）同旨。

いてのものでない場合に，どのように判断すべきかも問題となる。

2 出願商標と使用商標

　本来的識別力を欠く商標が指定商品（役務）について自他商品（役務）識別力を十分に発揮する状態に至る原因となる使用について，まず，商標の点から検討する。

　出願商標と使用商標が完全に同一であればよいが，相違する場合には，使用商標の使用によって出願商標が登録を受けうる程度の識別力を発揮する状態になったと認められるかを検討する必要がある[25]。使用商標が出願商標と相違することを理由に，つねに商標の同一性を欠くと評価し，商標法3条2項の適用を否定することは，却って商標の保護に反する結果を招くおそれがあるからであり，識別力を発揮する限り，本規定の適用により商標登録による保護を与える必要があるからである[26]。

　上述のとおり，使用期間中に商標に変更が加えられることはよくあるが，需要者は，このことを承知しているといえる。そうすると，出願商標が使用商標と相違しても，両商標から受ける印象が近似する場合，自他商品（役務）識別力において相違は発生しないため，需要者は使用商標と出願商標を自他商品（役務）識別標識として同一視すると言えるから，出願商標そのものの使用の有無や程度にかかわらず，使用商標が獲得した識別力は出願商標にも及び，使用商標が使用された結果，出願商標が識別力を発揮する状態に至っていると評価しうる。

　文字商標の場合，出願商標と使用商標の相違としては，縦書きと横書きまたは一段書きと二段書きの相違，色彩の相違，書体の相違等があるが，かかる相違が商標から受ける印象に相違をもたらさない限り，出願商標と使用商標は自他商品（役務）識別力において相違せず，同一視される。そのため，使用商標が使用によって識別力を十分に発揮しているのであれば，出願商標についても

---

25) 商標登録を受けるには，独占適応性を具えている必要もあり，商標法3条2項の適用の可否の判断においては，他の事業者に対して当該標章の使用の機会を解放しておくべき公益上の要請が後退しているかも考慮される（前掲注16）の裁判例参照）。外川英明「判批」判例時報2199号162頁，165頁は，商標法3条2項が1項との関係において例外的規定であるとしても，そのことと使用商標と出願商標の同一性の判断を形式的に厳格にすべきことは直結しないと指摘し，商標法3条2項での解釈においても，独占適応性が醸成されたかに重心を置くべきであるとする。
26) 土肥・前掲注17)『商標法の研究』72頁。

同様に評価できる[27]。

　標準文字（商標法5条3項）[28]によって出願がされる文字商標については，出願商標は願書に記載されたものではなく，標準文字，すなわち，特許庁長官があらかじめ指定して公表した書体の文字（商標審査便覧巻末資料1に示された態様）に置き換えて現したものとなる（商標法12条の2第2項3号・18条3項3号および27条1項）。一方，標準文字での出願の場合でも，実際に商品パッケージ等に表示される商標は，標準文字ではなく，多かれ少なかれロゴ化されていることが少なくない。そのため，標準文字商標が使用商標の使用によって識別機能を発揮する状態に至ったといえるかを検討する必要があるが，この場合も，使用商標から受ける印象が標準文字商標から受ける印象に近似し，両者の識別力に変わりがなく，需要者が両商標を同視できるかにより判断すればよいといえる。もっとも，商品パッケージ等に表示された商標を標準文字商標と同視できない場合でも，たとえば，当該商品の広告，価格表等において標準文字商標と同視できる商標が使用されているならば，かかる使用（商標法2条3項8号）を勘案して，提出されたすべての証拠を総合的に考慮して，標準文字商標についての商標法3条2項の適用の可否を判断するのが適切と思われる。知財高判平成25年1月24日判時2177号114頁〔あずきバー事件〕では，商品パッケージにはロゴ書体で表された商標[29]が使用されていたが，当該商品の販売・宣伝広告の実績及びこれらを通じて得られた知名度に加えて，審決当時の価格表や取引書類等での標準文字商標と同視できる商標が広く使用されていることが考慮され，当該商品の販売開始当時（昭和47年）以来，標準文字商標「あずきバー」が当該商品の出所標識として取引書類等で全国的に使用されてきたものと推認され，上記標準文字商標は商標法3条2項の要件を満たすと判断されている[30]。本件判決において裁判所は，知財高判平成23年3月24日判時2121

---

27) たとえば，知財高判平成23年3月24日判時2121号127頁〔黒糖ドーナッツ棒事件〕参照。なお，特許庁編・前掲注19）第2の1.(1)も参照。

28) 標準文字制度は，平成8年改正商標法（平成9年4月1日施行）において採用されており，出願人が特別の態様について権利要求をしない場合に，標準文字をもって商標登録を受けることができる。

29) この商標は，「ず」「バ」の各文字の濁点が通常の用い方と異なり縦に配列されていることなどの各構成文字の書体の特殊性，「あずき」と「バー」の文字の配置と文字の大きさの違い等からして，普通に用いられる方法で表示する標章のみからなるものとはいい難く，商品の品質の誤認のおそれもないとして（不服2011-16949審決），第30類「あずきを加味してなる菓子」について平成24年6月29日付で登録されている（商標登録第5503451号）。

号127頁〔黒糖ドーナッツ棒事件〕と同じく,「ある標章が商標法3条2項所定の『使用をされた結果需要者が何人かの業務に係る商品であることを認識することができるもの』に該当するか否かは,出願に係る商標と外観において同一とみられる標章が指定商品とされる商品に使用されたことを前提として,その使用開始時期,使用期間,使用地域,使用態様,当該商品の販売数量又は売上高等,当該商品又はこれに類似した商品に関する当該標章に類似した他の標章の存否などの事情を総合考慮して判断されるべきである。」と説示している。この説示は,出願商標と同一性のある標章の使用があることを前提とするものの,かかる使用のみによって識別力が獲得されたことが必須ではないことを意味するものと解される。本件では,インターネット上に「あずきバー」の文字が原告商品を指称するものとして使用されている例が多数あるなどの事情が確認されており,証拠の総合的判断により標準文字商標「あずきバー」が出所標識として機能していることが認められたのであり,本判決は妥当なものと思料する[31]。

　図形商標や立体商標についても,出願商標と使用商標に相違が認められるとしても,両商標から需要者が受ける印象が近似し,識別力に相違がないならば,需要者は容易に両商標を同一視しうると考えられる[32]。かかる場合には,文字商標の場合と同様に,出願商標そのものが使用されていないとしても,使用商標が獲得した識別力は出願商標にも及び,使用商標が使用された結果,出願商標が識別力を発揮する状態に至っていると認めることができる。

　商標法3条2項において出願商標と使用商標に関して問題になりうるのは,上記のような両者の同一性だけではない。実際の使用の場面では,商標の種類

---

30) 販売開始当時以来の取引書類等での使用を「推認」して商標法3条2項の適用を認めることについては反対意見がある(小川宗一「判批」知財ジャーナル2014, 75頁, 80頁)。
31) 堀江亜以子「商標法3条2項該当の要件―「あずきバー」商標登録事件」知財管理64巻5号715頁, 718頁, 安原・前掲注23) 678頁も, 本件裁判所の判断を支持する。
32) たとえば,知財高判平成23年4月21日判時2114号9頁〔ジャンポール・ゴルチエ「クラシック」事件〕は,「使用に係る商標ないし商品等の形状は,原則として,出願に係る商標と実質的に同一であり,指定商品に属する商品であることを要するが,機能を維持するため又は新商品の販売のため,商品等の形状を変更することもあり得ることに照らすと,使用に係る商品等の立体的形状が,出願に係る商標の形状と僅かな相違が存在しても,なお,立体的形状が需要者の目につきやすく,強い印象を与えるものであったか等を総合勘案した上で,立体的形状が独立して自他商品識別力を獲得するに至っているか否かを判断すべきである。」と説示する。同様の説示は,知財高判平成23年6月29日判時2122号33頁〔Yチェア立体商標事件〕でもされている。

を問わず，出願商標と同一性を有する商標が他の標章と組み合わされて使用されることが少なくない。かような使用を示す証拠に基づいて商標法3条2項の適用の可否を判断する場合，需要者がその使用商標をいかに認識するかが問題となる。使用証拠を含むすべての証拠を検討し，使用商標の具体的態様を考慮して，需要者が出願商標部分のみによって商品（役務）の出所を識別することができるに至っているかを判断する必要がある。たとえば，他の商標とともに出願商標が商品パッケージや広告等に表示されている場合，出願商標と当該他の商標を分断して把握することが不自然なほど不可分一体に表示されており，他の証拠からも，出願商標が独立して出所識別機能を発揮しているとは認められないときには，当該組合せでの使用を通じて，出願商標が単独で識別力を発揮するに至ったとはいえない。かような場合，二つの商標が同時に使用されているのではなく，全体としてひとつの商標が使用されていると評価するのが妥当であり，当該使用商標の識別力は，使用商標全体から発生しているか，あるいは，他の商標のそれに依拠すると考えられる[33]。また，使用商標が必ずしも一体不可分に表されているとはいえない場合であっても，出願商標が他の商標に近接して表示されており，提出されたすべての証拠及び需要者の認識に照らしても，使用商標が専ら当該他の商標の識別力に依って出所識別標識として機能していることを否定できないときには，出願商標の識別力獲得を肯定することはできない。

　他方，出願商標が他の商標とともに商品パッケージ等に表示されているとしても，それらが離れて表示されており，需要者がこの組合せを一つの商標と認識しえない場合など，使用商標の態様を示す証拠以外の証拠も総合的に考慮して，出願商標が単独で識別力を発揮するに至っていると認められるならば，出願商標が単独で使用されていないとしても，出願商標が識別機能を発揮する状態になっていると判断すべきであろう。

　出願商標が商品やそのパッケージの形状のみからなる立体商標である場合にも同様に判断できる。かような立体商標の実際の使用においては，商品等の形状に代表的出所標識（ハウスマーク）などの平面商標が表示されているのが通常であり，使用態様と出願商標が相違することから直ちに商標法3条2項の適用を否定することは，適切ではない[34]。通常の使用態様を考慮すれば，商品

---

[33] たとえば，東京高判平成4年12月24日判時1471号143頁〔純事件〕。

等の形状のみからなる立体商標について，かような取扱いをすることは，上記規定の適用による商標登録の可能性を端から否定することになり，立体商標の保護に欠ける結果を招くことになることは明らかである。商品等の形状のみからなる立体商標については，使用態様に平面商標が含まれるとしても，提出された証拠を総合的に考慮して，立体商標を構成する形状によって需要者が商品（役務）の出所を識別できると認めることができれば，商標法3条2項の適用を認めるのが適切である[35]。たとえば，平面商標がさほど目立たず，商取引の場において使用商標が平面商標に依って自他商品（役務）識別力を発揮しているとはいえない場合には，立体商標が単独で識別力を発揮すると認められうる。知財高判平成19年6月27日判時1984号3頁〔マグライト立体商標事件〕は，「使用に係る商標ないし商品等の形状は，原則として，出願に係る商標と実質的に同一であり，指定商品に属する商品であることを要する。」としつつ，商品等には平面商標が付されるのが通常であることを考慮し，「使用に係る商標ないし商品等の形状に付されていた名称・標章について，その外観，大きさ，付されていた位置，周知・著名性の程度等の点を考慮し，当該名称・標章が付されていたとしてもなお，立体形状が需要者の目につき易く，強い印象を与えるものであったか等を勘案した上で，立体形状が独立して自他商品識別機能を獲得するに至っているか否かを判断すべきである。」と説示しており，商品等の形状のみからなる立体商標の使用による識別力の獲得の判断方法を具体的に示すものである。

　平成28年4月1日より商標登録が可能となった，位置商標や色彩のみからなる商標についても同様に考えることができると思われる。これらの新しいタイプの商標についても，商品等の形状のみからなる立体商標と同様，使用態様には，他の平面商標も含まれるのが通常であり，証拠を総合的に判断し，出願商標である色彩のみからなる商標や位置商標によって需要者が商品（役務）の出所を識別できていると認めることができれば，商標法3条2項の適用を認めるのが適切であろう[36]。

34）　知財高判平成19年6月27日判時1984号3頁〔マグライト立体商標事件〕，知財高判平成20年5月29日判時2006号36頁〔コカ・コーラ・ボトル立体商標事件〕，知財高判平成22年11月16日判時2113号135頁〔ヤクルト立体商標事件〕同旨。
35）　もっとも，商標法3条2項の適用が認められても，同法4条1項18号に該当する商標は，商標登録を受けることができない。

3　使用商品（役務）と商標法3条2項適用対象商品（役務）

　すでに述べたとおり，商標法3条2項は，使用された結果，本来的識別力を欠く商標によって商品（役務）の出所を識別することができる状態になっていることのみを同規定適用の要件として掲げており，商標登録を受けることができる程度の識別力獲得の原因となる「使用」を使用商品（役務）との関係においても何ら限定していない。この「使用」に関しては，東京高判昭和59年9月26日無体集16巻3号660頁〔GEORGIA事件〕において「商標法3条2項により商標登録を受けることができるのは，商標が特定の商品につき同項所定の要件を充足するに至った場合，その特定の商品を指定商品とするときに限るものと解するのが相当」であると説示されており，現在においても，指定商品（役務）についての使用を意味すると解する見解が一般的であるように思われる。商標審査基準〔改訂12版〕も，指定商品（役務）と使用商品（役務）の厳密な一致までは求めてはいないものの，両者の同一性を求めており，出願商標と同一性のある商標が指定商品（役務）に使用されていることが同規定の適用要件であるとしている[37]。そもそも，指定商品（役務）と使用商品（役務）の同一性の判断も必ずしも容易いものではない。前掲あずきバー事件では，指定商品が「あずきを加味してなる菓子」であるのに対して，使用商品は，厳密に表現すれば「あずきを原材料とする棒状のアイス菓子」であったため，指定商品と使用商品の同一性が争われた。裁判所は「あずきを加味してなる菓子」であることに変わりはないとして，上記指定商品について商標法3条2項の適用を認めている[38]。

　使用商品（役務）と指定商品（役務）の同一性が必要とする考え方は，指定商品（役務）とは異なる商品（役務）に使用されても出願商標が指定商品（役務）について商標登録を受けうる程度の識別力を発揮する状態になることはないという考えに基づくと解される。はたして，そうであろうか。

　知財高判平成24年9月13日判時2166号131頁〔Kawasaki事件〕[39]において，

---

36)　色彩のみからなる商標については，商標法3条2項の適用が認められても，同法4条1項18号に該当すれば，商標登録を受けることができない。

37)　特許庁編・前掲注19）第2の1には，「出願商標の指定商品又は指定役務と使用商標の使用する商品又は役務とが異なる場合には，指定商品又は指定役務について出願商標を使用しているとは認めない。ただし，指定商品又は指定役務と使用する商品又は役務とが厳密には一致しない場合であっても，取引の実情を考慮して，指定商品又は指定役務と使用する商品又は役務の同一性が損なわれないと認められるときは，指定商品又は指定役務について出願商標を使用しているものと認める。」と記載されている。

裁判所は，原告が本願商標「Kawasaki」を長年にわたってバイク関係やその他の多様な事業活動で使用した結果，本願商標は著名性を得て，バイク関係以外の幅広い分野で使用された場合にも自他商品識別力を有するようになったと認定したうえで，原告子会社を通じて本願商標使用のアパレル商品が長年販売されていることを考慮し，本願商標がアパレル商品に使用された場合にも自他商品識別力を有すると認めるのが相当であると判断した。かかる判断に先立って，裁判所は，商標法３条２項は「指定商品又は指定役務に使用された結果，自他商品識別力が獲得された商標であるべきことを定めていない。」と指摘し，同規定の趣旨について，「同条１項３号から５号までの商標は，特定の者が長年その業務に係る商品又は役務について使用した結果，その商標がその商品又は役務と密接に結びついて出所表示機能をもつに至ることが経験的に認められるので，このような場合には特別顕著性が発生したと考えて商標登録をし得ることとしたものであるから，登録出願に係る商標が，特定の者の業務に係る商品又は役務について長年使用された結果，当該商標が，その者の業務に係る商品又は役務に関連して出所表示機能をもつに至った場合には，同条２項に該当すると解される。」[40]（強調は筆者による）と説明している。同判決は，上記趣旨より，「当該商標が長年使用された商品又は役務と当該商標の指定商品又は

---

38) 宮脇正晴「商標法３条２項により登録が認められる商品の範囲」L&T62号40頁（2013年）は，「識別力の転移」論（渋谷達紀「判批」発明82巻10号98頁，100頁は，GEORGIA事件に関して，紅茶がコーヒーやココアときわめて近い関係にある商品であることを考慮すると，コーヒーやココアについて取得された識別力が紅茶に転移していた可能性がないわけではないと述べている。）は，おそらく商標法３条２項が商標の（獲得された）識別力を保護する趣旨のものであることを前提にするものであろうとし，同規定の趣旨は，商標の識別力の保護だけでは説明できないとして，サーチコスト削減効果の観点から３条２項の適用範囲を説明し，転移論に対して反対意見を示す。
39) 本件では，出願商標「Kawasaki」は商標法３条１項３号，４号のいずれにも該当せず，第25類「被服，ベルト，帽子，手袋」等について本来的識別力を有すると判断されており，商標法３条２項の適用の可否については，念のためとして検討されている。
40) 知財高判平成19年10月31日裁判所ウェブサイト〔DB9事件〕においても，商標法３条２項の趣旨について「当該商標が，本来であれば，自他商品識別力を持たないとされる標章であっても，特定人が当該商標をその業務に係る商品，役務に使用した結果，当該商品等から，商品等の出所と特定の事業者との関連を認識することができる程度に，広く知られるに至った場合には，登録商標として保護を与えない実質的な理由に乏しいといえること，当該商標の使用によって，商品等の出所であると認識された事業者による独占使用が事実上容認されている以上，他の事業者等に，当該商標を使用する余地を残しておく公益的な要請は喪失したとして差し支えないことにあるものと解される。」（強調は筆者による）と説示している。

指定役務が異なる場合に，当該商標が指定商品又は指定役務について使用されてもなお出所表示機能を有すると認められるときは，同項該当性は否定されないと解すべきである。」と説示している。この判決は，商標法3条2項の趣旨を正しく捉え，同規定にいう「使用」を指定商品（役務）と同一の商品（役務）についての使用に限定せずに，出願商標が指定商品（役務）について識別力を発揮する状況に至っているかを実質的に判断したものである[41]。

　そもそも，標章が自他商品（役務）識別力を具えているか否かは，その標章が使用される商品（役務）の需要者の認識によって決まる[42]。かかる需要者の認識は，その商品（役務）についての標章の使用態様のみによって形成されるわけではない。たとえば，標章Xが商品Aと何らかの関係を有する商品Bについて使用され，需要者が標章Xを商品Bについて商標であると認識している場合，需要者はかかる認識のもとに商品Aについて使用される標章Xに接することになる。かような状況において，需要者は，標章Xを商品Bについてのみ商標であると理解するわけではなく，商品Aについても商標として機能していると考えるであろう[43]。かかる商品の範囲は，商品Aと商品Bとの関連性の程度，その関連性についての需要者の認識，当該標章の認知度や周知性等に左右されると考えられる。上記のような需要者の理解，認識を考慮すると，本来的識別力を欠く商標がある商品（役務）について使用された結果，商標登録を受けることができる程度の自他商品（役務）識別力を発揮するに至った場合，その識別力は使用商品（役務）それ自体のみならず，市場でこれと関連性の高い商品（役務）にも及び，かかる商品（役務）についても当該標章は商標として機能することは十分にありうる[44]。このように使用商品（役務）について獲得された識別力が及びうる商品（役務）は，使用商品（役務）を包含するより広い範囲

---

[41] 外川・前掲注25）167頁参照。土肥・前掲注17）『商標法の研究』74頁は，本判決の判断を当然の判断であるとする。
[42] 土肥・前掲注17）『商標法の研究』73頁。
[43] 髙部・前掲注24）225頁も同旨指摘。
[44] 土肥・前掲注17）『商標法の研究』73頁は，「使用されている商品又は役務であっても識別力の浸透が十分でない場合もあろうし，逆に使用されていない商品又は役務であっても識別力の浸透が生ずることはある。いずれにしても，出願商標に係る商品又は役務に関して識別力の浸透が確定される必要があり，類似の商品又は役務に関してその確定をしても意味がない。」と指摘し，「同一と認められる商品又は役務については，一定の拡張は認められよう。」と述べる。髙部・前掲注24）225頁は，あたかも不正競争防止法上の周知商品表示が，全く同一の商品を含む商品や類似の商品に使用された場合にも，混同を生ずるおそれありとして不正競争行為とされる場合を想起させると指摘する。

の商品（役務）であるかもしれないし，概念や種類を全く異にする商品（役務）であることもあろう[45]。なお，異なる商品（役務）についての使用によって生じた識別力が及びうる商品（役務）は，市場での需要者の認識によって決まるのであり，特許庁における商品・役務の類否とは無関係である。

　前掲 Kawasaki 事件では，ブランドイメージ調査の結果から把握される一般需要者における出願商標の認知度をも考慮して，バイク関係等についての使用によって獲得された自他商品識別力がアパレル商品に及んでいると認定したものであり，妥当な判断であると評価できる[46]。

　Kawasaki 事件は指定商品であるアパレル商品についても出願商標が使用されていた事案であるが，出願商標が使用されていない商品を含む指定商品（役務）全体について商標法3条2項の適用を肯定した裁判例もある。知財高判平成23年4月21日判時2114号9頁〔ジャンポール・ゴルチエ「クラシック」事件〕では，出願商標と同一性を有する使用商標が香水のボトルとして使用され，その形状が需要者に強い印象を与えるものであること，当該香水の販売期間，雑誌等への掲載の事実等に照らして，香水等の需要者が原告香水等を識別できるに至っていると判断され，商標法3条2項の適用が肯定された。同規定が適用される指定商品の範囲については，原告が「ジャンポール・ゴルチエ」ブランドのパフュームド　バスアンドシャワージェル，パフュームド　ボディローション，パフュームド　ボディクリームを販売するほか，本件商標使用のオードトワレとこれら商品をセット商品として販売していることが考慮され，香水とそれ以外の本願指定商品（美容製品，せっけん，香料類および化粧品）は，極めて密接な関連を有し，需要者も共通すると認定のうえ，指定商品「beauty products（cosmetics），soaps，perfumery，cosmetics」のすべてが同規定適用対象とされた。化粧品分野では，同じ効果や使用感を持つ化粧水，クリーム，洗顔せっけん等のスキンケア用商品に同じ商標が使用されることがあるほか，香水類，ボディローション，ボディクリーム等の「化粧品」と，特許

---

[45] 外川・前掲注25）167頁は，あずきバー事件と Kawasaki 事件に触れ，指定商品（役務）の一部の使用証明で指定商品（役務）全部に商標法3条2項を適用しうるかの問題と，使用証明がされた商品（役務）を超える指定商品（役務）について同規定を適用できるかという問題は，実質的に同一の問題であると指摘する。

[46] 川瀬幹夫「商標法3条1項の本来的識別性と使用による顕著性」知財管理63巻5号733頁，743頁は，使用商品と指定商品の同一性を原則的に要求するとしても，同一でないことをもって直ちに否定すべきものでないという見解を示しつつ，本件においては，バイク関係の被服等に限定するのが適当であったと述べる。

庁ではこれらの商品とは非類似と推定されるボディシャンプー，シャワージェル等の「せっけん類」に同じ香りの商品であることが需要者にわかるよう，同じ商標が使用されることがあり，このような商品は互いに関連性が高い商品として需要者に認識されている。本件は，原告提出の本願商標の使用に関する証拠が香水についてのもの限られていた事案であるが，原告は関連商品としてボディローション，シャワージェル等を実際に販売していたのであり，化粧品分野における需要者の認識に照らせば，香水に限定せず，指定商品「beauty products (cosmetics), soaps, perfumery, cosmetics」のすべてについて商標法3条2項の適用を認めたことは妥当な判断であると評価できる[47]。

上記ジャンポール・ゴルチエ「クラシック」事件では，商標法3条2項の適用が認められた，香水以外の指定商品は，出願商標が使用されていないとしても，原告の販売商品ではあったが，知財高判平成19年10月31日裁判所ウェブサイト〔DB9事件〕では，原告による取扱いがない商品や役務についても3条2項の適用が認められている。

DB9事件では，本願商標「DB9」は，「automobiles」について需要者が原告（出願人）との関連を認識することができる程度に広く知られていたと認定され，本願商標の使用が認められない指定商品「bicycles, motorcycles, parts and fittings therefor」及び指定役務「repair, restoration, maintenance, reconditioning, diagnostic tuning, cleaning, painting and polishing services of land vehicles and parts and fittings therefor」についても商標法3条2項の適用が肯定された。かかる判断は，「automobiles」とそれ以外の指定商品・役務の関連性，需要者の共通性に照らしてなされたものである。本件において，使用商品が生産台数の少ない高級スポーツカーであって，日本での販売台数が少なく，「DB9」が出願人のスポーツカーを指称するものとして自動車購買者の間で広く認識されたものとはいえないとする被告主張に対して，裁判所は「商標の保護が認められるためには，取引者，需要者のすべてが知っているといえるまでの必要はなく，個別的な事情に基づかず，その商標が特定の者の出所を表すものであることを知っている取引者，需要者が類型的に相当程度いるということが一般的にいえるような場合には，その商標は，一般的に，商標としての機能を果たしている場合があるのであるから，保護を認めることが相当であ

---

[47] 反対：中川淨宗「判批」発明109巻4号40頁（2012年）。

る。」と説示している。かかる説示は，指定商品（役務）についての使用の有無にかかわらず，指定商品（役務）の需要者の一般的認識によって商標法3条2項適用の可否を判断すべきことを示すものであり，極めて適切な判断手法を示すものと評価できる。

このように，最近の事案では，裁判所では，商標法3条2項の「使用」が限定的に解釈されることなく，適切に解され，出願商標についてのあらゆる証拠を総合的に判断して，需要者の認識に照らしたうえで出願商標が指定商品（役務）について同規定の適用の可否が判断されており，妥当であるといえる。

第4節　おわりに

商標法は，商標を保護することによって同法1条に掲げられた目的の達成を目指す。この目的達成のためには，保護すべき商標を適切に保護対象とすることが必要であるが，商標の保護対象はその機能であるから，本来的であるか否かを問わず，商標の本質的機能である自他商品（役務）識別機能を発揮する商標を保護する必要がある。自他商品（役務）識別機能が発揮されているかどうかは，市場において需要者が標章を目印にある事業者の商品（役務）を他の事業者の商品（役務）から区別できるか否かの問題であるから，需要者の認識を基準に判断するのが当然の手法である。パリ条約6条の5C(1)の規定はこの点を示すものである。本来的識別力を欠く商標が指定商品（役務）について使用による識別力を獲得したかも，指定商品（役務）の需要者の認識に基づいて判断すれば足り，それで十分である。商標がいかなる商品（役務）について使用されたかは，考慮ファクターのひとつにすぎない。

商標法3条2項は，その書きぶりから明らかなように，商標が，商標法のもとでの保護に値する程度の自他商品（役務）識別力を発揮する状態に至っていることを要件とし，その発生原因を使用に求めているにすぎず，この使用を限定的に解することは，却って商標の保護に悖る結果を招く。需要者の認識に基づいて識別力の有無を判断することは，使用による識別力の獲得について判断する場合のみならず，本来的識別力の喪失の判断においても妥当することである。

出願商標がわが国では未使用であるものの，出願人が出願商標と同一の商標を外国で使用した結果，その周知性がわが国に及び，当該商標が指定商品

（役務）についての出願人の出所識別標識としてわが国の当該商品（役務）の需要者に広く認識される状況に至っていることや，出願人はわが国で出願商標を使用していないが，第三者の使用（たとえば，並行輸入により，当該商標が付された真商品が国内で販売されている場合）により，出願商標が指定商品（役務）についての出願人の出所標識であると需要者が認識するに至っていること[48]などが立証された場合，商標法3条2項の適用の可否が問題となりうると思われる。同規定の「使用」が何ら限定されていないことを考慮すると，需要者が出願商標を指定商品（役務）の出所識別標識と認識するに至っている限り，同規定適用の余地はあると思われる。

---

[48] 出願人が，かかる使用について立証できるかの問題はあろう。

商標法 4 条 1 項 15 号にいう
「混同を生ずるおそれがある商標」

安田 和史

第 1 節　商標法 2 条 1 項 15 号の趣旨
第 2 節　商標法 2 条 1 項 15 号の内容
第 3 節　商標法 2 条 1 項 15 号にいう「混同を生ずるおそれ」

第 1 節　商標法 2 条 1 項 15 号の趣旨

　商標の諸機能の内，本質的な機能として自他商品識別機能がある。その自他商品識別機能から生ずる機能の一つとして，出所表示機能がある。
　出所表示機能とは，市場において，用途と機能を同じくする複数の商品が提供されている場合に，どの商品が，どの提供者によるものであるのか，需要者に判別できる必要があり，商品標識を付すことによってそれを可能とする機能である[1]。
　出所表示機能が生ずるためには，商標を商品や役務に使用することにより，商標に業務上の信用が化体し，社会的な認知度の高まりとともに，その価値を高めていくことになる。この機能があることにより，商品の購入者や役務の受益者は，その提供者が何人なのかを明らかにすることができる。
　混同とは，「出所の混同」のことをいう[2]。
　「出所の混同」が生じる場合であるから，ある程度の識別力を有することが求められるといえる。
　出所の混同は，商標の基本的な機能である出所識別機能を害するものであり，それを見過ごせば，取引の秩序の維持が困難になる。とりわけ，周知表示や著名表示となった商標は，ただ乗り（いわゆるフリーライド）およびその表示の

---

1) 牧野利秋編『実務解説　特許・意匠・商標』527頁（青林書院，2012年）〔土肥一史〕参照。
2) 最判昭和41年2月22日民集20巻2号234頁〔寶焼酎事件〕，大判大正15年5月14日民集5巻6号371頁〔三ツ矢印事件〕，大判昭和13年10月15日民集17号21号1993頁〔わかもと事件〕等で判示されており一貫している。

希釈化（いわゆるダイリューション）の脅威にさらされることになる。そのような脅威から商標を守るためには，商標の出所識別機能を保護し，使用する者の業務上の信用の維持を図り，需要者の利益を保護しなければならない（第1条）。そのため，商標法は，このような出所の混同を生ずる商標を排除するべく，商標法4条1項10号ないし14号に規定を設けている。さらに，商標法4条1項15号は，同項10号から14号までの掲げるものを除く，他人の業務に係る商品または役務と混同を生ずるおそれがある商標について，これに該当する場合は商標登録が否定されることになる。なお，4条1項10号ないし14号と同項15号は，目的を共通するので，双方の条項の競合的適用はない[3]。

本号は，大正10年商標法2条1項11号にある「商品ノ混同ヲ生セシムルノ虞アルモノ」に相当する規定であり，商標法4条1項10号から同項14号までの総括規定としての位置づけがされている[4]。

商標法2条1項10号から14号までの規定は，これまでの取引の経験則から，混同が生じる場合の多くが，商標が同一もしくは類似の場合や，使用商品や役務が同一もしくは類似の場合に生ずることが多いことから，混同に関し，典型的な内容として規定しているものである。しかし，混同が生ずるおそれは，必ずしもこれらに限るものではないことから，本号はそれらを除いた一般的な規定となっている。また，「おそれ」という文言からして，将来性について見込まれる場合もある[5]。そして，現実の混同や混同の危険性については不要であり，抽象的な混同の蓋然性があれば足りる[6]。

判断においては，商標それ自体の出所の混同に加え，取引実情も考慮され本号適用の妥当性が検討されることになる。そして，商標の類似や，商品または役務の類似については考慮要素ではあるものの，必須の要件ではない[7]。仮に，商標法4条1項11号で非類似とされたとしても，同項15号の該当性が認められる場合がある。たとえば，東京電音株式会社事件では，商標の類似を否定しつつも，引用商標の著名性を認め，その中に「デンオン」と発音される「電音」の部分が含まれているため，取引者・需要者に，「経済的あるいは組織的に何

---

3) 土肥一史『知的財産法入門』74頁（中央経済社，第15版，2015年）参照。
4) 特許庁『工業所有権法（産業財産権法）逐条解説』1289頁（発明協会，第19版，2013年）参照。
5) 三宅正雄『商標法雑感』126頁（冨山房，1978年）参照。
6) 髙部眞規子編著『知的財産訴訟実務体系Ⅱ』229頁（青林書院，2014年）参照。
7) 髙部眞規子『実務詳説　商標関係訴訟』252頁（きんざい，2015年）参照。

らかの関連を有する企業の業務に係る商品であるかのような混同を生ずるおそれが多分に存するといわなければならない」と判示している[8]。

　本号は，商標登録における拒絶理由（商標法15条1号），異議申立理由（商標法43条の2），無効理由（商標法46条1項1号）である。大正10年法における商標法2条1項11号の規定における「混同」については，除斥期間が設けられておらず（商標法23条），他の8，9，10，12号との調整の意味から，11号を現行法商標法4条1項15号と同項16号に分け，商標法4条1項15号を私益保護規定として，16号を公益保護規定として位置づけた[9]。また，商標法4条1項15号は私益的見地から定められていることからして，相対的不登録事由に属する。そして，相対的不登録事由であることから無効審判の請求に関し，除斥期間（商標法46条）を設けている[10]。このように除斥期間を設けているのは，相対的不登録事由にかかる商標登録がなされた場合に，一定期間，その状態が放置されていた場合には，無効理由である瑕疵が治癒したものとして扱い，その法律状態を尊重して維持するとの趣旨である[11]。

第2節　商標法2条1項15号の内容

1　他人の業務

　商標法4条1項15号は，「他人の業務」について規定している。
　「他人」とは，出願人以外のものをいい，競業関係にあることは求められていない。そして，非営利事業者も含まれる[12]。
　「業務」とは，「商品を生産し，証明し，又は譲渡する者がその商品について

---

[8]　東京高判平成2年1月23日判時1346号145頁〔東京電音株式会社事件〕参照。なお，本件は上告されたが最高裁により棄却されている。最三小決平成2年9月4日。商標が非類似であっても混同のおそれが生ずるとみとめたその他の事案として，東京高判平成14年12月24日 LEX/DB28080652〔フォルテックス事件〕，東京高判平成16年10月20日 LEX/DB28092697〔SOMETHING・ジーンズポケットステッチ〕，知財高判平成21年5月12日判時2055号133頁〔ジーンズポケットステッチ事件〕等がある。

[9]　知的財産法研究会編著『知的財産権法質疑応答集』3211頁（第一法規，1978年）参照。

[10]　現行法に至る改正の経緯および立法趣旨については，前掲注4）逐条解説1289～1290頁，小野昌延編『注解商標法（上）』383～387頁（青林書院，2005年），金井重彦＝鈴木將文＝松嶋隆弘編著，『商標法コンメンタール』144～146頁〔藤田晶子〕参照。

[11]　藤田・前掲注10)145頁および牧野利秋編『特許・意匠・商標の基礎知識』375頁（青林書院，第4版，2003年）〔浜田廣士〕参照。

[12]　東京高判昭和25年12月13日 LEX/DB27600022〔PTA事件〕。

使用をするもの」および,「役務を提供し,又は証明する者がその役務について使用をするもの」である(商標法2条1項)。

2　出所の混同
(1)　出所の混同の類型
　混同には,(A)商品間の混同が生じる場合,(B)商品それ自体を取り違えることはないとしてもそれぞれの商品の出所についての混同が生じる場合,(C)商品の出所について取り違えることはないとしても,それぞれの商品の出所である事業主体が組織的または経済的な何らかの関係があるとの混同が生じる場合がある[13]。なお,前掲(A)ないし(B)を狭義の混同,(C)を広義の混同と呼ぶことがある。
　商標法4条1項15号に掲げられる「混同」に関し,狭義の混同のみならず,広義の混同も含むかについては,従来の判例・学説においても異論は見られず[14],これを含むものとして最高裁判決であるレールデュタン事件を契機に,判例法理として確立している[15]。この最高裁の判断が示されたことにより裁判実務に大きな影響を与えた[16]。なお,この当時,すでに特許庁は『商標審査基準』(昭和52年改定時)に「広義の混同」が15号に含まれると明記しており審査実務上は取り入れられていた[17]。

(2)　最高裁判決
　最高裁は,下記の二つの事件において,商標法4条1項15号の混同については,いわゆる「広義の混同」を含むものであると判示している。なお,すでに最高裁は不正競争防止法にかかる事案においてそれ以前から広義の混同概念を

---

13)　土肥一史「判批」『商標法の研究』325頁(中央経済社,2016年)参照。
14)　渋谷達紀『商標法の理論』336頁(東京大学出版会,1973年),豊崎光『工業所有権法』374頁(有斐閣,新版増補,1980年)参照。
15)　レールデュタン事件以前の判断として,東京高判平成元年3月14日下民集15巻1号105頁〔PIAGET事件〕,東京高判平成2年1月23日判時1346号145頁〔東京電音事件〕,東京高判平成8年12月12日判時1596号102頁〔TAHINO CRISCI事件〕,東京高判平成10年4月22日判時1622号138頁〔GIANTS事件〕,東京高判平成10年9月29日判時1669号129頁〔VOGUE事件〕等がある。
16)　土肥・前掲注13)324頁参照。
17)　審査基準における「他人の業務に係る商品または役務と混同を生ずるおそれがある商標」であるか否かの判断にあたっては,「(イ)その他人の標章の周知度(広告,宣伝等の程度または普及度),(ロ)その他人の標章が創造標章であるかどうか,(ハ)その他人の標章がハウスマークであるかどうか,(ニ)企業における多角経営の可能性,(ホ)商品間,役務間または商品と役務間の関連性等を総合的に考慮するものとする。なお,(イ)の判断に当たっては,周知度が必ずしも全国的であることを要しないものとする」。

採用しており，判例上確立していた[18]。

　レールデュタン事件[19]で商標法に関する事案で初めて「『他人の業務に係る商品又は役務と混同を生ずるおそれがある商標』には，当該商標をその指定商品又は指定役務に使用したときに，当該商品又は役務が他人の業務に係る商品又は役務であると誤信されるおそれがある商標のみならず，当該商品又は役務が上記他人との間にいわゆる親子会社や系列会社等の緊密な営業上の関係又は同一の表示による商品化事業を営むグループに属する関係にある営業主の業務に係る商品又は役務であると誤信されるおそれがある商標が含まれる。」そして，上記の「『混同を生ずるおそれ』の有無は，当該商標と引用商標との類似性の程度，引用商標の周知著名性及び独創性の程度や，当該商標の指定商品又は指定役務と他人の業務に係る商品又は役務との間の性質，用途又は目的における関連性の程度並びに商品又は役務の取引者及び需要者の共通性その他取引の実情などに照らし，当該商標の指定商品又は指定役務の取引者及び需要者において普通に払われる注意力を基準として，総合的に判断されるべきものである」との判断がされ，同一店舗において取引されることを商品混同のおそれの有無を判定の基準とするものよりも具体性が高まった。また，PALM SPRINGS POLO CLUB事件[20]ではそのような判断基準を採用することについて踏襲している。

3　「混同」の判断基準
(1)　判断時期
　出願時を経て登録査定時においても，「混同を生ずるおそれ」が存在していたことが求められる。したがって，出願時において「混同を生ずるおそれ」が認められていなくても登録査定時には，「混同を生ずるおそれ」が認められるような場合も多分にありうると思われるが，そのような場合には商標法4条1項15号の適用が認められないことになる。
(2)　判断主体
　混同のおそれについては，「取引社会の構成員が取引の過程で商標品に遭遇

---

18)　最判昭和58年10月7日民集37巻8号1082頁〔ウーマン・パワー事件〕，最判昭和59年5月29日民集38巻7号920頁〔アメリカンフットボール事件〕。
19)　最三小判平成12年7月11日民集54巻6号1848頁〔レールデュタン事件〕。
20)　最二小判平成13年7月6日集民202号599頁〔PALM SPRINGS POLO CLUB事件〕。

した時に惹起される心理的反応に関係する問題である[21]」ことから，対象となる商標にかかる指定商品または指定役務の取引者および需要者が基準となって判断がされることになる。つまり，広く一般消費者に周知著名である必要はない。

取引者および需要者については，その一部を代表する者ではなく，その一般を代表する平均的存在でなければならない[22]。また，当該商標の指定商品または指定役務の取引者および需要者において普通に払われる注意力を基準とする[23]。ただし，一般消費者と取引事業者では観察主体の注意力に高低があることから，これらについても考慮されることになる。

(3) **考慮要素**

出所の混同が生ずるかについては，「商標，あるいは，商品自体からだけ判断すべきものではな」く，出所の混同が生じる複雑多彩な諸事情を考慮して判定される[24]。

レールデュタン事件以降の商標法4条1項15号該当性は，以下の考慮要素を中心に当事者によって主張され，判断が示されてきている。なお，従来の判決で示された考慮要素に限られるものではなく，どのような資料についてどの程度勘案するのかということについては解釈論に委ねられており，最高裁も「その他取引の実情」があることを認め，その範囲については限定していない[25]。

考慮要素について，「商品等の類似性が高ければ高いほど，商標間の類似性が高ければ高いほど，商法の識別力及び周知著名性が高ければ高いほど，混同のおそれが認められるということになる」（土肥・前掲注13）「判批」326頁参照）との説もあるが，判決では，必ずしも考慮要素の程度が高いことが混同のおそれが生じるとの結論に結びついていないものもあり，議論の余地がある。

① **当該商標と他人の表示との類似性の程度**

当該商標と引用商標との構成内容を比較し類似性の程度について検討し，さらにその商標にかかる構成の内，どの部分について取引者および需要者の注意が引かれるか等についても検討される場合がある。なお，ここでいう類似の判

---

21) 渋谷・前掲注14) 342頁参照。
22) 渋谷・前掲注14) 336頁参照。
23) 光石士郎『商標法詳説』123頁（ぎょうせい，新訂版，1971年）参照。
24) 三宅・前掲注5) 126頁参照。
25) 渋谷・前掲注14) 345頁では，「いかなる資料をいかなる程度において勘案すべきかは法律の規定するところではないから，一切は解釈論に委ねられている」と述べる。

断は「程度」のことであって、商標相互の類似を検討する商標法4条1項11号の判断基準とは異なる。もちろん、商標が類似していれば誤認混同の可能性が高まることはいうまでもないが、そのような事実の証明ができなかったとしても、誤認混同のおそれは生じる場合がありうる[26]。つまり、仮に類似が認められない場合であったとしても、そのことをもって広義の混同が否定されるわけではない。しかしながら、必ずしもこれらの前提を十分に考慮されていない事例も散見する[27]。また、商標法4条1項15号の判断では、類似性の考慮要素が強い影響を与えているとする説がある[28]。

当該商標と引用商標の双方に周知著名性が認められる同一の表示が認められたとしても、結合商標における構成内に、より顕著な著名性のある表示があることにより、第15条の適用が認められない場合がある。たとえばCAMBRIDGE UNIVERSITY／POLO CLUB事件では、当該商標と他人の表示の双方に「POLO」という共通の表示が認められたものの、この表示の文字部分およびポロプレイヤーの絵柄については、商標全体の中に埋没して観る者の注意を引くことはないことから、類似しないとした。その理由として、当該商標の成の内、「CAMBRIDGE UNIVERSITY」は、ラルフ・ローレンよりもはるかに古い歴史を有し、英国の伝統と由緒ある大学として有名であることから、取引者・需要者が接した際には、ケンブリッジ大学を想起するとして、ラルフ・ローレンとの間の顕密な営業上の関係または同一の表示による商品化事業を営むグループに属する関係にあるものとは認められないといえるからであると判示している[29]。

---

26) 同様の説として土肥・前掲注13)「判批」326頁では、類似性は必須であるとしたうえで、「狭義の混同の場合と異なり、広義の混同においては商品等間の厳格な類似性は求められない」と述べる。
27) 東京高判平成15年10月6日〔ナカモ西京事件〕、東京高判平成15年10月29日〔Moyet事件〕、知財高判平成19年6月28日〔Love passport事件〕、知財高判平成20年11月26日〔Sarah事件〕、知財高判平成24年1月30日〔MERX事件〕、知財高判平成24年5月31日〔電装現代仏壇事件〕、知財高判平成22年7月12日判タ1387号311頁〔SHISA事件〕は、商標法4条1項11号で類似性が否定されており、同時に同項15号が否定されているが、混同が生ずるおそれの考慮要素として、類似性の有無について大きな焦点を当てている事例であるといえる。とりわけ、前掲・SHISA事件について、小谷武『新商標教室』371～372頁(弁護士会館ブックセンター出版部LABO、2013年)は、11号で類似を否定したことにより、商標法4条1項15号の判断にも影響を与えており、11号と商標法4条1項15号の類似を同じ意味合いに扱っていると批判する。
28) 平澤卓人「判批」知的財産法政策学研究25巻286～288頁、同「判批」知的財産法政策学研究44巻304頁(2014年)参照。

同じように，ラルフ・ローレンのポロプレーヤーマークの著大な識別力の獲得を前提としながらも，マレットの位置が異なるポロプレーヤーマーク商標について，「U.S.P.A」の欧文字を，ゴシック体で，図形に比肩する大きさで表示されていることが，図形部分から特定の出所が連想されることを打ち消すように機能し，ラルフ・ローレンの「ポロ」や「ラルフ・ローレン」への連想が妨げられ，少なくともラルフ・ローレンではない商品の出所が認識されていることが明らかであると判示するものがある[30]。

ただし，打ち消し表示については，出所識別機能を打ち消す表示として十分な効力を発揮しているかという点について，具体的な検討を行っていく必要がある[31]。

引用商標との類似性の判断においては，外観上の類比を論ずるだけではなく，「構成態様より受ける印象」および指定商品内の取引の実情等を総合勘案すべきとしたものとして，4本のストライプ事件がある[32]。

養命茶事件では，引用商標「養命酒」について「養命酒」として著名であって，「養命」として著名性を獲得しているものでないとしても，一語一語について一連一体としてみるべきではなく，「養命」部分を基幹部分として認識するものであり，そこに一般名称として，あるいは，品質，性状を表すものとしての「酒」が示されたものであると判示している[33]。

② 他人の表示の周知著名性

考慮要素のうち，もっとも重要視されるのが引用商標の周知著名性であるといえる[34]。

そもそも，周知性が認められなければ，混同が生じることはあり得ない。

---

29) 東京高判平成14年10月30日 LEX/DB28080155〔CAMBRIDGE UNIVERSITY/POLO CLUB事件〕。

30) 東京高判平成16年9月29日 LEX/DB28092533〔U.S.POLO/ASSOCIATION事件〕参照。また，高部眞規子『裁判実務シリーズ8 著作権・商標・不競法関係訴訟の実務』369頁（商事法務，2015年）では，「混同を防止する表示と相俟って，同号の適用が否定される場面もあり得る」としている。

31) 田村善之『ライブ講義知的財産法』134頁（弘文堂，2012年）は，商標権侵害が生じているかについての場面においての見解ではあるが，打ち消し表示については，「抽象的に権利範囲を設定した商標法の趣旨が達成できなくなるおそれがあ」ることから，「打ち消し表示が類似商標のすぐ傍らで，より目立つ態様でなされているために，類似商標が商品などの出所識別機能を発揮していないことが明らかな場合に限」ると解すべきと述べる。

32) 知財高判平成24年11月15日 判時2186号83頁〔4本のストライプ事件〕。

33) 知財高判平成27年10月29日判時2284号111頁〔養命茶事件〕。

周知著名性については，考慮要素を超えた判断要件としての性格があるとの説もある[35]。

周知著名性は，その程度が問題となる。ここで考慮されるのは周知性で足りるとする説があり，判決にも見られている。つまり，混同が生ずるおそれがあるのは少なくとも周知性を兼ね備えたもの以上ということになる[36]。また，著名性については，全国的な周知を獲得している必要性は必ずしもなく，高い周知性を持って著名性ということでよいとの説がある[37]。

著名性が認められれば識別力が高いといえることから，「商標および商品役務の類似性の程度が高いとされて出所の混同を生ずるおそれが認められやすくな」るとの説がある[38]。

周知著名性の証明については，様々な証拠が過去の事例において判断されている。たとえば，(a)辞書，百科事典，用語辞典，図鑑における記載，(b)業界誌，専門雑誌，新聞（専門紙）における記事，(c)新聞（全国紙），TV，インターネットによる報道，(d)広告宣伝（一般紙を含む新聞，雑誌，ラジオ，テレビ，全国の道路わきに設置された看板広告，チラシ，パンフレット等），(e)受賞履歴（商標が付されている商品あるいはブランドのデザイナーなど），(f)商品や役務の販売シェア，(g)販路，販売活動の実態，(h)ドメインネームの取得・ホームページならびにツイッター・Facebook および mixi といった SNS のページでの記載，(i)幼児向け書籍への掲載や，玩具への商品化などが過去の裁判例において証拠として提出されている。なお，著名性の認定は，新聞や雑誌などについて取引者・

---

34) 冨井美紀「判批」知財管理60巻10号1732頁（2010年）では，「『混同のおそれ』の有無の判断は，周知著名な商標を使用する者の利益保護に資するべきであるから，問題となる商標の著名性を先ず持って認定する必要がある」と述べる。

35) 渋谷達紀「判批」判例評論507号36頁（2001年），小林十四雄＝小谷武＝足立勝編『商標法の実務Ⅱ』186頁（青林書院，2012年）〔長谷川綱樹〕参照。

36) 前掲注35）渋谷36頁では，「著名性を考慮してはならぬというわけではないが，商標法4条1項15号は，混同のおそれの有無を問題にする規定であるから，著名性を考慮するのは過剰な作業というべき」と述べる。また，渕麻依子「判批」ジュリスト1322号172頁（2006年）は，「重複する需要者を括りだして混同を生ずる恐れの有無を判断するのであれば，ある分野において周知性を獲得した商標は，それを含むより大きな需要者層を有する指定商品等…については，他社の商標登録を排除することが可能にあると考えることもできよう」と述べる。

引用商標の周知性をもって商標法4条1項15号の適用を認めた判例として，東京高判平成15年5月21日判時1830号124頁〔力王事件〕等がある。

37) 渋谷・前掲注35）36頁参照。

38) 冨井・前掲注34）1733頁参照。

需要者が目を通しているものであればよく，広く一般に読まれていることや，証拠の量によって左右されるものではない[39]。

その他の考慮要素との関係において，周知著名性の程度が高い場合には，引用商標にかかる独創性が低い場合でも，それを超えるだけの強い識別力があることで，商標法4条1項15号の適用を受ける可能性を高める。たとえば，裁判所は，米国のブランドとして著名な「Polo Ralph Lauren（ポロラルフローレン）」は，ブランドロゴ等における表示の多くで『POLO』あるいは，伝統的な馬上競技であるPOLOの競技者を模した絵柄をワンポイントマークとして使用している（いわゆる『ポロプレーヤーマーク』）が，POLOそのものが普通名詞であることや，絵柄についてもPOLOの競技者を表すシンプルなデザインであることに加え，被服の分野において，遊び着的な襟付きシャツを広く称する一般名称としての「ポロシャツ」があることから，その独創性について造語と比較して低いとの評価を示しているが，それらを前提としても，わが国におけるブランドとしてのラルフ・ローレンが展開する「POLO」等の表示は，取引者や需要者の間に広く認識されていると判示されている[40]。また，ラルフ・ローレンにかかる「POLO」あるいはポロ競技者を模した「ポロプレーヤーマーク」については，関連事件が多く存在する[41]。これらの事件では，「出所表示機能がある程度減殺されている」ことを認めつつ，商標の周知著名性について「広く認識されている」等の表現を用いて，著名性の高さを認めるとともに，それら単独の著名性だけではなく結合した場合には「更に強い自他商品識別力」を発揮する著名性を有すると判示している。

取引者・需要者における周知著名性の程度が高ければ高いほど，商標が示す出所の認識が高まり，商標法4条1項15号の適用が否定される場合がある。たとえば，ローリングストーンズ事件では，需要者の間で周知著名であるとし

---

39) 知財高判平成18年4月24日 LEX/DB28111098〔USBear①事件〕，知財高判平成18年4月24日 LEX/DB28111099〔USBear②事件〕。

40) 最二小判平成13年7月6日集民202号599頁〔PALM SPRINGS POLO CLUB事件〕では，POLO競技者をモチーフにしたワンポイントマークについて，それだけの表示でラルフ・ローレンのデザインにかかる商品に付される商標として著名であることを認めている。

41) 関連事件として，東京高判平成14年6月19日 LEX/DB28072044〔Polo Club Members事件〕，東京高判平成14年6月19日 LEX/DB28072046〔Polo Club事件①〕，東京高判平成14年6月19日 LEX/DB28072047〔Polo Club事件②〕，東京高判平成15年12月16日 LEX/DB28090459〔Polo Club事件③〕等がある。

たうえで,「需要者についてみると,音楽は嗜好性が高いものであって,音楽CD等の購入,演奏会への参加等をしようとする者は,これらの商品または役務が自らの対象とするもので間違いないかをそれなりの注意力を持って観察することが一般的であると」と判示されている。また,極めて著名性の高いPUMA社のロゴに似せて作られたと思われるSHISAのロゴについて「混同が生ずるおそれがあるとはいえない」と判示されている。これについて,「引用商標が周知や著名であればあるほど,取引者や需要者は当該引用商標をよく知っているために対象とされた商標との差異を認識しやすくなる」とし,SHISAのロゴがPUMAのロゴを意識しているとは思っても,出所表示自体がPUMA社と何らかの関係にあるとは理解しないのが通常であるとして,判決を支持し「引用商標ないし周知性は商標法4条1項15号の適用を否定する方向に有利に働く要素としてとらえている」との説を示すものがある[42]。

取引者・需要者における周知著名性の程度が周知性程度しか認められていない場合は,取引者・需要者の属性や共通性,普通に払う注意力の程度等,他の考慮要素が勘案されて総合的に判断されることになる。たとえば,力王事件では,地下たびを含む履物類またはその関連商品ないしは作業品類の分野において,取引者,需要者の間に周知であることを認めたうえで,「飲食物の提供」について,それ自体としては上記商品と取引事情を著しく異にする異種,別個の産業分野に属するものの,これらの者が,野外で作業をして昼食時を中心に外食する機会も多いことから,需要者の共通性を認めており,そのような需要者については,高度の注意を払う行動には出ないのが通常であるとして,いわゆる「広義の混同」が生じるおそれがあると判示している[43]。

同一商標が継続的に使用されていることは,周知性の判断とも関連する。たとえば,ルネッサンスホテル創世事件[44]では,「『ルネッサンスホテル』の『RENAISSANCE』または『ルネッサンス』との名を付しての営業期間が平成16年時点までで約17年から約9年というもので長い歴史を有するというほどの

---

[42] 小林=小谷=足立編・前掲注35)205頁〔牧野和彦〕参照。また,渋谷達紀『知的財産法講義Ⅲ』460頁(有斐閣,第2版,2008年)では,「登録商標の周知性や識別力が高い事例では,通常は混同のおそれが高まるので,標章の類似性が肯定されやすい」としながらも「しかし,需要者は商標の構成を銘記しているから,他の商標との僅かな差異を認識するようにもなっている。そのため,後者の状態が考慮され,あるいは考慮要因の一つとされて,標章の類似性が否定されることもある」と述べる。
[43] 前掲・力王事件。
[44] 知財高判平成20年5月29日判時2010号113頁〔ルネッサンスホテル創世事件〕。

ものではなかった」との認定をしており，相当程度の認識はなかったと判示している。また，ジーンズポケットステッチ事件[45]では，「バックポケットの形状は，ジーンズの元祖ともいえるメーカーによるものとして100年以上にわたり基本的に変化がな」くそれが広告などでも継続して使用されていたことが認定されており，ファッション関連商品の取引者および一般消費者を含む需要者の間で広く知られていることの判断材料となっている。

③ 独創性の程度

独創性の程度は，需要者や取引者における商標の識別性と関連しており，独創性の程度が高ければ，識別力は高くなる[46]。

レールデュタン事件と従来の判例における判断基準を比較して「独創性」を求めたことについて特殊性があるとし，ここでいう独創性の考慮要素は，「従来商標の特別顕著性とか識別性と称されたものの一要素」と捉えている説がある[47]。

一般的に，造語と比較して普通名詞が使用されている表示については，独創性が低いとの判断がされやすい傾向にある[48]。この理由について福田博裁判官は，普通名詞を「商標の本質的な機能の一つである商品の出所を表示する機能がある程度減殺されていると見るべき」とし，当該普通名詞を用いた引用商標について周知著名性の程度が高く，強い識別力を有していたとしても，その語と結合する語が当該他人の表示が示す出所以外の出所を強く連想させることができる表示であったり，当該他人の表示が示す出所との関連性を打ち消す表示が含まれているときには，商標法4条1項15号の該当性が否定され，商標登録を受けられる余地があるとの意見を述べている[49]。ただし，同じ一般名称であったとしても，従来用いられていた用語がすでに使用されていないなど，従来の意味を想起することができなくなっており別の意味に識別力が生じている場合は，独創性の程度が低いとしても，別の意味の範囲において判断では重視されない場合がある。たとえば，赤帽事件では駅で乗降客の荷物を運ぶ人を

---

45) 知財高判平成21年5月12日判時2055号133頁〔ジーンズポケットステッチ事件〕。
46) 江口順一「アメリカ商標法における強い（Strong）マーク・弱い（Weak）マークの法理について」大阪大学法学部創立三十周年記念論文集『法と政治の現代的課題』245～246頁（大阪大学法学部，1982年）参照。
47) 久々湊伸一「判批」発明98巻6号112頁（2001年）参照。
48) 東京高判平成14年10月16日 LEX/DB28080031〔ゾンボーグ事件〕。
49) 前掲・PALM SPRINGS POLO CLUB事件。福田博補足意見。

「赤帽」と称していた時代が過去にあった。しかし，現在ではほとんど見られなくなっており，「赤帽」といえば，運送事業者である全国赤帽軽自動車運送協同組合連合会を想起すると判示している。

　造語については，素材自体ありふれている漢字二文字（「力」と「王」）を結合したものであったとしても，改良した製品のイメージを力強く世に問う趣旨で採択されたものであるとして，「独創性の程度が低いとはいえ」ないとしたものがある。また，同事案では，その後に同一または，社会通念上同一の構成文字からなる商標が3件登録されているが，これについても認定を左右するものではないとしている[50]。

　薬理作用に関係する「メバロン酸」の「メバロ」と，薬剤の一般名である「プラバスタチンナトリウム」の「チン」を組み合わせた造語である「メバロチン」について，「薬剤の一般名や薬理作用と離れた造語であるということはできないが，一般名を『プラバスタチンナトリウム』とする薬剤の商品名の語頭に，薬理作用に関する物質である『メバロン酸』の一部である『メバロ』を採用すること」，さらに「メバ」を語頭部に冠する薬剤は，「メバロチン」以外には「メバポン」などごくわずかしか存在しないことにも照らし，独創性は相当高いと判示している[51]。

　イタリアの地方・都市名である「BOLONIYA」または「ボロニヤ」の表示について，これを当該地域における特産品として存在しているモルタデッラのようなソーセージではなくパンに用いる場合には，独創性が高いとはいえないものの，ないとはいえないと判示している。また，時計師として世界的に知られるフランク・ミュラー氏の氏名をそのまま商標としたFranck Mullerについて，独創性の程度は低いと判示している[52]。

　独創性の程度は高い方が望ましいが，独創性の程度が低くても，周知著名性の高さや，取引者および需要者の属性等により，必ずしも考慮要素として重視されない場合もありうる。

---

[50]　東京高判平成15年5月21日判時1830号124頁〔力王事件〕。
[51]　引用商標を「メバロチン」とする関連事案として，東京高判平成16年11月25日 LEX/DB28100038〔メバロカット事件〕，東京高判平成17年2月24日 LEX/DB28100494〔メバスロリン事件〕，東京高判平成17年2月24日 LEX/DB28100490〔メバラチオン事件〕，知財高判平成17年10月26日 LEX/DB28102261〔メバスタン事件〕。
[52]　知財高判平成28年4月12日知財高裁判例集〔フランク三浦事件〕。

④ 当該商標の指定商品または指定役務と他人の業務に係る商品または役務との間の性質，用途または目的における関連性の程度

　周知著名な表示であることを前提とするが，商品・役務の，性質や用途，目的に関連がある場合は，商品・役務あるいは指定商品・役務が異なっていたとしても，共通する取引者および需要者において，当該商品・役務に緊密な関係にある営業主の業務に係る商品・役務と広義の混同を生ずる場合も見受けられることから，これを参酌することになろう[53]。たとえば，同一の営業主によって製造販売されていることが多い商品，同一系統の取引者により取り扱われる商品，同一の販路において販売されている商品，性質や用途において密接な関連がある商品，取引者ないし需要者を共通にする商品などが考えられる。ただし，個別具体的な状況を見て検討が加えられる必要がある。

　この考慮要素については，「当該商品等が相互に何らかの関係のある事業者を出所とするものであることを観念できない場合には広義の混同のおそれを認定するべきではない」とし，この関係性を満たす程度の商品等の類似性は必要であるとの説がある[54]。それに対して通常は狭義の混同について判断されるときに考慮されるものであって，広義の混同において考慮してはならないわけではないが，むしろ引用商標や使用商標の周知性が指定商品の取引者や需要者に及んでいるかどうかであるとする説がある[55]。

　ファッションの分野において，一般的類似関係がある事例として，米国デザイナーラルフ・ローレンが展開するブランドに関する一連の事件においては，指定商品が洋服等である場合について，「現に使用されている商品と同一であるかまたはこれとの関連性の程度が極めて強い」と判示している。さらに，SHISA事件では，沖縄県内の店舗での販売やインターネットの通信販売をしているTシャツや帽子と，世界的に営業を展開するスポーツ用品メーカーPUMAの業務に係る商品と，その性質，用途，目的において関連することは否定できないと判示している[56]。他方で，一般的類似関係を持たない商品においても，関連性が認められる場合がある。たとえば，レールデュタン事件では，「香水」と一般的類似関係を持たない商品である「化粧用具，身飾品，頭

---

[53] 外川英明「判批」別冊ジュリスト188号29頁（2007年）参照。
[54] 土肥・前掲注13) 327頁，土肥一史「混同の虞れの設定について」別冊パテント8巻108頁（2012年）参照。
[55] 渋谷・前掲注35) 36頁参照。
[56] 前掲・SHISA事件。

飾品，かばん類，袋物」について，「主として女性の装飾という用途において極めて密接な関連性を有しており，両商品の需要者の相当部分が共通する。」と判示している。ただし，ゾンボーグ事件においては，ファッションと「おもちゃ，人形」について，ファッションという用途または目的において，関連性が認められる場合があるとしながらも，関連の程度は，相当程度弱いものと判示している[57]。

　医薬品の分野において，先発薬と後発薬の関係性があった場合，その有効成分，効能・効果を同一にすることは，性質，用途または，目的が同一であるとして極めて強い関連性が認められている[58]。

　食品分野については，関連性が認められるか判断が難しい分野でもある。たとえば，指定商品「茶を原料とする加工食料品およびサプリメント等を含むもの」と，「薬草等を原料とするいわゆる薬用酒」について，いずれも健康の維持や回復を目的とする商品であり，両商品は用途および目的において関連性があると判示したものや[59]，薬草等を原料とするいわゆる薬用酒と指定商品「野菜を原料とする加工食料品およびサプリメント等を含むもの」は，いずれも健康の維持や回復を目的とする商品であり，両商品は用途および目的において関連性があるといえると判示したもの[60]，清涼飲料と，アイスクリームについて，飲料と冷菓の違いはあるものの，いずれも，主食以外の飲食料品であって，清涼感，冷感や水分補給を主目的として飲食されるなど，その性質・用途・目的において一定程度の関連性を認めている。他方で，菓子と即席中華そばの麺について，即席中華そばを砕いた形状やバー状の菓子の存在や，その需要者について一般消費者であると認めたものの，関連性を否定している[61]。また，食品製造会社であるキユーピー株式会社が「ローズオニールキューピー」の文字を標準文字で表してなる本件商標を無効とすることを求めた事件では，食品製造会社がそのブランド名と同一または類似する店舗名の飲食店を経営している例が多数見られることを併せ考えると，加工食品の製造・販売および飲食物の料理方法の教授という役務と「飲食物の提供」という役務に関し，密接に関連するとした[62]。

---

57)　東京高判平成14年10月16日 LEX/DB28080031〔ゾンボーグ事件〕。
58)　前掲注51）。引用商標を「メバロチン」とする関連事案で共通する判断である。
59)　前掲・養命茶事件。
60)　知財高判平成27年10月29日 LEX/DB25447558〔養命青汁事件〕。
61)　東京高判平成16年9月16日 LEX/DB28092448〔ひよこちゃん事件〕。

育児用品の分野においては，育児用品と「電子通信器具あるいは電子応用機械器具」について関連性を否定している。なお，この事件において，ピジョン株式会社は，体温計などの医療機械器具は販売されていたものの，当該電子通信器具あるいは電子応用機械器具には含まれていなかったことや，育児用品市場には，当該電子通信器具あるいは電子応用機械器具に含まれる製品は，他社が展開していたものの，それらの製品について「時の流れによって容易に消長を来す，いわゆるアイデア商品」あるいは，育児用品あるいは指定商品として一般的な商品を前提とすると「例外的な商品」であるとの評価をしている[63]。

金融分野においては，金融機関が行う業務と，指定役務内の，知的財産や社会保険に関する業務やその他の法律業務について密接な関連性を有すると判示した。

運輸・郵便事業の分野においては，赤帽事件において，貨物自動車および軽自動車等による輸送の役務が共通することが認められている。また，ゆうメール事件において，一般小包郵便物と「各戸に対する広告物の配布，広告」との関連性について大きいものとはいえないと判示している。

⑤ 商品または役務の取引者および需要者の共通性

狭義の混同が生ずる場合には，引用商標が使用されている商品や役務が同一または，関連性が強い分野で生じる場合が多く，取引者や需要者の相当数が共通する可能性は当然に高まる。他方で，広義の混同においては，商品や役務が同一または，関連性が強い分野ではないこともあるから，ある程度の取引者や需要者が共通していれば十分である[64]。なお，需要者は具体的な数を正確に確定をすることを要さず，一定の需要者層の存在が明らかであればよい[65]。

取引者や需要者に関し，一般消費者であるのか，特別な専門的知識経験を有している者なのかによって，判断が異なる。なぜならば，一般消費者であれば，商品などの購入の際に，普通に払われる注意力はさほど高いものではないし，

---

62) 知財高判平成25年3月21日 LEX/DB25445444〔ローズオニールキューピー事件〕，知財高判平成25年3月21日 LEX/DB25445445〔ROSE O'NEILL KEWPIE 事件〕，知財高判平成25年3月21日 LEX/DB25445446〔ROSE O'NEILL KEWPIE／ローズオニールキューピー事件〕。

63) 東京高判平成15年1月16日 LEX/DB28080709〔TOKYO PIGEON 事件〕。

64) 土肥・前掲注13)「判批」592頁では，商標法4条1項15号の適用に関し取引者や需要者が「同心円である必要はないが，重なり合う必要はある」とする。また，同様の説として渋谷・前掲注35)「判批」199頁。

65) 前掲・力王事件。

それに比べて専門的知識経験を有している者であれば，取引の際に普通に払われる注意力は高くなるからである[66]。なお，一般消費者が両者において共通する取引者または需要者である場合には，「独創性の程度が低いことを重視するのは相当ではない」と判示されたものがある[67]。

⑥ その他取引の実情
㋐ 企業の多角経営の動向

混同を生ずるおそれということであることから，将来にわたっての混同も視野に入っており，企業の多角経営の動向についてはその他の取引の実情として考慮する余地がある。この考慮要素は，共通する取引者あるいは需要者について，どの範囲にまで混同を生ずる恐れが拡げられるかという点と関連する。

企業の多角経営の動向について厳格に判断されたものとしてTOKYO PIGEON事件がある[68]。

育児用品として周知著名なピジョン株式会社は，自社のハウスマークとして使用している「PIGEON」の表示を含む「TOKYO PIGEON」商標を有している精密機器メーカー東京ピジョン株式会社に対し，第15条を理由とした無効審判を提起しそれが認められたことによる審決取消請求事件において，ピジョン株式会社のハウスマークである「ピジョン」が，本件商標の出願時に，育児の業務にかかる取引者や需要者において著名となっていたところを認めつつも，本件商標に含まれる電気通信機械器具あるいは電子応用機械器具に関しては，周知著名性を獲得していたことについて否定し，「商品の性質，用途および目的における関連性が認められない」として審決を取り消している。この事件において，ピジョン株式会社は，体温計などの医療機械器具は販売されていたものの，当該電子通信器具あるいは電子応用機械器具には含まれていなかったことや，育児用品市場には，当該電子通信器具あるいは電子応用機械器具に含まれる製品は，他社が展開していたものの，それらの製品について「時の流れによって容易に消長を来す，いわゆるアイデア商品」あるいは，育児用品あるいは指定商品として一般的な商品を前提とすると「例外的な商品」であるとの評価をしている。厳格な基準を用いることについて裁判所は，「いたず

---

66) 前掲注51）メバロチン関連事件では，薬を処方する立場にいる専門家である医者や薬剤師とそれを使用する患者では，注意力の高さが異なるとしている。
67) 前掲・PALM SPRINGS POLO CLUB事件，前掲・赤帽事件。
68) 前掲・TOKYO PIGEON事件。

らに商標登録の自由な分野を狭め，商標法の本来の目的に反する結果となることを，避けることができない」場合も考えられるとの理由を述べている。

　また，土産物として販売されることが多いお菓子と，お菓子の形状としても販売されることがあるインスタントラーメンについて，同じ食品分野であったとしても，「商品の性質，用途，目的が異なり，一般消費者に明りょうに区別される」と判示したものがあり，販路としての事業展開を厳格に判断した事例がある[69]。

　他方で，比較的寛容な判断をしたものとしてタカラ事件[70]では，「今日においては，企業の多角経営化の進展により，食品等についても，多くの業者がその専門分野に限らず，これを製造，販売する例が少なからず見受けられるところであって，一般需要者の多くも，そのことを認識していることは」当裁判所において顕著であると判示し，みりん等酒類で著名となっている表示について，共通する取引者需要者において指定商品「焼き肉のたれ，焼き鳥のたれ，蒲焼きのたれ，しゃぶしゃぶのたれ，その他の調味料たれ，そばつゆ，うどんつゆ，だしつゆ，煮魚用つゆ，その他の調味用つゆ」について混同が生ずるおそれがあると判示した。また，pino+事件[71]において，裁判所は「過去において，企業がある特定の表示を特定の商品等にのみ使用してきたとしても，将来，その企業がその表示を別の商品に用いる可能性は否定できないものであって，この点は，長引く不況下で，多くの企業が多角経営を迫られている実情からも明らか」であるとしており，アイスクリームに使用されている商標と指定商品を清涼飲料とする範囲にまで混同が生じるおそれがあると判示している[72]。

　必ずしも多角経営を前提として，需要者を共通する範囲に，どの程度広く混同が生ずるおそれが及ぶと見るべきかについては，一貫した判断がされているわけではない。

　(イ)　ハウスマークであるかペットマークであるか

　営業主を表示することに使用されているハウスマークである場合と特定の商

---

69)　前掲・ひよこちゃん事件。
70)　東京高判平成14年12月25日 LEX/DB28080645〔タカラ事件〕。
71)　知財高判平成22年2月16日 LEX/DB25441774〔pino+事件〕。
72)　冨井・前掲注34) 1732頁は，PINO+が「ビタミンやカルシウムなどを含有する『ビタミン剤』や『ドリンク剤』であったとすれば，商品の関連性について異なった認定がなされていた可能性も考えられる」とし，より薬剤に近い性質や用途を有するドリンク剤であれば，販路も重なり需要者も共通としていたとしても，関連性が低いと認められた可能性があると述べる。

品役務に使用されているペットマークで，混同の生ずるおそれのある範囲には差がなく，ハウスマークであればペットマークに比べて著名性が高い場合が多いということに過ぎない[73]。

第3節　商標法2条1項15号にいう「混同を生ずるおそれ」

　レールデュタン事件は，そこで掲げられた各考慮要素を満たし総合判断の結果として広義の混同を生ずるおそれがあるとの結論に至っている。そして，これらの考慮要素は，その後の判決に採用され，個別に判断がされてきた。

　考慮要素については，取引者・需要者についてや，混同が生ずるおそれについて明確化するうえで妥当な判断基準であるといえるが，それぞれの考慮要素には程度があり，総合的に判断するにあたって，何を重視するかによって結論が異なっている。

　考慮要素を個別に見て，その妥当性について検討するのも一定の意味があるが，最終的には共通する取引者や需要者が何人であり，混同が生ずるおそれがあるかというところを考える基準として検討をしていく必要がある。

　考慮要素相互の関係についてみると，混同が生ずる前提となる識別力が必要になることからして，周知著名性の程度はもっとも重要な事実であるといえる。

　仮に独創性の低い商標であったとしても，それを凌駕する場合があることについては最高裁も認めているところである。ただし，打ち消し表示の存在が考慮される等，調整がされる場合がある。

　周知著名性が高ければ高いほど，市場による浸透度合いが高くなるといえることから，対象となる取引者・需要者は一般消費者に拡大していくことになる。

　著名性を認めたものの，販路や販売方式が異なることを理由の一つとして，混同を生ずるおそれが無いとした判決が散見するが，妥当ではないと思われる[74]。そもそも，広義の混同は，「商品の出所について取り違えることはないとしても，それぞれの商品の出所である事業主体が組織的または経済的な何ら

---

73) 高部眞規子「判解」L&T13巻61頁（2001年）では，「ペットマークであることのみを理由に混同のおそれを否定することは相当ではない」と述べる。また，東京高判平成10年9月29日〔VOGUE事件〕でも，混同を生ずるおそれの認定は左右しないと判示している。

74) 東京高判平成16年11月25日 LEX/DB28100017〔エスパラ事件〕，前掲・SHISA事件，前掲・ひよこちゃん事件等がある。

かの関係があるとの混同が生じる場合」をいうのであり，商品そのものを取り違えることを前提としておらず，ある商品等について著名な表示をしているものが，別の商品に対しても同じような表示を使用しているかのような混同を抽象的に生じる場合を想定しているからである[75]。このような判決では，引用商標との間で類比判断がされ，結論において大きな影響がある場合が見られるが，これについても商標法4条1項15号は商標の類似や，商品または役務の類似については考慮要素ではあるものの，実際に混同が起きているかを見るわけでもなく，それが必須の要件ではないことから，その他の考慮要素と比べて考慮しすぎるべきではないと思われる。なお，特定分野に係る周知性を獲得しているに過ぎず，販路が限定されている場合等には，考慮の余地があると思われる[76]。確かに，「混同を生じるおそれ」の判断における中心的な考慮要素に類似性の有無をおくことは，判断し易くなると推察される。しかしながら，それでは商標法4条1項15号が予定する保護の範囲をいたずらに縮めてしまうことになると思われる。それ故に，類似性の有無以上に，その他の考慮要素こそ，十分な検討を行う必要があると思われる。つまり，その他の考慮要素は，類似性が認められない場合であっても構成態様などが近似しているような場合において，混同が生ずるおそれがあるのかを総合勘案して判断する要素であるといえよう。

　企業は，事業展開について，競争優位の源泉である自らのリソースを背景に戦略的に検討している。

　市場における競合という概念を持ち込んだ経済学者のイゴール・アンゾフは，企業における成長戦略について体系化しており，企業はその成長過程で，自身の現在行っている事業について市場浸透を行った後，a.従来の商品等に関する関連性を頼りに新商品開発をすること，b.従来商品の市場の関連性を頼りに市場開拓をすること，c.従来の市場や製品に関係なく，多角化することを選択すると述べる[77]。

　考慮要素に掲げられるもののうち，指定商品または指定役務と他人の業務に係る商品または役務との間の性質，用途または目的における関連性の程度を検

---

75) 西村雅子『商標法講義』215〜216頁（発明協会，2010年）参照。
76) 前掲・ひよ子ちゃん事件。
77) Ansoff, I. (1957). Strategies for Diversification, Harvard Business Review, Vol. 35 Issue 5, Sep-Oct 1957, pp. 113-124参照。

討することは，前述したａあるいはｂの成長戦略に関連することであるし，企業の多角経営の動向を検討することは，前述したｃを含めて関連することに繋がるといえる。つまり，企業が戦略的に成長を検討する分野においては，何らかの関連性のある分野に事業を広げていく傾向が見られ，その範囲においては取引者・需要者が共通することが多く，それをある程度予定していると思われることから，そこに紛らわしい表示が存在すれば，結果的に混同を生ずるおそれが高いといえると思われる。つまり，関連性のある分野を考慮することは，取引者・需要者の範囲や属性，混同が生じる蓋然性があるかを想定できることに繋がると思われる。

　裁判所は，TOKYO PIGEON 事件において育児用品市場には，当該電子通信器具あるいは電子応用機械器具に含まれる製品について例外的にしか事業展開が無いとの判断をしているが，現実と大きく異なる結果を将来に生み出していることから，この考慮要素については今後一層のこと慎重な判断が求められると思われる。

　この判断において，著名性を認定している場合には，その多角化の可能性について異種・別個の産業分野も含め広く混同の可能性を認めるべきであると思われる。他方，周知性しか認められない場合には，それと比べて厳格に見る必要がある。この場合，少なくとも周知性を獲得している分野と，その関連分野までについては，商標法４条１項15号の適用を認めるべきであると思われる[78]。

　独創性については，周知著名性とは別のアプローチとして識別力を高める要素の一つであることから掲げられているものであると思われる。なぜならば，一般名称を用いている商標に対し，造語あるいは創作された商標を用いている場合は，取引者あるいは需要者からみて識別力が生じやすくなるのは当然であるし，さらに，周知著名性を獲得した商標については，近似するようなものが出願されること自体，不自然であるが[79]，混同が生じなくてもフリーライドやダイリューションは生じうることからすると，商標法はこれを許容している

---

[78]　土肥一史「著名商標の保護」L＆T43巻69頁（2009年）では，「商標の著名性ないし識別力の高さが高ければ高いほど，そして商標間の類似性が高ければ高いほど，商品間の類似性は定量的には求められない」と述べる。

[79]　西村・前掲注75）214頁，西村雅子「判批」小林十四雄＝小谷武＝西平幹夫編著『最新判例からみる商標法の実務』194頁（青林書院，2006年）では，「独創的な造語商標であるほど偶然の一致は考えにくくなる」とし，「独創的な他人の商標の剽窃であると推認される場合には，周知著名表示へのフリーライドという不正の目的が疑われることになる」と述べる。

ということになるのかもしれない[80]。

　周知著名商標は，関連性のある広範な商品役務に対し，コントロールが求められるが，商標法4条1項15号は，その保護をするにあたって極めて重要な規定である。

　今後もレールデュタン事件で示された判断基準を採用しつつ，法の趣旨に外れることなく，判断されていくことが求められる。しかしながら，判決の多くは，考慮要素の中でも類似性の有無や実際の混同等といったことを頼りに商標法4条1項15号の適用が否定される事例が散見されるが，15号はたとえ類似性が否定されたとしても適用されることに留意して判断がされるべきであると思われる。

---

[80] 土肥・前掲注13) 325頁では，「混同はなくてもただ乗り・稀釈化は生じ得ることは，ラナム法 c (1)が明確に」していると述べる。また，土肥一史「ブランドイメージの保護」『松田治躬先生古稀記念論文集』12頁（東洋法規出版，2011年）では，「自他商品等識別機能ないし出所表示機能を毀損する態様ではない使用がされている場合」について商標権に基づいて使用行為を禁じられないとしている。

わが国商標制度における位置商標の役割

外川　英明

第1節　はじめに
第2節　商標法上の位置商標
第3節　位置商標全体の自他商品役務識別力について
第4節　位置商標の類否について
第5節　商標権侵害について—商標法26条1項6号—
第6節　おわりに

第1節　はじめに

　平成27年4月1日に施行された商標法平成26年一部改正において，5つのタイプの非伝統的商標（非伝統的商標のうち「立体商標」はすでに商標法平成8年改正で導入済みである）が商標法上の「商標」として認められた。位置商標は，この非伝統的商標の一つである。

　この平成26年改正は，商標法2条1項に，この非伝統的商標のうち「音」の商標と「色彩のみ」からなる商標については明文規定を置いたが，「動き」「ホログラム」そして「位置」の商標については，平成26年改正前の「標章」の定義にすでに含まれていたとの有権解釈の下で，商標法2条1項には特掲していない。商標の視認性を脱した「音」の商標や，従来からTRIPS協定15条1項が規定する"Combination of Colors"（色彩の組合わせ）との関係で議論のあった[1]「色彩のみ」からなる商標に比し，これら3タイプの商標は，非伝統的商標としての非伝統性，すなわち従来の伝統的商標概念との相違点は，それほど大きくないともいえるのである。

　特許庁は，平成27年4月14日付で改正法施行から10日間で非伝統的商標の出願が合計515件にのぼったと報じ，その内訳は「音」166件，「色彩のみ」203件，

1）　TRIPS協定15条1項が「商標として登録することができるものとする」と規定する"Combination of Colors"（色彩の組み合わせ）は，輪郭のないものを指称し，我が国商標法はTRIPS協定15条1項を充足していないのではないかとの議論があった。

「動き」37件,「ホログラム」3件,そして「位置」106件と発表した[2]。位置商標は,注目の「色彩のみ」,「音」に次ぐ出願数である。また,特許庁の平成27年10月27日付ニュースリリース[3]は,合計43件の登録査定を行った旨,公表した。内訳は,「音」21件,「色彩のみ」0件,「動き」16件,「ホログラム」1件,そして「位置」5件と公表されている。その際に参考として公表された2015年10月23日までの出願総数は,1,039件で,改正法施行から半年余りで,ついに1,000件を超えたと報告された。その内訳は,「音」321件,「色彩のみ」423件,「動き」70件,「ホログラム」11件,「位置」214件であった。

さらに,特許庁は,2016年1月31日までに,新しいタイプの商標出願を総計1,195件受付し,このうち46件が登録されたと発表した。登録件数の内訳は,「音」21件,「色彩のみ」0件,「動き」19件,「ホログラム」1件,「位置」5件である[4]。

これらの数字を概括すれば,出願数については,改正法施行前の非伝統的商標導入に対する多くの企業の消極姿勢に反して,商標制度の関係者,とくに企業の商標実務家からみても予想をはるかに超える数にのぼっているといえる。多様化するブランド・イメージの保護ツールとして,ユーザー企業が非伝統的商標に対して寄せる期待の大きさがこの数字に表れているとも言えるのである。とりわけ位置商標は,従来の伝統的商標を超える保護を企図した多くの企業によって出願されているものと思われる。

一方で,出願数と登録数の関係で見れば,色彩のみの商標と位置の商標の登録が非常に少ないと言える。前者については,何人も色彩を自由に利用できるものであり,識別可能な単色の色彩の数には限りがあるとする色彩枯渇論等から,商品・役務の限定があるとはいえ特定人に色彩に関する独占権を与えることとなる商標権付与について,審査が慎重になるものと予想されていたので想

---

2) 特許庁HP「新しいタイプの商標の公開商標公報が発行されました。」(平成27年4月14日)。

3) 特許庁HP「新しいタイプの商標について初めての審査結果を公表します」(平成27年10月27日)。

4) 特許庁審査業務部商標課「新しいタイプの商標の活用状況と今後の方向性」(平成28年2月25日)。その後,特許庁は「商標出願の処理及び新しいタイプの商標に関する最近の状況~第2回商標制度小委員会配布資料」(2016年7月)の中で,2016年6月30日までに新しいタイプの商標出願は総計1,329件(「音」446件,「色彩のみ」478件,「動き」94件,「ホログラム」16件,「位置」295件)受付し,このうち86件が登録されたと発表した。登録件数の内訳は,「音」39件,「色彩のみ」0件,「動き」36件,「ホログラム」2件,「位置」9件である。

定の範囲内であるが，位置商標については，どのような理由であろうか。

本稿では，商標権侵害訴訟は未だ発生していないと思われるが，出願例，登録例が公表された現時点で，位置商標がわが国商標法に新規導入された意義を検討する。とくに「標章」に識別力がない場合でも当該標章を特定の「位置」に付することによって識別力を獲得するとの考え方が位置商標の要諦[5]であり，非伝統性である。この考え方を根底において，位置商標に係る商標権の保護範囲等を検討することによって，位置商標制度のあるべき姿，主なユーザーである企業の位置商標の活用方法等を検討することとする。

第2節　商標法上の位置商標

1　位置商標の定義

商標法2条1項に特掲された「音」と「色彩のみ」の商標を除き，「動き」の商標及び「ホログラム」の商標は，商標登録出願に関する商標法5条2項1号に明示されているが，「位置商標」については商標法5条2項5号で省令委任されている[6]。

したがって，位置商標の定義は，省令レベルで初めて明確となる。商標法施行規則4条の6（位置商標の願書への記載）は，「商標に係る標章（文字，図形，記号若しくは立体的形状若しくはこれらの結合又はこれらと色彩との結合に限る。）を付する位置が特定される商標（以下「位置商標」という。）の商標法第5条第1項第2号の規定による願書への記載は，その標章を実線で描き，その他の部分を破線で描く等により標章及びそれを付する位置が特定されるように表示した一又は異なる二以上の図又は写真によりしなければならない。」と規定する。施行規則上は，位置商標とは，「商標に係る標章（文字，図形，記号若しくは立体的形状若しくはこれらの結合又はこれらと色彩との結合に限る。）を付する位置が特定される商標」である。この定義によれば，位置商標の構成要素は，商標に係る「標章」と特定される「位置」の二つである。

---

[5]　WIPO（世界知的所有権機関）SCT第16セッション2006年11月13日～17日資料8頁は，Position marksとは，"These marks are specified by the position in which they appear or are fixed on a particular product"と説明する。

[6]　商標法施行規則4条の7は，「商標法第5条第2項第5号（同法第68条第1項において準用する場合を含む。）の経済産業省令で定める商標は，位置商標とする。」と規定する。

2 商標に係る「標章」と特定される「位置」

(1) 商標に係る「標章」

　商標に係る「標章」は，括弧書きで「文字，図形，記号若しくは立体的形状若しくはこれらの結合又はこれらと色彩との結合に限る。」と規定され，商標法平成26年改正前の「標章」の定義そのままである。位置商標は，新規導入された非伝統的商標ではあるが，ここでいう「標章」は，伝統的商標と変わりはない。

　商標法では，「標章」自体の構成要件に自他商品役務識別力を含まない構成となっているので，位置商標もこの定義自体に自他商品役務識別力を含まない。したがって，平成26年改正前と同様に「標章」には，商標法3条で規定する自他商品役務識別力を具備するものと具備しないものの両者が含まれる。位置商標の識別力の有無も，通常通り商標法3条1項の登録要件の有無で審査される。

　しかも，伝統的商標に係る「標章」の定義と変わらないのであるから，他の構成要素と結合しない「色彩のみからなる商標」は，位置商標に係る標章の独立の構成要件とはならない。したがって，米国におけるクリスチャンルブタン v. イヴ・サンローラン商標権侵害事件（Christian Louboutin S. A. v. Yves Saint Laurent America Inc.,）[7]で有名なクリスチャン・ルブタンのわが国への商標出願を見ると，商品区分第25類の指定商品「女性用ハイヒール靴」の靴底部分（特定の位置）に特定の色彩を付した「色彩のみからなる商標」として，出願されている（商願2015-29921）。

　商標審査基準[8]では，商標法3条1項の「9. 色彩のみからなる商標について」の欄の(2)（例1）で，詳細な説明中に「包丁の柄の部分」のように色彩を配置する位置を特定すると記載されている。たとえば，クリスチャン・ルブタンの"レッドソール"の例で考えると，一般需要者は，女性用ハイヒール靴の靴底という特異な位置への特定の色彩配置というところで識別していると考えられる。商標法施行規則4条の6が「色彩のみ」を位置商標の「標章」に含め

---

7) Christian Louboutin S. A. v. Yves Saint Laurent America Inc., No. 11-3303 (2d Cir. 2012)。
　第2巡回区控訴裁判所では，ルブタンの「レッドソール」に係る色彩商標は，secondary meaningを認定されたが，靴底と靴底以外の部分との色彩の相違があること（コントラスト）が権利であるとの限定が加えられた。これに対し，イヴ・サンローランの靴は全体が赤色であるので，権利侵害は成立しないとして差止請求は認められなかった。

8) 商標審査基準［改訂12版］特許庁平成28年4月1日。

なかった点については疑問が残るが，色彩のみからなる商標であっても，その位置を「詳細な説明」に記載すれば，商標法27条3項で登録商標の範囲の判断においては考慮されるのであるから，むしろ「色彩のみ」の商標よりも，「色彩のみ」の商標の位置限定を行うことにより，色彩枯渇論を排除し，登録を受けるのを容易にするとも言えるのである。もちろん，米国と同様，登録商標の範囲を解釈する際に位置が限定されるものと思う。

(2) 特定される「位置」

特定される「位置」とは，上記の通り，「標章」の構成要素ではなく，「商標」の構成要素である。ここでいう「位置」とは，商標法施行規則4条の6がいう破線で描かれた標章以外の部分で標章が付される特定の「位置」をいう。

上記「標章」と同様，商標法は，「商標」自体の構成要件に自他商品役務識別力を含まない構成となっているので，位置商標も標章の「位置」が特定されていれば定義を充足する。「位置」に自他商品役務識別力がある場合だけが位置商標ではなく，「位置」に自他商品役務識別力がない場合も含むのである。したがって，位置商標の自他商品役務識別力の有無は，通常通り商標法3条1項の登録要件で，審査される。

以上を総合すると，位置商標に関する自他商品役務識別力は，識別力を「標章」と「位置」の両者に具備する場合はもちろんであるが，「標章」と「位置」のどちらかに具備するか，両者を総合してはじめて識別力が具備される場合も商標法3条の登録要件を充足する。

第3節　位置商標全体の自他商品役務識別力について

1　位置商標と商標法3条1項（登録要件）

位置商標全体の自他商品役務識別力に関する商標法3条1項の判断は，結局，「標章」と「位置」の両者の総合判断ということになる。商標審査基準は，商標法3条1項の登録要件についての「7．位置商標について」において次のように記載している。「(1)　位置商標を構成する文字や図形等の標章とその標章が付される位置とを総合して，商標全体として考察し，本項各号に該当するか否かを判断する。」

ただし，(1)の記載では，「標章」と「位置」のどちらの自他商品役務識別力が位置商標全体の自他商品役務識別力に強く影響を与えるかという点は明確で

はない。

　そして，この商標審査基準には，つぎの(2)が続いている。「(2)　位置商標を構成する文字や図形等の標章が，本項各号に該当しない場合には，標章を付する位置にかかわらず，原則として，商標全体としても本項各号に該当しないと判断する。」

　この記載は，位置商標の「標章」に自他商品役務識別力があれば，「位置」に識別力があるか否かにかかわらず，商標全体としても自他商品役務識別力を認めるとの特許庁審査の基本方針を明示している。「標章」自体に識別力があれば，位置商標全体も識別力があると判断できることは明らかであり，この記載は確認的な基準として首肯できる。

　さらに審査基準は，続く(3)で，「位置商標を構成する文字や図形等の標章が，本項各号に該当するもののみからなる場合には，原則として，商標全体としても本項各号に該当すると判断する。」とし，位置商標の識別力有無の判断においては「標章」の識別力に比重を置いていることが分かる。ただし，「原則として」が付加されているのであるから，「位置」のみに識別力がある場合でも，位置商標として本項各号に該当しない場合がある。

　「標章」自体に識別力がないが，「位置」に識別力があると判断できる場合に位置商標全体としては，当然に自他商品役務識別力があると判断され登録されるべきである[9]。この点が，「標章」を文字商標あるいは図形商標等の伝統的商標として登録するのではなく，位置商標として登録する実益が有るところである。ただし，問題は，「位置」の識別力の有無をどのように判断するかということである。

　産業構造審議会知的財産分科会商標制度小委員会は，「位置」の商標法3条1項非該当に係る識別力に関して，積極的に肯定，容認しない姿勢をみせており，商標法3条2項（使用による識別力）該当を前提としているように解される。同小委員会は，「実線で描写された部分に識別性が認められない場合，位置

---

[9]　産業構造審議会知的財産分科会商標制度小委員会　第22回（平成22年7月2日）配布資料 2-3「新しいタイプの商標の識別力について」「(4)　位置商標　位置商標の識別性については，標章がそれ自体では識別力を発揮しない場合であっても，当該標章を商品等の特定の位置に付すことで識別力を獲得する場合があることから，識別力の要件に関する第3条の規定を整備することが適切と考えられる。また，識別力のない標章であって，位置によっても識別力が認められない場合においても，商品等の特定の位置に使用をされた結果識別力が認められるものについては，登録が認められるよう併せて規定を整備することが適切と考えられる。」と指摘する。

の要素のみを勘案して識別性を獲得したと直ちに判断することは非常に困難である。商標や産地，販売地，品質表示等は表示位置に定型的ルールはなく，それらの表示がどの位置にあるかによって識別性が左右されることは考えにくい。例えばペットボトルのキャップ部分が赤色からなる位置商標や，『ジュース』の文字が商品の側面に大きく表示されている位置商標であっても，いずれも未だ商品の形状の一部や品質を表示するものといえるのではないか。」[10]と指摘している。

　ペットボトルのキャップの例や商品の側面表示の例は，文字・図形商標の表示としては，他の商品にない位置の特異性がない場合と言わざるを得ず，商標法3条2項の使用による識別力の立証を待たなければならないケースといえる。ただし，商品分野によっては，位置の特異性により識別力を具備する場合がありうるのであり，その場合は商標法3条1項非該当との結論に到達すべきである。位置商標制度を新規導入した以上，すべての出願が3条2項の立証が必要なケースと言い切ることはできない。

2　実際の審査例について

(1)　位置商標の登録例

　上記特許庁平成27年10月27日付ニュースリリースにより明らかとなった位置商標の登録例5件をみると，いずれも「標章」自体に識別力があると思われるものである。次の登録5858802号は，この5件以外の登録例ではあるが，出願経過に入り込んで位置商標がどのような過程で登録されたかを検証することとする。この位置商標は，新規性等の登録要件を充足すれば，部分意匠としても登録できるものと言える。

　本願商標（出願2015-30226）は，商品区分第9類，28類のコンピュータ用ゲームのコントローラー等を指定商品として，平成27年4月1日（商標法平成26年改正施行日）付で出願され，数回の意見書提出等の中間処理を経て，平成28年6月17日付で登録5858802号として登録されたものである。本願は，「ゲームプログラムの操作用コントローラーの右上部に付されたボタン部分の立体的形状」からなり，「商標タイプ」の表示を「位置商標」として出願された。平成

---

10)　産業構造審議会知的財産分科会商標制度小委員会　第22回（平成22年7月2日）配布資料2-3「新しいタイプの商標の識別力について」の「4．検討　位置商標の識別性について」。

28年1月8日付の拒絶理由通知に手続補正書で対応した後，同年2月19日付で再度商標法15条の2または15条の3第1項に基づく拒絶理由通知を受けている。

　この拒絶理由通知は，「本願標章を，その指定商品において，ゲームプログラムの操作用コントローラーの右上部に付しても，これに接する取引者，需要者は，商品の機能を発揮する為に採用し得る特徴的な変更や装飾等が施されたボタンの形状の一形態を表示したものと理解するに止まるものですから，単に商品の形状を普通に用いられる方法で表示するものと判断するのが相当です。」との理由付けを根拠に，商標法3条1項3号該当として，発送されている。そして，さらに「ただし，使用により識別力を獲得したことを証明する資料を提出し，それが認められた場合にはこの限りではありません」との記述を付加し，商標法3条2項の使用による識別力獲得の立証を促している。

　本件登録位置商標は，○△×□を円形状に配列した「標章」をゲームプログラムの操作用コントローラーの右上部（特定の位置）に配したものである。この「標章」は，すでに図形商標として，少なくとも2件登録（登録第4314087号，第5584150号：指定商品も重複）されている。「標章」が，すでに商標法3条1項各号非該当で登録されたものであるから，商標審査基準7．(2)によれば，「標章」が3条1項各号の規定に該当しない場合には，標章を付する位置にかかわらず，商標全体としても商標法3条1項各号の規定に該当しないこととなる。すなわち，位置商標全体としても識別力があると判断されるはずである。

　ところが，本件出願に関しては，上記の通り商標法3条1項3号該当として拒絶理由通知が出状され，しかも商標法3条2項の使用立証を促し，これに対応する大量の使用証明を行う意見書提出を経て，商標法3条1項3号に該当するものの，3条2項の規定により登録すべきものとの理由で登録査定を得ている。

　通常の図形商標として登録されている，すなわち識別力が確認されている商標に係る「標章」について，さらに商標法3条2項を適用して位置商標として登録しているということは，どのような意味を持つものであろうか。

(2) 対応立体商標登録出願

　一方で，このゲームプログラムの操作用コントローラーは立体商標としても出願されていたが，当該出願の拒絶査定が確定している。若干の相違点はあるが，位置商標出願において破線で描かれている部分が実線となった立体形状に係る立体商標を位置商標と同一の出願人（2016年4月に社名変更したので名称は

異なるが,実質的には同一法人)が商標出願(商願平9-101643号)したが,審査段階では拒絶査定を受けている。その後,平成10年10月19日付で拒絶査定不服審判(平成10年審判16576号)を請求したが,平成16年4月6日付けで不成立審決が下され,平成16年5月26日付で確定している。

この不成立審決は,請求人が提出した3条2項の証拠に関して「これら各資料によっては,本願商標のみが独立して自他商品の識別標識としての機能を有するに至ったという事実は,確認することができなかったものであるから,いまだ,自他商品の識別標識としての機能,すなわち特別顕著性を獲得するに至っていないものであるというのが相当である。したがって,本願商標が,その指定商品に使用され,請求人(出願人)の業務に係るものとして,取引者,需要者間に広く認識されるに至っているとは認められないものであるから,本願商標が商標法第3条第2項に該当するものであるとする請求人の主張は,これを採用することができない。」と指摘している。

本件は,立体商標に係るコントローラー全体が文字商標なしでも識別標識になり得ているかという論点が否定され,拒絶が確定したものと推察できる。

本件不成立審決が下された平成16年頃は,特許庁審査,審判の商品形状に係る立体商標登録に対する姿勢が厳しい時代であった。この後,知財高判平成19年6月27日〔ミニマグライト事件〕[11]を皮切りに,知財高判平成20年5月29日〔コカコーラ瓶事件〕[12],知財高判平成20年6月30日〔シーシェルバー事件〕[13],知財高判平成23年6月29日〔Yチェア事件〕[14]など,商品の形状に関し立体商標としての登録を認める判決が相次いで下された。

とくに,ヤクルト容器事件は,商品形状に係る立体商標登録の流れの変化を顕著に示した事件である。第一次訴訟である東京高判平成13年7月17日[15]は,ヤクルト容器に商標法3条2項の規定する自他商品識別力はないと判断したが,第二次訴訟である知財高判平成22年11月16日[16]は,コカ・コーラ瓶事件と同様にアンケート調査の結果を重視し,一転して商標法3条2項を適用し,立体

---

[11] 知財高判平成19年6月27日判時1984号3頁〔ミニマグライト事件〕。
[12] 知財高判平成20年5月29日判時2006号36頁〔コカコーラ瓶事件〕。
[13] 知財高判平成20年6月30日判時2056号133頁〔シーシェルバー事件〕。
本判決は,商標法3条2項事案ではなく,3条1項非該当を登録の理由とした。
[14] 知財高判平成23年6月29日判時2122号33頁〔Yチェア事件〕。
[15] 東京高判平成13年7月17日判時1769号98頁〔第一次ヤクルト容器事件〕。
[16] 知財高判平成22年11月16日判時2113号135頁〔第二次ヤクルト容器事件〕。

商標としての登録を認めた。

　立体商標に関する裁判例の傾向は，上記ミニマグライト事件判決を境として変化してきたといえるので，このゲームプログラム操作用コントローラーの立体商標登録出願は，早すぎた出願ともいえるが，企業の商標出願戦略としては当然の手法といえる。

(3) 位置商標と立体商標

　本件位置商標は，いわば図形商標と立体商標の結合商標と言える。言い換えれば，部分意匠ならぬ仮想の「部分立体商標」ということもできる。ということは，商標法3条2項での使用による識別力獲得を立証することによって，もともと位置を明確にせずに登録している図形商標を，位置を特定して登録し，当該商品ゲーム機用コントローラーの意匠の一部ではなく，長年の間，商標として機能していることを確認するための商標法3条2項の立証であるともいえる。

　標章に識別力があっても位置商標として意味がある登録を得るためには，特定の位置における標章の使用を多くの使用実績で立証し，位置の識別力を含む位置商標全体の識別力を立証して，特許庁をして位置商標として登録せしめた方が，位置商標に係る商標権としての効力が強いとも言える。位置の識別力は，位置商標の要である。

　しかも，商品の形状等に係る立体商標は，現実の販売活動で不可欠の文字商標と無関係に，商品の形状等全体の識別力を立証しなければならないが，位置商標は当該商品形状等の特定の「位置」にある「標章」の識別力を立証すれば足りるので，立体商標中の識別力を発揮している特定の部分を「標章」として位置商標出願を行うことによって，商標法3条2項の立証が立体商標に比して容易になる利点があるとも言える。上記ゲームプログラムの操作用コントローラーの形状に関しては，立体商標としては登録されなかったが，位置商標としては登録されたのである。

　商標審査基準は，3条2項の使用による識別性に関し，「7．位置商標について」の項目で「使用商標中に，出願商標以外の標章が含まれているが，出願商標部分のみが独立して自他商品・役務の識別標識として認識されると認められる場合」は，商標法3条2項が適用されるとしている。文言自体は，立体商標と文字商標の関係に似ているが，位置商標は「標章」と「位置」に概念的には分離できるのであるから，「標章」を図形商標等に係る出願を経て登録した

後に，位置商標を登録することにより，立体の特徴的部分の権利化を容易にすることができると言える。登録査定例で特許庁から発表された商標権者ドクターシーラボの第3類「化粧品，せっけん類，歯磨き，香料，薫料」を指定した位置商標の登録（登録5804314号）も，「標章」部分に「Dr. Ci：Labo」の文字商標を含んでいる多数の図形登録商標の他，位置商標の「標章」部分と共通する「Dr. Ci：Labo」の文字を含まないリボン状の図形商標を同じく第3類で先行登録（登録5709695号）している。

第4節　位置商標の類否について

　位置商標の類否も，商標の類否に変わりはないのであるから，基本的には，商標の類否に関する氷山印事件[17]等の長年蓄積された類否判断手法によって判断される[18]。

　商標審査基準の第3　商標法4条1項11号に位置商標の類否に関し，以下のように説明する。

---

17)　最三小判昭和43年2月27日民集22巻2号399頁〔氷山印事件（審決取消訴訟）〕。
　　　本判決は，以降の判決に数多く引用され，近年特に注目を浴びている。
　　「商標の類否は，対比される両商標が同一または類似の商品に使用された場合に，商品の出所につき誤認混同を生ずるおそれがあるか否かによって決すべきであるが，それには，そのような商品に使用された商標がその外観，観念，称呼等によって取引者に与える印象，記憶，連想等を総合して全体的に考察すべく，しかもその商品の取引の実情を明らかにしうるかぎり，その具体的な取引状況に基づいて判断するのを相当とする。」
　　「商標の外観，観念または称呼の類似は，その商標を使用した商品につき出所の誤認混同のおそれを推測させる一応の基準にすぎず，従って，右三点のうちその一において類似するものでも，他の二点において著しく相違することその他取引の実情等によって，なんら商品の出所に誤認混同をきたすおそれの認めがたいものについては，これを類似商標と解すべきではない。」
　　　本判決は，商標の類否判断に関し，以下の4点を明確にした。
　① 商標の類似は，外観，観念，称呼等によって取引者に与える印象，記憶，連想等を総合して全体的に考察する。
　② 商品の取引の実情を明らかにしうるかぎり，その具体的な取引状況に基づいて商標の類否を判断する。
　③ 商標の外観，観念または称呼の類似は，出所の混同のおそれを推測させる一応の基準にすぎない。
　④ 三点のうちその一において類似するものでも，他の二点において著しく相違することその他取引の実情等によって，商品の出所混同のおそれがなければ類似商標ではない。
18)　外川英明「商標の類否について―商標の類否判断手法と取引の実情に焦点をあわせて―」パテント65巻13号（別冊パテントNo.8）85頁。

「18. 位置商標の類否について(1)位置商標の類否の判断は，文字や図形等の標章とその標章を付する位置を総合して，商標全体として考察しなければならない。(2)原則として，位置そのものについて，要部として抽出することはしない。」そして，この後，位置商標間の類否に関し，標章に識別力が認められない場合と認められる場合に分けて解説している。

注目すべきは，上記(2)で位置そのものは要部と認定しないとの原則論ながらも，「①標章に自他商品・役務の識別機能が認められない場合」には，位置等によって印象，記憶，連想等を総合判断して類似とする指定商品第28類「動物のぬいぐるみ」の例を示している。この例では，少しずつ大きさ等が相違する赤い四角形中に丸が描かれた小さなタグ状のものがうさぎ，ねずみ，象の左耳に付いている例で，これらは原則として類似するとしている。この点が，位置商標の類否判断の特徴というべきである[19]。

また，「標章に自他商品・役務の識別機能が認められる場合」について記載された商標審査基準の②の例は，標章が同一，類似であれば位置が異なる場合でも原則として類似とするもので，「商標全体として考察」といっても標章の識別力に重点を置くことからして当然の結論であろう。

また，位置商標と図形商標等の類否に関しても，標章に識別力が認められない場合と認められる場合に分けて解説しているが，上記位置商標同士の類否判断と基本的な考え方は同じである。

ただし，商標審査基準であるからあくまで審査における商標登録出願に係る商標同士の類否判断手法であることは言うまでもない。これに対し，登録位置商標と図形商標等の類否判断が，商標権侵害の場面で行われる場合はどのように判断すべきであろうか。登録位置商標の標章に相当する部分の対象製品における位置が異なる場合は，結局のところ，登録位置商標の識別力が主に「標章」にあるのか「位置」にあるのかで決すべきであり，類否判断としては審査段階と大きな差異はないものと思われる。むしろ，侵害場面では，類否判断の前に，対象製品の形状中の位置商標に相当する部分が，たんに形状デザインの一部にすぎないのか，識別標識としての役割を果たしているのかの問題が大きい。以下に考察する商標法26条1項6号の問題である。

---

[19] 土肥一史「位置商標の識別性と類似性」竹田稔先生傘寿記念『知財立国の発展へ』360頁（発明推進協会，2013年）は，「位置商標の類否判断は，標章ではない位置も標章に準じて類否判断において考慮することが適切であろう。」と指摘する。

第5節　商標権侵害について—商標法26条1項6号[20]—

　登録位置商標に係る商標権の行使を考える場合，上記第3節2の実例で想定すれば，①対象製品が同一または類似の標章を付したゲームプログラムの操作用コントローラーである場合と②対象製品に付された同一または類似の図形商標等である場合が考えられる。

　①の場合は，標章も位置も同一又は類似の場合と，標章か位置のどちらかが異なる場合の両者が含まれる。②の場合は，位置商標の「標章」と図形商標等が同一または類似かの問題であるが，位置を異にする場合に位置商標の効力は及ぶのかの問題が残る。

(1)　上記①の場合

　位置商標に係る商標権を行使した場合，相手方はゲームプログラムの操作用コントローラーの意匠の一部であることを根拠に，商標法26条1項6号に該当する旨，抗弁するものと思われる。商標法26条1項6号は「前各号に掲げるもののほか，需要者が何人かの業務に係る商品又は役務であることを認識することができる態様により使用されていない商標」につき商標権の効力は及ばないと規定する。商標法平成26年改正で非伝統的商標の導入と同時に導入された条文である。商標法26条は，抗弁事由を規定したものであるから立証責任は被告側にあることとなる。

　商標法26条1項6号の抗弁は，平成26年改正以前からも「商標的使用」の問題として，様々な事件で争われている。この，いわば「商標権対意匠的使用」の関係は，商標権侵害に係る「商標の意匠的使用，装飾的使用」の問題や「地模様」問題と同様に考えることができる。前者については，大阪地判昭和51年2月24日ポパイ事件[21]，東京地判平成24年9月6日 SURF'S UP 事件[22]が，後者については東京地判平成26年11月4日 SHIPS 事件[23]が参考となる。

---

20)　いわゆる「商標的使用」でないことと商標法26条1項6号の射程の関係については，不使用取消審判等議論があるが，本稿では商標の使用の問題を含めて商標法26条1項6号問題として扱う。
21)　大阪地判昭和51年2月24日判時828号69頁。なお，ポパイ事件と呼ばれる事件は，東京地判昭和49年4月19日無体集6巻1号114頁，最判平成2年7月20日民集44巻5号876頁等複数ある。
22)　東京地判平成24年9月6日裁判所HP〔SURF'S UP 事件〕。
23)　東京地判平成26年11月4日裁判所HP〔SHIPS 事件〕。

東京地判平成26年11月4日は,「仮に被告標章が被告商品のデザインの一部であるといえるとしても,そのことによって,直ちに商標としての使用が否定されるものではなく,装飾的・意匠的な図柄の一部をなしている標章であっても,その標章に装飾的・意匠的な図柄を超える強い識別力が認められるときは,装飾的・意匠的図柄であると同時に自他識別機能・出所表示機能を有する商標としての役割を果たす場合があるというべきである。」と指摘している。

対象製品が商品のデザインの一部に位置商標を含んでいる場合に位置商標に係る商標権の侵害が成立するか否かは,当該位置商標に相当する部分が意匠的装飾的効果と識別機能のどちらを強く発揮しているかという問題に帰着する。そして,意匠の装飾的効果と識別機能の強弱・軽重の判断基準は,表示者の主観的意図と一般消費者が識別標識と認識するか否かで判断すべきである[24]。この「一般消費者の認識」については,個々の事例によって,様々な要素を総合的に考慮すべきであるが,総合判断の要素の一つとして当該登録位置商標の周知・著名性を考慮すべきである。

この観点からは,位置商標登録取得の際に商標法3条2項の立証により登録を獲得しておいた方が,商標権者にとっては商標法26条1項6号の抗弁に対抗することが容易であるとも言える。

(2) 上記②の場合

位置商標に係る商標権を平面商標に行使した場合,位置商標を構成する標章の識別力が必須となる。したがって,標章同士が類似すれば,商品の同一・類似を条件に両者が類似し,商標権侵害が成立するのは当然と言える。ただし,対象製品の図形商標等が全く異なる特異な位置に使用されている場合は,どうであろうか。

位置商標を構成する「標章」に識別力があれば,原則として類似すると判断すべきである。ただし,稀有な場合と思うが,「位置」に極めて強い識別力があって登録されたと認められる場合は,商標権の効力が及ばないこともありうるので,上記例のように,位置商標と並行して図形商標等の登録を取得しておくのが得策と言える。

---

24) 外川英明「商標の意匠的使用と商標権侵害」パテント62巻4号(別冊パテント No. 1) 39頁.

第6節　おわりに

　以上，位置商標は，工業製品のデザインのいわゆる要部の保護に大きく貢献しうる特性を備えていることがわかった。工業デザインは，従来から知的財産法中の様々な手段で保護されてきている。行為規制法としての不正競争防止法2条1項1号，3号，そして時としては2号の適用可能性も存在する。権利保護制度としては意匠法での保護を第一に挙げることができる。全体意匠の登録は当然として，部分意匠登録制度も充分利用可能である[25]。事例は少ないが著作権法による保護[26]，損害賠償のみであるが民法の不法行為等でも保護され得る[27]。

　商標法においても，文字，図形商標等伝統的商標の保護に加えて，平成8年改正で立体商標制度も導入された。しかも，立体商標制度は，その保護対象を徐々に拡大しつつある。制度導入時では，不二家のペコちゃんのような商標それ自体が立体であるものを，立体として登録できるようにする制度として導入された。しかしながら，上記マグライト事件等を境として，製品容器や製品自体の形状が立体商標として登録されるようになり，ついに平成26年には，ホンダスーパーカブやジャポニカ学習帳等の製品の形状自体が商標登録されるようになってきている。

　ホンダスーパーカブの形状は，昭和30年代に意匠登録されたが，意匠権の存続期間満了によって消滅したものである。したがって，意匠法上はいったんパブリックドメインになっていたが，平成26年に同様の形状（同一ではない）が立体商標登録されたのである[28]。

　論文「ソニー株式会社におけるデザイン保護の取組み」[29]によると，第3節2記載の家庭用ゲーム機PlayStationのコントローラーのデザインに関し，ソ

---

[25]　意匠登録出願件数は，2005年に39,254件であったものが，2014年に3万件を割り込み，2015年には29,903件と横ばいを挟みながら長期的には漸減し続けている。ただし，この出願数減少の中で部分意匠登録出願の比率は年々上昇し，2010年に30.5％（出願数9,694）であったものが2015年には40.8％（12,203件）に達している。全体数の減少による比率の上昇という面もあるが，出願件数も増加しているのである（特許庁「特許行政年次報告書　2016年版」23頁参照）。

[26]　知財高判平成27年4月14日判時2267号91頁〔TRIPP TRAPP事件〕等。

[27]　東京高判平成3年12月17日判時1418号121頁〔木目化粧紙事件〕。

ニー株式会社は，第一に日本意匠登録952253号，米国DesignPatent 382603号，米国立体商標登録2098696号を取得，次に上記日本の図形商標2件の登録を取得して，意匠制度と商標制度を日米で効率よく利用して保護を図っているという。そして，商標法平成26年改正により導入された位置商標の登録をその保護手段として追加した。

このように，制度ユーザーである企業は，自社製品を登録意匠や特許で保護している間に，商品形状や位置自体を商標として使用した証拠を蓄積することができる。その結果，後発的識別力獲得を立証することによって立体商標登録や位置商標登録が可能となり，これにより半永久的な独占権獲得という最大の保護ツールを手に入れることができるのである。

ここで，位置商標制度を部分意匠制度の商標法版と捉える見方もある。しかし，部分意匠登録に比べると，位置商標の登録は容易ではなさそうである。後者の場合，多くの出願が商標法3条2項の後発的識別力獲得の立証を高いレベルで要求される可能性があるものと推測できるからである。

位置商標制度導入は，出願人企業等に知的財産の総合的戦略のための有力な手段の一つを提供した。企業等は，立体商標制度を立法者が考えた以上の製品形状全体の商標保護へ拡大してきたのと同様に，今後，位置商標を「部分」の立体商標制度として，さらにその利用を拡大していくであろう。位置商標出願のさらなる増加が見込まれる。

立法者は非伝統的商標の導入の際，「近年のデジタル技術の急速な進歩や商品又は役務の販売戦略の多様化に伴い，企業は自らの商品又は役務のブランド化に際し，文字や図形のみならず，色彩のみや音についても商標として用いるようになってきている。」(特許庁「平成26年度特許法等の一部改正 産業財産権法

---

28) ホンダスーパーカブの形状のみからなる立体商標は，本田技研工業㈱を出願人として平成23年2月18日付で商品区分第12類「二輪自動車」を指定商品として特許庁に出願され，審査の段階では，拒絶査定を受けた。出願人は，これを不服として平成25年5月16日付で拒絶査定不服審判（不服2013-9036）を請求し，平成26年3月27日付で「原査定を取り消す。本願商標は，登録すべきものとする。」との成立審決を経て，平成26年6月6日付で登録第5674666号として成立し，平成26年7月8日付で商標公報に掲載されたものである。詳細は，外川英明「今，立体商標を考える―商標法と意匠法の交錯―」「白門」第66巻11号（中央大学出版部，2014年）および外川英明「企業内の創作活動と成果の帰属等に関する知的財産法の交錯―職務発明と工業デザイン創作に焦点をあわせて―」パテント Vol. 69 No. 4（別冊 No. 14）32～33頁（日本弁理士会）参照。

29) 松岡幸治「ソニー株式会社におけるデザイン保護の取組み」特技懇（tokugikon）249号45頁（特許庁技術懇話会，2008年）。

の解説」[30]）と現状分析し，マドリッドプロトコルを含む外国出願においてもメリットがある等，国際的ハーモナイゼーションの観点からも，法改正に踏み切ったものである。

　企業等は，平成27年4月1日以降，予想外の大量出願を行うことによって，この法改正の趣旨に十分な理解を示してきた。今後，特許庁も裁判所も，企業ブランドの多様な保護ニーズと非伝統的商標制度に向けた企業等の大きな期待に応えるべく，位置商標の登録等に過剰なハードルを設置せず，適切な保護を図るべきであろう。

---

[30] 特許庁『平成26年度特許法等の一部改正　産業財産権法の解説』161頁（発明推進協会，2014年）。

スローガンからなる標章の商標権による保護

加藤 暁子

第1節　はじめに
第2節　キャッチフレーズおよびスローガンの商標権による保護の現状
第3節　検　討
第4節　結びに代えて

第1節　はじめに

1　問題意識

　キャッチフレーズやスローガンからなる標章の商標権による保護をめぐっては，大きく二つの問題が議論，検討されてきた。一つは，キャッチフレーズやスローガンからなる標章について，商標権の登録を通じた保護の享受が可能かという問題であり，他方は，他人の登録商標について許諾を得ずにキャッチフレーズやスローガンとして使用する行為は商標権侵害に当たるかという問題である。本稿は，前者の問題について，キャッチフレーズやスローガンそれ自体を宣伝広告し普及する手段としての，商標権の取得，活用の可能性について，検討を試みるものである[1]。

　キャッチフレーズやスローガンからなる標章は，後に見るように，日本をはじめ欧米でも商標権による保護を受けることが可能である。しかし，そこで想定されているのはあくまで，当該標章が使用される対象となる指定商品・役務に関する宣伝広告を主体とする何らかのコミュニケーションとしてのキャッチフレーズやスローガンの使用であって，商標権による保護の要件としては，そ

---

[1]　後者は，問題の標章のキャッチフレーズおよびスローガンとしての使用が商標的使用に該当するか否かの問題であるが，その検討はまたの機会としたい。この点に関する先行研究としてたとえば上野達弘「キャッチフレーズと商標的使用」パテント62巻4号22-33頁（2009年），中村仁「キャッチフレーズ及びスローガンの商標的保護」『松田治躬先生古稀記念論文集』252-256頁（東洋法規出版，2011年），前田健「スローガンと商標的使用―塾なのに家庭教師事件」ジュリスト1446号106-109頁（2012年10月），青木博通『新しい商標と商標権侵害－色彩，色からキャッチフレーズまで』173-174頁（青林書院，2015年）。

のキャッチフレーズやスローガンが他にどのような特徴を有しているかに関わらず，通常の商標と同様，識別機能の具備が必要であるとされている。では，キャッチフレーズやスローガンそれ自体が，需要者との間でのコミュニケーションの内実となり，その伝達が目的とされるような商標権の取得，活用はあり得るのか。そうした取得，活用の場合に，この商標権のありようは，商標の機能の面からはどのように評価できるだろうか。

この点について，以下２に示すような事例を念頭に置いた上で，第２節では，キャッチフレーズおよびスローガンの商標権による保護に関する日米欧の現状を見て，第３節で，商標法ならびに他の知的財産法による保護の在り方を検討し，第４節で結論を提示してみたい。

2　問題意識に関するスローガン標章の事例

神奈川県は，健康と病気の間の状態を指す「未病」という言葉や概念[2]を普及し，関連産業を創出することを目指して，2014年に日本において，文字標章「ME-BYO」について国際分類の第５類（医療用品類），第41類（医療，健康に関する知識の教授）および第44類（健康に関する指導助言，按摩，理美容等を通じた実践）を指定して商標登録出願し，2016年６月に登録した[3]。2015年１月にはシンガポール，米国およびEUを指定して国際商標登録出願を行い[4]，2015年12月にはシンガポール，2016年４月にはEUにおいて登録手続きが完了している[5]。県は，「未病」概念の普及に寄与すると認める場合に使用許諾の申請を審査して無償での商標の使用許諾を行うほか，県自身による商標の使用も想定している[6]。2016年10月現在，３社に対して使用許諾を行い，「ME-BYO」

2）「未病」の概念は，中国最古の医学書や，日本では貝原益軒の『養生訓』にも記述があるように，古くから存在しており，近年，予防医学への関心の高まりから改めて注目を集め，普及するようになったとされている。（一社）日本未病システム学会ホームページを参照（http://www.j-mibyou.or.jp/mibyotowa.htm，2016年12月27日最終アクセス）。

3）商標登録第5681442号，登録日平成26（2014）年６月27日。

4）国際商標登録番号1251043。

5）神奈川県ホームページ：ホーム＞神奈川県県記者発表資料＞「『ME-BYO®』が国際商標登録されました！」（2016年１月20日），並びに，日本国特許庁「J-PlatPat」及びマドリッドシステムに関するデータベース「ROMARIN」の検索結果による。参考，「『ME-BYO』国際商標に登録　県，シンガポールで」日本経済新聞2016年１月22日付地方経済面・神奈川。米国USPTOは，①類似の先行登録出願の存在，②指定役務の特定における不足，③標章中の文言が有する意味の説明の不足を理由とする拒絶理由通知を発しており，このうち②に関して2016年３月８日に指定役務の修正を登録している。

ブランドの認定制度を開始している。

3 「キャッチフレーズ」および「スローガン」の用法

　ここで,「キャッチフレーズ」および「スローガン」の意味について触れると,「キャッチフレーズ」は「商品の販売促進のための,人の注意を惹くように工夫した簡潔な宣伝文句」,他方,「スローガン」は「ある団体・運動の主張を簡潔に表した標語」であると説明されている[7]。こうした辞書的な意味からは,本稿で取り上げようという,何らかの文言それ自体の伝達を目的とした商標権の活用における文言は,「キャッチフレーズ」よりは「スローガン」に,より該当するであろう。

　他方,日本では従来,「キャッチフレーズ」と「スローガン」は商標的保護の考察においては区別されずに用いられてきたのに対して,外国では「スローガン」の語が使用されるのが一般的であり,「キャッチフレーズ」は用いられずに「スローガン」に含められているとされている[8]。これに対して,「キャッチフレーズ」および「スローガン」の審査上の扱いを明確化することを目的の一つにした平成28年4月1日施行の商標審査基準改訂第12版は,「指定商品若しくは指定役務の宣伝広告,又は指定商品若しくは指定役務との直接的な関連性は弱いものの企業理念・経営方針等を表示する標章」[9]という表現を用いている。その念頭にあるのは,辞書的な意味における「スローガン」よりは,「キャッチフレーズ」であるように見受けられる。さらに,「キャッチフレーズ」と「スローガン」を分けて,その商標としての特徴を記す著作も見られる[10]。このように,「キャッチフレーズ」と「スローガン」とは,必ずしも意識的に区別して使い分けられてきたわけではなく,使い分けられている場合についても,統一的な基準は見いだせない。このため,以下では,従来の商標法

---

6) 神奈川県「概念普及を目的とした商標『ME-BYO』の使用に関する要綱」参照。3条は,1項で当該商標を使用しようとする者は県知事の使用許諾を受けなければならないと定め,2項で,使用許諾申請の手続きを省略できる場合の一つに,「未病」概念普及の担当部長への事前連絡を条件にして,「県の業務において使用する場合」を挙げている。

7) 広辞苑〔第6版〕。

8) 中村・前掲注1）237-238頁。青木・前掲注1）170頁。商標法に関する著作の多くも,キャッチフレーズとスローガンを同一視しているとみられる（たとえば小野昌延＝三山峻司『新・商標法概説』51頁,53頁（青林書院,第2版,2014年））。

9) 第1,八（3条1項6号),2。

10) 青木・前掲注1）170-178頁。

上の扱いに関する記述では総称的に「キャッチフレーズ及びスローガン」を，また，いずれかに特定可能な場合については「スローガン」のみを，用いることとする。

第2節　キャッチフレーズおよびスローガンの商標権による保護の現状

本節では，キャッチフレーズおよびスローガンが商標権によってどのように保護されているのかを，日本および米国，欧州（EU）について概観する。

1　日　本

従来，キャッチフレーズやスローガンは，商品の出所を識別するものでは無いとされてきた。このため，商標審査基準においても，改訂第11版までは，3条1項6号に関して，「2．標語（例えば，キャッチフレーズ）は，原則として，本号の規定に該当するものとする。」と定められていた。その理由は，これらの標章は通常，商品・役務の広告や内容の説明等のために使用されるものであって，本来，自他商品の識別標識として使用されるものでは無く，商標としても商品を識別する標識というに値しないものや，独占使用にも適さないものが多いためである，と説明されてきた[11]。また，スローガンはとくに，経営陣の交代により変更される例が多く，長く使用されるものでは無かったことから，企業における商標登録へのインセンティブも低かった。

しかし，近年では，継続して使用され，著名になるにしたがって，商品の出所を識別する機能を備えるようになる，キャッチフレーズやスローガンの「商標化」が進む[12]とともに，企業が商標登録を行うようになり，紛争事例も増加したとされる。この「商標化」の要因は，特定の商品に使用される商標（プロダクトマーク）が莫大な広告宣伝費を要することから，企業がプロダクトマークの数は増やさずに，キャッチフレーズ，スローガンおよびパッケージデザインによって既存のプロダクトマークのブラッシュアップを図るブランド戦略を採択していることによる，という[13]。そして，審査において3条1項6号な

---

11) 小野＝三山・前掲注12) 53頁。中村・前掲注1) 238頁。
12) 青木・前掲注1) 170-171頁。
13) 青木・前掲注1) 170-171頁および176頁。

どに該当するとして拒絶査定を受けた登録出願が，審・判決においては，品質等を直接的・具体的に表現するキャッチフレーズやスローガンとは認識されない，キャッチフレーズとして取引上普通に使用されている事実もない，取引者・需要者がキャッチフレーズやスローガンではなく自他の商品・役務の識別標識として認識している，等として請求を認められる事例が多くみられるようになった。以上から，キャッチフレーズは原則として3条1項6号に該当するという審査基準には，合理性がないとの指摘がなされるようになった[14]。

　さらに，キャッチフレーズおよびスローガンにかかる識別性の有無の判断に際しては，特有の識別性の判断基準を設けるのではなく，その他の標章と同様に，当該標章が自他商品役務識別標識として認識されるか否かのみを基準とするのが妥当であり，品質等を直接的・具体的に表現する語句と認識される場合や，指定商品役務についての典型的な記述的表示としてではない使用態様により使用したときに，需要者がこれを単にキャッチフレーズやスローガンとしてしか認識せず，識別標識と認識しない場合は，識別性が無いとみなすべきである，とも指摘された[15]。

　以上を受けて，平成28年4月1日施行の商標審査基準改訂第12版では，3条1項6号に関して，「出願商標が，その商品若しくは役務の宣伝広告又は企業理念・経営方針等を普通に用いられる方法で表示したものとしてのみ認識させる場合」には本号に該当するが，さらに造語としても認識できる場合は該当しないものとする。また，「のみ」の判断基準は，全体としての観念と指定商品役務との関連性，指定商品役務の取引の実情，商標の構成及び態様等の総合的な勘案による，と明記している。このように，現行の枠組みで想定されているキャッチフレーズおよびスローガンは，出願者が指定するところの特定の商品・役務に関して，それを広告宣伝するツールとしてのそれらである。

2　米　国

(1)　米国商標審査マニュアルにおけるスローガンの識別性の基準

　米国の商標審査マニュアル[16]は，「キャッチフレーズ」の語を用いず「ス

---

14)　中村・前掲注1) 245頁。
15)　中村・前掲注1) 245-246頁。産業構造審議会知的財産分科会商標制度小委員会審査基準ワーキンググループ第12回（平成27年9月17日）における事務局資料および添付の産業団体からの提言。

ローガン」に含めながら，スローガンの識別性の判断に関して，以下のように言及している。

　㋐　商品に使用されるスローガン又は語（1202.03(f)(i) Slogans or Words Used on the Goods）

　Ｔシャツ，スウェットシャツ，宝石，陶器製の皿のような商品に使用されるスローガンまたはフレーズは，購入者が商品の出所表示というよりメッセージ（message）を伝えるものとして理解する装飾（ornamentation）である場合には，登録が拒絶されるとして，標章「NO MORE RINOS!」（「名前ばかりの共和主義者はいらない」の意味）は出所を特定する上での重要性を欠く政治的なスローガンを伝えるものである，と判断された In re Hulting 事件[17]等を挙げている。

　㋑　情報的なもの（1202.04 Informational Matter）

　スローガンその他の語句で，たんなる情報または一般的な称賛のフレーズや表現であり，商業または特定の取引や産業界において普通に使用されていると公衆の間で認められるものは，登録を認められない。たとえば，「THINK GREEN」と図形の組み合わせからなる標章を紙製品等について使用した事例では，出所表示というよりはたんなる環境保護に係るスローガンであると認識されるとして，出願が拒絶されている[18]。また，スローガンその他の文言が商標またはサービスマークとして機能しているかに関する決定的な基準は，当該標章がいかに公衆から認識されているかであるが，それらの文言が単に記述的または情報的なものでは無い場合には，商標として機能する場合があるとした審決例も挙げている。さらに，公衆が複数の商品・役務において当該標章に接しており，その出所を特定できない場合にも，出願は拒絶される，日常的に用いられている標章であれば競争政策上，独占排他権の対象とすることは望ましくない，とも述べている。

　㋒　サービスマークとして機能しえないもの（1301.02(a) Matter That Does Not Function as a Service Mark）

　出所表示ではなく宣伝広告または販売促進の情報を伝える表示やスローガンの使用は，サービスマークの使用ではないとしている。

---

16)　USPTO, Trademark Manual of Examining Procedure（TMEP，以下「米国商標審査マニュアル」），October 2016. 同マニュアルの第4版に関して中村・前掲注1）247-248頁を参照した。

17)　*In re Hulting*, 107 USPQ2d 1175, 1181（TTAB 2013）.

18)　*In re Manco Inc.*, 24 USPQ2d 1938, 1942（TTAB 1992）.

(2) スローガンの登録事例－ドナルド・トランプ氏の政治スローガン

　米国における近時のスローガンの登録事例としては，第45代米国大統領ドナルド・トランプ氏が大統領選挙の最中に用いてきたスローガン「MAKE AMERICA GREAT AGAIN」（「アメリカを再び偉大な国に」の意味）からなる文字標章が，同氏陣営によって2012年11月19日に商標登録出願され，2015年7月14日に登録されている[19]。その指定役務は，国際分類第35類における「政治的組織活動に係る役務，とりわけ，政治的問題にかかる公衆の関心を高めるようなそれ（Political action committee services, namely, promoting public awareness of political issues）」，および，第36類における「政治分野における募金活動（Fund raising in the field of politics）」であり，まさに政治的なスローガンである。トランプ氏は，大統領選において，このスローガンを付した帽子をかぶって政治活動を行う姿が広く知られてきた。同氏はさらに，このスローガンに関して，2015年8月13日に，指定商品・役務を第16, 25, 26, 35, 36および41類とする別の商標登録出願を行い，2016年8月16日に登録されている。

　しかし，もともとこのスローガンはロナルド・レーガン第40代米国大統領が1980年の大統領選において用いて以降，人口に膾炙しているものである。その意味で，米国商標審査マニュアルにおけるスローガンからなる標章の識別性にかかる上述の(ｱ)から(ｳ)に照らすと，独占適応性が認められるかについては疑問もある。また，この標章と同一または類似の標章について，ドナルド氏とは別の者からの，多様な商品・役務にかかる出願が，少なくとも10件（うち1件は出願放棄済み），米国特許商標庁に係属中である。その中でのドナルド氏による登録商標は，大統領選に向けた大規模なキャンペーンの下で，需要者の間で同氏とこの標章とが急速に結びついて認識されるようになったことから，識別性が認められた[20]と考えられる。

3　欧　州

　欧州共同体商標（CTM。現在はEUTM, 欧州連合商標）においても，スローガンは，それ自体が識別性を有する，または，使用により識別性を獲得した場

---

19) 米国商標第4773272号。特段の装飾を持たない標準文字からなるサービスマークとして登録。商標権者は，出願当時はトランプ氏本人であったが，のちに非営利企業「ドナルド・トランプを大統領に」に譲渡されている。
20) 米国商標法2条(f)。

合に，商標登録が認められている。

　欧州司法裁判所（ECJ，現 CJEU）は2002年の The Principle of Comfort 事件判決において[21]，スローガンが識別性を有すると認められるためには，驚きと強い印象を与える「創造性」(imaginativeness)，または，「概念の緊張感」(conceptual tension) を必要とする，という欧州意匠商標庁（OHIM）審判部の判断基準，並びに，スローガンの識別性を否定するためには，当該スローガンが広告中で普通に使用されていることが必要である，という第一審裁判所（CFI）が提示した判断基準の，いずれも否定して，スローガンの識別性判断は他の商標のそれと変わりなく，当該スローガンが需要者に出所表示として認識されているか否かによる，と述べている。さらに ECJ は，スローガンが需要者に出所表示として認識されているか否かという判断基準は，需要者が，当該スローガンが宣伝広告としての表示であるとの認識を併せ持っており，それが主たる理解であるとしても，影響を受けない，とも述べた[22]。

　その下で，欧州では2015年12月に EU 商標指令および欧州共同体商標規則が改正されたが，改正前の共同体商標・意匠審査基準[23]は，「スローガンは，それ自体が識別力を有するものである文言を含む場合には常に登録可能である。」として，商品・役務の望ましい性格に当てられているのみであれば，描写的である（descriptive）として識別性が認められない，また，一般的な購買意欲の喚起や賞賛的な言説，または商標出願者の優れた知識，顧客にとっての親しみやすさ，経済的な成功，有用性を高めるためのみに限られているものであれば，識別性は認められないが，皮肉の要素を用いて言葉遊びをする，韻を踏む，副次的なメッセージを込める等によって奇抜さ（fancifulness）の要素を含む場合には，識別性があると認められる，と述べていた。

　以上の基準は，2015年12月改正後の EU 商標指令及び欧州連合商標規則[24]の下で，方向性は変えずに新たな判例を基に詳細化されている。改定された欧州連合商標審査基準では，絶対的拒絶事由に関する同規則7条中の，識別性に係る要件（7条1項b。改正無し）のうち，スローガンの項[25]で，The Principle of Comfort 事件 ECJ 判決に続いて，スローガンの識別性に関して他の標章の

---

21) OHIM v. Erpo Mobelwerk GmgbH, C-64/02.
22) 中村・前掲注1) 248-249頁。
23) OHIM Guidelines concerning proceedings before the office for harmonization in the internal market (trade marks and designs), April 2008, Part B, 7.3.6 (Slogan) (p.31).

それと異なる基準を用いることは適切ではないと判じた判例を引いた上で，広告的なスローガンは，公衆がそれらを単なる販売促進上の決まり文句（formula）と認識するならば7条1項bの下で拒絶され得るが，販売促進機能とは別に，問題の商品・役務の商業的な出所の表示として認識する場合には，識別力があると認められるという原則を，裁判所の判例法が示した詳細な基準および判例をもとに掲示している[26]。

さらに，描写的か否かの要件（7条1項c。改正無し）に関して，スローガンが商品・役務の種類，品質，志向している目的その他の性格を伝達するものであれば拒絶され得ると述べたうえで，他の標章と異なる識別性に関する基準を設けることは適切でないとの裁判所の判例法を確認している[27]。

---

24) Directive (EU) 2015/2436 of the European Parliament and of the Council of 16 December 2015 to approximate the laws of the Member States relating to trade marks, および, Regulation (EU) 2015/2424 of the European Parliament and of the Council of 16 December 2015 amending Council Regulation (EC) No 207/2009 on the Community trade mark and Commission Regulation (EC) No 2868/95 implementing Council Regulation (EC) No 40/94 on the Community trade mark, and repealing Commission Regulation (EC) No 2869/95 on the fees payable to the Office for Harmonization in the Internal Market (Trade Marks and Designs).

25) EUIPO Guidelines for examination (of European Union trade marks), Part B, Section 4, 2.2.6 (Slogans: assessing distinctive character) (pp.27-31).

26) スローガンに識別性があるという上で，問題の商品・役務の品質を讃える広告的なメッセージ以上のものであるとみなされるためには，①多くの意味合いを有している，②言葉遊びである，③概念的に好奇心をそそる，または，驚くような要素をもたらしているために，創造的，驚異的，予測不可能であると感じられる，④何らかの特別な独創性や深い味わいを有している，⑤それに接した公衆に，認識するための作用を引き起こしたり，解釈するための思考を必要とさせる，のうちのいずれか，または，いくつかを充足する必要がある。
　　くわえて，通常でない構文上の構造や，韻律・隠喩・逆説のような言語的または形式上の手法の使用も，識別性の判断を左右する特徴であるとしている。
　　以上の基準に対する留意点として，通常とは異なる文法的な形式の使用に際しては，スローガンをより明快かつひねりが利いたものにするためにしばしば形式を簡素化することが多く，文法規則からの逸脱は必ずしもスローガンに識別力を与えるとは限らないこと，意味があいまい不可解でその解釈に相応の努力を要するようなスローガンもまた，需要者が商品・役務との明快かつ直接的な関連付けができないことから，識別力があるとみなされること，関連する公衆が平均以上に注意力を備える特別な集団である場合にも，それを以て識別力の判断はできないこと，むしろ，確立された判例法は，関連する公衆の注意の程度は，販売促進的な表示であれば，総体的に低くなりがちであるとしていることを挙げている。

4　小　括

　以上のように，日米欧の間で，「キャッチフレーズ」と「スローガン」の関係やその使い分けに関しては違いがあるが，これらの標章に関する商標権による保護における登録要件は，他の標章と違える必要は無く，需要者にとって識別性があるかどうかによるとされている点では，一致している。他方，これらの標章に関する商標権による保護において先行してきた欧米の審査基準では，先に見たように，スローガンに識別力が認められる場合に関して，事例判例の蓄積を基にした詳細な基準が提示されている。今後，改定された日本の商標審査基準が設けた，たとえば，「造語」的な要素が認められるという基準に関して，審査，審判の動向を欧米のそれと比較しながら検討して，妥当性を評価することが課題となる。

第3節　検　討

1　識別機能の観点から

　前節でみたように，キャッチフレーズやスローガンが商標として保護を受けるためには，日米欧いずれにおいても，出所識別機能の要件を満たす必要がある。

　この点，神奈川県の登録商標「ME-BYO」は，出願者が，少なくとも，当該標章が付されるところの個々の商品・役務に関しては出所識別機能の発揮を期待しておらず，それが含意する概念自体の普及を期待している点に特徴がある。しかし，「未病」の概念自体は古来より存在し，一定程度知られているものであり，その商標登録は独占適応性の点から問題になりえる。そのため，出願に際しては，概念自体の表記である「未病」「みびょう」ではなくアルファベット表記に置き換えて，その一部を，「MI」ではないが，発音はそれと同一である，英語における「私」の目的格「ME」を用いたものと思われる。この

---

27) EUIPO Guidelines（前掲注25）の2.3.2.5（Slogans）（pp.59-60）。Mühlendahl et al. は，The Principle of Comfort 事件と，その後の Audi 事件等の判例を整理した上で，この分野では OHIM の発した拒絶が裁判所により認められる判例が圧倒的に多く，立体商標や色彩の商標と並んで，一般的に，公衆が標章と商品・役務の間の連関を認識し得るような識別力を有するとされない分野になっている，と結論づけている。Alexander von Mühlendahl, Dimitris Botis, Spyros Maniatis and Imogen Wiseman, TRADE MARK LAW IN EUROPE paras. 5. 146-199 (pp.127-136) (Oxford Uni. Pr, Third ed. 2016).

ようなユニークな手法をとることによって，当該標章が付されている指定商品・役務と出願者との間における，市場への商品の提供者ではなく，品質の証明者という関係性を示す意味で，識別性を持たせたものと考えられる。つまり，当該標章は，使用によって，「未病」概念を体現する商品・役務であるという意味での出所識別機能を発揮する。この点は，むしろ次項の品質保証機能とかかわると思われるため，特に証明標章と比較して検討することにする。

なお，この神奈川県の登録商標の事例を，先に挙げたトランプ氏の政治スローガンに関する登録商標の事例と比較すると，後者の眼目は，米国再興という標章の意味内容を今一度普及することではなく，標章に接する需要者に大統領候補であるトランプ氏を連想させることにある。また，その指定役務は，一般的な意味での政治活動ではなく，トランプ氏による政治活動であるといえる。このように，両者に期待される機能は異なっている。

2　品質保証機能の観点から

つぎに，品質保証機能の観点から，神奈川県の登録商標の事例を見ると，登録商標は団体標章や地域団体商標ではなく，通常の商標として登録されている。ここから，商標権者に許諾を得ないで指定商品・役務と同一または類似の商品・役務についてこの登録商標を使用する行為があった場合，商標権者は商標権侵害であるとして法的手段を講じることが可能である。だが，商標権者が商品・役務に関する出所識別機能に期待しておらず，その登録の目的が「未病」の概念普及であることからは，そうした使用はむしろ歓迎されることかもしれない。商標権者は，概念を誤って伝えるような使用でなければ，問題にしないかもしれず，問題にするとすれば，商標権者が設けた「未病」の基準に沿っており，この概念を体現した商品・役務であるという認証を得た使用ではない，という点になるであろう。つまり，商標権者は，商標の機能の中でも特に，品質保証機能の発揮を期待しているといえる。以上のような性格を帯びた商標は，欧米における証明標章を想起させる。

証明標章（certification mark）は，商品の品質検査を行う者がその取り扱った商品の品質を保証・証明する商標[28]であり，自己の証明した商品であることを示すことにより，その他の商品と区別するために使用される[29]。たとえ

---

28) 小野＝三山・前掲注12) 50頁。
29) 網野誠『商標』89頁（有斐閣，第6版，2002年）。

ば米国では，団体標章（collective mark）とともに通常の商標とは別のものとして商標法に規定されており，その濫用や弊害をなくすための規制がなされている[30]。証明標章を登録することが認められる主体は，「登録を求める標章の使用に関して正当な統制を行う者及び国，州，地方公共団体その他同類のもの」とされており（米国商標法4条），その標章を使用しており，その証明を受けた商品・役務を自ら生産，製造又は販売することは許されない（同法14条5）。このように，証明標章の主体はもっぱら，往々にして様々な法的根拠を有する公的な性格の強い認証機関として機能することが条件になっており，出願人は出願時にこれらの事項を証明するよう求められている[31]。米国商標審査マニュアルにおいては，証明標章は，対象とする商品・役務に関して多くの製造業者が同時に使用するものであり，出所表示ではないと明記している[32]。

　以上のような証明標章制度はこれまで，日本の商標法では設けられていない。しかし，実際には証明標章と同様の機能を果たしている登録商標の事例は一定数存在しており，ユーザーには，通常の商標としての登録では使い勝手が悪いという意見がある[33]。また，商標権者による商標の使用という観点からは，神奈川県の登録商標は通常の商標であって，県自らの使用に法的な問題は無く，商標権者は使用規則において自らの使用も想定している。しかし，本事例に限らず一般論として，当該標章を以て商品・役務の品質等について認証する機関自らによる当該標章の使用には，団体標章制度に関して指摘されるのと同様に，認証の客観性の点から問題が無いとはいえない。また，認証に関する基準や手続きの公開等を通じた透明性の確保も，検討されるべきであろう。ここから，日本でも，通常の商標による保護ではなく，証明標章制度を導入するべきであるとの意見がある。特許庁では，「国際的な競争が激化する中，今後，我が国の商品・役務の高技術，高品質等の優秀性を需要者に発信していくため，その技術，品質等を特定の者により認証・証明されたものであることを表す認証・

---

30) 小野＝三山・前掲注12) 50頁。網野・前掲注29) 88頁。
31) 米国商標規則2.45（証明標章）。
32) 証明標章とは，商標権者自らは使用しない，出所表示でなく証明を目的とするという2要件を満たすものであるとして，その要件を裏付けるものを出願時に提出するよう求めている。①地理的な出所，②表示商品・役務の品質等にかかる基準（standard），③②に適う作業・労務，そうした作業・労務を行う組織自体の表示，の三つのタイプがあるとも述べている（1306　証明標章の項を参照）。
33) 知的財産研究所『商標法における認証・証明マークの保護の在り方に関する調査研究報告書』（平成23年度特許庁産業財産権制度問題調査研究報告書）（平成24年2月）。

証明マークは，その商品・役務の技術，品質等を需要者に認識させるツールとして，その意義や重要性がますます高まることが予想される」という観点から，日本における制度設計について検討している[34]。

なお，日本政府が2016年2月に署名し，その関連実施法案が2016年12月9日に国会において可決・成立した[35]TPP（環太平洋パートナーシップ協定）は，締約国に対して，団体標章と並んで証明標章の保護を義務付けているが，証明標章の商標権による保護が実質的に行われていれば，商標法中に証明標章に関する特別のカテゴリーを設ける必要は無い，とも述べている[36]。しかし，証明標章が何を意味するかはTPPの条文上明らかではなく，交渉経緯の公開が要請される。また，少なくとも，今般，国会で可決・成立した関連実施法は証明標章に言及していない。しかし，日本における証明標章による保護と同等の保護に関しては，見てきたように法的にも実務的にも解決すべき問題があるのではないだろうか[37]。

3　広告機能の観点から

しかし，神奈川県の登録商標の事例は，「未病」概念自体の普及を目的とする点で，標章が付される個々の商品・役務に関する品質を単に保証するという以上の機能が期待されていると思われる。しかも，その機能は，いわゆる宣伝広告機能とも異なると考えられる。

宣伝広告機能は，商標の経済的機能として最も重要な機能であり，事業者は多大な資金を投入してこの機能の確立，維持に努めるものだが，使用されていない商標については認められないから，商標に本来的に認められる本質的な機能ではないとされている。さらに，使用の結果，とくに広告宣伝の結果，良質の商品や商標のイメージが商標に蓄積，商標に具体化して生まれるものであり，

---

[34] 前掲注33）
[35] 「環太平洋パートナーシップ協定の締結に伴う関係法律の整備に関する法律」2016年12月16日公布，法律第108号。
[36] 「各締約国は，商標に団体標章及び証明標章を含めることを定める。締約国は，証明標章が保護されることを条件として，自国の法令において証明標章を別の区分として取り扱う義務を負わない。各締約国は，また，地理的表示として用いられ得る標識を自国の商標制度に基づく保護の対象とすることができる。」（TPP18.19条。TPP政府対策本部サイトに掲載の和訳より。）
[37] なお，欧州でも，前出の欧州連合商標規則において証明商標の保護を導入しているが，それも含めた検討は今後の課題としたい。

この機能が確立すると，当該商標が付されている商品の市場優位性を確保するとともに，新商品の市場化においてこの機能が新商品に移行することにより，基幹商品からの利益を他の商品に用いることが可能となり，新市場への参入コストを低減させることが可能になる[38]，と説明されている。この宣伝広告機能は，特定の営業主体が提供する商品・役務に関して商標が果たす機能の一つである。

　神奈川県の登録商標が付された商品・役務は，認証を受けた個別の事業者に関する登録商標のような，別個の出所表示と組み合わせて認識されることによって初めて，本来的な意味での宣伝広告機能を発揮するものと思われる。その意味で，神奈川県の登録商標が有している機能は，たんなる宣伝広告機能ではなく，商標のコミュニケーション機能に当たり，それが商標の有する機能の大半を占めるものなのではないだろうか。コミュニケーション機能は，需要者に対し商品に関する様々な種類の情報を伝達する，商標の主要な経済的機能であるところの出所表示機能，品質保証機能及び広告宣伝機能の前提として認められる権能であり，必ずしも出所に関係のないものも含めて，イメージを伝達するという。さらには，この機能を過度に広範に認めて保護を与えれば，第三者の市場における適正な競争行為までも制約する恐れがある，とも指摘されている[39]。この点，神奈川県の登録商標の事例において，「未病」とせずに独自の表記を用いたことは，識別力を高めて需要者の注意を喚起するのみでなく，コミュニケーション機能を一定制限する効果も発揮しているものと思われる。

第4節　結びに代えて

　本稿では，神奈川県のある登録商標を事例にして，スローガンそれ自体を宣伝広告し普及する手段としての商標権の取得，活用があり得るのかについて，検討を試みた。

　キャッチフレーズやスローガンからなる標章に関する商標権による保護は，日本では，関連する審・判決，事例は多くあるが，商標審査基準における扱いは定まったばかりであり，そこで掲げた基準の妥当性の検討は，欧米等先行地

---

38)　土肥一史「標章を商標たらしめるものはなにか」土肥一史『商標法の研究』29頁（中央経済社，2016年）。
39)　土肥・前掲注38) 34-35頁。

域のそれとの比較も含めて今後の課題である．また，審査基準が規律対象とするのは，特定の商品・役務や，それらを市場に提供する営業主体に関する宣伝広告としてのキャッチフレーズやスローガンであり，特定の商品・役務やそれらを市場に提供する営業主体から離れてそれ自体が宣伝広告の対象となり普及する価値を認められるスローガンは，想定されていない．

　そのようなスローガンからなる商標は，商標権の機能の観点からは，識別機能，品質保証機能，広告機能のいずれについても，従来の枠組みから外れているものと考えられる．中でも品質保証機能はこうした商標の主要な機能であると考えられるが，品質保証の客観性が確保されるかどうかについては疑問があり，諸外国の証明標章制度も参照して法的な手当てを行うことが必要とされているのではないかと考える．

商標法38条3項における損害概念

宮脇　正晴

第1節　はじめに
第2節　従来の状況
第3節　検　討
第4節　おわりに

第1節　はじめに

　商標権侵害を行った者に対し，商標権者は差止請求（商標法36条1項）や損害賠償請求（民法709条）等の民事的請求をなしうる。このうち，損害賠償請求に関しては，商標法38条各項に損害額の算定のための特則が存在する。商標権侵害訴訟において損害額の算定が問題となることは多いが，各算定規定の性質や各算定規定間の関係（併用の可否）等，理論上，また実務的にも，未解決の問題が多く残されている。
　これら算定規定については，特許法の損害額の算定規定（特許法102条）の創設や改正と連動するような形で創設や改正がなされてきており，それに先行する検討段階においては，ほとんど特許法についてのみ議論が行われていた[1]。保護対象が情報（知的財産）であることや，損害額の証明の困難性については，特許権と商標権とで共通しており，それを重視して同様の算定規定が導入されること自体は問題ないであろうが，これら二つの権利の内容は相当に異なっており，算定対象となる損害の内容自体も異なるのではないかと直感される。とりわけ，損害について何らかの規範的な評価をするというのであれば，特許法と商標法では制度趣旨がまったく異なっているのであるから，そのような評価の内容も異なってくるのではないか。本稿は，このような疑問を出発点とするものである。

1）　商標法の損害額の算定規定の導入等の経緯について比較的詳細に説明するものとして，小野昌延＝三山俊司編『新・注解商標法（下巻）』1139〜1144頁〔松村信夫〕（青林書院，2016年）。

より具体的には，本稿は，商標法固有の損害論を構築する研究の第一段階として，商標法38条3項の前提とする損害概念について検討することとしたい。この規定（より正確には，平成10年改正前の旧38条2項）については，損害不発生の抗弁を認めた小僧寿し事件最高裁判決[2]（以下これを「小僧寿し最判」と呼ぶこととする）があるため，同規定固有の損害概念について考察したうえで，その見地から同判決の捉え方について検討することとしたい。

第2節　従来の状況

1　小僧寿し最判

まずは小僧寿し最判の内容について，それ以前の状況とともに確認しておきたい。この事件は，「小僧」なる文字を縦書きにしてなる商標につき，指定商品を旧45類「他類に属しない食料品及び加味品」とする商標権を有するXが，全国規模の持帰り鮨のフランチャイズ・チェーンである「小僧寿しチェーン」に加盟するYに対して，商標権の侵害を理由にXの使用する各種標章の使用差止めおよび損害賠償を求めた，というものである。

一審判決[3]は，Y使用標章のうち「KOZO」の文字を横書きにしてなる標章2種の使用については，X商標権を侵害するものとして差止請求を認容したが，損害賠償請求については棄却し，原判決[4]においてもこの結論は維持された。最高裁は，原判決が損害賠償請求を棄却した点につき，次のように判示して，上告を棄却した（上告審で審理された他の論点については紹介を省略する）。

判決は，まず一般論として損害不発生の抗弁が成立しうる旨述べ，その理由を「商標法三八条二項〔筆者注：現行38条3項〕は，同条一項とともに，不法行為に基づく損害賠償請求において損害に関する被害者の主張立証責任を軽減する趣旨の規定であって，損害の発生していないことが明らかな場合にまで侵害者に損害賠償義務があるとすることは，不法行為法の基本的枠組みを超えるものというほかなく，同条二項の解釈として採り得ないからである」とし，さらに，「商標権は，商標の出所識別機能を通じて商標権者の業務上の信用を保護するとともに，商品の流通秩序を維持することにより一般需要者の保護を図

---

2) 最判平成9年3月11日民集51巻3号1055頁。
3) 高知地判平成4年3月23日民集51巻3号1148頁。
4) 高松高判平成6年3月28日民集51巻3号1222頁。

ることにその本質があり，特許権や実用新案権等のようにそれ自体が財産的価値を有するものではない。したがって，登録商標に類似する標章を第三者がその製造販売する商品につき商標として使用した場合であっても，当該登録商標に顧客吸引力が全く認められず，登録商標に類似する標章を使用することが第三者の商品の売上げに全く寄与していないことが明らかなときは，得べかりし利益としての実施料相当額の損害も生じていないというべきである」と述べている。そして，侵害地域において権利者の商標が未使用で顧客吸引力が殆どなかったこと，Yが主として使用していたのは著名な表示である「小僧寿し」であって，侵害商標「KOZO」は限定的にしか使用されていないこと等を考慮して，損害不発生と結論している。

特許法102条3項（当時102条2項）に関する従来の学説の中には，この規定を損害の発生自体を擬制するものと捉えるもの[5]があったが，小僧寿し最判は，この考えを明確に否定している。特許法102条3項や商標法38条3項が不法行為に基づく損害賠償請求における損害額の算定について規定するものである以上，損害の発生がありえないような事情が証明された場合にまで，実施料（使用料）相当額の損害を認めることは不法行為法の枠組みを超えるものと考えられているのであろう[6]。同時に，「損害の発生がありえないような事情」についてはかなり限定的に捉えられているという点も，小僧寿し最判の特徴として挙げることができる。すなわち，同判決は，「当該登録商標に顧客吸引力が全く認められず，登録商標に類似する標章を使用することが第三者の商品の売上げに全く寄与していないことが明らか」であることという，「極めて例外的な特殊事情」[7]が存在する場合に損害不発生としているのである。そして，このような「事情」によって損害不発生を肯定できることを述べるに際しては，商標法固有の特徴についても言及している[8]。

その後の裁判例で損害不発生の抗弁を認めた例においては，原告商標の使用されたワインが限られた店舗で試験販売されているにすぎず，従前から雑貨等

---

[5] 豊崎光衛「特許権侵害訴訟」鈴木忠一＝三ケ月章監修『実務民事訴訟講座(5)』228頁（日本評論社，1969年）。
[6] 三村量一「判解」法曹時報52巻1号261頁（2000年）参照。
[7] 三村・前掲注6）263頁。
[8] このため，ほとんどの学説は特許法についてはこの判決の射程外か，射程が及ぶとしてもきわめて限定的であるとの理解を示している。田村善之「逸失利益の推定覆滅後の相当実施料額賠償の可否」知的財産法政策学研究31号3頁（2010年）およびそこに掲げる諸文献参照。中山信弘『特許法』393頁注57）（弘文堂，第3版，2016年）も参照。

に使用している同一表示についても周知でないとの事情[9]、原告商標が不使用であり、被告が主として使っている表示の周知性が高いとの事情[10]、原告商標が侵害地域で不使用であり、原告と被告とが地理的に離れており（大阪市と岐阜市）、美容室の商圏が広くないとの事情[11]、および侵害商標の使用が被告店舗内のメニュー表示のみにとどまっており、混同のおそれが生じないとの事情[12]、などといった事情の下に損害不発生の結論を導き出している。

そして、多くの場合、損害不発生の抗弁は認められていない。同抗弁が主張されても、登録商標の顧客吸引力の寄与を否定できない場合には、わずかでも損害の発生を認める傾向がある。たとえば、原告登録商標が、侵害商品である「履物」についての使用実態が無く、当該商標の顧客吸引力が必ずしも高くないとしつつも、当該商標が衣類に使用されていたことに鑑み、当該商標には「幾分かの顧客吸引力があ」るとして、当該商標の被告履物の売上高に対する適正な使用料率を0.3％と認定した例[13]などがある[14]。このように、下級審において上記小僧寿し最判は踏襲されており、たんに侵害地域（店舗内）で登録商標が使用されていないことのみならず、損害賠償請求の相手方の使用態様も考慮して[15]登録商標の顧客吸引力の寄与を完全に否定できるような場合にのみ損害不発生の抗弁を認めてきているといえる。

---

9) 神戸地判平成11年2月10日平成8（ワ）2094［MARCHE］。注15）も参照。
10) 名古屋地判平成13年11月9日判タ1101号254頁［JAM JAM］。
11) 大阪地判平成25年1月24日平成24（ワ）6892［Cache］。なお、相手方の営業地域が大阪府内であった事案（大阪地判平成25年1月24日平成24（ワ）6896［CacheⅡ］）においては、損害不発生の抗弁は認められていない。
12) 東京地判平成28年2月26日平成26（ワ）11616［皇朝小籠包］。
13) 東京地判平成27年2月27日平成26（ワ）7132［Agile］。注38）も参照。なおこの判決においては、使用料率の算定に当たり、「平成21年度の調査における被服及び履物に係る商標の正味販売高に対する使用料率の最小値が0.5％であったこと」も考慮している。
14) このほかの例として、大阪高判平成25年3月7日平成23（ネ）2238［モンシュシュ］（使用料率0.3％、時期によっては0.2％）、東京地判平成27年2月20日平成25（ワ）12646［湯〜トピアかんなみ一審］（使用料率0.5％）など。近似の裁判例の傾向にいては、金井重彦ほか編著『商標法コンメンタール』38〜58頁、603頁以下〔江幡奈歩＝中村閑〕（レクシスネクシス・ジャパン、2015年）も参照。
15) ただし、神戸地判・前掲注9）［MARCHE］においては、被告側の使用態様については特に考慮することなく損害不発生の抗弁を認めており、この点に疑問が残る。

2 学　説

(1) 特許法102条3項に関するもの

　上記の通り，小僧寿し最判は，特許法102条3項や商標法38条3項を損害の発生自体を擬制するものとの立場を明確に否定しているが，これらの規定の前提とする損害概念についてまで明確に示しておらず，この点については（同判決の立場を前提としてもなお）議論の余地が残されている。

　特許法102条3項は，一般的には最低限度の損害額を保障するものと解されている[16]。同項のより詳細な趣旨については，これをたんなる逸失実施料（侵害者が適法に実施していれば権利者の得ることができた実施料額）の賠償を規定するものとする見解[17]が多数といえる一方で，同項の前提とする損害概念を逸失実施料ではなく，「市場機会の喪失」という規範的損害概念と説明する説も有力である[18]。

　後者の説を唱える代表的論者は，通常の逸失実施料を問題とするのであればわざわざ立法する必要性に乏しいことや，実施契約を想定する場合には（専用実施権の設定契約でなく通常実施権の設定契約が締結されると考えるのが合理的であるとか，相手方が高額な実施料に合意するはずはない等の理由により）算定される実施料が低額となってしまうこと等を指摘したうえで，3項で問題とすべきは，どのような実施契約が締結されたかということではなく，特許権者が何を失ったかということであり，その観点から損害概念を構築すべきと説いている[19]。そのように構築された損害概念が，特許発明に対する需要（市場機会）が侵害によって喪失したことというものである[20][21]。

(2) 商標法38条3項に関するもの

　商標法38条3項についても，特許法102条3項と同じく，最低限の損害額を

---

16) 鎌田薫「特許権侵害と損害賠償」CIPICジャーナル79号10頁（1998年），中山・前掲注8）323頁など参照。

17) 中山信弘編著『注解　特許法（上）』（青林書院，第3版，2000年）1057～1058頁〔青柳昤子〕およびそこに掲げる諸文献，中山信弘＝小泉直樹編『注解　特許法（下）』（青林書院，第4版，2011年）1673～1676頁〔飯田圭〕およびそこに掲げる諸文献など参照。

18) 次注および注21）に掲げるもののほか，鎌田・前掲注16）7頁，茶園成樹「特許権侵害による損害賠償」ジュリスト1162号52頁（1999年），宮脇正晴「共有にかかる特許権が侵害された場合の損害額の算定―知財高判平22・4・28平成21（ネ）10028を契機として」AIPPI56巻11号24頁（2011年）。

19) 田村善之『知的財産権と損害賠償』（弘文堂，新版，2004年）211～212頁。逸失実施料の賠償請求の場合の因果関係の問題について論じる，同248～249頁も参照。

20) 田村・前掲注19）213頁参照。

法定するものと理解されてはいるものの[22]，同項がいかなる損害概念を想定しているのかについて検討する学説はあまり見られない。その数少ない例外の一つのなかには，38条3項について，「侵害により必ずや価値の減少があるから，使用料相当額を請求できるとしたもの」であると説明するものがある[23]。

また，市場機会の喪失論が商標権侵害に対する損害にも妥当する旨述べるものもある。すなわち，同説によれば，商標権侵害行為は「商標者の許諾なく市場の需要を満足することで，商標権者の市場機会の利用可能性を喪失させている」ものであり，「ゆえに，38条3項は，侵害行為が行われた場合にも，法の趣旨を実現するために，市場機会の利用可能性の侵奪をもって損害（規範的損害）と観念し，市場機会の商標権者にとっての利用価値を賠償額としたものである」[24]。

---

21) 金子敏哉「特許権侵害による損害の2つの主な捉え方―売上減少による逸失利益と実施料相当額の関係」中山先生古稀記念『はばたき―21世紀の知的財産法』448〜449頁（弘文堂，2015年）は，特許法102条3項の損害を，特許権の価値の低下（特許発明の実施それ自体の需要の喪失）と捉え，同項はそのような損害を実施料相当額という形で金銭評価するものであるとの理解を示す。同論文は，特許権侵害による損害（弁護士費用等を除く）を「主観的市場機会の喪失」と「客観的市場機会の喪失」とに分類し，後者は3項の下で抽象的損害計算に基づく最小限の損害額（客観的通常実施料）として確保されるものであり，権利者固有の事情に基づく具体的損害計算（3項の下では主観的通常実施料として算定される）は損害額を加算する方向でのみ行われるべきと説いている（同論文452〜453頁）。本稿の検討対象である商標権の場合，本文で後に述べるように権利の価値が登録商標が市場において果たしうる識別力に求められることになるが，そのような価値を抽象的に把握するということがどのようなことを指しうるのかが必ずしも明らかではないため，同論文の主張が商標権侵害にも全般的に妥当するものであるかについては結論を留保したい。いずれにせよ，同論文が特許法102条3項の損害を権利の価値の低下と捉えている点については，本文で後述する通り，商標法38条3項の議論としても妥当するものと思われる。

22) 小野昌延＝三山俊司『新・商標法概説』355頁（青林書院，第2版，2013年），金井ほか・前掲注14）603頁〔江幡＝中村〕，小野＝三山・前掲注1）1200頁〔松村〕。

23) 松尾和子「商標権侵害と損害賠償請求」日本工業所有権法学会年報20号94頁（1996年）。

24) 田村善之『商標法概説』346頁（弘文堂，第2版，2000年）。この説を支持するものとして，島田康男「商標権侵害に基づく損害賠償請求について」牧野利秋ほか編『知的財産法の理論と実務(3)〔商標法・不正競争防止法〕』204頁（新日本法規出版，2005年）。

第3節　検　討

1　商標法38条3項において想定されている損害概念
(1)　規範的損害論の肯定

　商標法38条3項において想定されている損害概念は，逸失実施料ではないと考える。市場機会の喪失論の代表的論者の指摘する通り，逸失実施料を問題とするのであれば立法する必要性に乏しいことに加え，商標権が問題となる場合，次に述べる通り，何らかのライセンス契約を想定することがとりわけ不適切に思われるからである。

　まず類似商標による商標権侵害の場合，そのような商標の使用を放置することは，登録商標の識別機能を害し，ひいては権利者の業務上の信用を害するおそれがあるものといえるのであるから，そのような使用を権利者が許諾することを想定するのは合理的でないように思われる[25]。商標法は登録商標と類似する商標の使用を禁止することで登録商標の識別機能を十全に発揮せしめ，取引秩序を保つために差止請求権を認めているのであって，差止請求権の不行使によって類似商標の使用を放置することを積極的に認めているわけではない[26]。同法において，商標権の効力範囲（25条）や専用使用権（30条）・通常使用権（31条）の範囲に類似商標が含まれていないのは，このことの証左であろ

---

[25]　大阪地判平成5年2月25日知裁集25巻1号56頁［JIMMY'Z］は，衣類にかかる登録商標「ジミーズ」の商標権者が，米国商標"JIMMY'Z"を付され，米国内で拡布されわが国に輸入された衣類を販売する被告に対して差止等を求めた事案であるが，判決は，原告が使用料を得て"JIMMY'Z"商品の輸入販売を他の業者に許諾し，自らも実質的経営の店舗で米国商標商品を販売したことにより，米国商標が，商標権者以外の者を信用の主体とする標識として取引者や需要者に認識されていることをもって，原告のこのような行為を「本件商標の出所表示機能等の諸機能を自ら毀損し，商標を商品選択の指標とする需要者の利益をも害する行為であって，商標法一条所定の目的や，同法が登録商標の保護を確実にするために類似範囲に対する禁止権を定めた趣旨に明らかに反するものである」などとして，原告の請求を権利濫用として退けている。この判決の前提となっているのは，通常の商標権者は類似商標の使用を他人に許諾することはしないし，そうすべきでもないとの認識であると思われる。

[26]　最判昭和56年10月13日民集35巻7号1129頁［マックバーガー］は，商標権者自身が類似商標を使用していたという事案であるが，最高裁は「商標権は，指定商品について当該登録商標を独占的に使用することができることをその内容とするものであり，指定商品について当該登録商標に類似する標章を排他的に使用する権能までを含むものではなく，ただ，商標権者には右のような類似する標章を使用する者に対し商標権を侵害するものとしてその使用の禁止を求めること等が認められるのにすぎない」と述べている。

う。そうであるならば，38条3項の損害額の算定において類似商標のライセンス（差止請求権の不行使）契約を想定すること自体，商標法の趣旨に沿わないものといえよう。

また，侵害商標が同一商標である場合についても，上記と同様の議論が当てはまる。すなわち，自らの品質管理が及んでいない商品・役務（侵害商品・役務）についての商標の使用を商標権者が許諾することは，市場にそのような侵害商品・役務と商標権者の商品・役務とが混在することを放置して，商標権者自らが自己の信用を毀損するような選択をするということにほかならず，そのような想定をすることは不合理であるし，商標法の趣旨にも沿わないであろう。

あるいは，商標権者が登録商標を使用しておらず，今後も自ら使用するつもりがまったくないのであれば，商標権者が侵害商標の使用を許諾するとの想定自体は不合理ではないのかもしれない。しかし，商標法は商標権者による登録商標の使用を通じた信用の維持発展を目的としているのであるから，3項を権利者が不使用であるケースのみを想定するものと考えるのは無理があろう。

以上より，商標法38条3項の前提とする損害概念は，逸失実施料ではなく権利の価値の低下であって，同項はその低下分を実施料相当額という形で金銭評価するものである[27]と理解すべきであるように思われる。そして，このように理解することは，平成10年の改正によって，それまで同項が「通常」受けるべき金銭の額の賠償を受ける旨規定していたところ，この「通常」の文言が削除されたこととも整合するように思われる[28]。

---

[27] 注21）参照。

[28] 旧特許法102条2項（現行3項）も「通常」受けるべき金銭の額の賠償を受ける旨規定していた。この額については，原告がすでに他者に設定している実施料率や業界相場，国有特許の実施率に基づき算定していた裁判例が多く，そのような算定方法によれば侵害し得となるおそれがあるうえ，特許発明の価値や当事者間の諸般の事情が考慮されないと批判されていたため，このような批判に応えるべく，平成10年改正により「通常」の文言が削除されている（特許庁総務部総務課工業所有権制度改正審議室編『平成10年改正　工業所有権法の解説』21～23頁（発明協会，1999年）参照）。商標法38条2項（現行3項）の改正も，同様の観点から行われたものと考えられる（同26頁参照）。網野誠『商標』863頁（有斐閣，第6版，2002年）は，商標法のこの改正について，「本項は通常の使用許諾契約における使用料を基準とすべきことを意味するものではなく，それぞれの具体的な事件における特殊性を考慮しつつ，侵害により減少した商標権の経済的な価値を回復するために必要な金銭の額を客観的に算定して定めるものであることを明らかにしたのである」と評している。

(2) 損害の内容

① 市場機会の喪失論の当否

では，その権利の価値の低下とは，より具体的には，どのようなことを指すのであろうか。上記の通り，市場機会の喪失論が商標法38条3項にも当てはまるとする説があるが，次に述べるように，この説は妥当ではないように思われる。

市場機会の喪失論は，侵害者が（特許発明によって充足されるべきであった）需要を充足してしまったことそれ自体を損害と捉えるものと理解できるが，このことは発明の実施から経済的利益を得る機会を特許権者に対して保障するという特許制度の趣旨から正当化できるように思われる。他方，商標法については，これが商標の使用から権利者が利得する機会を保障する趣旨のものであるとは思われない。

特許法と商標法との制度趣旨の差は，たとえば真正商品の輸入販売が権利侵害となるかという問題の処理方法の差に現れている。特許法の場合，権利者ないし実施権者によって流通に置かれた特許製品が第三者によって輸入や販売される場合，当該実施行為が許されるか否かは，当該製品につき権利者の利得機会があったといえるか否か（権利行使を認めることが権利者の二重利得につながるか否か）を検討することで結論が導かれることとなるのであり，BBS事件最高裁判決[29]は，この点の検討を判例法理として具体的に示すものといえる。これに対し，商標法の場合は，並行輸入に関するフレッドペリー事件最高裁判決[30]が示しているように，もっぱら商標の機能（出所表示機能および品質保証機能）を害するものであるか否かということの検討をもって結論が導き出される。

このように，商標法は，商標権者の利得機会を保障すること自体は重視しているものとは理解できない[31]から，侵害者が商標権者の利得機会を奪ったからと言って，そのこと自体を直ちに損害と考えるのは無理があるように思われる。

② 商標法の趣旨に照らした損害論

商標の価値が，特定の出所を識別するものとして機能するところにあるとい

---

[29] 最判平成9年7月1日民集51巻6号2299頁。
[30] 最判平成15年2月27日民集57巻2号125頁。
[31] 田村・前掲注24) 8～9頁は，商標法の保護法益を出所識別機能であると位置づけており，「商標権の財産権的契機」を重視する立場には懐疑的な見解を示している。

うことについては異論はないと思われる。この価値すなわち識別力が害される典型的な状況は、需要者が侵害商標の付された商品について出所を商標権者であると混同するというものであろう。この場合、侵害商標の付された商品の品質が、商標権者の提供する商品のそれよりも劣ったものである場合、商標権者の信用は害されることになる。侵害商標の付された商品の品質が特に劣ったものではなく、現時点で商標権者の信用に対する具体的な損害が認められない場合であっても、出所の混同によって、自らが品質管理を行っていない侵害者の商品の品質について商標権者が評価を受けることは、それ自体商標権者の信用を脅かすものといえるので、このこと自体を信用に対する損害として把握するべきであるように思われる。

　また、仮に出所の混同が存在しないとしても[32]、識別力に対する損害は生じうる。そもそも識別力は、他人が（別の出所を識別するものとして）商標を使用することで減殺されうるという性質を有している。その最もわかりやすい例は、普通名称化や慣用表示化であろう。多数の競業者により使用された結果として普通名称や慣用表示と化した商標については、商標権の効力の対象外となる（普通名称につき、商標法26条1項2号および3号、慣用表示につき、同4号）[33]。

　普通名称化や慣用表示化のためには多くの競業者による長期間の使用が必要であると思われるが、そこまでに至らない、一人の侵害者による使用であっても、登録商標を識別しにくくする効果（イマジネーション・コストの増大[34]）が生じうる[35]。商標法の目的を商標によるサーチコスト（製品探索コスト）の削減と捉える筆者の立場からは、出所の混同による登録商標が付された製品の

---

32) 商標の類否は混同のおそれを基準に判断されるが（前掲小僧寿し最判）、類似が肯定されたからといって、現に需要者が混同するとは必ずしもいえない。
33) なお、このことは直ちに、当該商標（標章）の社会的な価値がゼロであることを意味しない。普通名称や慣用表示は、（出所ではなく）特定の製品属性を伝達する機能（価値）を有しているがゆえに、独占になじまず、競業者による使用を許す必要が生ずるのである。宮脇正晴「商標法3条1項各号の趣旨」高林ほか編『現代知的財産法講座1　知的財産法の理論的探究』361～362頁（日本評論社、2012年）参照。
34) イマジネーション・コストについては、宮脇正晴「標識法におけるサーチコスト理論——Landes & Posner の業績とその評価を中心に——」知的財産法政策学研究37号201頁および210～211頁（2012年）参照。
35) 普通名称化や慣用表示化は、登録商標の識別力を低下せしめるような他人による同一・類似商標の使用が累積することによって、最終的には識別力がゼロになってしまった状態と考えることができよう。

サーチコストの増大のみならず、（同一・類似商標の登場によって）登録商標の識別力が低下することによるサーチコストの増大も規制すべきであり、商標法上「類似」要件が設けられている趣旨はまさにそのことにある[36]。したがって、このような識別力の低下についても損害として把握すべきこととなる。ただし、このような損害は混同に由来する損害ほどは重大なものとは考えられないため、金銭的な評価は相対的に低くなるべきであろう。

以上をまとめると、商標法38条3項の前提とする損害概念には、出所の混同に由来する損害と、出所の混同が生じていない場合の、識別力の低下という損害の二つが含まれ、後者については前者よりも金銭的な評価は低いということとなる。そして、侵害商標が使用された場合、侵害商標の付された商品について出所を商標権者であると混同する需要者と、当該商品の出所が商標権者でないことを正しく認識する需要者とが混在するのが通例であると思われるが、混同する需要者の割合が多ければ、損害額も大きくなるといえよう[37]。

登録商標が未使用である場合、侵害商標の使用によって現に出所を混同する需要者がゼロであることも考えられるが[38]、その場合にも識別力の低下による損害は原則として発生していると考えるべきである。商標権は将来使用することを前提に与えられるものであり、侵害商標の使用は、商標権者による将来の使用があった場合に登録商標が発揮する識別力を（侵害商標が使用されなかった場合に比して）低下させることになるといえ、そうであるとすれば、現在において商標権の価値が減じられているとみるべきであるからである。この場合の損害額は、現に登録商標が使用されている場合の識別力の低下による損害額（混同に由来しない損害額）よりもさらに低く算定されることになろう。登

---

36) 詳細については、宮脇正晴「商標法4条1項11号の類否判断において商標の使用態様を考慮することの適否—サーチコスト理論を用いて」L&T54号67〜70頁（2012年）参照。
37) 裁判例の傾向として、混同のおそれや混同を防止する他の手段が（も）商標法38条3項の損害額の算定に当たって考慮されることが指摘されているが（小野＝三山・前掲注1）1194頁〔松村〕参照）、そのような傾向は本文に述べた理由で正当化できよう。
38) 類否判断の対象となった指定商品については未使用であっても、それに関連する別の指定商品について商標権者が登録商標を使用している場合には、侵害商標の使用により混同が生ずることはありえよう。また、そのような場合、仮に混同が生じないとしても、登録商標の識別力の低下は起こるものと考えられる。東京地判平成27年2月27日前掲注13）〔Agile〕は、被告（侵害者）が履物に類似商標を使用したことをもって商標権侵害としたが、この事件において原告（商標権者）は、登録商標の指定商品中、「履物」については登録商標を使用していなかった。被告は損害不発生の抗弁を主張したが、判決は、原告が他の指定商品である「被服」に使用していたことに鑑みて、原告商標には「幾分かの顧客吸引力がある」として同抗弁を排斥している。

録商標と侵害商標が現に市場で併存する場合のほうが，識別力に与える影響は大きいと思われるからである[39]。

2　小僧寿し最判の再検討

　以上述べたような商標法38条3項に関する本稿の理解を前提として，小僧寿し最判について改めて検討したい。

　本稿の理解の下では，登録商標が不使用の場合，すなわち市場に登録商標と侵害商標とが現に併存している状態にない場合であっても，将来的な識別力の低下による現在価値の毀損という損害を観念することができるため，原則として損害が発生していると考えるべきである。したがって，損害不発生の抗弁が認められるためには，このような意味での損害も発生していないといえることが必要となる。

　すでに述べた通り，小僧寿し最判は「当該登録商標に顧客吸引力が全く認められず，登録商標に類似する標章を使用することが第三者の商品の売上げに全く寄与していないことが明らかなとき」に損害不発生の抗弁が認められるとしている。この「顧客吸引力が全く認められ」ない状態に対応する本判決のあてはめの部分としては，「本件商標は，四国地域において全く使用されていないものであって，一般需要者の間における知名度がなく，業務上の信用が化体されておらず，顧客吸引力が殆どなかった」と述べている部分であると考えられる。ここで言われていることは要するに登録商標が侵害地域において不使用で（すなわち同地域において登録商標と侵害商標とが現に併存している状態にない），識別機能をまったく果たしていないということであり，本稿の理解によれば将来的な識別力の低下による商標の現在価値の毀損という損害のみが発生しうる状態ということとなろう。すでに述べた通り，このような事情は，算定される損害額が最低レベルのものとなりうることを示唆するものとはいえても，損害が不発生であることを決定づけるものとまではいえない。

　そこで，侵害商標の使用が「第三者の商品の売上げに全く寄与していないことが明らかなとき」との要件が設けられたものと理解することができる。ここで考慮されているのは侵害商標の使用態様であり，より具体的には，Ｙが主と

---

[39]　商標権侵害行為に対して，当該行為が継続中ならば差止請求がなされるのが通常である。侵害が肯定され，差止命令が下されれば，将来において侵害商標が使用され，登録商標と市場において現に併存することはなくなる。

して使用していたのが著名な表示である（本件商標とは非類似と判断された）「小僧寿し」であること，および侵害商標「KOZO」が限定的にしか使用されていないことをもって，上記の要件が満たされたものとしているように思われる。このように，侵害商標の使用態様が需要者の印象にまったく残らないものといえるのであれば，将来的に（もはや侵害が行われていない）侵害地域で登録商標が使用されることがあったとしても，その時点において侵害商標が需要者に記憶されているとは考えられず，したがって将来的な識別力の低下もないということができよう。

　以上のように，本稿の理解の下でも，小僧寿し最判で示された損害不発生の抗弁は正当化することができる[40]。また，その後の裁判例における運用もおおむね問題ないものと評価できよう。

第4節　おわりに

　以上においては，①商標法38条3項は逸失実施料を算定するものではなく，商標権侵害行為によって失われた登録商標の価値を実施料相当額という形で金銭評価するものであること，②同項の前提とする損害には，出所の混同に由来するものと識別力の低下によるものとが含まれ，後者については登録商標が未使用の場合にも発生しうること，および③損害不発生の抗弁が認められるためには，たんに登録商標が未使用というだけでなく，登録商標の将来的な識別力の低下が発生しないとまでいえる必要があるところ，この見地からして小僧寿し最判は正当化できること，を主張した。

　今後はこの検討成果を基に，他の算定規定や各算定規定間の関係についても研究していくこととしたい。

---

[40]　平尾正樹『商標法』331〜332頁（学陽書房，第2次改訂版，2015年）は，商標法38条3項を使用料相当額を損害額と「擬制」する規定と捉えており，侵害者側が損害が発生していないことを証明しても3項の損害額の支払いを免れることはできない旨述べている。同343頁注(6)は，小僧寿し最判を「商標法の体系を根本から覆すもの」と批判するが，本稿の理解の下ではこのような批判は当たらない。むしろ，具体的な事実関係から将来的な識別力の低下も考えられないような状況下でも損害の発生を擬制するかのような解釈のほうが，商標法の趣旨に反するものとすらいえよう。

種苗法における登録品種と育成者権の権利範囲との関係に関する一考察

高松 孝行

第1節　はじめに
第2節　特許制度における発明の要旨認定と特許発明の技術的範囲との関係について
第3節　育成者権の概要
第4節　種苗法における登録品種
第5節　品種登録制度における「登録品種」と「育成者権の権利範囲」との関係の検討
第6節　まとめ

第1節　はじめに

　近年，種苗法に関する訴訟が増えてきており，それらの訴訟の中で権利侵害の際の育成者権の権利範囲に関する判断が行われるようなってきた。育成者権の権利範囲（登録品種および当該登録品種と特性により明確に区別されない品種）に関する考え方としては，いわゆる現物主義と，特性表主義（クレーム主義）があり，現時点では，裁判所がどちらの考え方を採用しているか明確にはなっていない。

　一方，現物主義や特性表主義という考え方は，特許制度における権利取得段階の「発明の要旨認定」と権利行使段階の「特許発明の技術的範囲」の考え方と同様に，品種登録制度における権利行使第階の「育成者権の権利範囲」だけでなく，権利取得段階の「登録品種」についても適用されるものと思われる。権利取得段階と権利行使段階で解釈に関する考え方が異なることは，品種登録制度が有機的に組織された一つの完結した法律制度でないことを意味するからである。

　本稿では，特許制度における「発明の要旨認定」と「特許発明の技術的範囲」との関係を参考に，品種登録制度における「登録品種」と「育成者権の権

利範囲」との関係について検討を加えたものである。

第2節　特許制度における発明の要旨認定と特許発明の技術的範囲との関係について

　種苗法のように権利付与型の法制度を採用している特許法では，発明の要旨認定におけるクレーム解釈と，特許発明の技術的範囲に関するクレーム解釈とにおいて，様々な検討が行われている。

　ここで，発明の要旨認定とは，「先行技術との関係で新規性や進歩性を備えているか否かを判断するに際して，先行技術と比較検討の対象とされるべき，請求項に記載された発明の実体・技術内容」をいう。これは，「発明の特許要件たる新規性，進歩性の有無を審理し判断する前提として，発明の実体（技術内容）が把握され，確定されなければならないことは，その審理判断の内在的な要請からして明らかなことである。」[1]とされている。

　そして，発明の要旨認定の解釈については，リパーゼ最高裁判決（最判平成3年3月8日民集45巻3号123頁）において「特許の要件を審理する前提としてされる特許出願に係る発明の要旨の認定は，特許請求の範囲の記載の技術的意義が一義的に明確に理解することができないとか，あるいは一見してその記載が誤記であることが発明の詳細な説明の記載に照らして明らかであるなど，発明の詳細な説明の記載を参酌することが許される特段の事情のない限り，特許請求の範囲の記載に基づいてされるべきである。」と判示されている。

　一方，特許発明の技術的範囲については，特許法第70条1項において，「特許発明の技術的範囲は，願書に添付した特許請求の範囲の記載に基づいて定めなければならない。」と規定され，同2項において「前項の場合においては，願書に添付した明細書の記載及び図面を考慮して，特許請求の範囲に記載された用語の意義を解釈するものとする。」と規定されている。

　発明の要旨認定が権利取得段階において必要となる概念であるのに対し，特許発明の技術的範囲の概念は権利行使段階において必要となる概念であるという意味において，両者は適用される局面が異なっている。

　これらの概念に関し，発明の要旨認定は，対世的な絶対的範囲を認定するも

---

1) 塩月秀平「最高裁判所判例解説民事篇平成三年」35頁（財団法人法曹会，1994年）。

のであるのに対して，特許発明の技術的範囲は常に特定の侵害形式との比較においてのみ，その限度で確定される比較的，関係的なものとする見解[2]もあるが，特許制度を有機的に組織された一つの完結した法律制度として機能させるためには，発明の要旨認定と，特許発明の技術的範囲とを互いに相照応するものとして統一する必要があるとの見解[3]がある。

さらには「発明の要旨認定とは，特許権の付与する際に当該発明が権利付与しようとする対象の権利範囲の外延を定めるものである。一方，技術的範囲の確定は，権利行使の場面において当該権利の権利範囲の外延がどこにあるかを探る作業である。したがって，原則両者は一致していなければならず，もし異なるとするなら，特別の理由が必要である。2つのクレーム解釈は，裁判上は利用可能な証拠が異なるゆえに，あるいは立証責任の分配が場面によって異なるとするならばそれにより，結論を異にすることはあり得るが，その手法についてはあくまで共通であるはずである。」という見解もある[4]。

特許請求の範囲に記載されている文言が，権利取得段階と権利行使段階とにおいて同じであるならば，両者は原則として一致するという考え方は，「特許制度は，新しい技術を公開した者に対し，その代償として一定の期間，一定の条件の下に特許権という独占的な権利を付与し，他方，第三者に対してはこの公開された発明を利用する機会を与える（特許権の存続期間中においては権利者の許諾を得ることにより，また存続期間の経過後においては全く自由に）ものである。」[5]という法目的の観点から妥当と考える。なお，この見解における「特別な理由」については説明されていない。

また，権利取得過程により認定された特許請求の範囲が，権利行使段階において異なるものになり得ると認めることは，出願審査の必要性に疑義を生じさせる。その結果，特許請求の範囲を確定するために多大な行政コストを要する特許審査の価値を貶めることにつながり，ひいては審査主義を前提とする現行の特許制度の存在意義を問われることにもなりかねない。このことからも，発明の要旨認定と，特許発明の技術的範囲をと統一して考える方が妥当だと考える。

2） 松本重敏『特許発明の保護範囲』56頁（有斐閣，新版，2000年）。
3） 松本・前掲注2）286頁。
4） 前田健『特許法における明細書による開示の役割』392頁（商事法務，2012年）。
5） 特許庁編『工業所有権法逐条解説』11頁（発明推進協会，第19版，2012年）。

以下に，特許制度における「発明の要旨認定」と「特許発明の技術的範囲」との関係を参考にして，種苗法における「登録品種」と「育成者権の権利範囲」との関係について検討する。

第3節　育成者権の概要

育成者権とは，登録品種及びその登録品種と特性により明確に区別されない品種について独占的に利用することができる権利である。ここで，「品種」とは，重要な形質に係る特性（以下，たんに「特性」という）の全部又は一部によって他の植物体の集合と区別することができ，かつ，その特性の全部を保持しつつ繁殖させることができる一の植物体の集合をいう（種苗法2条2項）。「重要な形質にかかる特性」は，農林水産大臣が定めるとされている（種苗法2条7項）。そして，重要な形質に係る特性は特性表に記載され，品種登録されると公示される（種苗法18条3項）。

ここで，特性表とは，品種登録がされた場合に，品種登録簿に，登録品種の特性（それぞれの形質ごとに表現される性質）を表にまとめたものである。農林水産省の見解では，特性表に記載されている特性は，「栽培試験等においては，植物の種類ごとに指定された栽培方法に従って，同一条件下で，出願品種及び対照品種のほか，原則として，標準品種（特性値が明らかにされている評価の標準となる品種）が栽培され，登録品種の特性は，重要な形質ごとに標準品種との相対評価することにより特性値（階級値）が確定される。このため，異なる栽培条件下で評価された特性値であっても比較し得るもの」[6]とされている。

この特性表に記載された特性が，育成者権の権利範囲を解釈する際にどのような意義を有するのかが問題となっており，この育成者権の権利範囲を考える際に主張される二つの考え方（現物主義，特性表主義〔クレーム主義〕）がある。

1　現物主義

現物主義とは，育成者権の権利範囲の外延は，品種登録簿に記載される特性表によって画されるというものではなく，あくまで審査対象となった植物体の現物それ自体によって画されるとする考え方である[7]。すなわち，現物主義と

---

[6]　農林水産省生産局知的財産課編著『最新逐条解説種苗法』82頁（ぎょうせい，2009年）。

は，育成者権の権利範囲の外延は，その植物体が有するすべての特性によって画されるという考え方である。種苗法の所管行政庁である農林水産省は，現物主義を採用していると思われる[8]。

なお，現物主義とは，育成者権の権利範囲の外延は，登録された「品種」の現物（現実の植物体の集合）が共通して備える主要な特徴によって定まるという考え方[9]もあるが，『種苗法の品種登録制度により保護の対象とされる「品種」とは，特性の全部又は一部によって他の植物体の集合と区別することができ，かつ，その特性の全部を保持しつつ繁殖させることができる一の植物体の集合をいい（種苗法2条2項），これは，現実に存在する植物体の集合そのものを種苗法による保護の対象とするものであって，たとえば特許法による保護の対象が技術的思想たる発明であり，現実に存在する物等ではないこと（特許法2条1項）とは，異なるものである。』[10]と判示されているように，主要な特徴だけではなく，すべての特性によって定まるものとされる。

この現物主義を採用すると，特性表に記載された特性は，登録品種の主要な特徴を相当適度表すということはできるものの，育成者権の権利範囲を直接定めるものではないと解することになる。農林水産省は，「品種登録簿の特性表は，登録品種の主要な特徴を認識するための補助的な役割を果たすにとどまる。」[11]としている。

なお，現物主義を厳格に採用するのであれば，審査自体は育成者権の権利範囲に直接関係しないので，実用新案制度のように無審査主義を採用することも考えられる。しかしながら，無審査主義を採用した場合には，品種登録時点で，登録品種が実際に存在していたことや登録要件を満たしていること等を立証することの困難性やそれを立証するには時間がかかる（現制度の審査でも平均2.9年程度かかる[12]）ことから現実的ではないと思われる。

---

7) 村林隆一ほか『植物新品種種保護の実務』367頁，368頁（経済産業調査会，改訂2版，2013年）。
8) 農林水産省生産局知的財産課編著・前掲注6) 22頁。
9) 嶋末和秀＝西村康夫「種苗法における「現物主義」について」飯村敏明先生退官記念論文集『現代知的財産法　実務と課題』1352頁（発明推進協会，2015年）。
10) 平成17年（行コ）第10001号異議申立棄却決定取消等請求控訴事件。
11) 農林水産省生産局知的財産課編著・前掲注6) 22頁。
12) 農林水産省生産局種苗課編著『Q&A 種苗法』45頁（ぎょうせい，2008年）。

2 現物主義の根拠

　種苗法の条文にも，UPOV条約の条文にも現物主義を定める規定は存在しない。ただし，「種苗法が規定する品種登録制度は，現実に新しい植物品種を創作（発見を含む）した者（品種の多様化による農業振興に寄与した者）に対して，その創作した植物体の利用の独占権を付与するという理念のもとに制度設計されているものであるから，その独占権の審査対象はあくまでその創作したとされる植物体の現物であり，排他的独占権（育成者権）の範囲も，その存在が確認された植物体の現物を離れて設定されてはならない」[13]だからという考え方がある。

　また，判例では，「品種登録制度の保護対象が「品種」という植物体の集団であること，この植物の特性を数値化して評価することの方法的限界等を考慮するならば，品種登録簿の特性表に記載された品種の特性は，審査において確認された登録品種の主要な特徴を相当程度表すものということができるものの，育成者権の範囲を直接的に定めるものということはできず，育成者権の効力が及ぶ品種であるか否かを判定するためには，最終的には，植物体自体を比較して，侵害が疑われる品種が，登録品種とその特性により明確に区別されないものであるかどうかを検討する（現物主義）必要があるというべきである。」[14]と現物主義を採用する理由を判示しているものもある。

3 特性表主義（クレーム主義）

　特性表主義とは，育成者の権利範囲は，品種登録簿の特性表の記載（以下「登録特性」という）を特許法における「特許請求の範囲」（クレーム）のように権利範囲を画するものという考え方である[15]。

　この特性表主義を採用すると，育成者権の権利範囲は，特性表の記載によって定まることになり，それ以外の形質は，育成者権の権利範囲には影響を与えなくなる。

　そうなると，登録特性の全部が同一であれば「同一品種」となり，登録特性の一部が異なる品種は「登録品種と特性により明確に区別できる品種」と解することになる。

---

13) 村林ほか・前掲注7）368頁。
14) 平成27年（ネ）第10002号 育成者権侵害差止等請求控訴事件。
15) 東京地判平成26年11月28日。

なお，判例では，『本件鑑定嘱託における鑑定嘱託事項は，登録時審査基準に基づく特性項目ではなく，その後に制定された新審査基準に基づいた特性項目に係るものであって，本件特性表における特性項目と一致していないところがあり，すべての項目にわたって比較することはできないが，仮に，本件鑑定書に示されたデータを用いて，本件特性表に記載された本件登録品種の特性と本件試験に供されたG株に係る品種の特性との対比を試みるとすれば，別紙6「品種登録時における「重要な形質に関する特性」と鑑定に供されたG株の特性の対比」に記載のとおりとなる（品種登録時の項目の括弧内に記載された特性は，新審査基準に照らした場合の記載である）。

このように，本件鑑定書に記載されたG株の特性と，本件登録品種の特性表記載の特性には，異なっているように見受けられる項目が複数存在していることから，仮に特性表主義の立場に立った場合であっても，G株の特性が本件登録品種の特性表記載の特性と「特性により明確に区別されない」ことが立証されているとはいえない。』[16]と，特性表主義を採用しても結論は同じあることについて言及があるのみである。

また，「品種登録の際に，品種登録簿の特性記録部（特性表）に記載される品種の特性（法18条2項4号）は，登録品種の特徴を数値化して表すものと理解することができるが，品種登録制度が植物を対象とするものであることから，特性の評価方法等の研究が進展したとしても，栽培条件等により影響を受ける不安定な部分が残ることなどからすると，栽培された品種について外観等の特徴を数値化することには限界が残らざるを得ないものということができる。

このような，品種登録制度の保護対象が「品種」という植物体の集団であること，この植物の特性を数値化して評価することの方法的限界等を考慮するならば，品種登録簿の特性表に記載された品種の特性は，審査において確認された登録品種の主要な特徴を相当程度表すものということができるものの，育成者権の範囲を直接的に定めるものということはできず」[17]とし，特性表主義は採用できない理由を判示しているものもある。

4　特性表主義の根拠

現物主義と同様に，種苗法の条文にも，UPOV条約の条文にも特性表主義

---

[16]　東京地判平成26年11月28日。
[17]　平成27年（ネ）第10002号 育成者権侵害差止等請求控訴事件。

を定める規定は存在しない。また，特性表主義の根拠を積極的に示す判例等もないようである。特性表主義を採用すべき理由としては，過失の推定規定（種苗法35条）があることから，特許法の過失の推定規定（特許法103条）と同様に，公示される特性表が育成者権の権利範囲の外延を示すものと考えなければ説明がつかないという点や，現物主義を採用すると育成者権侵害訴訟において様々な問題が生ずる[18]という点が挙げられる。

ただし，過失の推定規定については，育成権者を過分に利するものであるとして，種苗法に過失の推定規定を置くのは根拠に乏しい[19]という意見がある。また，育成者権侵害訴訟において様々な問題が生ずるということについても，特性表主義（クレーム主義）ではなく，現物主義が種苗法の解釈としてより妥当という反論[20]がなされている。

なお，農林水産省は，「品種登録簿の特性表の記載により登録品種の特性を相当程度認識することができるので，登録品種を利用しようとする者は，特性表を調査することにより，利用しようとする品種が育成者権の効力が及ぶか否かを相当程度判別することが可能ということができるから，法35条の過失の推定の規定についても不合理ではないといえよう。」[21]と見解を有している。

第4節　種苗法における登録品種

種苗法における登録品種とは，品種登録された品種であり，種子または種菌を種苗とする品種については出願の際に提出された種子または菌株の品種である。

そして，①品種登録出願前に日本国内又は外国において公然知られた他の品種と特性の全部又は一部によって明確に区別され（区別性），②同一の繁殖の段階に属する植物体のすべてが特性の全部において十分に類似し（均一性），③繰り返し繁殖させた後においても特性の全部が変化しない（安定性）ことについて，栽培試験，現地調査または資料調査が行われる[22]（種苗法15条2項，種苗法施行規則11条の2）。そして，出願品種がこれらの要件を満たせば登録品

---

18)　村林ほか・前掲注7) 368〜388頁。
19)　渋谷達紀『知的財産法講義Ⅰ』463頁（有斐閣，2006年）。
20)　嶋末＝西村・前掲注9) 1352頁。
21)　農林水産省生産局知的財産課編著・前掲注6) 83頁。
22)　農林水産省生産局種苗課編著・前掲注12) 44頁。

種として登録されることになる[23]。

ここで、栽培試験とは、種苗管理センター[24]において、出願品種および対照品種（出願品種と特性の類似する既存品種として選定された品種）を同一条件下で栽培して得られた結果に基づき、審査する方法である。現地調査とは、出願者に出願品種及び対照品種を同一条件下で栽培させ、農林水産省の審査官現地に赴いて審査する方法である。そして、資料調査とは、願書に添付された特性調査に関する資料に高い信頼性が確保されている場合や他のUPOV条約同盟国で出願がされ、そのDUSテスト（区別性（Distinctness）、均一性（Uniformity）、安定性（Stability）についての試験）の結果を利用することができる場合に、その書類によって審査する方法である。

実際の栽培試験では、審査基準において出願品種の属する植物の種類ごとに選定されている標準品種を対照品種として用い、標準品種の形質との異同の程度を出願品種と対照品種のそれぞれについて評価して表した数値を比較して行われる。これは、農林水産植物には標準品種とみなすことができる品種が存在するので、標準品種との特性における隔離の程度によって、対照品種との区別性の有無を判断するものであると説明されている[25]。

なお、このように、出願人の提出した種苗を栽培試験に用いたり、現地調査では現地を実見することから、出願審査では現物主義を採用しているという見解もある[26]。

しかしながら、現物主義を徹底するのであれば、対照品種として公然知られた他の品種すべてと栽培試験や現地調査を行う必要がある。前述したように、現物主義では、あくまで植物体の現物それ自体でしか品種を特定できないからである。標準品種や対照品種との栽培試験だけで、標準品種以外の公然知られた他の品種と特性の全部または一部によって明確に区別される品種であると厳密に言い切ることはできないであろう。

しかし、実際の出願審査では、現実可能性、費用や人員等の理由と思われるが、複数の標準品種としか栽培試験を行っていない。現地調査も同様である。

---

[23] 均一性および安定性については、公知品種との関係ではなく、出願品種自体の特性の問題なので、ここでは割愛した。
[24] 種苗管理センターは、平成28年4月1日に国立研究開発法人農業・食品産業技術総合研究機構（農研機構）の一部に改組された。
[25] 渋谷達紀『種苗法の概要』44頁（経済産業調査会、2014年）。
[26] 渋谷・前掲注25) 44頁。

しかも，出願審査は，すべての形質ではなく，植物の種類ごとに定められた重要な形質のみしか検討されない[27]。確かに，権利取得段階では，公然知られた他の品種と特性（重要な形質）の全部または一部によって明確に区別されていれば，区別性の要件を満たすことになるが，前述したように権利行使段階では，特性（重要な形質）以外の形質についても考慮されている。これについてどのように整合させるか検討する必要がある。

さらに，資料調査では，植物体自体の栽培・調査を行わず，書類のみで審査を行っている。これについて，特性調査に関する資料に高い信頼性が確保されているという理由があったとしても現物主義が採用されているというには無理がある。これについても，権利行使段階とどのように整合させるか検討する必要がある。

農林水産省の見解では，「品種登録制度の保護対象が『品種』という植物体の集団であること，この植物の特性を数値化して評価することの方法的限界等を考慮するならば，品種登録簿の特性表については，審査において確認された登録品種の主要な特徴を相当程度表すものということができるものの，育成者権の範囲を直接的に定めるものということはできず，育成者権の効力が及ぶ品種であるか否かを判定するためには，植物体自体を比較検討する必要があるべきである（現物主義）」[28]とされている。

また，「例えば，バラの登録品種Aの特性表の記載と，侵害が疑われるバラの品種Bの特性が一致したとしても，それだけで両品種が特性により明確に区別されない関係にあるとはいえない。逆に，両品種の特性表の記載が一致していない場合であっても，両品種が同一となる場合もあり得ないわけではない。このようにある登録品種の育成者権の効力が別の品種に及ぶか否かを判定するためには，両品種の植物体自体を同一条件下で比較栽培する必要がある」[29]ともされている。

これらは，育成者権の権利範囲に関する説明であるが，品種登録制度が有機的に組織された一つの完結した法律制度とするためには，育成者権を発生させ

---

27) 農林水産省食料産業局知的財産課種苗審査室「品種登録出願の手引き　平成28年4月1日版」25頁には，重要な形質に係る特性以外の特性について，「出願品種を区別するために役立つと思われる追加的な形質」を記載すれば，出願品種の登録の可否について検討される旨の記載がある。
28) 農林水産省生産局知的財産課編著・前掲注6）82〜83頁。
29) 農林水産省生産局知的財産課編著・前掲注6）83頁。

るための出願審査においても，適用されるものと考えるべきである。しかし，前述したように，区別性に関し，公然知られた他の品種すべての品種との間で栽培試験や現地調査が行われてはいない。資料調査に至っては，出願品種自体も確認していない。これらは農林水産省の見解（現物主義）と矛盾していると思わざるを得ない。

この点に関し，裁判所は「もっとも，審査官は，対照品種に限らず，出願品種がすべての既存の品種と明確に区別できるか否かについても判断している。」という農林水産省生産局種苗課における出願品種についての審査基準を認定しているが[30]，その根拠等についての言及はない。

第5節　品種登録制度における「登録品種」と「育成者権の権利範囲」との関係の検討

通説では，権利行使段階だけでなく権利取得段階においても現物主義が採用されていると言われている。しかし，前述したように，権利取得段階では，標準品種との栽培試験等しか行われておらず，厳密な意味での現物主義は採用されていない。また，出願審査では，すべての形質ではなく，植物の種類ごとに定められた重要な形質のみしか検討されない。すなわち，「重要な形質に係る特性」以外の特性については無視される。

したがって，権利取得段階では，出願品種と実際に存在しない品種を含めた仮想公知品種（「重要な形質に係る特性」以外の特性を無視した品種）との間で検討されることになる。これでは，すべての特性を検討すれば，登録されるべき品種も登録されないということもあり得る。

それに対して，権利行使段階では，『「登録品種と特性により明確に区別されない品種」とは，登録品種と特性に差はあるものの，品種登録の要件としての区別性が認められる程度の明確な差がないものをいう。具体的には，登録品種との特性差が各形質毎に設定される階級値（特性を階級的に分類した数値）の範囲内にとどまる品種は，ここにいう「登録品種と特性により明確に区別されない品種」に該当する場合が多いと解されるし，特性差が上記の範囲内にとどまらないとしても，相違する項目やその程度，植物体の種類，性質等を総合的に考慮して，「登録品種と特性により明確に区別されない品種」への該当性を肯

---

[30]　平成17年（行コ）第10001号異議申立棄却決定取消等請求控訴事件。

定することができる場合もあるというべきである。』[31]として，重要な形質以外の形質も検討されることになる。

このように，権利取得段階では重要な形質に係る特性以外は考慮されないにもかかわらず，権利行使段階ではそれらが考慮されるということでは，品種登録制度が有機的に組織された一つの完結した法律制度とは言えない。

権利取得過程において，重要な形質に係る特性のみを根拠として，区別性があると認定された登録品種が，権利行使段階において，重要な形質に係る特性以外の特性が異なる品種とは別品種であると認定されること（重要な形質に係る特性が同じであっても，それ以外の特性が異なると別品種と認定されること）は，登録品種を確定するために多大な行政コストを要する出願審査の価値を貶めることにつながり，ひいては品種登録制度の存在意義を問われることにもなりかねないからである。また，現物主義を厳密に採用すると，品種登録程制度は権利取得し難いにもかかわらず，権利行使もし難い（育成者権の権利範囲が狭い）ものとなり，利用者にとって，魅力的な制度ではないと感じられるのではないであろうか。

一方，特性表主義を採用すると，登録品種の特性表に記載された特性が育成者権の権利範囲の外延を画定することになるので，一見，品種登録制度が有機的に組織された一つの完結した法律制度であると言えるかもしれない。

しかし，出願審査において，出願品種のすべての形質ではなく，重要な形質しか審査されていない以上，この特性表主義を権利行使段階にまで採用することは難しい。特性表に記載されている特性が育成者権の権利範囲の外延とすると，登録品種とは異なる品種まで登録品種と特性により明確に区別されない品種と認定される場合があり，育成権者に不当に広い範囲の独占権を付与することになるからである。また，指摘されているような問題[32]が生ずる可能性もある。

したがって，現物主義と特性表主義のいずれを採用しても問題がある。そこで，出願審査および権利行使の現状を踏まえて，つぎのように考えてみてはどうであろうか。

登録品種の特性表に記載された特性は，前述したように，審査官が費用と時間をかけて公平に審査した上で認定したものである。そこで，登録品種は，登

---

31) 平成27年（ネ）第10002号 育成者権侵害差止等請求控訴事件。
32) 嶋末＝西村・前掲注9）1354〜1357頁。

録されると，出願審査の際に提供された植物体自体（現物）から離れ，特性表に記載された特性のみを有する「抽象的な品種」（特性表に記載されていないあらゆる特性を有する品種とも考えられる）とする。したがって，育成者権侵害訴訟において，育成権者は，侵害被疑品種が特性表に記載された特性を有することを主張し，それを立証することができれば，侵害被疑品種は形式的に育成者権を侵害すると推定する。農林水産省も，前述したように，「品種登録簿の特性表の記載により登録品種の特性を相当程度認識することができるので，登録品種を利用しようとする者は，特性表を調査することにより，利用しようとする品種が育成者権の効力が及ぶか否かを相当程度判別することが可能ということができる」[33]としている。

しかし，前述したように，品種登録の出願審査では完全な審査を行うことはできず，品種登録は特許制度における発明の要旨認定よりも問題点が多い。そこで，特許制度における発明の要旨認定と特許発明の技術的範囲との関係で説明したように，「両者は一致していなければならず，もし異なるとするなら，特別の理由が必要である。」という文章の「特別の理由」があるとして，侵害被疑者が抗弁として登録品種と被侵害被疑品種との対比栽培を行い，重要な形質に係る特性以外の特性が異なるので同一品種ではない旨を主張する。なお，その際の登録品種については，現在種苗管理センターが行っている登録品種の標本・DNA保存等委託事業[34]をすべての登録品種に広げることになっているので，今後は入手することが可能となる。

このように考えることにより，品種登録制度が有機的に組織された一つの完結した法律制度とすることができると考える。なお，権利者と侵害被疑者との立証の責任を分配する方法は，結論的には滝井弁護士の見解と同様である[35]。

また，種苗法の法目的が，「種苗法は，『新品種の保護のための品種登録に関する制度，指定種苗の表示に関する規制等について定めることにより，品種の育成の振興と種苗の流通の適正化を図り，もって農林水産業の発展に寄与すること』（同法1条）を目的とし，同法3条1項に掲げる要件を備えた品種の育成（人為的変異又は自然的変異に係る特性を固定し又は検定すること）をした者

---

33) 農林水産省生産局知的財産課編著・前掲注6) 83頁。
34) http://www.ncss.go.jp/main/DNA/DNAhozon.html
35) 滝井朋子「品種登録簿上の特性と育成者権の範囲」牧野先生傘寿記念論文集『知的財産権 法理と提言』785頁（青林書院，2013年）。

（又はその承継人）は，出願審査登録制度（同法第二章品種登録制度参照）に基づく品種登録を受けることにより発生した育成者権を取得し（同法19条1項），一定期間，当該登録品種の利用について排他的独占ができることを規定する（同条2項，同法20条）。植物体の新品種の育成には，専門的知識，技術，経験のほか，長期の年月，多大な労力，資金等を要する場合が多い一方，植物の性質上，いったん新品種が育成されると，これを第三者が増殖することは容易であることから，新品種の育成者の権利を法律上保護する必要があるとして，平成10年法律第83号により全面改正されたものである。種苗法の上記規定は，新たな発明を公開し，産業の発達に貢献したことの代償（報償）として，特許登録要件を備えた発明をした者に対しては，特許権という当該特許発明の実施を占有する権利を与えるのと同様，新しい農林水産植物の品種を育成した者に対しては，新しい品種を社会に提供することにより農林水産業の発展に寄与したことの代償（報償）として，育成者権という排他的独占力を有する強力な権利を与えたものと解せられる。」[36]ということであるならば，育成権者が登録に要した費用・時間に見合うだけの広い権利を与える一方，侵害被疑者には，登録品種と被侵害被疑品種との対比栽培（現物主義）による抗弁（権利）を与えることは，育成権者と侵害被疑者との利益・不利益のバランスが取れるものではないかと考える。

また，このようにすることにより，現物主義を採用すると，過失の推定規定（種苗法35条）の根拠や，育成者権侵害訴訟において生ずる様々な問題を回避することもできるので，種苗法を有機的に組織された一つの完結した法律制度とすることもできると考える。

第6節　まとめ

本稿では，特許制度における「発明の要旨認定」と「特許発明の技術的範囲」との関係を参考に，品種登録制度における「出願品種」と「育成者権の権利範囲」との関係について検討し，品種登録制度が有機的に組織された一つの完結した法律制度とするための方策を提言した。育成権者と侵害被疑者とのバランスのとれた立証責任体制が望まれる。

---

36) 東京地判平成26年11月28日判例集未登載。

IoT時代の情報財（営業秘密を含む）の利用に関する課題と対応

林　いづみ

第1節　本稿の概要
第2節　IoT時代の「情報財」の利用の在り方について
第3節　営業秘密保護強化に関する平成27年法改正等
第4節　民事訴訟における証拠収集制度の現状と見直し議論
第5節　情報財を巡る契約交渉と社内体制の高度化

第1節　本稿の概要

　本稿においては，IoT時代，Society5.0を念頭に，「情報財」の利用の在り方と，情報財に含まれる営業秘密を巡る諸問題を検討する。

　あらゆる「もの」がインターネットにつながるInternet of Things（IoT）時代を迎え，世界各国においてその社会実装にむけた，法制度，セキュリティ技術，倫理，社会等に関する様々な議論がさかんになっている。わが国でも，ドイツのIndustry 4.0に啓発され，2015年10月に官民の「IoT推進コンソーシアム」が創立され，総合科学技術基本計画や日本再興戦略において「第4次産業革命」や「Society. 5.0」が政策の柱になっている。この文脈においては，既存の知的財産制度にとどまらない「情報財」の保護・流通の在り方をデザインすることが課題となる。本稿の第2節では，この課題に関する我が国の取り組み状況を報告する。

　つぎに，本稿の第3節では，営業秘密保護強化に関する平成27年法改正等を紹介する。IoT時代においては，自動車等の移動，生産・工作機械，心臓ペースメーカー等の医療機器，スマートハウスなどの住宅設備等，あらゆる取引や生活を通じた「情報財」がインターネットを介して交換される。こうした「情報財」の中で，インターネットのセキュリテイ対策や社内外の各種契約対策を講じ，秘密として管理された「営業秘密」の価値が，益々重要になる。平成27年改正不正競争防止法は民刑両面の多岐にわたる営業秘密保護強化のための改

正を行った。改正項目には，立証責任の転換や没収規定など，他の知財法に先駆けた新たな制度の導入も含まれており，普及・実践のための具体的な取組みが急がれている。同時に，企業においては，自社の営業秘密の管理・漏洩対策もさることながら，日常的な企業取引を通じて外部秘密情報が自社情報に混入する（いわゆる）情報コンタミリスク対策が，特許権・営業秘密の侵害警告に対する防衛上も，必須となっている。

　筆者は「情報財」の保護・流通の在り方をデザインすることと，既存の知的財産権や営業秘密の権利行使のメカニズムを効率化することとは，相関関係にあると考えている。そこで，本稿の第4節では，民事訴訟における実務的課題，現行の証拠収集手続と制度改革の議論，文書提出命令の現状について論じる。

　最後に第5節として，IoT時代の情報財（営業秘密を含む）の利用に関する課題と現状の対応について，現時点の私見を述べる。IoTやSociety5.0などのキーワード（バズワードという人もいる）は本稿の出版時点ですでに陳腐化しているかもしれないが，実務的には，まず各自が，「情報財」を巡る契約交渉と社内体制の高度化を図る必要がある。

第2節　IoT時代の「情報財」の利用の在り方について

1　AI創作物など新しい情報財と知財制度の関係

　「次世代知財システム検討委員会報告書（平成28年4月）」（知的財産戦略本部検証・評価・企画委員会）[1]は，「AI創作物と現行知財制度」と「AI創作物の利用や人間の関与のシナリオ」について整理して次世代知財の在り方を引き続き検討するとしている。

　思うに，こうした検討にあたっては，
① 　AIプログラム・システム開発した者およびそれを実装した者，
② 　深層学習・機械学習に必要なビッグデータの収集・活用をする者，
③ 　①および②に基づき，AIが量産する生成物（コンテンツ等）に創作未満の関与をする者

の，それぞれのインセンティブ確保に適した利用と利益分配の在り方を検討することになろう。たとえば，英国1988年改正著作権法（United Kingdom

---

1）　http://www.kantei.go.jp/jp/singi/titeki2/tyousakai/kensho_hyoka_kikaku/2016/jisedai_tizai/hokokusho.pdf

Copyright, Designs and Patents Act 1988 (Chapter 48))において、コンピュータ生成物 (CGW)[2]の著作権は「necessary arrangement（必要な手配）を行った者」に帰属すると定めている[3]。上記の①のプログラム開発者のみならず②および③の運用者はこの「必要な手配を行った者」に当たると捉えることもできようが、他方、著作権という所有権構成をとる極めて長期間の独占権を新たな情報財について認めるとかえって情報財の利活用を阻害する恐れもある。また、Google の Street View のように、②の巨大なプラットフォーマーが、①の AI システムを開発している場合、競争制限の弊害がないか等、プラットフォーマーのビジネスモデルの実態把握や影響力の調査分析が必要となる。

2　オープンなデータ流通構造に向けた環境整備

(1) 産業構造審議会情報経済小委員会分散戦略 WG では、上記のような巨大プラットフォーマーに集約しているデータを個人に戻して、サードパーティに戻していく環境について議論した。同 WG の2016年8月29日開催第7回事務局資料「オープンなデータ流通構造に向けた環境整備」[4]は、今後の報告書とりまとめにむけて、データ・ポータビリティ、データ・オーナシップ、知的財産権の3点にわけて整理している。現時点の筆者の私見をまとめると以下の通りである。

(2) まず、個人情報（パーソナルデータ）提供には個人に対するインセンティブが必要である。そのためには、個人情報を提供する各個人が自身のデータへのアクセス権（集約・移行等）を確保できるような「データ・ポータビリティ権」と、個人に紐づいたデータ消去権を担保する「忘れられる権利」を担保することが必要であろう。

つぎに、「データ・オーナシップ」については、IoT 時代の情報財の扱いを

---

[2] Art. 178 "computer-generated", in relation to a work, means that the work is generated by computer in circumstances such that there is no human author of the work; 著作物に関して「コンピュータ生成」とは、著作物の人間の著作者が存在しない状況において著作物がコンピュータにより生成されることをいう。

[3] Art.9 (3) In the case of a literary, dramatic, musical or artistic work which is computer-generated, the author shall be taken to be the person by whom the arrangements necessary for the creation of the work are undertaken.

[4] http://www.meti.go.jp/committee/sankoushin/shojo/johokeizai/bunsan_senryaku_wg/pdf/007_02_00.pdf　なお、平成28年11月付の「中間とりまとめ」も参照。http://www.met.go.jp/report/whitepaper/data/20161207001.html

考えるうえでは，従来の知的財産権制度における所有権的構成をとらず，利用権として構成すべきであろう。そもそも，著作権は便宜上，著作権法において所有権構成をとっているものの，その本質は情報財の「利用権」である（中山信弘『著作権法』241～246頁（有斐閣，第2版，2014年））。むしろ，プログラムの著作権による保護については，創作性概念との矛盾や保護期間の長さ等，利活用上の弊害の方が大きいと思われる。また，制度設計にあたり，投資の保護・促進の観点から，権利の帰属・内容・インセンティブ（対価）の分配の在り方を考えた場合，国際的にも，新たな情報財について，新規の知的財産権を創設する例は見られない。従来の知的財産権のような所有権構成をとった長期間の独占権（禁止権）で規律するより，利用権（対価請求権）として構成すべきであろう。したがって，現行の知的財産権の枠に入らないものについて，当面，新たな法律による権利を創設するのではなく，AIによる学習済みモデル等が利活用の価値（需要）を創造した場合には，その創造に対する寄与・貢献等に鑑みて利用許諾の在り方等をそれぞれのステージで契約処理することになろう[5]。

　(3)　さらに，同資料では，「B2Bの協調領域」や「公共性のある情報領域」については，当事者の営業秘密やパーソナルデータに該当し得るデータであっても，「切り分けや加工」の可能性も検討し，「守秘義務」を課した上で，「共用可能の範囲」をさぐるべき，と整理している（同資料70頁等参照）。

　たとえば，上記1の①AIプログラム・システム開発・実装，②深層学習・機械学習には，ビッグデータが必要であるが，このビッグデータは，現在，GAFAに象徴される巨大プラットフォーマーに集約されている。

　出遅れたわが国において，「巨大プラットフォーマーに集約しているデータを個人に戻して，サードパーティに戻していく環境を作る」ためには，どうすべきかを，このWGでは議論しており，一つの案が，上記の整理である。ビッグデータの収集・活用に向けて，オープンイノベーション（自前主義からの脱却）に基づく，データの共有及び独占（オープン＆クローズ）の戦略を進める。オープン領域としては，「B2Bの協調領域」や「公共性のある情報領域」が挙げられるが，その領域においても，当事者の営業秘密やパーソナルデータに該

5）　同資料83頁「○短期的には，知的財産上の保護が明確でない中では，契約により，学習用データセット，一次学習済みモデル，二次学習済みモデルとの間の権利関係を規定し，明確化していくことが考えられる。」その場合の契約交渉要素について，同資料64～67頁，および工作機械の事例等68～72頁を参照。

当し得るデータが含まれるため，個人，企業等の様々なステークホルダーのそれぞれのインセンティブを衡量すると，データ共有には，情報の「切り分けや加工」と「守秘義務」措置が必要という整理である。

こうした取り組みにおいては，Use Case ベースで先行事例の創出や契約の在り方の深堀が必要である。例えば，英国の電力についてのMYDATAシステムのように，国が限定的な分野から始めることの意義は高い。我が国においても，まずは，国が，例えば，公共性の高い（私企業独占になじまない）ことが明確な特定分野のナショナル・データ・ベース（NDB）について，切り分けや加工の可能性も検討し，守秘義務を課した上で，共用（利活用）可能の範囲を定めるの活用のユースケースを示すべきであろう。

第3節　営業秘密保護強化に関する平成27年法改正等

1　平成27年法改正等の背景

我が国は，営業秘密の保護について，いわゆるTRIPs協定の担保として平成2年に不正競争防止法に営業秘密の民事的保護規定を入れ，その後，平成15年改正で刑事罰を設け，刑事罰については平成15年以降も数度の法改正で拡充してきた。今般の平成27年改正不正競争防止法（以下「改正法」という）[6]は，さらに刑罰・民両面の多岐にわたり，営業秘密の不正取得・利用に対する抑止力強化措置を講じたものである。経済・産業のグローバル化，情報のデジタル化，人材流動の活発化，「オープン・クローズ戦略」を背景に，秘密情報の流出被害とその対策が，主要国の目下の最重要課題の一つとなっている。特許権などの知的財産権と異なり，営業秘密はいったん漏洩すれば価値喪失し秘匿化戦略は破綻してしまうからである。

近時，わが国の基幹技術をはじめとする企業情報の国内外への流出事案が相次いで顕在化しており，被害金額の高額化やサイバー空間の拡大に伴う手口の高度化が顕著である。その要因には，国内雇用環境の変化，外国企業における先端技術ニーズの増大，情報通信技術の一層の高度化等がある。

過去10年を振り返っても，トレード・シークレットは，米国やEUでの議論の中心的なテーマの一つであった。とくにオープン＆クローズ戦略の国際的な

6）　第189回通常国会・平成27年7月3日成立。

普及により秘匿化という選択肢の重要性がクローズアップされる一方で、情報のデジタル化に対応して、最先端のプロテクトをしているはずの外国政府機関やトップ企業が、軒並み外国からのサイバーアタック被害を受けていることも大問題となり、EU では2013年に EU Trade Secrets Directive が、米国では Trade Secrets Protection Act of 2014が提案されていた。また、TPP や TTIP 交渉でも営業秘密の問題が議論されており、わが国も経済・産業のグローバル化のもと、欧米と同様の問題状況が背景にあって、この議論が起こったものといえよう。

このような状況の下、営業秘密を活用してイノベーション・サイクルを回していくためには、まず、我が国企業自身が、その業態や規模等に応じて、保有する営業秘密の漏えい防止対策を、効率的にかつ効果的に実施することが重要である。そのための環境整備として、審議会での議論[7]を踏まえ、後述する「営業秘密管理指針」が平成27年1月28日付けで全部改訂された（以下「新指針」という）[8]。

さらに、産業界からは、こうした企業の漏えい防止対策にもかかわらず不正に営業秘密を侵害する行為に対して、民事・刑事両面の法制度において、抑止力強化措置を講じることが強く要請され、今般の改正がなされものである[9]。以下、上記の時系列の順で、各改訂・改正の概要を整理する。

2　営業秘密管理指針の全部改訂
(1)　営業秘密管理指針とは

営業秘密管理指針は、平成14年の「知的財産戦略大綱」に基づき、企業が営業秘密管理の戦略的プログラムを定めるための参考として、平成15年1月30日に策定された。

---

7)　筆者も委員を務めた産業構造審議会・知的財産分科会・営業秘密の保護・活用に関する小委員会では、「日本再興戦略 改訂2014」（平成26年6月閣議決定）および「知的財産推進計画2014」（平成26年7月知的財産戦略本部決定）において、営業秘密の保護強化に向けた制度整備等が求められたことを受けて、営業秘密管理指針の見直し、中小企業等に対する営業秘密管理の支援のあり方及び営業秘密漏えいに対する制度の見直しについて、平成26年9月より4回の審議を行い、その結果を踏まえ、平成27年2月「中間とりまとめ」において当面対応すべき事項を明らかにした。

8)　www.meti.go.jp/policy/economy/chizai/chiteki/pdf/20150128hontai.pdf

9)　改正法の施行日は平成28年1月1日である。ただし、後述の除斥期間の延長のみは、被害者保護を優先して公布の日から施行することとし、その時点で10年の除斥期間が経過していない場合には改正法が適用される（附則1条ただし書）。

我が国における営業秘密保護法制の導入は平成2年に始まる。当初は社員が不測の嫌疑を受けるおそれや独立・転職の自由の阻害等への懸念から，刑事罰の導入は見送られ，平成15年に国内外への営業秘密流出事例の増加を背景に刑事罰が導入された際も，これらの懸念とのバランスを考慮する必要から，企業における営業秘密管理の在り方が大きな課題となっていた。

　こうした背景のもとで策定された営業秘密管理指針には，平成2年以来の秘密管理性等に関する約100の裁判例の分類・整理に基づき，営業秘密保護に係る不正競争防止法の規定の解説，営業秘密の物理的・技術的管理（「秘」表示，施錠保管，入室制限，パスワード設定などの情報へのアクセス権者の限定，社内規定による対象情報の明確化等），人的管理（研修，組織管理体制，ISOの取得，朝礼等の従業者教育，工場見学制限，守秘契約等），組織的管理（管理方針の作成，従業員や取引先との秘密保持契約の締結，情報セキュリティ管理体制の構築，内部監査の実施等）などの具体的手法が提示され，さらに，営業秘密管理体制を構築するための導入手順や就業規則・営業秘密管理規程・秘密保持誓約書等の例示など，多岐にわたる有用な情報が網羅的を盛り込み経済産業省のウェブサイトにおいて提供されており，その後，法改正や産業界等からのニーズに呼応して，平成25年までに計4回改訂されていた。

(2)　全部改訂の背景

　不正競争防止法2条6項の「営業秘密」に該当するためには，秘密管理性，有用性および非公知性の充足が要件となる。営業秘密管理指針は，裁判上，最も争点となる秘密管理性要件について，平成2年以来の裁判例を分析したうえ，同要件を充足するには，①客観的認識可能性（情報にアクセスした者が秘密として管理していると認識可能な客観的状態にあること）および，②アクセス制限等の管理措置一般が必要であると整理して，前記のとおり，網羅的に裁判例の秘密管理対策を紹介していた。

　しかしながら，平成2年以来の裁判例は個別事例の審理に即した判断であり，中には「鉄壁」のアクセス制限等の管理が要求された事例や時期による判断の変遷を指摘する学説[10]もある。また，企業からは同指針記載の管理対策は網羅的で，秘密管理性が認められるための最低限必要な措置がわからないとか，大企業でも半分も実現できないという声があがっていた。

---

10)　田村善之「営業秘密の秘密管理性要件に関する裁判例の変遷とその当否（その1）─主観的認識 vs.『客観的』管理」知財管理64巻5号621頁（2014年）。

そこで，経済産業省は，産業構造審議会知的財産分科会の営業秘密の保護・活用に関する小委員会（以下「小委員会」という）における議論を踏まえ，営業秘密管理指針を全面改訂し，新指針は主に「秘密管理性」要件の考え方の整理に特化して，具体的な管理措置や漏洩対策については別途，策定することとした。

(3) **新指針の要点**

管理指針の法解釈は，経済産業省が行政の立場から示した一つの考え方にすぎず，秘密管理性の法解釈も裁判所の判断によるべきものであるが，新指針は，旧指針の考え方を（私見によればTRIPSの原点に立戻り）以下のように改訂した。

そもそも不正競争防止法2条6項の「営業秘密」の秘密管理性の要件は，TRIPS（知的所有権の貿易関連の側面に関する協定）39条2項(c)「当該情報を合法的に管理する者により，当該情報を秘密として保持するための，状況に応じた合理的な措置がとられていること。」，米国の統一営業秘密法（USTA）1条「秘密性保持のために当該状況のもとにおいて合理的な努力（Reasonable effort）の対象となっていること。」，欧州委員会のEU指令案（2013年11月28日）「秘密として保持するための状況に応じた合理的な措置（reasonable step）」と同様に，「合理的な」水準を想定するものと考えられる。

この「合理的な」水準としては，取引の安全や営業の自由などの利益衡量の観点から，情報アクセス者にとって自らの行為が禁止対象となり得るかについての「予見可能性を確保」し，事後に不測の嫌疑を受けることを防止できるレベル，言い換えれば，特定の情報を秘密として管理しようとする意思ないし接した情報が秘密であることを認識できる程度の客観的管理状態が要求される。

このような観点から，新指針では，秘密管理性の必要十分要件は「客観的認識可能性」であり，旧指針があげた「アクセス制限等」は，その手段の一つであることを明記したものである。

従って，この「客観的認識可能性」は，合理性の観点から実質的に判断される。すなわち，当該情報に合法的かつ現実に接することができる者について，その情報が秘密である（一般情報とは取扱いが異なるべき情報である）という認識が生じる程度の取組みがなされていれば足り，通常，当該情報に接することのできない従業員や，外部からの不正取得者（不正アクセス者や窃盗）については要求されない。また，秘密管理措置の具体的内容や程度は，秘密として管理される情報の性質，企業の規模，業態，情報の保有形態，当該営業秘密に接

する従業員の多寡，従業員の職務，執務室の状況その他の事情によって当然異なる。例えば，社内の複数個所で同じ情報を保有している場合は，秘密が漏洩した箇所における認識可能性が担保されていれば，当該箇所における秘密管理性要件は満たされるし（新指針13頁），委託先や子会社等の別法人と同一の情報を共有する場合は，原則として，別法人における秘密管理措置の有無は，保有者内の認識可能性（秘密管理性）の有無には影響しない（新指針14頁）。

　従来の営業秘密管理指針に対する批判としては，常に網羅的な秘密管理措置を講じない限り，秘密管理性が否定されるという誤解が生じがちというようなことが言われたが，当初の営業秘密管理指針には，その時期，いわば初期の競業避止義務違反的な顧客名簿関連の判決例が網羅的に盛り込まれていたということから，結果の相当性・妥当性を考えて裁判所が秘密管理性の要件を，いわばバッファにして判断していたのではないかという感もする。また，裁判は弁論主義の下で行われるので，被告側の代理人弁護士としては，原告が，営業秘密管理指針に詳細に整理された各判決例の秘密管理措置を網羅的に講じていなければ秘密管理性要件を充足しないという防御方法をとり，それが結果として先に述べたような判決においては秘密管理性基準が厳しいと言われることにつながったのかもしれない。

　ただし，今回は，単に営業秘密管理指針の書きぶりを整理しただけで，営業秘密該当性の要件である秘密管理性について法改正したわけではないので，これにより，裁判における法解釈が変わるというものではないが，今後の運用が注目される。なお，営業秘密の定義は民事も刑事も共通（同一）であり，秘密管理性要件の解釈も同様である[11]。

11）　山崎マザック事件判決（名古屋地方裁判所平成26年8月20日。平成24年（わ）第843号）では，検察官が公訴事実にあげた不正競争防止法21条1項3号ロの構成要件該当性について，「本件各ファイルが，不正競争防止法上の『営業秘密』に該当するか（秘密管理性及び有用性が認められるか）」ということを争点として，そのうちの秘密管理性についてまず一般論として，「秘密として管理されているといえるには，保有者が秘匿しようとする意思を有し，かつ，客観的にもその意思が明らかにされていることが必要であり，そのため，当該情報にアクセスできる者を限定するなど，合理的な管理方法が執られており，アクセスする者に当該情報が管理されている秘密情報であることの認識が可能であることを要する」と述べたうえで，社内の管理体制や被告人本人の言動など個別具体的な事実認定をしている。とくに，管理の厳格さには，グループリーダーの一人の怠慢などもあって，程度に差があったという事実認定をしたにもかかわらず，基本的には「個人所有の外部記憶媒体の使用禁止」の運用実態を認めて有罪認定したことは注目に値する。

3 平成27年改正不正競争防止法の概要

(1) 民事関係の改正項目

① 「営業秘密侵害物品」の悪意・重過失取得者による譲渡・輸出入等行為

(イ) 改正の趣旨

平成24年経済産業省調査によれば，企業の23.7％が「明らかに漏洩事例があった。」，16.2％が「おそらく情報流出があった。」と回答している[12]。また，経済産業省が平成26年に実施した別の調査では，85％の企業が「技術・のハウの漏洩リスクが高まっていると感じる。」と回答している[13]。しかし，営業秘密の被告による「使用行為」を立証・摘発することは容易ではなく，営業秘密侵害行為に対する抑止力を向上させるためには，営業秘密情報自体の使用行為（たとえば顧客名簿の使用）のみならず，実際に，盗まれた設計図を利用して製造された製品の流通をも禁止することにより，営業秘密侵害行為が割に合わない制度環境を構築する必要がある。

(ロ) 営業秘密侵害物品

改正法は新たな不正競争行為類型として，不正競争防止法2条1項の新10号に，「技術上の秘密について同法2条1項4号～9号の不正使用行為により生じた物」（「営業秘密侵害品」。たとえば秘密の組立技術を不正に盗用して製造された車など）を，譲渡，引渡し，譲渡若しくは引渡しのための展示，輸出，輸入および電気通信回線を通じた提供する行為（以下「譲渡・輸出入等行為」という）を追加して，差止請求や損害賠償請求の対象とするとともに，刑事罰の対象（新第21条第1項第9号）とした。

ただし，取引安全の観点から，不正使用行為により生じた物であることについて「当該物を譲り受けた時に善意無重過失である者」の譲渡・輸出入等行為は規制対象から除かれた（新第2条第1項第10条但書）。被告の悪意・重過失の立証責任は，請求原因事実として被害救済を求める原告側が負う。

なお，新2条1項10号の営業秘密侵害品の水際措置については，輸出入貨物が，(A)技術上の営業秘密を使用する不正競争行為により生じた物品か否か，お

---

[12] 経済産業省「平成24年 人材を通じた技術流出に関する調査研究」アンケート調査（回答約3000社）。ただし，「漏えいはない」と回答した企業の約3割は，漏洩防止措置を何らとっていないと回答しているため，そもそも，自社の営業秘密を把握いないために漏洩に気づいていない企業も多いとみられる。

[13] 平成26年度 経済産業省委託調査「営業秘密の保護のあり方に関するアンケート」（Web上で実施）。

よび，(B)輸出入者の悪意・重過失の有無を，両当事者からの弁明を聞きつつ，迅速・適正に判断・確認する仕組みが必要である。この点については，改正関税法（平成28年3月29日成立・6月1日施行）に基づき，経済産業省令「関税法第69条の4第1項の規定による経済産業大臣に対する意見の求めに係る申請手続等に関する規則」において関連手続が新設されている。

② 原告の立証負担の軽減

(イ) 改正の趣旨

日本の民事訴訟法には，米国のディスカバリー制度のような強力な証拠収集手続がなく，被告に偏在する証拠の収集は困難である。とくに，物の生産方法等の技術上の営業秘密の使用に関する営業秘密侵害訴訟においては，関連証拠の被告内部への偏在が顕著であるため，侵害事実の立証責任を負担する原告の立証負担は極めて重い。

民事訴訟法における証拠収集手続として文書提出命令制度が存在するが，後述する通り，実務における同制度の運用は謙抑的で，裁判所の訴訟指揮による任意の文書提出に委ねられる傾向にある。その理由として，探索的な申立てによる制度の濫用を防ぐ必要性，開示範囲の柔軟な調整（発令後に即時抗告が申し立てられた場合には抗告審の判断を待たなければならない等），訴訟期間の長期化を防止するなどの観点が挙げられているが，このような現状に対しては，現行の文書提出命令制度の有用性や実効性の限界を指摘する声もある。

こうした背景から，改正法は，証拠の被告偏在問題を解決し，営業秘密侵害訴訟における立証責任を公平に配分するため，原告の立証責任を軽減する推定規定を新設したものである。

新5条の2の推定規定は，「不正に若しくは悪意重過失で一定の営業秘密を取得した者には，当該営業秘密を使用する蓋然性・経験則が認められる。」という考え方に基づく。原告が，その技術情報の「被告による違法な取得行為」と「被告による当該技術と関連する事業実施」を立証した場合には，被告製品は「当該営業秘密を使用して生産等をしたもの」と推定され，被告が「当該技術を当該事業で使用していないこと」の立証責任を負う（立証責任の転換）。

(ロ) 推定規定の適用対象の限定

証拠の偏在問題の解決のためには，本来的には証拠収集手続の見直しを検討すべきである。また，営業秘密の場合は特に，制度設計にあたり，従業員の転職の自由，正当な企業活動を行う企業が意図しない情報コンタミネーション

（後述）により事業可能性を制約されるリスクや言いがかり的な濫訴の被告になるリスクについても，十分考慮しなければならない。

　こうした観点からは，改正法が新5条の2の推定規定の導入により，「使用行為」という営業秘密侵害の直接的な事実について，民事訴訟上の立証責任を転換する強力な手段を選択する以上，推定が及ぶ合理的な経験則の範囲及び原告と被告の立証負担の公平性等の観点から，その射程は謙抑的にならざるを得ない。

　すなわち，被告による営業秘密の不正使用が推定されるためには，原告は，(A)被告の不正取得（不正競争防止法2条1項4号）ないし取得時に不正取得や不正開示の介在について悪意重過失（同5号・8号）[14]，(B)原告の営業秘密が「生産方法」[15]または「政令指定の技術上の秘密」であること[16]，(C)原告の営業秘密と被告の生産物との間の関連性[17]の三点について立証責任を負う。これらに対する被告反論（秘密管理性要件など営業秘密非該当，被告の取得なし，取得時の善意無重過失，生産技術非該当，生産物との関連性なし等）は，反証として位置付けられる。

　なお，推定の前提事実である営業秘密を取得する行為が改正法の施行（平成28年1月1日）前にあった場合には推定規定は適用されない（改正法附則2条）。

　(ハ)　実務上の留意点

　以上の三点について原告が立証した場合には，被告による営業秘密の不正使用行為が推定される。この場合の被告は推定を覆すために，被告製品の具体的な製造工程や製造状況を開示するなどして，自己の不使用の事実について立証責任を負うことになる。

　審理においては，仮に原告の営業秘密を被告が不正取得したとの心証が得られ，使用の事実につき立証責任が被告側に転換された場合であっても，秘密保

---

[14]　4号・5号・8号以外の，7号（正当取得者の不正利用行為），6号または9号（正当取得後に不正取得・開示の介在について悪意重過失となった者の不正利用行為）については，推定規定は適用されない。

[15]　生産工程の効率化やコストカット技術を含む。

[16]　生産方法以外の分析方法などの技術上の営業秘密を推定の対象とするか否かは政令委任事項とされている。これも，被告の反証容易性の確保及び濫訴防止の観点から適用対象の限定を行ったものであり，今後，政令において新たな対象行為を指定するにあたっては，同様の観点が考慮されるべきであろう。

[17]　原告技術と明らかに無関係の製品について推定規定が濫用されないように設けられた。被告生産物の原告生産物との同一性は不要であるが，製品の機能，品質，コスト等，競合他社との差別化要因となり得る店において共通していることが要求される。

持契約や，秘密保持命令制度（法10条・11条）の適切な活用によって，被告側が適切な防御を行い得ることが極めて重要である[18]。他方，前記のとおり，本規定の適用範囲は条文の文言上も限定されており，営業秘密侵害訴訟における原告の立証の困難を軽減するためには，引き続き，現行の文書提出命令（民事訴訟法および不正競争防止法）の積極的な運用が期待されるとともに，証拠収集制度の見直しの検討が必要である（後述第4節参照）。

③ 除斥期間の延長

現行法は，営業秘密を巡る法律関係の早期安定化の観点から，民法の特則として，営業秘密侵害行為の差止請求権の除斥期間を10年に短縮（法15条）し，損害賠償請求の対象となる期間も，差止請求ができる期間内に制限している（法4条）。しかし，侵害時点から長期間経過後に事実が発覚し，その後も侵害行為が継続しているような場合でも被害者の救済を図る必要がある。

かかる観点からは，除斥期間を撤廃することも考えられるが，他方で，改正法において営業秘密侵害訴訟における原告側の立証責任が軽減されることを踏まえると，将来の訴訟リスクに備えた文書保存期間の長期化による企業（とくに中小企業）の負担増など，一足飛びに撤廃することにより生じうる影響を考慮する必要もある。

そこで，改正法では，除斥期間の撤廃はせず，民法の原則に戻って営業秘密を不正に使用する行為に対する侵害の停止又は予防を請求する権利については，その行為の開始のときから20年で消滅するものとされた（法15条）。

---

[18] なお，経済産業省が作成した不競法逐条解説（経済産業省知的財産政策室編著『逐条解説不正競争防止法 平成23・24年改正版』（有斐閣，2012年））においては，法6条の具体的態様明示義務に関して，「明示する内容に営業秘密が含まれている場合には，但書の「相当の理由」に該当」という記述があるが，これについては，平成16年の「裁判所法等の一部を改正する法律」により秘密保持命令制度が導入されたことを踏まえると，もはや営業秘密であることによりただちに「相当の理由」があると解すべきではないとの理由から，その旨が明確になるよう，同解説の平成27年改正版138頁脚注181において当該記述は修正された（www.meti.go.jp/policy/economy/chizai/chiteki/pdf/28chikujo/foll.pdf）。

(2) 刑事関係の改正項目
① 法定刑の引き上げ及び海外重課

> 個人：1千万円 → 2千万円【法21条1項】
> 　　　（海外重課3千万円）【法21条3項】
> 法人：3億円 → 5億円【法22条1項2号】
> 　　　（海外重課10億円）【法22条1項1号】

　改正法は，抑止力向上のため，罰金刑の引き上げを行った。ただし，懲役刑については，刑事法制全体のバランスの観点から慎重に検討されるべきであり，改正法においては引き上げられていない。

　また，改正法は，営業秘密侵害罪についていわゆる「海外重課」を採用し，営業秘密侵害に係る罰則のうち，日本国内において事業を行う事業者が保有する営業秘密を日本国外において不正に使用等する行為に対する罰則について，罰金額の上限を3千万円に引き上げ，法人処罰に係る罰金額の上限についても10億円に引き上げた【新第21条第3項および法第22条第1項第1号】。

　わが国企業の従業員が高額な報酬を受けて海外企業にわが国企業の営業秘密を開示した例も見られる中で，諸外国では，営業秘密に関する国外犯について原則よりも重い法定刑を設ける「海外重課」を導入している立法例も少なくない。海外での情報流出が発生した場合，わが国の産業競争力や雇用に対する悪影響が他の事案よりも大きく，また，司法救済が困難になる[19]。こうした事情に鑑み，改正法では，海外企業による我が国企業の営業秘密を不正取得・使用する行為に対する抑止力を引き上げる観点から，海外重課を行うこととしたものである。

② 営業秘密の転得者処罰

　現行法は，共犯の範囲拡大（限界不明確）の懸念から，刑事処罰の対象を，営業秘密の不正取得者（一次取得者）および当該一次取得者から直接に当該営業秘密を不正に取得した二次取得者による使用・開示に限定しており，不正取得者本人以外の者から営業秘密を不正に取得した者は刑事処罰対象外である。

---

19) ただし，営業秘密侵害罪の懲役刑については海外重課の対象外とされた。なお，わが国刑法において，救済の困難性から海外重課を行っている例として，誘拐罪（原則：1年以上10年以下，所在国外移送目的略取誘拐罪（刑法226条）：2年以上有期懲役），人身売買罪（原則：3月以上5年以下，所在国外移送目的人身売買罪（刑法226条の2）：2年以上の有期懲役）が存在する。

しかし，現代では，高機能の携帯情報通信端末の普及，営業秘密の不正取得・利用形態の多様化やサイバー空間の拡大等により，不正取得された営業秘密が転々流通し，不正に使用される危険性が上昇している。たとえば，ベネッセにおける個人情報漏えい事案においては，犯人は，個人所有のスマートフォンによって約3504万件の個人情報を保存していた旨報道されている。また，諸外国においては，二次取得者とそれ以降の取得者とで，取扱いを変えている例は見当たらない。なお，日本の刑法でも有体物については，盗品等譲受け罪（刑法256条）において，盗品等を譲り受けた者は，三次以降の取得者であっても，処罰対象となっている。

以上の事情に鑑み，改正法では，転々流通した企業情報の転得者について，不正取得者本人からの直接の取得に限らず，三次以降の取得者であっても，(A)不正の利益を得る目的で，又は営業秘密を保有する事業者に損害を加える目的で，(B)営業秘密の不正開示が存在したことを「知って当該営業秘密を取得」して，(C)その営業秘密を使用し，又は開示した者を，罰則の対象とした【新第21条第1項第8号】。

③ 営業秘密侵害物品の悪意重過失取得者による譲渡・輸出入等行為の処罰

改正法は，新2条1項10号として追加された不正競争行為（上記2参照）を，不正の利益を得る目的で，又はその保有者に損害を加える目的でなした者を，罰則の対象とした【新第21条第1項第9号】。

④ 未遂処罰

営業秘密侵害について，その未遂行為を罰則の対象とした【新21条4項】。

改正の必要性としては，基幹技術をはじめとする営業秘密が持つ重要性が増大する中で，サイバー攻撃など情報を不正取得するための技術が著しく高度化しており，いったん先取されれば直ちに拡散することが容易であり，未遂行為の段階で法益侵害の蓋然性が増大していることが挙げられている。

⑤ 非親告罪化

改正前の法21条1項（営業秘密侵害罪）および2項第6号の罪（秘密保持命令違反）はすべて，告訴がなければ控訴を提起することができなかった（親告罪）。

従来，営業秘密侵害罪が親告罪とされていたのは，刑事訴訟の過程において営業秘密が漏えいし，被害企業の被害が拡大する可能性に鑑みたものであった。しかし，この点については，平成23年改正において秘密を守ったまま刑事的救済を受けられるように，営業秘密侵害罪に係る刑事裁判において営業秘密を保

護するための刑事訴訟手続の特例（秘匿決定（法23条）や公判期日外の証人尋問（法26条）等）が設けられている。

一方で，近年，個人情報や共同開発の場合など，営業秘密の保有者と，営業秘密漏えいによる被害者が必ずしも重なり合わず，漏えいの被害が一企業に留まらないケースが多く発生しており，公益的な観点からの営業秘密保護の重要性が増加している。また，産業界からは，取引上の力関係から，取引先による営業秘密の不正な使用等について告訴することは現実的には困難であるとの指摘もある。

そこで，改正法の新21条第5項は，営業秘密侵害罪についてはすべて非親告罪としたものである【新21条第5項】。

⑥ 国外不正取得の処罰

改正前の処罰対象は「日本国内において管理されていた営業秘密」の国外における「使用・開示」行為のみ（法21条4項）であった。そのため，海外サーバからの営業秘密の取得のような，国外における「取得・領得」行為は，国外犯処罰の対象外であるとともに，国内犯としても処罰対象となるか不明確であるとされていた[20]。

改正法においては，従前の「日本国内において管理されていた営業秘密」の文言を削除し，「日本国内において事業を行う事業者が保有する営業秘密」について，これを日本国外において不正に取得・領得する行為等を，刑事罰の対象とした【新21条第6項】。

⑦ 犯罪収益の没収等

近年，国内外で発生した基幹技術に関する営業秘密の不正取得事例においては，不正取得者は数億円の対価を受け取り，また，被害企業は1,000億円規模の損害の賠償を請求している。

また，特許などの知的財産権とは異なり，営業秘密は漏えいによって価値が喪失する危険性が高く，いったん漏えいしてしまうと，被害の回復は極めて困

---

[20] 改正前の「日本国内において管理」とは，営業秘密たる情報の価値を維持，利用に供するための管理行為（当該情報に関するアクセス権限の設定，管理方法の決定等）の全部又は一部が国内において行われる場合をいうものと考えられており，同法においても，国内サーバに保管されている営業秘密について，インターネット等を利用して窃取する行為は，行為自体が国内で行われている場合であっても通常は国内犯になるものと考えられるが，クラウドサービスを利用して管理されている営業秘密や海外サーバに保管されている営業秘密を，海外から窃取する行為や海外に駐在・出張する社員からの窃取等については同法の処罰対象となるか明らかではないといわれている。

難である。

　したがって，抑止力の確保は重要な課題であり，そのためには，営業秘密侵害の行為者に「やり得」を許さない，個人，法人に対する犯罪収益没収が効果的であるといわれている。

　そこで，改正法は，抑止力向上の観点から，営業秘密侵害によって得た犯罪収益を個人及びその所属する法人の双方から没収できることとし【法21条新10項〜12項】，これに関する手続きを整備した【第7章〜第9章】[21]。

第7章　没収に関する手続等の特例（第32条—第34条）
第8章　保全手続（第35条，第36条）
第9章　没収及び追徴の裁判の執行及び保全についての国際共助手続等（第37条—第40条）

4　秘密情報の保護ハンドブック

　経済産業省は，平成28年2月，「秘密情報の保護ハンドブック 〜企業価値向上に向けて〜」を策定した[22]。同ハンドブックでは，守るべき情報の特定，人事労務，法務，総務，情報セキュリティなど平時における窃取動向を踏まえた多角的な対策，組織体制，漏えい時の刑事・民事の対応策，防衛策，各種規程・契約等のひな形等が盛り込まれている。また，独立行政法人工業所有権館（INPIT）では，営業秘密・知的財産戦略相談窓口（営業秘密110番）や各種セミナーも全国で開催しており弁護士知財ネットも協力している[23]。

---

21)　必要的没収規定を置いている刑罰の事例として，金融商品取引法（198条の2：不公正取引等により得た財産等を没収）などが存在する。改正法21条11項では没収について組織的犯罪処罰法14条（犯罪収益等が混和した財産の没収等）および15条（没収の要件等）等を準用している。
22)　http://www.meti.go.jp/policy/economy/chizai/chiteki/pdf/handbook/full.pdf　なお，同ハンドブックのタイトルについては冒頭で【本書では，営業秘密として法的保護を受けられる水準を越えて，秘密情報の漏えいを未然に防止するための対策を講じたい企業の方々にも参考としていただけるよう，様々な対策例を集めて紹介しました。したがって，各社の事業規模や取り扱う情報の性質な どに応じて取捨選択し，情報漏えいの防止に取り組んでいただきたいと考えます。このような見地から，本書では「営業秘密」という言葉ではなく，より広い意味として「秘密情報」という言葉を用いています。】と注記されている。
23)　http://www.inpit.go.jp/katsuyo/tradesecret/madoguchi.html

5 大学における秘密情報の保護ハンドブック

　上記の指針や「秘密情報の保護ハンドブック」は主に企業を念頭においたものであり，大学においても，事務部門における情報管理を対象とする場合であればそのまま適用可能な内容が多い。特に，同ハンドブックの5－2「(2)共同・受託研究開発」では共同・受託研究開発における他者の秘密情報の侵害を防止するための考え方について説明しており，ここに示された内容は大学においてもそのまま適用できる。

　他方，同ハンドブックには，大学と雇用関係にない学生等が企業との共同研究に参加し，秘密情報として保護する必要がある情報（当該企業の秘密情報，研究に関する情報，研究活動の成果等）に触れる可能性がある場合における対策などの，大学特有の事情に配慮した記載がないことから，経済産業省は，新たに「大学における秘密情報の保護ハンドブック」（全部改訂：平成28年10月）を策定している[24]。

第4節　民事訴訟における証拠収集制度の現状と見直し議論

1　現行の証拠収集制度

　証拠収集制度に関する議論は，証拠の偏在問題と被告の営業秘密の保護との利益衡量問題である。証拠の偏在は，工場内の製造方法，市場で入手困難な製品（大型工作機械や携帯電話の基地局）や，市場で製品からはソースコードの解析がなければ特許発明に対応する構成の分析ができない製品において顕著である。他方，被告の営業秘密を原告の濫用的な証拠収集から守る必要もある。

　わが国には，欧米各国のようなディスカバリー制度や査察制度はないが，従来から，証拠保全の申立てや鑑定請求等の制度が存在し，特に，平成11年特許法改正においては，特許権侵害立証の困難性が大問題となり，これを救済するために，積極否認の特則を新設して，被告製品・方法の態様について否認するときは，被告に具体的積極的に被告製品・方法の態様を明示する義務を課した（特許法104条の2。不正競争防止6条）。ただし，この義務は努力義務であって，従わなくても証拠提出責任もなく，真実擬制効果もない。

　また，民事訴訟法の文書提出命令（民事訴訟法220～224条）において，提出

---

[24]　http://www.meti.go.jp/policy/innovation_corp/himitsujoho.html

を拒絶しうる220条4号イ～ホの事由に該当しないことは申立人の立証責任であるが、同改正においては、その特則としての書類提出命令（特許法105条、不正競争防止7条）において、「侵害行為」を立証するために必要な書類の提出について追加規定をして特許権者の保護を図るとともに、提出を拒絶しうる「正当な理由」は文書の所持人（すなわち申立ての相手方）の立証責任とし、営業秘密等を理由として提出を拒むときには、裁判官のみが文書を見て提出義務の有無を判断する続きであるインカメラ手続が導入されている。

2 文書提出命令の発令の現状

上記のとおり、侵害立証の困難性を解消するため、民事訴訟法の文書提出命令の特則として、平成11年改正により特許法105条において、平成5年改正により不正競争防止法7条1項において、侵害立証に必要な書類の提出も命じることができる旨が定められている。

しかし、証拠調べの「必要性」の判断は、証拠の採否判断として裁判所の裁量に委ねられており（民事訴訟法181条。改正前の大阪地裁昭和59年4月26日判決（判タ536号341頁参照））、実務上、侵害立証のために文書提出命令の申立てをしても、発令は稀である。

たとえば、「FOMA事件判決」（東京地裁（民事46部長谷川部長）平成26年12月25日特許権侵害損害賠償債務不存在確認事件判決[25]）の被告（特許権者）が原告（被疑侵害者）に対して特許法105条1項に基づく書類提出命令の申立てをしたが、裁判所は、判決において被告が特許権侵害主張をする以上、侵害の存在は被告の立証事項であり、被告の応訴態度は、原告方法において被告の予備的主張にかかる事実が存在しないことを知りながら探索的に書類提出命令を申立てたのであるから、証拠調べの必要性を欠く旨を述べている。

これに対して、「新日鐵・ポスコ事件」（東京地裁（民事47部沖中部長）平成27年7月27日裁判所ウェブサイト）は、証拠調べの必要性があるというためには、被告の営業秘密の模索が許されないことや真実擬制の制裁（民事訴訟法224条）の存在に鑑みて、侵害の合理的疑いが一応認められることが必要であるとし、本件では、被告による原告の営業秘密の不正取得および不正使用の合理的疑いが一応認められるとして、書類提出命令（不正競争防止法7条1項）の発令を認

---

[25] 東京地方裁判所平成24年（ワ）第11459号
http://www.courts.go.jp/app/files/hanrei_jp/146/086146_hanrei.pdf

めた。上記のとおり，平成27年7月3日成立の改正不正競争防止法5条の2の推定規定（立証責任の転換）は，「不正に若しくは悪意重過失で一定の営業秘密を取得した者には，当該営業秘密を使用する蓋然性・経験則が認められる。」という考え方に基づく。同月27日の本判決の必要性判断は，5条の2の適用外であるが，立法の基礎となった経験則（前記第3節3(1)②(イ)参照）によるものといえよう。

他方，「FOMA事件控訴審判決」（知財高裁2部清水部長）平成28年3月28日特許権に基づく損害賠償請求権不存在確認等請求控訴事件判決[26]）は，被告による書類提出命令の申立て（特許法105条）において，特にソースコードの開示が争点であったところ，裁判所は，まず，証拠調べの必要性の程度は，濫用的・探索的申立ての疑いが払しょくされる程度であり，<u>本件では証拠調べの必要性自体は否定できない</u>と判断したうえで，被申立人による提出拒絶の正当理由について，比較衡量，侵害立証上の有用性の程度を検討するため，インカメラ審理を採用し，その結果，<u>証拠としての必要性よりも秘密保護の程度が高いもの</u>として，被告による書類提出命令の申立て（特許法105条）を口頭弁論終結期日において却下した。侵害立証についてインカメラ審理に進んだことは評価されるが，一般にソースコードについて秘密保護の必要性が高いことは自明とも言え，インカメラ審理をしながら秘密保護の程度が高いことを理由に書類提出命令の申立てを却下するのは違和感がある。本件は，当該証拠に侵害立証上の有用性がないと判断されたのかもしれないが，一般論としては，証拠調べの一応の必要性が認められるなら，秘密保護の必要性が高くても，秘密保持命令と共に書類提出命令を発令する方が，侵害立証の積極化の趣旨に合うのではないか，という素朴な疑問は否めない。

直近では「神獄のヴァルハラゲート事件」において平成28年8月8日付けで文書提出命令を認める決定がなされた（知財高裁第1部設楽裁判長。平成28年(ウ)第10038号文書提出命令申立事件（基本事件・平成28年(ネ)第10036号，同第10062号[27]）。本件申立ては，チャットワークと言われるコミュニケーションツール上でなされた相手方内部の情報共有の内容を記載したログ（本件文書）につい

---

26) 平成27年(ネ)第10029号
http://www.ip.courts.go.jp/app/files/hanrei_jp/928/085928_hanrei.pdf
27) 裁判所ウェブサイト
http://www.ip.courts.go.jp/app/files/hanrei_jp/116/086116_hanrei.pdf

て，申立人が当該ゲーム開発に創作的に関与し，寄与（貢献）割合が6割を下らないと等を「証すべき事実」とするものである。裁判所は，まず，①もともと，申立人が対象であるチャットグループの記録の利用関係において所持者である相手方と同一視することができる立場にあり[28]，本件文書の申立人への開示により相手方従業員のプライバシー侵害等のおそれはないこと，②申立人およびその代理人弁護士が相手方に対して訴訟追行以外に使用しない旨の秘密保持誓約書を提出しており，③当事者以外の閲覧制限が可能である（民事訴訟法92条）から，本件文書の開示によって相手方に看過しがたい不利益が生ずる恐れはない，という「特段の事情」が認められるため，本件文書は「専ら文書の所持者の利用に供するための文書」（民事訴訟法220条4号）に該当しないと判断し，本件文書は基本事件の争点に関する証拠であるから，証拠調べの必要性があると認めた。同事件は，前記の特許法等における特則の適用がない事案であるが，秘密保持が担保されれば開示によって相手方に看過しがたい不利益が生ずる恐れはないとして，証拠調べの必要性を認めて提出命令を出すという考え方の方向性は，現在の議論に対する一つの解であろう。

3　制度改革を巡る議論
(1)　議論の経緯

前記の平成27年改正法に関する審議会において，筆者は，証拠の偏在問題の解決は，本来的には証拠収集手続の見直しとして検討すべきであり，たとえば不正競争防止法6条の具体的態様を否認する場合の明示義務への証拠提出責任の追加や義務違反への制裁規定の導入，または7条の書類提出における文書の特定を緩和などの改正の方向性もあるのではないかと主張してきたが，上記のとおり，5条の2の推定規定の導入によることが選択され，残る問題は，知的財産戦略本部の知的財産戦略本部（知財紛争処理システム検討委員会のタスクフォース[29]）における知的財産訴訟における証拠収集制度の改革についての議論に委ねられた[30]。同タスクフォース委員であった大野聖二弁護士により，具体的な制度提案もなされている（ジュリスト1485号35頁2015年10月1日発行「証

---

28) 最高裁平成11年（許）第35号同12年12月14日第一小法廷決定・民集54巻9号2709頁参照。
29) https://www.kantei.go.jp/jp/singi/titeki2/tyousakai/kensho_hyoka_kikaku/2016/syori_system/dai1/gijisidai.html

拠収集手続の強化・権利の安定性（無効の抗弁）に関する立法の動向」）。

　米国のディスカバリー制度の弊害は日本企業も経験しているところであるが，知的財産戦略本部では，フランス型の証拠保全（SAISIE-CONTREFAÇON），ドイツの査察制度，イギリスのディスクロージャー等の諸外国の制度も検討された。平成28年3月の同本部報告書[31]において，訴え提起後の証拠収集手続について論点と意見（9～16頁参照）をまとめた。2016年9月23日にパリで開催された証拠収集制度をテーマとする4カ国（英独仏日）特許模擬裁判においては各国の証拠収集制度の具体的運用が比較された[32]。現在は，産業構造審議会知的財産分科会特許制度小委員会において，今年度中に一定の結論を得るべく，議論を継続している。

(2) **主な論点**

　前掲の知財戦略本部報告書では，ディスカバリー制度のような当事者間の証拠開示義務付けの導入は検討せず，提訴後査察制度については，四つの課題への対応策及び実効性確保の方策を含め，具体的に検討することとしている。また，現行の書類提出命令の見直しについては，文書の特定要件及び発令の「必要性」疎明要件の緩和については当面は適切な運用に期待するとし[33]，書類提出命令の申立ての却下の明示については決定が黙示的に行えることは最判昭和43年2月1日で確立しており，柔軟な訴訟指揮により解決可能としている。

　さらに，秘密保持命令についても，報告書では，第三者の専門家や代理人にのみ書類開示（outside counsel only）の是非について引き続き検討する，書類提出命令の発令に合わせて当事者の申立てによらずに秘密保持命令が発令できるようにすることについては，書類提出命令が初永されやすくなり，営業秘密の保護に配慮しながら，証拠取集手続きの実効性を確保することが期待されるため，経済合理性，利用者の視点等に照らして，意義があると考えられるため，

---

30)　「知財紛争処理タスクフォース報告書」（平成27年5月28日）
　　http://www.kantei.go.jp/jp/singi/titeki2/tyousakai/kensho_hyoka_kikaku/2015/dai13/siryou2.pdf

31)　http://www.kantei.go.jp/jp/singi/titeki2/tyousakai/kensho_hyoka_kikaku/2016/syori_system/hokokusho2.pdf

32)　欧州特許法律家協会（EPLAW），日本弁護士連合会，弁護士知財ネット，特許庁共催。

33)　注29）の知財戦略本部報告書12頁「（a2）書類提出命令の発令要件の見直し（侵害の可能性が否定できない程度で書類提出命令を発することが可能な制度）について」では，「したがって，基本的には，柔軟な訴訟指揮により，両当事者にとって納得感のある十分な証拠収集の実現に向けた運用が可能であると考えられ，当面は適切な運用に期待することが適当である。」

その導入について，名宛人を決める仕組み等の課題を含めて具体的に検討を進めるとしている。

これに関して，前掲大野案は現行の書類提出命令及び秘密保持命令の見直しについて以下のような具体的提案をしている。

論点1．具体的態様の明示義務（特許法104条の2）については，「～否認するときは，相手方は，自己の行為の具体的態様を明らかにするとともに，これを証する証拠を提出しなければならない。」として，現行但書の「相手方において明らかにすることができない相当の理由あるときはこの限りではない」を削除という，証拠の提出義務を定める条文案を提案している。

論点2．書類提出命令等（特許法105条）については，現行の特許法105条1項の「必要な」書類の提出を命ずることが「できる」を，「関連する一切の」書類の提出を命じ「なければならないものとする。」として，特定要件と必要性疎明要件を撤廃し，また，特許法105条1項但書について現行の「提出を拒むことについて正当な理由があるときは，この限りではない。」を削除し，「ただし，その書類の所持者において当該書類に営業秘密が含まれていることの疎明があった場合には，裁判所は営業秘密の保護に必要な措置を講じなければならない。」とすることを提案している。

論点3．秘密保持命令（特許法105条の4）については，特許法105条の4に「裁判所は，本条第1項の命令を発する場合に，当該営業秘密が高度な重要性を有することにつき疎明があった場合には，当事者の申立てにより，決定で名宛人を訴訟代理人，補佐人又は私的鑑定人に限定しなければならない。」の条文を加えるとしている。

(3) 私　見

2017年開始予定の欧州統一特許裁判所での証拠収集手続について，英独仏それぞれが自国制度のよさをアピールして，熱い議論を繰り広げてた。その場合の考え方を端的に要約すると，「秘密を理由として証拠提出を拒めないようにしよう」という要請と，「秘密情報を得るために証拠保全を濫用させないようにしよう」という要請のバランスをとるためには，「秘密保持義務を負う特定の者のみに，収集した証拠へのアクセスを許す制度がよい。」というものであると考える。

秘密保持義務については，我が国でも秘密保持命令制度（特許法105条の4，不正競争防止10～12条）が設けられているが活用されているとは言いがたい。

インカメラ手続きにおいて，裁判所は裁量により書類提出等を申立てた当事者等，訴訟代理人または補佐人にも開示して意見を求めることができる（特許法105条3項，不正競争防止7条3項）。この場合は，裁判所は，秘密保持命令との併用を想定しているが，提出を申立てた当事者等も開示の対象者（秘密保持命令の名宛人）となり，いわゆる outside counsel only の保証がないことや，私的鑑定人は対象者になれないこと，逆に開示を受けた者にはコンタミリスクが生じる等の問題が指摘されている。証拠収集制度の見直しにおいては，大野案の論点2，3のように，併せて秘密保持命令制度も見直すことが必要であろう。

第5節　情報財を巡る契約交渉と社内体制の高度化

以上，第2節〜第4節において，IoT時代の情報財（営業秘密を含む）の利用に関する課題と現状の対応について，概観した。目まぐるしい技術の進歩に伴い，IoTやSociety5.0などのキーワード（バズワードという人もいる）も，本稿の出版時点では陳腐化しているかもしれないが，実務的には，まずは各自が，「情報財」を巡る契約交渉と社内体制の高度化を図ることが必要であろう。

いうまでもなく，IoT時代においては，インターネットを通じて，「他者との繋がり」が飛躍的に増える。営業秘密に関する前記の「秘密情報の保護ハンドブック」の「第5章　他社の秘密情報に係る紛争への備え」において示すように，自らの情報を保護する場面と，意図しない外部秘密情報が自社情報に混入する「情報コンタミリスク」を避ける場面の，両面の取り組みが必要である。前者については，大企業には大企業ゆえの難しさもあるが，特に，まだ自らの営業秘密や価値ある情報の存在にすら気づいていない生産者，中小企業や大学・研究機関などにおける情報管理・保護体制づくりのサポートが必要である。

また，後者のコンタミリスクについての取組みも看過してはならない。例えば，日常的な企業間取引や従業員採用の結果，ある日突然，訴訟を提訴され，自社の事業の方向性自体が制約されてしまう恐れもある。平成27年法改正の議論では，とくに推定規定の導入など原告の立場が優先されたように感じるが，被告の立場になったときのコンタミリスクの問題も考える必要がある。国際的にも，特許における独占と競争制限のバランスの問題と同様，営業秘密の保護による市場の競争制限の問題や，国際的な人材流動との調和といった保護のバランス問題について議論されている。

IoT時代のイノベーションにおいては，オープンとクローズを戦略的にデザインすることが必要である。また，IoT時代「他者との繋がり」における紛争を予防し，効果的・安定的な事業戦略を可能にすることも必要である。そのために，事業目的に照らした手段として漏れのない「契約」の立案と交渉が益々重要になっている。例えば，企業買収，共同研究開発契約，委託契約，秘密保持契約，サービス提供契約等のあらゆる契約において，知的財産権のみならず，情報財を意識した条項を戦略的に盛り込む契約の作りこみが，事業を計画する段階から必要である。

　こうした取り組みは，いずれも基本的に民間ベースで進められるべきものであるが，国の役割としては，オープン＆クローズ戦略に資する契約書作成に関する考え方を整理して選択肢を示すことにより，迅速な合意形成をはかったり，データ創出に寄与した者によるデータの利活用権限の主張を公平に認めるデータオーナシップや，分散・点在する自身のデータに対する自身のニーズに応じた集約・移行が可能となるデータポータビリティの仕組みを検討すべきである。そのためには，まずは分散WGに関して上述したような，公共性の高い（私企業独占になじまない）分野のナショナル・データ・ベース（NDB）について，切り分けや加工の可能性も検討し，守秘義務を課した上で，共用（利活用）可能の範囲を定めるユースケースを示すことから始めるべきであろう。

人工知能における学習成果の
営業秘密としての保護

奥邨　弘司

第1節　はじめに
第2節　人工知能・機械学習・深層学習
第3節　学習成果とその保護
第4節　営業秘密としての保護
第5節　利点と限界
第6節　結　び

第1節　はじめに

　現在，人工知能技術が急速な進歩を遂げている。本稿執筆の半年ほど前には，Google 社の開発した人工知能「Alpha Go」が，韓国のトップ棋士を破ったニュースが，驚きを持って世界中を駆け巡った[1]。また，現在，大手企業が業種の垣根を越えて開発競争を繰り広げている自動運転技術の核になるのも人工知能である[2]。さらに，エンタテインメントの分野でも，人工知能に小説を書かせる試みや[3]，音楽を作曲させる試みが進められている[4]。

　ところで，過去を振り返れば，技術開発が急速に進む分野では，その結果，矢継ぎ早に生み出されるものを，知的財産権によって如何に保護するかという問題が常に生じてきた。コンピュータプログラムしかり。遺伝子技術しかり。当然，これから，人工知能に関しても様々な議論がなされることだろう。

　そこで，本稿では，今後の議論に先駆け，人工知能に関連して，その学習成

---

1) ITmedia ニュース「Alpha Go，4勝1敗で勝ち越し最終局も李氏に勝利」http://www.itmedia.co.jp/news/articles/1603/15/news143.html 参照。
2) たとえば，@IT「人工知能の歴史と，グーグルの自動運転車が事故を起こさないためにしていること」http://www.atmarkit.co.jp/ait/articles/1512/09/news021.html 参照。
3) 公立はこだて未来大学社会連携センター「きまぐれ人工知能プロジェクト　作家ですのよ」http://www.fun.ac.jp/~kimagure_ai/ 参照。
4) ITmedia ニュース「AI作曲の"ビートルズ風"新曲，Sony CSL が公開（けっこうそれなり）」http://www.itmedia.co.jp/news/articles/1609/23/news059.html 参照。

果を営業秘密として保護することの可能性と限界について検討してみたい。

第2節　人工知能・機械学習・深層学習[5]

　検討を進める上で必要となる，技術的な概念について，簡単に紹介しておきたい。

　そもそも人工知能とは何か。この点，技術的にはより精緻な定義が存在するであろうが，人工知能技術について論じることを目的とするわけではない本稿においては，簡単な定義を紹介したい。すなわち，人工知能とは「人間を含む生物が行っている様々な問題解決を自動的に行えるようにしたプログラム[6]」のことを指す。

　もっとも，一口に人工知能といっても，人間と同じようなレベルを目指す「強い人工知能」と，人間の知能を参考にするレベルの「弱い人工知能」の2種類が存在する[7]。現状，人工知能と呼ばれているものは，後者に分類される。

　人工知能に問題解決（推論とも呼ばれる）を行わせるためには，人間の場合がそうであるように，前提として，学習が必要となる【図1参照】。

　人工知能による学習は，機械学習と呼ばれるが，機械学習の概要は，つぎのようになる[8]。たとえば，写真を入力して，そこに写っているのがどんな動物かを答えさせる場合を考えたい。この場合，まず，大量の動物の写真を用意す

5）　以降の記述のうち，機械学習および人工知能の技術的側面については，Caffe 公式 web サイト http://caffe.berkeleyvision.org/，白井祐典「いまさら聞けない Deep Learning 超入門(2) Caffe で画像解析を始めるための基礎知識とインストール，基本的な使い方」http://www.atmarkit.co.jp/ait/articles/1511/09/news008.html，中山英樹「Deep Learning と画像認識〜歴史・理論・実践〜」http://www.slideshare.net/nlab_utokyo/deep-learning-40959442，shi3z の長文日記「オートエンコーダが出力した特徴空間を VR 空間で立体化してみる」http://d.hatena.ne.jp/shi3z/20160627/1466977241，at_grandpa「機械学習プロフェッショナルシリーズ輪読会 #2 Chapter 5『自己符号化器』資料」http://www.slideshare.net/at_grandpa/chapter5-50042838?next_slideshow=1 を参考にして，筆者なりの理解でまとめたものである。技術分野は門外漢のため，各参考資料の内容を正確に理解できていない部分があるかもしれず，その点はご容赦願いたい。

6）　ホンダ・リサーチ・インスティテュート・ジャパン「What's AI　人工知能Q＆A」http://www.jp.honda-ri.com/ai/faq/01.html

7）　人工知能学会「人工知能って何？」http://www.ai-gakkai.or.jp/whatsai/AIwhats.html 参照。

8）　詳しくは，奥邨弘司「著作権法≫ THE NEXT GENERATION 〜著作権法の世界の特異点は近いか？〜」コピライト666号4〜5頁（2016年）参照。

図1 人工知能（学習と識別）

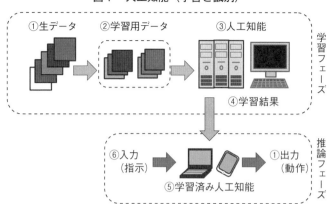

る必要がある。そして，用意した写真に，それぞれどの動物を撮影したものかを示すラベル・データを付し（例：犬の写真には「犬」，熊の写真には「熊」，鳥の写真には「鳥」のラベル・データを付す），その後，人工知能に入力する（＝学習させる）。この学習を経た人工知能は，与えられた写真が，犬の写真なのか，熊の写真なのか，それとも鳥の写真なのか識別がつくようになる。結果，先述の学習時に用いられた一連の写真（一般には学習用データと呼ばれる）には含まれていなかった，いわば初見の写真を人工知能に入力しても，それが，どの動物を撮影した写真なのか，人工知能は回答することが可能となる。

学習には，大きく分けて二つのタイプがある。一つは，対象物のどういった特徴に注目すべきかを人間が人工知能に指示するものである。たとえば，動物を見分ける際には，「脚の数」「羽の有無」に注目すべきと指示するようなイメージである。従来までの機械学習は，概ねこのタイプだったとされる。

一方，どういった特徴に注目すべきかを人間が指示せず，人工知能が自らそれを見つけ出すタイプの機械学習も存在する。現在，技術が急速に進歩して注目を集めている深層学習（ディープ・ラーニング）は，このタイプの機械学習の一例である。

深層学習は，イメージ的には，幼児にものを教えるのとよく似ている[9]。例えば，幼児に鳥の見分け方を教えるとき，「羽根とくちばしがあって足が2本

---

9) 奥邨・前掲注8) 6頁参照。

なのは鳥」と教えることはしない。幼児にそのようなことを教えなくとも、普通は、多数の鳥の写真を見せているうちに、自然と鳥の見分け方を身につける。もちろん正しい見分け方を身につけるまでは、試行錯誤（学習）を繰り返さなければならない。

　深層学習は脳細胞の情報処理を模したアルゴリズムであるニューラル・ネットワークによって実現される。われわれの脳は、脳細胞同士がつながることによってネットワークを構築し、さまざまな情報処理を行っているが、それをコンピュータ上（一般的にはソフトウェア上）で模倣するのがニューラル・ネットワークである。【図2】の左下がその模式図であり、○はニューロンを示している。各○（各ニューロン）は、次の段階のニューロンのすべてと結びついている（図では、結びつきを→で表している）。

図2　深層学習（ディープ・ラーニング）

脳細胞の情報処理を模したアルゴリズムであるニューラル・ネットワークの一形態

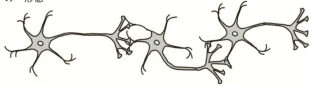

脳細胞同士がつながることによって、ネットワークを構築する。

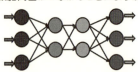

入力層　隠された層　出力層

各ニューロン（○）には個性があり入力信号への反応は様々。求める出力が得られるように、学習により、ニューロン間の結びつき（→）の太さ（重み）を変化させる。

　入力に対して求める答えが得られるように、このニューロン間の結びつきの太さ（実際には重み）を調整するのが、深層学習における学習となる。例えば、学習前の人工知能は、犬の写真を入力しても、「熊」などと間違って答えるが、正しく「犬」と答えるまで、ニューロン同士の結びつきの微調整を図っていくのが学習に当たる。このため、深層学習の場合、大量のデータを何度も何度も試行錯誤しなければ学習の精度は向上せず、結果、学習に用いるコンピュータは高速、高処理能力のあるものが必要となる。

第3節　学習成果とその保護

　人工知能と知的財産権の関係というと，一般には，人工知能が生み出すコンテンツの問題に関心が寄せられることが多い[10]。たとえば，人工知能が小説を生み出したり，音楽を生み出したり，絵画を生み出したりした場合，果たしてそれは知的財産権によって保護されるのか，そもそも保護されるべきかという問題などである。

　しかしながら，人工知能がコンテンツを生み出すことができるのは，その前提として，人工知能が，コンテンツの生み出し方を学習しているからに他ならない。とすると，仮に人工知能が生み出したコンテンツを知的財産権で保護すべきとするならば，その前提となるものも，同等以上に保護すべきということになるはずだろう。

　別の視点からも考えてみよう。

　コンピュータが一般社会に身近になった頃，従来の機械とコンピュータとの違いとして喧伝されたのは，コンピュータの場合ハードウェア以上にソフトウェアが重要であるという点だった。キャッチフレーズ的にいえば，「コンピュータ，ソフトなければただの箱[11]」である旨が強調された。

　実は，これと似たようなことが，人工知能についてもいえる。人工知能は，コンピュータと（人工知能アルゴリズムを実装した）ソフトウェアの組み合わせで構成される。この点は，通常のコンピュータとソフトウェアの組み合わせの場合と同様である。しかし人工知能が異なるのは，学習させなければ，十分に機能しないというところだろう。すなわち人工知能は，学習をさせないと，ただの箱なのである。

　もっとも，これは別段特別なことではないかもしれない。例えば，我々人間も，どれだけ優れた素質や才能に恵まれていても，学習（スポーツならば練習）をしなければ，素質や才能を開花させることはできないが，それと同じことといえる。ただ，ここで注目すべきは，人間の場合は，ある個人が学習で学んだ

---

10)　たとえば，知的財産本部『次世代知財システム検討委員会報告書』（2016）http://www.kantei.go.jp/jp/singi/titeki2/tyousakai/kensho_hyoka_kikaku/2016/jisedai_tizai/hokokusho.pdf 参照。

11)　人口に膾炙した表現であるが，詠み人は定かではない。

成果を，他の個人に直接「移植」できない（学習成果は，脳細胞同士の結びつきの形で存在するため，そもそもそれを取り出すことができない）のに対して，人工知能の場合は，ある人工知能が学習した成果を別の人工知能に直接「移植」することが可能であるという点にある[12]。そして，学習成果が，このように「移植」可能なのだとすると，その保護は，重要な課題となってくる。

具体的に考えてみよう。昨今，開発競争が過熱している自動車の自動運転技術が人工知能によって実現されている場合を例として思い浮かべてもらいたい。

自動車に人工知能が搭載されているといっても，我々一般ユーザーが，自動車の人工知能に一から運転技術を教えることはない。人工知能に，自動運転に必要な学習を施すのは，自動車メーカーの役割であり，一般ユーザーは，メーカーの手によって学習を終えた自動車を購入することになる[13]。お陰で，ユーザーは，購入したその日から，自動運転技術を使用することが可能となる。

メーカーは，人工知能に，何を学習させるのか。たとえば，左手前方に人影を見たとき，どの程度スピードを落として，どの程度ハンドルを右に切るべきかとか，前車と自車の車間距離を踏まえて，どの程度のスピードに維持すべきかとか，どれぐらいの間隔があれば縦列駐車が可能か等々，場面場面で，自動車をどう運転すべきかを学習させるわけである。このように見てくると，人工知能の学習成果は，人間で言えばノウハウに当たるものといえそうである。であるならば，人工知能にとっての「ノウハウ」（＝学習成果）が，たとえば，ライバル社の手に渡ってしまった場合，自動車メーカーが多大な損害を受ける可能性があることは，容易に想像できるだろう。

同様の問題は，自動車だけでなく，家電やその他の電子機器などでも頻繁に生じる一般的な問題である。さらにいえば，今後日本のメーカーが，たとえば中国のメーカーなどのライバルと競っていく上で鍵となる人工知能の学習成果を如何に保護するかは，我が国産業界にとって重要な課題といえよう。

---

[12] あくまでも比喩的表現である。人工知能の技術によっては，学習成果単体で移し替えることができるものもあれば，ソフトウェアと一体でなければならないものもあり得よう。

[13] 自動車メーカーは，1台1台の自動車の人工知能に対して個別に学習を施すわけではない。それでは，到底，大量生産が不可能となる。先に述べたように，人工知能の学習成果は「移植」可能であるから，自動車メーカーとしては，プロトタイプとなる自動車の人工知能に学習を施し，その成果を量産し市販する自動車の人工知能に「移植」するわけである。

第4節　営業秘密としての保護

1　営業秘密該当性

　学習成果を，人工知能にとっての「ノウハウ」のようなものと考えると，営業秘密として保護できないか，と想起するのは，自然な帰結だろう。では，学習成果は，営業秘密に該当するのだろうか。この点を検討する前提として，そもそも学習成果とはどのようなものなのかについて触れておきたい。

　実は，学習成果が，どのような存在であるかは，人工知能アルゴリズムによって異なってくる[14]。人工知能アルゴリズム次第では，関数かもしれないし，プログラムかもしないし，データの集合体かもしれない。いろいろな形態がありえるとしか答えようがない。例えば，最近注目されている深層学習の場合でいえば，学習成果の実体はニューロン（○）の間の結びつき，すなわち，矢印の重み，図1でいえば太さの集合体となり，数学でいうところの行列として把握できるそうである[15]。

　もっとも，学習成果の具体的な存在形態が種々あるとしても，いずれも抽象化すれば，それが情報であることは，変わりがなく，その点は，共通しているといえよう。以下，学習成果＝情報であることを前提に検討を進めたい。

　なお，人工知能は，ハードウェア，（人工知能アルゴリズムを実装した）ソフトウェア，学習成果の3点セットで構成され，たとえば，先述の車載型人工知能の場合などは，その3点セットで存在するのが通例である。そこで，以下においては，学習成果だけではなく，ハードウェアおよびソフトウェアも併せて，その営業秘密該当性を検討したい。

2　第①要件および第③要件

　不正競争防止法2条6項は，「秘密として管理されている生産方法，販売方法その他の事業活動に有用な技術上又は営業上の情報であって，公然と知られていないものを」営業秘密と定義する。したがって，営業秘密に該当するため

---

14)　奥邨・前掲注8）10頁参照。
15)　深層学習の場合，ニューロンで構成されたネットワーク全体をモデルと呼び，学習を終えたモデルを学習済みモデルと呼ぶ。なお，この場合，学習成果と（人工知能アルゴリズムを実装した）ソフトウェアとは一体の状態にあることになる。

には，①技術上または営業上の情報であること，当該情報が，②秘密として管理されていること，③生産方法，販売方法その他の事業活動に有用なものであること，④公然と知られていないこと，の四つの要件を満足しなければならない。

これらの要件の内，人工知能の3点セット（厳密には，ハードウェアに関する情報，ソフトウェアおよび学習成果そのもの）が，①要件と第③要件を満足するのは確実である。すなわち，人工知能3点セットは，いずれも人工知能技術に不可欠な情報であるから，技術上の情報であることは間違いないし，また，先述の人工知能による自動運転技術のような場合を考えるまでもなく，それらが，事業活動上有用な情報であることも明らかである。

3　第②要件

第②要件，すなわち，秘密管理性要件に関しては，従来は，秘密であることの明示とアクセス制限の2点が求められると解されてきた[16]。しかしながら，特に後者が厳格に求められることで，営業秘密該当性のハードルが，必要以上に上がってしまったのではないかとの指摘がなされた[17]。結果，ある情報を秘密として管理しようとする意思が，具体的状況に応じた経済合理的な秘密管理措置によって，当該情報に触れる者に明確に示され，秘密管理意思に対する，それらの者の認識可能性が確保されていれば，秘密管理性ありとの解釈が営業秘密管理指針で示されることとなった[18]。具体的には，秘密管理の対象となる情報と，そうでない情報を合理的に区別した上で，秘密であることを明示したり，アクセス制限を行ったり，秘密保持契約を締結したりするなどの秘密管理措置が必要とされている[19]。

営業秘密管理指針で示された考え方が定着するかは，今後の裁判例の動向を注視する必要があるが，ここでは，定着を前提として，人工知能3点セットについて，上記のような意味での秘密管理性が存在するか検討したい[20]。いく

---

16) 通商産業省知的財産政策室監修『逐条解説　改正不正競争防止法』55頁〔中村稔担当〕（有斐閣，1990）参照。
17) たとえば，田村善之「営業秘密の不正利用行為をめぐる裁判例の動向と法的な課題」パテント66巻6号81～82頁（2013年）参照。
18) 経済産業省『営業秘密管理指針』（全部改訂：平成27年1月28日）5頁参照。
19) 経済産業省・前掲注18)　6～7頁参照。
20) 関連して，上野達弘「機械学習をめぐる法的諸問題」（筆者保管）9～10頁参照。

つかの場合に分けて考えよう。

　まず，企業の開発部門で，人工知能のハードウェアとソフトウェアを開発し，プロトタイプの人工知能に学習をさせる過程は，新製品開発の一場面であるから，通常は，他のものとは別に管理され，かつ，マル秘などの形で秘密であることが明示され，かつ，責任者から開発に従事する者に守秘の徹底が命じられ，さらに，施錠やパスワードなどで関係者以外のアクセスを制限するなどの対策が行われるであろうから，秘密管理性は容易に満足されるだろう。

　では，工場などで人工知能搭載製品を量産する場合はどうか。通常工場は，部外者の立ち入りを厳しく制限し，またそこで製造している製品については外部に流出しないような態勢を確保しているものと思われるので，人工知能3点セットはいずれも，秘密に管理されるのが通常であろう。また，学習成果について注目しても結論は同じである。工場では，プロトタイプから抽出した学習成果を，量産製品の人工知能に「移植」する作業が行われると思われるが（前掲注13）参照），工場関係者にとって，学習成果の価値は言わずもがなであるから，ハードウェアやソフトウェアと同等以上の秘密管理が行われることが容易に想定される。よって，工場での量産過程で，秘密管理性が問題となることは，極めて例外的であるように思われる。

　むしろ問題は，その先，工場で生産した量産製品を市場に販売する場面である。例えば，人工知能による自動運転技術を搭載した自動車を市場で販売するような場合を考えてほしい。この場合，自動車メーカー（または販売店）と購入者である一般ユーザーとの間で，秘密保持契約が締結されることは考えにくい。中古販売のことなども考えるとなおさらである。

　では，秘密であることの表示はどうであろうか[21]。この点，人工知能が搭載されている車載コンピュータを収納する容器（通常は，ダッシュボードの中などに存在する）の上に，マル秘表示などをすることはできるし，ソフトウェアや学習成果に関しては，それらを記録するLSIなどの表面に表示することもありえる。また，運転席に何らかのモニターがあれば，自動車の始動時（＝人工知能の起動時）に，モニター上に，秘密である旨の表示をすることも可能だろう。さらに言えば，車載コンピュータの収納容器などを，一般ユーザーが開封できないように，特殊なねじなどで密封している場合もある。これは，秘密

---

21)　経済産業省・前掲注18）14頁参照。

保持よりも，ユーザーによる改造を防止し，安全を確保することを主目的に行われるものであるが，それでも，ユーザーからすれば，秘密として管理する意思は認識可能な場合が多いだろう。

以上，自動車の場合を例に検討したが，自動車に限らず，人工知能搭載製品の多くで，類似の対応が可能で，その場合，第②要件は満足されるように思われる。

もっとも，以上の検討に対しては，営業秘密管理指針が念頭に置いているのは，従業員や取引先などのように，明示に秘密保持契約を締結していなかったとしても，一定の守秘義務を負っている者であり（従業員の場合は労働契約に付随する義務として，また，取引先などの場合は信義則上の義務として），ゆえに表示だけでも，従業員などが守秘のための行動をとることが期待できることを前提として，秘密管理性が検討されているのに対して，本稿で問題とする一般ユーザーの場合は，通常，何らの守秘義務も負っていない状態であるから，従業員などの場合とは異なるのではないかとの疑問はある。

たしかに，秘密管理性が維持されるためには，先述のように「具体的状況に応じた経済合理的な秘密管理措置」が必要となるので，（保有者が）営業秘密（と考える情報）を渡す相手ごとに，秘密管理措置の程度を変更することはあり得る。

ただ，秘密管理性要件の趣旨が，営業秘密管理指針のいうように「企業が秘密として管理しようとする対象（情報の範囲）が従業員等に対して明確化されることによって，従業員等の予見可能性，ひいては，経済活動の安定性を確保することにあ（り）」，まったく秘密管理措置がなされていないような場合を別として「情報にアクセスした者が秘密であると認識できる（『認識可能性』を満たす）場合に，十分なアクセス制限がないことを根拠に秘密管理性が否定されることはない。」[22]と考えるのであれば，情報の受領者が守秘義務を負っているかどうかで，法律上求められる必要最低限度の秘密管理措置の程度が大きく異なると解さなくてもよいのかもしれない。

もっとも，ここで問題とする場合を含め，守秘義務を負わない相手に対して，必要最低限度の秘密管理措置をとったにすぎない場合，仮に，秘密管理性は肯定されても，後に見るように，非公知性が肯定されるかは別問題である。従来

---

22) それぞれ，経済産業省・前掲注18) 3頁および注5)。

の裁判例には，非公知性を肯定しながら，秘密管理性を肯定したものもあったことが指摘されているが[23]，それは秘密管理性のハードルが高かったからであろう。

その意味では，実際的な意味で秘密状態を確保して非公知性を維持するためには，秘密である旨を表示するだけでなく，人工知能を収納する容器を密封するのが望ましいし，後述する暗号化や難読化も求められるだろう。

4　第④要件

第④要件，非公知性については，人工知能搭載製品がメーカーから出荷されるまでと，出荷されてからに分けて検討したい。

まず，出荷前である。既に広く知られている人工知能ハードウェアやソフトウェアを採用するというようなことをしない限り，それらは特別に開発された製品であるから，物理的・実際的に秘密として管理されてさえいれば，非公知（＝「保有者の管理下以外では一般的に入手できない状態にある[24]」）といえよう。また，同一のハードウェアとソフトウェアの組み合わせであっても，学習過程や学習方法が異なれば，学習成果は異なるのが一般的であろうから，学習成果についても，秘密として管理されてさえいれば，非公知状態にあると考えられる。

では，出荷されてからはどうか。この点，市販された製品などから，営業秘密が一般に知られうる状態にある場合，非公知性は破られる[25]。一般に知られうる状態には，製品を一見して営業秘密が明らかな場合が含まれるのは当然であるが，何らかの分析や解析，いわゆるリバース・エンジニアリングが伴う場合でも，それによって容易に営業秘密が取得できる場合は含まれると解されており，逆に言えば，リバース・エンジニアリングが容易でなく，それによる営業秘密の取得は相当程度に困難で，コストがかさむような場合は，非公知性は維持されることになる[26]。

---

23)　川上正隆「主体保護の観点からみる非公知性領域の拡張論」青山ビジネスロー・レビュー3巻1号15〜16頁（2013年）参照。
24)　通商産業省・前掲注16) 60頁。
25)　小野昌延＝松村信夫『新・不正競争防止法概説』345頁（青林書院，第2版，2015年）参照。
26)　小野＝松村・前掲注25) 346〜347頁参照。裁判例として，知財高判平成23年7月21日判時2132号118頁参照。また，宮脇正晴「判批」新・判例解説Watch（法学セミナー増刊）13号203頁（2013年）以降も参照。

一般に、車載型人工知能のような場合、ハードウェアは特注品であろうが、そのコアの部分であるCPUは、経済的理由から、汎用CPUまたはそのバリエーションが使われることも多いだろう[27]。その場合は、ハードウェアにアクセスさえできれば、少なくとも当業者にとっては、分析や解析が困難とまではいえないことも多いだろう。その意味で、本節3で言及したような、収納容器を特殊なねじで密封する程度の措置では、ユーザーはさておいて、当業者なら容易に開封可能であろうから、非公知性が維持されるかは心許ない状況といえる。もっとも、車載型人工知能をはじめとする量産製品に搭載される人工知能の場合、先述のように、本当に価値があるのは学習成果であり、かつそれを処理するソフトウェアであるから、仮に、ハードウェアについて非公知性が満足されず、営業秘密として保護されなくなっても、影響は限定的といえるだろう[28]。

　ソフトウェアについては、ハードウェア以上に、特注化が進むのが通常であろう。また、学習成果が、どのような形式で、どのようなデータをどのような形で保持するのかは、ソフトウェアに依存するため、学習成果もソフトウェア同様に特注化するであろう。とすれば、これらを分析・解析するのが、当業者にとって、どの程度困難であるか、一概には断じることはできず、ケースバイケースで判断せざるを得ない。

　もっとも、この場合に、非公知性を確実にする方法は存在する。ソフトウェアや学習成果自体を、暗号化したり、難読化[29]したりするのである。そうすれば、当業者にとっても、分析や解析は困難となり、非公知性は維持され、第④要件は満足される。しかも、暗号化や難読化は、アクセス制限の一種であるから、秘密管理性を強化する方向にも働き、第②要件の点でも有利となる。逆に言えば、人工知能搭載製品を市場で流通させる場合、第②要件との関係だけ

---

27) たとえば、Hisa Ando「Hot Chips 28 － 自動車に的を絞ったNVIDIAの次世代Tegra『Parker』」マイナビニュース http://news.mynavi.jp/articles/2016/09/16/hc28_parker/ 参照。

28) 「営業秘密を構成する情報（部分的な情報）が公知になったとしても営業秘密とされる情報全部（全体的な情報）が公知となるわけではない。」小野＝松村・前掲注25) 346～347頁。

29) 難読化とは、「ほとんど解析が不可能なくらいまで読みにくく」することである。暗号化との関係なども含めて、奈良先端科学技術大学院大学情報科学研究科ソフトウェア工学講座「アルゴリズム・データ・ライセンスチェックルーチンなどを隠す！」http://se-naist.jp/old/html/security/obfus/ 参照。

からいえば，人工知能コンピュータを収納する容器を密封などするだけでも必要最低限をクリアできる可能性はあるが，第④要件との関係まで考えると，ソフトウェアや学習成果は，暗号化・難読化されるべきである[30]。

5 AIot と AIaaS

ここまで，説明を簡単にするために，市販される機器に人工知能が搭載される場合を念頭に置いて検討を進めてきた。人工知能搭載自動車はその典型例だが，ロボット掃除機やエアコン，洗濯機，冷蔵庫など，我々にとって身近な電子機器は，早晩，そのすべてが，人工知能を搭載するようになるだろう。このような場合を，モノに人工知能が搭載されるという意味で，Internet of Things をまねて AI of Things（AIoT）と呼ぶことができるだろう。

ところで，人工知能が，我々の身近な日常生活に入り込んでくるのは，AIoT の場合だけとは限らない。たとえば，インターネットサービスとして，ユーザーの利用に供される場合が考えられる。一例として，インターネット経由で人工知能とやりとりをすることで，人工知能がユーザーに対して，罹患しているかもしれない病気を指摘し，応急措置法，受診すべき病院や診療科をアドバイスするような，ネットサービスをイメージしてほしい[31]。このように，サービスとして人工知能が提供される場合は，AI as a Service（AIaaS）と呼ぶことができるだろう。

本節 4 までの議論は，AIoT の場合に，人工知能 3 点セットが，営業秘密に該当するか否かを検討したものであった。では，AIaaS の場合の人工知能 3 点セットは，営業秘密として保護されるであろうか。

AIaaS の場合も，第①要件および第③要件を満足することは明らかであるから，検討のポイントは第②要件と第④要件となる。この点，AIaaS の場合，人工知能 3 点セットのいずれもが，サービス提供者の管理下に存在する。3 点セットのハードウェアにあたるのは，大型サーバであり，ソフトウェアはサーバ上で実行される。学習結果もサーバ上に存在することになる。通常，ネットサービスを提供する場合のサーバの管理は厳密である[32]。特定の者しかサー

---

30) 奥邨・前掲注8）12頁参照。
31) あくまでも例である。実際には，医療関係の法令の規制などを受ける可能性がある。
32) たとえば，総務省「サーバの設置と管理」http://www.soumu.go.jp/main_sosiki/joho_tsusin/security/business/admin/20.html 参照。

バにログインできないようにアクセス管理が行われるし，物理的にも，他スペースとは隔離した場所に設置されることも多い。以上を前提とすれば，AIaaSの場合，通常は，第②要件も第④要件も満足されるであろう。むしろ，リバース・エンジニアリングの問題を気にしなければならない AIoT の場合よりも，より確実に営業秘密としての保護を受けることが可能といえるかもしれない。

第5節　利点と限界

1　特許権や著作権と比べた場合の利点

　学習成果を営業秘密として保護することの利点は，人工知能技術の種類などに影響を受けがたい点にあるといえる。先に見たように，学習成果が，どのような存在であるかは，人工知能アルゴリズムによって異なってくる。そのため，特許権や著作権で保護する場合は，アルゴリズム毎に，学習成果が，例えば物の発明に該当するかや[33]，著作物に該当するか[34]を吟味しなければならなくなる。現在，人工知能技術は急速に発展しており，アルゴリズムも様々なものが開発されるであろうことを考えると，特許権や著作権による学習成果の保護は，人工知能のアルゴリズム毎に，保護対象となるか否かの議論が生じてしまう点で，予測可能性が低いと言わざるを得ない。

　この点，営業秘密としての保護の場合は，技術上有用な非公知の情報を秘密として管理していれば保護対象となるから，学習成果の「状態」を問題としているのであり，それがどのようなアルゴリズムによって生み出されたかは関係がなく，技術中立的であるという点で優れている。結果，人工知能の技術開発やビジネスに関わる者は，第4節で検討したような点に留意しさえすれば，法的保護を受けられるとの予測のもとに行動できる。

---

[33]　学習成果そのものを，特許法上，強力に保護するためには，物の発明とするのが望ましい。そのためには，学習結果が，プログラムに準ずるものといえるかどうかが，大きなポイントとなる。この点，現在の一般的な解釈では，例えばデータ構造が，プログラムに準ずるものといえるためには，それ自体がコンピュータにおける情報の処理を規定しているようなレベルであることが求められる（特許庁編『工業所有権法（産業財産権法）逐条解説』15～16頁（発明推進協会，19版，2012年）参照）。プログラムと学習成果を一体として扱うならば，物に該当する可能性は高そうであるが，プログラム抜きの学習成果だけでは難しいかもしれない。関連して上野・前掲注20）10～11頁参照。

[34]　たとえば，深層学習の場合，学習成果は，行列の形で把握されるが，そうだとすると，それ単体で著作物に該当するというのは難しいように思われる。詳しくは，奥邨・前掲注8）10～11頁参照。

2　限　界

　一方で，学習成果を営業秘密として保護することには限界も存在する。

(1)　独自開発

　まず，営業秘密としての保護は，相対的な独占効しか有しないため，独自開発に対抗できないという問題がある。

　たとえば，A社が所有する人工知能に動物の写真を学習させ，動物の識別が可能となったとする。B社は，A社の所有する人工知能と，全く同じハードウェアやソフトウェアで構成される人工知能を所有している。このとき，B社が自らの人工知能に，A社が学習に用いたものと同じデータを，A社と同じ方法で学習させると，A社の人工知能の学習成果とB社の人工知能の学習成果は同じものになりうる。しかしながら，これはB社による独自開発であり，A社は，自社の人工知能の学習成果が営業秘密として保護されうるものであったとしても，B社に対して，不正競争を主張することはできない。

　このため，学習成果の営業秘密としての保護をより確実にするには，できれば学習用データと学習方法との両方について，それが難しければ，少なくとも，学習方法については，営業秘密となるように管理しなければならない。そうすれば，先述の例の場合に，A社が学習方法を営業秘密として管理していたにもかかわらず，それが流出してB社の手に渡り，B社がそれを用いて学習を行った場合は，不正競争防止法2条1項4号から9号のいずれかに規定される，使用にかかる不正競争に該当する可能性があり，その場合，A社はB社に対して，差止めや損害賠償を請求することができる[35]。また，学習方法は，同項10号にいう「技術上の情報」に該当するから，B社が行う学習行為が同項4号から9号の使用にかかる不正競争に該当する場合，学習済み人工知能は，10号に規定される「不正使用行為により生じた物」に該当する可能性があり[36]，仮にそれが肯定されるならば，その譲渡なども不正競争となる。

　まとめると，学習成果の営業秘密としての保護を実効あらしめるためには，

---

[35]　不正競争防止法21条1項各号の要件を満たせば，刑事罰が科される可能性もある。

[36]　不正競争防止法2条10項によれば，同法上，「物」にはプログラムが含まれる。なお，特許法2条3項1号は，プログラムとプログラムに準ずるものの総称としての「プログラム等」を物に含むとしている。両者を比較すると，不正競争防止法の「物」にはプログラムに準ずるものは含まれないことになる。具体的には，「構造を有するデータ」は不正競争防止法上の物ではないということになる（経済産業省知的財産政策室編『逐条解説　不正競争防止法（平成27年改正版）』54頁（2015年））。結果，学習成果単体では，物に該当せず，2条1項10号の対象外となる可能性が高い。

学習過程自体も営業秘密として管理する必要があり、管理対象が増えるという意味では、コストがかかり手間もかかる保護手法ということになる。

(2) リバース・エンジニアリング

　市場で正当に購入した製品をリバース・エンジニアリングすることは、「法律上有効な契約で禁止されない限り、営業秘密に関する『不正な行為』ではない[37]」と解されている。ソフトウェアや学習成果を暗号化や難読化したとしても、それは、実際的な意味でリバース・エンジニアリングを困難にするが、それを乗り越えて分析・解析されてしまった場合、法的には対処の方法はない。ライバル社が、そのような形で入手した情報を元に製品開発を行うなどしても、甘受するほかはなく、営業秘密としての保護の限界点である。契約で禁止するのが一つの方策だが、先述のように AIoT の場合は難しいところがある。

　また、深層学習の場合は、ソフトウェアや学習成果を解読しなくても、学習成果を抽出して利用する「蒸留」という手法の存在が指摘されている[38]。この場合も、不正競争防止法上は、合法的なリバース・エンジニアリングと言わざるを得ない。

第6節　結　び

　本稿で取り上げたテーマは、デジタル・ネットワーク技術と知的財産法制との交錯領域に属するもののうち、最新のものの一つである。未だ議論は緒についたばかりであり、筆者自身も研究を始めたところである。そのため、本稿には、引き続き検討を深めるべき部分も少なくないことと思うが、一方で、本稿が、今後の議論の先駆けとなれば、幸いである。

　最後になりましたが、筆者は、土肥一史先生が座長や委員長を務めておられる文化審議会や産業構造審議会の委員会において、先生の謦咳に接する機会を得てきました。いずれの委員会でも、扱う内容のほとんどが、デジタル・ネットワーク技術と知的財産法制との交錯領域に関するものであったことを思い、

---

37) 小野＝松村・前掲注25) 356頁。
38) 清水亮「深層ニューラル・ネットワークの効率を劇的に上げる『蒸留』」https://wirelesswire.jp/2016/09/56717/ 参照。詳細は前記 web サイトに譲るが、簡単に言えば、ある学習済みモデルが、入力に対して返す回答を、別のモデルに学習させることで、学習成果のエッセンスのみを受け継ぐことが可能となる。蒸留への技術的対応についても、前記 web サイト参照。

今回このテーマを選びました。土肥一史先生への感謝の気持ちを込め，先生の古稀を祝して，本稿を献呈いたします。

第2編

産業上の創作保護法
―特許法をめぐる法的諸問題―

特許を受ける権利

神山 公男

第1節　はじめに
第2節　学説の検討
第3節　私　　見
第4節　関連する論点
第5節　おわりに代えて

第1節　はじめに

　発明の完成と同時に「特許を受ける権利」（29条1項柱書・33条・34条[1]）が発生し，それが発明者等[2]に帰属する。その名が示すとおり，特許を受けるためには特許を受ける権利を有していることが必要である（49条7号）。特許制度上，特許を受ける権利は特許権（68条）に比肩する重要な権利であるにもかかわらず，その内容や効力を明示的に定めた規定は特許法に存在しないし，学説においてもその実体の解明はいまだ不十分であるといわざるをえない。未特許発明にかかわる第三者の諸行為が特許を受ける権利を侵害するか否かを正しく判断するためにもその究明が求められる。そのような問題意識から，本稿において，現行特許法上の特許を受ける権利を取り上げ，その実体の解明を試みたいと考えた次第である。

　以下においては，本論として，特許出願の前後で変わらない特許を受ける権利の普遍的な実体を検討し，それに続く余論として，特許出願の前後での特許を受ける権利の変化等を検討する。

　わが国における特許法は時代とともに変化し続けているが，特許を受ける権利の実体はそれが初めて法文として現れてから[3]現在に至るまで基本的に不変

---

1)　本稿では特許法の条文に限り法令名の表記を省略する。なお，本稿において引用文中の「…」は筆者による中略である。
2)　平成27年特許法一部改正（平27法55）で，使用者等が職務発明についての特許を受ける権利を原始的に取得する途が開かれた（35条3項）。

である[4]ということを一応の前提とし，今までの学説を比較，検討することにする。

第2節　学説の検討

1　今までの学説分類方法

学説上，特許を受ける権利がどのような権利であるのかについて古くから争いがある[5]。旧来の学説分類方法は，私権公権の内容を特定した上で私権公権という観点から学説を分類するものである[6]。それにしたがえば，特許を受ける権利について，発明を支配する権利[7]であると解する説（私権説），国家に対して特許処分を請求できる権利であると解する説（公権説），発明を支配する権利と特許処分を請求できる権利とを併せもった権利であると解する説（両性説[8]）が挙げられ，また，発明を支配する実体権[9]としての発明権[10]が発明者に帰属し，その発明権を保護するための権利が特許請求権としての特許を受

3）　特許を受ける権利（特許ヲ受クルノ権利）が法文として最初に現れたのは明治42年特許法である（3条（職務発明）・9条（先発明）・10条（移転）等）。

4）　明治21年特許条例1条において「…発明シ又ハ…発明シタル者ハ…特許ヲ受クルコトヲ得」という規定が導入された。これは権利主義を表明したものであると理解されている（通商産業省編『商工政策史　第十四巻』125頁（商工政策史刊行会，1964年））。その規定は明治32年特許法1条，明治42年特許法1条，大正10年特許法1条，および，昭和34年特許法29条1項柱書に引き継がれている。その規定が特許を受ける権利の実体を言い表したものであるなら，その実体はその制定以来，基本的に不変である，と理解することが可能である。

5）　清瀬一郎『特許法原理』75～79頁（中央書店，1922年（復刻版，1985年））には大正10年2月26日特別委員会速記録（大正10年特許法案の審議録）が掲載されている。それによれば特許を受ける権利について，宮内特許局長は財産権の点から私権であるとの理解を示し，田中農商務次官は公権であるとの理解を示している。当時，政府委員間でさえも解釈が統一されていなかったようである。

6）　豊崎光衛『工業所有権法』133～136頁（有斐閣，新版・増補，1980年）。同書133頁に記載された学説分類方法では私権公権の内容が特定されている。もっとも，同書133～135頁において各学説を紹介する際には，学説の多様性を背景として，私権の概念に広がりが認められる。なお，同書133頁には「発明の支配を目的とする私権」と記載されており，それを「発明を支配する私権」と理解してよいか疑義を覚えたが，同書136～137頁には特許を受ける権利が私権であって発明を支配，利用する権利であるとの明確な説明が認められるので，「発明の支配を目的とする私権」は「発明を支配する私権」と同義であると解した。

7）　支配権は客体を直接に支配することを作用とする私権である（竹内昭夫＝松尾浩也＝塩野宏編『新法律学事典』633頁（有斐閣，第3版，1989年））。

8）　両性説は併有説，結合説，折衷説ともいわれる。

ける権利であると解する説（並立説），が挙げられる。

　一方，私権公権という権利の性質だけに着目した概括的な学説分類方法も認められる。その学説分類方法でも私権説，公権説等の名称が用いられており，そこでの私権の概念には広がりが認められる。学説分類方法によって私権説等の概念または範囲が異なる。

　なお，いずれの学説も特許を受ける権利が譲渡性のある財産権であるという理解において一致しており，その点で争いはない[11]。また，特許を受ける権利の効力として発明実施の排他性までを認めない点でも争いはない[12]。

2　学説を比較，検討する上での留意点

　特許を受ける権利の実体についての学説を比較，検討する上で留意すべきと思われる点を以下に整理する。

　第一に，上記の旧来の学説分類方法では，発明を支配する権利を私権と称しているのであり，財産権を私権と称しているのではないという点があげられる。財産権はもちろん私権であるが，財産権までを含めて学説分類上の私権と理解するならば，公権説と両性説の違いが判然としなくなってしまう。公権説も特許を受ける権利が財産権（その意味で私権）であることを肯定するからである。発明についての支配権の存否の観点から学説が対比されるべきである。

　第二に，特許を受ける権利だけに視野を絞って学説を対比するならば，公権説および並立説のいずれも特許を受ける権利を請求権つまり公権であると理解するので，それらの学説間で違いがなくなってしまうという点があげられる。公権説と並立説の間における決定的相違は，特許を受ける権利とは別に，発明を支配する権利としての発明権を肯定するか否かにある。つまり，学説の対比に際しては，特許を受ける権利に着目するだけでは不十分であり，視野を広げて発明完成時に生じる発明者の権利全体を比較対象とする必要がある。なお，

9）　実体権は，訴訟法上の権利と対比される，実体法上の権利である。実体法と訴訟法の関係につき，兼子一『実体法と訴訟法』101〜117頁（有斐閣，1957年），三ヶ月章『民事訴訟法』8〜14頁（有斐閣，1959年）を参照。
10）　発明権は発明者権ともいわれる。その語源である Erfinderrecht について，J. Kohler, Handbuch des Patentrechts, 1900, S. 261 ff. ; J. Kohler, Lehrbuch des Patentrechts, 1908, S. 84 ff. を参照。
11）　豊崎・前掲注6）133頁。
12）　中山信弘『特許法』159〜160頁（弘文堂，第3版，2016年）。裁判例として，東京地判昭和43年7月24日判タ229号231頁。

私権説や両性説の中にも，特許を受ける権利の内容として発明権を肯定する説やさらに進んで発明権こそが本体であるとする説があり，発明権の位置付けはそれを肯定する学説間において必ずしも一致していないという点にも留意する必要がある。

　第三に，およそ私権というものは私法上の権利であり，およそ公権というものは公法上の権利であるが，そもそも私法と公法を区別することについての必要性や有用性に疑問が指摘されているし[13]，かりにそれらを区別できたとしても権利の性質から特許を受ける権利の具体的内容が定まるものでもなく[14]，私権公権という用語の使用はかえって各学説の特徴を曖昧なものにしてしまうおそれがあるという点があげられる。

3　本稿での学説分類方法

　以上をふまえ，本稿においては，発明完成時に生じる発明者の権利全体を比較対象とし，私権公権という用語の使用を避け，財産権といった利益面ではなく支配権・請求権といった作用面から[15]，学説を比較，検討することにする。そのような観点から，本稿では，学説類型として，(1)「支配権請求権並立説」[16]，(2)「支配権説」[17]，(3)「支配権請求権併有説」[18]，(4)「請求権説」[19]，を導入する[20]。

　請求権説以外の説，つまり支配権請求権並立説，支配権説および支配権請求

---

13)　公法私法論の沿革および発展について，塩野宏『公法と私法』103〜145頁（有斐閣，1989年）を参照。なお，三ケ月章『法学入門』212頁（弘文堂，1982年）には公法・私法を分かつ基準そのものについていまだ定説がない旨が指摘されている。

14)　中山信弘編『注解特許法（上巻）』311頁〔中山信弘執筆〕（青林書院，第3版，2000年）。

15)　我妻栄「新訂　民法総則（民法講義Ⅰ）」32頁（岩波書店，1965年）には，私権に関し，㈵「利益（権利者の享受する利益）の差異に従って分類すれば，人格権・身分権・財産権・社員権などの種類が挙げられる。」，㈺「その作用である法律上の力（権利者のなしうる行為）の差異に従って分類すれば，支配権・請求権・形成権などの種類が挙げられる。」旨が説明されている。本稿では学説対比のための共通軸として権利の作用面に着目した。

16)　一般に「並立説」といわれている説に相当する。

17)　一般に「私権説」といわれている説の中で私権の内容として発明の支配権を挙げる説に相当する。

18)　一般に「両性説」といわれている説の中で私権の内容として発明の支配権を挙げる説に相当する。

19)　一般に「公権説」といわれている説に相当する。それには一般に「両性説」といわれている説の中で財産権の点から私権であるとする説も含まれる。

権併有説は，以下に説明するように，いずれも発明者の権利の内容として発明の支配権を肯定する。ただし，その支配権は，所有権（民法206条）のような絶対的，排他的な支配権を意味するものではなく，発明が発明者に帰属し発明者により発明が支配されている状態を権利として捉えたものであり，排他性までを有しない不完全な支配権（ある意味で観念的な支配権）であると解される[21]。そのような支配権を実体権または私権と表現する者もいる。

4　本稿での学説分類方法による各学説の説明
(1)　支配権請求権並立説

支配権請求権並立説は清瀬一郎博士が提唱された説である。それは，発明の完成により，実体権としての発明を支配する権利（不完全なる発明権）が発明者に帰属し，それが特許（特許処分）により特許権（完全なる発明権）に変化する，と理解するものである。また，そのような不完全なる発明権を保護するために国家に対する特許請求権が生じるのであり，それが特許法上の特許を受ける権利（特許ヲ受クルノ権利）である，と理解するものである[22]。この説によれば，発明者に本来的に帰属していた支配権がそのまま特許権に置き換わることになるので，特許処分の本質は国家による権利の付与ではなく私人が有している支配権についての国家による確認となる。藤江政太郎『改正特許法要論』[23]にも支配権請求権並立説またはそれに近い理解が認められる。

以下の図1は支配権請求権並立説についての個人的理解を図示してみたものである。特許を受ける権利に相当する部分を強調表現した。後に示す他の図においても同様である。

---

20)　本文中に挙げた説のほか，特許を受ける権利が「形成権」であると解する説もある（飯塚半衛『無体財産法論』284～285頁（巌松堂，1940年））。なお，まったく別の作用をもった権利である可能性も否めないが，今までの学説上，そこまで踏み込んだ検討は認められない。
21)　支配権が排他性のない不完全なものであるなら，そのような支配権を学説比較要素として取り上げるべきではないのではないかとの疑義が生じうる。しかし，発明者の権利を考えるうえでは，とくに各学説の主張をその背景も含めて理解するためには，発明者への発明の帰属あるいは発明者による発明の支配が法的に認められるものであるのか否かの点がもっとも重要であると思われ，そこに焦点を当てるために，本稿では「支配権」を学説比較要素として重視した。
22)　清瀬・前掲注5) 69～75頁。なお，同書では「特許ヲ受クルノ権利」が「特許請求権」と称されている（10頁）。
23)　藤江政太郎『改正特許法要論』31～36頁（巌松堂，1922年）。

図1 支配権請求権並立説

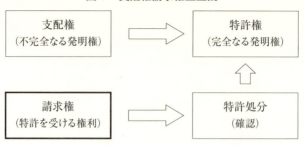

　支配権請求権並立説は特許を受ける権利を請求権であると理解するものであるから、その限りでは、この説は請求権説と異なるものではない。しかし、支配権請求権並立説は、発明者の権利につき、支配権（不完全なる発明権）を本体とし、請求権はその本体を保護するにすぎない訴権的なものと考えるので、支配権請求権並立説と請求権説は発明者の権利の理解において完全に相違する。支配権請求権並立説によると、支配権（不完全なる発明権）の根拠を特許法上に見いだせず、それは自然権として位置付けられるため、その是非が問題となる。

(2) **支配権説**

　支配権説は、特許を受ける権利が発明を支配する権利であると理解するものである。以下の**図2**は支配権説についての個人的理解を図示してみたものである。

図2 支配権説

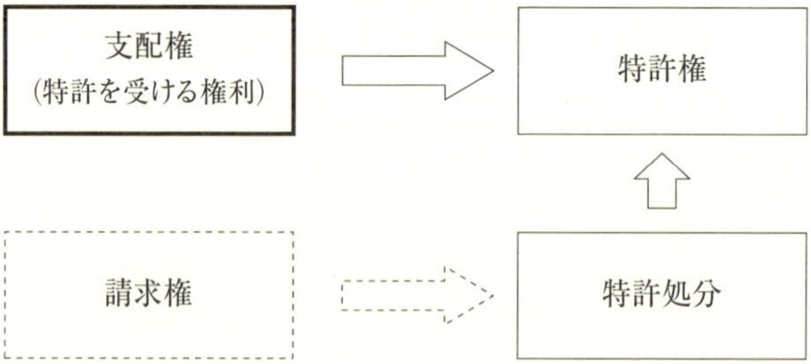

　三宅発士郎『特許法講義』[24]には、特許を受ける権利（特許ヲ受クルノ権利）が発明権であることを前提として、その発明権について「余ハ発明ノ生成ト同

時ニ少クトモ其ノ発明ヲ支配スル一ノ権利発生スルモノト解ス。」旨が記載されている。これは支配権説といえる。豊崎光衛『工業所有権法〔新版・増補〕』[25]には，特許を受ける権利が純粋な私権であって特許前に発明を支配，利用する権利であることが記載されている。これも支配権説といえる。発明を支配する観点から特許を受ける権利の実体を発明権又は私権であるとする説は支配権説またはそれに近い説であると解される[26]。

一方，今まで一般に私権説に分類されていても，特許を受ける権利の位置付けが必ずしも明らかではない説[27]および発明権や私権の内容を十分に読み取れない説[28]については支配権説への分類を差し控える。支配対象として発明以外の事項を挙げる説[29]は支配権説とはいえない。

支配権説は，上記の支配権請求権並立説と同じく，発明者の権利の本体とし

---

24) 三宅発士郎『特許法講義』79〜84頁（帝国発明協会，1926年）。
25) 豊崎・前掲注6) 136〜137頁。
26) 君嶋祐子「冒認出願・共同出願違反における真の権利者の取戻請求権―平成23年改正特許法における特許を受ける権利に基づく特許権移転請求権―」特許研究52号35頁（2011年）には「特許法に規定される『特許を受ける権利』は，発明を直接支配して利用・収益・処分する広範な権能の中から，発明権者が特許出願することを選択した場合に，特許権の発生消滅変更効力について定める特許法の側から見て，『特許を受ける権利』と表現したといえる。したがって，特許を受ける権利の実体は，私権である財産権としての発明権である。」旨が説明されている。同旨：君嶋祐子「平成23年改正特許法における冒認出願・共同出願違反と真の権利者の救済」法学研究84巻12号479頁（2011年）。また，辰巳直彦「冒認特許権と移転登録請求―私権としての特許を受ける権利と特許権に鑑みて―」甲南法学51巻3号99〜102頁（2011年）には，特許を受ける権利を「発明者がなした発明という財産の支配につき有する純粋な私権としての財産権」であると理解するのが私権説であることを前提として，その私権説の立場から特許を受ける権利が「純粋な私権であり，かつ，財産権である」と説明されている。同旨：角田政芳＝辰巳直彦『知的財産法』50〜51頁（有斐閣，第7版，2015年）。
27) 竹内賀久治『特許法』228〜231頁（厳松堂，1938年）。
28) 瀧野文三『新工業所有権法講義』28〜31頁（中央大学出版部，1962年）。
29) 兼子一＝染野義信『新特許・商標』22頁（青林書院，1955年）には「特許を受ける権利は，このように発明による一定の利益状態を表現する権利であるから，それ自体としては私権であつて，その移転，支配内容の実現，放棄は，その所有者の任意とするところである…その支配内容とするところは，発明によつて生じた発明者の利益状態について特許を受けることにあるから，特許を受ける権利を有する者が，特許出願をすることは，この権利の支配内容の実現のための行為であると解すべきである。」と記載されており，続いて同書24頁には「しかし，特許を受ける権利の内容はそれだけにとどまり，国に対する特許付与請求権を意味しないのである。」と記載されている。この説の特色は支配の対象が発明ではなく特許を受けることにあるという点にある。この説は発明を権利の客体としてみる支配権説からは遠く，むしろ請求権説に近いようにも思えるが，特許を受ける権利の内容から特許付与請求権を完全に除外しているので，結局この説は本文中に挙げたいずれの学説類型にも属しない独自の説であると解される。

て支配権を肯定するが，その支配権が実定化された特許を受ける権利それ自体であると理解するところに上記支配権請求権並立説との違いがある。この支配権説によれば特許法に支配権（または発明権）の根拠を見いだせる。一方，支配権説においては，特許を受ける権利が支配権であるということは明瞭であるが，特許請求権の法的な位置付けを明確にしていないように思える。特許請求権は実体権（特許を受ける権利）から派生する手続権にすぎないものとして，あるいは，特許請求権は特許出願の効果として生じるものとして，特許法上の根拠を求めていないようでもある。これを考慮して図2においては請求権を示す部分を破線で表現した。

(3) **支配権請求権併有説**

支配権請求権併有説は，特許を受ける権利が発明を支配する権利および国家に対して特許を請求できる権利からなる，と理解するものである。以下の**図3**は支配権請求権併有説についての個人的理解を図示してみたものである。

図3　支配権請求権併有説

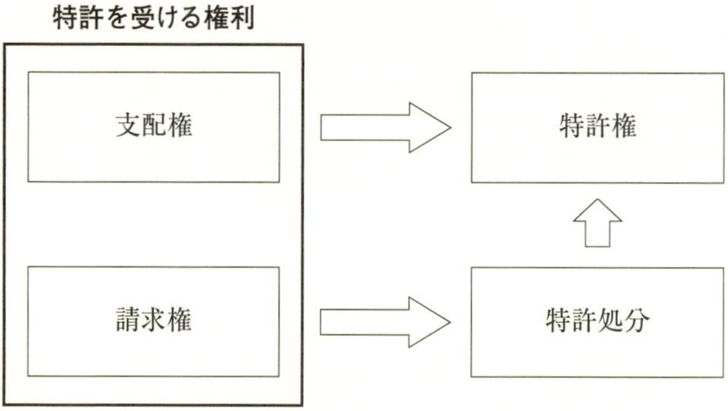

特許を受ける権利

支配権	→	特許権
		↑
請求権	→	特許処分

永田菊四郎『工業所有権論』[30]，杉林信義『例題解説・工業所有権法〔第7版〕』[31]，蓴優美『全訂新工業所有権法解説』[32]，光石士郎『特許法詳説（新版）』[33]，盛岡一夫「特許出願前の発明の侵害と差止請求権」[34]，紋谷暢男編

---

30) 永田菊四郎『工業所有権論』371～374頁（冨山房，1950年）。
31) 杉林信義『例題解説・工業所有権法』29～30頁（冨山房，第7版，1966年）。
32) 蓴優美『全訂新工業所有権法解説』87～88頁（帝国地方行政学会，1968年）。
33) 光石士郎『特許法詳説』192～194頁（ぎょうせい，新版，1976年）。
34) 盛岡一夫「特許出願前の発明の侵害と差止請求権」杉林信義先生古稀記念『知的所有権論攷』516頁（冨山房，1985年）。

『注解特許法』[35]および仙元隆一郎『特許法講義〔第4版〕』[36]には支配権請求権併有説が記載されている[37]。

今まで一般に両性説に分類されていた説であっても，私権や発明権の内容を十分に読み取れない説[38]，発明権の内容は学説判例に委ねられているとする説[39]，支配対象として浮動的な財産的利益状態を挙げる説[40]，および，特許登録以前の段階で発明者が発明行為により取得する権利性のあるもの総体が特許を受ける権利であるとする説[41]については，支配権請求権併有説への分類を差し控えたい。私権の内容として財産権に主眼をおく説については請求権説に近い説であると理解することも可能ではないかと考えている。

東京地判昭和30年7月5日（下民集6巻7号1303頁）（固形清缶剤事件）は「…発明者権は，特許請求権とともに，『特許を受ける権利』の一態様であり，発明者がみずからの発明を自由に利用したり，あるいはこれを他に譲渡し得ること等を内容とする実体上の権利である」旨を判示している。この判決では，特許を受ける権利が特許請求権と発明者権とを含む権利であるとの理解が示されており，その前提のもとで，発明者権の内容として発明の利用や譲渡が挙げられており，つまり発明者権は発明の支配を内容とする権利であるとの理解が認められることから，この判決で示された解釈は支配権請求権併有説であると解される。もっとも，今までの裁判例において，発明者の権利の内容として発明権（発明者権）または発明の支配権を正面から肯定したものはこの判決一つだ

---

35) 紋谷暢男編『注釈特許法』90頁〔紋谷暢男〕（有斐閣，1986年）。
36) 仙元隆一郎『特許法講義』145～146頁（悠々社，第4版，2003年）。
37) なお，特許を受ける権利が利用権を含むと解する理由として「特許法で権利承継人による出願が認められているので，特許されていない技術の譲渡等の関係を法的に説明するのに適しているためである。」との説明も認められる（川口博也『特許法の構造と課題』54～55頁（三嶺書房，1983年））。
38) 吉原隆次『特許法詳論』49～50頁（有斐閣，1927年），渡邉宗太郎＝内田修『工業所有権法』11～12頁（有斐閣，1958年）。
39) 中山・前掲注12) 158～159頁には「この特許を受ける権利は，国に対して特許付与という行政処分を請求する権利という側面と，財産権としての側面とを兼備している。」「発明者が原始的に取得する権利（発明者権ないしは発明権）の全体像は，学説や判例に委ねられている。」「この権利は単に特許を取得しうるというだけの内容ではなく，実体からすれば，発明者権と称する方が妥当であろう。」との説明がある。
40) 土肥一史『知的財産法入門』152頁（中央経済社，第15版，2015年）には「特許を受ける権利は行政庁に対して特許付与を請求する公権的な権利と，浮動的な財産の利益状態を支配する実体上の権利から構成される。」旨が説明されている。
41) 高林龍『標準 特許法』72頁（有斐閣，第5版，2014年）。

けのようである。

　支配権請求権併有説は，支配権および請求権の両方を特許を受ける権利の中身とするものであるから，この説によれば，支配権および請求権の両方に実定法上の根拠が与えられる。一方，支配権こそが特許を受ける権利の実体であると理解する立場あるいは発明者の権利に関して実体権と手続権の分離を重視する立場からは支配権請求権併有説を是認することは困難であると思われ，そのような立場からは支配権説を支持することになるものと解される。

(4)　**請求権説**

　請求権説は，特許を受ける権利が国家に対して特許を請求できる権利であると理解するものである。請求権説によると，特許を受ける権利には発明を支配する権利が含まれないことになる。以下の図4は請求権説についての個人的理解を図示してみたものである[42]。

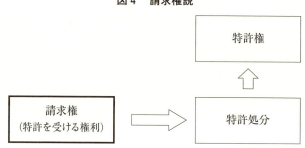

図4　請求権説

　安達祥三『特許法』[43]には「特許を受くるの権利は国家に対して特定の発明の特許を要求する権利である。」と記載されている。それに続いて同書には特許を受ける権利（特許を受くるの権利）が公権であること，財産権であることおよび請求権であることが順次説明されている。また，同書には清瀬博士が主張する発明権について「自然法上の権利なるものは現代の法律理論の認めざる所である。」「発明者が特許法を有せずして自ら其の発明を利用することは，放任行為であつて，権利の行使であつてはならぬ。」等の指摘がある。末弘厳太

---

42)　図4においては支配権に相当するブロックが欠如している。図示された三つのブロックを直線的に並べた方が自然だが，図1ないし図3との対比において違いが明確になるようにそれらの配置を維持している。

43)　安達祥三『特許法』465～470頁（日本評論社，1930年）。

郎『工業所有権法』[44]にも請求権説が認められる。

　今まで一般に両性説に分類されていた説の中で，支配権又は発明権に疑問を呈する説[45]および私権の内容として支配権に言及することなく財産権だけを指摘する説[46]については請求権説またはそれに近い説であると解釈することが可能ではないかと思われる。特許庁の理解もこの請求権説であると解される[47]。

　請求権説によると「産業上利用することができる発明をした者は…その発明について特許を受けることができる。」（29条1項柱書）という法文が特許を受ける権利の根拠規定であるといえるから，特許法上に特許を受ける権利の根拠規定が存在しないのはなぜかという疑問は生じなくなる。一方，発明はそれを生み出した発明者のもの（私有財）であると理解する立場からは発明を支配対象とみない請求権説は容認しがたいものであると解される。

第3節　私　見

1　私見の結論

　わが国の現行特許法上の特許を受ける権利は，その作用面からみて，特許庁に対して特許を請求できる権利であり，この権利には発明の支配権は含まれず，また，特許を受ける権利とは別の権利としての発明の支配権（発明権）の存在も否定される，と解される。すなわち請求権説が妥当である。以下にその理由を説明する。

---

44) 末弘厳太郎『工業所有権法』50〜51頁（日本評論社，1939年）には「工業所有権の付与を受くる権利は国家に対して其付与を請求し得る公権である。所が此権利は同時に財産的価値を有するが故に，実際上売買取引の目的となる。…正確に言ふと，法定要件を具備すること確実なるがゆえに，よつて発生する『特許ヲ受クルノ権利』等それ自体が売買取引の目的となるのではなくして，特許其他工業所有権付与せられるべしとの見込みそのものが一種の有価物として売買取引の目的となるに過ぎない。したがって，例へば売買後に至つて特許せられざることとなるも，特約なき限り売買それ自身は之に依って何等の影響も受けない。」と記載されている。

45) 織田季明＝石川義雄『増訂新特許法詳解』139〜142頁（日本発明新聞社，1972年）。

46) 三宅正雄＝田倉整『工業所有権法概論』79〜79頁（東京経営管理協会，1968年），茶園茂樹編『特許法』30頁（有斐閣，2013年），島並良＝上野達弘＝横山久芳『特許法入門』52頁（有斐閣，2014年）。

47) 特許庁編『工業所有権法（産業財産権法）逐条解説』97頁（発明推進協会，第19版，2012年）。

2　私見の理由

(1)　産業政策法上の権利

　わが国の現行特許法は，産業発達のために発明を保護するという産業政策的思想[48]に立脚している（1条）[49]。特許法は発明保護のための一般法ではない。

　発明は発明者が生み出したものだから，発明は発明者に帰属し，発明者は発明を支配する実体権を当然に有する，という考え方が[50]，各国特許法の発展に寄与したのは間違いないし[51]，歴史的には説得力をもちえたと思う。しかし，そのような考え方は少なくともわが国の現行特許法の解釈論としては受け入れがたいといわざるをえない[52]。そもそも発明は技術的思想であり，つまり観念的・抽象的なものであるから，それがいかに素晴らしいものであっても，発明それ自体を有体物のように私有財として取り扱うことはできない。

　発明者による発明の開示を促し，同時に創作，事業化，投資を奨励するためには，発明者に対してその者が生み出した発明を排他的に実施できる権利（68条）の将来帰属をその請求権という形式で保証するのがもっとも効果的である。そのような産業政策的観点から発明完成時に発明者に対して与えられる権利が特許を受ける権利であり，その実体は特許請求権にほかならないと解される。

---

[48]　特許制度に関しては，中山信弘編『工業所有権法の基礎』112～113頁（青林書院新社，1980年）〔布井要太郎〕，吉藤幸朔著＝熊谷健一補訂『特許法概説』8～11頁（有斐閣，第13版，1998年）を参照。なお，産業政策の思想は，発明および発明者の保護を否定するものではなく，産業政策という枠組み内において，特許により社会が受ける利益・不利益を考慮しながら，発明および発明者の保護を考えるものである。

[49]　たとえば，特許法では著作権法のように創作完成と同時に排他権を発生させず，特許出願を要求し，行政機関の関与をして特許に至らしめている（36条等）。客観的に新しい発明であっても進歩性なき発明は保護せず（29条2項），同一の発明が別々の発明者によりなされた場合に一方だけに特許を与えている（39条）。特許権の効力は業としての実施にしか及ばない（68条）。それらは産業政策的思想の現れである。

[50]　精神的所有権説，無体財産権説等について，飯塚・前掲注20) 73～161頁，豊崎・前掲注6) 100～107頁，松本重敏『特許発明の保護範囲』10～25頁（有斐閣，新版，2000年）を参照。

[51]　俵静夫著＝荒玉義人補遺「佛蘭西工業所有権法」2～3頁（有斐閣，復刊版，1957年）には，フランス1791年特許法の制定にあたり議会に報告された説明として「国民議会ハ，総テ新規ナル思想ニシテ其ノ発表又は発展ガ社会ニ有用ナルモノハ之ヲ考案シタル者ニ原始的ニ帰属スルコト並ニ工業的発見ヲ其ノ発見者ノ所有物ト認メザルハ人権ノ本質を侵害スルモノナルコトヲ承認……次ノ如ク規定ス」という事項が紹介されている（原文のまま引用）。

[52]　田村善之「創作者の保護と知的財産の活用の相剋」日本工業所有権法学会年報29号98頁（有斐閣，2006年）には「人は自ら創作したものの利用に関して当然に権利を有するという自然権理論は，少なくとも特許法には該当しないであろう。」との指摘がある。

(2) 特許権との対比

特許権（68条）の排他的効力は，特許発明についてのさまざまな利用行為のうちで一定の産業的利用行為（2条3項）にしか及ばず，特許発明それ自体を特定人の支配下におくものではない。特許発明といえども，それを知識として入手することや情報として他人に伝達することは自由であり，特許発明を使ってそこから新しい発明を生み出すことも自由である。個人的または家庭的に特許発明を使用することも自由である[53]。特許発明は公開される情報であるから，特許発明それ自体を特定人の全面的な支配下におくことはそもそも不可能であるし，それ以前に技術的思想は観念的・抽象的なものであるからその性質上特定人の所有，支配にはなじまないものである[54]。特許権でさえ発明についての一部の利用行為だけにしかその支配力が及ばないのであるから，それ以前の特許を受ける権利が発明それ自体を支配する権利であるはずがないと思われる。

(3) 発明者自らの自由な使用，収益，処分

発明者において発明を自ら自由に使用，収益，処分（あるいは実施，譲渡）できることが支配権の存在の一つの根拠とされているようである[55]。たしかに民法206条には所有権について「自由にその所有物の使用，収益及び処分をする権利」と規定されている。しかし，それは有体物についての全面的な支配権の内容の例示にすぎず，自ら自由に財貨の使用，収益，処分を行えることが支配権存在の根拠となるものではない。たとえばノウハウも財産的価値ある情報であり，その保有者は自らそれを自由に使用，収益，処分できるが，ノウハウについては事実上の取引対象になるとしても実体法上の権利の客体とはなっていない。発明者が発明を自由に使用，収益，処分できるという事実状態を支配権存在の根拠とすることはできないものと解される。

(4) 営業秘密としての保護

学説の中には，特許を受ける権利の内容として国家に対する請求権だけを認

---

53) 中山・前掲注12) 321頁。
54) 小野昌延「特許登録前の発明侵害行為と不当利得」谷口知平教授還暦記念『不当利得・事務管理の研究(1)』231〜232頁（有斐閣，1970年）には「発明の特性」について記載されており，具体的には観念は万人の共有財であることや同一のものの同時並存性等が記載されている。
55) 三宅・前掲注24) 80頁には，支配権の根拠として，発明者が自由にその発明を使用しうる点が挙げられている。竹内・前掲注27) 230頁には，私権（発明権）の根拠として，権利者が発明の使用，対価取得，譲渡，放棄を任意に行えることが挙げられている。

めるならば，未特許発明を不正な行為から保護できないという必要性論の帰結として，発明を支配する権利としての私権を肯定する説がある。かつて営業秘密法制が十分整備されていない時代においてはそのような考え方も有力であったのかもしれない。

しかしながら，問題となるのは公開前（とりわけ出願前）の秘密状態にある発明であると思われるところ，そのような発明は，一定要件を満たす限りで営業秘密（不正競争2条6項）に該当し，営業秘密法によって不正な行為から保護される（同法2条1項4号～10号等）。また不法行為法（民法709条）によって違法な行為から保護される。

わが国においては，情報一般について財産的価値があることをもって権利の客体として保護する法制を採用しておらず[56]，そのような情報に対する不正または違法な行為に着目し，それを規整する法制を採用している。そのような法体系からみて，明示的な規定なく，特許を受ける権利の内容として発明を支配する権利までを認めるのは行き過ぎである。

なお，営業秘密法等による保護までを含めて法域横断的に発明権を観念することの是非については，現行法の解釈論としては，私見は否定的である。不正行為等に対する請求権者は特許を受ける権利を有する者とは必ずしも一致しないからであり，また，わが国では情報それ自体を権利の客体とする法制を採っていないからである。もっとも講学上，発明にかかわる権利や法益を括る概念として発明権を用いることまでを否定するものではない。

3　私見の整理

以上から請求権説が妥当である。もっとも，請求権といっても必ず特許を取得できる権利ではなく，手続要件や発明要件（36条・49条等）が満たされる限りにおいて特許を得られる権利である。その観点からみれば，特許を受ける権利は，特許を受けられる地位または資格を権利として構成したものであるといえる[57]。権利として構成した点，とくに譲渡可能な権利として構成した点が

---

[56]　営業秘密と権利的保護との関係について，小野昌延『営業秘密』500～525頁（有信堂，1968年）を参照。なお，牧野利秋監修＝飯村敏明編集『座談会 不正競争防止法をめぐる実務的課題と理論』179頁〔尾崎英男発言部分〕（青林書院，2005年）には，営業秘密の帰属論の中で「情報というものは法律上誰にも帰属するものではない…情報というのは，有体物における所有権のような権利の客体ではなくて，誰も法律上情報を自分に帰属するとは主張できない」との指摘がある。

重要である。これにより特許を受けられる地位およびそれに伴う利益を取引対象とすることが可能となりあるいはそれが容易となっている。これは特許を受ける権利の経済的価値を高めるものであり，ひいては発明者の利益の増進をもたらすものである。

請求権を行使するか否かおよび行使する場合にはいつ行使するかどのように行使するかは特許を受ける権利を有する者の自由意思に委ねられているから，その者はそれらについて選択または決定する利益を有している。特許を受ける権利の内容にはそのような法益も含まれると解される。

特許を受ける権利は，その作用の面からみて行政庁に対する請求権であるから，公権である。もっとも，行政庁を関与させているのは産業政策的配慮によるものであり[58]，特許を受ける権利の目的の実現により生じる特許権は私権であってそれは行政庁から付与されるものではなく，行政庁の特許処分により特許法の設権作用によって発生するものである（66条1項）。その点からみて，特許を受ける権利は，特許制度上の政策的意義はさておき権利の性質上は，公権性の希薄な公権であるといえる。一方，特許を受ける権利は，権利者が享受できる利益の面からみて，将来において特許権を取得しうる期待権[59]としての性質をもった財産権であり，その意味において私権である。特許を受ける権利が財産権である以上，特許を受ける権利にかかわる私人の間の法的問題については，特許法の規定に反しない限りにおいて，民法（財産法）が適用されうる[60]。なお，実体権と訴権（手続権）を区別する観点からみるならば，特許を受ける権利それ自体が実体権である。

請求権説の立場からさらに考察すると，特許を受ける権利の目的（客体）は，発明ではなく特許庁による特許処分ということになる。特許を受ける権利の譲

---

57) 羽柴隆「特許を受ける権利の質入について」小野木先生・斎藤秀夫先生還暦記念『抵当権の実行 下』388頁（有斐閣，1972年），茶園編・前掲46）30頁，島並＝上野＝横山・前掲注46）52頁。
58) 中山・前掲注12）158頁には「行政処分によって所有権的な私権が発生する制度は，財産法では他に類を見ない特異な制度であり，特殊な行政処分といえよう。行政処分による権利付与という形をとっているのは，利便性・安定性の向上という便宜上のものである。」旨が記載されている。なお，特許処分について，大渕哲也「特許処分・特許権と特許無効の本質に関する基礎理論」日本工業所有権法学会年報34号63頁以下（有斐閣，2011年）を参照。
59) 中山・前掲注12）161頁。
60) 一般法と特別法との適用関係については，谷口知平＝甲斐道太郎編『注釈民法(18) 債権(9)』596〜597頁〔小野昌延〕（有斐閣，新版，1991年）の説明が参考になる。

渡は必ずしも発明の譲渡[61]を意味しない。その意味するところは当事者間の契約の内容およびその解釈によることになる。特許を受ける権利は，請求権の内容である特許権の発生および取得の円満な実現をもって消滅することを目的とする権利[62]である[63]。よって，請求権の内容の円満な実現が第三者によって妨げられた場合に特許を受ける権利の侵害が成立する。特許を受ける権利に含まれる法益（同権利が特許請求権であることから生じる法益）が第三者によって棄損された場合も同様である。

第4節　関連する論点

特許を受ける権利に関しては多くの論点がある。その中でいくつかの論点を以下において検討する。

1　近時の法改正との関係[64]

平成23年特許法一部改正（平23法63）で，特許を受ける権利を有する者が，その権利を有しない者を名宛人として生じてしまった特許権の移転を請求しうる旨が規定された（74条1項）。その立法過程を参照すると，移転請求権が導かれたのは，特許を受ける権利の内容からではなく，必要性論つまり産業政策的配慮からである[65]。そのような経緯からみて，移転請求権の制定をもって特許を受ける権利にもともと含まれていた支配権能が顕在化したとはいいがたい。

一方，移転請求権の新設により特許を受ける権利の実体が変化した，つまり

---

61) そもそも発明の譲渡は有体物のそれとはまったく異なる概念である。情報には消費の排他性がない点について，中山信弘「財産的情報における保護制度の現状と将来」『岩波講座　現代の法(10)　情報と法』267〜290頁（岩波書店，1997年），中山・前掲12）306〜307頁を参照。
62) 於保不二雄『債権総論』4頁（有斐閣，1959年）には「物権は存在を目的とする権利であるのに対して，債権は消滅を目的とする権利である」旨が説明されている。特許を受ける権利も消滅を目的とする権利であるといいうる。
63) それゆえ，たとえば，無権利者を名宛人として特許権が成立しても，請求権の内容が円満に実現したとはいえず，真の権利者が有する特許を受ける権利は消滅しないと解される（74条1項）。
64) 本項では，特許を受ける権利を有しない者により特許出願がされてしまった場合（無権利者出願の場合）に絞って，それとの関係から，（特許出願前における）特許を受ける権利について検討する。

特許を受ける権利の内容に特許を受けることについての支配権能が含まれるに至った，という解釈が成り立つ余地はある[66]。しかし，移転請求権は他人による出願行為があって初めて生じる相対的な権利であり，そのような例外的な場合を除いて，発明者といえどもやはり特許出願を行わなければ特許権を得られないのであるから（それがわが国特許制度の基本であるから），その導入によって特許を受ける権利の内容に特許を受けることについての支配権能が含まれるに至ったとの解釈は首肯しがたい。移転請求権は，特許を受ける権利の内容から生じる請求権ではなく，補償金請求権（65条1項）[67]同様の特別な請求権であると解される。

なお，移転請求権の新設により特許を受ける権利の内容に特許を受けることについての支配権能までが含まれるようになったと仮定しても，それは発明の支配権能ではないから，その変化は支配権請求権並立説，支配権説および支配権請求権併有説を妥当とする根拠になるものではない。むしろそれは特許請求権としての作用力の強化と理解される。

2　発生要件

大別して，客観的にみて特許要件を満たした発明だけに特許を受ける権利が発生すると理解する説（客観説）[68]と，主観的にみて特許可能性が認められる発明であれば特許を受ける権利が発生すると理解する説（主観説）[69]と，があ

65）　産業構造審議会知的財産政策部会「特許制度に関する法制的な議題について」60頁（2011年）には「近年冒認等が発生しやすい状況となってきているにもかかわらず，真の権利者の救済が十分とはいえず，また，諸外国の制度との調和の観点や，産業界等からのニーズも踏まえれば…特許権の移転請求権を認める制度を導入すべきである。」旨が説明されている。特許庁工業所有権制度改正審議室編『平成23年特許法等の一部改正　産業財産法の解説』43～44頁（発明協会，2011年）にも同様の事項が記載されている。

66）　参考になる学説として，兼子＝染野・前掲注29）15頁。

67）　補償金請求権が特別な請求権であることについて，中山・前掲注12）217～221頁を参照。ただし，この点については学説上争いがある（同書同頁）。

68）　瀧野・前掲28）30頁，「発明　特許法セミナー（1）」379～383頁〔吉藤幸朔発言部分〕（有斐閣，1969年），豊崎・前掲6）133頁。客観説の中には，出願後に新規性，進歩性等が否定された時点で特許を受ける権利が遡及消滅すると解釈する説が含まれる。なお，特許を受ける権利の内容として発明の支配権を肯定する場合，理論的には客観説を採ることになるものと解される。

69）　盛岡・前掲注34）515～516頁。東京高判平成12年11月28日判例工業所有権法〔第2期版〕1161の6～1161の7頁は特許を受ける権利につき「当該発明について最終的に特許権の登録が認められるか否かにかかわらず認められる権利である」旨を判示する。

る[70]。

　主観説が妥当である。上述のように特許を受ける権利は特許を受けられる主体的な資格を権利として構成したものであると理解されるところ，進歩性等の特許要件が満されて初めて主体的な資格が生じるとは考えにくいからである[71]。

　実務上は主観説を採らざるをえないものと解される。行政処分の確定に至ってようやく特許を受ける権利が実際に発生していたのか否かが判明するのでは，出願前または出願中において，特許を受ける権利の取引契約の成否が不明または不安定になってしまうからであり，また特許を受ける権利の侵害の成否も判断できなくなってしまうからである[72]。

3　特許出願の前後での特許を受ける権利の変化
(1) 検　討

　特許法上，特許出願の前後で特許を受ける権利がどのように変化するのかについて何らの規定も存在しない。学説においては，この問題につき，基本的に不変であるとする見解[73]と，変化を指摘または示唆する見解[74]と，が認められるが，いずれにしても今まで踏み込んだ議論は認められない。

　私見によれば，特許出願前における特許を受ける権利（以下「出願前の特許を受ける権利」という）（34条1項）に対し，特許出願後における特許を受ける権利（34条4項）（以下「出願後の特許を受ける権利」という）（34条4項）において認められる変化として，①請求権としての性質の変化，②出願人の地位の発生，③特許出願という財産の排他的支配，④財産的価値の増大，があげられる。以下に個別的に説明する。

---

70) 紋谷暢男編『特許法50講』35～38頁〔川口博也〕（有斐閣，第4版，1997年）。なお，論者によって客観説および主観説の定義が異なるようなので，その点に留意が必要である。
71) 川口・前掲注37) 55～56頁を参照。
72) 前掲注69) 裁判例を参照。そもそも客観的な新規性や進歩性の有無は特許出願時が定まらないと確定しないところ，特許を受ける権利は特許出願前に発生する権利であり，特許出願前においても取り引きされる権利である。客観説によると，新規性や進歩性がないと判断された発明に係る特許出願は理論上すべて無権利者出願になってしまうという問題もある。
73) 竹田和彦「特許を受ける権利の返還請求について」パテント34巻7号49頁（1981年）。
74) 井関涼子「冒認出願に対する真の権利者の救済」同志社法学53巻5号2頁（2002年）。

① 請求権としての性質の変化

特許出願は特許を受ける意思の客観的な表示として特許庁長官に対して特許査定を求めて願書を提出する行為である[75]。特許出願前においては，特許庁長官に対する意思表示はいまだなされていないのであるから，その段階での請求権は特許庁との関係では潜在的・抽象的な請求権である。特許出願時点で，それが特許庁に現実の義務を生じさせる現実的・具体的な請求権に変化すると解される[76]。

② 出願人の地位の発生

特許出願により，特許庁との関係において，出願人（申請人）の地位（権能）が生じ，出願後の特許を受ける権利にはそれが含まれる[77]，と解される。つまり，出願後の特許を受ける権利には，発明完成により生じた特許を受けられる地位および特許出願により生じた出願人の地位の両方が含まれる，と解される[78]。

なお，特許出願についての処分的手続は出願人のみがなしうるのであるから，出願人は手続上，特許出願を支配している。その支配は本来的には特許庁の行政事務において保証されるものであるが，さまざまな理由によってその支配が第三者によって毀損されることもある。行政法の枠組みを超えて私法的観点から特許出願（あるいは出願人の地位）を考察すべき必要性がそこにある。

③ 特許出願という財産の排他的支配

私法的観点からみて，特許出願（あるいは出願人の地位）は特許権の取得に向けられた法的利益であり，それは出願人に帰属する一種の財産である。出願人は，上記の手続上の支配を介して，特許出願という財産を直接的に排他的に

---

[75] 中山・前掲注12) 174頁。
[76] 青木康『行政手続法指針』553頁（ぎょうせい，新版，1991年）を参照。
[77] 特許を受ける権利の承継の届出として出願人名義変更届が提出されることからみて（特許法施行規則12条・様式第18），出願後の特許を受ける権利の内容に出願人の地位（権能）が含まれていると理解するのが自然である。
[78] 特許を受ける権利を有しない者による特許出願（無権利者出願）の場合，出願人の地位（権能）は単体で存立し，それがその出願人に帰属すると解される。そのような出願も特許庁に正式に係属した特許出願であり，手続上の問題があるわけではないからである。権利面での瑕疵の事後的治癒の可能性も考慮するとそのように理解した方がよいであろう。なお，無権利者出願は，不正競争的な意図によるもののほか，契約無効，契約解除，発明者誤認定等によっても生じうる。実務上，発明者の正確な認定は容易ではなく，しかも出願後の請求項の補正により意図せずに無権利者出願になったりならなかったりする。無権利者出願の全部を不正競争的な出願と決め付けるべきではないので，本稿では「冒認」という用語の使用を避けている。

支配している。出願人名義を第三者が勝手に奪ってはならないのはいうまでもないことである。これらからみて，出願後の特許を受ける権利には特許出願という財産の排他的支配の権能（支配権）が含まれている，と解される。

④ 財産的価値の増大

特許出願により，特許を受けようとする者および発明が客観的に特定され，出願前には存在しなかった出願人の地位が生じ，同時に，特許庁には一定の義務が生じる。また，新規性，進歩性等の特許要件（29条1項各号・2項等）についての判断時期の確定という利益も生じる。出願前の特許を受ける権利と出願後の特許を受ける権利はいずれも財産権である点で共通するが，出願前の特許を受ける権利の財産的価値よりも出願後の特許を受ける権利の財産的価値の方がかなり大きいといえる。

以上のように，出願後の特許を受ける権利には出願前の特許を受ける権利を超える内容が含まれている。財産的価値の増大だけに着目してもそれらの権利を同視できないのは明らかである。

(2) **上記解釈を前提とした場合に生じる問題**

上記解釈を前提とした場合，特許を受ける権利を有しない者による特許出願（無権利者出願）の事案において，特許を受ける権利を有することを確認する判決に基づいて特許を受ける権利を有する者への出願人名義の変更を認めている現行の運用[79]については問題を指摘せざるをえない。裁判所の判決が出願前の特許を受ける権利を有することを確認する判決であるなら，それは出願人の地位までを確認したものとはいえないから，その判決に基づいて特許庁において出願人名義の変更を行うことはできないはずである。一方，上記事案において，特許を受ける権利を有する者は特許出願を行っていないから，つまり，その者は出願前の特許を受ける権利しか有していないから，一定の場合を除いて，裁判所においてその者が出願後の特許を受ける権利を有することを確認する判決を出すことはできないはずである[80]。確認対象がいずれであっても特許庁において出願人名義の変更を行うことはできないように思える。74条の立法趣

---

79) 特許庁編『方式審査便覧』45.25。
80) 出願人の地位の移転を基礎づける当事者間の合意，雇用契約上の義務，請負契約上の義務，委任契約上の義務（それらの義務には黙示のものも含まれる）または不当利得等が存在し，そのような当事者間の法律関係に基づいて，出願後の特許を受ける権利（あるいは出願人の地位）の帰属を確認する判決や，名義変更手続またはその手続への協力を命じる判決を出すことは可能であると解される。

旨を貫徹したいのであれば出願人名義の変更まで立法的に手当てすべきである[81]。

これとは異なり，法律上の原因なき出願人名義の変更（無権原名義変更）の事案[82]においては，真の権利者は出願後の特許を受ける権利を有しているから，その権利を有することを確認する判決に基づいて特許庁において出願人名義の変更を行うことに問題はない[83]。

もっとも，私見によれば，出願後の特許を受ける権利には特許出願という財産の排他的な支配権が含まれているから，無権原名義変更の事案においては，その支配権から生じる物権的な請求権により[84]，出願人の地位（特許後においては特許権者の地位）を取り戻せると解される。

---

[81] もっとも，無権利者出願か否かは理論上，請求項単位で判断されると解され，各請求項の記載内容が確定していない段階で，しかも特許出願全体について，帰属先の変更を認めてよいか否かについては慎重な検討が必要である。なお，わが国特許制度の趣旨・構造および特許を受ける権利の実体からみて，前注に例示したような当事者間の法律関係（実体的関係）から生じる請求権を特許法上明文化または立法化（しかも一歩進めて物権化）したものが移転請求権（74条1項）であると理解され，それゆえに出願前の特許を受ける権利を有するということだけで一律に移転請求権を認めるのは行き過ぎではないかとの疑義をもっている。この点についての今後の議論が期待される。

[82] 無権利者出願の事案と無権原名義変更の事案の間には根本的な相違があると思われるので，両者を一括して議論すべきではないと考える。無権利者出願の事案において（営業秘密法制による行為規整はさておき）第三者が取得，利用したものは（私見によれば）排他的な支配権の効力が及んでいない情報（発明）であるのに対し，無権原名義変更の事案において第三者が得たものは（私見によれば）排他的な支配権の効力が及んでいる特許出願（または出願人の地位）である。

[83] ただし，一般的ではないかもしれないが，当事者間に特約がある場合や同時履行関係が生じている場合までを考えると，確認判決ではなく給付判決とすべきである。参考として，登記登録法に関し，幾代通『不動産登記法』102頁（有斐閣，第3版，1989年），梶村太市＝深澤利一＝石田賢一編『登記・登録訴訟法』186～192頁〔井上邦夫〕（青林書院，1997年）を参照。

[84] 物権的請求権の本質について，於保不二雄『民法著作集Ⅰ財産法』87～118頁（新青出版，2000年）（初出：法学論叢70巻2号（1961年））を参照。

第5節　おわりに代えて

　わが国の特許法はドイツ特許法の影響を受けているといわれている。わが国特許法の特許を受ける権利がドイツ特許法の特許付与請求権（Anspruch auf Erteilung des Patents）[85]に相当すると理解するならば，わが国の特許法の解釈論上，特許を受ける権利とは別に実体権としての発明権（Erfinderrecht）[86]を観念する説（支配権請求権並立説）が生じうる[87]。一方，わが国特許法の特許を受ける権利がドイツ特許法の特許を受ける権利（Recht auf das Patent）[88]に相当すると理解するならば，わが国特許法の特許を受ける権利が発明を支配する実体権であるという説（支配権説）が生じうる。幾つかの対応付けがあり，それがわが国の特許を受ける権利の解釈論において複数の説を生じさせてきた要因の一つであると思われる。

　しかし，ドイツにおいては発明者の権利の立法化において独特の経緯が認められ[89]，また，上記二つの権利（Recht auf das Patent, Anspruch auf Erteilung des Patents）の並立という権利構成はわが国現行特許法のそれとは異なっている。よって，発明者の権利に関し，ドイツ特許法の解釈論をわが国特許法の解釈論に持ち込む際には一定の慎重さが求められるように思える。第一義的にはわが国の産業財産権制度の趣旨や構造からわが国特許法の特許を受ける権利が解釈されるべきであると考えており，本稿においてはそのような解釈姿勢で特許を受ける権利の実体の解明に努めたつもりである。

　なお，上記の点について付言すれば，わが国特許法の特許を受ける権利は，ドイツ特許法の特許を受ける権利（Recht auf das Patent）とは異なる権利であ

---

85) ドイツ現行特許法7条1項（15条1項）。特許付与請求権（Anspruch auf Erteilung des Patents）は特許出願時に発生する請求権であり，公権であると解されている（俵静夫著＝豊崎光衛補遺『独逸工業所有権法』39頁（有斐閣，復刊版，1967年））。
86) 前掲注10)参照。
87) 清瀬博士が『特許法原理』（前掲注5)）を出されたのは1922年（大正11年）であり，その当時のドイツ特許法には特許を受ける権利（Recht auf das Patent）が規定されておらず，特許付与請求権（Anspruch auf Erteilung des Patents）だけが規定されていた（後注88)，89)を参照）。そのような関係からみて，わが国特許法（大正10年特許法）の特許を受ける権利（特許ヲ受クルノ権利）がドイツ特許法の特許付与請求権に相当するとの理解に至るのはある意味で自然なことであったと思われる。
88) ドイツ現行特許法6条。特許を受ける権利（Recht auf das Patent）は発明完成時に発生する私権であると解されている（俵著＝豊崎補遺・前掲注85)39頁）。

り，また特許付与請求権（Anspruch auf Erteilung des Patents）とも異なる権利であり，さらにそれら2つの権利を併せたものとも異なる権利である，と理解している。

　ご意見ご批判を頂戴しながら今後もわが国特許法の特許を受ける権利の研究を進めていきたい。

---

89) ドイツにおいては，1871年のドイツ統一後，1877年に最初の特許法が制定されている。その1877年特許法では，発明者の権利（発明完成時に生じる権利）については規定されておらず，特許出願により発生する特許付与請求権（Anspruch auf Erteilung des Patents）だけが規定されていた。その後，1936年特許法に至って，特許付与請求権とともに，発明者の権利として特許を受ける権利（Recht auf das Patent）が規定された。一方，わが国において特許を受ける権利（特許ヲ受クルノ権利）が初めて規定されたのは明治42年（1909年）特許法である。「…発明シ又ハ…発明シタル者ハ…特許ヲ受クルコトヲ得」という規定が初めて設けられたのはさらに古く明治21年（1881年）特許条例である。発明者の権利の立法時期だけを単純に比較するならばドイツよりもわが国の方が早い。もっとも，ドイツ1936年特許法の制定以前においてもドイツにおいては発明者の権利を主張する学説やそれを認める判決があり，それらが大なり小なりわが国の特許法学に影響を与えたのは間違いないであろう。当時のアメリカ特許法学等の影響ももちろん無視しえない。いずれにしても発明者の権利に限っては日本特許法とドイツ特許法との間に確固たる関係が認められない以上（ドイツにおいても発明者の権利に関して大きな論争があったことも考慮し），両国特許法間において権利の対応付けを行う際には一定の慎重さが求められるように思える。

　ドイツ特許制度史について，清瀬一郎『発明特許制度ノ起源及発達』200～221頁（学術選書，1997年復刻（1915年学位請求論文）），俵著＝豊崎補遺・前掲注85）9頁以下，瀧野文三『発明者権立法の研究』17頁以下（中央大学出版部，1967年），中山信弘『発明者権の研究』30～35頁（東京大学出版会，1987）を参照。なお，発明者主義について，玉井克哉「特許法における発明者主義㈠㈡」法学協会雑誌111巻11号・12号（1994年），Alexander K. Schmidt, Erfinderprinzip und Erfinderpersönlichkeitsrecht im deutschen Patentrecht von 1877 bis 1936, Mohr Siebeck 2009. を参照。ドイツ特許法の継受に関して，松本・前掲49）72～100頁を参照。19世紀のドイツ民法学における実体法と手続法の体系的分化に関して，奥田昌道「請求権概念の生成と展開」3頁以下（創文社，1979年）を参照。

パイオニア発明の保護
―知財高判（大合議）平成28年3月25日を契機として―

辻居　幸一

第1節　はじめに
第2節　本大合議判決の事案の概要
第3節　本大合議における本質的部分の認定基準
第4節　本大合議判決における本質的部分の認定基準の適用
第5節　本大合議判決の射程と米国の均等論
第6節　「パイオニア発明」とは何か
第7節　裁判例に見る「パイオニア発明」
第8節　本大合議判決の射程の拡大の可能性
第9節　結　び

第1節　はじめに

　知財高判（大合議）平成28年3月25日（平成27年(ネ)第10014号）（以下「本大合議判決」という）[1]は，均等の第1要件における本質的部分の認定基準につき[2]，「特許発明の実質的価値」は，「その技術分野における従来技術と比較した貢献の程度に応じて定められる」としたうえで，「特許発明の本質的部分」は，「特許請求の範囲及び明細書の記載，特に明細書記載の従来技術との比較から認定されるべきであ」ると判示し，「従来技術と比較して特許発明の貢献の程度が大きいと評価される場合」には，「特許請求の範囲の記載の一部について，これを上位概念化したものとして認定され」ると判示し，均等の第1要

---

[1]　本大合議判決の解説については，岡田誠「化学・医薬分野における均等侵害について」AIPPI・JAPAN月報61巻9号（2016年），小泉直樹「均等の要件」ジュリスト1495号8頁（2016年），「知財高裁詳報マキサカルシトール製剤事件」L&T72号66頁（2016年）がある。
[2]　本大合議判決は，均等の各要件の立証責任について，また，均等の第5要件における「特段の事情」について明らかにしたが，本稿では均等の第1要件の点に絞って紹介することとする。

件の適用を緩和した。本大合議判決は，従来，均等による「パイオニア発明」の保護のあり方として唱えられてきた見解[3]を具体化したものとして高く評価される。

本稿においては，本大合議判決において均等の第1要件に係る認定判断について紹介するとともに，「パイオニア発明」のような「従来技術と比較して特許発明の貢献の程度が大きいと評価される場合」について，均等論以外の場面において，その実質的保護を図る可能性について検討することとする。

第2節　本大合議判決の事案の概要

(1)　本大合議判決は，ボールスプライン事件最高裁判決（最判平成10年2月24日）以降，初めて化学・医薬分野において均等侵害を認めた画期的な判決である。この事案は，発明の名称を「ビタミンDおよびステロイド誘導体の合成用中間体およびその製造方法」とする本件特許権を有する被控訴人（一審原告）が控訴人ら（一審被告）に対し，控訴人らの輸入販売に係るマキサカルシトール製剤等（以下「控訴人製品」という）の製造方法（以下「控訴人方法」という）は，請求項13に係る発明（以下「本件訂正発明」という）と均等であり，控訴人製品の販売等は本件特許権を侵害すると主張した事案である。

(2)　本件訂正発明の詳細については説明を省略するが，本件訂正発明は，本件発明の目的物質及び出発物質の「Z」を「ステロイド構造」および「ビタミンD構造」のものに限定し，導入される側鎖を特定構造のものに限定した。本件訂正発明は，出発物質→中間体→目的物質という工程からなり，中間体のエポキシ基を開環させて，目的物質を製造するものである（マキサカルシトールとは，目的物質の「Z」として「ビタミンD構造」を有するもので，「Z」に置換基として二つのヒドロキシ基［OH］を有する物質である）。

本件訂正発明における出発物質は，シス体のビタミンD構造であるのに対し，控訴人方法における出発物質は，幾何異性体であるトランス体のビタミンD構造であった[4]。また，本件訂正発明における中間体は，シス体のビタミンD構造であるのに対し，控訴人方法における中間体は，トランス体のビタミンD構造であった。

3）　均等による「パイオニア発明」の保護に関する見解については，本文後記第5節参照。
4）　シス体とトランス体の構造的相違等技術的な説明については，岡田・前掲注1）参照。

(3) 被控訴人は，均等の第1要件について，本件訂正発明におけるマキサカルシトールの側鎖の導入方法に着目し，以下のとおり主張した。

「控訴人らが主張するシス体とトランス体の安定性や精製容易性の違いは，訂正発明の本質的部分であるマキサカルシトールの側鎖の導入方法とは関係がないし，……そのことは，訂正発明と控訴人方法とが実質的に同じであることを否定する理由とはならない。

従来技術に比して工程を短縮できるという点のみが訂正発明の作用効果ではない。……本件特許に係る出願以前のマキサカルシトールの側鎖の導入を可能とする方法は，……そのいずれもが工業生産に適した方法ではなかった。訂正発明は，初めて工業的に実用可能なマキサカルシトールの側鎖の導入方法であり，その効果は，上記各従来のマキサカルシトールの側鎖導入法に対するマキサカルシトールの側鎖の導入法の違いである。」

第3節　本大合議における本質的部分の認定基準

(1) 大合議判決は，均等の第1要件（非本質的部分）の判断において，まず，本質的部分の認定基準について，以下のとおり，詳細に述べている。

「特許法が保護しようとする発明の実質的価値は，従来技術では達成し得なかった技術的課題の解決を実現するための，従来技術に見られない特有の技術的思想に基づく解決手段を，具体的な構成をもって社会に開示した点にある。したがって，特許発明における本質的部分とは，当該特許発明の特許請求の範囲の記載のうち，従来技術に見られない特有の技術的思想を構成する特徴的部分であると解すべきである。

そして，上記本質的部分は，特許請求の範囲及び明細書の記載に基づいて，特許発明の課題及び解決手段（特許法36条4項，特許法施行規則24条の2参照）とその効果（目的及び構成とその効果。平成6年法律第116号による改正前の特許法36条4項参照）を把握した上で，特許発明の特許請求の範囲の記載のうち，従来技術に見られない特有の技術的思想を構成する特徴的部分が何であるかを確定することによって認定されるべきである。すなわち，特許発明の実質的価値は，その技術分野における従来技術と比較した貢献の程度に応じて定められることからすれば，特許発明の本質的部分は，特許請求の範囲及び明細書の記載，特に明細書記載の従来技術との比較から認定されるべきであり，そして，①従

来技術と比較して特許発明の貢献の程度が大きいと評価される場合には，特許請求の範囲の記載の一部について，これを上位概念化したものとして認定され（……訂正発明はそのような例である。），②従来技術と比較して特許発明の貢献の程度がそれ程大きくないと評価される場合には，特許請求の範囲の記載とほぼ同義のものとして認定されると解される。

ただし，明細書に従来技術が解決できなかった課題として記載されているところが，出願時（又は優先権主張日。以下……同じ）の従来技術に照らして客観的に見て不十分な場合には，明細書に記載されていない従来技術も参酌して，当該特許発明の従来技術に見られない特有の技術的思想を構成する特徴的部分が認定されるべきである。そのような場合には，特許発明の本質的部分は，特許請求の範囲及び明細書の記載のみから認定される場合に比べ，より特許請求の範囲の記載に近接したものとなり，均等が認められる範囲がより狭いものとなると解される。

また，第1要件の判断，すなわち対象製品等との相違部分が非本質的部分であるかどうかを判断する際には，……上記のとおり確定される特許発明の本質的部分を対象製品等が共通に備えているかどうかを判断し，これを備えていると認められる場合には，相違部分は本質的部分ではないと判断すべきであり，対象製品等に，従来技術に見られない特有の技術的思想を構成する特徴的部分以外で相違する部分があるとしても，そのことは第1要件の充足を否定する理由とはならない。」

(2) ここで注目すべきは，本大合議判決が示した「特許発明の実質的価値」という概念である。特許法は，すべての特許発明を保護すべきものであるが，本大合議判決は，数多くの特許発明において「特許発明の実質的価値」がそれぞれ異なることを明示したのである。特許法は，「発明の保護及び利用を図ることにより，発明を奨励し，もって産業の発達に寄与することを目的とする」ものであり（特許法1条），このような目的からして，産業の発達への寄与の度合いにより「特許発明の実質的価値」を評価することは正当といえよう。

なお，ボールスプライン事件最高裁判決は，「特許発明の実質的価値は第三者が特許請求の範囲に記載された構成からこれと実質的に同一なものとして容易に想到することのできる技術に及び，第三者はこれを予期すべきものと解するのが相当であり」と判示しているが，これは特許権の効力との関係で「特許発明の実質的価値」を論じており，本大合議判決のいう「特許発明の実質的価

値」とは必ずしも同趣旨とは考えられない。

　また，ボールスプライン事件最高裁判決の調査官解説には，「特許法が保護しようとする発明の実質的価値は，従来技術では達成し得なかった技術的課題の解決を実現するための，従来技術に見られない特有の技術的思想に基づく解決手段を，具体的な構成をもって社会に開示した点にある」と述べられ，この一説は，本大合議判決と同一であるが，本大合議判決は，さらに，「特許発明の実質的価値」の評価について，より具体的に論じている。

　(3)　そして，本大合議判決は，「本質的部分は，……従来技術に見られない特有の技術的思想を構成する特徴的部分が何であるかを確定することによって認定されるべきである」としたうえで[5]，「特許発明の実質的価値」は，「その技術分野における従来技術と比較した貢献の程度に応じて定められる」とし，特許発明の本質的部分は，特に明細書記載の従来技術との比較から認定されるべきとした。従来技術の何と比較すべきか，本合議体判決は明らかにしていないが，おそらく，従来技術と特許発明とを，目的ないし課題，構成，効果のいずれの点からも比較することになるのであろう。

　本大合議判決の「特許法が保護しようとする発明の実質的価値は，従来技術では達成し得なかった技術的課題の解決を実現するための，従来技術に見られない特有の技術的思想に基づく解決手段を，具体的な構成を持って社会に開示した点にある」という一説は，構成上の相違を重視しているかのようにも解されうるが，むしろ，後述する本件訂正発明と従来技術との比較による具体的な認定からすると，目的ないし課題，構成，効果のいずれも比較して「特許発明の実質的価値」を評価すべきとしているように思われる。

　(4)　さらに，本大合議判決は，「①従来技術と比較して特許発明の程度が大きいと評価される場合」と「②従来技術と比較して特許発明の貢献の程度がそれほど大きくないと評価される場合」とに二分し，①の場合には，「特許請求の範囲の記載の一部について，これを上位概念としたもの」として認定され，②の場合には，「特許請求の範囲の記載とほぼ同義のもの」として認定されるとする。本大合議判決は，①の「大きいと評価される場合」とは，どの程度大

---

　5)　従来の裁判例においては，「当該特許発明特有の解決手段を基礎付ける技術的思想の中核をなす特徴的部分」という表現が用いられていたが，本大合議判決では，「従来技術に見られない特有の技術的思想を構成する特徴的部分」という表現が用いられていることについては，小泉・前掲注1)，70頁参照。

きいのかについて明らかにしていない。実際には，②の「それほど大きくないと評価される場合」が多いであろうと推測される。また，後述する本件訂正発明の具体的な認定においても，従来技術と比較した貢献の程度がかなり大きいと判断されている。さらに，①の場合には，「特許請求の範囲の記載の一部について，これを上位概念化したものと認定」するという，第三者の予測可能性および法的安定性からすると問題となりうる本質的部分の認定手法であることからすると，①の場合は，とくに「大きい」例外的な場合を意味すると解する方が妥当のように思われる。

第4節　本大合議判決における本質的部分の認定基準の適用

(1)　本大合議判決は，訂正明細書の記載を仔細に検討したうえで，本件訂正発明は，「従来技術に開示されていなかった新規な製造方法を提供することを課題とするものであり，当該課題を解決する具体的な解決手段として，ビタミンD構造又はステロイド環構造の20位アルコール化合物（構成要件B-1の化合物）を，塩基の存在下で，末端に脱離基を有するエポキシ炭化水素化合物（構成要件B-2の試薬）と反応させることにより，エーテル結合及び側鎖にエポキシ基を有するステロイド環構造体又はビタミンD構造体であるエポキシド化合物（構成要件B-3の中間体）を合成し，その後，還元剤で処理をしてこの側鎖のエポキシ基を開環して水酸基を形成することにより，マキサカルシトールの側鎖を有するビタミンD誘導体又はステロイド誘導体を製造するという方法を採用したものである」と認定し，「従来技術にはない新規な製造ルートによりその対象とする目的物質を製造することを可能とするものであり，従来技術に対する貢献の程度は大きい」とし，「新たなマキサカルシトールの工業的な製造方法が求められており，マキサカルシトールの物質特許を有していた被控訴人においても，訂正発明によって，初めてマキサカルシトールの工業的な生産が可能となったものである」と判断した。

(2)　このような判断に基づき，本大合議判決は，「訂正発明の本質的部分……は，ビタミンD構造又はステロイド環構造の20位アルコール化合物を，末端に脱離基を有する構成要件B-2のエポキシ炭化水素化合物と反応させることにより，一工程でエーテル結合によりエポキシ基を有する側鎖を導入することができるということを見出し，このような一工程でエーテル結合によりエポ

キシ基を有する側鎖が導入されたビタミンＤ構造又はステロイド環構造という中間体を経由し，その後，この側鎖のエポキシ基を開環するという新たな経路により，ビタミンＤ構造又はステロイド環構造の20位アルコール化合物にマキサカルシトールの側鎖を導入することを可能とした点にあると認められる。

　一方，出発物質の20位アルコール化合物の炭素骨格（Ｚ）がシス体又はトランス体のビタミンＤ構造のいずれであっても，出発物質を，末端に脱離基を有するエポキシ炭化水素化合物と反応させることにより，出発物質にエーテル結合によりエポキシ基を有する側鎖が導入された中間体が合成され，その後，この側鎖のエポキシ基を開環することにより，マキサカルシトールの側鎖を導入することができるということに変わりはない。この点は，中間体の炭素骨格（Ｚ）がシス体又はトランス体のビタミンＤ構造のいずれである場合であっても同様である。したがって，出発物質又は中間体の炭素骨格（Ｚ）のビタミンＤ構造がシス体であることは，訂正発明の特許請求の範囲の記載のうち，従来技術に見られない特有の技術的思想を構成する特徴的部分とはいえず，その本質的部分には含まれない。」と判断し，「控訴人方法のうち，訂正発明との相違点である出発物質及び中間体の『Ｚ』に相当するビタミンＤ構造がシス体ではなく，トランス体であることは，……訂正発明の本質的部分ではない。」として，均等の第１要件を充足すると結論した。

　⑶　このように本大合議判決は，本件訂正発明を従来技術と比較して，新規な製造ルートにより目的物質を製造するという目的（課題）およびマキサカルシトールの側鎖の導入方法に係る構成上の相違のみならず，初めてマキサカルシトールの工業的な生産を可能にするという顕著な効果に着目し，本件訂正発明が「従来技術と比較して特許発明の貢献の程度が大きいと評価される場合」に該当すると判断した。

第５節　本大合議判決の射程と米国の均等論

　⑴　本大合議判決は，均等の第１要件の適用において，「従来技術と比較して特許発明の貢献の程度が大きいと評価される場合には，特許請求の範囲の記載の一部について，これを上位概念化したものとして認定され」るとして，その第１要件の適用を緩和し，貢献の程度が大きいと評価される特許発明についてその実質的保護を図ったと評価することができよう。

(2) 従前から，均等論の適用において，「パイオニア発明」の場合には，その適用を広く認めるべきであるとの見解は，ボールスプライン事件最高裁判決の調査官解説やその他の論考（設樂隆一「米国の特許権侵害訴訟の実情と日本の均等論についての一考案―ヒルトンデービス判決の要約とその分析―」法曹時報48巻6号49頁，同巻8号25頁，渋谷達紀「知的財産法講義Ⅰ」218頁（有斐閣，第2版，2006年））に示されていた。

同調査官解説には，「特定の技術的課題を解決する手段を初めて開示したいわゆるパイオニア発明の場合には，当該特許発明により初めて開示された解決手段は基本的な構成であり，発明を基礎付ける技術思想は広範な範囲のものであるから，その構成の一部を置換することによって，特許発明の技術思想の範囲を出ることは困難である。」と説明されている。前記設樂論文では，米国法の均等論について詳細に紹介したうえで，以下のとおり均等論との関係でパイオニア発明を保護すべきであると述べられている。

「実際に特許権侵害訴訟の場で，審査の段階では見つからなかった出願前の公知技術が新たに証拠として提出され，特許発明の進歩性に疑問が生じてくる場合は珍しくないであろうし，もともと，進歩性の有無の境界線上にあるような単なる改良発明もないわけではない。また，これに対し，パイオニア発明の場合のように，技術の進歩及び社会に対する貢献度が大であるのに，特許請求の範囲の記載の困難さにより，実質的に特許発明を利用する侵害態様のすべてを網羅することが困難な場合には，特許請求の範囲の記載を越えてこれを保護すべきとの要請も強くなるであろう。」

本大合議判決は，「パイオニア発明」という言葉は用いていないが，「従来技術と比較して特許発明の貢献の程度が大きいと評価される場合」とは，「パイオニア発明」のような発明を指しているものと理解することができよう。

(3) 米国法の均等論については，以下のとおり紹介されている（尾崎英男「均等論についての日米比較」『知的財産法の理論と実務』第1巻—特許法［Ⅰ］）。

「米国では文言侵害が成立しない場合でも常に均等論による侵害が検討されるが，認められる均等の幅は発明によって大きく異なる。すなわち，米国特許法では，『パイオニア発明』に対しては均等の範囲は広く認められ，『周辺に多くの同種技術が存在するような分野での改良発明』に対して認められる均等の範囲は狭いものであるという考え方が19世紀から存在している。このような考え方は個々の事件において均等か否かの判断をする上での指針となってい

る。」[6)]

　そのうえで，前記尾崎論文は，日本の均等論について以下のとおり問題点を指摘している。

　「前述のように，米国では『パイオニア発明』に対しては均等の範囲を広く認め，『周辺に多くの同種技術が存在するというような分野での改良発明』に対して認められる均等の範囲は狭いものであるという考え方が古くからあるのに対し，我が国ではこのような考え方はあまり強調されることがなかった。しかし，置換可能性に特許発明の構成と置換された構成要素との『目的』，『作用』，『効果』の同一性の評価判断を含ませるならば，クレーム制度の下で均等論の適用による侵害の認定が例外的であることは，置換可能性の評価に反映されるべきものである。均等論の下でも狭い範囲しか保護されるべきでない発明については，置換可能性の認められる範囲が狭く，広い範囲が均等として保護されるべき発明については置換可能性の認められる範囲が広くなる。特に例外的な保護の必要性の認められないようなわずかな改良発明の事案では，多くの場合は置換可能性が認められないと評価されることになるであろう。」

　(4)　また，ボールスプライン事件最高裁判決については，「均等論の要件に非本質的部分の置換という要件が加重されたために，いわゆるパイオニアインベンションについては均等論の余地を少なくし，そもそもクレームを本質的要素と非本質的要素に区別した均等論の余地を少なくし[7)]，……この非本質的要素の要件により多数の請求棄却事例が生じている現実がある」と批判されている（角田政芳＝辰巳直彦『知的財産法』150頁（有斐閣，第7版，2015年））。

　(5)　このようにみてくると，本大合議判決は，米国法の均等論における「パイオニア発明」の考え方を実質的に取り入れ，従前，第1要件の厳格適用により均等論の成立がきわめて困難であると批判されていた均等論に，「パイオニア発明」のような「従来技術と比較して特許発明の貢献の程度が大きいと評価

---

6)　近時の米国における均等論については，以下のとおり説明されている。（平嶋竜太「アメリカ法におけるクレーム解釈を巡る現状と均等論」日本工業所有権法学会年報第38号115頁）「『均等論の死』が声高に論じられた一時期における状況はともかくとして，少なくとも至近のアメリカ法を巡るCAFCの裁判例を中心とする状況を概観する限り，未だ『均等論の死』という状況下にあると断じることは適切ではないと考える。他方，学説における均等論の位置付けについても，クレーム解釈を元にした文言侵害と代替関係にあるという発想自体が今もって強い支持を得ているものとは考えにく」い。

7)　均等の第1要件の適用において，クレームを本質的要素と非本質的要素に分けて解釈すべきでないことについては，本大合議判決も明らかにしている。

される場合」に，第1要件の適用を緩和し，特許発明の実質的保護を図ったものとして高く評価されよう[8]。

第6節　「パイオニア発明」とは何か

(1)　筆者が調査した限りでは，「パイオニア発明」とは何かについて詳細に議論した文献は見当たらなかった。「パイオニア発明」とはどのような発明を指すのか，改めて検討してみる価値があろう。私見では，以下の四つの類型が考えられるように思われる。

(2)　第一の類型としては，課題そのものが新しい発明が考えられる。従来技術では，およそ課題とされていなかった新しい課題を見つけ，その解決手段を提示した発明が考えられる。課題そのものが新しければ，それを解決する手段も新しいことになろう。

もっとも，課題が新しくとも，産業の発達に寄与することのないような課題であれば，「パイオニア発明」と呼ぶにふさわしくないであろう。

(3)　第二の類型としては，課題そのものは従来から存在していたが，課題を解決する手段が従来技術と比較し斬新であるような発明が考えられる。ボールスプライン事件最高裁判決の調査官解説において，「特定の技術的課題を解決する手段を初めて開示したいわゆるパイオニア発明の場合には，当該特許発明により初めて開示された解決手段は基本的な構成であり，発明を基礎づける技術思想は広範な範囲のものである」と説明されているが，このような類型を想定しているように思われる。

(4)　第三の類型としては，従来技術と比較し顕著な効果を有する発明が考えられる。もちろん，この類型においても，従来技術と比較し構成上の相違があることが前提であろうが，このような顕著な効果により産業の発達に寄与する発明は，「パイオニア発明」と呼ぶにふさわしいであろう。本件訂正発明においても，「初めてマキサカルシトールの工業的な生産が可能になった」という顕著な効果が重視されたものと思われる。

(5)　第四の類型としては，従来技術とは異なる，広い課題解決原理を提示す

---

[8]　均等論に関する近年の裁判例が「第1要件の過活用の是正・実質同一の判断の緩和の傾向」にあることは，飯田圭「均等論に関する近年の裁判例の動向と課題について」日本工業所有権法学会年報38号75頁（2015年）参照。

る発明が考えられる。原理とは，根本的な法則（理論）であり，このような根本的な法則（理論）に基づき課題を解決する手段を提示する発明は基本的かつ広範囲の技術思想となるであろう。もちろん，このような発明については，単なる理論ではなく，効果の裏付けの存在が必要となろう。

第7節　裁判例に見る「パイオニア発明」

(1)　筆者が，「パイオニア発明」という語をキーワードとして，裁判例を検索したところ，以下の①〜⑩の10件の裁判例を見つけた。①，③，⑤，⑨の裁判例は，均等侵害において，特許権者が「パイオニア発明」であることを主張した事例である。②と⑤の裁判例は，文言侵害において，特許権者が「パイオニア発明」であることを主張した事例である。⑧と⑩の裁判例は，実施料率の算定において，特許権者が「パイオニア発明」であると主張した事例である。④と⑦の裁判例は，進歩性の判断において，特許権者が「パイオニア発明」であることを主張した事例であり，⑥の裁判例は，記載要件の判断において，出願人が「パイオニア発明」であると主張した事例である。

①　高松地判平成10年2月17日（平成6年(ワ)145号）

本件は，コンクリート管型枠の中子保持装置の実用新案権（以下「A実用新案権」という）等の権利者である原告が，被告に対し，被告の製造販売するイ乃至ハ号装置は，原告の特許権等を侵害するとして，不法行為に基づき，実施料相当額の損害賠償を求めた事案である。

判決は，均等の判断において，「原告は，A実用新案はパイオニア発明であるので，その保護範囲は広く解するべきであると主張するが，証拠（略）によれば，A実用新案が出願された昭和55年当時において，ハッカーの回転により端型を着脱するコンクリート管型枠は既に公知のものであったことが認められる。そうすると，A実用新案の新規な技術的思想はハッカーの回転により端型を着脱する点にあるのではなく，ハッカーを回転可能にするための具体的構造にあるというべきであって，原告の右主張は採用しがたい。」とし，原告が主張した「パイオニア発明」を取り上げている。

②　東京高判平成11年9月30日（平成11年(ネ)169号）

本件は，医薬品特許の専用実施権を有している控訴人が，被控訴人製品を製造販売する行為が控訴人専用実施権を侵害するものであるとして，被控訴人に

対し，被控訴人製品の製造販売の差止並びに化学物質，半製品，完成品の廃棄を求め，不法行為による損害賠償請求をした事案である。

判決は，文言侵害の判断において，「控訴人は，本件発明の優先権主張の基礎となったアメリカ合衆国出願は，プロスタグランジン類の緑内障又は高眼圧症に対する薬理効果発見についてのパイオニア発明であり，本件発明は，PGF類のエステル化についてのパイオニア発明であるとも主張するが，発明の価値がどのようなものであっても，右認定のとおり文言上明白な『PGF2α』の意義を別の意味に解することはできない。」とし，原告が主張した「パイオニア発明」を取り上げている。

③ 東京高判平成14年9月20日（平成13年（ネ）6457号）

本件は，発明の名称を「拡大観察用の照明機構」と題する発明につき特許権を有する控訴人が，拡大撮像装置を製造，販売する被控訴人に対し，特許権侵害に基づく被控訴人製品の製造，販売の差止及び廃棄，不法行為による損害賠償等を求めた事案である。

判決は，均等論の発明の本質的部分の判断において，「控訴人は，本件発明について，間接反射光を主体とした被観察物内部の観察と直接反射光を主体とした被観察物表層の観察とを選択的に行い得る照明機構のパイオニア発明ではなく，その証明を単純で製作容易な機構で制御することを可能とした応用発明であると主張する。」とし，原告が主張した「パイオニア発明」を取り上げている。

④ 東京高判平成16年5月31日（平成15年（行ケ）175号）

本件は，名称を「生態系保護用自然石金網」とする発明に係る特許権者である原告が，被告請求による本件特許についての無効審判において，本件特許を無効とする審決がなされたため，同審決の取消しを求めた事案である。

判決は，「原告主張のように，本件出願の公開後に多くの特許出願がされているとしても，そのことをもって本件発明がパイオニア発明であるということもできないし，商業的成功は，社会のニーズ，宣伝活動等によって大きく影響されるものである。原告主張のように，商業的成功のあったことをもってしても，本件発明により直接奏される効果であると認めることはできない。」とした。

⑤ 知財高判平成19年3月27日（平成18年（ネ）10052号）

本件は，乾燥装置に関する特許権等を有する控訴人X及び控訴人Xから本件

各特許権について独占的通常実施権の設定を受けている控訴人Yが，被控訴人に対し，被控訴人が製造・販売している被控訴人各物件が，本件特許権等の発明の技術的範囲に属する等と主張して，①本件特許権等の侵害に基づく被控訴人各物件の製造，販売又は譲渡若しくは貸渡しのための展示の差止め，②本件特許権等の侵害に基づく被控訴人各物件の廃棄，③本件各特許権の侵害に対する損害賠償金の支払を，それぞれ求めた事案である。

判決は，被控訴人装置の本件各発明の構成要件充足性の判断において，「控訴人らは，本件各発明は，複数枚の基羽根方式の乾燥装置としてのパイオニア発明であり，それにふさわしい保護を受ける資格があるものであるとも主張するが，本件においては，被控訴人装置が本件各発明の技術範囲に属するか否か（均等論による場合を含む。）が問題なのであって，その点を離れ，本件各発明がパイオニア発明であるとか，それにふさわしい保護を受ける資格があるなどとする主張が無意味であることは明らかであり，上記主張もそれ自体失当である。」とし，原告が主張した「パイオニア発明」を取り上げている。

⑥　知財高判平成19年11月29日（平成18年(行ケ)10015号）

本件は，発明の名称を「非常に大規模な固定化ペプチドの合成」とする発明につき，訴外会社が国際出願し，同出願をもとの出願として，分割して特許を出願した後，同社から特許を受ける権利を譲り受けた原告が，拒絶査定に対して不服審判を請求し，審理の過程で手続補正書による補正がされたが，請求不成立の審決がなされたため，原告が，同審決の取消しを求めた事案である。

判決は，審決がオリゴペプチド以外を解析対象成文とする解析装置については本件明細書に実質的に記載されていないとして特許法36条3項の要件を満たしていないとした点に関する判断において，「原告は，本件発明が高密度アレイの提供により画期的なブレイクスルーを成し遂げた世界的なパイオニア発明であると主張しているから，本件発明においては，高密度であること，すなわち単位面積当たりの領域数の多さと配列の多様性（基板表面成分の種類の多さ）が重要な意味を有するものと認められる。しかし，本件明細書には，上記のように，低密度で，少ない多様性の基板の製造例・実験例しか記載されていない。」とし，原告が主張した「パイオニア発明」を取り上げている。

⑦　知財高判平成21年9月17日（平成20年(行ケ)10352号）

本件は，原告らが特許権者であり発明の名称を「帯電物体の中和構造，クリーンルーム，搬送装置，居住室，植物栽培室，正負の電荷発生方法，帯電物

体の中和方法」とする特許の請求項13～15について，被告が特許無効審判請求をしたところ，特許庁が原告らがなした訂正請求を認めた上，上記訂正後の請求項13に記載された発明についての特許を無効とする旨の審決をしたことから，原告らがその取消しを求めた事案である。

判決は，進歩性の判断において，「原告らは，甲9文献及び甲10文献を参照して，本件特許発明は，その技術的特徴及び格別の効果に基づいて商業的成功を成し遂げているパイオニア発明であると主張する。

しかし，甲9文献に記載の光照射型除電装置は，極軟X線（＝USX）除電装置又は真空紫外線（＝VUV）除電装置であるから（30頁左欄参照），本件特許発明に係る軟X線による除電装置と同一のものとは認められないし，また，甲10文献をみても，そこに記載のフォトイオナイザは，軟X線を対象物に照射するものではあるものの，その波長は明示されていない。

そうすると，甲9文献及び甲10文献に記載された効果等をもってしては，本件特許発明の技術的特徴に関する格別の効果ないし商業的成功を証明するものとは認められないから，原告らの上記主張は採用することができない。」とし，原告が主張した「パイオニア発明」を取り上げている。

⑧　東京地判平成21年12月25日（平成19年(ワ)31700号）

本件は，被告の従業員であった原告が，「ビリルビンの測定方法」に関する後記発明が原告を発明者とする職務発明であり，その特許を受ける権利を被告に譲渡した旨主張し，被告に対し，上記譲渡に係る相当の対価の一部請求として1億円および遅延損害金の支払を求めた事案である。

判決は，相当の対価の額の判断において，「本件発明が，自動分析装置への応用が可能であり，ジアゾ法との相関が良く，測定試液の安定性に優れ，且つ試料中の共存物質による測定値への影響が少ないビリルビンの測定方法ニーズに応える技術であること，一方で，本件発明には，ジアゾ法や酵素法といった代替技術が存在し，本件発明がパイオニア発明であるとまではいえないこと等の諸事情を総合すると，本件における仮想実施料率は3％と認めるのが相当である。」とした。

⑨　知財高判平成22年1月25日（平成21年(ネ)10052号）

本件は，発明の名称を「ドリップバッグ」とする特許の特許権者である控訴人が，被控訴人に対し，被控訴人が製造販売する被告製品1は本件特許権を侵害するとして，その製造販売等の差止めと廃棄を求めた事案である。

判決は，均等侵害についての判断において，「控訴人は，……本件特許発明における袋本体の対向する2面を外向き反対方向に引っ張りつつカップに掛止させるタイプの発明としてはパイオニアであり，被告製品1はかかるパイオニア発明である本件特許発明を利用するものにすぎず，特許権侵害と評価すべきであると主張する。……本件特許発明が，その特許請求の範囲記載のとおりの構成を有するものとして新規性・進歩性が認められて特許査定がされ，優れた発明であることは控訴人主張のとおりであるが，被告製品1との関係で均等侵害が成立しないことについては……で検討したとおりであり，控訴人の上記主張は採用することができない。」とした。

⑩　東京地裁平成27年2月26日（平成23年（ワ）14368号）

本件は，被告の従業員であった原告が，被告に対し，3件の特許権に係る職務発明についての特許を受ける権利を被告に承継させたことによる相当の対価1億1,380万7,102円及び遅延損害金の支払を求めた事案である。

判決は，本件各発明により受けるべき利益の額の判断において，「① 本件各発明はピストンリングのうち専ら摺動面の表面処理に関するものであり，② 本件発明1及び2は，基本的技術に関するものであるが，いわゆるパイオニア発明とは認められず……，③ 本件発明3は性能の改善に関するものであるということができる。本件各発明の実施に係るこれらの事情を考慮すると，本件発明1及び2の仮想実施料率は各4％，本件発明3の仮想実施料率は2％と認めるのが相当である。」としている。

(2)　上記の裁判例では，いずれも「パイオニア発明」であるとの主張が退けられている。筆者が調査した限りでは，「パイオニア発明」であることを積極的に認めた裁判例は存在しないようである。その理由は，おそらくは，実際に「パイオニア発明」と認定されるような発明は多くないことにあると推測されるものの[9]，そもそも何をもって「パイオニア発明」と認定できるのか，その

---

[9] 牧野利秋「無効理由が存在することが明らかな特許権に基づく差止等の請求と権利の濫用」NBL506号33頁（1992年）では，日本に「パイオニア発明」が多くないことや，パイオニア発明」が訴訟になることは少ない状況について，以下のとおり説明されている（同40頁）。「このことは，わが国においては諸外国に比し多数の特許出願がされているが，その多くは公知の技術に少し改良を加えた程度のものであり，真に産業の発達に寄与するようなパイオニア発明は多くないこと，関係者がその価値を疑わないような優れた発明については紛争が生じても事前の交渉で然るべき解決がされ，訴訟の場に登場することは比較的少ないことなど，これまでも指摘されてきたことを裏付けるものということもできる。」

要件が明確にされておらず、裁判所が「パイオニア発明」と認定する要件やその効果も明確でなかった、という事情もあるであろう。また、権利者側の主張立証の不十分さが影響している可能性もある。

　今後は、本大合議判決に示された評価手法を参考として、目的ないし課題、構成、効果の点から従来技術と比較してその貢献の大きさを具体的に主張立証していくことにより、裁判所がより積極的に「パイオニア発明」と認定するようになることが期待される。

第8節　本大合議判決の射程の拡大の可能性

(1)　本大合議判決が判示するとおり、「パイオニア発明」のように「従来技術と比較して特許発明の貢献の程度が大きいと評価される場合」において、均等の第1要件の適用を緩和し、その実質的保護を図ることは、特許法の目的にかなうものであると考える。しかしながら、それ以外の場面における特許法の解釈・適用においても、「パイオニア発明」か否か、すなわち、「従来技術と比較して特許発明にお貢献の程度が大きいと評価される場合」か否か、は斟酌されてしかるべきではなかろうか。特許法の目的からこのような取り扱いが均等論において認められる以上、文言侵害や特許性の判断においても、「パイオニア発明」か否かは斟酌されるべきではなかろうか。

(2)　前記第7節でみたとおり、裁判例では、均等論だけでなく、文言侵害[10]、実施料率の算定、進歩性の判断、記載要件の判断において、「パイオニア発明」であることが主張されている。例えば、「従来技術と比較して特許発明の貢献の程度が大きいと評価される場合」、損害の算定において特許権者に有利に判断されることは当然のように思われる。このような場合、進歩性の判断においても特許権者に有利に判断されるべきであろう。

(3)　サポート要件（特許法36条6項1号）や実施可能要件（特許法36条4項1号）はどうであろうか。例えば、広い課題解決原理に基づく基礎的な技術思想を提示する「パイオニア発明」においては、実施例・実験例の裏付けも広い範

---

[10]　たとえば、「パイオニア発明」が基礎的な技術思想を提示するものであれば、その後に数多くの改良発明がなされることはむしろ当然であり、このような改良発明は一見「パオニア発明」の実施例とかなり異なるようにみえても、技術思想からみて、当該「パイオニア発明」に置き換わるものではなく、当該「パイオニア発明」の技術思想の上に成り立っているものであると評価できよう。

囲に及んでいなければならないとすると，サポート要件や実施可能要件を充たすことは困難となろう[11]。このように，記載要件を厳格に適用すれば，「パイオニア発明」の保護は十分でなくなる恐れがあるのであるから，「パイオニア発明」については，記載要件の適用を緩和することにより，その実質的保護を図るという方向性も検討されるべきであろう。

(4) このような観点から，記載要件については，以下のとおり説明されている（田村明照「明細書の記載要件」竹田稔監『特許審査・審判の法理と課題』141頁）。

「『権利書』及び『技術文献』としての使命を担う明細書を律する『明細書の記載要件』は，特許制度の根幹をなす重要な要件であり，厳しく運用すればパイオニア発明を適切に保護することができず，反対に出願人にあまり寛大に取り扱えば不当な独占権によってその後の研究開発を阻害することとなるため，その運用には細心の注意を要する。その基本哲学としては，明細書に開示された発明の『技術的貢献』に対する対価としての『特許独占』を特許請求の範囲にどの程度適切に表現するかにある。」

また，知財高判平成22年8月31日の解説においては，以下のとおり説明されている（『判例タイムズ』1341号228頁）。

「特許請求の範囲の記載として，どの程度にまで明確な記載を要求すべきか（明確性要件），どの程度にまで発明の詳細な説明に課題解決との関係の技術的意味が記載されることを要求すべきか（サポート要件），発明の詳細な説明にはどの程度にまで実施可能なように明確かつ十分に記載されることを要求すべきか（実施可能要件）という点は，各条文の守備範囲（重複適用の当否）の問題にとどまるものではない。より根本的には，特許制度が発明の公開の代償として一定期間の独占権を付与するものであることを前提として，その特許付与に値する公開（開示）のレベルをどの程度に設定すべきなのかという政策的問題でもあると思われる。公平性確保の観点や粗悪な特許排除の観点のみならず，パイオニア発明保護の観点，国際調和の観点等をも含めて，今後の裁判例，実務の動向が注目される。」

---

[11] 審査基準において，医薬用途発明について，サポート要件や実施可能要件として「薬理データ又はそれと同視すべき程度」の記載が要求されているが，厳格すぎるとの批判がある（辻居幸一他「性的障害の治療におけるフリバンセリンの使用事件」中村合同特許法律事務所編『知的財産訴訟の現在』（有斐閣，2014年））。

第9節　結　び

　本大合議判決にいう「従来技術と比較して特許発明の貢献の程度が大きいと評価される場合」とは、「パイオニア発明」のような発明を指していると理解することができる。本大合議判決においては、均等の第1要件の適用を緩和し、その実質的保護を図ったものと高く評価することができる。

　特許法の目的に照らすと、このような「パイオニア発明」を実質的に保護する要請は、進歩性の判断や記載要件の判断にも活かされるべきである[12]。

　従来、ややもすると「パイオニア発明」というレッテルが先行し、その要件と効果が十分に議論されていなかった。そのためか「パイオニア発明」の主張は裁判上功を奏しなかったと思われる。本大合議判決を契機として、「パイオニア発明」のような「従来技術と比較して特許発明の貢献の程度が大きいと評価される場合」について議論されることを期待したい。

　また、従来、「パイオニア発明」の主張が裁判上功を奏さなかった理由の一つには、権利者が十分な主張立証を行わなかったという可能性もあるので、今後は、本大合議判決の詳細な認定にみられるとおり、目的ないし課題、構成、効果の点において従来技術と丁寧に比較を行うことが必要であろう。今後の裁判例の集積を待ちたい[13]。

---

[12]　「パイオニア発明」については、以下のような弊害も指摘されている（愛知靖之「審査経過禁反言の理論的根拠と判断枠組み(三)」法学論叢156巻2号128頁（2004年））。「パイオニア発明など経済的価値の大きなもので広い保護範囲が要求される発明（侵害訴訟段階で均等論が主張される可能性が高い発明）は、これに係る特許権が本来付与されるべきではないのに付与された潜在的に無効な特許権であった場合、以下の理由から社会的損失が大きくなる。すなわち、本来的に無効とされるべき特許発明というものは、先行技術を包含しているものやクレームの記載が広範に過ぎるものを意味する。ゆえに、例えば、その経済的価値の大きさと相俟って、かような特許権は競業者に対する『脅迫効果』（terrorem effect）を持つようになり、ホールドアップ問題を引き起こす。また、ライセンス交渉に入ろうとする相手方は、当該特許権の有効性を再度自ら調査する必要性が生じるので、取引費用が増大するという弊害もある。」

[13]　米国法における「パイオニア発明」の取扱いに関してきわめて詳細かつ包括的に論じる最近の論文として、Brian J. Love "Interring the Pioneer Invention Doctrine" 90 N. C. L. Rev. 379 (2011-2012) がある。

発明者名誉権の検討
―ドイツ法との比較を通じて―

茶園 成樹

第1節　はじめに
第2節　ドイツ法の考察
第3節　わが国法の検討

第1節　はじめに

　発明者は，発明を行うことによって，特許を受ける権利（特許法33条）を有するが，この権利とともに，発明者名誉権を取得すると解されている[1]。特許を受ける権利は発明者の財産的利益を保護するものであるのに対して，発明者名誉権は発明者の人格的利益を保護するものである。

　発明者名誉権については，一般的に，工業所有権の保護に関するパリ条約4条の3[2]が特許証に発明者として記載される発明者の人格権を定めており，同条によりわが国においてこの権利の保護が認められていると理解されている。もっとも，パリ条約4条の3は，発明者の人格権を定めているとしても，この権利がどのように行使されるかを同盟国の国内法に委ねている[3]。しかも，わが国特許法においては，発明者名誉権を直接に定める規定はなく，従来あまり議論が行われてこなかったために，その保護の内容は明瞭ではない。

　そこで，本稿では，発明者名誉権について，発明者人格権に関する詳しい規定を有するドイツ法との比較を通じて，検討することとしたい[4]。

---

1) たとえば，島並良＝上野達弘＝横山久芳『特許法入門』52頁（有斐閣，2014年）。なお，平成27年改正に関しては，後述［第3節1(3)］参照。
2) 「発明者は，特許証に発明者として記載される権利を有する。」。
3) ボーデンハウゼン『注解パリ条約』(AIPPI・JAPAN, 1976年) 59頁, Pflüger/Böhler, in Cottier/Véron (eds.), Concise International and European IP Law (3rd ed. 2015) 242。この規定は，1934年のロンドン改正会議において追加されたものであり，その経緯については，Dutfield, Collective Invention and Patent Law Individualism : Origins and Functions of the Inventor's Right of Attribution, WIPO Journal, vol.5, issue 1 (2013) 25, 29〜31参照。

第2節　ドイツ法の考察

1　発明者人格権の概要

　発明者は，その発明について，いわゆる発明者の権利（Erfinderrecht）ないし発明権（Recht an der Erfindung）を有する。発明者とは事実として発明を行う自然人であり，発明を行うことによって，発明者の権利が，何らの方式を要することなく，発明者に帰属する。特許を受ける権利（Recht auf das Patent）[5]は発明者の権利の財産権的構成部分であり，その人格権的構成部分として発明者人格権（Erfinderpersönlichkeitsrecht）が関わる[6]。

　発明者人格権は，一般的人格権が具体化したものであり，民法823条1項の「その他の権利」として保護される[7]。その侵害に対しては，差止めや損害賠償を請求し得る。発明者は，発明者であることを否定する者に対しては，確認請求を行うことができる[8]。

　発明者の権利は，原則的に，発明が保護要件を満たすかどうかを問わずに成立する。この点について，BGH は，63条2項1文に基づく発明者表示の訂正等の請求（後述参照）に関して，2011年の Atemgasdrucksteuerung 事件において，8条に基づく冒認出願の移転請求に関して問題となる発明が保護要件を満たすかどうかは審理されない旨を述べた判例[9]を引用して，これと同様に，「問題となる発明が保護可能であることは，63条2項1文に基づく請求の構成要件にも含まれない」と述べた。さらに，同様のことが，冒認出願の場合の出願日遡及制度を定める7条2項に基づく権利に関しても妥当することを指摘し

4）　発明者名誉権と称される権利は，発明者に対する社会的評価のみを問題とするものではないため，その名称としては，ドイツのように，発明者人格権がより適切であると思われる。もっとも，わが国では発明者名誉権が一般的に用いられているので，本稿においてもこの言葉を使用する。また，発明者掲載権という名称が用いられることもあるが，この点については，後掲注48）参照。

5）　ドイツ特許法6条は，「特許を受ける権利は，発明者又はその権原承継人が有する。複数の者が共同して発明を行ったときは，特許を受ける権利はこれらの者が共有する。複数の者が別個独立に発明を行ったときは，この権利は，当該発明について最先に特許庁に出願した者に属する。」と規定する。

6）　Kraßer/Ann, Patentrecht (7.Aufl. 2016) §19 Rdn 2 参照。

7）　BGH, Urt. v. 24.10.1978, GRUR 1979, 145, 148—Aufwärmvorrichtung.

8）　BGH, Urt. v. 24.10.1978, GRUR 1979, 145, 148—Aufwärmvorrichtung ; LG Nürnberg-Fürth, Teilurt. v. 25.10.1967, GRUR 1968, 252, 254—Soft-Eis.

9）　BGH, Urt. v. 15.5.2001, GRUR 2001, 823, 825—Schleppfahrzeug.

て$^{10)}$,「このことは,これらすべての手続においては,発明を対象とする優位な権利だけが問題となり,特許が付与されるかどうかやいかなる内容の特許が付与されるかということに関する,その特許法上の評価が問題となっていないことによるものである」とした$^{11)}$。

発明者人格権は,一身専属の権利であり,譲渡できず,放棄できず,差し押さえることができないもので,その行使は,発明者だけが行うことができ,他人が授権することはできないとされる$^{12)}$。ただし,相続に関しては,この権利は他の発明に対する権利とともに相続人に移転し,その者が死亡した発明者のためにこの権利を行使することができるとの見解がある$^{13)}$。

2　特許法における保護

特許法は,発明者に,発明者表示に対する権利を定めている。この権利は発明者人格権から表出するものであり$^{14)}$,発明者は,特許庁が発行する刊行物等において発明者として表示されることを請求することができる$^{15)}$。以下では,まず,発明者指示と発明者表示に関する規定を説明し,その後に,発明者が行うことのできる請求について述べる。

(1) 発明者指示と発明者表示

① 発明者指示

特許法37条は,出願人による発明者指示(Erfinderbenennung)に関する規定である。同条1項は,出願人は,出願日(優先日が主張される場合はその日)から15カ月以内に,発明者を指示し,また,出願人の知る限りにおいて,他の者が発明に関与していないことを確証しなければならない旨を規定している。さ

---

10) BGH, Urt. v. 22.2.2011, GRUR 2011, 509―Schweißheizung が引用されている。
11) BGH, Urt. v. 17.5.2011, GRUR 2011, 903 Rdn 13―Atemgasdrucksteuerung. BGH, Urt. v. 18.5.2010, GRUR 2010, 817 Rdn 30―Steuervorrichtung も参照。
12) BGH, Urt. v. 20.6.1978, GRUR 1978, 583, 585―Motorkettensäge. なお, Mes, Patentgesetz (4.Aufl. 2015) §6 Rdn 17; Trimborn, in Büscher/Dittmer/Schiwy, Gewerblicher Rechtsschutz, Urheberrecht, Medienrecht (3.Aufl. 2015) §6 PatG Rdn 7.
13) BPatG, Beschl. v. 12.11.1986, GRUR 1987, 234―Miterfinder; Melullis, in Benkard, Patentgesetz (11.Aufl. 2015) §6 Rdn 22; Moufang, in Schulte, Patentgesetz (9.Aufl. 2014) §6 Rdn 17.
14) BGH, Beschl. v. 9.12.2003, GRUR 2004, 272―Rotierendes Schaftwerkzeug; BGH, Urt. v. 20.6.1978, GRUR 1978, 583, 585―Motorkettensäge.
15) なお,共同発明者は,発明者表示に際して,自己の関与の範囲や程度が示されることを求めることはできない。BGH, Urt. v. 30.4.1968, GRUR 1969, 133―Luftfilter.

らに，出願人は，出願人が発明者でない場合または唯一の発明者でない場合には，特許を受ける権利をどのようにして取得したかについても陳述しなければならないが，特許庁は，当該陳述が正しいかどうかを審査しないと規定している[16]。

発明者指示は，次に述べる，特許庁による発明者表示の基礎となるものである。発明者指示が，出願人によって出願日から15カ月以内に行われることにより，出願公開において発明者表示がなされることが可能となる。もっとも，1項に規定された宣言を適時に提出することが異常な事情によって妨げられたことが出願人によって疎明された場合には，特許庁は適当な期間延長を認めるが，その延長は特許付与決定の発出を越えることはできない（37条2項）。2013年改正前は，特許付与以後まで延長が及ぶ場合があり得たが，発明者人格権の保護を強化し，発明者指示なしに特許が付与されることが生じないように，同改正によりそのような場合は排除された[17]。

出願の公開前は，出願人は，発明者指示を変更し，当初指示されていた者以外の者を発明者として指示することができる。その場合，変更により発明者として指示されなくなる者の同意は必要ではない[18]。これに対して，出願の公開後においては，変更は，指示されていた発明者の同意がなければ，特許庁において顧慮されないとされる[19]。

以上のように，出願人に対して発明者指示をすることが要求されているが，出願人による発明者指示が不実であることは，特許出願・特許の存在に影響を

---

[16] ドイツ特許規則7条は，つぎのように規定している。「(1) 出願人は，ドイツ特許商標庁が発行する様式に記載して，又はドイツ特許商標庁が公表するフォーマット方式に従う電子ファイルとして，発明者を指示しなければならない。(2) この指示には，次の事項を含めなければならない。1．発明者の氏名及び住所（通り及び家屋番号，郵便番号，都市名，場合によれば郵便配達区域），2．出願人の知る限り，他の者が発明に関与していないことの出願人の確証（特許法第37条第1項），3．出願人が発明者でない場合又は唯一の発明者でない場合は，特許を受ける権利をどのようにして取得したかについての陳述（特許法第37条第1項第2文），4．発明の名称及び既に知られている場合の出願番号，5．出願人又はその代理人の署名。複数人が特許を請求する場合は，各人又はそれらの者の代理人が署名しなければならない。」。

[17] BT-Drucksache 17/10308, S.16f.

[18] Schäfers, in Benkard・前掲注13）§37 Rdn 8 ; Moufang, in Schulte・前掲注13）§37 Rdn 20 ; Keukenschrijver, in Busse, Patentgesetz (7.Aufl. 2013) §37 Rdn 21.

[19] BPatG, Beschl. v. 6.4.1984, GRUR 1984, 646, 647—Erfinder-Nachbenennung ; Moufang, in Schulte・前掲注13）§37 Rdn 20 ; Keukenschrijver, in Busse・前掲注18）§37 Rdn 22.

及ぼさない。とりわけ，不実の発明者指示は特許の無効理由とはならない。

② 発明者表示

特許法63条1項1文・2文は，つぎのように，特許庁による発明者表示（Erfindernennung）について定めている。「発明者は，既に指示されている場合は，出願公開（第32条第2項）において，特許明細書（第32条第3項）において及び特許付与の公告（第58条第1項）において，表示される。この表示は，登録薄（第30条第1項）に記載される。」。

特許庁による発明者表示は，出願人による発明者指示に基づくものである。特許庁は，発明者指示が正しいかどうかを審査せず，よって，その表示においては，出願人による指示に拘束されることになる。

(2) 発明者の請求

① 不表示の請求

発明者は，発明者人格権に基づき，発明者であることを知られないという意思が尊重されて[20]，発明者表示が行われないことを請求することができる。この点について，63条1項3文は，「この表示は，出願人によって申し立てられた発明者が申請する場合には，行われない。」と規定している。この不表示の請求は出願人によって指示された発明者のみが行うことができる。真の発明者であるが，出願人によって発明者として指示されなかった者は，つぎに述べる発明者表示の訂正しか請求することができない[21]。

発明者の申請は，いつでも撤回することができ，撤回された場合は，その後に表示がされる（63条1項4文）。撤回には，出願人（あるいは特許権者）の同意が必要でない[22]。発明者が表示に対する権利を放棄しても，それは法的効力を有さないと明定されている（同項5文）。

② 訂正・追行の請求

63条2項1文は，発明者が不正に指示された場合または不正に指示された発明者が不表示の申請をした場合，出願人（あるいは特許権者）および不正に指示された発明者は，発明者に対して，発明者表示が訂正されまたは追行される

---

20) BGH, Beschl. v. 21.9.1993, GRUR 1994, 104—AkteneinsichtXIII.
21) Keukenschrijver, in Busse・前掲注18）§63 Rdn 13；Moufang, in Schulte・前掲注13）§63 Rdn 15.
22) Schäfers/Schwarz, in Benkard・前掲注13）§63 Rdn 13；Keukenschrijver, in Busse・前掲注18）§63 Rdn 32；Moufang, in Schulte・前掲注13）§63 Rdn 19；Kraßer/Ann・前掲注6）§20 Rdn 126.

(nachgeholt) ことへの同意を特許庁に宣言する義務を負う旨を規定している。

これは，発明者は特許庁に対して，発明者表示の訂正・追行を申請することができるが，出願人（あるいは特許権者）および不正に指示された発明者の同意が必要であることを前提として[23]，出願人（あるいは特許権者）および不正に指示された発明者が同意義務を負うことを定めるものである[24]。この同意は撤回することができない（63条2項2文）。ただし，発明者表示の訂正・追行は，既に発行されている公的刊行物に関しては行われない。この点は，63条1項4文により後で行われる発明者表示についても同様である（63条3項）。

出願人（あるいは特許権者）および不正に指示された発明者が同意を拒否する場合には，発明者は裁判所に対して同意宣言を求める訴えを提起することになる。つまり，発明者表示の真実性に関する，真の発明者と，出願人（あるいは特許権者）および不正に指示された発明者との間の争いは，特許庁ではなく，裁判所において取り扱われることになっているのである。以前の裁判例には，出願人（あるいは特許権者）と不正に指示された発明者には必要的共同訴訟の関係が存在すると述べたものがあったが[25]，現在では，そのような関係はなく，両者を共同して訴える必要はないと解するのが一般的である[26]。なお，特許付与の手続は，同意の宣言を求める訴えの提起によって中止されることはない（63条2項3文）[27]。

学説においては，特許が存続期間の満了等により消滅しても，発明者の訴えは直ちに無意味になるものではないと解されている。発明者は特許消滅後であっても，発明者であることの承認について法的利益を有しているからである。もっとも，その訴えは発明者であることの確認を求めるものに変更されなけれ

---

23) 共同発明者の一部だけが指示された場合には，他の共同発明者の表示には指示された者の同意が必要である。

24) OLG Karlsruhe, Urt. v. 26.3.2003, GRUR-RR 2003, 328—Erfinderbenennung.

25) OLG Hamburg, Urt. v. 15.8.1957, GRUR 1958, 78. なお，BGH, Urt. v. 30.4.1968, GRUR 1969, 133, 134—Luftfilter.

26) OLG Karlsruhe, Urt. v. 26.3.2003, GRUR-RR 2003, 328—Erfinderbenennung； Keukenschrijver, in Busse・前掲注18）§63 Rdn 38；Mes・前掲注12）§63 Rdn 11；Schäfers/Schwarz, in Benkard・前掲注13）§63 Rdn 19.

27) ドイツ特許規則8条は，次のように規定している。「「(1) 発明者として表示されないことの発明者の請求，この請求の取下（特許法第63条第1項第3文及び第4文）及び発明者表示の訂正又は追行の請求（特許法第63条第2項）は，書面で行わなければならない。当該書面は，発明者が署名し，発明の名称及び出願番号を含まなければならない。(2) 出願人又は特許権者及び不正に指示された者の，発明者表示の訂正又は追行に対する同意（特許法第63条第2項）は，書面で提示しなければならない。」。

ばならないとされる。他方，出願が拒絶された場合には，発明者であることの確認に対する権利保護の必要性が失われるとされている[28]。

ところで，63条2項では，発明者が発明者表示の訂正を請求できるのは出願が公開された後であるかのように定められているが，発明者は，誤った発明者表示がなされるのを待たなければならないわけではなく，それ以前に発明者人格権に基づく予防請求として出願人に対して発明者指示の訂正を求めることができると解されている[29]。

第3節　わが国法の検討

1　発明者名誉権の保護

(1)　現行法の規定

わが国特許法には発明者名誉権を直接に定める規定は存在しない。しかしながら，裁判例は，パリ条約4条の3が，特許法26条によりわが国において直接適用されることになるとして，発明者が発明者名誉権を取得すると解している。また，発明者の氏名が特許出願の願書（特許法36条1項2号），出願公開・特許権の設定登録後の特許公報（特許法64条2項3号・66条3項3号），特許証（特許法28条1項・特許法施行規則66条4号）に記載されることを定める規定があるが，これらの規定は，発明者が発明者名誉権を有することを前提として，これを具体化したものであるとしている[30]。

願書への発明者の氏名の記載については，旧法では，出願人が発明者でない場合に限って要求されていた。現行法はこの記載を常に必要としたのであるが，工業所有権制度改正審議会答申説明書では，その理由として，「もともと発明者の氏名を願書に記載するということの意味は二つある。その一つは発明者の名誉権を重んじようということであり，他の一つは冒認等を防止しまたそれを発見することの手がかりとしようということである。答申はこの二つの趣旨の

---

[28] Keukenschrijver, in Busse・前掲注18) §63 Rdn 41f ; Schäfers/Schwarz, in Benkard・前掲注13) §63 Rdn 23 ; Harmsen, GRUR 1978, 586.

[29] BGH, Urt. v. 30.4.1968, GRUR 1969, 133—Luftfilter. LG Mannheim, Urt. v. 7.1.1955, GRUR 1957, 122も参照。

[30] 大阪地判平成14年5月23日判時1825号116頁〔三徳希土類事件〕，東京地判平成19年3月23日（平成17年(ワ)8359号・13753号）〔ガラス多孔体及びその製造方法事件1審〕。知財高判平成27年3月11日（平成26年(ネ)10099号）〔傾斜測定装置事件〕も参照。

双方を採用したものであるが，後者の立場からすると発明者の氏名を訂正補充することは要旨を変更するものとして許されないので，このように発明者の氏名記載を強化する反面，過失に基く誤記等の訂正補充について考慮しておく必要があろう。」と述べられていた[31]。なお，発明者でない者が発明者として記載されていることは，旧法においては無効理由となるかどうかで見解が対立していたが，現行法では拒絶理由・無効理由とはならない。

(2) 保護の必要性

　発明は発明者が自己の創造的能力を駆使して行うものであることから，発明者は，自らが発明者であることが承認されることについて人格的価値を有する。発明者として表示され，発明との繋がりが認知されることにより，発明者は社会的評価を得る機会を与えられ，発明活動に対する意欲が向上することも期待できよう。そして，発明者に関して，現行法上，発明者の氏名が特許公報と特許証において掲載されることになっているが，その掲載は出願人に一定の負担を負わせるだけで実施されるものである。すなわち，特許公報の発行自体は特許制度上不可欠なもので，特許証の交付も発明者の保護とは無関係に行われるものであって，これらにおいて発明者が掲載されるためには，出願人が出願される発明の発明者を特定し，その願書に発明者を記載すれば十分であり，その記載が特許庁によって特許公報・特許証に含められることで発明者の掲載が行われるのである。

　以上のことを考慮すれば，パリ条約4条の3が発明者の人格権を定めているかどうかはともかく，ドイツと同様に，発明者が，少なくとも特許庁が発行する特許公報および交付する特許証において発明者であることを表示されることについて人格的利益を有することを認めることができ，発明者名誉権として，発明者として表示される権利を承認すべきであると思われる。そして，発明者として表示されない場合には，発明者名誉権の侵害として法的救済が与えられることになろう。

　発明者名誉権は，発明の完成によって発明者が有することになるものであり，人格的利益を保護する権利であることから，譲渡できないものと解される。

　放棄の可否に関しては，パリ条約4条の3が定める発明者の人格権については，国内法において放棄可能な権利とすることができるものと解されていると

31）特許庁『工業所有権制度改正審議会答申説明書』18〜19頁（発明協会，1957年）。

ころ[32]，ドイツでは，発明者人格権は放棄できない権利とされている。わが国においても，発明者名誉権は放棄できないものとするのが適当であると思われる。発明者名誉権が人格的利益を保護するものである以上，本来的に放棄を認めることには慎重であるべきであり，この権利が発明者の表示を対象とするものである限りにおいて[33]，発明の実施自体と関係しないものであるため，放棄を可能とすべき必要性は高くないからである。

　この点に関する裁判例として，東京地判平成26年4月18日（平成23年(ワ)23424号）〔建物の断熱・防音工法事件〕がある。事案は，Xが，Y1が出願し特許権を取得した発明の発明者であるにもかかわらず，Y2が発明者として特許出願がされて登録され，特許証にY2の氏名が記載されたことにより，発明者名誉権が侵害されたとして損害賠償等を請求したというものであった。本判決は，「一般論として，特許発明を行った者について人格権的権利としての発明者の名誉権を観念し，その発明に係る特許証の発明者欄に氏名の記載がされないことにつき発明者名誉権を侵害する不法行為が成立し得る場合があるとしても，本件の場合，Xは，自ら本件特許の発明者の記載をY2とすることに同意していたものと認められるから，その人格的権利の行使を放棄したものと認められるから，発明者名誉権侵害の不法行為は成立しないというべきである」と述べた。Xは，少なくとも自らが発明者として表示されないことを承諾していたのであるから，その損害賠償請求が棄却されたことは支持できる。もっとも，出願時にそのような承諾をした発明者であっても，その後に発明者として表示されることを求めることは許容されると解すべきである[34]。

(3) 職務発明の場合

　ところで，平成27年に職務発明制度が改正され，職務発明に係る特許を受ける権利が原始的に，発明者である従業者等ではなく，使用者等に帰属する場合があることが認められた（特許35条3項）。その場合であっても，発明者の氏名が出願の願書等に記載されることを定める諸規定は改正されていないことから，

---

[32] ボーデンハウゼン・前掲注3）59頁，後藤晴男『パリ条約講話』274～275頁（発明協会，第13版，2007年），Ricketson, The Paris Convention for the Protection of Industrial Property (2015) 10.36.

[33] 後述するように，発明者の人格的利益の保護は，特許公報・特許証における発明者の表示を対象とするものに限定されると解される。

[34] ただし，後述するように，現行法においては，発明者は，特許付与後は発明者表示が行われることを請求することはできないと解される。

発明者名誉権は改正前と変わりなく，従業者等に帰属すると解される[35]。

これに対して，職務発明は多数の人間が様々な態様で関与し，その発明者を特定することが困難な場合があるから，従業者等が発明者名誉権を有しないとすることによって，使用者等が発明者を特定する負担から免れることができるようにすべきとの意見が主張されるかもしれない。しかしながら，使用者等が発明をしたのが誰であるかを正しく特定することは企業内における発明の奨励にとって重要であるから，発明者の特定をしなくてよいことにはなり得ない[36]。ただし，発明者を正しく特定することに時間がかかり，これを出願時までに行うことが難しい場合が少なくないのであれば，ドイツ法において発明者指示が出願日から15カ月以内に行われると定められているように，出願人による発明者の特定に猶予期間を認める必要があるかどうかが検討されるべきであろう。

2　発明者として表示されない場合の救済

発明者は，発明者として表示されないことにより発明者名誉権が侵害された場合に，どのような救済を受けることができるであろうか。まず，発明者名誉権の侵害は不法行為を構成し，発明者は侵害者に対して損害賠償を請求することができると解される[37]。学説上も，この解釈を支持するのが一般的である[38]。では，ドイツ特許法63条2項1文が定める発明者表示の訂正請求のような救済は認められるであろうか。出願が特許庁に係属している場合と特許が付与された後の場合を分けて検討しよう。

(1)　出願係属中

出願が特許庁に係属している場合の裁判例として，大阪地判平成14年5月23日判時1825号116頁〔三徳希土類事件〕がある。事案は，次のようなもので

---

35)　横山久芳「職務発明に関する基礎的考え方」野村豊弘先生古稀記念論文集『知的財産・コンピュータと法』475，478頁以下（商事法務，2016年），吉田広志「職務発明規定の平成27年改正について」日本工業所有権法学会年報39号253，255頁（2016年）。

36)　横山・前掲注35）480～481頁参照。

37)　前掲注30）東京地判平成19年3月23日（なお，1審判決は原告であるXが発明者であると認定したが，控訴審である知財高判平成20年5月29日判時2018号146頁は，Xの発明者性を否定し，その請求を棄却した），大阪地判平成22年2月18日判時2078号148頁〔抗CD20モノクローナル抗体事件〕参照。

38)　中山信弘『特許法』169頁（弘文堂，第3版，2016年），島並ほか・前掲注1）57頁，吉田和彦［判批］AIPPI48巻4号259頁（2003年）。

あった。Y1は,「希土類―鉄系合金からの有用元素の回収方法」の発明(本件発明)の出願をし,その出願が出願公開された。当該出願の願書に記載された発明者はY2であったが,Xは,自らが発明者であるとして,Y1に対して,発明者名誉権に基づく妨害排除請求等に基づき,発明者がXである旨の補正手続を求めた。本判決は,発明者が発明者名誉権を有し,出願人が特許出願の願書に発明者としてその氏名を記載しなかったために,特許公報や特許証にその氏名が記載されない場合には,真の発明者の発明者名誉権は侵害されたことになることを認めたうえで,「本件発明の特許出願手続のように,いまだ登録にならず,出願手続が特許庁に係属中のものについては,願書に発明者として真実の発明者の氏名が記載されなかったことにより,発明者名誉権を侵害された場合に,その侵害行為の差止めを実現するためには,出願人に対し,願書の発明者の記載を真実の発明者に訂正する補正手続を行うように求めることが,適切であるといえる。また,そのように解したとしても,出願人に対して,不当にその権利を害するということもない」と述べた。そして,Xが本件発明の発明者であると認定して,Y1に対する請求を認容した。

　発明者として表示されないことによる発明者名誉権の侵害の除去・予防のために,侵害に対する差止請求が認められるべきであろう。この点に関し,学説には,発明者は,出願人を相手に発明者であることの確認判決を得て,特許庁に発明者の訂正を求めることができるとの見解がある[39]。しかしながら,わが国法は,ドイツ法とは異なり,発明者の特許庁に対する請求権を定めておらず,この見解を採用することは困難であると思われる。これに対して,本判決は,特許法17条により,出願人は出願手続が特許庁に係属している間は願書に記載されている発明者の氏名を補正により是正することができることに依拠して,発明者の出願人に対する発明者記載の補正手続請求を認めたものであり,現行法の枠内で適切な救済を図るものとして支持することができよう。

　ところで,ドイツ法では,発明者が発明者表示の訂正を申請する場合,出願人の同意だけでなく,不正に指示された発明者の同意も必要とされている。わが国においても,発明者の補正について,方式審査便覧21.50が,「願書に記載された発明者の補正は,出願が特許庁に係属している場合に限り,認める」が,誤記の訂正が発明者自体の変更になる場合は,「発明者相互の宣誓書(変更前

---

[39]　仙元隆一郎『特許法講義』153頁(悠々社,第4版,2003年),渋谷達紀『特許法』139頁(発明推進協会,2013年)。

の願書の発明者の欄に記載のある者と補正後の同欄に記載される者の全員分の真の発明者である旨又はない旨の宣誓）」と「変更（追加，削除）の理由を記載した書面」を添付した手続補正書が提出された場合に限る，と定めている。

　また，三徳希土類事件では，Xは，願書に発明者として記載されていたY2に対して，発明者がXであることの確認を求めていた。裁判所は，「この請求は，その実質において，Xが本件発明についての発明者名誉権を有することの確認を求める趣旨と解される。そして，発明者名誉権は人格権として法的に保護される権利であるところ，Y2は自らが本件発明の発明者であると主張して，Xに発明者名誉権があることを争っているのであるから，確認の利益があるものというべきである」，「また，甲11によれば，出願人が願書の従前の発明者Aの氏名を削除し，発明者Bに補正する場合には，従前の発明者Aの作成に係る『発明者Bが真の発明者であり，発明者Aは発明者ではない』旨を記載した宣誓書を特許庁に提出する扱いになっていることが認められる。これは，当該補正により従前の発明者Aの発明者名誉権（発明者掲載権）を侵害する恐れがあるため，当該補正手続をするに当たり従前の発明者Aの承諾を求めた趣旨と解される。この観点から見ても，XがY1に対し本件発明の発明者をXに訂正する旨の補正手続を求めるに当たって，同出願手続上発明者とされているY2に対し，Xが発明者であることの確認を得る必要があるというべきである」と述べ，Xが発明者であるとの認定に基づいて，Y2に対する請求を認容した。

　本判決が指摘するように，発明者の補正は発明者として記載されている者の発明者名誉権を侵害する可能性がある。その者が真の発明者である場合があるからである。そのため，発明者の補正をするには，誰が発明者であるかが適切に判断されなければならない。もっとも，出願人にとっては，発明者が誰であるかは，冒認等の問題を伴うのでなければ，関心事でない場合がある。出願後に特許を受ける権利の譲渡を受けて出願人となった者[40]にとっては，とくにそうであろう。したがって，発明者の補正には，出願人に対する請求が認められるだけでは不十分であり，これに加えて，発明者として記載されている者の承諾を，その者が承諾を拒否する場合にはその者との間における発明者であることの確認を必要とすべきであろう。

---

[40]　そのような出願人であっても，発明者の記載を変更しないことによって発明者名誉権の侵害を発生させるのであるから，発明者の補正手続請求の相手方となる。吉田・前掲注38）259頁。

結局，発明者は，発明者として表示されていないことに対して，出願が特許庁に係属している場合には，発明者表示が行われるようにすることができるのであり，そのための方法として，出願人に対して発明者記載の補正手続請求をするとともに，発明者として記載されている者の承諾を求め，その承諾が得られない場合には，その者との間における発明者であることの確認請求をすることになる。

(2) **特許付与後**

学説においては，発明者が特許権者に対して発明者であることの確認訴訟を提起し，その確認判決に基づいて特許庁に発明者の訂正を求めることができるとの見解が主張されている[41]。

しかしながら，特許が付与された後は，出願人は補正をすることができなくなっており，また，訂正することのできる事項は限定されており，発明者の訂正は訂正事項に含まれていない（特許126条1項参照）。そのため，出願係属中と同様に発明者名誉権は保護されるべきではあるが，上記見解を採用することには無理があるといわざるを得ない[42]。発明者名誉権の保護のためには，法改正が行われる必要があり，その内容は，ドイツ法のように，発明者が特許庁に対して発明者の訂正を請求できることを定めるとともに，特許権者と発明者として記載されている者の承諾が必要であることを前提として，それらの者が承諾義務を負うものとするのが適切であると思われる。なお，この内容の法改正が行われるのであれば，特許付与後の場合だけでなく，出願係属中の場合についても一緒に規定されるべきであろう。

3　発明者の不表示の請求

発明者の中には，発明者であることを知られることを欲しない者もおり，ドイツ特許法63条1項3文は，発明者が発明者の不表示を請求できるものとしている。これに対して，わが国特許法では，出願の願書に発明者の氏名が記載されないことは認められておらず，発明者は常に表示されることになる。

しかしながら，発明者の人格的利益を認める以上，発明者であることを知ら

---

[41] 吉藤幸朔＝熊谷健一補訂『特許法概説』186頁（有斐閣，第13版，1998年），仙元・前掲注39) 153頁，島並ほか・前掲注1) 58頁。
[42] 中山・前掲注38) 169頁，吉田・前掲注38) 259頁，日本国際知的財産保護協会『特許を受ける権利を有する者の適切な権利の保護の在り方に関する調査研究報告書』31頁〔大西千尋〕(2010年)。

れないという意思も尊重されるべきである。前に紹介したように，工業所有権制度改正審議会答申説明書では，発明者の記載を要求する理由として，発明者名誉権のほか，冒認等の防止が挙げられていたが，発明者の表示が相当に冒認出願の抑制に役立つとは思われない。したがって，立法論であるが，発明者がその氏名が表示されないことを請求できるようにすべきであろう。

4 特許要件を充足することの要否

　発明者名誉権の保護を受けるためには，対象となる発明が特許要件を満たすものであることが必要かどうかについては見解が分かれている。東京地判平成19年3月23日（平成17年(ワ)8359号・13753号）〔ガラス多孔体及びその製造方法事件1審〕は，「願書及び公開特許公報に発明者の氏名等を掲載すべきとされていることは，発明者名誉権を具体化した規定であると解されること，出願に係る発明につきたとえ特許がされても，後に無効審判請求等によって無効とされる可能性があることを考慮すると，特許要件ないし無効理由の有無によって発明者名誉権の保護の有無を決することは，同権利の保護を不安定なものにするものというべきことなどを考えると，いまだ登録されず，出願手続が特許庁に係属中のものであっても，又は当該出願に係る発明が特許要件を満たさない可能性があるとしても，発明者名誉権の法的保護は及ぶと解すべきである」と述べた。

　これに対して，知財高判平成27年3月11日（平成26年(ネ)10099号）〔傾斜測定装置事件〕は，つぎのように述べて，必要説を採用した。「発明をした者が，その発明について特許を受け，その氏名を特許証に『発明者』として記載されることは，発明者の名誉といった人格的利益に関するものであって，法的に保護されるものである（発明者名誉権。特許法26条，工業所有権の保護に関するパリ条約4条の3参照）。しかし，このような発明者名誉権は飽くまでも特許制度を前提として認められる人格権であるから，発明（特許法2条1項参照）を完成することにより生じる人格的利益がすべて当然に法的に保護されることになるものではない。発明が新規性，進歩性の特許要件を充たさず，特許を受けることができないとする旨の拒絶査定が確定した場合には，当該発明の完成により発明者の人格的利益（名誉）が生じたとしても，一般的には，その社会的評価は法的保護に値する程高くはないことが多く，そうではないことなどの特段の事情がない限り，その侵害が不法行為になるとまではいえないと解するのが相

当である」[43]。

　ドイツでは，発明者の権利は保護要件が満たされるかどうかに関わらずに成立すると解されているが，わが国においては，必要説が妥当であると解される。特許法では，あらゆる発明が保護されるのではなく，保護されるためには発明は特許要件を満たすものでなければならない。特許要件を満たさない発明はパブリックドメインに属し，誰でも自由に利用することができるのであり，そのような発明について，発明者の人格的利益を認めることは困難であると思われるからである。したがって，傾斜測定装置事件のように，発明が特許要件を充たさず，拒絶査定が確定した場合には，発明者名誉権の保護は否定される[44]。

　もっとも，発明が特許要件を満たすことが必要であるということは，特許要件の充足が証明されない限りは，発明者名誉権が保護されないと解されることを意味するものではない。このように解されることになれば，出願が審査段階にある間は発明者名誉権の保護は困難となろう。この点に関して参考になるのは，BGHの冒認出願の移転請求に関する判決であり，移転請求について問題となる発明の特許性は審理されるべきではなく，「この点にとって決定的であるのは，特許性の審査は特許庁および特許裁判所の任務であり，通常の裁判所は係属中の審査手続の結果を先取りすべきではないと考えられることである。さらに，請求の相手方である特許出願人が，一方で問題の技術的思想が特許性を有しないと主張しながら，他方で自己の特許出願を継続させることは，原則的に矛盾したものであり，信義に反するものとも思われる」と述べた[45]。

　わが国においても，出願された発明が特許要件を満たすかどうかは，まずは特許庁において審査されるべきであるから，審査段階においては，発明者名誉権の侵害を審理する裁判所は特許要件が満たされるかどうかを判断すべきではなく，また，少なくとも出願人は，特許付与を求めて出願しているのであるから，出願された発明が特許要件を満たさないとの主張をすることは許されないであろう。そのため，発明者名誉権は，特許庁の審査によって発明が特許要件

---

43) 東京地判平成21年12月10日（平成20年(ワ)30272号）〔コレステロール降下剤事件〕も参照。
44) ただし，出願は拒絶されたが，その理由は記載要件の不備等であり，発明は特許要件を満たしていた場合には，発明者名誉権の保護は認められるべきであろう。横山久芳「職務上作成される創作物の権利の帰属について」日本工業所有権法学会年報39号185, 206頁（2016年）。
45) BGH, Urt. v. 15.5.2001, GRUR 2001, 823, 825—Schleppfahrzeug.

を満たさないと判断されるまでは保護されるのであり，出願が審査段階にある間は，特許要件が満たされるかどうかは問題とならないと解されるべきである[46]。

5 特許公報・特許証における発明者表示以外の保護

これまで特許庁が発行・交付する特許公報・特許証における発明者表示に対する保護について検討してきたが，この場合以外に発明者名誉権が及び，発明者の人格的利益が保護されるであろうか。発明者名誉権と同じく，知的財産の創作者の人格的利益を保護する著作者人格権との比較を通じて検討してみよう。

公表権（著作18条）に関しては，特許制度においては，発明が特許を受けるためには出願が行われなければならず，出願により発明は公開されることになる。そのため，発明の公表は専ら特許を受ける権利に関係するものと捉えられるべきであり，発明者は発明の公表について人格的利益を有しないと解されよう[47]。また，同一性保持権（著作20条）に関しても，技術的な思想である発明は，何らかの課題を解決する手段として改良されることが当然に予定されているものであるから，その同一性を保持することに発明者の人格的利益を認めることはできないであろう。

他方，氏名表示権（著作19条）に関しては，特許公報・特許証における発明者表示は，創作者の氏名の表示が対象である点でこの権利と共通性を有する。しかしながら，氏名表示権における「著作物の公衆への提供若しくは提示に際し」に対応して，発明の実施に際して発明者を表示すること，たとえば発明の実施品に発明者を表示することは，発明の円滑な実施の妨げとなるおそれがあり，また一つの製品に多数の発明が関わっている場合には非現実的なものとなろう。そのため，そのような発明者表示についても発明者の人格的利益を認めることはできないと思われる。

以上に検討した場合のほかに，発明者の人格的利益が問題となることはないように思われる。そのために，結局のところ，発明者名誉権の保護が及ぶのは，特許公報・特許証における発明者表示の場合に限られることになろう[48]。なお，

---

46) ただし，審査段階においても，例外的に出願された発明が特許要件を満たさないことが明白である場合は，発明者名誉権の保護は否定すべきであろう。

47) Kraßer/Ann・前掲注6）§20 Rdn 141参照。なお，Preu, Das Erfinderpersönlichkeitsrecht und das Recht auf das Patent, FS Hubmann (1985) 349, 356f.

発明者表示に類似して，学会等での研究成果の発表における発表者として，または学術論文における著者として氏名を表示されることについては，発明者の場合と同様に，研究に寄与・貢献した者の人格的価値を認めることができると思われる。そのため，研究に寄与・貢献したにもかかわらず，研究成果の発表者または学術論文の著者として表示されなかった者は，その人格的利益の侵害として損害賠償を請求することができる場合があろう[49]。

---

48) 発明者名誉権は発明者掲載権と呼ばれることがあるが，この名称は，この権利が発明者の掲載のみを対象とするものであることを示すものとなっている。
49) この点が争われた裁判例として（いずれも請求棄却），東京地判平成19年2月27日判タ1270号367頁〔リウマチ疾患モデルマウス研究成果事件1審〕，知財高判平成20年1月31日（平成19年(ネ)10030号）〔同事件2審〕，東京地判平成23年4月13日判タ1361号176頁〔イオンセンサー事件〕，東京地判平成23年5月19日（平成21年(ワ)5936号）〔質量分析用プローブ事件〕。なお，学術論文においては，その執筆自体に実質的に関与しなくても，指導教員や共同で研究した研究者を共著者として表示することがあり得るとされる。大阪地判平成24年12月6日（平成23年(ワ)15588号・平成24年(ワ)57号），吉田大輔「学術論文における著作者名の表示」出版ニュース2302号20頁（2013年）参照。

発明の成立性（記載欄を設けた紙葉の発明成立性）について

岡本 岳

第1節　特許発明の定義
第2節　「紙せん」
第3節　「偉人カレンダー」事件
第4節　これまでの裁判例
第5節　検　討
第6節　おわりに

第1節　特許発明の定義

　特許法2条1項は，「この法律で「発明」とは，自然法則を利用した技術的思想の創作のうち高度のものをいう。」と規定する。特許法2条の定義規定は，用語の意義をあらかじめ明確に定めておくことで法律を分かりやすくし，解釈上の疑義を少なくする趣旨から設けられたものであるが，上記定義によっても，発明の外延が明らかになったとは言い難いように思われる。教科書でも，「発明」を積極的に定義するものもあるが[1]，実質的には積極的意味合いは少ないと指摘されている[2]。このため，様々な分野において（最近では，とくにビジネス方法やコンピュータ・ソフトウェアに関連する分野などにおいて），発明の成立性が問題となることが多い。本稿では，この問題について従前の取扱いを振り返えることも参考になるのではと考え，いささか古典に属する問題ではあるが，記載欄を設けた紙葉の発明成立性について検討することとした。

---

[1]　たとえば，渋谷達紀『特許法』18頁（発明推進協会，2013年）は，「自然法則とは，自然界に妥当している，人為の加わっていない因果の体系をいう。自然法則は物理的，科学的，電磁的などの作用効果—生の作用効果—を発現させるが，それらの作用効果が人間にとって有益に発現するようにした工夫が発明である」と定義する。
[2]　中山信弘『特許法』99頁（弘文堂，第2版，2012年）は，「2条1項は，発明を積極的に定義しているように見えるが，実質的には積極的な意味合いは少なく，ここでいう自然法則とは，単なる精神活動，純然たる学問上の法則，人為的な取決め等は除外されるということを意味しているにすぎないと解釈すべきである」という。

第2節 「紙せん」

　記載欄を設けた紙葉のことを「紙せん」という。
　昭和41年2月に制定，公表された特許庁の「産業別審査基準〔2〕（その1）紙せん」（平成5年6月に廃止され，原則一般基準に統合された）は，実用新案を対象として作成されたものであるが，「紙せんとは，記載欄を設けた1枚または複数枚の紙葉を意味する」とし，紙せんの構成要件として，①「紙の外観の形状，構造（紙の表面加工，材質などを含む）および組合せに考案の要旨があるもの」と，②「紙面の記載欄に要旨があるもの」とに大別できるが，同基準は，②についての実用新案登録性を検討したものである[3]。そして，同基準は，紙せんにおける効果の判断は，紙せんの記載欄の構成が，平面的に表示されたものであり，一般物品のような立体的機構とそれに伴う機能的効果を有するものではないから，単に記載欄の文字，図形の形態，配列から受ける感覚によって実用的効果の判断（簡明に表示，見易く理解が容易，正確かつ容易に記入…の可否の判断）をすることも多いとする。その上で，効果の判断に当たっては，「公知記載欄を基幹とし，これを改良し，またはこれに付加した点を要旨とするもの」について，①「記載欄の形態を変えたもの」については，記載欄中の文字，図形の一部を他部分と比較して大形，小形，特殊形又は削除するなどの変形を行ったものは，一部変形により，㋐変形部分を他部分と比較対象のもとに容易に見出し（確認），識別できる，㋑変形部分のみを切り離して他用途に使用できる，㋒記載欄全体として記載事項の理解，および記入操作を容易にすることができる，㋓記載欄全体として実用的な効果とともに美的効果が期待できる，以上のいずれかに該当するような効果を有するものと認める，②「記載欄の位置，配列を換えたもの」については，公知の記載欄の一部位置を移動し，または記載欄相互の位置を互いに換え，あるいは新たに一定順序で配列しなおしたものは，これにより，㋐記載欄相互の参照が容易となり，全体的にも見やすく理解を容易とする，㋑記入欄相互の参照が容易となり正確かつ容易に記入できる，㋒移動（置換）した部分を特に印象強く記憶せしめる，㋓特定配列部分だ

---

[3] ①については，「物品の形状，構造又は組合せ」（実用新案法1条）に係るものであるから，他の登録要件を充足する限り実用新案保護の適格性を有することが明らかである。②の「真正平面的雛型」と対比して，「不真正平面的雛型」とも称される。

けを独立して他の用途に用いることができる，以上のいずれかに該当するような効果を有するものと認める．③「他の記載欄を付加したもの」については，公知の記載欄に他の記載欄を付加したものは，㋐記載欄相互の参照により公知の記載欄の記載事項に対し容易に関連事項を知り，又は容易に記録することができる，㋑付加記載欄により公知記載欄の分類，整理など公知記載欄に新たな作用を付加できる，㋒本来それぞれ別の用途を有する複数個の記載欄を併記することによって，使用の際，個別に記載したものより便利となる，以上のいずれかに該当するような効果を有するものと認める，としていた．

このような取扱いに対しては，文字，図形，記号，区画，目盛等の一定位置的配列を自然法則の利用とみることはできず，それらは単に精神的法則ないし人為的取決めにすぎないから，この点で平面的雛型の実用新案性は否定され，この意味から特許保護適格性も当然に否定されるとの批判[4]があったが，他方，平面的な構成によりこれを見るものにおいて必ず一定の効果（見やすい，理解しやすい）を生ずる以上，広義には，自然法則の利用であると解することができるとして，これを肯定する見解[5]もあった．

第3節 「偉人カレンダー」事件

(1) 発明の内容

本願[6]は，発明の名称を「偉人カレンダー」とし，平成22年4月9日に特許出願された．

その請求項1は，

「西暦年度，見出し，偉人図又は写真及び前記偉人図又は写真の近傍に当該偉人の読み方を併記した偉人名記載欄並びに読み方を示した当該偉人の偉人伝要約欄を有する1月から12月までのカレンダーに使用する偉人表示欄を表記した表紙と，

上部には当該偉人の読み方を併記した名記載欄と偉人図又は写真，当該偉人に縁のある写真又は絵図表示欄，偉人の出身地を示した地図，偉人の生存期間

---

[4] 紋谷暢男「平面的雛型における実用新案保護適格性」原増司判事退官記念『工業所有権の基本課題(下)』703頁（有斐閣，1972年）
[5] 吉藤幸朔『特許法概説』591頁（有斐閣，第11版，1996年）
[6] 特願2010-90691

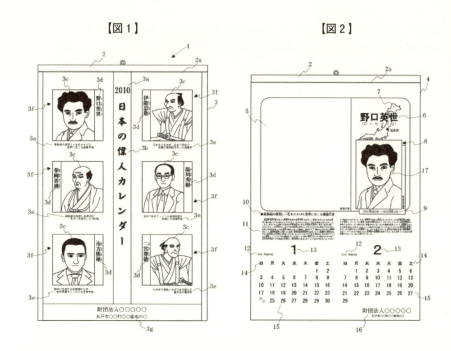

記載欄を設け，中央部には代表的な業績を読み方とともに記載した偉人伝要約欄，偉人の生涯，業績，エピソードを読み方とともに記載した偉人伝概説欄を設け，下部には年度欄，月表示欄，曜日欄，日付欄を設けたカレンダー部と，
　からなることを特徴とする偉人カレンダー。」
というものである（以下，この発明を「本願発明」という）。

　本願の発明の詳細な説明には，従来技術として，同一の発明者による発明の名称を「百人一首カレンダー」とする特許出願に係る公開公報[7]が記載されており，上記従来技術は，「毎日見るカレンダーにより，日本古来の代表的な百人の歌人の歌を覚えるという目的で作られており，社会人として必要な幅広い知識を身につけることや，また，学業に役立つ教養を養うという意味では十分ではなかった」との課題を指摘し，発明の効果として，「本発明は，以上の構成であるため，毎日見るカレンダーで，偉人及び偉人に関する情報を自然に覚え，社会人として必要な幅広い知識を身につけるとともに学業に役立つ教養を養うことができる」とし，実施例として，「図1は，本発明である偉人カレン

7）　特開平8-183270号。同公報に係る特許出願は，平成9年5月16日，特許第2648695号として設定の登録がされた。

ダー1の正面図である。偉人カレンダー1は，表紙3が1枚と，偉人情報を掲載し1月から12月の各月の日付及び曜日等を印刷したカレンダー部6枚（1月2月分が1枚，3月4月分が1枚，5月6月分が1枚，7月8月分が1枚，9月10月分が1枚，11月12月分が1枚）とから構成されている。なお，偉人とは，歴史上，或いは存命中の人も含めた，有名人，著名人，特に，その人の属する学問・技術・思想・政治，その他分野において優れた業績を残した人などである。…そして，表紙3及び各月カレンダー部4（4a～4e）は綴じ部2で綴じられている。この綴じ部2には，本発明である偉人カレンダー1を壁等に掛けるための掛け輪が形成されている。また，綴じ部2のすぐ下には切取線2aが設けられており，偉人カレンダー1から不要になったカレンダー部を切り離すことができる」等と記載されている。

2　審　決

　本願は，平成23年7月20日付けで拒絶査定がされたので，原告は拒絶査定不服審判[8]を請求したが，同年12月16日，審判請求不成立の審決（以下「本件審決」という）がされた。

　本件審決の理由は，①本願発明の創作的特徴は，情報の単なる提示にすぎず，情報の内容をどのようにするかは，人間の精神活動そのものであって，上記情報の提示に技術的特徴を見いだすことができず，自然法則を利用した創作ということができず特許法2条1項にいう「自然法則を利用した技術的思想の創作」に該当しないから，同法29条1項柱書に規定する要件を満たしていない，②仮に，本願発明が特許法上の発明であるとしても，本願発明は，前記「百人一首カレンダー」に係る公開公報に記載された発明[9]および考案の名称を「カレンダー」とする登録実用新案公報[10]（以下「刊行物2」という）に記載された事項[11]に基づいて，当業者が容易に容易に発明することができたものである

---

8)　不服2011-22701号
9)　本件審決は，引用発明として，「上部には西暦年度と見出しを表記し，中央部には月欄・番号短歌欄及び作者名欄を有する1月から12月までのカレンダーに使用する各月使用短歌絵図を表記し，下部には解説欄を設けるとともに百人一首と表記した表紙と，上下方向中央より若干下方に横切取線18を設け，前記横切取線18より上方に短歌絵図欄6dと番号・短歌欄6bと解説欄6gを設け，横切取線18より下方に年度欄14d，月欄14a，15a，曜日欄14b，15b及び日付欄14c，15cを設けた各月カレンダーと，からなる百人一首カレンダー」を認定した。
10)　登録実用新案第3099048号公報

から，同法29条2項の規定により特許を受けることができない，とした。

3　知財高裁判決

　原告は，本件審決は，①本願発明の特許法29条1項柱書要件該当性についての判断を誤り（取消事由1），②本願発明の進歩性の判断を誤った（取消事由2）として，知財高裁に審決取消訴訟を提起した。

　知財高裁は，取消事由1について，まず，特許保護適格性につき一般論として，特許法2条1項にいう「技術的思想」とは，一定の課題を解決するための具体的手段を提示する思想と解されるから，発明は，自然法則を利用した一定の課題を解決するための具体的手段が提示されたものでなければならず，単なる人為的な取決め，数学や経済学上の法則，人間の心理現象に基づく経験則（心理法則），情報の単なる提示のように，自然法則を利用していないものは発明に該当しないというべきである，そして，その判断に当たっては，願書に添付した特許請求の範囲の記載全体を考察し，その技術的内容については明細書及び図面の記載を参酌して，自然法則を利用した技術的思想が，課題解決の主要な手段として提示されているか否かを検討すべきである，とした。

　その上で，本願の特許請求の範囲の請求項1の記載及び本願明細書の記載によれば，本願発明は，①提示情報を偉人情報とし，②提示態様を特定の提示項目及び特定の配置とし，③それを表示及びカレンダー部によりなるカレンダーに定着させ，これによって，④毎日見るという特性を有するカレンダーとする，具体的手段により，ユーザに偉人に関する知識を自然に習得させる，という課題を解決するものであると認定した。

　そして，上記①については，提示する情報が，社会人として身に付けるべき知識，学業に役立つ教養であるか否かという判断は，自然法則とは無関係な人間の主観に基づく選択にすぎず，その結果として偉人情報を採用することは，単なる人為的な取決めにすぎない，②については，表紙において偉人情報を提示する際，提示すべき事項としてどのような情報を選択するかは，発明者の主観に基づく単なる人為的な取決めにすぎず，その結果として特定された提示項目の集合についても，情報の単なる提示の域を超えるものではなく，「偉人図又は写真」の近傍に「偉人名記載欄」を配置すれば，情報の関連の視認性（見

---

11)　同公報には，カレンダーに偉人に関する情報を記載することが記載されている。

やすさ，分かりやすさ）が高まるという一定の効果が認められるが，そのような提示形態自体は，何ら自然法則を利用した具体的手段を伴うものではなく，情報の単なる提示の域を超えるものではない．本願発明のカレンダー部に本願明細書の【図2】に例示されているような各欄と偉人図又は写真等の表示欄を設けた点も，カレンダー部に情報を提示する際，提示すべき事項としてどのような事項を選択するかは，発明者の主観に基づく単なる人為的な取決めにすぎず，その結果として特定された提示項目の集合についても，情報の単なる提示の域を超えるものではなく，また，提示形態も，見やすさ，分かりやすさといった一定の効果が認められるものの，提示形態自体は，何ら自然法則を利用した具体的手段を伴うものではなく，情報の単なる提示の域を超えるものではない．③については，本願発明は，「表紙及びカレンダー部よりなるカレンダー」と特定することにより物品を形式的に特定しているものの，実質的には，偉人情報とカレンダー情報とが併記された複数枚の紙面，すなわち，情報を提示するための単なる紙媒体と何ら異なるものではなく，上記物品の漠然とした特定をもって，本願発明が自然法則を利用したものであると評価することはできない．④については，偉人に関する知識を自然に習得させるために，毎日見るというカレンダーの特性に着目した点につき，一定の創作性が認められるとしても，それは，専ら，人間の習慣（人間は日常生活において日にちや曜日を確認すること），及びカレンダーの利用態様（カレンダーは見やすい場所に設置されること）に基づくものにすぎず，自然法則に基づくものではなく，また，偉人カレンダーを情報を提示する媒体とすることにより，ユーザに偉人に関する知識を自然に習得させるという効果は，人間の心理現象である認識及び記憶に基づく効果にすぎず，自然法則を利用したものと評価することはできない．として，本願発明は，自然法則を利用した技術的思想が，課題解決の主要な手段として提示されていると評価することができないから，特許法2条1項に規定された「発明」に該当するということはできないとした．

　また，取消事由2については，百人一首に関する情報も偉人に関する情報も，いずれも養うべき教養の一種であるという点で共通するから，引用発明に刊行物2の記載事項を適用して，引用発明における百人一首に関する情報を偉人に関する情報に変更することに格別の困難は認められない．本願発明の奏する効果についても，百人一首カレンダーは，毎日1度は見るカレンダーにより百人一首に関する教養を養うことができるようにしたものであり，このような効果

を奏する百人一首カレンダーを主たる引用発明として，百人一首に関する情報を刊行物2記載の偉人に関する情報に換えた場合，偉人に関する教養を養うことができるとの効果を奏することは当然のことであり，その効果は，当業者が予想できる範囲内のものであるとして，本件審決の進歩性の判断に誤りはないとした[12]。

第4節　これまでの裁判例

記載欄を設けた紙葉について，特許又は実用新案の登録がされたものは多数存在するが，その発明成立性が争われた事例はそれほど多くはない。そのいくつかをここに紹介する。

1　東京高判昭和26年7月31日行政事件裁判例集2巻8号1273頁（カット事件）

原告は，「書籍，雑誌，冊子等(C)に於ける記事(B)の余白部分(1)に挿画(2)を設けて成る「カット」装置に於て該挿画を広告の目的作用を有する挿画(2)を以て充当して成る書籍，雑誌等に於ける「カット」装置の構造」の考案について出願[13]したところ，拒絶査定を受け，不服抗告審判を請求をしたが，不成立審決を受けたことから，審決取消訴訟を提起した。

東京高裁は，本件出願の考案要旨とするものは書籍雑誌等なる物品に関してはいるが，記事(B)の余白部分(1)に掲載した挿画(2)に従来「カット」の有する趣味的内容を与えると同時に広告としての目的及び作用を有せしめた点を主眼とするもので，挿画の内容又はそれに加えた説明的文字の意味如何を考案としたものである，従ってカット(2)が挿画たることと広告たることとの両作用を有するものたる点のみについていえば全く観念的かつ抽象的表現のものにとどまり，挿画，広告用の文字及びその組合せ方法はいずれも無数にありうるのであるから，その構成自体並びに構成によって生じたもの自体もまた何ら具体的形態を有するものを特定しないというほかなく，実用新案法1条[14]に所謂構造とい

---

12) なお，本願の出願人は，平成24年2月22日，考案の名称を「偉人カレンダー」とし，本願とほぼ同様の請求項を内容とする実用新案登録出願をし，同出願は，同年5月23日，実用新案登録第3176241号として設定の登録がされた。
13) 実願昭23-5452号

えないとした。また，原告の，本件考案要旨は機械器具のように立体的なものではないが，実用新案の登録例中にも平面的な計算図表のようなものがあり，本件の場合も平面的なものであっても構造と認められるべきであるとの主張に対し，登録例中にある平面的なものというのは，線，区画，目盛の一定位置関係に結合したものであるから，それは抽象的表現のものではなく，客観的に具体化された特定の形態を有し，物品の型と見ることができるのに反し，本件考案は線，区画，目盛又はこれに準ずるものの具体的結合とは全く相異していて，何等具体化された特定の形態を有するものとは認められないから，前示のものは本件に適切な例とするには足りない，として原告の請求を棄却した。

2 東京地判平成15年1月20日判タ1114号145頁（資金別貸借対照表事件）

原告は，考案の名称を「資金別貸借対照表」とする実用新案権[15]の実用新案権者である。原告は，被告の使用する被告貸借対照表は原告の有する登録実用新案の技術的範囲に属するとして，被告に対し，被告貸借対照表の使用の差止めと損害賠償を求めた。これに対し，被告は，上記考案は自然法則を利用した技術的思想の創作ではないから，その実用新案登録には無効理由が存在することが明らかであるとして，権利濫用の抗弁を主張した。

上記考案の実用新案登録請求の範囲は，「資金別の貸借対照表であって，この表は，損益資金の部の欄と，固定資金の部の欄と，流動資金の部の欄と，を含み，これらの欄は縦方向または横方向に配設してあり，上記損益資金の部の欄，固定資金の部の欄，売上仕入資金の部の欄，流動資金の部の欄の各欄は貸方・借方の欄に分けてあり，更に貸方・借方の欄に複数の勘定科目が設けてあり，上記損益資金の部の欄，固定資金の部の欄，売上仕入資金の部の欄，流動資金の部の欄の各欄に対応して現在の現金預金の欄が設けてある，資金別貸借対照表。」というものであり，その明細書には，従来技術の課題として，従来の貸借対照表では，資金に関して1枚に表にまとめることは困難であること等が挙げられ，上記考案の効果として，①貸借対照表分析が，損益資金の部の欄，

---

[14] 旧実用新案法（大正10年法律第97号）1条は，「物品ニ關シ形状，構造又ハ組合ハセニ係ル實用アル新規ノ型ノ工業的考案ヲ爲シタル者ハ其ノ物品ノ型ニ付キ實用新案ノ登録ヲ受クルコトヲ得」と規定していた。
[15] 実用新案登録第2077899号

固定資金の部の欄，売上仕入資金の部の欄，流動資金の部の欄の数字の組合わせによるプラス，マイナスによって判断できる，②各資金の欄に予想数字を当てはめることによって未来の資金別対照表を作成することができる，③損益と資金については，全部の勘定科目が資金と繋がるので損益と資金の関連性を理解することができ，損益の認識が容易に理解できる，④全体としては貸借対照表であるけれども，損益資金の部が損益計算書としての機能を果たし，しかも資金の勘定科目が表されているので資金繰り表の機能をも有する，⑤企業取引に非資金取引がないことが理解でき，したがって現行の資金繰りに誤りがあることが理解できる，ことが記載されている。

　東京地裁は，上記考案は，貸借対照表の内容を「損益資金」，「固定資金」，「売上仕入資金」及び「流動資金」という四つの資金の観点から捉え，各資金に属する勘定科目を貸方と借方に分類することで，各資金ごとにその差額である現在の現金預金を把握できることに特徴を有するとした。

　そして，実用新案保護適格性についての一般論として，技術的思想の創作であったとしても，その思想が，専ら，人間の精神的活動を介在させた原理や法則，社会科学上の原理や法則，人為的な取り決めを利用したものである場合には，実用新案登録を受けることができない（この点は，技術的思想の創作中に，自然法則を利用した部分が全く含まれない場合はいうまでもないが，仮に，自然法則を利用した部分が含まれていても，ごく些細な部分のみに含まれているだけで，技術的な意味を持たないような場合も，同様に，実用新案登録を受けることができないというべきである）とした。

　その上で，上記考案は，専ら，一定の経済法則ないし会計法則を利用した人間の精神活動そのものを対象とする創作であり，自然法則を利用した創作ということはできない，上記考案の各効果も，自然法則の利用とは無関係の会計理論ないし会計実務を前提とした効果にすぎない，確かに，「損益資金」，「固定資金」，「売上仕入資金」及び「流動資金」の欄が，「縦方向または横方向に配設され」ることは，見やすくなるという点で，自然法則を利用した効果を伴うということができるが，そのような効果は，上記考案の効果と評価できるものではなく，技術的な観点で有用な意義を有するものではない，として，上記考案は，実用新案法2条1項にいう「自然法則を利用した技術的思想」に該当しないから，同法3条1項柱書に反する無効理由の存することが明らかであると判断した。

また，原告の，上記考案に係る資金別貸借対照表は産業別審査基準の「紙せん」に該当し，実用新案登録要件を充足する旨の主張に対しては，産業別審査基準の「紙せん」についても，自然法則を利用した技術的思想であるか否かの点を考慮して実用新案登録の対象となるか否かを判断すべきであるとして，その主張を排斥した。

3　知財高裁平成19年10月31日判例秘書L06220529（切り取り線付き薬袋事件）

　本願[16]は，発明の名称を「切り取り線付き薬袋」とし，平成18年2月20日に特許出願された。本件補正後の請求項1は，

　「調剤薬局側において，薬袋の表面の縦方向の長さがその横方向の長さの約1.5倍以上となるような縦長の形状に形成されている薬袋であって，薬袋の底部から薬袋の横方向の長さの約1.5倍以上の距離だけ離れた上方の位置に形成されている第1の開口部と，前記第1の開口部が形成されている位置から『薬袋の縦方向の長さの約5分の1から約3分の1までの間の距離』だけ薬袋の底部に近づく位置に，薬袋の表面側及び裏面側の全体に渡って連続的に形成されている切り取り線部とを備えている薬袋を用意し，(1)前記薬袋の表面側の前記切り取り線部より上方の上方部分に患者の氏名などの個人情報を印刷すると共に，(2)前記薬袋の表面側の前記切り取り線部より約1センチメートル以上下方の下方部分に『薬剤の名称，用法，及び写真などの，前記患者に処方される薬剤に関する情報』を印刷する工程と，前記印刷された薬袋の中に，前記患者に処方される薬剤を入れる工程と，前記薬剤を入れた薬袋を患者側に交付する工程と，前記交付された薬袋を，患者側において，前記切り取り線部に沿って前記薬袋の表面側と裏面側の全体を切り取ることにより，前記薬袋の前記患者の個人情報が印刷されている表面側とそれに対向する裏面側とを含む上方部分を，前記薬袋の前記薬剤に関する情報が印刷されている表面側とそれに対向する裏面側とを含む下方部分から分離し，前記第1の開口部が形成されている位置から『前記薬袋の縦方向の長さの約5分の1から約3分の1までの間の距離』だけ前記薬袋の底部に近づく位置に，第2の開口部を新たに形成する工程と，を含むことを特徴とする，切り取り線付き薬袋の使用方法。」というものである

---

16)　特願2006-41777

(以下，この発明を「本願補正発明」という)。

審決[17]は，本願補正発明は，人為的取決めである個々の使用方法をその工程として時系列的に組み合わせたものにすぎず，発明全体としても自然法則を利用した技術的思想の創作とは認められないので，特許法29条1項柱書に規定する「発明」に該当しない等により，独立して特許を受けることができないとして，本件補正を却下した上，本件補正前の発明は，引用発明及び周知の事実等により当業者が容易に発明をすることができたから，特許法29条2項の規定により特許を受けることができないとした。

原告は，審決は，本願補正発明の特許法29条1項柱書要件該当性についての判断を誤った，本願補正発明の容易想到性の判断を誤った，等を取消事由として，知財高裁に審決取消訴訟を提起した。これに対し，知財高裁は，特許保護適格性につき一般論として，「技術的思想には，社会科学等の原理や法則，人為的な取り決めなども含まれるが，自然法則を利用していない原理，法則，取決め等のみを利用したものは，それが技術的思想の創作といえるものであっても，発明とされることはない。そして，技術的思想の創作には，自然法則を利用しながらも，自然法則を利用していない原理，法則，取り決め等を一部に含むものもあり，それが発明といえるかは，その構成や構成から導かれる効果等の技術的意義を検討して，問題となっている技術的思想の創作が，全体としてみて，自然法則を利用しているといえるものであるかによって決するのが相当である」とした。その上で，本願補正発明について，「薬袋の切り取り線部に沿って切り取りを行って第2の開口部を新たに形成する主体について，これを「患者側」とすることは，人為的な取り決めである。しかし，本願補正発明の「使用方法」に係る発明について，…明細書の記載を参酌して，特許請求の範囲に記載されている構成をみたとき，この「使用方法」に係る技術的思想の創作は，「第2の開口部を新たに形成する工程」の主体を誰と決めることについての技術的思想の創作のみではない。…本願補正発明は，その構成や構成から導かれる効果等の技術的意義に照らせば，物理的に特定の形状，内容の物について，印刷機等の機器により特定の物理的な操作がされる工程を含むことによって，第2の開口部を形成する工程を経たとき，薬袋を捨てたときに個人情報の悪用を防止できるなどの効果を奏するのであり，…本願補正発明の効果は，

---

17) 不服2006-18490号

結局，印刷機等の機器による特定の物理的な操作がされる工程によって実現しているということができるものであり，これは自然法則を利用することによってもたらされるものであるから，本願補正発明は，全体としてみると，自然法則を利用しているといえるものである」として，「本願補正発明は，人為的な取り決めを含む部分もあるが，全体としてみて，自然法則を利用した技術的思想の創作といえるものであり，特許法にいう発明に当たると認められる」とした。

しかしながら，本願補正発明は，特許法29条2項の規定により特許出願の際独立して特許を受けることができないとした審決の判断に誤りはないから，本件補正を却下した審決の結論に誤りはないとして，結局，原告の請求を棄却した。

第5節　検　討

「産業別審査基準〔2〕（その1）紙せん」は，前記第2節で述べたように，「記載欄の形態を変えたもの」，「記載欄の位置，配列を換えたもの」及び「他の記載欄を付加したもの」について，いずれもこれらの考案の構成から効果が生じるとして，平面的雛型の実用新案保護適格性を肯定している（そして，これらを「自然法則を利用した技術的思想の創作」と認める以上，他の要件は別としてその意味の限りでは，特許保護適格性も肯定されることになる）。しかしながら，上記審査基準が指摘する考案の構成から，同基準のいう「容易に見出し（確認），識別できる」，「記載欄相互の参照が容易になる」，「正確かつ容易に記入できる」，「容易に関連事項を知り，又は容易に記録することができる」等の効果を生じることが認められるとしても，これらは紙の表面に表示されている記載欄，及び記載欄に記載された文字，図形，記号，目盛等の一定の位置的配列から認識される効果であり，前掲第4節が指摘するように，これらの一定の位置的配列自体を自然法則の利用ということはできないであろうし，単に精神的法則ないし人為的取り決めにすぎないものと解するのが素直な解釈であるように思われる。したがって，平成5年6月に上記産業別審査基準が廃止されて一般基準に統合されたのは，あるべき方向であったと考えられる。しかしながら，上記産業別審査基準の下で従前から多数の平面的雛型に係る実用新案や特許が登録されていたという実情があったため，同審査基準の廃止後も同様の出願が継続

してなされ，これらが上記第4節の2以下の裁判例につながったものと思われる。

現行の審査基準は，「発明」について，これを積極的には説明しておらず，消極的に「発明」に該当しないものの類型として，①自然法則自体，②単なる発見であって創作ではないもの，③自然法則に反するもの，④自然法則を利用していないもの，⑤技術的思想でないもの，⑥発明の課題を解決するための手段は示されているものの，その手段によっては，課題を解決することが明らかに不可能なもの，が列挙されているにすぎない。その上で，「技術的思想でないもの」として「情報の単なる提示（提示される情報の内容にのみ特徴を有するものであって，情報の提示を主たる目的とするもの）」を挙げ，その具体例として，「文書作成装置によって作成した運動会のプログラム」が記載され，他方，「情報の提示（提示それ自体，提示手段，提示方法等）に技術的特徴があるものは，情報の単なる提示に当たらない」とし，その具体例として，「テレビ受像機用のテストチャート（説明）テストチャートそれ自体に技術的特徴がある」，「文字，数字，記号からなる情報を凸状に記録したプラスチックカード（説明）エンボス加工によりプラスチックカードに刻印された情報を型押しすることで転写することができ，情報の提示手段に技術的特徴がある」と記載されている。

この立場によれば，前記「偉人カレンダー」発明，「カット」考案及び「資金別貸借対照表」発明は，いずれも情報の提示に技術的特徴があるものとは認め難いから，「自然法則を利用した技術的思想の創作」ということはできず，発明該当性が否定されることになろう。

他方，前記「切り取り線付き薬袋」発明は，情報の提示それ自体に技術的特徴があるものとは認め難いであろうが，知財高裁は，同発明が，「物理的に特定の形状，内容の物について，印刷機等の機器により特定の物理的な操作がされる工程を含むことによって，第2の開口部を形成する工程を経たとき，薬袋を捨てたときに個人情報の悪用を防止できるなどの効果を奏する」ものであり，この効果は，「印刷機等の機器による特定の物理的な操作がされる工程によって実現しているということができる」とし，この点が自然法則を利用しているといえるとして，発明該当性を肯定したものであり，「情報の提示」それ自体の技術的特徴が発明該当性を左右した事案ではないと考えられる。

したがって，これらの裁判例は，いずれも現行の発明該当性の審査基準の立場とは，整合しているものと理解することが可能であろう。

第6部　おわりに

　現在，コンピュータ・ソフトウェア関連発明やインターネットを利用した発明，ビジネス・モデル特許などについて，発明成立性が論じられることが多いが，本稿ではいささか古典に属する「記載欄を設けた紙葉」の発明成立性について取り上げた。その趣旨は，特許法2条にいう「自然法則を利用した技術的思想の創作」を発明成立性の判断基準としたときに，「紙せん」についての従来の取り扱いが，他の分野の同様の判断基準と整合していないため，これらを整合的に理解することが困難であったことを指摘し（このこと自体は，前記第2節のとおり，既に議論されていたところである），この点に関連する裁判例を紹介するとともに，多様な発明について，その発明成立性を判断するための整合した基準が必要であることを指摘するところにある。今後，更なる議論と事例の集積を待ちたい[18]。

---

18)　「自然法則の利用」要件について論じたものとして，田村善之「特許発明の定義―「自然法則の利用」の要件の意義―」法学教室252号13頁，玉井克哉「「発明」の概念―特に進歩性との関連について―」紋谷暢男教授還暦記念論文集『知的財産法の現代的課題』139頁（発明協会，1998年）があり，参照されたい。

均等侵害第1要件再考試論
―マキサカルシトール事件を受けて―

根岸 裕一

第1節　はじめに
第2節　本判決における第1要件について
第3節　最高裁判決の判示内容について
第4節　均等侵害の根拠規定
第5節　均等論再考
第6節　最後に

第1節　はじめに

　⑴　知財高判平成28年3月25日平成27年㈱第10014号〔マキサカルシトール事件〕（以下「本判決」という）は，均等侵害の第1要件（非本質的部分）[1]について，「特許法が保護しようとする発明の実質的価値は，従来技術では達成し得なかった技術的課題の解決を実現するための，従来技術に見られない特有の技術的思想に基づく解決手段を，具体的な構成をもって社会に開示した点にある。」との前提の下，「特許発明における本質的部分とは，当該特許発明の特許請求の範囲の記載のうち，従来技術に見られない特有の技術的思想を構成する特徴的部分であると解すべきである。」と判示する。本稿は，同判示を契機として，均等侵害第1要件について検討するものである[2]。

　⑵　本判決は，最判平成10年2月24日民集52巻1号113頁〔ボールスプライン事件〕（以下「最高裁判決」という）によって示された均等の各要件の趣旨に

---

[1] 均等の第1要件は，特許請求の範囲に記載された構成中に，相手方が製造等をする製品又は用いる方法と異なる部分が存する場合であっても，同部分が特許発明の本質的部分ではないことである（最判平成10年2月24日民集52巻1号113頁〔ボールスプライン事件〕）。

[2] 本判決は，①均等の主張立証責任の所在，②第1要件，③第5要件（対象製品等が特許発明の特許出願手続において特許請求の範囲から意識的に除外されたものにあたるなどの特段の事情もないとき）に関する判旨からなる（小泉直樹「判批」ジュリスト1495号8頁（2016年）参照）。

立ち返りつつ，その意義を明らかにする大合議判決であり[3]，その判示内容を確認しその意義について検討することは，今後への影響を図る意味においても，重要なことであると考える。

(3) 検討の手順は，本判決の第1要件に関する判示内容を確認し（第2節），最高裁判決を通じて本判決の意義を確認し（第3節），その上で，均等侵害の根拠規定に立ち戻り（第4節），最後に均等論のあり方について検討する（第5節）。

第2節　本判決における第1要件について

1　第1要件の理由について

本判決は，第1要件の理由について，「特許法が保護しようとする発明の実質的価値は，従来技術では達成し得なかった技術的課題の解決を実現するための，従来技術に見られない特有の技術的思想に基づく解決手段を，具体的な構成をもって社会に開示した点にある。」と判示している。

2　第1要件の認定について

(1) 本判決は「特許発明の特許請求の範囲の記載のうち，従来技術に見られない特有の技術的思想を構成する特徴的部分である」当該「特許発明における本質的部分」の認定について，「上記本質的部分は，特許請求の範囲及び明細書の記載に基づいて，特許発明の課題及び解決手段……とその効果……を把握した上で，特許発明の特許請求の範囲の記載のうち，従来技術に見られない特有の技術的思想を構成する特徴的部分が何であるかを確定することによって認定されるべきである。」と判示する。そして，その理由につき，「すなわち，特許発明の実質的価値は，その技術分野における従来技術と比較した貢献の程度に応じて定められることからすれば，特許発明の本質的部分は，特許請求の範囲及び明細書の記載，特に明細書記載の従来技術との比較から認定されるべきであり，……。」と判示する[4]。

つまり，本判決は「特許発明の実質的価値」ないし「特許法が保護しようと

---

3) 本判決の判例評釈には小泉直樹「判批」ジュリスト1495号8頁（2016年）がある。なお，均等論の近時の論点については高林龍「均等論をめぐる論点と整理と考察」工所38号53頁（2014年）が整理している。

する発明の実質的価値」が，その技術分野における従来技術と比較した「貢献」の程度に応じて定められると判示しているのである。

(2) さらに，本判決は「ただし，明細書に従来技術が解決できなかった課題として記載されているところが，出願時……の従来技術に照らして客観的に見て不十分な場合には，明細書に記載されていない従来技術も参酌して，当該特許発明の従来技術に見られない特有の技術的思想を構成する特徴的部分が認定されるべきである。」と，明細書に記載のない従来技術の参酌についても言及する[5]。

ここで，「出願時……の従来技術に照らして客観的に見て不十分な場合には，明細書に記載されていない従来技術も参酌して，……べきである。」は，特許発明と照応すべき従来技術は，特許発明にもっとも近接するもの選ぶべきことを意味すると解される[6]。

同判示は，特許発明における本質的部分は，当該特許発明を出願時の従来技術に照らして，客観的に認定されるべきであると，最終的には，述べているのである[7]。

---

[4] 当該判示により，前述の「特許法が保護しようとする発明の実質的価値は，従来技術では達し得なかった技術的課題の解決を実現するための，従来技術に見られない特有の技術的思想に基づく解決手段を，具体的な構成をもって社会に開示した点にある。」と当該認定方法とを接続しているのである。

[5] 本判決の他，本判決後にされた知財高判平成28年3月30日平成27年㈹第10098号〔エミューレーションシステム用集積回路事件〕及び知財高判平成28年6月29日平成28年㈹第10007号〔振動機能付き椅子事件〕において，明細書に記載されていない従来技術を参酌して第1要件の判断がなされている（高部眞規子『実務詳説 特許関係訴訟』180頁（きんざい，第3版，2016年））。

[6] 「出願時…の従来技術に照らして客観的に見て不十分な場合には，」との記載は，明細書記載の従来技術と明細書に記載されていない従来技術とを，特許発明との近接性という観点で比較判断することを述べていると解される。しかし，近接性判断は，理念的には，明細書記載の従来技術間においても，明細書記載の従来技術と明細書に記載されていない従来技術間においても，判断されるものであり，明細書記載の従来技術と明細書に記載されていない従来技術との間でのみ判断されるものではない。判示内容を，普遍化すれば，より特許発明に近接する従来技術があればそれを選択すべきである，ということになると思われる。

[7] なお，ここでいう従来技術は，特許公開番号等で特定されるものである。新規性・進歩性判断における「先行技術」（特許庁『特許・実用新案審査基準』第Ⅲ部第2章1頁）と同様のものであると考えられる。ところで，特許庁『特許・実用新案審査基準』には，特許法第29条第1項各号についての「特許制度は発明公開の代償として特許権を付与するものであるから，特許権が付与される発明は新規な発明でなければならない。同項は，このことを考慮して規定されたものである。」（第Ⅲ部第2章1頁）との記載がある。

3 上記認定の結果について

本判決は，上記認定の結果について，「そして，①従来技術と比較して特許発明の貢献の程度が大きいと評価される場合には，特許請求の範囲の記載の一部について，これを上位概念化したものとして認定され……，②従来技術と比較して特許発明の貢献の程度がそれ程大きくないと評価される場合には，特許請求の範囲の記載とほぼ同義のものとして認定されると解される。」と判示する[8]。さらに，「明細書に従来技術が解決できなかった課題として記載されているところが，出願時……の従来技術に照らして客観的に見て不十分な場合には，明細書に記載されていない従来技術も参酌して，当該特許発明の従来技術に見られない特有の技術的思想を構成する特徴的部分が認定」した「場合には，特許発明の本質的部分は，特許請求の範囲及び明細書の記載のみから認定される場合に比べ，より特許請求の範囲の記載に近接したものとなり，均等が認められる範囲がより狭いものとなると解される。」と判示する。

すなわち，同判示は，第1要件で認容される特許発明の技術的範囲が，特許発明が従来技術により近接する場合にはより狭く，より乖離する場合にはより広く，認められるということと述べているのである。従来技術と比較した「貢献」の程度に応じて「特許発明の実質的価値」ないし「特許法が保護しようとする発明の実質的価値」が定まることをその理由とする。

4 いわゆる本質的部分説について

(1) 均等の第1要件については，その文言がわかりづらい表現ぶりであることから，その読み方については，クレームの構成要件が「本質的部分」に該当する構成要件と「非本質的部分」に当たる構成要件に分けられることを前提とする「本質的部分説」と，発明の技術思想，はその構成要素の有機的な結合であることに鑑みれば，クレームの記載をばらばらに分説しどの構成要件が本質的部分であるかを問うのは妥当でないとし，置換がなされた結果，対象製品が特許発明の技術的思想，と別個のものと評価されるようになったか否かを問うのが第1要件だとする「技術思想同一説」（通説）があったとされていた[9]。

---

[8] 同判示は「ドイツ流の大なる発明には大なる保護を，小なる発明には小なる保護をという拡張解釈理論の規定を形づくっていた提言」（松本重敏『特許発明の技術的範囲』（有斐閣，新版，2000年）471頁）と符号するものと考えられる。しかし，同判示は第1要件のみに関するものであり，第3要件等が他の観点からその限界を規定している。なお，同提言は縮小解釈理論の規定をも形づくり得るものでもある。

本判決は，この点につき，「また，第１要件の判断，すなわち対象製品等との相違部分が非本質的部分であるかどうかを判断する際には，特許請求の範囲に記載された各構成要件を本質的部分と非本質的部分に分けた上で，本質的部分に当たる構成要件については一切均等を認めないと解するのではなく，上記のとおり確定される特許発明の本質的部分を対象製品等が共通に備えているかどうかを判断し，これを備えていると認められる場合には，相違部分は本質的部分ではないと判断すべきであり，対象製品等に，従来技術に見られない特有の技術的思想を構成する特徴的部分以外で相違する部分があるとしても，そのことは第１要件の充足を否定する理由とはならない。」と判示している。

　これは，いわゆる「本質的部分説」を排斥し，「技術思想同一説」（通説[10]）を採ることを明示したものである[11]。

　(2)　また，本判決は，「対象製品等に，従来技術に見られない特有の技術的思想を構成する特徴的部分以外で相違する部分があるとしても，そのことは第１要件の充足を否定する理由とはならない。」とも判示する。

　特許発明の本質的部分の判断は従来技術に照らして判断されるべきものであり，対象製品等の構成とは関係なく判断されるものである[12]。本判示はこのことを確認的に記載したものであると考えられる。

　次節では，最高裁判決を通じて，本判決の意義を検討する。

---

9)　大渕哲也『【専門訴訟講座⑥】特許訴訟（上）』255頁（民事法研究会，2012年）〔井上由里子〕。
10)　三村量一「判解」『最高裁判所判例解説民事篇平成10年度（上）』112頁（141頁）（法曹会，2001年），牧野利秋「特許発明の本質的部分について」清永利亮＝設樂隆一『現代裁判法大系26〔知的財産権〕』85頁（93頁）（新日本法規出版，1999年），田村善之「均等論における「本質的部分」の要件の意義—均等論は『真の発明』を救済する制度か—(1)(2)」知的財産法政策学研究21号１頁・22号55頁，設樂隆一「ボールスプライン事件最高裁判決の均等論と今後の諸問題」牧野利秋判事退官記念『知的財産法と現代社会』299頁（303頁）（信山社出版，1999年）。
11)　高部眞規子『実務詳説 特許関係訴訟』179頁（きんざい，第３版，2016年）は「両説に間に具体的事案において大きな相違をもたらすほど差異があるとまでは言えないように思われる。」と述べている。
12)　対象製品等は，相違点の認定の場面には登場するが，特許発明の本質的部分の認定の場面には登場しないのである。この点が第１要件と第２要件および第３要件とを分かつ特徴点である。

第3節　最高裁判決の判示内容について

1　原則

　最高裁判決は，均等侵害の要件列記に先立ち，「特許権侵害訴訟において，相手方が製造等をする製品又は用いる方法（以下「対象製品等」という。）が特許発明の技術的範囲に属するかどうかを判断するに当たっては，願書に添付した明細書の特許請求の範囲の記載に基づいて特許発明の技術的範囲を確定しなければならず（特許法70条1項参照），特許請求の範囲に記載された構成中に対象製品等と異なる部分が存する場合には，右対象製品等は，特許発明の技術的範囲に属するということはできない。」との原則を提示するところから始まっている。

2　均等侵害の要件

　(1)　最高裁判決は，均等侵害の要件につき，「特許請求の範囲に記載された構成中に対象製品等と異なる部分が存する場合であっても，(1)右部分が特許発明の本質的部分ではなく，(2)右部分を対象製品等におけるものと置き換えても，特許発明の目的を達することができ，同一の作用効果を奏するものであって，(3)右のように置き換えることに，当該発明の属する技術の分野における通常の知識を有する者（以下「当業者」という）が，対象製品等の製造等の時点において容易に想到することができたものであり，(4)対象製品等が，特許発明の特許出願時における公知技術と同一又は当業者がこれから右出願時に容易に推考できたものではなく，かつ，(5)対象製品等が特許発明の特許出願手続において特許請求の範囲から意識的に除外されたものに当たるなどの特段の事情もないときは，右対象製品等は，特許請求の範囲に記載された構成と均等なものとして，特許発明の技術的範囲に属するものと解するのが相当である。」と判示する。

　これら5要件のうち，(4)と(5)はは文言侵害でも妥当する侵害成立要件であり，均等侵害に固有の成立要件は(1)非本質的部分，(2)置換可能性，(3)容易想到性の三つである[13]。

---

13)　島並良「権利の物的保護範囲」法学教室386号142頁（144頁）（2012年）。

(2) 当該第1要件について，三村量一「最判解説」『最高裁判所判例解説民事篇平成10年度（上）』125頁（法曹会，2001年）（以下「最判解説」という）は，まず，「従来，「技術思想の同一性」あるいは「解決原理の同一性」として説明されていたのと同様のものであって，対象製品等と特許発明とが共通の技術思想を有すること，言い換えれば，課題の解決に当たって対象製品等が特許発明と同一の解決手段を用いるものであることを意味する。」（140頁）と解説する。

その上で，「特許発明の本質的部分とは，特許請求の範囲に記載された特許発明の構成のうちで，当該特許発明特有の課題解決手段を基礎付ける特徴的な部分，言い換えれば，右部分が他の構成に置き換えられるならば，全体として当該特許発明の技術的思想とは別個のものと評価されるような部分をいうものと解される。」（141頁）と，特許発明の本質的部分について定義する。

そして，「すなわち，特許法が保護しようとする発明の実質的価値は，従来技術では達成し得なかった技術的課題の解決を実現するための，従来技術に見られない特有の技術的思想に基づく解決手段を，具体的な構成をもって社会に開示した点にあるから，明細書の特許請求の範囲に記載された構成のうち，当該特許発明特有の解決手段を基礎付ける技術的思想の中核をなす特徴的部分が特許発明における本質的部分であると理解すべきであり，対象製品等がそのような本質的部分において特許発明の構成と異なれば，もはや特許発明の実質的価値は及ばず，特許発明の構成と均等ということはできないのである。」（同頁）と敷衍している。

本判決の「特許法が保護しようとする発明の実質的価値は，従来技術では達成し得なかった技術的課題の解決を実現するための，従来技術に見られない特有の技術的思想に基づく解決手段を，具体的な構成をもって社会に開示した点にある。したがって，特許発明における本質的部分とは，当該特許発明の特許請求の範囲の記載のうち，従来技術に見られない特有の技術的思想を構成する特徴的部分であると解すべきである。」との判示は，最判解説の同記載を踏襲するものである。

なお，最判解説は第2要件ないし第3要件について，第2要件は，「従来，「置換可能性」として説明されていたものであ」（143頁）り[14]，第3要件は，「従来，「置換容易性」として説明されていたものであ」（144頁）り，なお，第3要件の判断の基準時を侵害行為時とした理由については，「近時における学説上の議論及び国際的な動向を，考慮したものと考えられる」（145頁）[15]とし

ている。

(3) また、第1要件の認定につき、最判解説は、「発明が各構成要件の有機的な結合により特定の作用効果を奏するものであることに照らせば、対象製品等との相違が特許発明における本質的部分に係るものであるかどうかを判断するに当たっては、単に特許請求の範囲に記載された構成の一部を形式的に取り出すのではなく、特許発明を特許出願時における先行技術と対比して課題の解決手段における特徴的原理を確定した上で、対象製品の備える解決手段が特許発明における解決手段の原理と実質的に同一の原理に属するものか、それともこれとは異なる原理に属するものかという点から判断すべきものである。」(141頁)と述べ、その判断につき「特許発明を全体として特許出願時における先行技術と対比することにより課題の特徴的な解決手段を確定し、これを対象製品等が共通に備えているかどうかにより判断する（対象製品等が右解決手段を共通に備えている場合には、要件(1)を充足する）ものである。」(142頁)と解説している[16]。

本判決の「上記本質的部分は、特許請求の範囲及び明細書の記載に基づいて、特許発明の課題及び解決手段……とその効果……を把握した上で、特許発明の特許請求の範囲の記載のうち、従来技術に見られない特有の技術的思想を構成する特徴的部分が何であるかを確定することによって認定されるべきである。」との判示は、最判解説の同記載を踏襲するものである。

なお、第2要件の認定につき、「対象製品等において「特許発明の目的を達することができ、同一の作用効果を奏する」かどうかは、特許発明の出願前の公知技術と特許発明とを対比して、従来技術では解決できなかった課題であって当該特許発明により解決されたものを、対象製品等が解決するものであるかどうかにより決せられる。すなわち、ここでいう特許発明の「目的」や「作用効果」は、あくまでも特許発明の出願時における従来技術と特許発明との対比

---

14) 「もっとも、前述のように、従前の均等論の議論においては、「置換可能性」の語を、①技術思想の同一性、②効果の同一性の二つの要素を包含する上位概念として用いる見解も存在したが、本判決は、技術思想の同一性を(1)の要件として別個に挙げているので、本判決の(2)の要件は、右でいえば「作用効果の同一性」を意味することになる。」（同頁）。

15) なお、近時における学説上の議論及び国際的な動向については同127頁以後に記載がある。

16) 最判解説には、「特許出願時における先行技術」とあるように、先行技術に「明細書に記載された」とのの限定はない。本判決も当該解説も踏襲したものと思われる。

により確定されるものであって，基本的には，明細書の「発明の詳細な説明」欄における「発明が解決しようとする課題」や「発明の効果」の項の記載に基づいて確定されるべきものである。」（同143頁）と解説している。

さらに，第3要件の認定につき，「何をもって「容易に想到できた」ということができるかは，「置換容易性」に関する従来の議論が当てはまるものと思われる。」（同145頁）と解説している[17]。

(4) 上記認定の結果について

最判解説は，上記認定の結果について，「特定の技術的課題を解決する手段を初めて開示したいわゆるパイオニア発明の場合には，当該特許発明により初めて開示された解決手段は基本的な構成であり，発明を基礎付ける技術思想は広範な範囲のものであるから，その構成の一部を置換することによって，特許発明の技術思想の範囲を出ることは困難である。これに対して，既に当該技術的課題についていくつかの解決手段が公知技術として存在するような成熟した技術分野では，個々の発明の特有の技術思想は狭い範囲で認められるにとどまるから，特許発明の構成の一部を他の構造に置き換えるだけで，容易に当該発明の技術的範囲を外れることとなろう。」（142頁）と解説する[18]。

本判決の「すなわち，特許発明の実質的価値は，その技術分野における従来技術と比較した貢献の程度に応じて定められることからすれば，特許発明の本質的部分は，特許請求の範囲及び明細書の記載，特に明細書記載の従来技術との比較から認定されるべきであり，そして，①従来技術と比較して特許発明の貢献の程度が大きいと評価される場合には，特許請求の範囲の記載の一部について，これを上位概念化したものとして認定され……，②従来技術と比較して特許発明の貢献の程度がそれ程大きくないと評価される場合には，特許請求の範囲の記載とほぼ同義のものとして認定されると解される。」は，最判解説の

---

[17] 最判解説には，「置換が容易に推考し得ることによって，明細書には直接そのことが記載されていなくても，これと同視することが可能となる。」（同127頁）との記載がある。当該記載は，「新規性」審査における「刊行物に記載されているに等しい事項」を想起させるものである。

[18] 一方で，最判解説は，第1要件の趣旨につき「仮に置換可能性及び容易想到性のみを要件としてその判断の基準時を侵害時とするときは，均等の成立する範囲が広範なものとなるが，対象製品等が特許発明特有の課題解決の手段を備えていないときは，そのような対象製品等は，当該特許発明と技術思想を異にするものというべきであって，特許発明の構成と実質的に同一なものということはできない。本判決が均等成立の要件として(1)の要件を挙げたのは，このような考えによるものと解される」（142頁）とし，均等の範囲が広くなりすぎないためのものとして機能するとしている。

上記解説を踏襲するとともに，当該効果が，「特許発明の実質的価値は，その技術分野における従来技術と比較した貢献の程度に応じて定められること」によることを明確にしているのである。

(5) いわゆる本質的部分説について

最判解説は，「均等成立のための(1)の要件は，「特許発明の構成要件を本質的な部分と非本質的な部分に分けた上で，前者については一切均等を認めない」（本質的部分に係る構成要件に属する事項について置換した場合は，一切均等が成立しない）と解するのではなく，特許発明を全体として特許出願時における先行技術と対比することにより課題の特徴的な解決手段を確定し，これを対象製品等が共通に備えているかどうかにより判断する（対象製品等が右解決手段を共通に備えている場合には，要件(1)を充足する）ものである。」と解説する。

本判決の「また，第1要件の判断，すなわち対象製品等との相違部分が非本質的部分であるかどうかを判断する際には，特許請求の範囲に記載された各構成要件を本質的部分と非本質的部分に分けた上で，本質的部分に当たる構成要件については一切均等を認めないと解するのではなく，上記のとおり確定される特許発明の本質的部分を対象製品等が共通に備えているかどうかを判断し，これを備えていると認められる場合には，相違部分は本質的部分ではないと判断すべきであり，対象製品等に，従来技術に見られない特有の技術的思想を構成する特徴的部分以外で相違する部分があるとしても，そのことは第1要件の充足を否定する理由とはならない。」は，上記最判解説を踏襲するものである。

3 均等侵害の根拠について

(1) 均等侵害の要件論に続けて，最高裁判決は「①特許出願の際に将来のあらゆる侵害態様を予想して明細書の特許請求の範囲を記載することは極めて困難であり，相手方において特許請求の範囲に記載された構成の一部を特許出願後に明らかとなった物質・技術等に置き換えることによって，特許権者による差止め等の権利行使を容易に免れることができるとすれば，社会一般の発明への意欲を減殺することとなり，発明の保護，奨励を通じて産業の発達に寄与するという特許法の目的に反するばかりでなく，社会正義に反し，衡平の理念にもとる結果となるのであって，②このような点を考慮すると，特許発明の実質的価値は第三者が特許請求の範囲に記載された構成からこれと実質的に同一なものとして容易に想到することのできる技術に及び，第三者はこれを予期すべ

きものと解するのが相当であり，③他方，特許発明の特許出願時において公知であった技術及び当業者がこれから右出願時に容易に推考することができた技術については，そもそも何人も特許を受けることができなかったはずのものであるから（特許法29条参照），特許発明の技術的範囲に属するものということができず，④また，特許出願手続において出願人が特許請求の範囲から意識的に除外したなど，特許権者の側においていったん特許発明の技術的範囲に属しないことを承認するか，又は外形的にそのように解されるような行動をとったものについて，特許権者が後にこれと反する主張をすることは，禁反言の法理に照らし許されないからである。」と，理由を説明している[19]。

(2) ①および②が第1要件ないし第3要件に，③が第4要件に，④が第5要件に，それぞれ関係している[20]。しかし，①は，均等侵害を承認する理由を述べたものに過ぎず，第1要件ないし第3要件を設けた理由について直接的に言及するものではない[21]。このため，第1要ないし至第3要件の論拠については②に求める以外にないことになる[22]。

しかし，②についても，「特許発明の実質的価値は第三者が特許請求の範囲に記載された構成からこれと実質的に同一なものとして容易に想到することの

---

[19] 中山信弘『工業所有権法（上）』347頁（弘文堂，初版，1993年）が「出願当初に，あらゆる侵害形態を想定してクレームを記述することは不可能であり，もしそれを強要すると特許は極めて容易に迂回されてしまう。そうなると特許取得のインセンティヴ，ないしは技術開発へのインセンティヴが失われ，特許制度の目的に反することになる場合もありうる」と述べていたものと同旨である。

また，最判解説では，従来の学説として，以下のような理由を列挙している。「①特許請求の範囲に記載された発明と実質において同一でありながら，形式的に特許請求の範囲と表現上相違するにすぎないものが権利侵害にならないとすれば，権利侵害の横行を看過するのと同様であり，特許発明の保護が有名無実化する結果となって，正義と衡平の観念に反する。②形式的には特許請求の範囲に記載されていなくても，当業者が当然ないし容易に想到し得る範囲のものは，明細書に記載され公開されているのと同視してよいから，第三者に不測の損害を与えることはなく，法的安定性を害することにもならない。③出願に当たって，将来起こり得るあらゆる模倣を防止し得るように，特許請求の範囲の記載を完全無欠なものとすることは，専門家にとっても必ずしも容易でなく，不可能に近い場合もある。他方，他人の明細書の表現上の不備に乗じて，その構成要件の一部を，当業者が当然ないし容易に想到し得る程度に改変することは極めて容易になし得ることである。」三村・前掲注10) 125頁。

[20] 大渕・前掲注9) 252〜253頁〔井上由里子〕。

[21] ①と第1要件との関係を否定するものではない。なお，最判解説は①につき「容易想到性（置換容易性）の判断の基準時を侵害行為時とすべき理由を述べたものとなっている。」(145頁) としている。

[22] 特許権の効力を限界づける要件としてという意味である。

できる技術に及び，」という結論と，当該結論が「第三者はこれを予期すべきものと解するのが相当であり，」と述べるに過ぎないものである[23]。②から得られることは，②の判示内容を要件化したものが第１要件ないし第３要件であろうということだけである。

ここで，②の判示事項を整理すると，まず，②は，前半において，特許発明の実質的価値(A)と，第三者が特許請求の範囲に記載された構成からこれと実質的に同一なものとして容易に想到することのできる技術(B)とを想定し，その上で，AがBに「及ぶ」ことが述べられていると解される。つぎに，②は，後半において，第三者は，AがBに「及ぶ」ことを，予期すべきであるのが相当であると述べているのである[24]。

さらに，AおよびBに加えて，特許請求の範囲に記載された構成と実質的に同一なもの(C)も想定されていると見ることもできる。しかし，これらAないしCがどのように第１要件ないし第３要件に関係しているのかは必ずしも明らかではない[25]。

(3) 本判決は，第１要件の理由について，「特許法が保護しようとする発明の実質的価値は，従来技術では達成し得なかった技術的課題の解決を実現するための，従来技術に見られない特有の技術的思想に基づく解決手段を，具体的な構成をもって社会に開示した点にある。」と判示しているが[26]，当該判示の「特許法が保護しようとする発明の実質的価値」は，最高裁判決の②「特許発明の実質的価値は第三者が特許請求の範囲に記載された構成からこれと実質的に同一なものとして容易に想到することのできる技術に及び，」の「特許発明の実質的価値」のことと解せ，当該テクニカルタームを通じて，最高裁判決と

---

[23] 島並・前掲注13) 145頁。
[24] 最高裁判決前を前提に，第三者は予期すべきものと解するのが相当であった，と述べているのである。
[25] ここで，仮に「範囲（集合）」概念を導入してAないしCの関係について考察してみることとする。まず，AがBに「及ぶ」とは，Aの及ぼす範囲がBの範囲を覆う（重なる）ことを意味すると解されるため，Aが及ぶ範囲とBの範囲との関係はA⊇Bである（従前はA⊆Bであったことを示唆する）。つぎに，BはCを限定するものであることから，Bの範囲とCの範囲に関係はC⊇Bである。なお，AとCとの関係ついては，②の記載からは導くことはできない。
[26] 当該判示は，最判解説の「特許法が保護しようとする発明の実質的価値は，従来技術では達成し得なかった技術的課題の解決を実現するための，従来技術に見られない特有の技術的思想に基づく解決手段を，具体的な構成をもって社会に開示した点にあるから，」(141頁) を踏襲するものである。

接続するのである。

　すなわち，第1要件が「特許発明の実質的価値」ないし「特許法が保護しようとする発明の実質的価値」を体現するものであることを本判示は示しているのである。そして，それを体現するものが，「従来技術では達成し得なかった技術的課題の解決を実現するための，従来技術に見られない特有の技術的思想に基づく解決手段」であると述べているのである。

　なお，本判示は，「公開代償説」に根差すものと考えられる。「公開代償説」は発明が秘匿され，発明者の死と共に失われたのでは，社会にとって損失であるから，特許権という代償を与えて発明の内容を公開させ，特許権の存続期間が経過した後は，これを社会の公有財産とすることが特許制度の目的であると説くものである[27]。

　本判示は，最高裁判決の「①社会一般の発明への意欲を減殺することとなり，発明の保護，奨励を通じて産業の発達に寄与するという特許法の目的に反するばかりでなく，社会正義に反し，衡平の理念にもとる結果となるのであって」との判示とは，必ずしも整合的ではないように思われる[28]。

4　まとめ

　本判決は，第1要件に関して，最高裁判決の最判判決の解説内容を判決として確認するものであり，比較対象に明細書に記載されていない従来技術も含むこともこれに含まれるものと思われる。

　本判決の第1要件に関する意義は，「特許発明の実質的価値は，その技術分野における従来技術と比較した貢献の程度に応じて定められるべきである。……，特許発明の本質的部分は，……，①従来技術と比較して特許発明の貢献の程度が大きいと評価される場合には，特許請求の範囲の記載の一部について，

27）渋谷達紀『特許法』9頁（発明推進協会，2013年）。なお，特許権という代償を与えられるのは，単なる発明ではなく，特許要件を具備した特許発明である。また，同説は「フランス革命期の立法起案者によって採用された見解を淵源とする。彼らは，特許の付与は社会と発明者の間で結ばれる契約にほかならない，特許権は発明を公開させるために社会が支払う社会契約上の対価であると主張した。」（同頁）。

28）最高裁判決の「①…社会一般の発明への意欲を減殺することとなり，発明の保護，奨励を通じて産業の発達に寄与するという特許法の目的に反するばかりでなく，社会正義に反し，衡平の理念にもとる結果となるのであって，」と，「②このような点を考慮すると，特許発明の実質的価値は第三者が特許請求の範囲に記載された構成からこれと実質的に同一のものとして容易に想到することのできる技術に及び，」との関係も同様である。

これを上位概念化したものとして認定され……。」との判示にあるものと思われる。当該判示は、「発明者にはその発明の実体に即した保護を」又は「大きな発明には大きな保護を、小さな発明には小さな保護を」とのスローガンに繋がるものである[29]。

しかし、当該判示の「特許発明の実質的価値」は、最高裁判決の「② 特許発明の実質的価値は第三者が特許請求の範囲に記載された構成からこれと実質的に同一なものとして容易に想到することのできる技術に及び、」の「特許発明の実質的価値」であるが、本判決の当該判示が、最高裁判決の「①社会一般の発明への意欲を減殺することとなり、発明の保護、奨励を通じて産業の発達に寄与するという特許法の目的に反するばかりでなく、社会正義に反し、衡平の理念にもとる結果となるのであって」とは、必ずしも整合せず、更なる検討を要するものと思われる。

第4節　均等侵害の根拠規定

均等侵害は、特許法上の明確な根拠規定を持たず、最高裁判決によって判例法理として創造されたものである[30]。しかし、根拠規定をまったく欠くわけではない。

均等侵害の根拠規定として、特許権の効力について「特許権者は、業として特許発明の実施をする権利を専有する。」と規定する現行特許法第68条[31]および「特許発明」の技術的範囲について規定する同法第70条を挙げることができる[32]。

第68条は、「実施をする」客体たる「特許発明」が存在しなければ、「特許発

---

29) もっとも、「特許発明の出願前の公知技術と特許発明とを対比して、従来技術では解決できなかった課題であって当該特許発明により解決されたものを、対象製品等が解決するものであるかどうかにより決せられる」（最判解説143頁）ものである第2要件も、同様に同スローガンに繋がるものである。
30) 島並・前掲注13) 144頁。
31) 「本条は、特許権の効力について規定したものである」（特許庁『工業所有権法（産業財産権法）逐条解説』232頁（発明推進協会、第19版、2012年）、中山信弘＝小泉直樹『新・注解特許法（上）』1007頁（青林書院、2011年）〔鈴木將文〕。なお、同条見出しも「特許権の効力」である。
32) 最高裁判決の「発明の保護、奨励を通じて産業の発達に寄与するという特許法の目的に反するばかりでなく、」は、特許法第1条の趣旨を以て第68条および第70条）を解釈すべきとする趣旨であると解される。

明を実施する権利」が存在しないことを規定し[33]，第70条は，特許発明には技術的範囲があり[34]，その「特許発明の技術的範囲は，願書に添付した特許請求の範囲の記載に基づいて定めなければならない。」ことを規定する。

「発明」は自然法則を利用した技術的思想の創作のうち高度のもの（同法第2条第1項）であり，「特許発明」は「特許を受けている発明」（同条第2項）であり，同法第29条等の特許要件等を具備した「発明」のことである[35]。そして，この特許発明には技術的範囲があり[36]，特許発明を実施する権利は特許発明の技術的範囲に及ぶのである[37]。

特許の効力を規定する第68条が「特許発明」をその要件に持つことこそが，特許侵害訴訟において，特許性判断と特許発明の技術的範囲の判断を行うことの根拠と考えられる。

特許侵害訴訟における特許性の判断は，特許権の効力に関するオールオアナッシングを判断するものであり[38]，特許発明の技術的範囲の判断とは別に

---

33) 現行特許法第68条は，「特許発明の実施をする権利」という権利の存在を規定した上で，さらにその専有について規定するという構造となっている。また，同条は，「特許権者は…する。」と，「特許権者」という用語を介して「特許権」という用語を内に含む規定ともなっている。すなわち，同条は，特許権者が如何なる権利を有するかを以て，特許権の効力を規定しているのである。以上のことを勘案すれば，同条が，特許権が「特許発明の実施をする権利」の存在を前提にした権利であり，特許権が「特許発明の実施をする権利」をその要素として組み込んだ権利であることを述べた規定であると理解することができる。すなわち，同条は，「特許発明の実施をする権利」の存在なくして「特許権」の存在もなく，「特許発明の実施をする権利」の効力がなければ「特許権」の効力もないということも述べているのである。そして，「特許発明を実施する権利」における「実施する」客体である「特許発明」が存在しなければ，同権利は存在せず，特許権も特許権の効力も存在しないのである。さらに，後述するように，「特許発明」には「技術的範囲」があり（同法第70条），このことが，「特許発明を実施する権利」の効力の範囲を規定し，特許権の効力の範囲も規定するのである。
34) 同法第70条は「特許発明の技術的範囲」を所与のものとして規定している。
35) 拒絶理由につき同法第49条，特許査定につき第51条，特許登録につき第66条第1項，他。
36) 同法第2条第1項において発明が技術的思想の創作であると規定する，その創作の範囲が技術的範囲であると解するのが整合的と思われる。技術的範囲は特許発明の属性として捉えるべきものである。この意味において，特許発明の技術的範囲は特許権の保護範囲とは異なるものと解すべきものである。
37) 中山信弘『特許法』453頁脚注1（弘文堂，第3版，2016年）は，「技術的範囲は，保護範囲と同義に用いられることもあるが，異なった意味で用いられることもある。」とし，「本書においては，現実に特許権侵害となる範囲を保護範囲として考えたいので，そのような観点から技術的範囲との間に若干の相違がある。」とする。
38) 特許法第104条の3。

判断されるものであるが[39]，本判決は「特許法が保護しようとする発明の実質的価値は，従来技術では達し得なかった技術的課題の解決を実現するための，従来技術に見られない特有の技術的思想に基づく解決手段を，具体的な構成をもって社会に開示した点にある。したがって，特許発明における本質的部分とは，当該特許発明の特許請求の範囲の記載のうち，従来技術に見られない特有の技術的思想を構成する特徴的部分であると解すべきである。」との判示は，特許性の判断結果が，特許発明の技術的範囲の判断に影響を及ぼすべきであると述べているのである。

2 特許権の効力要件としての「特許発明」

特許権の効力要件としての「特許発明」については，同法第70条第1項が「特許発明の技術的範囲は，願書に添付した特許請求の範囲の記載に基づいて定めなければならない。」と，同2項が「前項の場合においては，願書に添付した明細書の記載及び図面を考慮して，特許請求の範囲に記載された用語の意義を解釈するものとする。」と規定する。なお，第1項は昭和34年法に新設されたものであり，同条第2項は，平成六年の一部改正により追加された規定である。

同条第1項の趣旨につき[40]，織田季明＝石川義雄『増訂 新特許法詳解』393頁（日本発明新聞社・1972年）は，現行特許法第70条第1項について，「この規定は新法において新しく設けられた規定であるが，旧法と全く異なる新しい制度をとり入れたものではない。ただ旧法の下において，特許発明の技術的範囲は，明細書の全体から判断すべきであると一部に解されていた（したがって

---

39) いわゆる，無効論と侵害論である。
40) なお，同条第2項については，熊谷健一『逐条解説 改正特許法』195頁（有斐閣，1995年）は，「本項は，特許発明の技術的範囲は，特許請求の範囲の記載に基づいて定められることを大原則とし，特許請求の範囲に記載された用語について発明の詳細な説明等にその意味するところや定義が記載されているときは，それらを考慮して特許発明の技術的範囲の認定を行うことを明確化したものである。」と述べている。そして，同書41頁は「WIPO特許調和条約案二一条(1)の規定においては，「特許により与えられる保護の範囲はクレームにより決定される。クレームは詳細な説明及び図面に照らして解釈される。」ことが規定されており，条約案の基礎となった思われる欧州特許条約第69条及びその解釈についての議定書においても同趣旨の内容が規定されている。」と記載した上で，「わが国における従来の特許法70条の技術的範囲の認定に関しても，「請求の範囲の記載の意味内容をより具体的に正確に判断する資料として明細書の他の部分にされている考案の構造及び作用効果を考慮することは，なんら差し支えない」とする考え方がこれまで各種の判決で示されてきていた。」と述べている。

発明の詳細な説明には記載されているが特許請求の範囲には全く記載されていないような事項についても特許発明の技術的範囲に含まれると解する）ので，そのような誤解を避ける意味において設けられたものである。」と，同項が旧法下から継受されたものであり，条文化は誤解の排除を目的としたものであることが述べている。

そして，その解釈について，同頁は「したがって「特許請求の範囲の記載に基いて」という場合も厳密に「特許請求の範囲の記載のみによって」と解すべきではない。たとえば特許請求の範囲の記載において用いられている技術用語が通常の用法と幾分異なりその旨が発明の詳細な説明に記載されているような場合においてはその特許請求の範囲の当該技術用語は通常の用法をもって解すべきではなく，詳細な説明の記載を参照して解すべきものである。」と述べ，「旧法の判決において「特許ニ係ル工業的発明ノ範囲ハ特許明細書中ニ記載セラレタル特許請求ノ範囲ニ依リテ定マルモノナリト雖明細書ニ記載セラレタル説明ハ特許請求範囲ノ解釈ニ付亦重要ナル資料タルヲ失ハサルモノニシテ本件特許請求ノ範囲ハ其ノ文言ノミニ依リテ之ヲ解スヘキニアラス」いっている（大審院大正15年1329号）ごとき考え方は新法71条の規定の下でも変らないものと解せざるを得ない。」と，旧法下における考え方と本項の解釈とが一致すると述べられている。

すくなくとも，上記立法趣旨からは，最高裁判決が「特許請求の範囲に記載された構成中に対象製品等と異なる部分が存する場合には，右対象製品等は，特許発明の技術的範囲に属するということはできない。」と判示する原則[41]を，直接的には，導くことはできない[42]。

3 特許権の成立要件としての「特許発明」

(1) 「特許を受けている発明」（第2条2項）たる「特許発明」の要件には手続的要件及び実体的要件があるが，ここでは，発明の実質的価値に最も関係が

---

[41] 最判解説140頁は当該判示について「本判決は，……，特許発明の技術的範囲は，あくまでも特許請求の範囲の記載の文言解釈により確定されるのが原則であり，例外的に，一定の要件が満たされる場合には，均等論の適用により，その範囲が文言解釈の幅を超えて拡張されることを明らかにしているものである。」と述べている。すなわち，均等論を当該原則の例外として位置付けているのである。換言すれば，当該原則がなければ均等論は不要であるということである。

[42] 特許法第70条の文言からも，直接導くことはできない。

深いと思われる，相対的登録要件である新規性と進歩性を取り上げることとする[43]。

(2) 「新規性」（特許法29条1項各号）については，出願に係る発明（いわゆる本願発明）と引用例に係る発明（いわゆる引用発明）との対比において，本願発明の構成の一部が，引用例において明示的には記載されていないとしても，それが「刊行物に記載されているに等しい事項」であれば，新規性は否定され得ることが，特許庁「特許・実用新案審査基準」（以下「審査基準」という）第Ⅲ部第2章第3節「新規性・進歩性の審査の進め方」に記載されている[44]。

(3) 進歩性（特許法29条2項）は，「特許出願前にその発明の属する技術の分野における通常の知識を有する者が前項各号に掲げる発明に基いて容易に発明をすることができたときは，その発明については，同項の規定にかかわらず，特許を受けることができない。」と規定されるものである。

織田季明＝石川義雄『増訂 新特許法詳解』108頁（日本発明新聞社，1972年）は，旧法との関係において，特許法第29条第2項の立法理由について，「旧法においては発明の進歩性に関する規定はなく，二九条二項は新法で新たに設けられた規定である。しかし旧法の下においても公知のものから容易に発明することができたような発明に特許をしていたわけではなく，特許法一条の要件を満たさないものとして拒絶されたのである。ただ，どういう理由で一条のどの要件を満たしていないかという点については必ずしも統一的でなく，ある場合には特許法一条にいう発明を構成するものでないからとし，ある場合には当業者の容易に想到し得るものであるから新規な工業的な発明とすることはできないとし，さらには四条二号（旧法の）にいう「刊行物ニ容易ニ実施スルコトヲ得ベキ程度ニ於テ記載セラレタルモノ」に該当し，したがって新規性がないものとされていた（この四条二号の引用部分はしばしば進歩性に関する規定として誤解されていた。）。」と，進歩性（特許法29条2項）が旧法から承継したものであるとしている[45]。

なお，進歩性の判断については，審査基準第Ⅲ部第2章第2節に，「請求項に係る発明と主引用発明との間の相違点に関し，進歩性が否定される方向に働く要素に係る諸事情に基づき，他の引用発明を適用したり，技術常識を考慮し

---

43) 特許要件については大渕・前掲注9) 45頁〔島並良〕を参照。
44) この「刊行物に記載されているに等しい事項」の判断は，進歩性判断の枠組みの中でも判断可能なため，進歩性判断に移行する場合が多いものと思われる。

たりして，論理付けができるか否かを判断する。論理付けができると判断した場合は，審査官は，進歩性が肯定される方向に働く要素に係る諸事情も含めて総合的に評価した上で論理付けができるか否かを判断する。」と記載されている。そして，進歩性が否定される方向に働く要素として，①主引用発明に副引用発明を適用する動機付け（(1) 技術分野の関連性，(2)課題の共通性，(3)作用，機能の共通性，(4)引用発明の内容中の示唆），②主引用発明からの設計変更等，③先行技術の単なる寄せ集め，を，進歩性が肯定される方向に働く要素として，①有利な効果，②阻害要因，を挙げている。

4 「大きな発明には大きな保護を，小さな発明には小さな保護を」

特許法第68条を軸にして，同法第70条と同法第29条（新規性・進歩性）について，その立法趣旨を踏まえて，その概略を眺めてみたが，そこからは，「特許請求の範囲に記載された構成中に対象製品等と異なる部分が存する場合には，右対象製品等は，特許発明の技術的範囲に属するということはできない。」とする原則も[46]，特許性の判断結果を特許発明の技術的範囲の判断に反映すべきとする「大きな発明には大きな保護を，小さな発明には小さな保護を」の原則も見出すことはできない[47]。

同法第70条と同法第29条（新規性・進歩性）は，「この法律は，発明の保護及

---

45) 進歩性要件が置かれた理由については，「あらゆる発明は特許制度がなくても遅かれ早かれ生み出されるものであり，特許制度はその創出を一層早めるための加速装置であると捉えるべきであろう。その上で，レベルの低い発明であっても創出を早める社会的必要性はあるが，しかしレベルが低いために創出されても産業発達に資する程度（便益）が小さく，独占のもたらす弊害（費用）がそれを上回ることになるので，独占権によって誘引し創出を早めても独占の弊害の方が上回る発明を特許の対象から除外する点に，この進歩性要件の存在理由はあると思われる。したがって，進歩性を充たす発明とそうでない発明とは，特許権というインセンティヴがないと創出されない技術かどうかという質的な差異ではなく，創出の加速にどの程度の社会的便益があるかという量的な差異があるに過ぎないわけである。」（島並良「特許発明と著作物(2)―進歩性と創作性」法学教室382号114頁（2012年））との論がある。当該論によれば，特許権というインセンティヴには進歩性は関わらないことになる。相対的登録要件に限れば，インセンティヴに係るのは新規性だけということになる。特許発明の貢献ないし価値はよりフラットなものと認識できることになる。

46) 当該原則を特許権の物件的構成に求めるとしても，「無体財産権は，法理論的には物権的構成をとってはいるが，それはあくまでも法テクニックであ」る（中山信弘「無体財産権」芦部信喜ほか編『基本法学(3)財産』（岩波書店，1983年）ものであるから，これを以て根拠とはできない。

47) 最高裁判決が必要な根拠ともあり得る。

び利用を図ることにより，発明を奨励し，もつて産業の発達に寄与することを目的とする。」とする同法第1条の目的と整合的であれば足りるのである。

第5節　均等論再考

「特許請求の範囲に記載された構成中に対象製品等と異なる部分が存する場合には，右対象製品等は，特許発明の技術的範囲に属するということはできない。」とする原則についても，特許性の判断結果を特許発明の技術的範囲の判断に反映すべきとする「大きな発明には大きな保護を，小さな発明には小さな保護を」の原則についても，現行特許法からは明確な論拠を見出すことはできない。

そもそも，発明が均等であるとは如何なることを意味するのであろうか。技術については，技術比較対照される二つの技術が同一の効果を奏することを以て等価（均等）であるということができる[48]。では，発明についてはどうであろうか。発明についても同様に，①課題解決手段たる発明の構成で判断する方法以外に，②発明の効果（課題）で判断する方法が考えられる。考え方としては，②を以て新規性判断をすることも考えられる。発明は，産業の発達に貢献するのが最終目的であるが，その貢献には，従来解決できなかった技術的課題を解決する貢献と，既に解決済みの課題に対し新たな解決手段で解決する技術の豊富化の貢献とがある。技術の豊富化の貢献という要請があった場合には，方法②では発明の同一性判断が厳密にはできないことになる[49]。したがって，新たな解決手段（代替技術）による技術の豊富化の貢献という要請がある場合においては，方法②を基本に判断する場合には，方法②を補完する他の要件が必要とされる。

方法②は，均等侵害の第2要件に相当するものであり，第1要件および第3要件が，第2要件を補完するものに相当すると思われる。第3要件は容易想到性の観点から，第1要件は課題解決原理同一性の観点から，置換可能性たる第2要件を補完していると考えられる。両者は，同一課題における技術の豊富化に貢献するのである[50]。

上記，同一課題に対する代替技術による豊富化以外に，いわゆる改良発明に

---

[48] 効果を価値基準としてみるということである。
[49] ②を以て①を補完する場合にも該当する。均等侵害の認容がそのような場合である。

よる技術の豊富化も考えられる。基本特許発明に対する改良は，基本特許発明の構成を保持しつつ，①基本特許発明に新たな構成を付加する方法と，②基本特許発明の構成を他の構成[51]に替える方法が考えられる。基本特許発明の技術的範囲との関係においては，改良発明①は基本特許発明の技術的範囲に包摂されるが，改良発明②は包摂されない。基本特許発明の改良という点で共通するが両者の結論はわかれることになる。

思うに，均等侵害を認容することによって解決したかった事例は，改良発明②のような事例であって，同一課題を解決する代替技術のようなものを想定したものではなかったのではないだろうか[52]。

このように考えると，同一課題における技術の豊富化という視点に立つと思われる均等侵害の第1要件ないし第3要件は，このような事案に当てはめるには，ややスケールの目が大き過ぎるのではないだろうか[53]。

均等侵害の第1要件ないし第3要件は，いずれも規範的な要件にならざるを得ず，それは，改良発明②を規範的に評価するのと，実体として，違いはないのではないだろうか。

---

50) 第1要件認定は「特許発明を全体として特許出願時における先行技術と対比することにより課題の特徴的な解決手段を確定し，これを対象製品等が共通に備えているかどうかにより判断するものである。(同142頁)が，これには「特許発明の出願前の公知技術と特許発明とを対比して，従来技術では解決できなかった課題であって当該特許発明により解決されたものを，対象製品等が解決するものであるかどうかにより決せられる」(同143頁)とする第2要件の認定の内容を包含しているものと考えられる。この第2要件部分を除外したものが本来の第1要件であるということもできる。
51) 基本発明にとって同効材のことである。これを以て，同一課題における技術の豊富化ということはできるかもしれないが，改良とは，基本発明の追加的課題(効率性，生産性，原価性)を解決するものであり，その質において異なるものである。なお，改良は見る軸を替えれば改悪に迂回にもなり得るものである。
52) 従来，「単なる設計上の微差」(東京地判昭39年9月29日判夕165号140頁〔時計のリンクバンド事件〕)または「単なる設計変更」(東京地判昭49年3月29取消集昭49年(地)103頁〔交通標識形成用テープ事件〕)等と判示されていた案件である。
53) たとえば，井上由里子「均等論における「置換容易性」の要件に関する一考察―いわゆる進歩性説の検討―」牧野利秋判事退官記念『知的財産法と現代社会』625頁(信山社出版，1999年)における第3要件をめぐる議論も，このことに起因するとみることもできる。

第6節 最後に

　島並良「契約としての特許制度—特許の本質をめぐる省察」中山信弘先生古稀記念『はばたき—21世紀の知的財産法』98頁（弘文堂，2015年）は，特許を発明者と公衆の間で結ばれる，発明開示と特許権付与の交換を基礎とした契約（特許契約）として捉えられることにより，特許請求の範囲の解釈を契約文書の解釈作業とみることができるという，示唆に富む論を主張している。

　当該論の当否については議論があるものと思われるが，クレーム解釈も，その特殊性を脱却して，他の法律文書（法律，契約書）の解釈方法との整合性について，議論しても良いのではないだろうか[54]。

---

[54] 松本・前掲注8）は，その序において，特許法の特徴のひとつとして，一般法学と比較して，「実務だけが一人歩きしている傾向が否めない」（ⅱ頁）と述べている。

特許製品の部品の販売と
特許権の行使について
―消尽論および黙示の許諾論に基づく検討―

横山　久芳

第1節　はじめに
第2節　部品の譲渡と消尽の成否
第3節　部品の譲渡と黙示の許諾の成否
第4節　方法の発明について
第5節　わが国の特許権者が国外で部品を譲渡した場合について
第6節　最後に

第1節　はじめに

　特許権者が特許製品を譲渡した場合，当該特許製品の取得者は，特許権の行使を受けることなく，当該特許製品を自由に譲渡し，使用することができる。この考え方は，一般に消尽論と呼ばれ，特許法上明文の規定はないものの，判例・学説上異論なく認められている[1]。

　では，特許権者が特許製品そのものではなく，特許製品の一部を構成する部品を譲渡した場合，当該部品についても消尽論が適用され，部品の取得者は特許権者の許諾なく当該部品を用いて特許製品を生産し，譲渡等することが認められるのであろうか。あるいは，消尽論の適用がないとしても，特許権者は，部品の取得者が当該部品を用いて特許製品を生産し，譲渡等することを黙示的に許諾したものとされ，特許権の行使が制限されることになるのであろうか。実務では，部品の発明について，部品とそれを包含した完成品の双方に特許権が取得されることも少なくないが，この場合，特許権者が部品の販売後も当該部品から完成品が生産された段階で改めて完成品の特許権を行使することが可

---

[1] 最判平成9年7月1日民集51巻6号2299頁〔BBS事件上告審〕（以下，「BBS事件最高裁判決」として引用），最判平成19年11月8日民集61巻8号2989頁〔インクタンク事件上告審〕（以下「インクタンク事件最高裁判決」として引用）参照。

能か否かは，特許権者の出願戦略や事業戦略に大きな影響を及ぼすことになる。

この問題については，従来，裁判例・学説において一定の議論がなされてきたものの，見解が大きく分かれており，未だ定説を見ない状況にある。最近では，iPhone事件大合議判決[2]が傍論ながら一定の判断を示し，注目を集めることとなった。本稿は，この問題について，現在の議論状況を整理しつつ，具体的な検討を行うものである。

第2節　部品の譲渡と消尽の成否

1　現在の議論の状況

まず，現在の議論の状況を概観しておこう。一口に部品といっても特許製品との関係で様々なものがあり得るため，以下では，部品の態様を，①汎用品，②特許法101条1号・2号の物品[3]，③特許製品と実質的に等価な物品に分けて，それぞれ関連する裁判例・学説を紹介することとする。

(1)　部品が汎用品である場合

特許権者が譲渡した部品が汎用品である場合には，一般に消尽は成立しないと解されている[4]。汎用品は，特許製品の生産以外に様々な用途で用いることができるものであり，特許権者も譲受人も特許製品の生産を想定して汎用品を取引するとは言い難いから，汎用品を用いて特許製品を生産する行為に対して特許権の行使を認めても，取引の安全が害されることはない。また，汎用品については，その譲渡時に特許権者が特許製品の生産を想定した対価を取得していないため，汎用品の取得者がそれを用いて特許製品を生産する段階で特許権の行使を認めたとしても，特許権者が二重の利得を得ることにはならない。それゆえ，汎用品については，消尽の成立を否定すべきとされるのである。

---

2) 知財高判平成26年5月16日判時2224号146頁〔iPhone事件控訴審〕（以下，「iPhone事件大合議判決」として引用）参照。

3) 本稿では，叙述の便宜上，特許法101条1号の「物の生産にのみ用いる物」を「専用品」，同条2号の「物の生産に用いる物（日本国内において広く一般に流通しているものを除く。）であってその発明による課題の解決に不可欠なもの」を「不可欠品」，両者合わせて「間接侵害品」と呼ぶことにする。

4) 吉田広志「用尽とは何か—契約，専用品，そして修理と再生産を通して—」知的財産法政策学研究6号96頁（2005年），重富貴光「部材の譲渡・部材特許の実施許諾と完成品特許による権利行使—消尽と黙示の実施許諾の成立範囲に関する検討」知財管理58巻3号395頁（2008年），小松陽一郎〔判批〕ジュリスト1475号59頁（2015年）参照。

(2) 部品が間接侵害品である場合

　間接侵害品は，汎用品とは異なり，それを譲渡等する行為自体に特許権の効力が及び得るため（特許法101条1号・2号参照），特許権者が間接侵害品を譲渡した場合には，①それをそのままの形態で再譲渡等する行為と，②それを用いて特許製品を生産する行為のそれぞれについて，消尽の成否を検討することが必要となる。

① 間接侵害品をそのままの形態で再譲渡等する行為

　専用品については，消尽の成立を認める見解が一般的である[5]。専用品が譲渡された場合も，特許製品が譲渡された場合と同様に，市場における製品の円滑な流通を確保するという消尽論の趣旨がそのまま妥当するからである。

　これに対し，不可欠品については，専用品の場合と同様，一律に消尽の成立を認めるべきとする見解[6]がある一方で，特許権者が特許製品の生産のために譲渡した場合に限って消尽の成立を認めるべきとする見解[7]もある。前者は，製品の円滑な流通の確保という観点を重視し，特許権者が自ら不可欠品を流通に置いた以上は，不可欠品が特許権者の意図しない目的で譲渡される場合にも消尽の成立を認めるべきと解するものである。これに対し，後者は，特許権者の利得機会の保障を重視し，特許権者が特許製品の生産以外の目的のために不可欠品を譲渡した場合には，特許権者は，その譲渡時に，不可欠品が特許製品の生産に用いられることを想定した対価を取得していないため，特許製品の生産のために不可欠品が譲渡される段階で改めて特許権者に対価を取得する機会を与えるべきであると解するものである。

② 間接侵害品を用いて特許製品を生産する行為

　間接侵害品を用いて特許製品を生産する行為については，裁判例・学説の立場は大きく分かれている。

5） iPhone 事件大合議判決，吉田・前掲注4）89頁，〔判批〕L&T64号88頁（2014年），飯村敏明「完成品に係る特許の保有者が部品を譲渡した場合における特許権の行使の可否について」中山信弘先生古稀記念論文集『はばたき―21世紀の知的財産法』349頁（弘文堂，2015年），愛知靖之「特許発明の実施に用いられる物の譲渡と消尽の成否」飯村敏明先生退官記念論文集『現代知的財産法　実務と課題』605〜606頁（発明推進協会，2015年），平嶋竜太「特許法における間接侵害品の「消尽」について―アップルサムスン事件大合議判決における「傍論」の意義」前出・飯村敏明先生退官記念論文集634頁など参照。

6） 飯村・前掲注5）349頁参照。

7） 愛知・前掲注5）616頁，平嶋・前掲注5）636頁参照。なお，飯村・前掲注5）349頁も，このような見解があり得ることを示唆する。

第一に，専用品，不可欠品のいずれについても消尽の成立を認める見解がある。このような見解を採る裁判例として，インクタンク事件大合議判決[8]がある。同判決は，方法の発明の特許権者が特許法101条4号の専用品又は5号の不可欠品を譲渡した場合には，当該物品を用いて特許方法を使用する行為について特許権を行使することは許されないと述べている。その理由は，①これらの物品の取得者は，当該物品を用いて特許方法が使用できることを前提に取引を行っているから，これらの物品を用いて特許方法を使用する度に特許権者の許諾を要するとすれば，市場における商品の自由な流通が阻害されることになるし，②特許権者は，これらの物品を譲渡する権利を事実上独占しているから，当該物品を用いた特許方法の使用に対する対価を含めて物品の譲渡価額を決定することができ，特許発明の公開の代償を確保する機会が保障されているからとされる。学説でも，判決と同様の考え方を採るものがある[9]。

第二に，専用品については消尽を認めるが，不可欠品については消尽を認めない見解がある。専用品は，特許製品の生産に用いる以外に実用的な価値がなく，特許権者も譲受人も特許製品の生産を目的として専用品を取引したものと定型的に評価することができるため，消尽の成立を認めるべきであるが[10]，不可欠品は特許製品の生産に用いる以外の実用的な価値があり，特許権者も譲受人も特許製品の生産を想定して不可欠品を取引したものと定型的に評価することができないため，消尽の成立は認められないとする[11]。

第三に，専用品，不可欠品のいずれについても消尽の成立を認めない見解がある。iPhone事件大合議判決は，特許権者が特許法101条1号の専用品を譲渡した後に，第三者が当該専用品を用いて特許製品を生産した場合には，「特許発明の技術的範囲に属しない物を用いて新たに特許発明の技術的範囲に属する物が作出されている」ことから，消尽は成立せず，特許権の行使は制限されな

---

8) 知財高判平成18年1月31日判時1922号30頁〔インクタンク事件控訴審〕（以下，「インクタンク事件大合議判決」として引用）。同判決は方法の発明の特許権者が特許法101条4号・5号の物品を譲渡した場合について判断したものであるが，同判決の判示するところは，物の発明の特許権者が同条1号・2号の物品を譲渡した場合にもそのまま妥当するといえよう（三村量一「部材等の販売と特許権の消尽」飯村敏明先生退官記念論文集・前掲注5）658〜659頁参照）。
9) 髙林龍「権利消尽の法的構成」椙山敬士他編『ライセンス契約』194〜195頁（日本評論社，2007年），三村・前掲注8）658〜660頁参照。
10) 吉田・前掲注4）92〜93頁参照。
11) 吉田・前掲注4）96〜98頁参照。ただし，吉田教授は，不可欠品の完成品に占める割合が極めて大きい場合などは消尽が認められる余地があり得るとする。

いとしている。これは，「特許発明の実施行為のうち『生産』は消尽しない」という考え方（以下，「生産アプローチ[12]」と呼ぶ）に基づき，特許製品でない物品を用いて新たに特許製品を「生産」することについては，一律に消尽の成立を否定すべきであるということを明らかにしたものといえる[13]。

学説でも，間接侵害品について，専用品であると不可欠品であるとを問わず消尽の成立を否定する見解が多い。間接侵害品には様々な態様のものがあり，特許権者が間接侵害品を譲渡することによって特許製品を譲渡した場合と同程度の対価を取得することは一般に困難であるから，間接侵害品の譲渡後も，特許製品が生産される段階で特許権者に追加的な対価を取得する機会を保障する必要があるからとされる[14]。

(3) 部品が特許製品と実質的に等価なものである場合

iPhone 事件大合議判決によれば，特許権者が特許製品以外の物品を譲渡した場合には一律に消尽の成立が否定されることになるが，学説では，特許権者が特許製品以外の物品を譲渡した場合でも，当該物品が特許製品と経済的ないし技術的に等価なものと評価し得る場合には，例外的に消尽の成立を認めるものが少なくない。

特許製品との経済的等価性に着目する見解としては，つぎのような見解がある。第一に，実施品の全部品を一揃えにしたキットが譲渡された場合のように，特許製品を譲渡したに等しいといえるほどの利得の獲得の機会があったと評価し得る場合に消尽の成立を認める見解がある[15]。第二に，譲渡された部品が

---

12) 「生産アプローチ」とは，もともとは，特許権者が特許製品を譲渡した場合を念頭に，特許権者から特許製品を適法に購入した者であっても，当該特許製品と別個の新たな実施対象を生産するものと特許法上評価される行為を行えば，特許権侵害になるとする考え方（東京高判平成13年11月29日判時1779号89頁〔置換プリン事件控訴審〕，東京地判平成16年12月8日判時1889号110頁〔インクタンク事件第一審〕など参照）をいう。同判決は「生産アプローチ」を特許権者が特許製品の部品を譲渡した場合に応用するものといえる。

13) 前掲・注5）〔判批〕88頁，飯村・前掲注5）350頁参照。なお，同判決は，1号の専用品が譲渡された場合について判断したものであるが，同判決が述べるところは2号の不可欠品が譲渡された場合にもそのまま妥当するといえよう。

14) 田村善之「用尽理論と方法特許への適用可能性について」特許研究39号10頁（2005年）（以下，「田村・前掲〔論文〕」として引用），同〔判批〕NBL1028号35～36頁（2014年）（以下，「田村・前掲〔判批〕」として引用），重富・前掲注4）392頁，小泉直樹「消尽」ジュリスト1448号86～88頁（2012年），愛知・前掲5）607頁など参照。

15) 田村・前掲注14）〔判批〕35～36頁・40頁（注25），瀋暘「特許権の消尽理論と黙示の実施許諾論との比較研究」Law & Practice4号279頁（2010年）参照。

1号の専用品であって，かつ，特許製品全体に占める経済的価値の割合が大きい場合に消尽の成立を認める見解がある[16]。

特許製品との技術的等価性に着目する見解としては，つぎのような見解がある。第一に，アメリカのQuanta事件連邦最高裁判決[17]を参考にして，譲渡された物品が完成品に組み込まれる以外の合理的な用途がなく，かつ，特許発明の本質的部分を化体したものである場合には，消尽が成立するとするものがある[18]。第二に，専用品であり，かつ，不可欠品でもある物品が譲渡された場合において，当該物品以外に，特許発明の実施のために不可欠品を必要としないとき（当該物品が特許製品の唯一の不可欠品である場合）には，当該物品を用いて特許発明を実施する行為について消尽の成立を認めるべきとするものがある[19]。

筆者自身は，後者の見解のように，特許権者が特許製品の部品を譲渡した場合であっても，当該部品が特許製品と技術的に等価なものと評価し得る場合には，消尽の成立を認めてよいと考えている。以下，具体的に検討する。

2　私　見
(1)　検討の視座

消尽論は，特許権者が譲渡した特許製品の円滑な流通を確保するための法理である。特許権者が譲渡した特許製品について，譲渡等が行われる度に特許権者の許諾を要するとすると，市場における特許製品の円滑な流通が妨げられ，特許法の目的とする産業の発達を阻害しかねないため，特許権の行使を否定する必要があることになる[20]。

---

[16]　愛知・前掲注5）607頁参照。

[17]　Quanta Computer, Inc. v. LG Electronics, Inc., 553 U.S. 617 (2008). 同判決は，実施権者から部品を購入した者が当該部品を他の部品と組み合わせて特許製品を完成させ，販売していたという事案において，①実施権者の譲渡した部品が特許製品に組み込んで特許発明の実施に用いられる他には合理的な用途がなく，かつ，②当該部品が特許発明の本質的特徴（essential features of patented invention）を具現化したものである場合には，当該部品の販売により当該特許製品に係る権利は消尽すると判断した（Id., at 631-635）。

[18]　小松陽一郎「国内消尽論」村林隆一先生傘寿記念論文集『知的財産権侵害訴訟の今日的課題』177〜178頁（青林書院，2011年）参照。

[19]　三村量一「特許権の消尽―方法の発明に係る特許権及びシステム発明に係る特許権の消尽の問題を中心に」高林龍他編『現代知的財産法講座2　知的財産法の実務的発展』112頁（日本評論社，2012年），田中孝一「特許権と国内消尽」牧野利秋他編『知的財産訴訟実務大系1』470頁（青林書院，2014年）参照。

一方，消尽論は侵害品には一切適用されない[21]。特許製品の円滑な流通の確保という観点を強調するならば，例えば，動産の即時取得制度（民法192条参照）に倣って侵害品を善意無過失で譲り受けた者に対して特許権の行使を否定するということも考え得る。しかし，侵害品については，特許権者に「特許発明の公開の代償」を確保する機会がまったく存在しなかったため，特許権の行使を否定すると，発明のインセンティブが過度に害されるおそれがある。それゆえ，侵害品については，取引の安全を犠牲にしてもなお，発明奨励の見地から特許権の行使を認めるべきとされるのである。

　このように，消尽論は，特許権者が物品の取引を通じて「特許発明の公開の代償」を確保し得たことを権利制限の前提条件としつつ，特許権者がひとたび「特許発明の公開の代償」を確保し得た物品について，その円滑な流通を確保するために，特許権者の意思にかかわらず，一律に特許権の制限を認めるものである[22]。すなわち，一般の物品取引においては，その譲渡時に，譲渡代金の支払いと引き換えに物品に関する一切の権利が譲受人に移転されることになるから，特許製品についても，一般の物品取引に倣って，その譲渡時に，当該特許製品に関する「特許発明の公開の代償」が一括して支払われるものと擬制して，第三者が当該特許製品を用いてする特許発明の実施の自由を法的に保障し，一般の物品取引と同様の円滑な流通を確保しようというのが消尽論の基本的な考え方である[23]。このことからすれば，特許権者の譲渡した物品が特許製品の部品にすぎない場合でも，特許権者が当該部品の譲渡により「特許発明の公開の代償」を確保することができるときは，部品の円滑な流通を確保するという見地から消尽の成立を認めるべきだということになろう。

---

20) BBS事件最高裁判決，インクタンク事件最高裁判決参照。
21) 吉田・前掲注4）73頁，島並良他『特許法入門』313頁（有斐閣，2014年）〔上野達弘〕，中山信弘『特許法』413頁（弘文堂，第3版，2016年）など参照。
22) 本稿では，特許権者自身が特許製品を譲渡した場合を念頭に議論を進めるが，約定実施権者が特許製品を譲渡した場合にも，特許権者は約定実施権者から支払われる実施料収入を通じて「特許発明の公開の代償」を確保する機会が保障されることになるため，消尽の成立が認められることになる（BBS事件最高裁判決，インクタンク事件最高裁判決参照）。これに対し，先使用権者（79条）等の法定実施権者が特許製品を譲渡した場合は，特許権者は当該製品について「特許発明の公開の代償」を確保する余地がないため，消尽の成立を認めることはできない（島並他・前掲注21）313頁〔上野〕参照）。法定実施権者が譲渡した特許製品についても，その円滑な流通を確保するために特許権の行使を制限すべきであるが，その根拠は，消尽論ではなく，法定実施権制度の趣旨に求めるべきであろう（田村・前掲注14）〔論文〕14頁（注4）参照）。
23) BBS事件最高裁判決も，一般の物品取引の実情から消尽論を導いている。

もっとも，問題は「特許発明の公開の代償」としてどのようなものを想定するかということにある。「特許発明の公開の代償」の確保が消尽の前提条件になるのだとすれば，その内容をどう捉えるかによって，消尽の成否の判断に大きな差が生じることになろう。先に見た各説の対立も，結局は，この点に関する見解の相違とみることができる。

　筆者は，「特許発明の公開の代償」とは，公開された特許発明の技術的価値に相応する利益を確保する機会を意味するものと解している。特許法は，発明の奨励を目的としたものであり（特許法1条参照），発明の奨励という観点からすれば，公開された発明の内容に即したインセンティブを特許権者に与えることが合理的であるから，特許権者には，特許に係る物品の譲渡を通じて，公開された特許発明の技術的価値に相応する利益を確保する機会を与えることが必要であり，かつ，それで足りるというべきである[24]。このような考え方によれば，特許権者が特許製品の部品を譲渡した場合でも，特許製品を譲渡した場合と同様に，当該部品の譲渡を通じて特許発明の技術的価値に相応する利益を実質的に確保し得る状況があるならば，消尽の成立を認めてよいことになる。

　以上を前提として，以下では，部品の態様ごとに消尽の成否を具体的に検討していくこととする。

(2) **具体的な検討**

① **部品が汎用品の場合**

　汎用品は，特許製品の生産以外の他用途が存在するものであるから，特許権者は，汎用品の譲渡時に，当該汎用品が特許製品の生産に用いられることを一般に想定しているとはいい難い。また，汎用品は，特許発明と直接の関わりをもつものではないため，特許権者が汎用品を譲渡したことにより特許発明の技術的価値に相応する利益を確保し得たものと解することはできない。したがって，汎用品については，消尽の成立を認めることはできない。

---

24) なお，特許発明の技術的価値に相応する利益を取得する機会は必ずしも排他権によって与えられる必要はない。例えば，特許権者が出願後登録前に特許製品を譲渡する場合には，排他権の保護はないものの，特許権者は事実として取引を通じて特許発明の技術的価値に相応する利益を確保し得ることから，当該製品について事後的に成立する特許権の消尽を認めても，発明のインセンティブを損なうことにはならないといえよう。学説でも，特許権成立前に特許権者が譲渡した製品について消尽を認める見解が有力である（吉田・前掲注4）12頁（脚注12），田村・前掲注14）〔論文〕14頁（注9），愛知・前掲注5）604頁（脚注3）など参照）。

② 部品が間接侵害品の場合

間接侵害品については，①それをそのままの形態で再譲渡等する場合と，②それを用いて特許製品を生産する場合に分けて検討する必要がある。

(イ) 間接侵害品をそのままの形態で再譲渡等する場合

間接侵害品がそのままの形態で再譲渡等される場合には，専用品であるか不可欠品であるかを問わず，消尽の成立を認めてよいと思われる。

特許法が間接侵害品に特許権の効力を及ぼしているのは，特許発明の実施の予備的・幇助的な行為を規制することにより，特許権の保護の実効性を高めることにある[25]。すなわち，特許法は，特許権を特許発明の実施の独占権と構成し（特許法68条本文参照），特許権者が特許発明の実施の独占を通じて「特許発明の公開の代償」を確保することを前提としつつ，その実効性を担保するために特許権の効力を間接侵害品にまで及ぼしているのであり，特許権者に間接侵害品の譲渡を独占させることによって「特許発明の公開の代償」を確保させることを意図しているわけではない[26]。ゆえに，間接侵害品については，それがそのままの形態で譲渡される限り，特許権者に「特許発明の公開の代償」を保障するために特許権の行使を認める必要はないといえよう[27]。他方で，間接侵害品も，特許権者が自ら流通に置いたものについては，特許製品の場合と同様に，特許権者の意思と関係なく，その円滑な流通を確保する必要性が存在する。ゆえに，間接侵害品については，それがそのままの形態で再譲渡等される限り，特許権の行使を否定するのが妥当である。

---

[25] 中山・前掲注21）432頁など参照。
[26] 一般に，間接侵害品の生産・譲渡等の行為は，間接侵害品を用いた特許発明の実施行為が侵害行為とならない限り，当然には間接侵害となるものではないとされるが（中山・前掲注21）433頁など参照），このような解釈も，特許発明の実施行為とは別に，間接侵害品の生産・譲渡等の行為について，特許権者に「特許発明の公開の代償」を保障する必要はないという考えを前提とするものといえよう。特許発明の実施行為が侵害行為とならないにもかかわらず，間接侵害品の生産・譲渡等の行為が間接侵害となる場合としては，たとえば，業者が一般家庭向けに間接侵害品を販売する場合のように，特許発明の実施の独占を通じて特許権者に「特許発明の公開の代償」を保障するという特許法の原則的な考え方がうまく機能しない例外的な場合に限られる。
[27] この点，間接侵害品についても，特許権者に「特許発明の公開の代償」を保障すべきであると考えるならば，学説で指摘されているように，不可欠品については，特許権者が特許発明の実施以外の目的でそれを譲渡した場合には，特許権者に「特許発明の公開の代償」を確保する機会が全く存しなかった以上，消尽の成立を否定すべきであるということになろう。

(ロ) 間接侵害品を用いて特許製品を生産する場合

間接侵害品を用いて特許製品を生産する場合は，専用品であると不可欠品とあるとを問わず，消尽の成立を否定すべきであると思われる。

専用品は，「物の生産にのみ用いられる」物品であるから，特許権者が専用品を譲渡した場合には，当該専用品が特許製品の生産に用いられることを当然に想定しているということができよう。しかしながら，専用品には，特殊な形状のネジ・釘などのように，それ自体として特許発明の内容を具現化したものと評価し得ないものも含まれるため，特許権者が専用品の譲渡により特許発明の技術的価値に相応する利益をすべて確保し得たものと解することはできない。他方，不可欠品は，「発明による課題の解決に不可欠なもの」であるから，特許発明の内容に密接に関わるものということができる[28]。しかしながら，不可欠品は，そもそも特許製品の生産以外の実質的な他用途が存在する物品であり，特許製品の生産に用いられるとは限らないものであるから，特許権者が不可欠品を譲渡した際に，特許発明の技術的価値に相応する利益を取得する契機が存在したものと定型的に評価することはできない。加えて，一つの特許製品に不可欠品が複数存在する場合には，それら複数の不可欠品が組み合わさって初めて特許発明の内容が具現化されることになるため，特許権者が個々の不可欠品を単体で譲渡した場合には，特許発明の技術的価値に相応する利益をすべて確保し得たものと解することはできない。このように，専用品も不可欠品も，特許権者がそれを譲渡することによって特許発明の技術的価値に相応する利益をすべて確保し得たと解することができない以上，消尽の成立を認めることはできないというべきである。

これに対し，間接侵害品について消尽の成立を認める立場からは，特許権者が間接侵害品の譲渡を事実上独占しているため，特許権者は，譲受人から特許発明の実施に係る対価を含めた譲渡代金を取得することにより，特許発明の公

---

[28] 2号の「その発明による課題の解決に不可欠なもの」の意義については，学説上，見解の対立があるものの，裁判例上は，特許発明が新たに開示する従来技術に見られない特徴的な技術手段を特徴付けている特有の構成や成分を直接もたらす特徴的な部材，原料，道具等をいうものと解する見解が有力である（東京地判平成16年4月23日判時1892号89頁〔プリント基板用治具に用いるクリップ事件〕，東京地判平成24年3月26日（平成21年(ワ)17848号）〔医療用可視画像の生成方法事件〕，東京地判平成25年2月28日（平成23年(ワ)19435号・19436号）〔ピオグリタゾン事件〕，知財高判平成26年3月27日（平成25年(ネ)10026号・平成25年(ネ)10049号）〔原判決（大阪地判平成25年2月21日判時2205号94頁）を引用〕〔粉粒体の混合及び微粉除去方法並びにその装置事件控訴審〕参照）。

開の代償を確保することが可能であるということが指摘されている[29]。しかしながら，すでに述べた通り，間接侵害品は公開された特許発明の内容を具現化したものとは限らないから，特許権者は間接侵害品の譲渡により「特許発明の公開の代償」を確保し得たということはできないし，特許法も，特許権者に「特許発明の公開の代償」を確保させるために間接侵害品の譲渡の独占を認めているわけではないから，特許権者が間接侵害品の譲渡を事実上独占しているとしても，それによって「特許発明の公開の代償」が確保されたものと法的に評価することはできないというべきである。また，そもそも特許権者が間接侵害品を譲渡する場合は，特許製品の購入者向けの部品供給を目的としていることが多いと思われる。このように，特許権者が特許製品とは別にその構成部品を販売して利益を得ることは，特許権者の効率的な投資回収を可能にするとともに，特許製品の購入者の利益にも資するものであるから，特許法上も広く認められてよいものといえよう[30]。しかしながら，間接侵害品について一律に消尽の成立を認めるならば，第三者が特許権者の販売した間接侵害品を用いて新たに特許製品を生産し，譲渡等することが可能となるため，このような部品供給ビジネスが成り立たなくなり，特許権者はもとより，特許製品の購入者も不利益を被るおそれがある。ゆえに，実質的に考えても，間接侵害品について一律に消尽の成立を認めることは妥当とは言い難いように思われる。

　③ **部品が特許製品を生産するための専用品であって，かつ，それ自体として特許発明の本質的特徴を具現化した物品である場合**

　上記の通り，特許権者が譲渡した部品が間接侵害品であるというだけでは，消尽の成立を認めることができない。しかし，当該部品が①特許製品の生産以外に実質的な他用途のない専用品であって，かつ，②それ自体として特許発明の本質的特徴を具現化したもの（特許発明に特有の作用効果を奏するための特徴的な構成をすべて備えたもの）である場合には，例外的に消尽の成立を認めるべきである。

　特許権者が譲渡した部品が専用品である場合には，特許権者および譲受人は，特許製品の生産を目的として取引することになるため，特許権者が物品の取引

---

29) インクタンク事件大合議判決参照。
30) もちろん，特許製品の購入者が他の製品に乗り換えることが困難な場合（いわゆるロックイン現象が生じている場合）に，特許権者との部品取引を強制したり，部品価格を不当に釣り上げるなどの独占禁止法違反行為を行うことは許されない。

を通じて特許発明の技術的価値に相応する利益を取得する契機が生じることになる[31]。また，特許権者の譲渡した部品がそれ自体として特許発明の本質的特徴を具現化したものである場合には，当該部品の取得者は，公知の物品のみを用いて，特許製品を生産し，特許発明の技術的価値を利用することが可能となるから，当該部品が特許製品の生産に使用するための専用品である限り，特許権者は特許発明の技術的価値に相応する利益をすべて取得し得たものと解することができる[32]。

　①と②は，いずれも消尽を認めるための必要条件である。特許権者が譲渡した部品が専用品であっても，それ自体として特許発明の本質的特徴を具現化した物と評価し得ないものである場合には，特許権者は，当該部品が特許製品の生産に用いられることを想定してはいるものの，当該部品の譲渡により特許発明の技術的価値に相応した利益を確保し得たとはいえないため，消尽の成立を認めるべきではない。また，特許権者が譲渡した部品がそれ自体として特許発明の本質的特徴を具現化したものであっても，特許製品の生産以外の実質的な他用途が存在する場合には，特許権者は，当該部品が特許製品の生産に用いられることを想定して取引を行っているとは限らず，特許発明の技術的価値に相

---

31) ここでいう「専用品」には，①特許製品の生産以外に実質的な他用途がないものの他に，②実質的な他用途が存するものの，専ら当該他用途のためにのみその物品を使用し続けることがその物品の実用的な使用形態として認められないものが含まれる（特許法101条1号・4号の専用品の解釈に関するものであるが，大阪地判平成12年10月24日判タ1081号241頁〔製パン器事件〕，知財高判平成23年6月23日判時2131号109頁〔食品包み込み成形方法事件控訴審〕参照）。特許権者がこのような意味での「専用品」を譲渡すれば，その譲受人または転得者の下で必ず特許製品が生産されることになるため，特許権者は特許製品の生産を目的として取引したものと定型的に評価することが可能だからである。

32) 特許法101条2号の不可欠品がここでいう「それ自体として特許発明の本質的特徴を具現化したもの」であるためには，少なくとも特許製品にとって唯一の不可欠品であることが必要となる。同一の特許製品について不可欠品が複数存する場合には，それぞれ単体では特許発明に特有の作用効果を奏するための特徴を備えていることにはならないからである。なお，三村弁護士は，特許権者が譲渡した部品が1号の専用品であり，かつ，唯一の2号の不可欠品である場合に消尽の成立を認めるという見解を主張しつつ（三村・前掲注19）112頁参照），別稿で，消尽の要件として，特許権者の譲渡した部品が不可欠品であれば足りるとするか，唯一の不可欠品であることまで求めるかは政策的な選択の問題であるとも述べているが（三村・前掲注8）659頁〔脚注13〕参照），特許権者が複数ある不可欠品の一つを譲渡したにすぎない場合には，特許発明の技術的価値に相応する利益をすべて確保し得たものということはできないから，「特許発明の公開の代償」を確保し得た製品に限って特許権の制限を認める消尽論の趣旨に鑑み，消尽の成立を否定すべきである。

応する利益を取得する契機が存在したものと定型的に評価することはできないため，消尽の成立を認めるべきではないことになる。

3 iPhone 事件大合議判決の考え方について
(1) 「生産アプローチ」の解釈について

　以上の通り，筆者は，特許権者が特許製品の部品を譲渡した場合であっても，当該部品が特許製品と技術的に等価なものと評価し得るならば，消尽の成立を認めるべきであると考えている。これに対し，iPhone 事件大合議判決は，「生産アプローチ」に立脚し，特許権者の譲渡した物品が特許製品以外のものである場合には，一律に消尽を否定する解釈を採るようである。しかしながら，「生産アプローチ」は，本来，特許権者が特許製品を譲渡した場合を念頭に論じられたものであるから，特許権者が特許製品の部品を譲渡した場合に「生産アプローチ」に依拠して消尽の成否を論じることが妥当か否かは議論の余地のあるところであろう。また，この点を措くとしても，判決の「生産」概念の理解は，「生産アプローチ」のそれに比してやや形式的に過ぎるように思われる。

　そもそも「生産アプローチ」は，特許製品を完成させる行為をすべて形式的に「生産」と解釈して消尽の成立を否定するという考え方ではない。「生産アプローチ」とは，特許製品の取得者が自ら譲り受けた特許製品と別の新たな実施対象を一から生産すれば特許権侵害となるという当然の事理を前提として，特許製品の取得者が自ら譲り受けた特許製品自体に加工や部材交換を行い，特許製品を再製する場合でも，特許発明の主要な構成に係る部品[33]を交換するなどしたために，実質的にみて新たな実施対象を生産したものと評価し得るときには消尽の成立を否定し，特許権の行使を認めるべきであると解するものである[34]。ゆえに，「生産アプローチ」においても，特許発明の主要な構成に関わらない部品を交換する場合には，たとえ特許製品を完成させるために必要な行為であっても，実質的にみて新たな実施対象を生産する行為とは評価されず，消尽の成立が認められることになる。このように，「生産アプローチ」は，特許権者の譲渡した特許製品（例：$\alpha + \beta$）に特許発明の主要な構成に係る部品

---

[33] 特許発明の主要な構成に係る部品をどのように捉えるかについては，裁判例・学説上争いがあるものの，本稿では立ち入らないこととする。筆者自身の見解については，横山久芳「消尽論において特許発明の本質的部分を論じることの意味」日本工業所有権法学会年報32号217～218頁（2009年）参照。

[34] 横山・前掲注33）200～201頁，216頁（2009年）参照。

（例：α）が残存している状態で特許発明の構成上主要でない他の部品（例：β）を用いて特許製品を完成させる行為について消尽の成立を認めるのであるから，「生産アプローチ」を前提にしたとしても，特許権者が特許発明の主要な構成に係る部品（例：α）を譲渡した場合に，当該部品と特許発明の主要な構成に関わらない他の部品（例：β）とを組み合わせて特許製品を完成させる行為について消尽の成立を認めるとの解釈を採ることはあり得るものといえよう。したがって，同判決のように「生産アプローチ」に立脚する場合には，特許権者の譲渡した物品が特許製品の部品であることから一律に消尽の成立を否定するのではなく，当該部品が，第三者の実質的な「生産」行為を介在させることなく，それを用いて特許製品を完成させることができる程度に特許発明の構成上主要な部品といえるかどうかを検討し，これが肯定されるときは消尽の成立を認めるべきである。

(2) **消尽の対象を特許製品（ないしはこれと経済的に等価な部品）の譲渡に限定する解釈について**

iPhone 事件大合議判決は，特許製品が譲渡された場合に限って消尽の成立を認める解釈を採っている。また，学説では，消尽の対象を厳密に特許製品に限らないものの，特許製品と経済的に等価な物品が譲渡された場合に限って消尽の成立を認めるという解釈が主張されている。このように「特許製品」に着目して消尽の成否を論じる立場は，わが国特許法の発明の実施規定（同法2条3項1号）から導かれるものと考えられる。すなわち，わが国の特許法は「物の発明」について「物」の利用行為を発明の実施行為と定義し，これに特許権の効力を及ぼしているため，特許の対象となる「物」（ないしはこれと経済的に等価な物品）が譲渡されて初めて「特許発明の公開の代償」が確保されたものと解するのである。

しかしながら，特許権は「特許発明」の実施の独占権であり（特許法68条本文参照），特許法が「物の発明」について「物」の利用行為に特許権の効力を及ぼしているのも，「発明」が「物」に応用されてその技術的価値を発揮するものであることに鑑み，特許権者に「物」の利用の独占を通じて「発明」の技術的価値の利用を独占させることを意図したものと解されるから[35]，特許の対象となる「物」（ないしはこれと経済的に等価な物品）でなくとも，物品の取得者に「特許発明」の技術的価値を利用させることを可能とする物品が譲渡されれば，「特許発明の公開の代償」は確保されたものとみて消尽の成立を認め

るべきである。

　たとえば，実務では，部品の発明について，部品それ自体とそれを包含した完成品の双方について特許権が取得される場合が少なくない。この場合に，完成品が部品以外の点で格別の技術的特徴がないとすれば，部品と完成品は技術的に等価であるから，本稿の立場からは，特許権者が部品を譲渡すれば，完成品特許も当然に消尽することになる[36]。これに対し，iPhone 事件大合議判決のように，特許製品が譲渡された場合に限って消尽を認める立場に立てば，特許権者が部品を譲渡しても，完成品特許は消尽しないことになる。特許製品以外に特許製品と経済的に等価な部品が譲渡された場合に消尽を認める見解に立っても，部品と完成品の価値の差が大きい場合には，特許権者が部品を譲渡しても完成品を譲渡した場合と同程度の利益を得ることはできないため，完成品特許の消尽は否定されることになろう。

　たしかに，部品の発明について部品と完成品の双方に特許権が取得されたということは，特許権者は，部品の販売後も，当該部品を用いて完成品が生産される段階で特許権を行使し，追加的な対価を取得する意思を有していると考えられるため，部品の譲渡をもって完成品特許の消尽を認めれば，特許権者の意図した投資回収の実現は困難となるであろう。しかしながら，そもそも部品の発明について完成品特許を保護すべき理由は，部品に関する新規な技術情報を公開したことにあるのであるから，部品の販売によるものであれ，完成品の販売によるものであれ，公開された部品に関する新規な技術情報を具現化した物品が譲渡された場合には，部品特許はもとより，完成品特許についても「特許発明の公開の代償」は確保されたものということができよう。ゆえに，完成

---

35) たとえば，特許発明の目的を達するような方法で特許製品を使用しない場合には，特許製品の「使用」に該当せず，特許権の侵害とならないと一般に解されているが（大阪地判平成18年7月20日判時1968号164頁〔台車固定装置事件〕，中山・前掲注21) 325頁参照），それは，そのような「物」の使用行為は，特許発明の技術的価値を利用するものとはいえず，そのような「物」の使用行為に対して，特許権者に「特許発明の公開の代償」を保障する必要がないからであろう（横山久芳「特許権の効力」法学教室334号102頁（2008年）参照）。なお，立法論としては，発明を「物」や「方法」などのカテゴリーに分けることなく，特許発明の実施概念を定義することも可能であろう。たとえば，アメリカ特許法は，端的に「特許発明」の生産，使用，販売等に特許権の効力が及ぶと規定している（同法271条(a)参照）。

36) もちろん，完成品が部品とは異なる別個の技術的特徴を含む場合は別論である（小松・前掲注18) 178頁参照）。この場合は，特許権者に対して，部品の技術的価値に相応する利益とは別に，完成品に固有の技術的価値に相応する利益を確保する機会を与える必要があるからである。

特許についても消尽の成立を認めるべきであると思われる[37]。

第3節　部品の譲渡と黙示の許諾の成否

1　意　義

　黙示の許諾とは，特許権者が第三者の実施行為について明示的に許諾を与えていない場合でも，特許権者の言動や取引の内容等の個別事情から，特許権者が当該実施行為を黙示的に許諾したものと認められる場合に，特許権の行使を否定するという考え方である。

　黙示の許諾は，消尽論の根拠を論じる際に言及されることが少なくないものの，現在の通説は，黙示の許諾を消尽論の根拠とは解していない[38]。その理由は，消尽論が特許製品の円滑な流通を確保するとの観点から，特許権者の意思に関わらず，一定の要件の下に一律に特許権の行使を否定するものであるのに対し[39]，黙示の許諾は，特許権者の意思に根拠を置くものであり，特許権者が明確に反対の意思を表示している場合には適用されないため，消尽論と趣旨を異にするところがあるからである[40]。

　他方で，学説では，黙示の許諾を，消尽論の根拠としてではなく，消尽論と

---

[37]　なお，本稿の立場によれば，特許権者が部品の発明について完成品特許しか有していない場合にも，部品の譲渡によって完成品特許は消尽することになる。同一の発明についてクレーム上実施対象をどう記載するかによって消尽の成否の判断を変えるべきではない。この点，三村・前掲注8）656頁も，「特許権者が自動車用エアバッグを販売している場合において，特許発明が『Aという構成の自動車用エアバッグ』とクレームされているのと，『Aという構成のエアバッグを備えた自動車』とクレームされているのとで，特許権者の権利行使の許否の結論が異なるというのは，明らかに不合理である」と述べている。

[38]　国内消尽論を認めたBBS事件最高裁判決及びインクタンク事件最高裁判決も少なくとも明示的には黙示の許諾を消尽論の根拠として捉えていない。

[39]　ゆえに，消尽が成立する場合は，特許権者が反対の意思表示を示したとしても，特許権の効力は一律に制限される（三村量一〔判解〕『最高裁判所判例解説（民事篇）平成9年度（中）』793頁（法曹会・2000年）参照）。裁判例では，特許製品の販売に際してその使途を新製品の開発に限定する旨の合意が成立していたとしても，特許製品の販売により特許権は消尽するため，譲受人が第三者に特許権者から買い受けた実施品を組み込んだ製品の開発を委託し，それを販売しても，特許権の侵害とならないとしたものがある（東京地判平成13年11月30日（平成13年(ワ)6000号）〔遠赤外線放射球事件〕参照）。

[40]　羽柴隆「特許消耗理論の特約による制限」日本工業所有権法学会年報12号52頁（1989年），吉田・前掲注4）78頁，田村・前掲注14）〔論文〕7頁，渋谷達紀『特許法』585頁（発明推進協会，2013年），中山・前掲注21）412頁など参照。

は異なる観点から特許権の行使を否定する法理と捉え，消尽論と併用して活用しようとする見解が主張されている[41]。この見解によれば，特許権者が譲渡した部品について消尽の成立が認められない場合であっても，諸般の事情から特許権者が当該部品を特許製品の生産に用いることを許諾していたと解し得る場合には，特許権の行使が制限されることとなる。iPhone 事件大合議判決も，一般論としてそのような解釈を認めている。

　筆者も，消尽論と黙示の許諾論の併用が認められるべきであると考えている。消尽論は，特許権者の意思に関わらず，政策的理由に基づいて画一的に特許権の効力を制限するものであるため，特許権者が特許製品以外の物品を譲渡した場合に消尽の成立を広く認めると，物品の取引を通じた特許権者の効率的な投資回収が困難となり，発明のインセンティブが害されるおそれがある。それゆえ，消尽の成立は，特許権者が物品の取引を通じて特許発明の技術的価値に相応する利益を確保し得たものと定型的に評価し得る場合に限定すべきである。他方で，消尽の成否はこのように特許権者の具体的な意思と関係なく決定されることになるため，個別の取引において，対象となる部品が特許製品の生産に用いられることを特許権者が許容する意思を有していたと推認できる場合でも，消尽の成立が否定されることがある。たしかに，消尽が成立しない範囲では，特許権者は，公序良俗に反しない限り，自ら譲渡した部品が特許製品の生産に用いられることを自由に禁止することができる。しかし，特許権者が部品の譲渡時にそのような意思を明示しておらず，むしろ個別の取引の事情からすれば，特許権者の許諾の意思が推認される場合において，譲渡後に特許権の行使を認めるとすれば，部品の譲受人や転得者の予測可能性が著しく害され，部品の円滑な流通・利用に支障を来すことになる。それゆえ，消尽が成立しない範囲においても，個別の取引の事情に鑑み，特許権者が部品の譲渡時にそれを特許製品の生産に用いることを許諾していたと推認できる場合には，特許権の行使を否定すべきである。このような形で消尽論と黙示の許諾論を併用することにより，個別事案ごとに柔軟かつ妥当な解決を導くことが可能となるであろう[42]。

　以下では，消尽の成立が否定される場合において，黙示の許諾の成否を具体的にどのように判断すべきかを検討することとする。

---

41) 高橋直子「ファーストセイル後の特許権の行使—アメリカ合衆国における裁判例を素材として」特許研究18号27頁（1994年），田村・前掲注14)〔論文〕11頁，重富・前掲注4) 390頁，潘・前掲注14) 278～279頁参照。

2 具体的な判断手法

　黙示の許諾は，特許権者の意思に根拠を置くものであるから，まずは，当該取引に関して，特許権者の意思を直接示唆する具体的な事情がないかどうかを検討すべきである[43]。また，特許権が特許発明に係る投資回収の手段であることに鑑みれば，特許権者の意思を直接示唆する具体的な事情がない場合でも，個別の取引の目的や内容，特許権者が譲渡した部品の価値等に照らして，特許権者が部品の譲渡を通じて当該特許に関して通常想定される投資回収を実質的に実現することが可能となるときには，黙示の許諾の成立を認めるべきである。一般に，特許権者が特定の「物」について特許を取得した場合には，主としてその「物」の譲渡を通じて特許発明に係る投資回収を実現することを意図していると考えられるから，「物」の部品が譲渡されたにすぎない場合に黙示の許諾の成立を認めることは適切でない場合が多いと思われるが，たとえば，特許権者の譲渡した部品が特許製品の価値の大部分を占める間接侵害品であるというような場合には，例外的に黙示の許諾の成立を認める余地があろう[44]。間接侵害品は不可欠品を含めて特許発明の実施に使用される蓋然性が高いものであるから，特許権者が間接侵害品を譲渡した場合には，特段の意思が示されていない限り，特許製品の生産に用いられることを想定していると合理的に推認することが可能であるし，間接侵害品が特許製品の価値の大部分を占める場合には，特許権者は当該間接侵害品の譲渡を通じて特許製品を譲渡した場合と実

---

42) 田村・前掲注14)〔論文〕11頁，飯村・前掲注5) 350頁参照。なお，黙示の許諾論は，特許権者の意思に基づき特許権の行使を制限する法理であるため，そもそも特許権者（または実施権者）と直接の契約関係にない転得者の行為に適用することができるかという問題が指摘されることもある。しかし，実施許諾は特許権者の単独行為でもなし得るのであるから（高林龍『特許法』192頁（有斐閣，第5版，2014年），島並他・前掲注21) 223頁〔横山久芳〕など参照），特許権者が転得者の行為を含めて実施を許諾したものと推認し得る事情がある限り，転得者との関係でも特許権の行使を否定することが可能というべきであろう（吉田・前掲注4) 79頁も参照）。

43) 具体例として，たとえば，大阪地判平成13年12月13日（平成12年(ワ)4290号）〔ストレッチフイルムによるトレー包装体事件〕は，包装用トレーとトレー包装体の実用新案権者が，自らが代表を務める会社を介して包装用トレーを製造して顧客に販売し，顧客からトレーを購入した者が当該トレーに被包装物を入れてトレー包装体を製造したという事案において，①実用新案権者が代表を務める会社から顧客に包装機械が提供され，トレー包装について両者に業務提携関係が成立していたこと，②トレー包装体を製造する段階では必然的に包装用トレーが製造され使用される関係にあることなどを考慮し，トレー購入者が当該トレーをトレー包装体に係る考案として使用することについて黙示の承諾があったと認定している。

44) 田村・前掲注14)〔論文〕10頁，同〔判批〕36頁，潘陽・前掲注15) 281頁など参照。

質的に同程度の投資回収を実現することが可能になると思われる。このような場合に黙示の許諾の成立を認め，間接侵害品を用いてする特許発明の実施の自由を認めることは，間接侵害品の円滑な流通・利用を促進し，間接侵害品の取引を活発化することにもなるため，結局は，特許権者の利益にも資する結果となろう。

3　iPhone事件大合議判決について

　iPhone事件大合議判決は，実施権者が特許法101条１号の専用品を譲渡したという事例において，①当該物品は特許権者と実施権者の包括的クロスライセンス契約の対象となったものであるにすぎず，当該物品を用いて生産される可能性のある多種多様な製品の全てについて特許権者が黙示的に承諾していたと解するのは困難であること，②特許製品を生産するためには実施権者が譲渡した物品以外にも，技術的・経済的に重要な価値を有する部品が必要となることなどを考慮して黙示の許諾の成立を否定している。

　包括的クロスライセンス契約は，個別の特許の内容や価値に着目せずに行われるライセンスの形態であるため，実施権者の譲渡した部品が包括的クロスライセンス契約の対象である場合には，交渉過程で特に重視された技術であるような場合を除いて，特許権者が当該部品を用いた特許製品の生産について特段の意思を有していたとは考え難い。このような事案においては，特許権者の許諾意思を直接示唆する具体的な事情を見出すことは困難であるといえるだろう。また，特許製品を生産するために当該専用品以外にも技術的・経済的に重要な部品が必要になるということは，実施権者の譲渡に係る専用品と特許製品との間に実質的な価値の差が存在するということを意味するから，特許権者が実施権者に当該専用品を販売させることによって，特許製品を販売させた場合と同程度の利益を確保することは困難であるといえよう。このことは，特許権者が当該専用品の譲渡を通じて当該特許に関して一般に想定される投資回収を実質的に実現することはできないということを意味している。ゆえに，判決が当該事案において黙示の許諾の成立を否定したことは妥当であるといえよう[45]。

---

45)　もっとも，特許製品の生産に必要となる他の部材がいずれも汎用品にすぎない場合（末吉剛〔判批〕特許研究59号50頁（2015年）はその可能性を示唆する）には，実施権者の譲渡した専用品は，それ自体として特許発明の本質的特徴を具現化した部品ということができるから，本稿の立場からは，消尽が成立することとなり，黙示の許諾の成否にかかわらず，特許権の行使は否定されるべきであったことになる。

第4節　方法の発明について

　これまで述べたことは，方法の発明の特許権者が方法の使用に供する物品を譲渡した場合にも基本的に妥当する。以下では，この点をごく簡単に検討しておくこととする。

1　特許方法に係る物品の譲渡と消尽の成否

　方法の発明については，物の発明とは異なり，「方法」自体が流通するということはないが，方法の発明の特許権者が方法の使用に供する物品を譲渡することはあり得るため，その場合に，第三者が当該物品を用いて方法を使用することについて消尽を認めるべきかということが問題となり得る。

　この点，本稿のように，特許権者が譲渡した物品と特許発明の技術的関係に着目して消尽の成否を論じる立場に立つならば，「物の発明」と「方法の発明」というカテゴリーの違いにかかわらず，特許権者が物品の取引を通じて「特許発明」の技術的価値に相応する利益を実質的に確保し得たか否かによって消尽の成否を判断すべきことになる。具体的には，方法の発明の特許権者が，①特許方法の使用に供する以外に実質的な他用途がない専用品であって，かつ，②それ自体として特許方法の本質的特徴を具現化したものを譲渡した場合には，当該物品をそのままの形態で再譲渡等する行為（特許法101条4号・5号参照），および，当該物品を用いて方法を使用する行為（特許法2条3項2号・3号参照）の双方について消尽の成立を認めるべきである[46]。たとえば，特許方法の全工程を実施できる専用装置などは，①・②の要件を充たすため，方法の発明の特許権者がこのような装置を譲渡した場合には，消尽の成立を認めるべきである[47]。

　なお，学説では，方法の発明の場合は，全ての工程が実施されない限り侵害が成立しないことから，方法発明の一部の工程にのみ関わる物品はそもそも消尽の対象にならないとする見解が主張されている[48]。しかし，当該物品を使

---

[46]　アメリカのQuanta事件連邦最高裁判決は，方法特許も製品に化体されている点では他の特許と同じであり，方法特許もその方法を化体した製品の販売により消尽するとしている（*Quanta*, supra note 17, at 628-630）。

[47]　本稿と立場は異なるが，消尽を認める見解として，田村・前掲注14）11頁，愛知・前掲注5）613頁参照。

用した場合には，物理的に特許方法の一部の工程しか実施できなくなるという場合は別として，当該物品を用いて一部の工程を実施し，かつ，他の工程を実施して特許方法の全工程を実施することができる場合には，当該物品は特許方法の使用に供するものと評価することが可能であろう[49]。そうだとすれば，特許権者が譲渡した物品が方法発明の一部の工程にのみ使用されるものであっても，当該工程に特許発明の本質的特徴が存在し，当該物品はその本質的特徴を具現化した専用品であって，他方，当該工程以外の工程はすべて公知の工程であって，汎用品の使用により実現することができるという場合には，消尽の成立が認められるべきである[50]。

2　特許方法に係る物品の譲渡と黙示の許諾の成否

　方法の発明の使用に供する物品について消尽の成立が否定された場合も，別途，黙示の許諾の成否が検討されるべきである。

　黙示の許諾の成否の判断においては，まずは，当該取引に関して，特許権者の意思を直接示唆する具体的な事情がないかどうかを検討し，そのような具体的な事情がない場合には，特許権者が当該物品の譲渡を通じて当該方法特許に関して通常想定される投資回収を実質的に実現することが可能か否かを，個別の取引の目的や内容，特許権者が譲渡した物品の価値などを考慮して検討すべきである。たとえば，特許権者が譲渡した物品が特許法101条4号・5号の間接侵害品であって，かつ，特許方法の経済的価値の大部分を占めるような場合には，黙示の許諾の成立を認める余地があり得よう[51]。

第5節　わが国の特許権者が国外で部品を譲渡した場合について

　わが国の特許権者が国外で特許製品の部品を譲渡した場合に，第三者が当該部品をわが国に輸入し，それを用いて特許製品を生産する行為についてわが国特許権を行使することは認められるのであろうか。

---

48)　吉田・前掲注4)93〜94頁，高林・前掲注9)193頁参照。
49)　同旨，末吉・前掲注45)52頁参照。
50)　本稿と立場は異なるが，愛知・前掲注5)614頁も，特許方法の一部の工程にのみ関わる専用品についても消尽が成立する余地を認める。
51)　田村・前掲注14)〔論文〕10頁参照。

BBS事件最高裁判決は，わが国の特許権者が国外で特許製品を譲渡した場合について消尽論の適用を否定しつつ，国際取引における商品の円滑な流通を確保するために，製品の譲渡時にわが国特許権の行使について明示的な留保がなされていなければ，譲受人およびその後の転得者に対して，特許権の制限を受けずに当該製品を支配する権利を黙示的に授与したものとみて，当該製品についてわが国特許権の行使を否定すべきであると判示している。同判決は，特許権者が明示的な留保をして特許製品を譲渡した場合にわが国特許権の行使を認める点で国際消尽論と異なる立場を採るものの，特許権者が明示的な留保をせずに特許製品を譲渡した場合には，「国際取引における商品の円滑な流通の確保」という政策的な観点から，現実の特許権者の意思を問うことなく，わが国特許権の行使を一律に否定する立場を採っており，その点では国際消尽論と軌を一にするものということができる[52]。それゆえ，特許権者が国外で明示的な留保なく譲渡した特許製品に加工等が施されたものをわが国に輸入し，販売等する行為についてわが国特許権の行使を認めるべきかどうかは，特許権者が国内で譲渡した特許製品に加工等が施された場合と全く同様の基準で判断されることになる[53]。

　このことを踏まえると，特許権者が国外で特許製品の部品を譲渡した場合についても，その譲渡時に，わが国特許権の行使について明示的な留保がなされていなければ，特許権者が国内で部品を譲渡した場合と同様の基準で特許権の行使の可否を判断することが許されるということができよう。すなわち，国内で部品が譲渡された場合に消尽が否定されるようなケースでは，国外で部品が譲渡された場合においてもわが国特許権の行使が一律に否定されることはなく[54]，また，そのようにわが国特許権の行使が一律に否定されない場合でも，別途，「黙示の許諾論」により個別の取引の事情に照らして特許権の行使が否定されることがあり得ることになる。この点，iPhone事件大合議判決も，国内で部品が譲渡された場合の理が国外で部品が譲渡された場合に同様に当てはまると述べている。

　もちろん，特許権者が部品の譲渡時にわが国特許権の行使について明示的な留保をしている場合には，BBS事件最高裁判決に基づき，わが国に当該部品

---

52) 横山久芳〔判批〕判時2030号176頁（2009年）参照。
53) インクタンク事件最高裁判決参照。
54) 田村・前掲注14)〔判批〕41頁，愛知・前掲注5) 617頁参照。

を輸入[55]し，国内でそれを用いて特許製品を生産することについて特許権の行使が認められることになる。

第6節　最後に

　本稿では，特許権者が特許製品の部品を譲渡した場合に消尽ないし黙示の許諾が成立し，特許権の行使が否定されるのはいかなる場合かを検討した。

　特許法が発明の奨励を目的とし，特許権者に「特許発明の公開の代償」を確保させるために特許権を付与したことに鑑みれば，消尽の成立は，特許権者が物品の取引を通じて公開された特許発明の技術的価値に相応する利益を確保し得た場合に限って認めるべきである。具体的には，特許権者が譲渡した物品が特許製品を生産するための専用品であって，かつ，それ自体として特許発明の本質的特徴を具現化したものである場合にのみ，消尽の成立を認めるべきである。

　他方，黙示の許諾は，特許権者の意思に根拠を置くものであるから，特許権者の許諾意思を直接示唆する具体的な事情がある場合や，特許権者の譲渡した部品が特許製品の価値の多くを占める間接侵害品である場合など，特許権者が当該部品の譲渡を通じて当該特許に関して通常想定される投資回収を実質的に実現することが可能となる場合に，黙示の許諾の成立を認めるべきである。

　以上述べたことは，方法の発明の特許権者が方法の使用に供する物品を譲渡した場合，および，わが国の特許権者が国外でわが国特許権の行使について明示的な留保をすることなく特許製品の部品を譲渡した場合にも同様に当てはまる。

---

55) 当該部品が特許法101条の間接侵害品である場合には，間接侵害品をそのままの形態で輸入，譲渡等する行為についても間接侵害の成立を認めるべきである。特許権者が我が国での間接侵害品の流通を予定していない以上，わが国特許権の保護の実効性を確保するという間接侵害制度の趣旨に鑑み，特許権者に，わが国での間接侵害品の流通を禁止する権限を与える必要があるからである。

審査基準に関する一考察
―明確性要件などを題材として―

淺見 節子

第1節 審査基準の改訂の意義
第2節 明確性要件の審査基準の検討
第3節 サブコンビネーションの発明について

　平成27年9月に特許・実用新案の審査基準（以下，審査基準という）の全面改訂が行われた。それに先立ち約1年間に亘り，審査基準専門委員会ワーキンググループ（以下，WGという）にて進歩性や記載要件などの主要項目について検討がなされた。筆者はWGに委員として参加し，それ以前の特許庁在職中も審査基準の改訂に関わってきたことから，審査基準の意義について考えるところを述べるとともに，明確性要件と，今般の審査基準の改訂で追加されたサブコンビネーションの発明を中心に検討を加える。

第1節　審査基準の改訂の意義

　審査基準は「法規範にはあたらないが，特許法等の関連する法律の適用についての基本的な考え方をまとめたもの」とされており，審査官が審査をする際に従うべきものである。したがって，審査基準の内容は明瞭であることが求められ，審査官のみならず出願人にも共通の理解がなされることが重要である。審査基準が不適切であれば誤った審査が行われることにもなりかねず，また曖昧であれば審査がばらつく要因となり，審判や裁判で是正されるとしても，そこに至るまでの出願人や第三者の負担が大きなものとなる。
　一方，審査基準の考え方が判決によって否定されれば，審査基準の改訂が必要になり，それまで審査基準に従って対応してきた出願人は，対応を変更する必要に迫られる。とくに，拒絶理由とされていなかったものが拒絶理由になるとすると，審査の時期によって結論が変わることになり，また成立した特許に無効理由が存在することにもなりかねず，その影響は非常に大きなものとなる。

したがって，審査基準の策定に当たっては，裁判で否定されることがないよう特許法の関連する条文を合理的に解釈し，適切な結論が導かれるような内容とすることが重要である。審査基準を改訂する場合も同様であり，現行の審査基準の記載では適切あるいは統一的な運用がなされていない場合に，それを是正するよう明確化することを基本とし，結論を変えるような改訂には慎重になるべきである[1]。

実際に今般の審査基準の全面改訂にあたっては，以下の3点が基本方針として挙げられている。①審査基準の記載が簡潔かつ明瞭なものであること，②審査基準の基本的な考え方を深く理解することができるよう，事例や裁判例が充実していること，③審査基準の基本的な考え方が国際的に通用するものであること[2]。

①②については，改訂前の審査基準には多くの事例が含まれ，膨大な量になっていたため，審査基準は簡潔明瞭なものとし，審査官や出願人が理解しやすいように整理された。そして，審査基準を深く理解するために，事例集や判決集を審査ハンドブックに設けるという整理が行われ，多くの事例や判決が掲載された。このような切り分けとしたことにより，新たな事例や判決の追加を審査基準の改訂の手続を経ることなく行うことができるため，適時に機動的に行えるという効果も生じる。③については，わが国の法律や判決の枠内で，国際調和を図ることを目指すとともに，審査基準を簡潔明瞭なものとすることによって，新興国を含めた他国に参考にしてもらうことも意図していると考えられる[3]。

---

1) 審査基準によって結論を変更した例としては，平成28年3月に改訂された食品の用途発明の新規性の判断が挙げられ，食品についても用途発明が認められるようになった。この改訂の背景としては，機能性食品の研究開発が進展し，食品業界から特許による保護を強く求められたことや，国際的に見ても，日本では保護がなされていなかったが，米欧中韓においては保護がなされていることなどが挙げられる。平成27年12月8日開催のWGの資料1に改訂の背景が説明されている。
2) 平成26年8月22日開催のWGの資料2
3) 審査基準の改訂の経緯については，上嶋裕樹「『特許・実用新案審査基準』全面改訂に至る道のり」特技懇誌280号7～22頁（2016年）に詳細に解説されている。

第2節　明確性要件の審査基準の検討

　審査基準の改訂の検討において，筆者が要望したことの一つに明確性要件の見直しがあった。改訂前の審査基準には明確性要件違反の類型として「範囲を曖昧にする表現がある結果，発明の範囲が不明確な場合」が挙げられていたが，請求項に「約」などの曖昧な表現があった場合，どのように判断するのかが記載されておらず，審査官によって判断が異なっていた。「約」は範囲を曖昧にする表現であるので常に明確性要件違反となるのか，発明の詳細な説明中に「約」の定義があった場合には明確と言えるのか，これについての判断を明確にしてほしいという要望である。
　以下に明確性要件の考え方と具体例を説明する。

1　明確性要件の考え方について

　改訂された審査基準においては，明確性要件（特許法36条6項2号）の概要として以下のように記載されている[4]。
　「特許法第36条第6項第2号は，特許請求の範囲の記載について，特許を受けようとする発明が明確でなければならないこと（明確性要件）を規定する。特許請求の範囲の記載は，これに基づいて新規性，進歩性等が判断され，これに基づいて特許発明の技術的範囲が定められるという点において，重要な意義を有するものであり，一の請求項から発明が明確に把握されることが必要である。
　同号は，こうした特許請求の範囲の機能を担保する上で重要な規定であり，特許を受けようとする発明（請求項に係る発明）が明確に把握できるように，特許請求の範囲が記載されなければならない旨を規定している。」
　この説明より，新規性や進歩性の判断及び特許発明の技術的範囲の両方の観点から，発明が明確であることが必要とされていることが理解できる。これに続き，「明確性要件についての判断に係る基本的な考え方」では，以下のように説明されている。
　「(1)請求項に係る発明が明確に把握されるためには，請求項に係る発明の範

---

[4]　第Ⅱ部第2章第3節　明確性要件

囲が明確であること，すなわち，ある具体的な物や方法が請求項に係る発明の範囲に入るか否かを当業者が理解できるように記載されていることが必要である。また，その前提として，発明特定事項の記載が明確である必要がある。特許を受けようとする発明が請求項ごとに記載されるという，請求項の制度の趣旨に照らせば，一の請求項に記載された事項に基づいて，一の発明が把握されることも必要である。」

ここでは「ある具体的な物や方法が請求項に係る発明の範囲に入るか否か」を問題にしており，「発明の範囲」については定義を置いてないが，概要の記載からみて，発明の認定と特許発明の技術的範囲の両方を意図しているものと考えられる。

続いて，「(2)明確性要件の審査は，請求項ごとに，請求項に記載された発明特定事項に基づいてなされる。ただし，発明特定事項の意味内容や技術的意味の解釈に当たっては，審査官は，請求項の記載のみでなく，明細書及び図面の記載並びに出願時の技術常識をも考慮する。」と記載されており，新規性や進歩性を判断する際の前提となる請求項に係る発明の認定と同様，明細書および図面の記載や出願時の技術常識を考慮することが明記されている。

さらに，「(3)(中略) 請求項の記載がそれ自体で明確でない場合は，審査官は，明細書又は図面に請求項に記載された用語についての定義又は説明があるか否かを検討し，その定義又は説明を出願時の技術常識をもって考慮して請求項に記載された用語を解釈することにより，請求項の記載が明確といえるか否かを判断する。その結果，請求項の記載から特許を受けようとする発明が明確に把握できると認められれば明確性要件は満たされる。」と記載されている。

これは請求項の記載が明確でなくても，請求項に記載された用語について，発明の詳細な説明に定義や説明が記載されていれば，それを考慮して明確性要件を判断することを示している。この点も，新規性や進歩性を判断する際の請求項に係る発明の認定と同様である[5]。

上記の基本的な考え方は，改訂前の審査基準と大きな差異はない。

2　明確性要件違反の類型の検討[6]

発明の明確性の要件は，記載要件の重要な要件の一つであるが，実施可能要

---

5) 第Ⅲ部第2章第3節 新規性・進歩性の審査の進め方 2. 請求項に係る発明の認定

件やサポート要件に比べると訴訟件数は少ない。これは多くの場合，審査において明確性要件違反が指摘されても，手続補正書を提出することにより解消されるからであると考えられる。

たとえば，翻訳が不備であったり，一般に使用されていない用語を使用しているなど，請求項に記載されている用語の意味が理解できず，明確性要件違反とされる場合には，発明の詳細な説明の記載や技術常識に基づいて請求項の記載を補正することにより適切な用語に置き換えることが可能であろう。また技術的な不備がある場合には，その不備を除く補正をすれば解消されるであろう。

さらに，現行の審査基準で明確性要件違反の類型として挙げられている「発明特定事項の技術的意味を当業者が理解できず，さらに，出願時の技術常識を考慮すると発明特定事項が不足していることが明らかであるため，発明が不明確となる場合」については，発明特定事項の不足を補うような補正を行うとともに，その発明特定事項が他の発明特定事項とどのような関係にあるのかを請求項に記載することによって拒絶理由は解消されるため，拒絶理由について争うことは少ないであろう。

その一方で，外国からの出願においては，請求項に「約」や「実質的に」といった記載がなされることが多いが，このような記載があると，発明の範囲を曖昧にする表現であるから明確性要件違反であるという拒絶理由が通知されることがしばしばあった。これに対して出願人は，多くの場合，補正によりこれらの記載を削除するのが現状であった。たとえば組成物の発明の請求項の記載において「約30重量％～約50重量％」の記載を「30重量％～50重量％」と補正するのであるが，このように補正するのは，特許発明の技術的範囲に大きな影響はないと考えるからであると推察される。

しかしながら，補正により限定しているので，30重量％よりもわずかに低い割合で相手方がその発明を実施していた場合，文言侵害にならず，また均等の第5要件を満たさないため，均等は認められないものと考えられる[7]。一方，

---

6) 前田健氏は『特許法における明細書による開示の役割—特許権の権利保護範囲決定の仕組みについての考察』45～54頁（商事法務，2012年）において，改訂前の審査基準の明確性違反の類型について，権利範囲の明確性を意図するものでないものが含まれていることを挙げ，権利範囲の明確性という機能を拡散させるおそれがあると指摘している。
7) 最高裁平成6年(オ)第1083号，均等の第5要件として「対象製品等が特許発明の特許出願手続において特許請求の範囲から意識的に除外されたものに当たるなどの特段の事情もないとき」を挙げている。

出願当初の請求項に「約」を記載していなければ，第5要件を満たすことになるので，均等が認められる余地がある。したがって，たとえば「約」という記載がつねに明確性要件違反であることが審査基準に明記されたとすれば，出願人は出願当初の請求項に「約」という表現を使用しないこととし，のちに均等による侵害を主張することができるのである。

明確性要件違反の類型においては，改訂によりいくつかの変更が加えられた。ここでは改訂前の審査基準を示した上で，変更点について説明する。

改訂前の明確性要件違反の類型として「(5)範囲を曖昧にする表現がある結果，発明の範囲が不明確な場合」の具体例は以下のとおりであった。

① 否定的表現（「～を除く」，「～でない」等）がある結果，発明の範囲が不明確となる場合。
② 上限又は下限だけを示すような数値範囲限定（「～以上」，「～以下」）がある結果，発明の範囲が不明確となる場合。
③ 比較の基準又は程度が不明確な表現（「やや比重の大なる」，「はるかに大きい」，「高温」，「低温」，「滑りにくい」，「滑りやすい」等）があるか，あるいは，用語の意味が曖昧である結果，発明の範囲が不明確となる場合。
④ 「所望により」，「必要により」などの字句と共に任意付加的事項又は選択的事項が記載された表現がある結果，発明の範囲が不明確となる場合。「特に」，「例えば」，「など」，「好ましくは」，「適宜」のような字句を含む記載もこれに準ずる。このような表現がある場合には，どのような条件のときにその任意付加的事項又は選択的事項が必要であるかが不明で，請求項の記載事項が多義的に解されることがある。
⑤ 請求項に0を含む数値範囲限定（「0～10%」等）がある結果，発明の範囲が不明確となる場合。
⑥ 請求項の記載が，発明の詳細な説明又は図面の記載で代用されている結果，発明の範囲が不明確となる場合。（以下略）

すべてに共通しているのは，「……結果，発明の範囲が不明確となる場合」と記載されている点である。その記載があれば常に明確性要件違反となるのではなく，その記載によって発明の範囲が不明確になる場合に明確性要件違反となるのである。発明の範囲が不明確であれば明確性要件違反であるということ

になり，どういう場合に発明の範囲が不明確になるのかが示されておらず，判断がばらつく要因となっていた。また，「約」や「実質的に」のような請求項にしばしば使用される表現についての考え方も示されていなかった。

上記①，②，⑤は通常は明確であると考えられ，どういう場合に不明確になるのか，必ずしも明らかではなかったが，①，⑤については，改訂後の審査基準に以下の説明が加えられた。

①については，「請求項に否定的表現があっても，その表現によって除かれる前の発明の範囲が明確であり，かつ，その表現によって除かれる部分の範囲が明確であれば，通常，その請求項に係る発明の範囲は明確である。」という記載が追加され，これにより，運用に誤解がなくなったものと解される。⑤についても，「発明の詳細な説明に，それが任意成分であることが理解できるように記載されている場合」は不明確とならないとされており，発明の詳細な説明に，必須成分であると記載されていればともかく，通常は明確であると考えられる。

一方，②については，上限や下限の限定がないことによって，サポート要件違反や実施可能要件違反となるケースはあるものと考えられるが，改訂においても説明が追加されなかったため，どういう場合に不明確になるのか，わかりづらいという状況は変わっていない。

③については，改訂により，「ただし，例えば，増幅器に関して用いられる『高周波』のように，特定の技術分野においてその使用が広く認められ，その意味するところが明確である場合は，通常，発明の範囲は明確である。」という記載が追加されたことによって，技術常識を参酌することが明確になり，拒絶理由が通知されたとしても，技術常識を示すことによって反論が容易になったと言えよう。

④についても，「選択的事項について，それが，上位概念で記載された発明特定事項の単なる例示にすぎないものと理解できる場合」や「任意付加的な事項において，発明の詳細な説明に，その付加的事項について，任意であることが理解できるように記載されている場合」は発明の範囲は明確であるという記載が追加され，この類型を適用する場合が限定的になったと考えられる。

なお，⑥については改訂前後を通して，図面代用記載が認められる場合と認められない場合を記載しており，とくに問題となる点はない。

また類型の中に「約」や「実質的に」といった曖昧な表現が含まれる場合の取扱いが記載されておらず，審査官によりばらつきが多かったと考えられたため，今般の改訂で以下の点が追加された。

「範囲を不確定とさせる表現（「約」，「およそ」，「略」，「実質的に」，「本質的に」等）がある結果，発明の範囲が不明確となる場合

ただし，範囲を不確定とさせる表現があっても発明の範囲が直ちに不明確であると判断をするのではなく，審査官は，明細書及び図面の記載並びに出願時の技術常識を考慮して，発明の範囲が理解できるか否かを検討する。」

そして，審査基準の中に「実質的に」という表現の事例と「約360度」という表現の事例が挙げられ，明細書，図面及び出願時の技術常識を参酌して，いずれも明確であると説明されている。審査ハンドブックにも，「実質的に同一」という表現の事例と「略八角形」という表現の事例が挙げられているが，両方とも発明の詳細な説明に定義あるいは説明がされているので，明確であるとされている。

このように，「約」や「実質的に」のような範囲を不確定とさせる表現の明確性要件の考え方が審査基準に類型として記載されるとともに，事例も追加され，どのような場合に明確性違反となるかが明らかになった。これにより，今後は統一的な運用がなされることが期待される。

3　審査ハンドブック掲載の判決の検討

審査ハンドブックでは明確性要件に関して6件の判決を取り上げているが，そのうち5件は明確性要件違反ではないという結論である。

第一のケース[8]は「半導体装置のテスト用プローブ針」の発明において上限のみを規定する「表面粗さを0.4μm以下」とした記載の明確性が争われたが，「発明の詳細な説明の記載によると，プローブ針先端部の表面が滑らかであればあるほど，アルミニウム酸化物の付着を防止するという発明の効果の達成に資することは明らかであり……本件発明はこのような効果を達成しようとしたものであるから，0.4μm以下が，この範囲で技術的に可能な限り表面粗さを小さくすることを意味する」として明確であるとされた。

第二のケース[9]は「開き戸の地震時ロック方法」の発明において，「わずか

---

[8]　平成19年（行ケ）第10024号，記載要件（特許法第36条）に関する審判決例24-1
[9]　平成21年（行ケ）第10272号，記載要件（特許法第36条）に関する審判決例24-2

に開かれる」という記載について，「発明の詳細な説明にも，その『わずかに』で表わされる程度を説明したり，これを示唆するような具体的な記載はない」として明確性要件違反であるとされた．

　第三のケース[10]は「溶剤等の撹拌・脱泡装置」の発明において「容器の上端部の近傍に設けられる検知手段」の記載について，発明の詳細な説明に記載された課題を参酌し，「『容器の上端部の近傍』について，当業者は，『容器の上端部』の『近辺』と認識し，かつ，『検知手段』が『容器に収納された溶剤等の温度』を検知できる範囲を指示するものと理解することができる」として明確であるとされた．

　第四のケース[11]は「くつ下」の発明において「人の足の形状に近似する」の記載について，周知技術を参酌し，「一般的な人の足の形状に似ていることや，一般的な人の足の形状に倣った形状であることは，当業者であれば十分に理解できる」として明確であるとされた．

　第五のケース[12]は「ウエハに対してケミカルメカニカルポリシングを行うための装置」の発明において「前記プラグは前記研磨パッドの表面とほぼ共面の上面を有する，前記研磨パッド」の記載について，「『ほぼ共面』とは，『プラグ』の上面と『研磨パッド』の表面との間に『ギャップが存在しないこと』をいうことは，本件明細書（図面を含む．）の記載から明らかである」として明確であるとされた．

　第六のケース[13]は「洗濯機の脱水槽」の発明において「その上下の全長より充分に小さな寸法の隙間を前記バランスリング又は底板との間に余す」の記載について，発明の詳細な説明中の効果の記載を参酌して，「『フィルタ部材の上下の全長』に対して『充分に小さな寸法の隙間』との構成は，上記効果を達成することのできる技術的意義を有する『隙間』である」として明確であるとされた．

　このように，第一のケースでは「以下」という表現につき発明の詳細な説明の記載を参酌して明確であるとされ，第三のケースでは「近傍」の表現につき，発明の詳細な説明の記載を参酌して明確であるとされ，第四のケースでは「近

---

[10]　平成21年（行ケ）第10329号，記載要件（特許法第36条）に関する審判決例(24)-3
[11]　平成22年（行ケ）第10265号，記載要件（特許法第36条）に関する審判決例(24)-4
[12]　平成24年（行ケ）第10117号，記載要件（特許法第36条）に関する審判決例(24)-5
[13]　平成25年（行ケ）第10121号，記載要件（特許法第36条）に関する審判決例(24)-6

似」の表現につき，周知技術の参酌により明確であるとされ，第五のケースでは「ほぼ共面」の表現につき，明細書（図面を含む）の記載から明確であるとされ，第六のケースでは「充分に小さな寸法」の表現が，発明の詳細な説明の効果の記載から明確であるとされている。第二のケースは「わずかに」の表現につき，発明の詳細な説明に程度を説明する記載がないことから，明確性要件違反とされた。

　以上のことから，程度を表す表現や範囲を曖昧にする表現があったとしても，発明の詳細な説明や技術常識を参酌することによって，その意味するところが明らかになれば，明確性要件違反とはならないことが明示された。このことは，このような表現を使用する場合には，発明の詳細な説明中に用語の定義や説明を記載しておくことが重要であることを示している。

第3節　サブコンビネーションの発明について

1　審査基準におけるサブコンビネーションの発明の考え方

　サブコンビネーションの発明については，WGではほとんど議論がなされなかったが，審査基準に発明の認定のし方や明確性要件の考え方が追記された[14]。審査基準において，サブコンビネーションの定義は以下のとおりである。

　「サブコンビネーションとは，二以上の装置を組み合わせてなる全体装置の発明，二以上の工程を組み合わせてなる製造方法の発明等（以上をコンビネーションという）に対し，組み合わされる各装置の発明，各工程の発明等をいう[15]。」

　請求項に係る発明の認定としては，以下のように記載されている。

　「審査官は，請求項に係る発明の認定の際に，請求項中に記載された「他のサブコンビネーション」に関する事項についても必ず検討対象とし，記載がないものとして扱ってはならない。その上で，その事項が形状，構造，構成要素，組成，作用，機能，性質，特性，方法（行為又は動作），用途等（以下この項において「構造，機能等」という。）の観点からサブコンビネーションの発明の特定にどのような意味を有するのかを把握して，請求項に係るサブコンビネー

---

14)　平成27年7月3日開催のWG資料3　審査基準の主な改訂事項一覧
15)　第Ⅱ部第2章第3節　明確性要件　4.2 サブコンビネーションの発明を「他のサブコンビネーション」に関する事項を用いて特定しようとする記載がある場合

ションの発明を認定する。その把握の際には，明細書及び図面の記載並びに出願時の技術常識を考慮する。」

そのうえで，「『他のサブコンビネーション』に関する事項が，『他のサブコンビネーション』のみを特定する事項であって，請求項に係るサブコンビネーションの発明の構造，機能等を何ら特定していない場合」は，「審査官は，『他のサブコンビネーション』に関する事項は，請求項に係るサブコンビネーションの発明を特定するための意味を有しないものとして発明を認定する。」とされている。

審査基準において具体的な事例がいくつか掲載されているが，最もわかりやすい事例は以下のとおりである[16]。

「［請求項］キーホルダーのホルダーリングに吊り下げることができるように穴が設けられたキーにおいて，操作することで警報音を出力する防犯ブザーが前記キーホルダーに取り付けられていることを特徴とするキー。」

（説明）キーホルダーに防犯ブザーが取り付けられていることは，キーホルダーがどのようなものであるのかについて特定する一方で，キーの構造，機能等を何ら特定していない。したがって，キーホルダーに防犯ブザーが取り付けられている点は，サブコンビネーションの発明であるキーを特定するための意味を有しないものとして，請求項に係る発明を認定する。キーホルダーのホルダーリングに吊り下げることができるように穴が設けられたキーが公知であれば，請求項に係る発明は新規性を有していない。操作することで警報音を出力する防犯ブザーがキーホルダーに取り付けられている点において，その公知のキーと，請求項に係る発明のキーとは，記載上，表現上の相違があるものの，構造，機能等に差異はないからである。」

サブコンビネーションの発明については，明確性要件の審査基準にも説明がなされており，明確性要件違反の類型の一つとして，「明細書及び図面の記載並びに出願時の技術常識を考慮しても，『他のサブコンビネーション』に関する事項によって，当業者がサブコンビネーション発明が特定されているか否かを明確に把握できない結果又はどのように特定されているのかを明確に把握できない結果，発明が不明確となる場合」が挙げられており，以下の事例が掲載

---

16) 第Ⅲ部第2章第4節 特定の表現を有する請求項等についての取扱い 4.サブコンビネーションの発明を「他のサブコンビネーション」に関する事項を用いて特定しようとする記載がある場合

されている[17]。

「［請求項］検索ワードを検索サーバに送信し，返信情報を検索サーバから中継器を介して受信して検索結果を表示手段に表示するクライアント装置であって，前記検索サーバは前記返信情報を暗号化方式Ａにより符号化した上で送信することを特徴とするクライアント装置。

（説明）暗号化方式Ａにより符号化した信号は，復号手段を用いなければ返信情報を把握できないことは当業者によく知られている。本願発明においては，返信情報は，検索サーバから中継器を介してクライアント装置に送信されることとされているので，復号手段が中継器，クライアント装置のどちらに存在しているのかが明らかでない。よって，サブコンビネーションの発明であるクライアント装置について，「他のサブコンビネーション」に関する事項によって，特定されているのか否かを明確に把握できない。」

この事例に関しては，「復号手段を中継器に備えた」，あるいは「復号手段をクライアント装置に備えた」のように復号手段の位置を特定することによって，上記の拒絶理由は解消すると考えられる。

2　審査ハンドブック掲載の事例の検討

審査ハンドブックには，新規性に関する事例集にサブコンビネーションの発明が8事例掲載されている[18]。他のサブコンビネーションに関する事項により発明が特定されているとして新規性を肯定する事例1件，特定されていないとして新規性を否定する事例2件，請求項の記載のし方により新規性が肯定される場合と否定される場合の両方を示した事例が5件である。技術分野としては，カートリッジや容器に関するものが3件，ネットワークシステムなどのシステムに関するものが5件である。また明確性要件に関する事例集に3事例が掲載されており，明確性要件を満たすものが2件，違反しているものが1件である。技術分野としては，3件ともネットワークシステムなどのシステムに関するものである。

17）第Ⅱ部第2章第3節 明確性要件 4.2 サブコンビネーションの発明を「他のサブコンビネーション」に関する事項を用いて特定しようとする記載がある場合

18）審査ハンドブック 附属書Ａ 新規性に関する事例集 事例21～28。なお，平成28年9月にIoTに関するサブコンビネーションの発明の新規性の事例が4件追加されており（事例35～38），そのうち1件は新規性を肯定する事例であり，3件は請求項の記載によって新規性を肯定する場合と否定する場合の両方を示した事例である。

ネットワークシステムの技術分野においては，サーバやクライアント装置などがネットワークでつながっており，ある装置の機能を特定することにより他の装置の機能が特定されることも多いため，このような記載が多くなされるものと考えられる。また送信側と受信側のように，受信側の特定を，送信側を特定することによって記載したほうが簡潔に記載できる場合もあると考えられる。事例では図面を使用してわかりやすく記載されているので，サブコンビネーションの発明に対する出願人の理解が進むものと思われる。

　しかしながら実際の出願においては，ある装置の発明特定事項が他の装置を特定しているのかどうかが一義的に決まらないことも多いと考えられるので，審査官の発明の認定や明確性要件違反とした理由を詳細に拒絶理由に記載し，補正の示唆がなされることが望まれる。また，容器などの物の発明においては，他のサブコンビネーションに関する事項により特定せずに記載することができる場合が多く，それによって特許発明の技術的範囲が狭くなることもないと考えられるので，新規性や進歩性がない，あるいは明確性要件違反であるという拒絶理由を通知する際に，対象となる物自体によって特定するよう補正の示唆をすることが望まれるところである。

3　審査ハンドブック掲載の判決の検討

　審査ハンドブックの審判決集には2件の判決が掲載されている。

　第一のケースはインクジェットプリンターの液体インク収納容器の発明であり，インク収納容器がこれに対応する記録装置の構成と一組のものとして発明を構成しており，「前記受光手段に投光するための」との限定は，液体インク収納容器の発光部の構成を限定するものであるとして，進歩性を肯定した。本件は無効審判の審決取消訴訟であり，審判においては「『前記受光手段に投光するための』との限定は，液体インク収納容器の発光部の構成を限定するものではない」として，進歩性を否定している[19]。

　第二のケースはごみ貯蔵容器の発明であり，「ごみ貯蔵容器の上部に設けられた小室内に回転可能に据え付けるための」「ごみ貯蔵カセット回転装置から

---

[19] 平成22年（行ケ）第10056号，新規性・進歩性に関する審判決例58-1。本判決の解説として，都築英寿＝中辻七朗「平成22年（行ケ）第10056号事件とサブコンビネーション発明の進歩性（容易想到性）について」パテント64巻7号32-39頁（2011年）が挙げられる。

吊り下げられるように」等の要素はいずれも「ごみ貯蔵カセット」の構成を特定するとして発明を認定して新規性及び進歩性を肯定し，かつ明確性要件を満たしているとした。本件も無効審判に対する審決取消訴訟であり，審判においても有効と判断されている[20]。上記の記載は，ごみ貯蔵カセットがごみ貯蔵容器本体にどのように取り付けられるかを特定しているため，その物自体の構成を記載しているとも考えられ，サブコンビネーションの発明という概念自体が必ずしも明確なものとは言えないように思われる。

　このようにサブコンビネーションの発明は，特許庁と裁判所で判断が分かれる事例もあるなど発明の認定に困難を伴うことが多いと考えられるので，審査における発明の認定や明確性要件の判断を慎重に行うよう望むものである。

　多くの場合，発明の詳細な説明や図面，および技術常識を考慮すれば，「他のサブコンビネーション」の発明特定事項のうち何が「サブコンビネーション」を特定しているのかを理解できるものと考えられる。しかしながら，拒絶理由が通知されずに特許査定となった場合，審査官がどのように発明を認定したのか，どのような技術常識を考慮したのかについて，出願人や第三者に共通の理解が得られるとは限らない。それにより特許異議申立や無効審判が増加することのないよう，審査官がどのように発明を認定したのかを明示するような方策を検討すべきではないか。たとえば，特許査定をする際に特許メモを作成することができるが，これを利用することも一案であると考えられる[21]。

　もう一つの問題として，特許発明の技術的範囲の認定において，サブコンビネーションの発明を特定していない他のサブコンビネーションの発明特定事項は，請求項に記載があっても発明を特定していないものとされるのか，という点も明確でない。審査基準の「キー」の事例は新規性がないので特許になることはないが，仮にキーの構造にも特徴があり，特許権を取得した場合，防犯ブザーがキーホルダーに取り付けられたもののみに権利が及ぶのか，それとも同

---

20) 平成23年（行ケ）第10043号，新規性・進歩性に関する審判決例58-2，本特許の侵害訴訟において無効の抗弁がなされているが，その解説として，井原友己「サブコンビネーション発明の侵害論」知財管理63巻9号1397-1412頁（2013年），藤野睦子「サブコンビネーション発明の無効論」知財管理63巻9号1413-1426頁（2013年）が挙げられる。
21) 審査ハンドブック第Ⅰ部第2章 審査の手順1212 特許メモ 2. 特許メモを作成する案件 特許メモは，審査官が判断の客観性・透明性の担保，第三者による特許査定後の情報提供等に資するために必要と判断した場合に作成される。審査官は，特許メモを作成する場合は，先行技術との対比で発明のポイントを簡潔に記載する。

じ構造のキーに権利が及ぶのか，という問題である。発明の認定と特許発明の技術的範囲の認定を統一的に行うのであれば後者となろうが，請求項に記載された発明特定事項の一部を，発明を特定していないとすることは権利範囲をわかりにくくするという懸念がある。第三者の立場としては，特許発明の技術的範囲としては，サブコンビネーションを特定していない他のサブコンビネーションの発明特定事項は，請求項に記載されていても発明を特定していないものと認識することが必要となろう。

4 おわりに

　今般の改訂によって，審査基準は簡潔明瞭なものとなり，かつ必要に応じて説明が追加されたため，その考え方を理解することが容易になったと言える。また，審査ハンドブックに多くの事例や判決例が掲載されたことによって，審査をする際に事例の当てはめがしやすくなり，より明確な基準で審査がされるようになるものと考えられる。出願人にとっても，審査基準の記載だけでなく，事例や判決例を引用しつつ拒絶理由に反論することが可能となり，対応がしやすくなったと言えよう。

　一方，サブコンビネーションの発明については，発明の認定のし方や明確性要件の判断が明確にされたことは評価すべきであるが，この発明が審査基準において説明されたことによって，このような請求項の記載が増えることが予想される。今後，サブコンビネーションの発明の認定や明確性要件の判断の事例が蓄積され，適切な審査がなされることを期待したい。

第3編

学術文化的な創作保護法
―著作権法をめぐる法的諸問題―

土肥一史先生と著作権法改正

末吉　亙

第1節　はじめに
第2節　著作物等の利用を管理する効果的な技術的手段（アクセスコントロール）に関する制度整備
第3節　新たな時代のニーズに的確に対応した（柔軟性の高い）権利制限規定の導入
第4節　クリエーターへの適切な対価還元
第5節　おわりに

第1節　はじめに

　土肥一史先生は，平成23（2011）年度から平成28（2016）年度である現在に至るまで（すなわち，第34回著作権分科会以降現在まで），文化審議会著作権分科会会長に就任され，多くの著作権法改正作業の最前線を纏めておられる（なお，同分科会委員としては，平成14（2002）年度以降就任されている）[1]。さらに，土肥先生は，同分科会会長就任以前から，同分科会に設置された小委員会の主査，あるいは，同小委員会に設置されたワーキングチームの座長として，著作権法改正作業をリードされてきた[2]。本稿では，ここ数年間の多くの著作権法改正作業のうち，①著作物等の利用を管理する効果的な技術的手段（アクセスコントロール）に関する制度整備，②新たな時代のニーズに的確に対応した（柔軟性の高い）権利制限規定，および，③クリエーターへの適切な対価還元の三点について取り上げ，土肥先生の業績の一端を示そうとするものである。

　なお，上記①は，TPP関連の著作権法改正であり，同改正法は成立してたが，同法はTPP協定の発効を要件として施行することとなっている（発効日が施行

---

[1]　文化審議会著作権分科会については下記Webサイト参照。
　　http://www.bunka.go.jp/seisaku/bunkashingikai/chosakuken/bunkakai/
[2]　同分科会傘下の小委員会およびワーキングチームについては下記Webサイト参照。
　　http://www.bunka.go.jp/seisaku/bunkashingikai/chosakuken/

日)。また，上記②③は，まだ議論の途上にあるものである。

第2節　著作物等の利用を管理する効果的な技術的手段（アクセスコントロール）に関する制度整備

　平成27（2015）年度の著作権分科会において，最も重要とされ，かつ，一番の難題であったものは，環太平洋パートナーシップ（TPP）協定に伴う制度整備，いわゆるTPP関連著作権法改正であろう[3]。平成28（2016）年12月9日，TPP協定は国会で承認され，かつ，著作権法改正を含むTPP関連法案は成立したが，残念ながら，TPP協定は米国が批准しないと発効しないこととされており，かつ，トランプ米国大統領はTPP協定離脱の意向を表明しているため，その発効は不透明である。

　このTPP関連著作権法改正法案は，(1)保護期間延長，(2)一部非親告罪化，(3)アクセスコントロールに関する規制，(4)配信音源の二次使用に対する使用料請求権付与，および，(5)「法定の損害賠償」又は「追加的損害賠償」，という5項目からなる。本稿では，上記(3)について取り上げる。

　この，著作物等の利用を管理する効果的な技術的手段（アクセスコントロール）に関する改正の概要は，つぎのとおりである[4]。

> 　著作物等の利用を管理する効果的な技術的手段（いわゆる「アクセスコントロール」・2条1項21号）等を権限無く回避する行為について，著作権者等の利益を不当に害しない場合を除き，著作権等を侵害する行為とみなす（※）（113条3項）とともに，当該回避を行う装置の販売等の行為について刑事罰の対象とする（120条の2第1項2号）。

---

[3]　本改正については，文化審議会著作権分科会法制・基本問題小委員会（主査は土肥先生）において，平成27（2015）年11月4日，同月11日，平成28（2016）年2月10日，および同月24日の4回にわたり精力的に審議された。この成果は，「環太平洋パートナーシップ（TPP）協定に伴う制度整備の在り方等に関する報告書」（法制・基本問題小委員会・平成28年2月）として取りまとめられ，同年2月29日開催の文化審議会著作権分科会（第43回）（分科会長は土肥先生）に報告されている（下記Webサイト参照）。
http://www.bunka.go.jp/seisaku/bunkashingikai/chosakuken/bunkakai/43/index.html

[4]　閣議決定された条文案のWebサイト。http://www.cas.go.jp/jp/houan/160308/siryou4.pdf
　閣議決定された概要のWebサイト。http://www.cas.go.jp/jp/houan/160308/siryou1.pdf

(※) 刑事罰の対象とはしない（119条1項括弧書）。

すなわち，本改正は，①アクセスコントロール（「技術的利用制限手段」を新たに定義（2条1項21号））を回避する行為に対して民事上の権利行使が可能となるよう，みなし侵害の形で保護し，かつ，国民の情報アクセスや表現の自由との均衡に配慮した規定としつつ（113条3項），刑事罰の対象とはしない（119条1項括弧書），②研究開発など一定の公正な目的で行われ，かつ，権利者に不当な不利益を及ぼさないものが制度の対象外となるように適切な例外規定を定める（113条3項），③アクセスコントロールの回避に使用される装置等を流通させる行為や公衆の求めに応じて反復継続してこれを回避する行為について刑事罰の対象とする（120条の2第1項2号），④TPP協定上規定されていない視聴覚的実演に関する権利や放送事業者および有線放送事業者の権利についても，同様な措置を講ずる（113条3項）（TPPでは著作者，視聴覚的実演を除く実演家およびレコード製作者のみ規定している），というものである。

上記①②④を受けて，改正法案113条3項は，「技術的利用制限手段の回避（技術的利用制限手段により制限されている著作物等の視聴を当該技術的利用制限手段の効果を妨げることにより可能とすること（著作権者等の意思に基づいて行われる場合を除く。）をいう。……）を行う行為は，技術的利用制限手段に係る研究又は技術の開発の目的上正当な範囲内で行われる場合その他著作権者等の利益を不当に害しない場合を除き，当該技術的利用制限手段に係る著作権，出版権又は著作隣接権を侵害する行為とみなす。」とされた。

ところで，少し時間を遡ると，このアクセスコントロールに関連する直前の著作権法改正経緯としては，「文化審議会著作権分科会報告書」（平成23年1月）と，これを受けた，平成24（2012）年改正がある。

まず，前者の平成23年報告書の前提として，文化審議会著作権分科会法制問題小委員会技術的保護手段ワーキングチーム（座長は土肥先生）において，実態調査をもとに，アクセスコントロールの回避規制を導入するとした場合の基本的な考え方の整理，著作権保護技術の整理，技術的保護手段の規定の見直し等が検討された[5]。その結果，平成23年報告書では，①暗号型技術について，複製等の支分権の対象となる行為を技術的に制限する「機能」を有していると評価されるものについては，新たに著作権法上の技術的保護手段の対象とすることが適当であること，②アクセスコントロール「機能」のみを有していると

評価される保護技術に著作権法の規制を及ぼすことは，支分権の対象ではない行為について新たに著作権等の権利を及ぼすべきか否かという問題に帰着し，制度全体に影響を及ぼすことから，今後更なる検討を要すべき事項であると考えられ，技術的保護手段として位置付けるとの結論を得ることは適当ではないこと，③回避規制の在り方については，引き続き現行著作権法の整理が妥当であること等とされた[6]。

　ここでの議論では，もともと，コピーコントロール，つまり，複製権侵害を抑止しているものだけが，著作権法により保護される技術的保護手段であり，それが限界なのだという説が有力であった。これに対して，当該手段の「機能」等にも着目し，著作権侵害を抑制する「機能」を持っていれば，「アクセスコントロール」であっても，そのコンテンツの中身を守ることによって著作権侵害抑止になっていると考え，著作権法により保護される技術的保護手段に該当するとする結論が打ち出されたのである。ただし，アクセスコントロール「機能」のみを有していると評価されるものは，やはり著作権法による保護にはなじまない，ともされている。

　もっとも，これを受けた平成24（2012）年改正は，そういう難しい議論を全て取り払い，暗号型技術（DVDに用いられているCSSやBlu-rayに用いられているAACS等）について技術的保護手段に追加するという形で淡々となされた[7]。しかし，この前提として，前記のとおり，細かい検討が行われていたものであ

5）　同技術的保護手段ワーキングチームは，平成22（2010）年9月14日，同月30日，同年10月13日，同月26日，同年11月9日，同月17日，および同月25日の7回にわたり精力的に開催された。この成果は，平成22（2010）年12月3日開催の文化審議会著作権分科会法制問題小委員会（平成22（2010）年第11回）（主査は土肥先生）に報告され，さらに，パブリックコメントを得て，平成23（2011）年1月25日開催の文化審議会著作権分科会（第33回）にて，後掲注6）の平成23年報告書の形で報告されている。

6）　『文化審議会著作権分科会報告書（案）』（平成23年1月）（下記Webサイト参照）。
http://www.bunka.go.jp/seisaku/bunkashingikai/chosakuken/bunkakai/33/pdf/shiryo_4_2.pdf
　なお，ここでの検討は，国内対策であるマジコン対策であると同時に，模倣品・海賊版拡散防止条約（ACTA）（平成22（2010）年10月大筋合意）批准対策としての意味合いもあった（もっとも，同条約については，批准国は我国だけであったため未発効である）。この点，同ワーキングチーム報告書（平成22年11月）（下記Webサイト）参照。
http://www.bunka.go.jp/seisaku/bunkashingikai/chosakuken/hosei/h22_11/pdf/shiryo_1_2_ver2.pdf

7）　平成24（2012）年著作権法改正につき下記Webサイト参照。
http://www.bunka.go.jp/seisaku/chosakuken/hokaisei/h24_hokaisei/

る。

　上記平成24年改正について，土肥先生は，つぎのとおり述懐されている[8]。

　　……著作権の保護技術には，コンテンツの暗号化を行う「暗号型」と，行わない「非暗号型」とがあり，若干の例外を別にして大まかに分けると，前者は視聴を制限するアクセスコントロール，後者は複製を制限するコピーコントロールを行っている。ちなみに，著作権法が権利者に認めるのはコピーのコントロールであって，コンテンツへのアクセスのコントロールではない。ところが，これらの技術的保護手段は，コンテンツビジネスを効果的に維持するために開発されているのであって，著作権法の規制対象範囲との関係で開発されているわけではない。同じ技術がコピーコントロールにも，アクセスコントロールにも機能するし，アクセスコントロールがコピーコントロールを有効に機能させるための仕掛けとして機能することもある。

　　15年前の検討時には現在と異なる事情もあったが，この時は機能からの截然とした分割論が支持され，結果として，例えば影像DVDでのCGMS，音楽CDでのSCMS，映画ビデオテープのマクロビジョンといった技術はコピーコントロール，再生専用型DVDでのCSSといった技術はアクセスコントロールと整理されていた。現在，影像DVDでは，CGMSとCSSが組み込まれ，CGMSが回避されても，CSSの復号が行われない限り鑑賞できないので，これにより違法コピーがされても復号鍵がない限り再生できないようになっている。著作権法で規定すべき刑事罰は，コピーコントロールを回避する行為だけだという理屈は正にその通りなのだが，実際には技術と機能は截然と分けられないのである。日本以上に理屈に煩そうなドイツ著作権法では，「回避する行為が当該著作物若しくは保護対象へのアクセス又はそれらの使用を可能にすることを目的として行われること」を禁じている。しかも，禁止される回避装置も，回避を目的とする広告や販売促進を行っているか，回避以外にどんな経済的な目的や有用性があるのか，といった基準で刑事罰を適用している。

　　今回の改正によって，コピーコントロールとアクセスコントロールとの境界は，技術的・機能的な基準からではなく，社会的な利用の実態や販売の態様さらにはライセンス契約の実態などの事情を総合的にみる基準という，いわば世界基準に近づいた。今回の見直しにより，技術的保護手段とその回避の対策に資源を最小

---

[8] 土肥一史「平成24年改正著作権法を振り返る」文化庁月報平成24（2012）年12月号（531号）（下記Webサイト）。
　　http://prmagazine.bunka.go.jp/pr/publish/bunkachou_geppou/2012_12/special_02/special_02.html

化し，コンテンツの創作とそれを利用したビジネスの充実に限られた資源を投下できることで，著作者の権利の保護と文化産業の発展がさらに進展することを望みたい。

ここに，平成24（2012）年改正の趣旨がわかりやすく解説されている。また，土肥先生は，この時既に，上記 TPP 協定対応へのトレンドを見通し，展望されていたと思われる。

いずれにせよ，平成23年報告書までの詳細な検討があったからこそ，上記 TPP 協定対応時には，紛糾しなかったものである。

第3節　新たな時代のニーズに的確に対応した（柔軟性の高い）権利制限規定の導入

本テーマに関しては，まず，前置きからはじめる。平成21（2009）年3月，文化審議会著作権分科会に法制問題小委員会（主査は土肥先生）が設置され，同年5月以降，同小委員会にて，権利制限の一般規定についての具体的な検討を集中的に行いつつ[9]，さらに，同小委員会に権利制限の一般規定ワーキングチーム（座長は土肥先生）が設置され，同ワーキングチームにて，慎重に検討された[10]。したがって，もともと，平成24年著作権法改正では，これらを踏まえて「日本版フェアユース」が立法化される予定であった。しかし，「日本版フェアユース」は，報告書まで完成しつつも，条文化の段階で挫折したのである。立法事実（立法すべきであるとする具体的な事実関係による支え）の不足，および，立法の明確性（刑事罰もあるので厳格な明確性の原則が働く）の不足がその原因だと解される[11]。

ここで，「日本版フェアユース」につき少し復習してみる。まず，ここでは，A～C類型の3類型が想定されていた（これらを次表左欄に示す）。また，同3

9）　同法制問題小委員会では，平成21（2009）年5月12日，同年6月17日，同年7月24日，同年8月25日，同月31日，同年9月18日，および平成22（2010）年1月20日の計7回にわたり精力的にヒアリングや議論等が重ねられた。この検討に先立ち，「著作物の流通・契約システムの調査研究　著作権制度における権利制限規定に関する調査研究報告書（平成21年3月）」等基礎研究が公表されている（下記 Web サイト）。
http://www.bunka.go.jp/tokei_hakusho_shuppan/tokeichosa/chosakuken/pdf/h21_hokokusho_0601.pdf

類型における想定局面がいくつか示されていた（この各想定局面と上記改正法との対応関係を次表右欄に示す)[12]。

報告書の3類型	想定局面と改正法
A．その著作物の利用を主たる目的としない他の行為に伴い付随的に生ずる当該著作物の利用であり，かつ，その利用が質的又は量的に社会通念上軽微であると評価できるもの	・「写り込みの適法化」→具体的個別規定たる著作権法30条の2（付随対象著作物の利用）となる
B．適法な著作物の利用を達成しようとする過程において合理的に必要と認められる当該著作物の利用であり，かつ，その利用が質的又は量的に社会通念上軽微であると評価できるもの	・「著作権者の許諾に基づく利用をするための検討過程における利用」→具体的個別規定たる著作権法30条の3（検討の過程における利用）となる ・「個別権利制限規定に基づく利用をするための検討のための利用」→規定なし
C．著作物の種類および用途並びにその利用の目的および態様	・「映画・音楽の再生に関する技術開発や検証のために必要な映画や音楽の複製」→具体的個別規

---

10) 同法制問題小委員会でのヒアリング，議論等を踏まえ，同権利制限の一般規定ワーキングチームでは，平成21（2009）年10月8日，同月21日，同年11月6日，同月19日，同月25日，同年12月11日，同月18日，および同月24日の計8回にわたり精力的に議論が重ねられ，この成果が「権利制限一般規定ワーキングチーム報告書」（平成22年1月）としてまとめられた（下記 Web サイト参照）。http://www.bunka.go.jp/seisaku/bunkashingikai/chosakuken/bunkakai/29/pdf/sanko_2_2.pdf
　同報告書を受け，文化審議会著作権分科会法制問題小委員会（主査は土肥先生）にて，平成22（2010）年4月にかけて4回にわたり議論が重ねられ（平成22（2010）年2月18日，同年3月17日，同月30日，および同年4月22日の計4回），同年4月22日，「権利制限の一般規定に関する中間まとめ」が取りまとめられた（下記 Web サイト参照）。
http://www.bunka.go.jp/seisaku/bunkashingikai/chosakuken/bunkakai/31/pdf/shiryo_3_ver02.pdf
　さらに，同「中間まとめ」は，パブリックコメントを得て，同法制問題小委員会「権利制限の一般規定に関する報告書」（平成22年12月）としてまとめられた（下記 Web サイト参照）。これが後掲（注12）（＝前掲注6））の平成23年報告書に反映されている。
http://www.bunka.go.jp/seisaku/bunkashingikai/chosakuken/bunkakai/32/pdf/shiryo_3_2.pdf
11) 壹貫田剛史＝池村聡『著作権法コンメンタール別冊・平成24年改正解説』4～9頁（とくに，8頁および9頁（注13））参照（勁草書房，2013年）。
12) ここでの3つの類型と想定局面については，前掲注6）の『文化審議会著作権分科会報告書（案)』（平成23年1月）参照。

に照らして，当該著作物の表現を知覚することを通じてこれを享受するための利用とは評価されない利用	定たる著作権法30条の4（技術の開発又は実用化のための試験の用に供するための利用）となる ・「ネットワーク上で複製等を不可避的に伴うサービス開発・提供行為等に含まれる著作物の利用行為」→具体的個別規定たる著作権法47条の9（情報通信技術を利用した情報提供の準備に必要な情報処理のための利用）となる ・「技術の急速な進歩への対応やインターネット等を活用した著作物の利用」→規定なし

　上記想定局面のうち，2箇所において，具体的個別規定が設けられていない（B類型で1つ，C類型で1つ）。前者は当然に著作権が及ばないと考えられたため規定されなかったが，後者にはそのような事情はない。すなわち，「技術の急速な進歩への対応やインターネット等を活用した著作物の利用」に対する権利制限規定の手当の点が，まだ問題点として残されているのである。

　この日本版フェアユースの顛末について，土肥先生は，つぎのように述懐されている[13]。

> ……4年前，知的財産戦略本部に設置された「デジタル・ネット時代における知的財産専門調査会」は，公正な利用を包括的に許容し得る権利制限の一般規定（日本版フェアユース規定）を導入することが適当であるとした。知的財産推進計画2009でも，早急に措置を講ずるよう求めたことを受け，著作権分科会法制問題小委員会は検討を開始し，ワーキングチームでの8回の集中的な審議や，関係43団体からのヒアリングを通じて受けた100の要望を精査し，慎重かつ迅速な検討を行った。
> 　こうした背景には，著作物のある種の利用を伴うIT産業の多くが米国発なのは，著作権法にフェアユース規定が置かれているためではないか，という推論があった。フェアであるかどうかは，裁判上判断され挑戦的な起業が可能となるのではないか。日本には，フェアユース規定のような一般条項を置かず，個別的な権利制限規定を置いていたことから，この権利制限規定の適用がないと考えられると，起業への委縮効果が生ずるというものだった。無論，権利者団体や一部委員からは反対意見が寄せられていた。このような状況の中，ワーキングチームは，先の100の要望を整理し，集約化を行い，A類型，B類型およびC類型の3類型

---

13)　前掲注8) 土肥一史「平成24年改正著作権法を振り返る」。

> をとりまとめた。
>
> 　……最も議論となったＣ類型は，著作物の本来の価値を享受する利用（音の著作物を聴いたり，影像の著作物を観たりして，その著作物の価値を享受する利用）ではない利用を可能にするためのものであった。商標法において，登録商標を商品に無断で使用しても，商標的使用でなければ商標権の侵害とはならない。このＣ類型はまさに「著作物的利用」ではない利用を権利制限とする趣旨であった。その意味で，このＣ類型は，日本版フェアユース規定として相当程度機能するのではないか，という期待があった。
>
> 　しかし，内閣法制局審査を経て法制化された結果はご存じの通り。テレビ番組で某国会議員が守旧勢力の最たるものは内閣法制局であるとの趣旨を発言していたのを見たことがある。今回の経緯がその例かどうかは詳らかでないが，長い間の検討の苦労を考えると残念でならない。もっとも，この世界は，「改正後というのは改正前」を意味するらしい。

　このように，「日本版フェアユース」には，報告書までは完成しつつも，条文化するところで挫折したという残念な経緯がある。ここまでが，本テーマの前置きである。

　しかし，その後も，相変わらず知的財産推進計画等により，もっと柔軟な権利制限規定をつくらなくてはいけないという国家戦略・政策が提示されている。そこで，平成27（2015）年度から，文化審議会著作権分科会（分科会長は土肥先生）では，文化審議会著作権分科会法制・基本問題小委員会（主査は土肥先生）に「新たな時代のニーズに的確に対応した制度等の整備に関するワーキングチーム」（座長は土肥先生）を設置し，非常に緻密な議論をしているのである[14]。上記の土肥先生の指摘のとおり，再度「改正前」になったものである。

　ここでは，100を越えるニーズを再度募集し，同応募（Ｃ類型で残された「技術の急速な進歩への対応やインターネット等を活用した著作物の利用」に対する権利制限規定手当のニーズもあった）のうち，ニーズが明確であり正当化根拠も肯定される事項について，優先度も考慮しつつ，権利制限による対応の是非や在り方が検討されている。その際には，現在および可能な限り将来のニーズも考

---

[14] 同新たな時代のニーズに的確に対応した制度等の整備に関するワーキングチームは，ここまで，平成27（2015）年10月7日，同月28日，同年12月9日，平成28（2016）年2月18日，同年6月27日，同年8月1日および同年10月18日に開催されている（下記Webサイト参照）。http://www.bunka.go.jp/seisaku/bunkashingikai/chosakuken/needs_working_team/

慮し，規定の柔軟性の内容や程度も含めて，最も望ましいと考えられる制度設計が検討されている。

なお，このニーズの絞り込みの際の視点と手順は，おおよそつぎのとおりである[15]。

> <検討の視点>
> ［視点1］
> 　著作物等の利用にあたっての課題（ニーズ）に基づき，権利制限等の政策手段について検討を行う。
> ［視点2］
> 　効率的・効果的に審議を進めるため課題に優先順位をつけて検討することとし，優先課題の選定は，公正性の観点から，原則として書面で説明されている内容に基づいて行う。ただし，説明内容が不明確なものについては，ニーズ提出者からの追加的な説明が寄せられた場合には，当該説明の内容や時期を考慮して，改めて対応の要否等を検討することとする。
> ［視点3］
> 　知的財産推進計画2015において「技術的・社会的な変化に迅速に対応しつつ，創作物を利用したサービスを我が国において創出し発展させていくためには，柔軟性の高い権利制限規定がますます必要になっている」といった指摘があること等を踏まえ，現在具体的に特定されているニーズだけでなく，将来のニーズを踏まえた検討を行うよう配慮する。
> <検討の手順>
> 【手順1】ニーズ募集の実施。ニーズの特定。
> 【手順2】ニーズを3つのカテゴリに整理。
> 　①　権利制限規定の見直しによる対応の検討が必要なもの
> 　②　他の政策手段（利用の円滑化方策）による対応の検討が必要なもの
> 　③　既に政府において検討中若しくは検討済のもの
> 【手順3】上記②について，ニーズの明確性の観点から分類。
> 【手順4】上記①について，(1)ニーズの明確性，(2)正当化根拠，(3)優先度の観点から優先順位付け。
> 【手順5】優先順位の高いものについて，(1)ニーズの明確性，(2)正当化根拠を精

15）「新たな時代のニーズに的確に対応した制度等の整備に関するワーキングチームにおける検討の進め方」（同ワーキングチーム（第2回）参考資料2）（下記Webサイト参照）を一部簡略化した。
http://www.bunka.go.jp/seisaku/bunkashingikai/chosakuken/needs_working_team/h27_02/pdf/sanko_2.pdf

> 査。
> 【手順6】ニーズが明確であり正当化根拠も肯定される事項について，(3)優先度も考慮しつつ，権利制限による対応の是非や在り方を検討。その際には，現在および可能な限り将来のニーズも考慮し，規定の柔軟性の内容や程度も含めて，最も望ましいと考えられる制度設計を検討。

前回の挫折の反省の上に立ち，とくに，立法事実の吟味において，一層精密化している。その後，平成28（2016）年度は，同ワーキングチームにおいて，下記4点のサービスに係るニーズを最優先順位として議論・検討が進められている。

① 所在検索サービス……「広く公衆がアクセス可能な情報（送信可能化されていない情報を含む）」の所在（ウェブページのURLや書誌情報，TV番組の名前等，情報へのアクセスの手がかりとなる情報）を検索することを目的としたサービス（書籍検索サービス，街中風景検索サービス，音楽の曲名検索サービス等）。情報（著作物）そのものを提供することは目的とせず，検索結果の提供にあたり表示される情報は，サムネイルやスニペット等，所在情報を知らせるために必要な限度で，軽微なものといわれている。当該情報自体の享受をさせることを目的とするのではなく当該情報への「道しるべ」を提供する行為は社会全体の利益にもつながり，権利制限の正当化根拠となり得る旨の意見がある。

② 分析サービス……情報を収集して分析し，求めに応じて分析結果を提供するサービス（評判情報分析サービス，論文剽窃検出サービス等）。無数，多様に存在する情報（ビッグデータ）を活用し，分析結果という有用な情報を提供する点で社会的有用性があり，かつ，著作物の表示は分析結果を提供するために必要な限度であり，軽微なものといわれている。情報分析・解析の結果は情報として有用なものであり，その結果をわかりやすくするための参考資料として一部分を表示することも正当化されうる旨の意見がある。

③ 翻訳サービス……たとえば，用例データベース翻訳（機械翻訳システムにおいて著作物を用例データベースとして蓄積しておき，翻訳システムに入力された原文と近い用例を検出し，その差分によって翻訳文を作成し，表示（自動公衆送信）するもの）等。出力段階では著作物の表現を利用者が享受することとなり，場合によっては著作権者等の既存の正規ビジネスと衝突する場合も考

えられるが，利用が軽微で著作権者等の利益を不当に害するとは言えない場合や，公益的観点から社会的要請が高いと判断される出力も考えられるといわれている。外国人向けに災害情報等を含む日本語のコンテンツを自動翻訳して閲覧（自動公衆送信）できるようにするサービスは，公益的な価値が高く，原著作物の内容を閲覧者が確認できる限り，基本的に著作権者の利益を不当に害さない旨の意見がある。

④　CPS（Cyber-Physical System）[16] に関わるサービス……教育支援サービス，障害者支援サービスをはじめとして，様々なサービスがあり，現段階でどのようなものが提供されるか具体的に特定することは困難とされている。出力段階では著作物の表現を利用者が享受することとなり，場合によっては著作権者等の既存の正規ビジネスと衝突する場合も考えられるが，利用が軽微で著作権者等の利益を不当に害するとは言えない場合や，公益的観点から社会的要請が高いと判断される出力も考えられるといわれている。個々のサービス毎に，社会的に見たサービスの効用と著作権者や関係するコンテンツビジネスの利益との比較衡量，具体的にはサービスの目的やその公益性・公共性，利用の態様（些細か，軽微か，あるいは必要な限度かといったもの）を基準として，利用の妥当性が判断される余地があるとよい旨の意見がある。

　しかし，ここでのサービスの内容の多くは近未来の想定であり，未だ抽象的で，権利者側からすると，是非の判断，とくに，著作物の軽微な利用といえるのか等の判断が難しい。また，既にライセンスを受けて実施しているサービスも一部あり，このような類型のサービスに関しては権利制限すべきでないという考え方が有力である。奇妙なことに，上記Ｃ類型であれば異論無く纏めることができそうではあるが，ここが本テーマの困難なところである。すなわち，Ｃ類型の要件としての「著作物的利用」でないことは，利害関係者間の調整の観点からは格好の纏め方ではあるが，立法に際しての要件としての明確性の観点からは疑義の余地が残るものなのである。

---

16)　CPSとは，実世界（フィジカル空間）にある多様なデータをセンサーネットワーク等で収集し，サイバー空間で大規模データ処理技術等を駆使して分析／知識化を行い，そこで創出した情報／価値によって，産業の活性化や社会問題の解決を図っていくものと説明されている。IoTと同様と考えてもいい，ともされているようである（一般社団法人電子情報技術産業協会（JEITA）の下記Webサイト参照）。
http://www.jeita.or.jp/cps/about/

第 4 節　クリエーターへの適切な対価還元

　本テーマは，一番頭の痛い論点なのではないかと思われる。議論が回っていて，なかなかいいアイデアが浮かばないので，調整がもっとも難しいものの一つなのではないか。

　もともと，録音録画補償金は，私的複製の領域における高品質なデジタル方式の録音録画による複製に関するクリエーターへの対価還元制度として，苦労して制度化されたものである。しかし，技術環境の変化等により制度が古くなり，今や録音録画補償金は殆ど機能しなくなってしまっている。つまり，機器側が変わってしまったので，課金対象でない機器が出回る等により，録音録画補償金の徴収がうまく出来なくなってきた。そこで，もう一回仕切り直しをして，録音録画補償金制度をリニューアルするのか，あるいは，録音録画補償金を発展的に解消して，クリエーターには何らかの対価還元なり，対価還元とまではいかないまでも，クリエーターのための仕掛け，たとえばクリエーターを育成していくような制度をつくるのか，これがずっと検討されてきた[17]。

　しかし，どうも本テーマは，大体同じような議論が繰り返されているようで，

---

[17] 本テーマは，文化審議会著作権分科会著作物等の適切な保護と利用・流通に関する小委員会（主査は土肥先生）で検討されてきた。まず，平成26（2014）年度は，私的録音録画に関する実態調査を踏まえ，総論的な議論がなされた（平成26（2014）年 7 月23日，同年 8 月 7 日，同月28日，および，平成27（2015）年 2 月13日）。さらに，平成27（2015）年度以降は，平成27（2015）年 7 月 3 日，同年 9 月 9 日，同年11月26日，平成28（2016）年 1 月29日，同年 2 月22日，同年 6 月 6 日，同年 8 月24日，および同年 9 月16日に開催され，検討されている（下記Webサイト参照）。
http://www.bunka.go.jp/seisaku/bunkashingikai/chosakuken/hogoriyo/
　なお，同著作物等の適切な保護と利用・流通に関する小委員会では，ロッカー型クラウドサービスについても，クリエーターに対する対価還元の観点からの特別の立法手当をするかどうかが精力的に検討され（平成26（2014）年7月23日，同年 8 月 7 日，同月28日，同年 9 月18日，同月30日，同年10月16日，同月31日，同年11月19日，同年12月25日，および，平成27（2015）年 2 月13日），「クラウドサービス等と著作権に関する報告書」（平成27年 2 月）（下記Webサイト参照）がまとめられ，立法手当は見送られた。
http://www.bunka.go.jp/seisaku/bunkashingikai/chosakuken/hogoriyo/h26_10/pdf/shiryo_1.pdf
　ここで，クラウドサービスに関しては，音楽関係権利者 3 団体（本音楽著作権協会（JASRAC），日本レコード協会（RIAJ），および，日本芸能実演家団体協議会（芸団協））が「音楽集中管理センター」（仮称）をつくり，同センターとたとえばクラウドサービスの運用者との間の話し合い等が検討されることが予定されている。この点は，注目すべきであろう。

あまり発展的にはなっていないと思われる。これは，私的複製の領域の在り方，クリエーターへの対価還元についての考え方等について，クリエーター，機器メーカー，および，コンテンツユーザーの間で鋭い利害対立があるからである。平成27（2015）年度の議論では，本テーマをつぎの三点に整理し，取りまとめに大きく舵を切った。すなわち，①私的録音録画に係るクリエーターへの対価還元についての現状把握，②どこまで補償すべきなのかという「補償すべき範囲」の検討，③「対価還元の手段」の検討，である。平成27（2015）年度は，上記①の現状把握のため関係者ヒアリング等を実施した。平成28（2016）年度は上記②③を中心に検討される予定である。

　上記ヒアリングの成果としては，まず，コピーを技術的にコントロールするDRM技術等で全て解決済みとし，クリエーターへの対価還元は不要とする考え方がある。ただ，実際問題とすると，音楽の世界では，このDRMをかけることは，いろいろな理由があり事実上困難である。そうすると，音楽の世界は30条の領域でかなりコピーがされてしまって，そこにはクリエーターに対する対価還元が必要な領域があるという考え方がやはり根強い（パッケージ販売，音楽配信（ダウンロード型），CDレンタルなどの領域）。他方，映像の世界はいろいろなDRMがすでにかけられていて，例えばコピー10がある。ここでは10回コピーされるので，それはそれなりに30条の領域でクリエーターに対する対価還元が必要なところがあるとの議論の余地がある。この辺りを議論し，新しい制度をつくるということになるのか，新しい制度はつくらないということになるのか，ここが一番悩ましいところであり，さらに平成28（2016）年度もいろいろな議論があると思われる。

　ここで，少し前のものではあるが，土肥先生の考え方を伺ってみよう[18]。

> ……例えば横山大観のような大変な日本の歴史上偉大な画家であっても，その人が若いときは，先人の成果を踏まえて，その後いろんな名画を創造されたと思うのです。つまり，どんな人でも先人の成果を基にして，その人が成長し，生涯を全うして，その成果物が死後50年間保護されている。こういうことだと思うのです。だからすべて芸術家というのは，先人の成果を受けて利益を得ているのであれば，その人の後に続く人に対しでも，一定の利益の配分をしていいじゃないかという考え方であります。
> 　つまり，前の人と後の人との間で，世代間の契約を認めて，その延長する50年

---

[18]　土肥一史「著作権法の課題」コピライト50巻6号（通巻590号）222頁（2010年）。

> 以降の先の部分については，その部分について全部とは言いませんけれども，何がしかの部分については，そういう新しい世代のクリエータを育成するための資金にすべきであると。これを2年位前に申しました。そのときに，たしか横山大観の著作権が消滅するときだったと思うのですけれども，だからそういうものについては「大観基金」というものを作って，世代間で基金契約を結んで，次の世代のクリエータを育てるようにしていけばいいじゃないかということを申し上げたことがあるわけであります。でも，これは説得力がなかったみたいです。
>
> このような「世代間契約」には，なお問題があるとしても，わが国の次の世代，次のクリエータを育成し，創作成果物を生み出していくためには，こういうことも含めた何らかの制度的な手当てをしていく必要があるのではないか……

このくらいの大胆なアイデアが求められているのかもしれない。

筆者は，この点，録音録画補償金を発展的に解消し，クリエーターの育成，著作権法の啓発活動，権利データベースの確立・拡充，権利処理システムの確立・展開等，著作権制度に関連する総合的，かつ，創造的なファンディングを創設することが，ここで求められているのではないか，と考えている。

第5節　おわりに

中山信弘先生の著作権法の教科書の最初に，「著作権法の憂鬱」という言葉が出てくる[19]。これは，今の著作権法の世界が混沌（カオス）の中にあるということであり，かつ，このカオスの中にあるのは，しばらく続くだろうと指摘されているものである。

筆者はそれで，どうしたらいいものか，何ともならないものか，なかなか法律が改正されないがそれでいいのか，著作権制度は今後どうなるのか，著作権制度とイノベーションとの関係はどうなるのか，などとずっと考え込んでいた。

ある時，いいことを教わった。西洋法制史の西川洋一先生によるある講話だった。

＜今の日本国の，ある意味で混沌とした状況を前提に，実定法が機能しない，あるいは，実定法がうまく制定できないということがあるかもしれない。しかし，実定法が力を得てきたのは長い歴史の中ではごくわずかの時期であり，よ

---

[19]　中山信弘『著作権法』（有斐閣，初版（2007年）2頁以下，第2版（2014年）3頁以下）。

うやく近代国家になってからのことである。それまでは実定法ではなくて，法は探究するものであった。たとえば，古くはローマ時代のローマ法，あるいは，コモンロー国のコモンロー等では，何が法なのかを皆で議論し探求するのが法学者の役割であった。このことを忘れないように。＞

　成る程。この混沌の中にあっても「法とは何か」を探求すべきであり，「著作権制度」「権利制限規定」「許諾システム」等を考え続けることが極めて重要だ，とここで気づいた。

　他方，現在の日本国の著作権法関係の各ステークホルダーの方々は非常に熱心である。これは当然のことではない。自分たちの団体等のためのみならず，著作権法の世界のためにも本当にご尽力いただいている姿を，筆者はいつも拝見している。今がチャンスなのではないだろうか。

　したがって，我々は，ここまでの実績を確認し，現在の課題を再認識して，「著作権法」を探求しつつ，解決の糸口を掴む必要がある。ここで大事なのはネットワークであり，人の輪・和であり，知恵を出し合うことではないか，と思うに至った[20]。

　しかし，どうも，土肥先生は，かなり前からこれらを踏まえて著作権制度を導いてこられたように，筆者には思われるのである。

---

[20] なお，この点に関連して，筆者は，国家プロジェクトとしてナショナル・アーカイブを創設し，これを牽引車にして権利データベースを確立・拡充することを提唱している。ただ，当面，前者が本格的に始動するまでの間，権利情報プラットフォームをつくって，権利処理推進等をステークホルダー間で展開する必要があると考えている（拙稿「最近の著作権制度に関する検討─概観と所感」コピライト56巻9号（通巻665号）2頁（2016年））。

サルの自撮り写真をめぐる著作権法を中心とした法的諸問題
―サルとAIの比較―

大本 康志

第1節　はじめに
第2節　サルをめぐる権利を争う場合の当事者性
第3節　人工知能（AI）などを利用して作成したものに対する，著作権法を中心とした法的諸問題

第1節　はじめに

　2016年1月6日，サンフランシスコ連邦裁判所は，世界的にも興味深い判決を言い渡した[1]。原告である環境保護団体「動物の倫理的扱いを求める人々の会（PETA[2]）」が，「サルが自撮りした写真」について，【当該サル】に著作権があることの確認を求めた訴訟において，同裁判所のウィリアム・オリック（William Orrick）連邦判事は，サルに著作権がない旨の判決を下したのである（以下，同訴訟を「本件訴訟」という）[3]。

　本件は，人（法人）以外の自然物によって生成された著作物というものが認められるか，また，その場合の著作物の著作者は誰か，という著作権上の論点を議論するうえで興味深い素材である上，そもそも【サル】をめぐる権利を争う場合の当事者性といった法律上の論点を含んでいるため，以下，日本の問題として置き換えた上で，これら論点について逐次検討を加えていくこととする。

---

[1]　Kravets, David (6 January 2016). "Judge says monkey cannot own copyright to famous selfies". *Ars Technica*. Retrieved 7 January 2016.
[2]　正式名称は，People for the Ethical Treatment of Animals。
[3]　PETA v. Slater, 123 San Francisco D.C. 45 (2016). なお，同訴訟は，2016年3月20日，原告であるPETAが控訴したため第9巡回区コートオブアピールズ（Court of Appeals）に係属中である（脱稿時）。同裁判所の判断が待たれるところである。

第2節 サルをめぐる権利を争う場合の当事者性

1 サルの法的地位

当然サル自身に権利主体性はない。民法3条が私権の享有は（人の）出生に始まるとしている点，憲法の人権規定（憲法11条等）の規定の仕方などから明らかである。

したがって，サルは，私権の保持者である著作者たり得ない。本件判決は，その意味でその当然の結論を示したものであり，その限りでは先例価値は低い。

2 動物の法的地位や訴訟における当事者性が争われた事例

しかしながら，人（自然人，法人，社団など）以外のものが，訴訟において当事者能力を争った事案は少なくない。とくに著名なのが，いわゆるアマミノクロウサギ訴訟（鹿児島地判平成9年9月29日他）である。いずれの判決においても当事者能力は否定されているものの，一定の法的保護に値する旨を判示するなど保護の必要性に触れたものはある。

また，今後の法改正により，ある一定の事案において環境保護団体等に当事者適格が認められるような場合も発生することもありうるため，先述のようにサル自体は著作権の保持主体として認められないにしても，「サルの自撮り写真（サルフィー）」をめぐり，当該サルが生息する森林等の保護を目的とする団体等に一定の当事者適格を立法政策として認めうるということは今後ないとはいえないであろう。

ただ，著作権法には，「著作者人格権」，すなわち人間に備わる「人格」から生じる権利も規定されている。仮に，立法政策として自然物に一定の当事者適格を認めるとしても，人間と同じように「著作者人格権」まで認めるのか等については，さらに議論する余地がある[4]。

3 写真の著作物その他の観点からの考察

写真の著作物とは，「人や風景など写真を撮る対象物（被写体）に対しカメ

---

4) たとえば，田村善之『著作権法概説』330頁（有斐閣，1998年）では，コンピュータについてではあるが，「創作的表現に人格的利益が付着していない以上，著作者人格権を認める必要は毛頭ない」と断言されている。

ラを向けて，カメラ内部のフィルム等に画像として保存し表現するもの」(類似する方法を用いて表現されるもの＝デジタル写真＝も含む。著作権法2条4項・10条1項8号）をいう。

(1) 写真の著作物における「創作性」とは

　被写体に対しカメラを向けシャッターを切ると，カメラという装置により自動的に適正なフォーカスなどを設定してくれるカメラなど（フルオートカメラ）もあり，だれでも簡単に写真を作成できるようになってきているため，写真には創作性がみとめられないのではないか[5]といわれることがある。

　しかしながら，同一被写体を撮影するときであっても，（当然）様々な写真が出来上がることがあることから明らかなように，写真制作の過程で作成者の個性が様々に発揮されることが想定される（撮影日時・場所，アップ度合，被写体の作品における位置づけ，レンズ・露出，シャッタースピードや現像手法などに表現者の個性を見いだせる[6]）ことから，広く創作性を認めるべきである（創作性がないことがあきらかな場合[7]のみが除かれる）。

(2)　そこで，サルが実際にデジタルカメラを用いてシャッターを切った写真についてみると，サルにおいては上記のような創作性が否定されるであろうことから著作物性が認められないのではないかとの観点から考察してみる必要があろう。

① サルが，猿回し（人間）の調教により，発声したり簡単なリズムにのりダンスしたり，タイミングよくお座りしたりすることができるようになったりすることがあることから明らかなように，人間が教育・訓練することにより人間同様の活動をすることができるような躾（しつけ）をすることは全く不可能なことではないだろう。

　そこで，人間にカメラの撮り方をかなりの時間をかけてしっかり躾られたサルが，その感性（サルの思想感情？）により，シャッタータイミングを見計らってシャッターを切る行為が一応ありうるとして検討する。仮にサルの能力等について人間に勝るとも劣らない感性（？）をもってそのサルが写真を撮ることができた（外形の存在）としても，その写真に表現されるのは，

---

[5] 写真に創作性は認められるのは非常に難しいとするものとして，福王寺一彦『美術作家の著作権—その現状と展望』330頁（里文出版, 2014年）がある。

[6] 知財高裁平成18年3月29日判決〔スメルゲット事件〕参照。

[7] 創作性が否定される場合として，証明写真，作成者の個性がおよそ現れる余地がない場合等。

【サル】の感性によってその個性を発揮したものにすぎず，やはりサル≠人間である以上，（その）サルの感性そのものを，人間の個性の現れ（それに類するもの）と評価することは，現行法の解釈としてはたいへんな無理があるといえよう。

よって，サル自身が実際にデジタルカメラを用いてシャッターを切った写真について，いかに秀逸な写真の外形を備えたものを送出したとしても，サル自身に法的な意味でその創作性（サル個性の現れ）が法的な意味では見いだせない以上，その著作物性を認めることはできない。結局，この創作性の観点からしてもサル自身の創出物を著作物と考えることはできないということとなる（それゆえ，その著作者も考えることができない）。

② つぎに，カメラを枝に固定するなどして設置し写真を撮る環境設定した人間（撮影関係者）について，サルという動物（の行為）を工夫して利用した写真であるという趣旨で，その撮影関係者に創作性がある，つまり撮影関係者の著作物と認められるかについて検討する。

写真の著作物における創作性を，上述のように，写真制作の過程で作成者の個性が表出されること（撮影日時・場所，アップ度合，被写体の作品における位置づけ，レンズ・露出，シャッタースピードや現像手法などに個性を見いだせる）に見出す見解に立つと，そのような観点において撮影関係者が深く関与していたと認定できるならばその者に創作性を認めうるといえよう。

本件のサルがシャッターを切る場所的関係にある環境を人間自らが作り出し，サルという動物の動きを利用して（人間が）写真を撮る行為について検討する。

「著作物とは『人』の思想感情の表現（精神作業の成果）である」→「機械や動物に創作はできない」という当然の前提[8]があり，人は思想感情を表現するために道具（コンピューターや筆など）を使ってもそれは人の創作物たりうる。それと同じように動物を，あくまで人の「道具」として使用したといえるのであれば，その動物利用者である人に創作性を認めることができるのではないか。

なにをもって人がモノを道具として創作したといえるかどうかについて，コンピューターについての基準ではあるが，以下のような基準がある[9]，

---

8) 中山信弘『著作権法』220頁（有斐閣，第2版，2014年）等。

ⅰ　コンピューターを用いて，人が思想感情を表現しようとしたこと
ⅱ　創作過程において人が創作的寄与と認められる行為を行ったこと
ⅲ　結果物が客観的に思想感情の創作的表現と評価される外形があること
のすべてを満たす必要があるという基準である。

　これをあてはめると，サルの行為を利用して写真を撮ろうとの意思（ⅰ）のもと，そのような環境を主宰的に設定した撮影関係者が，サルがシャッターを切った写真のうちの何枚かにおいて（偶然かもしれないが）創作的表現と評価されうる外形のものが存在し（ⅲ），そのような場面を人が「セッティング」した（ⅱ）という状況にある場合においては，その人に創作性を認め，著作物性を認めるべきであるということになろう。

　このような道具理論構成をとれば，客観的にサルがシャッターを切った写真について，撮影関係者である人間の創作性を見出すことも可能であるから，その人間について著作物性を認めることもできると思われる。

4　本件における検討

　本件訴訟において問題となった事例は，人間であるカメラマンが野生のサルをインドネシアに撮影しに行ったところ，（カメラマンの意に反して）サルにカメラをとられたところ，サルがカメラで遊びだし自分の方にレンズを向けてシャッターを切ったという事例である。つまり，カメラマンが意図してカメラをサルに持たせ，そのサルを調教などしてある構図からの写真を撮らせたというような関係性は存在しないケースである。サルに，サル自体カメラというものの機構（シャッターボタンを押したタイミングでレンズ方向の情報を取得するという機械であること）をおそらく認識することができていないことからも推察されるように，その作品に対し，サルはその思想感情を表現しようとした意図は存在しえないといってよいと思われる。

　したがって，本件サルがシャッターを切って撮影された写真に，自撮り（サルのジドリ＝サルフィー）としてサルの笑顔っぽい写真が客観的な外形を備えていたとしても，そこに本件カメラマンの創作性を見いだすことは困難であると思われる。

　もちろん，本件カメラマンはそもそもそのような人間のセルフィーっぽい写

9）　文化庁『著作権審議会第9小委員会（コンピュータ創作物関係）報告書』。(http://www.cric.or.jp/db/report/h5_11_2/h5_11_2_main.html　1994年)。

真（笑顔風の風貌のもの）を複数枚の成果物の中からセレクトして，これを「サルの自撮り写真」として付加価値を付すことに成功して，世界的にも珍しいものとして世にとりあげられたことからより話題性を高めたということは明らかではあるが，そのような着眼点（選球眼）のおもしろさはそもそも「アイデア」であって「表現」ではないといえる。また，セレクトしたこと自体について編集著作物（著作権法12条1項）としての創作性を認めることについても難しく，写真の著作物の創作性とは性質が異なるものといえるのであるから，結局その故をもってしても「写真」の著作者であるということはできないと思われる。

第3節　人工知能（AI）などを利用して作成したものに対する，著作権法を中心とした法的諸問題

1　総論（問題提起）

さて，今回，サルフィーを論題として取り上げたが，この議論は「サル」を「AI」に置き換えたときにどのように成り立つのか[10]ということが問題となる。

すなわち，「AI」により作成されたもの（「AI創作物」）に著作物性を認めるか，認めるとして誰が著作者であるかということは，古くから議論されてきており，実は論点としては新しいものではない[11]。

もっとも，2016年現在の人工知能の発展や成果物のクオリティは，目を見張るものがある。アルファ碁が世界ナンバーワンの囲碁選手を圧倒し，自動運転で自動車が文字通り自動（自ら動く）車となってきている。芸術の世界においてもビッグデータやディープラーニングなどの先端技術の発展により，少なくとも外形的にみたときにヒトが創作したモノであるかどうかの判別をすることはもはや無理であるといってよい領域に到達している。このように，AI創作物が，人の創作物と見分けがつかなくなるほどにその品質が飛躍的に向上してきたため，この論点がリアルに再熱した。

そこで，「AI創作物」を「著作物」と認めるべきか，そして，その場合，誰を「著作者」とするべきか。サルフィーの問題と比較しながら，改めて検討し

---

[10] 次世代知財システム検討委員会平成28年第4回議事録において，瀬尾太一委員は，自動作曲の問題に対してではあるが，写真との類似性を指摘している。

[11] 昭和48年6月に発表された，著作権審議会第2小委員会の報告書にて，すでにコンピュータ創作物について言及されている。

たい。

2 従前の議論について

　既に引用したとおり，平成5年11月の文化庁・著作権審議会第9小委員会報告において，『コンピューターを「道具」として使用したものと認められるかにつき，前述の3要件を全て充足していれば，その著作物性は肯定される』と提言されていた。さらに，同報告では，「既存の素材を利用して作成されたAI創作物」についても，同様に3要件を充足する必要があるとし，「1）ほとんど既存の著作物を利用したのみで，何ら創作的な表現が付加されていないもの→複製物（又は単なる変形物），2）既存の著作物の表現に依拠していることが外形上推知されるが，新たな創作表現が付加されているもの→二次的著作物，3）既存の著作物からアイディアその他の示唆を受けてはいるが，外形上既存の著作物の表現が推知されないような独立の創作的表現となっていると認められるもの→新たな著作物」として分類していた。

　しかしながら，上記分類は，およそAIとは関係のない分類と同様の分類にすぎないといえる。つまり平成5年当時は，AIが自らにおいて非常に創作性の高いモノを創りだすことはおよそ想定されていなかったのではないかと考えられ，現在の問題状況を想定して規定されているものとはおよそ言い難いのである。

　その後，AIと著作物の関係について，多くの論客が多くの検討をしているものの，その現在の技術的革新の状況を的確に捉えることもなかなかたやすいことではないことも相俟ってか，そのような状況を従来の法制度の枠組の"解釈"をもって対応しようとすることは極めて難しいとされ，結局「立法の問題」との結論に行きついているようである[12]。

3 AI創作物と著作物性

　そこで，本稿では，あくまで現行の著作権法に基づいて，その解釈の枠組み内において，AI創作物に著作物性が認められるかにつき検討する。

(1) 著作権法の目的は，「文化的所産の公正な利用に留意しつつ，著作者等の権利の保護を図り，もつて文化の発展に寄与すること」（著作権法1条）である。

---

12) たとえば，前掲8）221頁など。

要するに,「一方で著作物に関する独占的な権利を与えて,著作者にインセンティブを図る」とともに,「他方,公正な対象物の利用,すなわちその利用者の自由をも図る」としており,この「著作者の利益 VS 一般の自由（憲法21条1項）」の均衡を図ることが,著作権法の目的といえる。

このように考えたとき,サルフィーと AI では一つの違いがでてくる。すなわち,サルには,(基本的に)そのバックに人間がいないことも当然に想定さルうるのに対して,AI は,そのバックには必ず作成者（AI の制作者や AI を利用した者,その出資者等たる人間など）がおり,その人間の利益を法的にどうするべきかという問題がどうしても生じることとなるのである。

(2) では,これら,AI のバックにいる作成者の利益は,「一般の自由」と比較して,法的に保護すべき利益であるといえるのか。

つまるところ,AI 創作物がフリーライドされたところで関係者に大きな問題があるのかという問題に収斂される。

思うに,これまでの「AI 創作物」に関する議論は,当然の前提としてすべての AI 創作物に著作物性を認めてしまうと,著作権によって保護される対象が"過保護"といえるほど増大してしまい,一般自由を害するとの論調で展開されてきた[13]。

しかし,実際には,極めて大量に生み出されるような「AI 創作物」についてみると,そのレベルは,一般人においてその自由を求めるほどの価値があるものは,ほとんど存在しないのではないか,という事実がある（本稿作成時の感覚）。

ここもサルフィーとの比較で考えると,サルフィーにおいては,話題になっている自撮り写真のほかにも,サルが断片的に写っている写真が複数枚あったのであるが,それらについて,全く議題にあがってきていない。すなわち,大量に,乱雑に作成された写真について,その大半についてはおよそ世間から相手にされるレベルのものではない（サルの顔が見切れている写真など）のであり,仮にこのようなものを著作権法的に保護したとしても,それにより一般の自由が制限されることになるのか,実質的な議論が必要となってくるように思われ

---

[13] たとえば,福井健策「人工知能と著作権2.0 ロボット創作の拡大で著作権制度はどう変容するのか」コピライト2015年8月号18頁では,「生み出される作品があまりに大量なので,個人クリエイタの役割はごく周辺に押しやられてしまうのではないか」と指摘している。

る。

　また，この論調の前提として，そもそも「AI創作物」のすべてが極めて短時間に莫大な量が生み出されること（例：1時間で200曲作曲，写真5,000枚撮影など）を当然の前提としていることについても疑問がある。すなわち，AIは，例えば，スーパーコンピューターを利用して，"一点モノ"の「AI創作物」を作ることだって当然にあり得るのではないだろうか。

　さらにいえば，この「AI創作物」に著作物性を認める際，どのような場合にその著作物の権利侵害を認めるのか，これまであまり言及されてこなかったように思われる。

　原則として，著作権法上の権利侵害が認められるためには，「類似性すなわち元の著作物の本質的特徴（創作性）が直接感得できること」が求められる。そうすると，大量の種類のものを制作することができるレベルのものは，結局のところ，仮に「創作性」が認められるとしても，その濃淡としては「薄い」といえ，その観点から，本質的特徴の直接感得は難しいのではないか，つまりそもそも保護の必要性が強いとはいえない。結局，「著作者の利益 VS 一般の自由（憲法21条1項）」の均衡がこのケースでは保たれていると考えることができる。

　なお，仮に著作権法上の保護が認められないとしても，その制作物の流用が認められる場合は，その流用行為に対して，不法行為の損害賠償の対象となりうることを判例は認めている[14]。

(3)　このようなことからすれば，結局，「AI創作物」に関する保護については，以下のⅠ～Ⅲ類型に収斂される。

　Ⅰ　創作性がまったく認められない「AI制作物」＝著作権法上の保護は無い。ただし，不法行為法による最低限の保護はある。

　Ⅱ　創作性が認められる「AI創作物」

　　ⅰ　AI主導で，短時間で創作物を大量生産するようなプログラム等によって産み出された物＝創作性が認められる程度が「薄い」→「著作権法による保護が認められても，その保護範囲は狭い」ので，利益保護と利用の均衡は保たれている。

　　ⅱ　AI主導だが，時間をかけて生産されるような一点モノ，あるいは，

---

14)　知財高裁平成18年3月15日判決〔通勤大学法律コース事件〕や，知財高裁平成17年10月6日判決〔YOL事件〕など。

大量生産された物の中から，例外的に，とくに着目をあびうるような創作性を有するもの＝創作性が認められる程度が「強い」→「保護範囲が広い」が，他方，そのようなものが大量に存在することは予定されていないため，保護範囲が広くても，利益保護と利用の均衡は保たれている。

Ⅲ　人間が，AIを道具として利用して作成した「AI創作物」＝人間が創作したものと同視し，その人間の著作物として著作物性を認める。

4　AI創作物の著作者は誰か

次に，「AI創作物」に著作物性を認めるとした場合，誰が著作者となるのか，という問題が生じる。

(1)　現時点で，権利者として考えられるのは，権利の享有性の問題上AI自身に権利を認めることは難しいので，創作に関与したと考えられる，1）ビッグデータの著作者，2）AIのプログラマー，3）AIに指示命令を入力した者のいずれか（あるいはこれらの者の共同著作物）ということになろう。

なお，共同著作物とするには，製作者同士の主体的な共同意思や創作行為の同時性という要件の点で，AI創作物についてはその認定が難しいと考えられる。AI創作物は，その多くの場合，ビッグデータの作成→それを受け入れるAIの作成→それを利用する指示命令者の入力と，それぞれにおいて時的な差があるためである。

そのため，共同著作物となる可能性を完全に排除する趣旨ではないものの，本稿では，共同著作物と認定することは実際上非常に困難であるという前提に立ち，以下，どのような場合に「誰が」著作者となるかを考えてみたい。

(2)　ここで参考になると思われるのが，"規範的侵害論"に関する考え方である。

これは，その名のとおり，著作権（複製権）の"侵害"場面における主体の認定に関する考え方[15]であり主体認定の場面とは異なる。そしてそれは，複製の対象，方法，複製への関与の内容，程度等の諸要素を総合的に考慮して，誰が著作物の複製にあたり<u>枢要な行為</u>をしているのかで判断するという基準である。

ここに複製とは有形的再製（著作権法2条1項15号）であり，かつ，上記理

---

15) 最小一判平成23年1月20日判決〔ロクラク事件〕。

論は，再製行為をするにあたり枢要な行為をしたかで判断するという点であるから，もちろんそのままの形で著作者の主体の認定について適用することはできないものの，この「再製」を「創作的寄与」に置き換えることにより，著作者の主体の認定の基準としても「応用して適用」できるのではないかと考えた。

すなわち，誰を著作者と認定するかにつき，創作の対象，方法，創作への関与の内容，程度等の諸要素を考慮して，誰が当該著作物の創作的表現を作出するにあたり枢要な行為をしたかという基準で判断するというアイデアを本稿は提案したい[16]。

(3) そこで，上記判断基準に基づき，前述したⅡ，Ⅲ類型の場合，それぞれ誰が著作者になるかを検討する。

まず，Ⅱⅰの場合，ビッグデータの著作者か，あるいはプログラマーということになり，その境界線は，ビッグデータをどの程度創作的表現の要素として利用したか，例えばビッグデータを切り貼りして創作物を作成したというようなものであれば，枢要な行為をしたのはビッグデータの著作者と考えられることになるだろう。

また，そうではなく，プログラムがビッグデータを分析して，そのデータを融合させたことにより，新たな表現を生み出して創作物が作成されたということになれば，枢要な行為をしたのはプログラマーであるということになろう。

次に，Ⅱⅱの場合は，AIのプログラマーか，AIに指示命令を入力した者のいずれかが枢要な行為をしたと考えられ，AIへの指示命令が，その著作物の創作性を，他とは線引きできるほど高度なものに導くためにどの程度関与したか，その過程をみて総合的に判断されることとなろう。

最後に，Ⅲについては，指示命令の入力者が，枢要な行為をしたとして，著作者となろう。

5 AIに「人格」が生まれたときの対策

さらに，AIに「人格」ができ，その「人格」に基づき「創作物」が作成された場合に，どう対処するのかということも，最後に考えておかなければなら

---

16) なお，この考え方は，従来指摘されていたような，著作物への創作的寄与の多寡，大小および高低の如何により判断するという考え方（たとえば，飯田圭・別冊ジュリスト198号63頁）などと矛盾するものではなく，「枢要な行為」というメルクマールとなる言葉を用いることにより，従来よりも多少は基準が明確になる，というものである。

ない。

　たとえば，現在，コグニティブ・コンピューティング・システム（経験を通じてシステムが学習し，相関関係を見つけて仮説を立てたり，また成果から学習することができるシステム）が現実的に運用されている。このシステムの代表的存在が，IBM社が製造した「Watson」[17]である。Watson は，既に日本において，各種銀行や保険会社，通信会社などで運用されている。現在は，まだ「学習中」であるかもしれないが，近い将来 Watson が独自の仮説などを立て，「AI創作物」を生み出すことすらも考えられる。

　現行法では，サル同様，Watson は著作者ではないとされるであろうが，この場合，Watson に「人格」（「W格」）があるとして，Watson が著作者となるような立法をするべきか，考えておかなければならないのである。

　仮に，AIを著作者とするような立法が成立する場合，これまで，当然に同一視されてきた，"権利"帰属主体と"利益"帰属主体との乖離という問題がある（すなわち，AIに著作権を認めたとしても，AIに著作権による「利益」が帰属すると考えることは，現実的には難しいのではないかという観念）。

　そこで，"権利"帰属主体はともかく，"利益"帰属主体はとしてはプロデューサー（あるいは国）であるという見解も成り立ちうると考えられる[18]。しかしながら，そうであれば最初からそもそもの"権利"帰属主体をプロデューサー（国）に認めてもよいのではないか（あえて AI に著作権を認める必要はないのではないか）ということにもなる。AI は，創作をする能力，という点ではサルと違って高い能力があるかもしれないが，利益を享受する意思または能力がないという点ではサルと同じといえるのであり，その点異なる処置をするのは妥当でないとも考えうるからである。著作権法の目的の一つである「著作者の利益」を観念できないのであれば，少なくとも著作権法の改正でもって AI そのものに権利を与える必要はないといえよう。人間である著者はそう信じている。

---

17) 機能の詳細は，ソフトバンク株式会社のプレスリリース（http://www.softbank.jp/corp/group/sbm/news/press/2016/20160218_03/）参照。
18) 次世代知財システム検討委員会平成28年第4回・同第5回議事録参照。

建築設計図と著作権の潮流
—建築設計図の著作物性をめぐる問題を中心に—

小坂 準記[1]

第1節　はじめに
第2節　設計図と著作権法
第3節　設計図の著作物性を巡る裁判例の変遷
第4節　考　察
第5節　おわりに

第1節　はじめに

　近年，建築物の設計図に関する紛争がクローズアップされている。2020年東京オリンピック・パラリンピック開催に関連して計画されている新国立競技場の全面建替えに関連して，Zaha Hadid 氏が，新たに採用された設計案に対して設計図に係る著作権侵害の可能性を主張したという報道は記憶に新しい。

　建築技術が高度化し，様々な建造物を建築できるようになった現代において，建築物の設計図は，一般住宅だけではなく巨大な高層ビルからスタジアムと多種多様な3次元の建築物を2次元の平面図に表現することができるようになった。

　しかしながら，これらすべての建築設計図には共通する性質がある。

　第一に，建築に関与するすべての者が設計図の内容を読み取り，建築物を正確に建築できる内容でなければならない。設計図は，それ自体を作成して作業が終わりではなく実際に建築していくスタートラインとなるものである。したがって，設計図は，必然的に建築を行う者が知っている共通のルールに従って正確に表現しなければならず，技術的，機能的な色彩が強い表現物となるのである。

---

[1]　弁護士（TMI総合法律事務所）・前文化庁長官官房著作権課著作権調査官。現在，Max Planck Institute for innovation and competition（ドイツ・ミュンヘン）に客員研究員として留学中。

第二に，建築物を建築する場合には，建築基準法をはじめ消防法など各種法令による制約や（これがもっとも重要かもしれないが）発注者の要望という制約を踏まえた内容でなければならない。建築家が白地のキャンパスに自由に建築物を設計できる場合は例外で，種々の制約のもと設計を行わなければならないのが通常である。このように，設計図は，必然的に表現することが出来る内容に関して，選択の幅が限られているのである。

　これらの共通した性質がすべての建築設計図に内在しており，著作権法との関係でも当然，考慮されなければならない。つまり，特定の敷地に建築物の設計図を作成する場合，誰が作成しても設計図上は必然的に記載が似通ってくる部分が生じるということ（一般人の感覚からすれば盗用である等の感覚を抱く場合もあり得るだろう）を著作権法との関係で建築物の設計図を検討する場合には配慮しなければならない。

　現に設計図を巡る学説や裁判例は，これらの内在的性質を考慮する形で変遷してきており，最近では建築設計図に関する知財高裁判決（最高裁において上告棄却・上告不受理により確定）においても示されているところである

　そこで，本稿では著作物としての設計図について，これまでの学説の対立，裁判例の動向から現在までの到達点を整理し，若干の考察を加えたいと考えている。

第2節　設計図と著作権法

1　著作物として保護される「設計図」とは何か
(1)　設計図は著作物として保護されるのか

　著作物とは，「思想又は感情を創作的に表現したものであって，文芸，学術，美術又は音楽の範囲に属するものをいう」[2]とされている。そして，著作権法は著作物の例として，「地図又は学術的な性質を有する図面，図表，模型その他の図形の著作物」[3]を挙げており，「図面」が明記されていることから，建築物の設計図は著作物として保護されることになる。

　なお，「学術的な性質」という文言については厳格に解釈する必要はなく創作性の有無の問題として考えれば足りると解されている[4]。

---

2)　著作権法2条1項1号
3)　著作権法10条1第6号

(2) 設計図の著作物性の判断要素に関する学説の対立

設計図が著作物として保護されるとしても、すべての設計図が著作物として保護されるわけではなく創作性が認められる設計図のみが著作物として保護される。そこで、設計図における創作性の有無をどのように判断するか問題となる。

この点、いかなる要素を創作性の有無の判断要素とすべきかについて見解が分かれている。具体的には、作図上の具体的表現のみを判断基準とすべきとする見解[5]（作図基準説）と、設計思想から派生した形状や寸法や色彩等までも含む具体的表現を判断基準すべきとする見解[6]（拡大作図基準説）がある。

作図基準説は、機械等の技術思想の保護は、特許等の工業所有権の制度に委ねるべきであって、著作権法で保護すべきものではなく、あくまで作図上の諸工夫のみが著作権法の保護の対象であると主張する[7]。他方、拡大作図基準説は、作図上の具体的表現のみを判断基準とすると、設計図のような技術的・事実的色彩の濃い著作物に関してはすでに表現方法が確立しているので、表現方法において奇抜な実用価値の低いものの創作を著作権法が奨励するものとなって妥当ではないと主張する[8]。

建築設計図を著作物として著作権法により保護するとしても、その著作物性を判断するための判断要素には上記のような学説の対立がある。

2 建築設計図と「建築の著作物」の関係

建築設計図の著作物性の問題とは別に、建築設計図と建築物との関係についても著作権法上問題がある。すなわち、建築設計図に基づいて建築された建築物は、建築設計図に係る複製権の侵害に該当するか否かという問題である。

この点につき、著作権法2条1項15号は、「複製」の定義について、「印刷、写真、複写、録音、録画その他の方法により有形的に再製することをいい、つぎに掲げるものについては、それぞれつぎに掲げる行為を含む。」と定め、同号ロには「建築の著作物　建築に関する図面に従って建築物を完成すること」

---

4) 中山信弘『著作権法』97頁等（有斐閣、第2版、2014年）参照。
5) 田村善之『著作権法概説』93～94頁（有斐閣、第2版、2001年）。半田正夫＝松田正行編『著作権法コンメンタール1』593頁（勁草書房、第2版、2015年）〔宮脇正晴〕。
6) 中山・前掲注4) 78頁。
7) 田村・前掲注5) 93頁参照。
8) 中山・前掲注4) 77～78頁。

と規定している。同規定は，できあがっていない「建築の著作物」をできあがったものと同様に評価をして，図面に従って建築物を完成すれば，設計図によって表現されている「建築の著作物」を複製しているとみなすという規定と解されている[9]。

もっとも，建築設計図に従って建物を建築しても建築設計図の著作権をつねに侵害することにはならず，当該設計図に表現されている建物が「建築の著作物」と認められる場合に，当該設計図に従って建物を完成することにより「建築の著作物」の著作権を侵害することになる[10]。つまり，建築設計図に係る複製権を侵害するか否かは，設計図の著作物性とは関係なく，建築物としての著作物性の有無に基づいて判断されるのである[11]。

この点は，裁判例においても同様に解されている。鉄筋コンクリート造の住宅建築について設計図を作成した原告が，原告の許諾なく当該設計図が利用され，建物が建築されているとして，建築工事の中止を求めた仮処分事案において，裁判所は，「現に存在する建築物又は設計図に表現されている観念的な建物自体をいうが，それはいわゆる建築芸術とみられるものでなければなら」ず，「建築芸術と言えるか否かを判断するに当たっては，使い勝手のよさ等の実用性，機能性などではなく，専ら，その文化的精神性の表現としての建物の外観を中心に検討すべき」であるとして，建築の著作物性を否定する判断をしている[12]。

---

9) 加戸守行『著作権法逐条講義』55頁（公益社団法人著作権情報センター，六訂新版，2013年）。
10) 田村・前掲注5) 123頁。
11) 中山・前掲注4) 96頁。なお，「建築の著作物」（著作権法10条1項5号）として認められる建築物は，いわゆる建築芸術を指すと解されている。
12) 福島地判平成3年4月9日知的裁集23巻1号228頁〔シノブ設計事件〕。なお，「建築の著作物」にかかる著作物性を判断した事例として，擁壁が耐震性を備えていること等を特徴とする専ら実用本位の建築物の著作物性が否定された事例（東京地判昭和61年11月28日〔ラーメンクリフ事件〕）や，著作権法により「建築の著作物」として保護される建築物は，同法2条1項1号の定める著作物の定義に照らして，美的な表現における創作性を有するものであることを確認した上で，一般住宅の場合であっても実用性や機能性のみならず，美的要素も加味された上で設計建築されるのが通常であるが，このことをもって「建築の著作物」性を認め，著作権法上の保護を与えることは，同法2条1項1号の規定に照らし広きに失し，社会一般における住宅建築の実情にもそぐわない，と述べた事案（大阪地判平成15年10月30日判時1861号110頁〔高級注文住宅用モデルハウス事件〕）等がある。

第3節　設計図の著作物性を巡る裁判例の変遷[13]

1　拡大作図基準説を前提としていると考えられる裁判例
(1)　大阪地判昭和54年2月23日判タ387号145頁〔冷蔵倉庫事件〕

　冷蔵倉庫の設計図を作成した原告が，被告は，原告に無断で原告設計図を複製して被告設計に係る冷蔵倉庫の設計図を作成したとして，被告に対し，著作権侵害を主張した事案において，裁判所は，「(冷蔵倉庫の) 設計図は一般の住宅，事務所等の建物とは異なり防熱，防湿等の点で特別の建築工学上の技術を必要とする冷蔵倉庫に関するものであって，全体として個性ある設計図となっていることが認められ，他に反証はない。」とし，「設計図は全体として冷蔵倉庫に関する建築工学上の技術思想を創作的に表現した学術的な性質を有する図面として一応の著作物と解することができ」ると判示したが，「本件では，著作物が建築設計図であることからする特殊性すなわち建築設計図はその性質上主として点または線を用い，これに当事者間で共通に使用されている記号，数値等を付加して二次元的に表現するもので，極めて技術的機能的な性格の著作物であるためその表現方法の選択の余地はあまり多いとは考えられず，同種の建物に同種の工法技術を採用しようとすれば結果としておのずから類似の表現を採らざるをえないという点にも留意しなければならない」とした上で，類似しているのは全体からみると僅少な一部といえ，原告の設計図の部分複製として著作権を侵害したものと解することはできないとして，著作権侵害を否定した。

(2)　東京地判昭和54年6月20日無体例集11巻1号322頁〔小林ビル設計図書事件〕

　ビルの新築工事設計図（原告設計図書）を作成した者の相続人ら（原告ら）が，被告は，原告らに無断で原告設計図を複製又は翻案した設計図（被告設計図書）を作成したとして，被告に対し，著作権侵害を主張した事案において，裁判所は，（原告主張の設計図のうち）「原告設計図書三十二葉は，いずれも，一級建築士である亡Aが…（中略）…その知識と技術を駆使し，原告事務員で同じく一級建築士である原告Bをその補助者として使用し，独自に作成した建築の設計図書であることが認められる」と認定し，「著作権により保護される著作

---

13)　本文中，判決文を引用している箇所において下線部分は筆者。

物であ」るとした。なお，設計図の一部には，案内図が含まれていたが，この案内図については，裁判所は「客観的に定まった本件土地の所在位置をごくありふれた手法により描いた略図であつて，そこに何らかの独創性を見出すことはできず，建築士としての知識と技術を駆使しなければ描けないものとは到底言えないから，著作権により保護される著作物とは認められない」として著作物性を一部否定している。

以上を前提に，被告設計図書からの依拠が認められる部分について，裁判所は，原告設計図書との相違点[14]はいずれも僅少部分の修正増減にとどまるのであって，「全体として優に原告設計図と同一性が肯認することができる」として著作権侵害を認めた。

(3) 東京地判昭和60年4月26日判タ566号267頁〔浅野ビル設計図書事件〕

作業所兼共同住宅であるビルの新築工事設計図（原告設計図）を作成した原告が，被告は，原告に無断で原告設計図を複製して被告設計図を作成したとして，被告に対し，著作権侵害を主張した事案において，著作物性の有無については，明示的に争われなかったため，著作物性が認められることを前提に，裁判所は，原告設計図と被告設計図とを対比すると，①一階平面図では，内玄関，住宅専用階段，浴室及び湯沸所の形状が異なること，②二階平面図では，原告設計図には食堂に窓が設置されていないのに対し，被告設計図では食堂に窓が設置されており，また，③南側階段と押入部分，厨房の流し台ガスレンジの位置が相違すること，④三，四階平面図では，原告設計図では物置，洗濯所及び浴室・便所をそれぞれ別個に設置したのに対し，被告設計図では洗面所，便所兼用の一室にして浴室用バランス型ガスボイラーを設置したこと，⑤厨房東窓の位置が移動したこと，⑥原告設計図では和室西側に窓が設置されているのに対し，被告設計図では窓が設置されていないこと，⑦立面図においては，被告設計図の北側立面図の三，四階厨房の高窓は原告設計図より下方に設置されて

---

14) 裁判所が認定した相違点の一例として，①躯体構造の材料が，原告設計図書は鉄骨であるのに対し，被告設計図書では鉄筋コンクリートであること，②住宅2階の台所や食堂兼居間の台所と居間の間の間仕切壁が原告設計図書では存在しないが，被告設計図書では存在すること，③住宅3階の二間続きの和室の一番奥の部分について，原告設計図書では仏壇と飾棚になっているのに対し，被告設計図書では押入れと床の間になっていること，④住宅2階，3階の正面の窓のうち，右から1番目と3番目のスパンの窓が，原告設計図書では他の窓と同様スパン中央の物入れ，ファンコイルユニットを挟んだ外開きの窓になっているのに対し，被告設計図書ではスパンの幅いっぱいの引違い窓になっていることなどが挙げられている。

いること，⑧被告設計図では屋上手すりの大部分が立上りコンクリートとなっていること等の差異があるものの，他方，(a)被告設計図の配置図の周囲の寸法が北側173ミリメール，西側236.3メートル，東側300ミリメートル，南側172.4ミリメートルとコンマ以下のミリメートル単位で同一であること，(b)被告設計図 D-4図の基準通り芯の位置は原告設計図 A-4図，A-5図の a，b の南北の通り芯，A，D の東西の通り芯の位置が壁の中心線にあること，B，C の東西の通り芯の位置が柱の表面にある点でそれぞれ同じであることなど「細部において多数の一致点があるほか，建物の基本的構造，間取り等に関しては両者は殆ど同一であり，全体として両者は極めて類似していることが認められ」るとして著作権侵害を認めている。

(4)　大阪地判平成4年4月30日判例時報1436号104頁〔丸棒矯正機設計図事件〕

　建築設計図の事案ではないが関連して検討が必要な事案として，丸棒矯正機[15]と呼ばれる機械の設計をした原告が，当該設計図を参考に設計図を作成した被告に対して，著作権侵害を主張した事案がある。

　裁判所は「原告本件設計図は，原告の設計担当の従業員らが研究開発の過程で得た技術的な知見を反映したもので，機械工学上の技術思想を表現した面を有し，かつその表現内容（描かれた形状及び寸法）には創作性がある」として著作物性を認めた上で，被告は丸棒矯正機の寸法およびその寸法に基づき図示された形状を「そのまま引用したものであり，同種の技術を用いて同種の機械を製作しようとすればその設計図の表現は自ずから類似せざるをえないという事情によって説明しうる範囲を超えている」として，被告の複製権侵害を認めた。

2　作図基準説を前提としていると考えられる裁判例

(1)　東京地判平成9年4月25日判時1605号136頁〔スモーキングスタンド事件〕

　建築設計図の事案ではないが関連して検討が必要な事案として，スモーキングスタンド・ダストボックス等の商品の設計図を制作した原告が，原告設計図に基づいて制作された商品を販売している被告に対して，著作権侵害等を主張した事案がある。

---

[15]　特殊形状の2本以上のロールを用いて，金属の丸棒製作工程中に生じた丸棒材の曲りを真っ直ぐに矯正するともに，表面切削後の荒れた表面を磨いてつややかにする機能を有する機械をいう。

裁判所は「工業製品の設計図は、そのための基本的訓練を受けた者であれば、だれでも理解できる共通のルールに従って表現されているのが通常であり、その表現方法そのものに独創性を見出す余地はなく、本件設計図もそのような通常の設計図であり、その表現方法に独創性、創作性は認められない。本件設計図から読みとることのできる什器の具体的デザインは、本件設計図との関係でいえば表現の対象である思想又はアイデアであり、その具体的デザインを設計図として通常の方法で表そうとすると、本件設計図上に現に表現されている直線、曲線等からなる図形、補助線、寸法、数値、材質等の注記と大同小異のものにならざるを得ないのであって、本件設計図上に現に表現されている直線、曲線等からなる図形、補助線、寸法、数値、材質等の注記等は、表現の対象の思想である什器の具体的デザインと不可分のものである。」として、原告設計図の著作物性を認めず、著作権侵害等も否定した。

被告スモーキング・スタンド〔被告カタログ写真目録参照〕

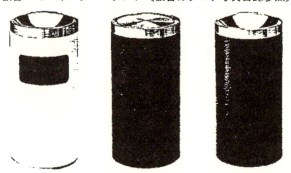

(2) **大阪高判平成13年6月21日**[16]〔泉北ニュータウン建築設計図面事件〕

泉北ニュータウン光明池地区センター業務施設用地に関する建設設計図面を作成した控訴人（一審原告）が、被控訴人（一審被告）は、控訴人に無断で当該設計図を複製して被控訴人の設計図を作成したとして、被控訴人に対し、著作権侵害を主張した事案において、裁判所は、「設計図の著作物について著作権侵害の成否を判断するに当たっては、まず、創作的な表現と評価できる作図上の表記の仕方が複製判断の対象とされる設計図と原著作物の間で共通しているか否かを基準としなければならず、原著作物である設計図に具現された企画

---

16) 原審・大阪地判平成12年8月24日（判例集未搭載）も同旨。

の内容や，そこから読み取り得るアイデアが共通するからといって著作物としての同一性を肯定することはできない」とした上で，「建築設計図は，主として点又は線を使い，これに当業者間で共通に使用される記号，数値等を付加して二次元的に表現する方法により作成された図面であり，極めて技術的・機能的な性格を有する上，同種の建物に同種の工法技術を採用しようとする場合には，おのずから類似の表現を取らざるをえないという特殊性を有することから，複製判断の対象とされる設計図と原著作物との間で，このような表現方法が共通していたとしても，創作的な表現が再製されたものとして同一性を肯定することができない」と判示した。

そして，「共通点は，いずれも，設計図に内包されたアイデアが，本件土地上に大型スーパーマーケットと中高層住宅の併設建物を設計するという同一の企画に基づくことに由来し，かかる業務施設及び中高層住宅の併設建物を設計する場合に採用せざるを得ない表現方法が共通とするものといえる」として，著作権侵害を否定した。

(3) **東京地判平成15年2月26日最高裁HP〔フランステレコム事務所設計図書事件〕**

被告Aの事務所の設計及び施工の受注を競うコンペにおいて設計図（原告設計図）を作成した原告が，被告Aは，原告に無断で別の業者である被告Bに原告設計図を開示して複製させたとして，被告らに対し，著作権侵害を主張した事案において，裁判所は，「設計図は，そのすべてが当然に著作権法上の保護の対象となるものではない。設計図が著作物に該当するというためには，その表現方法や内容に，作成者の個性が発揮されていることが必要であって，その作図上の表現方法や内容が，ありふれたものであったり，そもそも選択の余地がないような場合には，作成者の個性が全く発揮されていないものとして，著作物には当たらないというべきである」と述べた上で，「(1)原告設計図においては，特殊な形状の建物の内部設計について，顧客である被告Aから各専用部分や共用部分の種類，個数，面積，位置関係等に関して詳細な設計条件を付され，これらの設計条件に適合することが必要であるため，設計者が自由に選択できる事項としては，『各部屋及び通路の具体的形状』及び『全体の配置』などに限られていたこと，(2)原告設計図における表現方法は，極く一般の設計図において用いられる平面的な表現方法であって，表現方法における格別の個性の発揮はないこと，(3)本件事務所を，南側壁面に沿った3つのエリアと，西

側壁面に沿った細長いエリアに分けるという発想は，正にアイディアそのものであって，この点が著作権法上の保護の対象となり得る表現とはいえないこと等の点を総合考慮」して，創作性が認められる部分はオフィススペースや各部屋及び通路等の具体的な形状及び具体的な配置の組合せにのみあると認め，本件においては，各オフィススペースや通路の具体的な形状及び具体的な配置の組合せにおいて大きく異なることから，原告設計図と被告の設計図は実質的に同一といえず，共通する箇所は，アイディア又は創作性を有しない部分であって，著作権侵害に該当しないと判示した。

(4) 知財高判平成27年5月25日最高裁HP[17]〔マンション建替設計図書事件〕

マンションの建替え後の建物（本件建物）の設計図（控訴人図面）を作成した控訴人（一審原告）が，被控訴人ら（一審被告ら）は，控訴人に無断で控訴人図面を複製又は翻案して本件建物の別の設計図（被控訴人図面）を作成したとして，被控訴人ら（一審被告ら）に対し，著作権侵害を主張した事案において，裁判所は，「控訴人図面は，本件建物の設計図面であるから，著作権法10条1項に例示される著作物中の『地図又は学術的な性質を有する図面，図表，模型その他の図形の著作物』（著作権法10条1項6号）にいう『学術的な性質を有する図面』に該当するものと解されるところ，建築物の設計図は，設計士としての専門的知識に基づき，依頼者からの様々な要望，及び，立地その他の環境的条件と法的規制等の条件を総合的に勘案して決定される設計事項をベースとして作成されるものであり，その創作性は，作図上の表現方法やその具体的な表現内容に作成者の個性が発揮されている場合に認められると解すべきである。もっとも，その作図上の表現方法や建築物の具体的な表現内容が，実用的，機能的で，ありふれたものであったり，選択の余地がほとんどないような場合には，創作的な表現とはいえないというべきである」と述べた上で，本件においては，「作図上の表現方法については，一般に建築設計図面は，建物の建築を施工する工務店等が設計者の意図したとおり施工できるように建物の具体的な構造を通常の製図法によって表現したものであって，建築に関する基本的な知識を有する施工担当者であれば誰でも理解できる共通のルールに従って表現されているのが通常であり，作図上の表現方法の選択の幅はほとんどないといわざるを得ない。そして，控訴人図面をみても，その表現方法自体は，そのような通常

---

17) 原審である東京地判平成26年11月7日最高裁HPも同旨。また知財高裁判決は最決平成27年11月10日にて上告棄却及び上告不受理とされ確定している。

の基本設計図の表記法に従って作成された平面的な図面であるから，表現方法における個性の発揮があるとは認められず，この点に創作性があるとはいえない」と判示した。

　また，具体的な表現内容については，「控訴人図面に係るマンションは，通常の住居・店舗混合マンションであり，しかも旧マンションを等価交換事業として建て替えることを予定したものであるところ，このようなマンションは，一般的に，敷地の面積，形状，予定建築階数や戸数，道路，近隣等との位置関係，建ぺい率，容積率，高さ，日影等に関する法令上の各種の制約が存在し，また，等価交換事業としての性質上，そのような制約の範囲内で，敷地を最大限有効活用するという必要性がある上，住居スペースの広さや配置等は旧マンションにおける住居面積，配置，住民の希望や，建築後の建物の日照条件等に依ることもあり，建物形状や配置，柱や施設の配置を含む構造，寸法等に関する作図上の表現において設計者による独自の工夫の入る余地は限られているといえる」として，法令等の各種制約が存在する場合には，設計者による独自の工夫の入る余地は限定的となる旨明示している。

　そして，「住民の希望に沿った建物の全体形状，寸法及び敷地における建物配置並びに建物内部の住戸配置，既存杭を前提とした場合の合理的な位置の選択の幅は狭いとはいえ，各部屋や通路等の具体的な形状や組合せ等も含めた具体的な設計については，その限定的な範囲で設計者による個性が発揮される余地は残されているといえるから，控訴人の一級建築士としての専門的知識及び技術に基づいてこれらが具体的に表現された控訴人図面全体については，これに作成者の個性が発揮されていると解することができ，創作性が認められる」としながらも，「ただし，以上に説示したところからすれば，本件においては設計者による選択の幅が限定されている状況下において作成者の個性が発揮されているだけであるから，その創作性は，その具体的に表現された図面について極めて限定的な範囲で認められるにすぎず，その著作物性を肯定するとしても，そのデッドコピーのような場合に限って，これを保護し得るものであると解される」と判示した。

　これらを前提に，本件においては，たとえば，1階平面図において「診療所及び店舗の位置及び概略形状は類似するが，これらの具体的な寸法は相違するし，これら以外の管理室，ゴミ保管庫，メールコーナーは，配置も形状も異なり，サブエントランスや正面エントランスの形状も異なるため，1階全体の具

体的な間取りは相違する」と判示するなどして，「控訴人図面と被控訴人図面とを比較すると，建物の全体形状に所以する各階全体の構造や，内部の各部屋の概略的な配置は類似するものの，各部屋や通路等の具体的な形状及び組合せは異なる点が多くあり，もともと控訴人図面の各部屋や通路の具体的な形状及び組合せも，通常のマンションにおいてみられるありふれた形状や組合せと大きく相違するものではないことを考慮すれば，控訴人図面及び被控訴人図面が実質的に同一であるということはできない。そうすると，控訴人図面と被控訴人図面とが，その基本となる設計与条件において共通する点があるとしても，具体的に表現された図面としては異なるものであるといわざるを得ず，被控訴人図面が控訴人図面の複製権又は翻案権を侵害しているとは認められない」とした。

なお，本件において，控訴人は，被控訴人図面において柱本数及び柱間寸法はすべて控訴人図面と同一（一部，若干異なるが誤差の範囲内）であると主張していたが，この点について，裁判所は，「柱位置・柱数・柱間寸法については，既存杭を避けて新たな杭を配置するということも，控訴人図面を作成する際の設計与条件となっていたものであり，この点を控訴人図面に表現したことをもって創作性があるとはいえないし，そのような提案を建替計画に関わった当初に最初にしたのが控訴人であったとしても，そのこと自体はアイデアであり，著作権の保護の対象となるものではない」と述べるとともに，「本件建物の全体形状や内部配置を前提とした場合の合理的な柱本数及び柱位置ないし柱配置の選択の幅は限られていたというべきであり，控訴人図面と被控訴人図面の柱の位置がすべて同一とはいえないことをも考慮すれば，この点の類似性をもって，被控訴人図面が控訴人図面の複製又は翻案物であるとはいえないというべきである」と判示した。裁判所は，さらに進んで，「仮にこの点に特徴があり，創作性があるとしても，被控訴人図面においてはそもそもX_2Y_2柱の左側面の延長線上にX_2Y_4柱の右側面が一致するものとも，同延長線がX_2Y_3柱の中心を通っているものとも認められないから，類似しているとはいえず，著作権侵害があるとはいえない」と述べるなど，選択の幅が限られている表現については，仮に著作物性が認められるとしても，その保護範囲は極めて狭いということを判示している。

第4節 考　察

1　建築設計図の著作物性の判断要素
(1)　裁判例の到達点―拡大作図基準説から作図基準説―

　裁判所は，当初，一級建築士などの専門家がその知識と技術を駆使して作成したものであれば，それ以上の特段の検討をすることなく建築設計図を著作物として認定していたように思われる（冷蔵倉庫事件，小林ビル設計図書事件参照）。これらの裁判例では，明示的に「設計思想から派生した形状，寸法，色彩等」を含めて建築設計図の創作性の有無を判断しているわけではないが，拡大作図基準説を暗黙の前提とした判決であるとの指摘がある[18]。

　また，その後の浅野ビル設計図書事件でも，著作物性の有無が明示的に争われなかったため創作性の判断部分において言及されているわけではないが，類似性の判断部分において，設計思想から派生した形状，寸法が一致していることを根拠に，著作権侵害を肯定しており，拡大作図基準説を暗黙の前提にしている裁判例とも読むことができ得る。

　このような流れにおいて，丸棒矯正機設計図事件は，裁判所が明示的に拡大作図基準説の立場に立つことを示したはじめての裁判例となった。

　しかしながら，その後，作図基準説の立場に立つスモーキングスタンド事件の登場を境に一転して裁判例の流れが変わる。

　続く，泉北ニュータウン建築設計図面事件，フランステレコム事務所設計図書事件も作図基準説の立場を鮮明にし，建築設計図が著作物として認められる範囲は極めて限定的と解釈する立場が裁判例の主流となるのである[19]。そして，この作図基準説の流れはマンション建替設計図書事件において，知財高裁判決が同説の立場に立つことを鮮明にし，最高裁も是認したことで確定的なものとなったといえよう。

　最高裁がマンション建替設計図書事件に関する知財高裁判決を是認したことに照らせば，今後も裁判例の趨勢としては作図基準説の立場を採用する流れが

---

[18]　冷蔵倉庫事件判決が拡大作図基準説を暗黙の前提としていると指摘するものとして中山・前掲注4）79頁参照。

[19]　なお，スモーキングスタンド事件以降において，拡大作図基準説に立つ判決として，大阪地判平成12年8月24日判例集未搭載〔スーパーマーケット設計図書事件〕が存在する（中山・前掲注4）79頁参照）。

(2) 建築設計図の著作物性の判断要素に関する私見

拡大作図基準説は，設計図のような技術的・事実的色彩の濃い表現物について作図上の具体的表現のみを創作性の判断基準とすると，表現方法において奇抜な実用価値の低いものの創作を著作権法が奨励する結果となり，妥当ではないと主張する。

しかしながら，技術的・事実的色彩の濃い表現物であっても，建築設計図は，所与の条件が異なれば，どのような建築物を建てるかについて一定の選択の幅が存在するため，作図上の具体的な表現のみからでも著作物性が認められる表現は存在すると考えられ，必ずしも奇抜な実用価値の低いものの創作を奨励するということにはならないだろう[20]。また，技術的・事実的色彩の濃い著作物として「地図」も挙げられるが，地図の著作物性が作図上の具体的な表現のみから判断されていることとも拡大作図基準説は整合しないように思われる。

そもそも，拡大作図基準説がいう「設計思想から派生した形状，寸法，色彩等」とは何を指すのか判然としないように思われる。おそらく，この疑問は「設計思想」という用語が多義的であり，何を指すのか極めて不明瞭であるという問題に帰着するものと思われるが，「設計思想」には機能的，実用的な面が多分に含まれている場合もあり，拡大作図基準説に立つと，本来，特許法等の工業所有権制度の守備範囲に機能的，実用的な面を不用意に著作権法で保護してしまうことになりかねない。

以上を前提とすると，設計図の著作物性の有無は，設計思想から派生した形状，寸法，色彩等を含まない作図上の具体的な表現のみを判断基準とすべきであると考える。このように解すると，建築設計図が著作物として保護される範囲は限定的となるが，著作権法が創作的な表現を保護することを目的とした法律であることの帰結としてやむを得ないものと解さざるを得ないのではないだろうか。

(3) 建築設計図の創作性の有無を判断する際に留意すべき「所与の条件」

建築設計図は，図面を作成して終わりではなく，その後，建築設計図に基づ

[20) また，拡大作図基準説に立てば設計図の創作行為を奨励することにつながるのか，という点についても疑問がないわけではない。この問題は，そもそも設計図を著作権法上どこまで保護すべきか，設計図をいかなる法律によって保護すべきか，という問題と密接に結びつくものと考える。

いて現実に建築がなされることを前提として作成されるのが通常である。そして，建築物は人が生活し，又は，何らかの活動をするという場所であることから様々な「所与の条件」が存在するのが通常である。この「所与の条件」には，消防法，建築基準法などの各種法令は勿論のこと，施主からの要望なども含めて考えるべきであろう。

過去の裁判例では，建築設計図の創作性の有無に関して，技術的・機能的な面からの制約を創作性の有無の判断要素とする傾向は見られていたが，法令による制約や施主の要望まで含めて創作性の有無を検討しているものは見当たらなかった。

しかしながら，近時の裁判例では，技術的・機能的な面以外からの条件も広く検討の対象とする傾向にある。たとえば，フランステレコム事務所設計図書事件では，「顧客である被告Aから各専用部分や共用部分の種類，個数，面積，位置関係等に関して詳細な設計条件」が付されていたことが，創作性の有無の検討要素となっている。また，マンション建替設計図書事件では，「敷地の面積，形状，予定建築階数や戸数，道路，近隣等との位置関係，建ぺい率，容積率，高さ，日影等に関する法令上の各種の制約」を創作性の有無の検討要素としていることに加え，「（マンション建替えの）等価交換事業としての性質上，そのような制約の範囲内で，敷地を最大限有効活用するという必要性がある上，住居スペースの広さや配置等は旧マンションにおける住居面積，配置，住民の希望や，建築後の建物の日照条件等」も幅広く検討対象としている。

このように近時の裁判例においても，技術的・機能的な面のみならず，施主の意見，要望や法令等の制約等を幅広く「所与の条件」として建築設計図の創作性の有無の判断要素としており，妥当であると考える。

2 建築設計図の著作物としての保護範囲

建築設計図が保護されるとして，その保護範囲はどの程度広いものであろうか。創作性の有無の判断と密接に結びつく問題であるが，一般的には表現の選択の幅が広ければ広いほど保護範囲も比例して広くなり，逆に選択の幅が狭ければ狭いほど保護範囲も狭くなると解されている。

この点，建築設計図の著作物の保護範囲について，マンション建替設計図書事件判決は「本件においては設計者による選択の幅が限定されている状況下において作成者の個性が発揮されているだけであるから，その創作性は，その

具体的に表現された図面について極めて限定的な範囲で認められるにすぎず，その著作物性を肯定するとしても，そのデッドコピーのような場合に限って，これを保護し得るものであると解される」と述べている。そして，同判決は柱位置・柱数・柱間寸法が問題となっている箇所において，創作性を否定しつつもさらに進んで「仮にこの点に特徴があり，創作性があるとしても，被控訴人図面においてはそもそもX2Y2柱の左側面の延長線上にX2Y4柱の右側面が一致するものとも，同延長線がX2Y3柱の中心を通っているものとも認められないから，類似しているとはいえず，著作権侵害があるとはいえない」とまで説示し，保護範囲がきわめて狭いことを強調しているのである。

このように，建築設計図が著作物として保護される場合であっても，所与の条件により表現の選択の幅が限られている場合には，デッドコピー，しかもかなり厳密な同一性が認められる場合のみ保護範囲が及ぶという極めて限定的な解釈をしているのである。建築設計図が，ミリ単位で表現される性質を有する平面図であることに照らせば，妥当な判断であろう。

3 建築設計図と不法行為

建築設計図が著作物として保護される場合が限定的であることから，著作権侵害に該当しないとしても，情報やノウハウの無断利用について，別途，一般不法行為（民法709条）が成立するか否かが問題となる。

この点，丸棒矯正機設計図事件は，「他企業の製品についての公然知られていない情報を入手し利用することは，企業間の自由競争の限界を逸脱し違法と解され，故意により原告の財産上の権利を侵害して損害を発生させたものであるから，不法行為を構成する」と判断しているが，疑問である[21]。

近時の最高裁判例[22]は，著作権侵害が否定されたにもかかわらず，不法行為が成立する場合について，「著作権法は，著作物の利用について，一定の範囲の者に対し，一定の要件の下に独占的な権利を認めるとともに，その独占的な権利と国民の文化的生活の自由との調和を図る趣旨で，著作権の発生原因，

---

21) 本判決が不法行為の成立を認めた点について，営業秘密の保護要件である秘密管理性が，ほとんど議論されておらず，不法行為の認定に精緻さを欠いている印象がぬぐえないと批判するものとして宮下佳之「設計図の著作物性(1)〔丸棒矯正機設計図事件〕」小泉直樹＝田村善之＝駒田泰士＝上野達弘編『著作権法判例百選』17頁（有斐閣，第5版，2016年）参照。

22) 最判平成23年12月8日民集65巻9号3275頁〔北朝鮮著作権事件〕。

内容，範囲，消滅原因等を定め，独占的な権利の及ぶ範囲，限界を明らかにしている。同法により保護を受ける著作物の範囲を定める同法6条もその趣旨の規定であると解されるのであって，ある著作物が同条各号所定の著作物に該当しないものである場合，当該著作物を独占的に利用する権利は，法的保護の対象とはならないものと解される。したがって，<u>同条各号所定の著作物に該当しない著作物の利用行為は，同法が規律の対象とする著作物の利用による利益とは異なる法的に保護された利益を侵害するなどの特段の事情がない限り，不法行為を構成するものではないと解するのが相当である</u>。」と述べている。

このような最高裁の説示に照らせば，建築著作物の設計図に係る著作権侵害が否定された場合において，別途，不法行為が成立する余地は極めて限定的な場合（公正な競争として社会的に許容される限度を著しく超える事情が特別に存在する場合など）に限られるものと解される。

第5節 おわりに

これまで見てきたように建築設計図の著作物性を巡る判断基準は，時代と共に変遷してきたが，マンション建替設計図書事件における知財高裁判決を一つの到達点として，実務上は作図基準説に基づいて今後も判断がなされるものと思われる。また，作図基準説に加え，著作物性の有無の検討に際しては，所与の条件として幅広く法令等の制約，施主の要望等も判断要素となるという流れは今後も維持されるだろう。

さらに，建築設計図が著作物として保護されるとしても，表現の選択の幅が限られている場合には，その保護範囲は厳密な同一性が求められるデッドコピーに限定されるという点は，著作物性の有無の判断と関連して実務上，留意すべき点である。

最後に，残された問題として，建築設計図における著作権者の特定という問題が今後はクローズアップされていくのではないだろうか。建築技術が高度化し，複雑な建築物を建てることができることになった反面，建築設計図の作成の段階から多くの専門家が関与する事案が増えてきている。大規模建築では，複数の企業がジョイントベンチャーを組成し，各社から複数の専門家が投入され，建築設計図の作成が行われることも少なくない。さらに，監修として，著名な建築家が入ることもあり，一層問題が複雑になることもあるだろう。こう

した場合において，建築設計図の著作権の帰属について，当事者間であらかじめ契約上の合意をしていれば問題はないが，そのような事案は多くないように見受けられる[23]。建築設計図について，創作性が認められる部分があるとして，果たして当該部分を設計したのは誰か，著作権が誰に帰属しているのか，といった問題が起こり得るだろう。この点は，最終的には事実認定の問題ではあるものの今後の問題として検討が必要になるものと考える。

〔付記〕　本稿は，土肥一史先生古稀記念論文集に寄せて執筆したものである。筆者が文化庁長官官房著作権課に著作権調査官として出向していた2012年から2014年までの間，土肥教授には大変お世話になった。著作権行政について右も左もわからない筆者に，土肥教授は懇切丁寧に優しく，そして粘り強くご指導をして下さった。また，混迷を極めた文化審議会での議論においても，土肥教授の力強いリーダーシップに何度も助けて頂いた。

　近時の著作権法改正において，土肥教授が果たされた役割は計り知れないものであり，これを疑う者はいないであろう。

　また，その素晴らしいお人柄からも土肥教授を慕う者は多く，とりわけ広島東洋カープの話をされているときの土肥教授には人を惹きつけてやまない魅力がある。奇しくも土肥教授が古稀をお迎えになる年に広島カープが25年ぶりにリーグ優勝を果たしたというのは決して偶然ではないのかもしれない。

　ミュンヘンから広島東洋カープのリーグ優勝とともに，土肥教授の古稀をお祝いしたい。

---

23) 設計を始める前に設計に参加する者らで著作権の帰属を取り決めた契約書を締結すべき，との指摘はあるのだろうが，現実問題として，設計は随時，内容が変更していくものであり，誰がどの設計にどれだけ関与，貢献するのか，ということが事前に把握しづらいという問題等もあり，そのようなプラクティスを推奨することで解決する問題ではないと考える。また，建築設計図が完成した段階で，速やかに契約書を締結すべきという指摘もあるだろうが，工期がタイトななかで設計図の完成からすぐに施工に取り掛からなければならない実情に照らせば，これも残念ながら現実的な解ではないように思われる。

応用美術の創作性判断にかかる非区別説

鈴木　香織

第1節　はじめに
第2節　応用美術の創作性
第3節　若干の検討
第4節　おわりに

第1節　はじめに

　著作権法における伝統的な議論として，応用美術の保護に関する問題がある。
　多くの判決においては，応用美術の範囲に含まれる対象物品について著作権法の保護要件である創作性が認められず，著作物性が否定されてきた。その判断においては，純粋美術の著作物とは異なる判断基準が用いられているとも考えられ，その是非については議論があるところ，主要な学説はこれを支持するものが多かった。しかしながら，このように判例法理として踏襲されてきている応用美術の判断基準である段階理論的判断に対し，批判的な見解も見られていた[1]。そして，2014年に上野達弘により応用美術にかかる著作物性の判断基準について区別説あるいは非区別説に体系的整理が行われた。その後，2015年に判示されたTRIPP TRAPP事件で，知財高裁は，従来の判断基準では著作物性が否定されるような椅子のデザインについて，異なる判断基準を用いて，著作物性を認める判断を下した。
　本稿を執筆している時点においては，TRIPP TRAPP事件で示された判断基準が踏襲されたと思われる判決は見当たらないが，近い将来そのような事例も出てくるものと思われることからTRIPP TRAPP事件で示された判断基準が採用される場合について検討を試みる。

---

1) 上野達弘「応用美術の著作権保護─段階理論を越えて─」パテント67巻4号96頁以下，斉藤博『著作権法』（有斐閣，第3版，2008年），鈴木香織「判批」著作権研究39号264頁以下，角田政芳「判批」AIPPI58巻12号2頁以下，森本晃生「応用美術の著作権保護を巡る若干の考察」パテント64巻1号53頁参照。

第2節　応用美術の創作性

1　応用美術とは
(1)　著作権法における応用美術
①　著作権法における応用美術の位置づけ

著作権法において，著作物と認められる創作物には性質の異なる様々なものが含まれている。著作権法の2条1項1号は，思想又は感情を創作的に表現したものとしているが，客体の性質毎に創作性が認められる部分が明記されているわけではない。そのために，著作物の性質の違いは創作性の判断において極めて重要な論点となる。そして，著作権法2条1項1号における美術の著作物とは，「絵画，版画，彫刻その他の美術の著作物」をいう（著作権法10条1項4号）。このうち，「絵画，版画，彫刻」が純粋美術の著作物に該当するといわれる[2]。純粋美術は，「思想または感情が表現されていて，それ自体の鑑賞を目的とし，実用性を有しない[3]」とされ，原則的に一品製作品であるとされる[4]。

②　応用美術の定義

応用美術の定義は，著作権法上も明確に規定されたものはない[5]。そのため，これまでの裁判所の判断を頼りに保護の射程が検討されてきた。

「応用美術」の言葉の由来は，文学的および美術的著作物の保護に関するベルヌ条約（以下「ベルヌ条約」という）における「工業目的の応用美術の著作物」"Œuvres des arts appliqués et dessins et modèles industriels" だと考えられるが，ここでいう「応用」に関して「実用目的を有するものに応用される美術の著作物で，手工芸品であると工業により製作される著作物であるとを問わない」と説明されている。

著作権法2条2項は，「『美術の著作物』には，美術工芸品を含む」としてい

---

[2]　上野達弘「応用美術の法的保護」『知財年報〈2009〉―I.P.Annual Report（別冊 NBL no. 130）』211頁（商事法務，2010年）参照。

[3]　神戸地判姫路支部昭和54年7月9日無体集11巻2号371頁〔仏壇彫刻事件〕参照。

[4]　高林龍『標準著作権法』41頁（有斐閣，第2版，2013年）参照。

[5]　判例上は，「実用に供され，あるいは産業上利用される」ものとの説明が散見される。斉藤・前掲注1）82〜83頁参照。「応用美術とは実用目的を有するものに『応用』されるものということになるが，近年では，実用目的を有するものへの『応用』から離れ，『それ自体実用的機能を有するもの』と『実用品（物品）と一体となっているもの』と定義する案が示されている」とする。

る。これは，ベルヌ条約への批准をするにあたり，ブラッセル規定により保護する著作物の例示に「応用美術の著作物」があることから，我が国においても著作権法上保護の必要があるとして，美術工芸品に関し規定された[6]ものである。

著作権法は，応用美術のうち，美術工芸品については著作権法2条2項で規定されているから，少なくともその範囲においては著作権法の保護が及ぶことになる。

美術工芸品について，従来の学説を見ると「美的な形象を有する実用品ないしは実用品の美的な形象であって，その実用品が量産されないものをいう」として，量産性の有無による説明がみられる[7]。また，「実用性と鑑賞性を併せもつもの」として，鑑賞性を含む点により説明されるものがある[8]。

著作権法は，応用美術と同様に美術工芸品に関する定義規定をおいていない。

美術工芸品とは，「一品製作の手工的な美術作品[9]」をいうとされるが，博多人形事件[10]以降，量産品についても著作物性が認められ，既にそのような考えは廃れており，一品製作品に限るとする学説は少ない[11]。他方で，「量産品の美的形象」と述べる者もいる[12]。

また，美術工芸品は，応用美術の範疇に入り，「絵画，彫刻等の純粋美術に対置して用いられる……著作物である[13]」との説明がある。これに対して，「必ずしも対置する概念ではない[14]」あるいは「いずれか一方の範疇に属する

---

6) 文化庁「著作権制度審議会答申説明書1966年7月15日」『著作権法百年史／資料編』49頁（著作権情報センター，2000年）50頁参照。
7) 渋谷達紀『著作権法』35頁（中央経済社，2013年）参照。なお，前掲注6)「答申説明書」50頁においても，「一品製作の美術工芸品」との記述がみられることから，立法当初は美術工芸品について一品製作品を対象としていたと思われる。
8) 高林・前掲注4）41頁参照。ただし，著作物の保護要件に「鑑賞に耐えうること」が要件に無いことについても併せて述べている。
9) 加戸守行『著作権法逐条講義』68頁（社団法人著作権情報センター，第6訂新版，2006年）参照。
10) 長崎地判佐世保支部（昭和48年2月7日無体集5巻1号18頁〔博多人形／赤とんぼ事件〕参照。
11) 量産品に限られないとするものについて，渋谷・前掲注7）35頁（中央経済社，2013年），田村善之『著作権法概説』32頁（有斐閣，第2版，2001年），中山信弘『著作権法』165頁（有斐閣，第2版，2013年）等がある。
12) 上野達弘＝島並良＝横山芳久38頁『著作権法入門』（有斐閣，2009年）参照。
13) 半田正夫『著作権法概説』87頁（法学書院，第14版，2007年）参照。同旨の学説に，高林・前掲注4）42頁，土肥一史『知的財産法入門』270頁（中央経済社，第15版，2015年）等がある。
14) 上野・前掲注1）215頁参照。

ものではない[15)]」とする説もあり概念として確立はしていない。

③ 著作物の創作性に制約を加える実用性や機能性

応用美術作品は，実用性や機能性と美的創作性が一体化されて表現されていることが多い。

従来の判例では，「実用的な機能を離れて見た場合」に「美的鑑賞の対象となり得るような美的創作性を備えている」かを検討しておりこの判断手法が大多数を占めていた。しかしながら，作品に一体化されている中から，実用性や機能性，美的創作性にかかる部分を抽出するという作業は，できる場合とできない場合がある。

もちろん，抽出できる場合のみを保護するという考え方もありうるところであるが，実際のところ抽出できないからといって，著作物性が否定されるべきではない作品も多数存在していると思われるし，そもそも応用美術作品のほとんどは実用性や機能性を有しており，判断において実用性や機能性以外の美的創作性をどのように抽出するかがこの問題の本質的課題であるといえよう。

なお，実用性や機能性による制約を強く受けている作品であればあるほど，創作の幅は狭いと考えられることから，仮に著作物性が肯定されたとしても，当該作品の保護範囲も狭くなると思われる。

実用性とは，なんらかの用途を前提として製作されており，その利用に対する社会的要求が強いことをいう[16)]。そのため，製作にあたってその用途に基づくさまざまな制約があり，思想感情を表現するうえで美術の著作物等に比べると自由度が低い[17)]。そして，実用性の高い著作物は，その保護範囲の解釈について慎重な判断が求められる。実用性の高い著作物の性質として，一般的な美術の著作物などに比べると保護範囲が狭いことが挙げられる。すなわち，実用性が強まると保護範囲は狭くなり，実用性が弱まると保護範囲は広くなる[18)]。

---

15) 作花文雄『著作権法―制度と政策』569頁（発明協会，第3版，2008年）参照。
16) 中山信弘『ソフトウェアの法的保護』102頁（有斐閣，新版，1988年）参照。大阪高裁平成17年7月28日判時1298号116頁〔チョコエッグ・フィギュア事件〕では，実用目的について「製作者が当該作品を実用に供される物品に応用されることを目的」とするものとしている。
17) 玉井克哉「工作機械の設計図―図面の著作物」54～55頁『著作権判例百選』（有斐閣，第2版，1994年）参照。
18) 中山・前掲注16) 101～104頁。他に，相澤英孝『知的財産法概説』199頁（弘文堂，2005年）では「実用性の高い著作物ほど，創作的な部分は類型的に狭くなると考えられる」と述べる。

仮に，実用性の強いものの保護範囲を広く解すると実質的にアイデアまで保護が及んでしまうという問題がある。著作権法は，原則的にアイデアを保護しないが，著作物の性質によってはアイデアの領域にまで実質的に保護が及んでしまうこともありうる。このような状態は社会に与える弊害が発生する可能性があるため，法的解釈の手法を用いて調整を行っている。機能的制約が強いことは，著作権法で保護が可能である部分かどうかは別としても，経済財としての価値を有する部分が含まれているということがいえよう。

著作権法においては，客体の機能的部分は保護の対象ではない。しかしながら，その客体の性質によっては機能的部分を含むものが存在する。機能的部分は，創作における表現の幅を狭めようとする制約を加えることがある。たとえば，客体の基本的形態を失ってはならないという本質的制約などが考えられる[19]。客体に機能的部分が含まれているからといってすぐに保護の対象にならないというわけではなく，その客体における創作的部分がある場合には著作権法の保護の対象となりうる。

(2) 応用美術の保護についての従来の議論
① 例示説と限定説

応用美術の著作物性の議論においてその保護範囲については従来から限定説と例示説の議論が存在していた。すなわち，2条2項の規定を創設規定と捉え，美術工芸品に限定する限定説と，確認規定と捉えて，それ以外も含まれるとする例示説である。なお，限定説を採用したと思われる判決[20]も過去に散見されるが批判もある[21]。

著作権制度審議会を経て，国会に提出された著作権法改正法案においては，美術工芸品を美術の著作物に含めるという規定を設けるに止まった。この規定

---

[19] 東京高裁昭和58年4月26日無体集15巻1号340頁〔ヤギ・ボールド等タイプ・フェイス事件〕では，タイプ・フェイスの創作にかかる制約について「情報伝達という実用的機能を期待されたものであり，それがため，そこに美の表現があるとしても，文字等についてすべての国民が共通に有する認識を前提として，特定の文字なり，数字なりとして理解されうる基本的形態を失つてはならないという本質的制約を受けるもの」と判示している。
[20] 最高裁平成3年3月28日〔ニーチェア事件〕，京都地裁平成元年6月15日判時1327号123頁〔佐賀錦袋帯事件〕，東京高判平成3年12月17日知財集23巻3号808頁〔木目化粧紙事件〕参照。
[21] 作花文雄「著作権制度における美的創作物（応用美術）の保護—法目的制度間調整に基づく著作物相応性の視点におる対象範囲の確定基準—」コピライト46（544）号25～26頁（2006年）参照。

の解釈に関し,国会での政府委員の説明や答弁は限定説が採用されたかのようにも見受けられたが,条文上は例示説が採用されているようにもとれることから,条文からは立法者の見解を十分に読み取ることができない。この点については,その後の混乱を招く一つの原因になっている[22]。しかしながら,近年の判決において,一品製作の美術工芸品以外にまで保護の範囲が広げられ,例示説は多数を占めており,限定説が採用される判決は見られなくなっている[23]。

著作権法上保護される応用美術は,少なくとも純粋美術の著作物,美術工芸品として認められれば保護されることになる。そして,現在は例示説が当然のこととして,議論されているように思われる。

② その後の判例および学説の展開

実用品には,客体の著作物性を制約する機能面あるいは実用面からの要請があることは否定できない。従来の判決においても,いすのデザインに関し,「実用面を離れ一つの完結した美術作品として美的鑑賞の対象となりうるものとはいえない[24]」と判示されたもの,装飾された窓格子の図面につき,「実用的性質を持つに止まり,それを超えて,……純粋美術の本質的特徴を合わせ有する美的創作物というに足りないものといわざるをえない[25]」と判示されたもの,漁網の結節構造について,「漁網としての機能をよりよく発揮させることを唯一の目的として,画一的な工業的方法により大量生産される製品の構成部分を成すものであり,右結節には,美的表現とか創造性とかいった要素は全く認められない[26]」と判示されたもの,デザイン図の街路灯のデザインにつき,

---

22) 著作権法改正法案および国会における政府委員の説明並びに答弁については,社団法人著作権情報センター応用美術委員会「著作権法と意匠法との交錯問題に関する研究」『著作権研究所研究叢書』No.9.(著作権情報センター,2003年)107～112頁,および,半田正夫「応用美術の著作物性について」青山法学論集第32巻第1号54頁(1990年)参照。

23) 長崎地判(佐世保)昭和48年2月7日無体集第5巻1号18頁〔博多人形/赤とんぼ事件〕,神戸地判(姫路)昭和54年7月9日無体集11巻2号371頁〔仏壇彫刻事件〕,東京地判昭和56年4月20日無体集13巻1号432頁〔アメリカTシャツ事件〕,東京高裁平成4年9月30日 LEX/DB28019588〔装飾窓格子事件〕,名古屋高裁平成9年12月25日判タ981号263頁〔漁網結目事件〕,大阪高裁平成13年1月23日 LEX28060158〔街路灯デザイン図事件〕,仙台高判平成14年7月9日判時1813号150頁〔ファービー事件〕,前掲・チョコエッグ・フィギュア事件,東京地裁平成20年7月4日 LEX/DB 28141650〔プチホルダー事件〕等参照。

24) 前掲・ニーチェア事件参照。

25) 前掲・装飾窓格子事件参照。

26) 前掲・漁網結目事件参照。

「街路灯のデザインという実用目的のために美の表現において実質的制約を受けたもの[27]」であるとして著作物性が認められなかったもの等がある。

応用美術は，一般的な美術の著作物と比較して厳格に著作物性の判断がなされている。これについては，従来の判決の多くが示す通り「意匠法との境界を画するという観点から，保護を受ける応用美術とは，著作権法で保護されている純粋美術と同視できるものである」とし，「応用目的が存してもなお著作権法の保護を受けるに足るプラスαがある応用美術に限り著作物として認知すべき」とする説があり，これに同意する者も多い[28]。他方で，「判決が（応用美術の）著作物性を否認する場合には，『美術工芸品』にも『美術の著作物』にもどれにも該当しないとするだけの審理では不十分である」そして「著作物性を否定するためには必ず著作権法 2 条 1 項 1 号に定められている著作物の定義に該当しないことが確認しなければならない」とし，「『美術の著作物』に該当するか否かで終わらずにさらに審理を尽くし著作権法 2 条 1 項 1 号に定められている著作物の定義に該当していないことまで明確にすべきである」との批判がある[29]。また，「そもそも応用美術は美術の著作物の一ジャンルなのであるから，著作物の要件に該当するか否かを客観的に評価すればよく，それのみで足る」との批判もある[30]。

製品として機能性は重視されるべきであるが，美術性や個性を表現することと相いれないわけではない。だとすると，全体としてみて著作物性があると認められる場合にまで，応用美術の著作物性の判断のような厳格な基準を用いなければならないという積極的な理由は無いように思われる。

③　TRIPP TRAPP 事件[31]

ベビーチェアの形状にかかる，著作物性の判断において，知財高裁は，「表現態様も多様であるから，応用美術に一律に適用すべきものとして，高い創作性の有無の判断基準を設定することは相当とはいえず，個別具体的に，作成者の個性が発揮されているか否かを検討すべき」とし従来の判例に見られた段階

---

27) 前掲・街路灯デザイン図事件参照。
28) 中山・前掲注11）171頁参照。また，田村・前掲注11）36頁は，実用品についてそのような基準を用いることは，意匠制度の機能を失わせることになるとして妥当であるとする。
29) 社団法人著作権情報センター応用美術委員会・前掲注22）156頁参照。
30) 河野愛「デザインの法的保護」エコノミア第40巻第 4 号通巻104号 5 頁（1990年）参照。
31) 知財高判平成27年 4 月14日判時2267号91頁〔TRIPP TRAPP 事件〕参照。

テストによる創作性判断を否定した。また，段階テストを否定した理由については，「実用品自体が応用美術である場合，当該表現物につき，実用的な機能に係る部分とそれ以外の部分とを分けることは，相当に困難を伴うことが多いものと解されるところ，上記両部分を区別できないものについては，常に著作物性を認めないと考えることは，実用品自体が応用美術であるものの大半について著作物性を否定することにつながる可能性があり，相当とはいえない。

加えて，『美的』という概念は，多分に主観的な評価に係るものであり，何をもって『美』ととらえるかについては個人差も大きく，客観的観察をしてもなお一定の共通した認識を形成することが困難な場合が多いから，判断基準になじみにくいものといえる」と説明している。

そして，「著作権侵害が認められるためには，応用美術のうち侵害として主張する部分が著作物性を備えていることを要する」，「控訴人ら主張に係る控訴人製品の形態的特徴は，〔1〕『左右一対の部材A』の2本脚であり，かつ，『部材Aの内側』に形成された『溝に沿って部材G（座面）および部材F（足置き台）』の両方を『はめ込んで固定し』ている点，〔2〕『部材A』が，『部材B』前方の斜めに切断された端面でのみ結合されて直接床面に接している点および両部材が約66度の鋭い角度を成している点において，作成者である控訴人オプスヴィック社代表者の個性が発揮されており，『創作的』な表現というべきである」として，著作物性を認め，「美術の著作物」に該当するとした。

この判決は，従来の判断基準である，段階テストを否定しており，個別具体的に，ありふれた表現ではなく，作成者の個性が発揮されているか否かを検討するという，一般的な美術の著作物の著作物性の判断と同じ基準（以後「個性基準」という）で著作物性の判断を行った初めての事案である。仮に，従来の基準を用いて判断がなされた場合には，本件作品の著作物性は認められなかったと思われる。

この判決を契機に，応用美術の著作物性の判断基準にかかる議論が活発化した。

2　創作性の判断に対する考え方

応用美術の創作性の判断に対する考え方は，上野達弘が2014年に体系的整理を行い，大きな枠組みで下記の2系統に整理されるようになった。その議論の軸となっているのが，意匠法と著作権法で保護のすみわけを要するかという点

である[32]。

(1) 区別説

① 結果からのアプローチ

実用に供される機能的な工業製品ないしそのデザインについては，所定の要件の下で意匠法による保護を受けることができる（意匠法2条1項・3条～5条・6条・20条1項等参照）。そして，著作権は原則として著作者の死後又は著作物の公表後50年という長期間にわたって存続すること（著作権法51条2項・53条1項）などをも考慮すると，著作権法により保護を与えることで，意匠法の趣旨が没却されるなどとも考えられることから，意匠法の存在を理由として，「応用美術の著作物性について通常の著作物とは異なる何らかの要件を課す」考え方をいう。

② 段階理論

純粋美術の著作物性には用いられていない美的創作性の程度に関する保護基準であり，「著作権の保護対象となりえる応用美術を，意匠法の存在，あるいは意匠法による応用美術の保護可能性を理由として，高度の創作性基準で限界づけようとする考え方」をいう[33]。このアプローチについて，「通常の意味での創作性があるとしても，結果としてどのような保護が望ましいのかという観点を重視し，結果が相応しいものとなるように，一定の場合には著作権保護を否定すべきだとする基本的な考え方を前提としている」とし，「結果からのアプローチ」と整理され，段階理論を採用する理論的根拠は，①実用品であること，②量産されること，③意匠法が存在することであるとする[34]。

段階理論を根拠とする判断基準（以後「段階テスト」という）が採用される場合，一般的な純粋美術の判断基準よりも「高い創作性」を求めることになるので，その理論が採用されて認められた著作物の保護範囲は広く解釈することもできるのではないかと思われる。しかしながら，実用性や機能性を含む応用美術の保護範囲を広く解釈すると，本来著作権法が保護を予定していない範囲に

---

[32] 上野・前掲注1）109頁参照。
[33] 本山雅弘「応用美術に関するドイツ段階理論の消滅とわが解釈論への示唆」L&T64巻41頁（2014年）参照。なお，本山雅弘先生は，最高裁で判例変更されたドイツの「段階理論」と我が国が判例法理として蓄積してきている「段階理論」的解釈論は，「全く異質の解釈論と解さなければならない」とし，ドイツ段階理論の消滅が直に我が国の段階理論的解釈論の放棄を導くことは困難であると述べる。同稿・48～49頁参照。
[34] 上野・前掲注1）109～110頁参照。

まで実質的な保護が及んでしまいかねない。このような前提に立てば，段階テストを採用して応用美術の著作物性を認めることは弊害が多くなることから，必然的に著作物性が認められる場合が少なくなるという問題があると思われる。

③ 著作物性の評価手法

実用的機能を離れて美的鑑賞の対象となり得るような美的特性を備えていることや，純粋美術と同視し得る程度の美的特性を備えていることが求められる場合があるが，「『美的』という概念は，多分に主観的な評価に係るものであり，何をもって『美』ととらえるかについては個人差も大きく，客観的観察をしてもなお一定の共通した認識を形成することが困難な場合が多いから，判断基準になじみにくいもの」と判示されたものがある[35]。

(2) 非区別説

① 理屈からのアプローチ

「意匠法等の存在があるからといって，そのことを理由に応用美術の著作物性を制約しない考え方」をいう[36]。このアプローチについて「通常の意味における著作物性がある以上，たとえ意匠法等の存在意義が減殺されるといった結果が生じるとしても，応用美術を特別扱いしないで，著作権法上の保護を肯定すべきだという基本的な考え方を前提としている」考え方であり，「理屈からのアプローチ」と整理されている[37]。

非区別説と段階理論との大きな違いは，実用性や機能性を含んでいてもなお「高い創作性」があると認められるものを保護するという考え方ではなく，実用性や機能性を含んでいてもなお，全体として著作物性が認められるのかということにあると思われる。

そもそも，段階理論を採用すれば本来著作物性が認められるような作品についても，著作物性が黙殺され，著作物性が認められないという可能性があり，問題がある。

さらに，実用性や機能性に基づく制約があるはずの応用美術作品について，段階理論を採用して「高い創作性」があることを認めた応用美術作品に広い保護範囲を認めることについても，また，高い創作性があると認めながらも狭い保護範囲とすることについても問題があると思われることから，非区別説を採

---

35) 前掲・TRIPP TRAPP 事件参照。
36) 上野・前掲注1）109頁参照。
37) 上野・前掲注1）109～110頁参照。

用したうえで，実用性あるいは機能性にできる限り保護が及ばないような保護範囲の調整を侵害の判断時に加えていく必要があると思われる。

② 美の一体性理論

フランスでは，「美術の中に区別を設け，それぞれに異なる著作物性の要件を適用することは行われて」おらず，それを「美の一体性の理論（théorie de l'unité de l'art）」と呼んでいる[38]。そして，著作権法と意匠法の重複保護を認め，著作権法において応用美術の保護を行う場合に，特別な要件を区別せず一般的な創作性の有無によって判断がされるものである。

美の一体性理論は，フランスの歴史上，意匠法と著作権法を区別しようとしたこともあったが，それが失敗してきたことが背景にあるとされる[39]。

③ 著作物性の評価手法

(イ) 分離テスト

分離テストとは，客体の美術性が認められる部分が物理的に分離できる場合に，当該部分とそれ以外を分けて著作物性の有無を認定する判断手法をいう。たとえば，いすに装飾（Decoration）がもたらされている場合である。その場合，装飾部分について著作物性の有無を明らかにし主張することになると思われる。また，物理的な分離ができなくとも，著作物性の有無について観念的に分離することが可能な場合もある。

奥邨弘司は，米国で採用されている分離テストは「美術的特徴が実用性から別個に特定され，独立に存在することが出来るか否かを問う」ものであり，わが国の判断基準と「実質的に同じものであるととらえることも可能」であるとする[40]。

ただし，作品によっては分離テストになじまないものや，評価しきれないものもある。たとえば，茶器のようなものは，分離できない代表的な例であると思われる。前掲・TRIPP TRAPP 控訴審判決では，「実用品自体が応用美術である場合，当該表現物につき，実用的な機能に係る部分とそれ以外の部分とを

---

[38] 渋谷達紀＝竹中俊子＝高林龍編「応用美術の著作権保護について—美の一体性の理論に示唆を受けて—」『知財年報2009』222頁〔駒田泰土〕（商事法務，2009年）参照。

[39] 駒田泰土「シンポジウム『応用美術』—フランス法—」著作権法学会2016年配布資料12頁以下参照。

[40] 奥邨弘司「応用美術の著作権保護について—美の一体性理論に示唆を受けて」『知財年報〈2009〉—I. P. Annual Report（別冊 NBL no. 130）』254～255頁（商事法務，2010年）参照。

分けることは，相当に困難を伴うことが多いものと解されるところ，上記両部分を区別できないものについては，常に著作物性を認めないと考えることは，実用品自体が応用美術であるものの大半について著作物性を否定することにつながる可能性があり，相当とはいえない」と述べており，TRIPP TRAPP に対して分離テストを採用する場合についての問題点を指摘している。

分離テストは，応用美術作品にかかる創作性の主張ができる場合の中でも，最も評価のしやすい有効な手段の一つであるといえる。少なくとも，分離テストにより著作物性を主張できるような作品に対しては，積極的に著作物性を認めるべきであると思われる。

たとえば，従来の判決で著作物性が認められてこなかった人形（素材を除く）やフィギュア等については，分離テストを用いることにより，著作物性が認められる場合もあるのではないだろうか。

分離テストについては，分離できなければ意匠法の保護対象とするべきであるとの説もあるが，分離テストは著作物性を証明する一つの手段にすぎないため，段階理論に比べて一歩進んだに過ぎず，著作物性が存在しているにもかかわらず，著作物性が認められない範囲が未だ残されることになるといえる[41]。

(ロ) 個性が発揮されているかという基準（個性基準）

実用性や機能性を有する応用美術の保護は，それらの要素を差し引いたうえで，全体としてみたときに著作物性を認めることができればよいのであるが，前述した分離テストの手法では，一体化された作品については判断が難しいこともあると思われる。

その為，他の表現物であれば個性の発揮という観点から著作物性を肯定してきていることからみても，応用美術に関しても同様の基準で判断せざるを得ないのではないかと思われる。そもそも，著作権法は言語の著作物等においても実用的で表現に制約のある著作物の創作性を認めてきている[42]。

---

41) 高林・前掲注4）47頁では，応用美術の保護の仕分けについて述べており，その中で「量産品である実用目的を有しており，鑑賞対象部分を分離して把握することができない場合は，著作権としては保護せず，意匠権としてのみ保護する」ことが妥当であると述べる。

42) 上野・前掲注1）110頁では，「取扱説明書，地図，商品広告写真，ジングル，駅のプラットフォームで使用されるメロディ等」を揚げる。

第3節　若干の検討

1　個性が発揮されているかという基準（個性基準）についての検討

　わが国で採用がされてきた段階理論は，判例法理として蓄積されてきている。

　もっとも強い理論的根拠は，意匠法との調整ということになるが，調整規定の存在なくそれを行うことの是非や，そもそも意匠法の趣旨を没却するであるとか，意匠登録のインセンティブを奪う等の指摘について，否定的な立場の学説も散見される。

　個性基準を採用すると，従来，創作性が認められてこなかった客体の創作性が認められるようになる場合もありえると思われる[43]。

　たとえば，人形（素材を除く）やフィギュア等については，最初に創作された作品がマンガやアニメーションであった場合，そのキャラクターを二次創作した人形やフィギュアだったとすれば，著作権法の保護対象になっていたと思われるところ，最初に創作された作品が人形やフィギュアだったからといって，著作物性を否定するということになるのは，極めて歪な状態であると思われる。具体的には，玩具のファービー人形については，全身を覆う毛の縫いぐるみから動物とは明らかに質感の異なるプラスチック製の目や嘴等が露出しているなどを挙げて，嘴などの形状が創作的に施されたものではなく，目や嘴を動かすことを目的として，ぬいぐるみのその他の部分とは質感が異なる素材を利用していることを持って，機能的制約を受けていることを理由に，創作性を否定しているが，機能と分離してファービーを捉えることも可能であったと思われるし，個性が発揮されているかという点でみても，著作物性を否定する必要はないと思われる。また，著作物性が否定されているため侵害の判断はされていないが，仮に著作物性が認められていれば，侵害が認められていたのではないかと思われる。

　ただし，チョコエッグ・フィギュア事件に関しては，個性基準で判断した場合でも結論に大きな変化が見られないかもしれない。

---

[43]　上野・前掲注1）115頁では，「ファービー，佐賀錦袋帯，装飾窓格子，ニーチェア，TRIPP TRAPP，動物フィギュア，仙壺四郎」については，「通常の創作性が認められるならば」著作権が肯定される場合もあると述べる。現に，その後にTRIPP TRAPPは別事件で著作物性が認められている。

実際の動物を精巧に再現した「動物フィギュアシリーズ」について，その美術性について認めながらも，「動物の姿勢，ポーズ等も，市販の図鑑等に収録された絵や写真に一般的に見られるものにすぎず，製作に当たった造形師が独自の解釈，アレンジを加えたというような事情は見当たらない」として創作性を否定し，また，一部の「実際の動物と異なる形状等を採用しているもの」については，「美術性を高めるためにデフォルメしたというよりも，主に，型抜きの都合や，カプセルに収まる寸法を確保するなどの製造工程上の理由によるものと認められる。」としている。これは，「純粋美術と同視し得る程度の美的創作性」を備えていることを求めており，従来通りの段階理論を踏襲した判断基準に基づいているが，個性基準を採用して当該動物フィギュアの創作性を判断したとしても同様の判断になったと考えられる。なぜならば，動物フィギュアにかかる著作物性の判断は，題材となっている原画（あるいは実際の動物）を精巧に再現したフィギュアの創作性が問題となっているが，これは一般的な美術の著作物として創作性の判断が行われる絵画について，模写して再現した製品なのか単なる複製なのかという問題と似たような判断が行われたものであると考えるからである[44]。

　模写とは，「一般に模写作品とは，原画に依拠して原画における創作的表現を再現したものを意味するもの」とされ，新たな創作性が無ければ複製となり，その点について両者は異なる[45]。模写に関する判決はこれまでのいずれも，浮世絵などパブリックドメインとなっている原画を参考に模写して製作した江戸風俗の資料絵画等について，創作性の有無等が争われたものがある[46]。

　模写作品について創作性が認められるためには，原画に存在しない新たな創作的部分が加わることや，見る者の注目を引くような部分に変更が加わっていること等が求められるのであり，細部におけるわずかな差異に過ぎない，あるいは単に簡略されただけというような場合については，何らかの創作性が加わっているとは判断されない。なお，名画の模写のような技術・技能・時間・資金などの多大な労苦をかけて製作されているような模写作品も存在するがこのような労苦は著作権法の保護範囲ではない[47]。

---

[44]　模写に関する判決としては，これまでに知財高判平成18年11月29日 LEX/DB28130069〔豆腐屋事件〕，知財高判平成18年9月26日 LEX/DB 28112091〔柏書房事件〕，東京地判平成11年9月28日判時1695号115頁〔玉木屋事件〕参照。

[45]　前掲・柏書房事件参照。

[46]　前掲・柏書房事件，前掲・豆腐屋事件参照。

チョコエッグ事件における動物フィギュアやアリスシリーズにおいて用いられた創作性の判断基準については,「実用性や機能性とは別に,独立して美的鑑賞の対象となるだけの美術性を有するに至っているため,一定の美的感覚を備えた一般人を基準に,純粋美術と同視し得る程度の美的創作性を具備していると評価される場合は,『美術の著作物』として,著作権法による保護の対象となる場合があるものと解する」という段階テストを採用したものの,「誰が製作しても同じような表現にならざるを得ないような類型的な表現方法を用いたとはいえず,一定の限度で製作者の個性が表れているといえる」としている点については,著作権法一般の創作性判断と同じであり,個性基準を採用しても同様の判断が導けると思われることから,機能的制約を個性が表れなくなるほどに受けていないという前提であると思われる。

　動物その他のフィギュアの創作性の判断では,原画(もしくは動物そのもの)に対して創作的な部分での変更や追加が行われていないことをもって創作性を否定している。また,妖怪フィギュアは,平面的な情報しか描かれていない原画をもとに創作的部分を付加しているといえることから創作性を認めている。そして,アリスシリーズについては,原画に対して製作者独自の解釈やアレンジが認められないことから創作性を否定している。

　これらの判断について,「高度の創作性」であるとか「高い創作性」という記載があることから,一見すると本件において応用美術の創作性の判断に純粋美術では求められていない高度の創作性が求められているようにみえるのだが,仮に個性基準が採用されて判断されたとしても,結論としては異ならなかったのではないかとも思われる[48]。

2　個性基準でも創作性の判断の難しい領域

　仮に個性基準が応用美術一般の創作性判断に採用された場合,少しでも個性が発揮されていれば,如何なる作品に対しても,創作性が認められるのかといえば,そうではないだろう。

　応用美術にかかる機能が創作性に与える制約に関し,二つのことに留意すべ

---

47)　土肥・前掲注13) 268頁参照。
48)　なお,前掲・アメリカTシャツ事件においても「実用目的のために美の表現において実質的制約を受けることなく,専ら美の表現を追求して製作されたもの」として,機能的制約がないことから本件Tシャツのデザインにつき著作物性を認めている。

きであると思われる。まず一つ目は，機能性が強ければ，表現の幅が狭まり，創作性が認められる可能性が低くなること。仮に，創作性が認められたとしても，その保護範囲は極めて狭いことになると思われる。そして二つ目は，形状がシンプルな作品であればある程，ありふれた表現となり，機能的な部分がクローズアップされてしまうことから，結果的に創作性が認められる部分は限定的に見ざるを得ない状況が考えられる。もちろん，形状がシンプルであったとしても，全体を通じて創作性が認められる場合もあるだろうが，その創作性を主張し認められるのは困難な状況が予想される。

たとえば，以下の(イ)〜(ニ)の事例については，段階テストを用いた判断がなされ，創作性が否定されたものであるが，個性基準を用いて判断がされたとしても，結果は異ならなかったのではないかと思われる事例である。

形状がその用途や目的においてシンプルであるものについて検討が加えられているものを中心にあげるが，これらはシンプルな形状であるがゆえに，ありふれた形状であったり，機能面が注目をひく形状であるといえる。また，従来の製品と比べて，異なっていることが創作性の有無のポイントになりがちであるが，従来の製品と異なっていたからといって直ちに創作性が認められるわけではない。こういった状況について奥邨弘司は，「実用品の美的特徴が機能等と分離不可能な場合，機能などが独創的であると美的特徴も従来のものと大きく相違しがちである」と説明されている[49]。

TRIPP TRAPP 事件を参考に，その後の裁判において作品の形状について「個性」が表現されていることを主張することは正しいとは思われるが，これらの事案では形状や従来製品と異なる点についての説明を行う主張に終始しており，どこに創作性が認められるのかについての判断が困難であったと推察される。

本来，著作権法による保護を求める対象として馴染まない領域の物品なのかもしれないが，著作物であると主張するのであれば，何がどのように創作活動の成果として表現されているのかを具体的に説明してもよかったのかもしれない。

絵画であったとしても，たとえばキャンバス一面を黒く塗っただけの作品のようなきわめてシンプルな作品については，創作者の思想または感情について何をどのような表現として作品の中に落とし込んでいるのかについて，具体

---

[49] 奥邨弘司「判批」判例評論678号24頁参照。分離テストによると，そのような美的特徴は分離できないため，著作物性は認められないとする。

に説明を要する場合もあると思われる。

(イ) 鍋の柄事件[50]

シンプルな形状の黒い柄がついた鍋にかかる創作性判断において，そのような「形態からなるデザインは，美的な観点から選択された面もあるが，実用品である鍋等の取っ手としての持ちやすさ，安定性など，機能的な観点から選択されたものともいえる。そのような点を勘案すると，本件デザイン1は，美術工芸品と同視できるような美的な効果を齎するものとまではいえず，著作権法の保護の対象となる美術の著作物に当たるとすることはできない」と判示されている。

シンプルなデザインで統一感を出しているメーカーによる鍋の「柄」（持ち手）のデザインに関する事案であるが，黒い楕円柱形状の極めて特徴のない形状であり，個性基準を採用したとしても個性が発揮されているとは認められない等として否定しても結論は異ならなかった事案であったと思われる。

〔鍋の柄の概観（斜視）〕

〔鍋の柄の外観（側面）〕

(ロ) ゴルフシャフト事件[51]

「本件シャフトデザインおよび本件原画が，シャフトの外装デザインという用途を離れて，それ自体として美的鑑賞の対象とされるものであることはうかがわれない。そうすると，原告の前記主張は採用できず，本件シャフトデザイ

---

50) 知財高判平成24年3月22日知財高裁判例集〔鍋の柄事件〕参照。
51) 東京地判平成28年4月21日 LEX/DB25447967〔ゴルフシャフト事件〕参照。

ンおよび本件原画はいずれも著作権法上の著作物に当たらないと判断することが相当」であると判示されている。

　ゴルフシャフトそのものについての事案であり，段階理論を採用して著作物性を否定したものであるが，個性基準を採用しても個性が発揮されているとは認められない等として否定しても結論は異ならなかった事案であったと思われる。

〔シャフトの外観〕

〔シャフトロゴ部分〕

　(ハ)　スティック形状の加湿器事件[52]
　「従来の加湿器にない外観上の特徴を有しているとしても，これらは加湿器としての機能を実現するための構造と解されるのであって，その実用的な機能を離れて見た場合」には，本件加湿器は「細長い試験管形状の構造物であるにとどまり，美的鑑賞の対象となり得るような創作性を備えていると認めることはできない」と判示されている。

　従来の加湿器にあるかないかは，著作物性の判断において必ずしも重要であるとはいえないし，構造を見てみると，特徴的な部分が機能的な要請に基づいている点，シンプルなスティック状の加湿器に至る機能以外の理由が明らかではないことからすると，個性基準を採用したとしても個性が発揮されているとは認められない等として否定しても結論は異ならなかった事案であったと思われる。

---

[52]　東京地判平成28年1月14日 LEX/DB25447715〔スティック形状の加湿器事件〕参照。

〔加湿器の外観〕

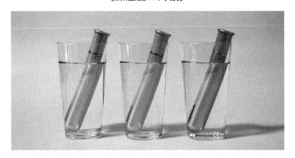

(ニ) エジソンの箸事件[53]

　箸に付いているリングに指を入れることで，幼児が箸の持ち方を練習できる幼児用練習用箸の形状について，「幼児の練習用箸としての実用的機能を実現するための形状ないし構造であるにすぎず，他に，原告各製品の外観のうち，原告が被告各商品と共通し同一性があると主張する部分を見ても，際立った形態的特徴があるものとはうかがわれない」として，「実用的機能を離れて美的鑑賞の対象となり得るような美的特性を備えているということはできない」とし，その後の括弧書きで「もとより純粋美術と同視し得る程度の美的特性を備えているということもできない」と判示されている。

　エジソンの箸は，幼児用練習箸として人気の高い商品であるが，同じ効果を発揮すると思われる類似製品が多く出回っている。また，子供用箸ということもあり，できる限り軽量であることを目指すと，機能性が重視されていくことになり，保護を求めるリング部分およびそれに付随する部分については，著作権法上の創作性が極めて低いことから，結論として妥当な判断であったと思われる事例である。

　ただし，判断基準については段階理論を採用しているものであるが，個性基準を採用したとしても個性が発揮されているとは認められない等として否定しても結論として異ならなかった事案であったと思われる。

---

53) 東京地判平成28年4月27日 LEX/DB25447937〔エジソンのお箸事件〕参照。

〔お箸の外観（正面）〕　　〔お箸の外観（側面）〕

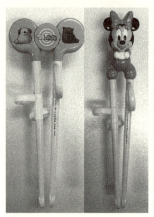
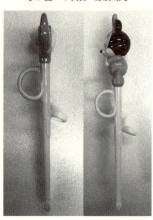

3 非区別説を採用した際の副作用の存在

① 著作者人格権との関係

応用美術作品に対し，著作物性が認められると，著作者人格権も認められることになる。

応用美術に著作者人格権を認めることについては，意匠権と重複適用できることに鑑みて「事実上意匠権に人格権を認めたのに近い状況が生ずるし，また経済財としての利便性が失われる可能性があり」問題があるとの指摘もある[54]。

たしかに，著作物性が認められたTRIPP TRAPPのデザインのどこかに，強度を増すことを目的として支柱を1本加えた場合に，これを同一性保持権侵害として認められるのかについては，判断の難しい場合もあり得る。ただし，著作権法は，著作物の性質ごとにその保護の在り方について調整をしてきたのであるし，著作権20条2項4号にいう「著作物の性質」として考慮され同一性保持権について否定される場合もあるとする見解がある[55]。また，それでも弊害がある場合は権利制限規定等の立法についても検討する余地があると思われる。

---

54) 中山・前掲注11) 167頁参照。
55) 上野・前掲注1) 113頁参照。

② 写り込みにかかる実務上の弊害

応用美術作品に対し著作物性が認められると，写り込みなどが生じやすくなる。

写真に撮影した際に，著作物性が認められる応用美術作品が写り込んでしまった場合，複製に該当することから，著作権侵害になる場合がある。しかしながら，これは応用美術特有の問題ではなく，たとえばキャラクター作品等がプリントされているTシャツを着た人物を撮影すれば起きてしまうことでもある。この問題については，平成24年著作権法改正時に著作権法30条の2が設けられ，立法的手当てが行われていることから，その範囲においては権利制限がされることになるため，実務上大きな問題にはならないのではと考える。仮に，TRIPP TRAPPは著作権法上の問題が生じるからといってテレビ番組などで番組製作者が意図的に使用しなくなるということであれば，広告宣伝効果としてはマイナスになるため，当該TRIPP TRAPPの権利者はTV番組での露出については著作権を行使しない旨をウェブサイト等で告知する必要があるかもしれない。いずれにせよ，応用美術作品の権利者が問題とするのは，同種同様のデザインが市場に出回ることであるから，それを越える範囲に権利が及ぶことについて，権利者自ら首を絞めるようなことが無いように，しっかりとマネジメントをする必要があろう。

第4節　おわりに

応用美術の著作物性を判断するにあたって，従来の判例法理で蓄積されてきた意匠法等の存在を意識して著作権法の保護を控えるという段階テストを採用した判断基準に対し，学説上の批判やフランス法で採用されてきた，著作権法の保護に際し特別な制約を課さないという個性基準を採用した判断基準がTRIPP TRAPP事件で示された。

そもそも意匠法の保護は，物品をみる側の視点からとらえたものであるのに対し，著作権法は，創作者に内在するアイデアが具体的にどのような表現がされているかという，物品を創作する側からの視点をとらえたものであるから，そもそもアプローチが異なっている[56]。また，意匠法と著作権法でその保護

---

56) 斉藤博は著作権法学会判例研究会（2012年4月20日あるいは2015年7月28日）でも同旨のコメントを述べている。

範囲について重なり合う部分はあるとしても，具体的な調整規定があるわけでもなく，意匠法に遠慮をして著作権法の保護を控えるべきではないと思われる。

ただし，非区別説を採用したとしても，どのような物品に対しても無制限に著作物性が肯定されるわけではなく，機能面からの制約が強く創作性が極めて低いものや，ありふれた形状などについて，保護が及ぶわけではないことに留意する必要がある[57]。

TRIPP TRAPP 事件以降の判決は，伝統的な区別説における段階理論の判断基準（段階テスト）を用いているが，応用美術といっても対象となる幅が広いので，作品の性質や裁判における当事者の主張によっては，非区別説における各基準（分離テストや個性基準）が採用され判断される事案も出てくると思われることから，今後の判例の蓄積が待たれる。

---

[57] 清水節「応用美術に対する著作権による保護について―知財高裁判決平成27年4月14日判決『TRIPP TRAPP 事件』を中心として―」コピライト663巻56号19頁では，「従来のいろいろな表現と対比した中で，個性的な表現なのかどうか，ありふれた表現ではないのか，という基準に基づいて判断していくほうが，もう少し客観的」であり，「物品における機能性の制約から，その形態しか採り得ないというような場合は，いわゆるマージ理論の場合であり選択の幅がない」ことになり，著作権の保護は及ばないと述べる。

近代欧州における著作権法制の発展
―1851年英仏条約の研究―

加納　昌彦

第1節　はじめに―問題の所在―
第2節　本条約締結前の状況
第3節　英仏条約の内容と国内法改正
第4節　検　討
第5節　まとめ―結びに代えて―

第1節　はじめに―問題の所在―

　欧州では世界最初の著作権法となるアン法（Statute of Anne）[1]が1710年に英国で制定されたことを端緒として，18世紀末には革命直後のフランスにおいて上演権（1791年）[2]，および複製権（1793年）[3]を対象とする法律が制定され[4]，さらに他の諸国においても相次いで国内法が制定された[5]。19世紀に入ると，国内に著作権法を導入した国家間で二国間条約が設定され，やがて多数の二国間条約が網状に構成されるようになった。さらに，同世紀末には最初の多国間条約となるベルヌ条約の締結に至り，著作権法制は18世紀初頭から19世紀末までの期間に大きな進展を見せた。

---

[1] Statute of Anne, 1710, 8 Anne, c 19. アン法が保護したのは書籍のみである。Paul Goldstein and P. Bernt Hugenholtz, *International copyright: principles, law, and practice*, 3rd ed., Oxford: Oxford University Press, 2013, p. 16. アン法の邦語訳については，大山幸房訳『アン女王第8年法』（著作権情報センター，2000年）を参照。

[2] 1791年1月13-19日法。

[3] 1793年7月19-24日法。

[4] Sam Ricketson and Jane C. Ginsburg, *International copyright and neighbouring rights: the Berne Convention and beyond* (2nd ed.), Oxford: Oxford University Press, 2006, pp. 5-6 (para.1.04). 1791年法は，演劇および音楽の著作物の著作者に死後5年まで継続する上演権を，また1793年法は複製権を規定した。

[5] 1886年のベルヌ創設条約制定までの間に，欧州では16カ国（オーストリア，ベルギー，デンマーク，フランス，ドイツ，英国，ハンガリー，イタリア，ルクセンブルク，オランダ，ノルウェー，ポルトガル，ロシア，スペイン，スウェーデン，スイス）で著作権に関する国内法が制定された。Ricketson and Ginsburg, supra note 4, p. 8 (para.1.05).

このように欧州における著作権法制史は，とくに19世紀において，各国における国内法の整備による黎明期から，二国間条約とその条約網の形成，さらには多国間条約の創設に至る過程を通じて，現在我々が見る著作権法制度の原形を構築する時期にあった。二国間条約については，1827年から1829年の間にプロシアとドイツ諸邦との間で締結された条約が最初とされているが[6]，当時，多くの著名な文学作品を世に送り出し，いち早く国内法に著作権法を導入した英仏両国は，欧州を文化と法制度の両面から牽引する主要国であった[7]。

そこで本稿は，1851年に英仏間で締結された「国際著作権を設立するための英国とフランス共和国との間の条約（Convention between Her Majesty and the French Republic, for the establishment of International Copyright）」（以下「英仏条約」または単に「本条約」という）を事例に取り上げ，条約締結前の状況，条約の内容と特徴の分析を通じて，同条約がどのような成果を両国にもたらしたか，また19世紀後半以降の国際著作権法制度においてどのような役割を果たし，その発展に寄与したかについて明らかにすることを目的とする。

19世紀の欧州著作権法制における二国間条約の形成過程や役割については，国内外において研究成果が蓄積されている[8]。本稿では，これらの先行研究を踏まえつつ，二国間条約としては比較的早い段階で成立した英仏条約のテキストの分析を通じて，本条約の役割と以降の著作権法制の発展に与えた影響を検討するとともに，本条約の締結後35年後に制定された著作権法分野における最

---

6) Ibid., p. 27 (para.1.29).
7) Ibid., p. 29 (para.1.30)．英仏両国の文学者と著作権法制とのかかわりについて，園田暁子「著作権と文学者(1)　ワーズワースと著作権」「著作権と文学者(2)　ディケンズと国際著作権」「著作権と文学者(6)　バルザックから19世紀の作家たちへの手紙」「著作権と文学者(7)　ベルヌ条約へ向けての動きとユゴー」知財研フォーラム72号59頁，73号49頁，77号43頁，78号33頁（知的財産研究所，2008年～2009年）を参照。
8) 本稿の構想段階ではとくに, Ricketson and Ginsburg, supra note 4, pp. 3-40 (Chapter 1) および園田暁子『1830年代から1960年代にかけての国際著作権法整備の過程における著作権保護に関する国際的合意の形成とその変遷』（平成18年度産業財産権研究推進事業報告書）（知的財産研究所，2007年）から多くの示唆を得た。その他の主な先行研究としては，Catherine Seville, *The internationalisation of copyright law: books, buccaneers and the black flag in the nineteenth century,* Cambridge: Cambridge University Press 2006; Stephen M. Stewart, *International copyright and neighbouring rights,* London: Butterworths, 1983. また，15世紀から19世紀までの著作権法制史に関する一次資料を収集・蓄積して公開しているインターネット上のアーカイブ "Primary Sources on Copyright（1450-1900）"〈http://www.copyrighthistory.org/cam/index.php〉に所収される各種一次資料とその解説などがある。

初の多国間条約であるベルヌ条約（1886年9月9日署名，以下「ベルヌ創設条約」と呼ぶ）との関連性についても探ることとしたい。

検討の手順として，まず本条約が設立される前の英仏両国の状況を概観（第2節）したのち，本条約の基本的構成と主な条文内容と本条約締結後の英仏両国の国内法の動きを検討する（第3節）。つぎに，本条約の権利の客体となる著作物の定義の方法，翻訳権を事例とする権利の設定，および権利者から許諾を得ることなく著作物を利用することができる「認められた行為（permitted act）」に関する3種類の規定について，英仏各国が本条約と前後して他国と締結した条約やベルヌ創設条約の文言と比較して分析し（第4節），最後にまとめと課題を整理する（第5節）。

第2節　本条約締結前の状況

前述の通り，著作権に関する最初の二国間条約はプロシアとドイツ諸邦との間で締結されたものであった。ドイツ諸邦ではもともと，1815年連邦議会法によりドイツ諸邦全土で統一的な著作権法を導入する構想が立ち上げられていたが，具体化の見通しが立たなかったため，プロシアは1827年，この構想の完成を待つことなく相互主義の原則に基づく暫定協定を個々の諸邦と締約する交渉を開始することを決定した[9]。この暫定協定は，締約国の国民が自国民と同様の保護を受けることができるように，現行法を適用して自国民と外国人（プロシアとドイツ諸邦の）著作者間の区別を相互主義により撤廃するとの考え方に基づくもので，以降プロシアは2年間のうちに32のドイツ諸邦と協定を締結した[10]。

1830年代後半の英国でも，自国内だけではなく外国との関係における著作権の保護について関心が高まっていた[11]。これには，外国において自国民を著作者とする著作物の保護と，英国内における外国人を著作者とする著作物の保

---

9) Ricketson and Ginsburg, supra note 4, p. 27 (para.1.29).
10) Ibid., p. 28 (para.1.29). 相互主義による協定を締結する両国間で保護水準に差がある場合，保護水準の高い国の著作者は不利になる一方，相手国の著作者には有利になる場合がある。このような不均衡を最小限にするため，翻訳権および実演権に関する事項，保護期間，新聞記事の複製，編曲などについて，各国は相手国の著作者の著作物の保護を義務化する共通規定を盛りこむことが標準的な実行とされた。
11) 園田・前掲注8) 3頁以下。

護という二つの側面があった[12]。1837年6月6日，トーマス・タルフォード卿（Sir Thomas Noon Talfourd）は，それまで複数の法律に分散していた著作権に関する法律[13]を単一の法律にまとめるとともに[14]，外国人著作者の著作権を保護することを目的とする法案を下院に提出した[15]。この法案は国際著作権に関する問題を含め内容が先進的にすぎるとして再検討を余儀なくされ，タルフォード卿は1838年2月28日，国内著作権に関する問題と文学，演劇および音楽の著作物のみを対象とした修正法案を下院に提出した[16]。

これとは別にチャールズ・トムソン（Charles Poulett Thomson）議員が1838年3月20日に提出した国際著作権法案[17]が同年7月31日に成立している[18]。本法は，外国で最初に発行された書籍の著作者（Authors of Books first published in Foreign Countries）に保護を与えることを目的として，勅令により定められる期間内にロンドンの印刷出版組合（Company of Stationers）での書籍登録（Register Book）と大英博物館図書部に納本を行うことにより英国内で

---

[12] 英国著作権法（1842年法）の改正に際して，タルフォード卿は1837年5月18日の英国議会下院での演説で，英国内で外国人の権利（著作権）を認め，その見返りに当該国から英国も権利を主張することの有用性と正当性を指摘している。Thomas Noon Talfourd, *A Speech Delivered by Thomas Noon Talfourd, in the House of Commons, on Thursday, 18th May, 1837: On Moving for Leave to Bring in a Bill to Consolidate the Law Relating to Copyright and to Extend the Term of Its Duration* (London: Edward Moxon, 1837), p. 14.

[13] 文学作品，版画，劇作，講演など，保護対象となる著作物の種類により異なる法律が規律していた（園田暁子「著作権と文学者(1)　ワーズワースと著作権」知財研フォーラム72号61頁（知的財産研究所，2008年））。

[14] この法案の名称は「印刷された書籍，楽曲，実演される演劇および彫刻の著作権について，その侵害に対して救済を与え，またその保護期間を延長するために諸法律を統合し改正する1837年6月6日付法案（Bill to consolidate and amend the Laws relating to Copyright in Printed Books, Musical Compositions, Acted Dramas and Engravings, to provide Remedies for the Violation thereof, and to extend the Term of its Duration, 6 June 1837, Paper No.380, I: 573）」である。Deazley, R. (2008) 'Commentary on *Copyright Amendment Act* 1842', in *Primary Sources on Copyright (1450-1900)*, Chapter 3, eds L. Bently & M. Kretschmer,〈www.copyrighthistory.org〉なお，彫刻に関する既存の法律はここでの統合の対象外とされた。Deazley, R., supra note 14, footnote 2. 本法案は，上述の外国人著作者による著作物の保護，著作権に関する法律の統合のほか，保護期間を著作者の死後60年とすることも含まれている（園田・前掲注13) 61頁）。

[15] Ibid., Chapter 3.

[16] Ibid.

[17] Deazley, R. (2008) 'Commentary on *International Copyright Act 1852*', in *Primary Sources on Copyright (1450-1900)*, Chapter 3, eds L. Bently & M. Kretschmer,〈www.copyrighthistory.org〉

発行された著作物と同様の保護が与えられることを規定した[19]。

　一方,早くから近隣諸国からの海賊版の流入[20]に苦慮していたフランスでは,海賊版の供給国と二国間条約を締結することが問題への対処策につながるとの考え方があった[21]。19世紀におけるメディアや交通機関の発達は,海賊版の蔓延に拍車をかけることになり,二国間条約はその有効な対処策として位置づけられた[22]。

　これと並行して,19世紀中葉の欧州諸国では外国の著作者の権利を保護しようとする動きが見られるようになり,フランス法の基礎にある「著作者の権利(droit d'auteur)」の概念は,そのような動きに理論的な根拠を与えた。すなわち,著作者の知的創作物に発生する財産権は自然権に基づく普遍性を有するものであり,国籍や地理的境界にという人為的な制約によって影響を受けるべきではないとする考え方である[23]。この考え方は,本条約締結後にフランスが制定した1852年デクレが,相手国におけるフランスの著作物保護に関する相互主義を求めることなく,法律上の保護を外国で発行されたすべての著作物を対象とするように片務的に拡大したことにも反映されていた[24]。

---

18) International Copyright Act, 1838, 1 & 2 Vict. c.59., Primary Sources on Copyright (1450-1900), eds L. Bently & M. Kretschmer, 〈www.copyrighthistory.org〉。本法の名称は「特定の場合において著作者に国際著作権の利益を保護するための法(An Act for securing to Authors, in certain Cases, the Benefit of International Copyrights)」である。

19) 1838年法は,1844年法により改正されるまで二国間条約の基礎にはならなかったものの,著作権保護に関する二国間条約を締結する可能性を開いた点で評価されるとの指摘がある(園田・前掲注8)4頁)。

20) 高い水準の文芸作品や美術品を創作する国は海賊版の標的にされやすく,さらに海賊版の印刷・出版事業者が近隣国に所在していたり,言語が共通する場合には,その危険性はさらに増大する。英国にとってアイルランドと米国はその典型例で,19世紀中葉まではフランス,オランダ,ドイツからも海賊版が流入した。Ricketson and Ginsburg, supra note 4, p. 20 (para.1.21)。

21) フランスにとって海賊版作成の中心国は,スイス,ドイツ,オランダのほか,とくにベルギーは最も深刻な被害をもたらした。Ibid.

22) この点を指摘するものとして,例えば,Paul Edward Geller, "Copyright History and the Future: What's Culture Got to Do with It?", Journal of the Copyright Society of the USA, vol. 47 (2000), pp. 233-234. もっとも二国間条約の締結が進むとともにその限界も指摘されるようになり,単一の条約ができるだけ多数の諸国を規律する必要性も唱えられるようになった。

23) Ricketson and Ginsburg, supra note 4, p. 22 (para.1.24)。

24) 1852年3月28日付デクレ。この点については第3節2で検討する。

第3節　英仏条約の内容と国内法改正

本条約は前文と本文15条より構成されている。本節では，1にて条約文の主要条項のテキスト[25]の内容を逐条で検討する。ついで2では本条約締結後に英仏両国で実施された国内法改正について検討する。

1　本条約の主な内容

第1条は，英仏両国間における内国民待遇，および保護対象となる文学的・美術的著作物の具体的内容を定める，本条約の中でも最も基本的な規定である。

内国民待遇については，条約の発効日以降，両国のいずれか一方の国の法律が，文学的または美術的著作物の著作者に著作権を現在付与しており，または将来付与する場合，その著作者は，相手国においてその権利を同じ期間，同じ程度に行使することができることを規定する。発行された著作物については，同じ性質の著作物の著作者は，相手国でそのような権利を行使することができることを定め，いずれか一方の国において発行された文学的または美術的著作物の相手国における複製（republication; reproduction）または侵害行為（piracy; contrefaçon）は，その相手国において最初に発行（first published; originairement publiés）された同じ性質の著作物の複製または侵害行為に対するものと同じ方法で対処しなければならない。このようにしていずれかの国の著作者は，相手国の司法裁判所で同じ救済を受け，かつ，相手国における侵害行為および無許諾の複製に対して，その国の法律が現在付与しまたは将来付与するものと同じ保護を享有することができる。

権利の客体については「文学的または美術的著作物（works of literature or of art; œuvres de littérature ou d'art）」との用語は，書籍（books; livres），演劇の著作物（dramatic works; d'ouvrages dramatiques），楽曲（musical compositions; composition musicale），素描（drawing; dessin），絵画（painting; peinture），彫刻（sculpture; sculpture），版画（engraving; gravure），石版画（lithography;

---

25) 本条約のテキストは，Anglo-French Copyright Treaty, London (1851), Primary Sources on Copyright (1450-1900), eds L. Bently & M. Kretschmer (ProQuest: Parliamentary Papers (1851) Paper No.1432, LIV.,103)〈http://www.copyrighthistory.org/cam/tools/request/showRecord.php?id=record_uk_1851〉を参照した。

lithograsphie），および文学と純粋美術の著作物の分野にあるその他すべての著作物（any other works whatsoever of literature and of the fine arts; toute autre production quelconque de littérature et de beaux arts）の発行（publications; publications）と解されなければならないと定める[26]。一方，権利の主体としては，著作者，翻訳者，作曲家，画家，彫刻家または版画家の相続人または譲受人（lawful representatives or assigns; mandataires ou ayants-cause）は，すべての点において，この条約が著作者，翻訳者，作曲家，彫刻家または版画家自身に付与するものと同じ権利を享有する。

第2条と第3条は翻訳に関する規定である。まず第2条は翻訳の保護を定める規定で，著作物の原作品（original work; ouvrages originaux）に与えられる保護は翻訳にも及ぶことを定める。同時に，本条は単に自らの翻訳について翻訳者を保護することにあり，第3条に規定される場合および程度を除き，最初の翻訳者にその著作物を翻訳する排他的権利を付与するものではないことも明らかにしている。

つぎに第3条は翻訳権の留保に関する規定で，両国のいずれかの国で発行された著作物の著作者は，それを翻訳する権利の留保を選択することができることを定める。さらに，つぎの場合，すなわち，①いずれか一方の国での最初の発行から3月以内に相手国で著作物の原作品の登録および納本（deposited; depose）が行われ，②著作者が自らの著作物の表題頁（title page; tête）において，翻訳権を留保する旨の表示をしており，③少なくとも許諾された翻訳の一部が，著作物の原作品の登録および納本から1年以内に出版され，かつ翻訳の全部がその納本の日から3年以内に発行され，④その翻訳の発行が両国のいずれかの国でなされ，かつ第8条の規定に従って登録および納本された場合には，その著作者により許諾された翻訳の最初の発行日から5年が満了するまで，相手国においてその著作物について著作者により許諾されていない翻訳の発行から保護を受けることができる。

複数巻で発行された（published in parts; publié par livraisons）著作物については，翻訳権を留保する旨の著作者の宣言が最初の巻に示されていれば十分とする。ただし，翻訳の排他的権利の行使について本条により限定された5年の期間については，いずれの部分は別個の著作物として（as a separate work;

---

26) 条約における「文学的および美術的著作物」を構成する著作物の種類を列挙する方法については，第4節1で検討する。

comme un ouvrage séparé）取り扱い，それぞれの部分は，その国での最初の発行から3カ月以内に相手国で登録および納本されなければならない。

　第4条は，演劇および音楽の著作物に関する規定で，本条約第1条から第3条までの規定は，両国のそれぞれの国の法律が最初に自国にて公表された演劇および音楽の著作物について現在適用されまたは将来適用される限りにおいて，演劇の著作物の上演（representation; représentation），および楽曲の演奏（performance; exécution）について適用されることを定める。ただし，演劇の著作物の翻訳に関する法的保護をその著作者に付与するためには，その翻訳は，著作物の原作品の登録および納本から3月以内に出版（appear; paraître）されなければならない。

　また，本条により規定される保護は，イングランドおよびフランス各国の舞台での演劇の著作物の公正な模倣（fair imitation; les imitations faites de bonne foi）または翻案（adaptation; appropriations）を禁止するものではなく，侵害的な翻訳（piratical translations; les traductions en contrefaçon）を阻止することのみが意図されていると解されるとしたうえで，ある作品が模倣（imitation; imitation）かまたは侵害（piracy; contrefaçon）かの問題は，すべての場合において，それぞれの国の司法裁判所が自国で有効な法律に基づき判断するとしている。

　対象となる著作物の種類は演劇の著作物に限定されているものの，公正な模倣または翻案を行う行為と侵害的な翻訳との区別を明文で規定することは，模倣する行為は一定の範囲内で適法であることを認める考え方で，現代における権利の例外・制限規定にもつながるものとみることができよう。この点については次節においてさらに検討する。

　第5条は新聞紙・定期刊行物の複製および翻訳に関する規定である。本条約第1条および第2条の規定にかかわらず，両国のいずれかの国で発行された新聞紙または定期刊行物から抽出された記事（articles extracted from newspapers or periodicals; les articles extrits de journaux ou de recueils périodiques）は，その出所を明示することを条件に（provided the source from whence such articles are taken be acknowledged; pourvu qu'on y indique la source à laquelle on les aura pulsés），相手国で複製（republished; reprocuits）または翻訳（translated; traduits）することができることを定めている。ただし，両国のいずれかの国で発行された新聞紙または定期刊行物からの記事について，その著作者が明示

的な態様で（in a conspicuous manner; d'une manière évidente）その記事が掲載された雑誌または刊行物において，その複製を禁じる旨を通知している場合，この許可は，相手国における複製を許諾するものと解されてはならない。本条も前条と同様に，権利の例外・制限規定に類する規定と位置づけることができ，次節にて検討する。

　第6条と第7条は海賊版への対処を定める規定である。まず第6条は，海賊版の輸入および販売の禁止について，両国のいずれかの国において，本条約第1条，第2条，第3条および5条により保護される著作物の海賊版（piratical copies; contrefaçon）の輸入および販売を行うことは，その海賊版が作成された場所（such piratical copies originate; ces contrefaçons soient originaires）が，当該著作物が発行された国またはそれ以外の国であるかにかかわらず，禁じられる。

　つぎに第7条は，海賊版の差押および破棄を定める規定で，前条までの規定に違反（infraction; contravention）した場合，違法複製された対象物または記事（pirated works or articles; ouvrages ou objets contrefaits）は，差し押さえられ（seized; saisis），かつ破棄され（destroyed; détruits）なければならない。かかる違反を行った疑いのある者は，それぞれの国において，本国の著作物または作成物に対するかかる違反について当該国の法が規定し，または規定する可能性のある刑罰（penalties; peine）に処され，または訴訟（actions; poursuites）が提起される。

　第8条は著作物の登録および納本に関する規定で，著作物が最初に発行された地が英仏両国のいずれであるかによって，相手国において著作権を主張するための登録場所が異なることを定める。すなわち，著作物がつぎに掲げられる方法によって登録が完了されていない場合，著作者，翻訳者，法定相続人または譲受人は，いずれの国においても前条までに規定された保護を受けることができず，いずれの国においても著作権を主張することができないとして，①その著作物がフランスで最初に出版された（appear; paru）場合，当該著作物は，ロンドンの印刷出版業組合会館[27]（Hall of the Company of Stationers; Hôtel de la Corporation des Libraires）において登録されなければならない。②その著作物が英国自治領（dominions）で最初に出版された場合，当該著作物は，パリの

27）　訳語は松村赳＝富田虎男編著『英米史辞典』714頁（研究社，2000年）を参照した。

内務省図書館局（*Bureau de la Librairie* of the Ministry of the Interior; Bureau de la Librairie du Ministère de l'Intérieur）において登録されなければならないことを定めている。

また，何人も，そのような保護が要求される著作物について，それぞれの国の法令を遵守しなければ，上記の保護を受けることができない。何人も，書籍，地図，音楽出版物（musical publications; publications musicales）について，両国のそれぞれの国の指定場所に納本する目的のため，最良の版（best edition; meilleure édition）または最良の状態（best state; meilleur état）の1部が，状況に応じて上記の一方またはもう一方の場所（すなわち，英国においてはロンドンの大英博物館，フランスにおいてはパリの国立図書館）に無償で提供（delivered gratuitously; remis gratuitement）されなければ，そのような保護を受けることができない[28]。

いずれの場合においても，納本および登録の手続は，相手国においてその著作物が最初に発行されてから3カ月以内に行われなければならない。複数巻で発行された著作物について，著作者が第3条に規定される翻訳権の留保をする旨の意思表示をしない限り，3カ月の期間は，最終巻の発行日まで開始されない。この場合，それぞれの巻は独立した著作物として扱われる。

ロンドンの印刷出版業組合の書籍登録原簿（Register Book; Registre）に登録したことの謄本（certified copy; copie authentique）は，英国の領域内においては，より良い権利が他の当事者により司法裁判所で確立されるまでの間，排他的複製権を付与する。フランスにおける登録を証し，同国の法律のもとで与えられた証明書は，この目的のためにフランス共和国の全領域で有効とする。このようにいずれかの国で登録された著作物の登録に関する証明書または謄本は，必要な場合に，登録の時に提供（delivered; délivré）されなければならない。かかる証明書には，登録が行われた正確な日付が記載されなければならない。この条に定められた著作物1部の登録料は，英国では1シリングを，またフランスでは1フラン25サンチームを超えてはならない。また，その登録の証明書料は，英国では5シリングを，またフランスでは6フランを超えてはならない。

この条の規定は，新聞紙や定期刊行物で出版された記事に及んではならない。この記事は，第5条に規定されるように，著作者からの通知によって複製また

---

28) このような指定場所への納本に関する規定は，英国アン法，フランス1793年法第6条にも見られる。

は翻訳から保護される。ただし，新聞紙や定期刊行物で初めて出版された記事または著作物が，後日別の形態で出版される場合，その記事はこの条の規定による。

第9条は規定された方法以外による登録に関する規定で，本条約第1条のもとで保護が要求することができる対象物であって，書籍，印刷物，地図，音楽出版物を除くものについて，前条に規定される以外の登録の方法は，そのような著作物または記事の著作権に保護を与えるとする目的上，両国のいずれかの国において，その国において最初に発行された著作物に対して，法により適用されまたは適用しうるものであれば，相手国で最初に発行された同種の著作物または記事にも，同じ条件で適用されなければならないことが合意されていることを明らかにしている。

第10条は，フランスで発行された著作物の関税引き下げに関する規定で，この条約の有効期間中，フランス共和国の領域において発行された書籍，印刷物，図画または音楽著作物を英国に適法に輸入する際に現在支払われている関税は，書籍および音楽の著作物については，英国で最初に作成されフランスで複製された著作物には2ポンド10シリング，英国で最初に作成されていない著作物には15シリングに，また印刷物または図面については，多色刷または単色の場合（1部当たり）0.5ペンス，製本版または糸綴じの場合（1ダース当たり）0.5ペンスに，それぞれ指定される金額に引き下げられ，固定される。

上記に指定された関税率は，本条約の有効期間中は引き上げられてはならず，また，本条約の有効期間中にこれらの関税率が，他国で発行された書籍，印刷物，図面または音楽著作物に有利になるように引き下げられた場合，かかる引き下げは同時にフランスで発行された同種の物品にも及ぶことが合意されている。

さらに，了解事項として，フランスで発行されたすべての種類の著作物で，その一部が英国で作成されている場合，その著作物は「英国でまず作成され，フランスで複製された」ものとみなされ，同種のものが英国で作成されていないオリジナル内容物を含んでいても50シリングの関税の対象とする。ただし，そのようなオリジナル内容物の大半が少なくとも英国でまず作成された部分と同じ場合，その著作物は15シリングの関税の対象とする。

第11条は，本条約の規定を履行するための両国間における通報に関する規定で，この条約の履行を容易にするため，両締約国は，本条約の規定に

よって保護される著作物または作成物に関する著作権（copyright in works or productions; des droits d'auteurs, pour les ouvrages et productions）について，それぞれの領域で確立される可能性のある法律および規則について，相互に通報する。

第12条は，管理・禁止対象物との関係に関する規定で，本条約の規定は，両当事国のそれぞれが，立法の手段によりまたは国内の警察により管理または禁止するいかなる作品または作成物（いずれかの国が当該権利の行使に適切と考える）の販売，流通，表示または展示について，明示的に留保する権利に対していかなる形でも影響してはならないことを定める。

第13条は侵害品の輸入禁止権との関係に関する規定で，本条約は，いずれの締結国が，自国法または他国との約束により，海賊版もしくはそのように宣言される可能性のある書籍，または著作権侵害品の輸入を禁止する権利に影響を与えるものと解釈されてはならない。

第14条は本条約の発効に関する規定で，英国は，本条約に含まれる手続を履行するため，法案を通過させるため議会に勧告を行う。かかる法案が通過した場合，本条約は，両当事国が決定した日付に効力を発すること，またそれぞれの国においては，当該政府により，そのように決定された日付について，しかるべき通知が行われなければならない。本条約の規定は，当該日以降に発行された著作物または作成物について適用されることを定める。

また，本条約は，発効日から10年間有効とし，一方の当事国がその期間の満了日から12カ月前までに終了させる旨の意思表示をしなければ，本条約はさらに1年間継続し，いずれか一方の当事国から1年前に終了の通告による満了まで以下同様とする。ただし，両当事国は，本条約のうちその精神と原則に整合しない場合，およびその実務の経験が望ましいことを示す場合には，合意によって修正する権限を留保する。

最後に第15条は本条約の批准に関する規定で，この条約は批准されなければならないこと，また批准書は，署名日から3カ月以内のできるだけ早期にパリで交換されなければならないことを定めている。本条約は1851年11月3日，パリで作成され，両国の全権委員により署名・調印されたのち，1852年1月8日パリで批准書が交換された。

2　条約締結後の国内法改正

　本条約締結の翌年，英国とフランス両国はそれぞれ，条約の規定を反映させるための国内法改正を実施した。その主な内容を見てみよう。

　まず英国は，1852年5月28日付の1852年国際著作権法[29]により，1844年国際著作権法第12条を廃止し（第1条），外国で発行された書籍の著作者は，その書籍について，許諾された翻訳が最初に発行されてから5年を超えず，勅令（Order in Council）により定められる期間，自らが許諾していない翻訳が英国自治領内（in the British Dominions）で発行されることを妨げることができる（第2条）との規定を設けた[30]。

　一方，フランスは，1852年3月28日付デクレ[31]が，フランス国内において，外国で発行され（d'ouvrages publié à l'étranger）刑法典第425条に規定された著作物の海賊版を作成する行為は犯罪を構成し（第1条），海賊版の販売，輸入および発送も同様とする（第2条）ことを定めた[32]。これにより，外国で最初に発行された著作物の著作者による法的手段は，フランス国民であるか否かを問わず，関係する相手国との協定がなければ無効とされる従来の見解[33]に代わり，外国で発行された著作物の著作者に保護を与える明文による規定が初めて置かれた。

　前章で述べたように，著作者の権利を自然権として位置づけるフランス法の考え方によると，著作権は普遍的性質を持つものであって，国籍や地理的境界

---

29) 本法のテキストは，International Copyright Act, London (1852), Primary Sources on Copyright (1450-1900), eds L. Bently & M. Kretschmer, 〈http://www.copyrighthistory.org/record/uk_1852〉を参照した。本法の名称は「著作権に関するフランスとの条約を発効させ，国際著作権法の拡張と解釈を行い，および彫刻の著作権に関する法を解釈することについて女王陛下が可能とする法（An Act to enable Her Majesty to carry into effect a Convention with France on the Subject of Copyright; to extend and explain the International Copyright Acts; and to explain the Acts relating to Copyright in Engravings.）」である。
30) 英国は1838年法により，国会の同意を必要としない勅令による外国との著作権条約を締結することができることを定め，国内手続きの簡略化をはかった（園田・前掲注8）4頁）。
31) Rapport et Décret sur la Contrefaçon d'ouvrages étranger. Du 28 mars 1852.
32) 本デクレのテキストは，French International Copyright Act, Paris (1852), Primary Sources on Copyright (1450-1900), eds L. Bently & M. Kretschmer, 〈http://www.copyrighthistory.org/record/f_1852〉を参照した。
33) French International Copyright Act, Paris (1852), Primary Sources on Copyright (1450-1900), eds L. Bently & M. Kretschmer, Abstract.

という人為的な制約の影響は受けないとする。この立場から見れば，1852年デクレは単に公的な効果をもたらすに過ぎないとも言えるが，同時に，フランスが外国人著作者に片務的な保護を与えるならば，そのような外国は双務的な保護を与える「道義的な義務」により，フランス人著作者を保護する双務的な条約をフランスと締結することを促進するのではないかとの実利的な期待もあった[34]。このようなフランスの政策は「現実的な利他主義（pragmatic altruism）」とも評され，ほぼ同時期に，条約の締結を通じて外国人著作者を保護する途を探っていた英国との二国間条約の締結は，欧州において著作権による保護範囲の拡大に弾みをつけるだけではなく，このような両国の姿勢は周辺国にも影響を与えることになった[35]。

第4節　検　討

前章で検討した本条約の内容を踏まえ，本章では，権利の客体となる著作物，翻訳権および認められた行為に関するそれぞれの規定について検討する。

1　権利の客体（著作物）に関する規定

本条約第1条には「文学的および美術的著作物」を対象分野とし，これを構成する著作物の種類を例示する規定が置かれている。権利の客体となる著作物に関する規定は，英仏各国が本条約に前後して他国と締結した二国間条約にも置かれているが，その規定ぶりを比較するといくつかの傾向と特徴点を認めることができる。ここでは，本条約と前後して1843年から1861年までの期間にフランスが締結した条約（6種類）と英国が締結した条約（3種類）を対比しつつ時系列で検討する[36]。

フランスは1843年8月28日，サルディニア王国（Royaume de Sardaigne）との間で著作権に関する最初の条約を締結した。この条約の第1条は「精神的または美術的著作物（ouvrages d'esprit ou d'art）」に含まれるものとして，文書（écrits），楽曲（composition musicale），素描（dessin），絵画（peinture），彫

---

[34]　Ricketson and Ginsburg, supra note 4, p. 23 (para.1.24).
[35]　Ibid. かつては海賊版の中心地とされたベルギーやドイツ諸邦を相手国とする二国間条約の締結はその一例である。
[36]　本章で検討の対象とした二国間条約の相手国，名称，署名日および作成地については資料1を，また具体的な比較内容については資料2および資料を参照。

刻（gravure）および版画（sculpture）の6種類の著作物を列挙し，その後にいわゆる「受け皿規定」として「またはその他の同様の製作物（ou autres productions analogues）」との文言を置いている。このように保護対象となる著作物の属する分野を定め，その具体的な種類を例示したのち受け皿規定を置く方法は，例示される著作物の種類や表現の文言に多少の変更をともないつつ，以降フランスが締結する二国間条約の基本的な様式として受け継がれていく。

　一方，英国が締結した二国間条約における定義規定はどうか。上記のフランスとサルディニア間の条約締結から約4年後の1847年8月4日，英国がハノーバー王国と締結した条約の第1条は，書籍（books），演劇の著作物（dramatic works），楽曲（musical compositions）および彫刻（prints and articles of sculpture）の4種類の著作物を列挙したのち，「その他の文学的および美術的著作物（any other works whatsoever of literature and the fine works）」を包括的に示す方法を採用している。さらに，その4年後にフランスがハノーバー王国と締結した条約（1851年10月20日）第1条では，書籍（livres），文書（écrits），演劇の著作物（œuvres dramatiques），楽曲（compositions musicales），絵画（tableaux），版画（gravures），石版画（lithogasphies），素描（dessins），彫刻作品（travaux de sculpture）の9種類が例示され，その後に「その他の文学的および美術的作品（autres productions littéraires et artistiques）」との文言が続いている。

　このように英仏各国が締結した初期段階の二国間条約における著作物に関する規定は，構成方法が非常に類似していることがうかがえるが，列挙される著作物の種類に着目すると微妙な差異も認められる。1843年フランス・サルディニア条約で指摘される6種類の著作物は，言語の著作物に相当するものとして文書，音楽の著作物に相当するものとして楽曲，美術の著作物に相当するものとして素描，絵画，彫刻，版画を示している。英国・ハノーバー条約では，言語の著作物については書籍（books），音楽の著作物では演劇の著作物（dramatic works）と楽曲（musical compositions），美術の著作物では彫刻（prints and articles of sculpture）の4種類が示されるにとどまっている。

　英仏各国が当事国となる以上の二国間条約を見ると，著作物の種類に関する規定にはつぎのような傾向を認めることができる。まず，言語の著作物については1843年フランス・サルディニア条約の「文書」のように当初は大雑把な規定ぶりであったが，1847年英国・ハノーバー条約で「書籍」が登場し，以後数

年間，フランスが締結する二国間条約には「文書」のみ[37]，または「書籍と文書」を並記する[38]方法が採用された。しかし，本条約の締結以降，「文書」の用語は採用されることはなくなり，もっぱら「書籍」の用語が使われるようになった[39]。音楽の著作物については，すべての条約に「楽曲」が含まれているほか，「演劇用の著作物」も初期の一部の条約[40]を除き，使用されている。さらに，美術の著作物については，フランスが締結した条約は当初から細かな分類がなされる一方[41]，英国が締結した条約では当初の1種類のみであった。この点については本条約では5種類の著作物が示されている。

このように，例示されている著作物の種類の変遷を見ると，多少の変動は伴いつつも，総じて見るとほぼ共通していることがわかる。同時に，すべての条約には受け皿規定があることは，著作物の種類については一定の共通理解がある一方で，例示された種類以外の著作物を包摂するため，拡張性を持たせることが意識されたことの反映とも考えられる。さらに，著作物が属する「領域」については，フランスが締結した一部の条約[42]で「精神的」分野が指摘されているが，後にこの語は「文学的」分野に収斂されていく。一方，美術的分野はいずれの条約においても含まれており，さらにごく一部の条約では「学術的（scientifique）」分野が加えられているものもある[43]。

2 翻訳権に関する規定

本条約は第2条と第3条に翻訳権に関する規定を設けている。翻訳は，書籍についてみると唯一の複製の国際的な手段として理解されており，19世紀後半に各国が国際著作権条約を締結する最も重要な要因となっていた[44]。このよ

---

[37] 1851年フランス・ポルトガル条約（第1条）。
[38] 1851年フランス・ハノーバー条約（第1条）。
[39] 1852年フランス・ベルギー条約では，書籍，小冊子，その他の文書（tous autres écrits）と規定する。この方法は1886年ベルヌ創設条約（第4条）と同じである。
[40] 1843年フランス・サルディニア条約，1851年フランス・ポルトガル条約および1852年フランス・ベルギー条約には演劇用の著作物は含まれない。なお，1853年フランス・スペイン条約（第1条）では「演劇および音楽の著作物（compositions dramatiques et musicales）」との用語が用いられている。
[41] 1853年フランス・スペイン条約（第1条）には地図（cartes géographiques）が含まれている。
[42] 1843年フランス・サルディニア条約（第1条）および1851年フランス・ポルトガル条約（第1条）。
[43] 1853年フランス・スペイン条約。この語はベルヌ創設条約の受け皿規定にも含まれている。

うな背景からフランスは翻訳の保護を重視しており[45]，英仏条約の締結交渉においても中心的な議題とされていた[46]。

本条約締結以前の英国では翻訳は保護対象から除外されていたが，本条約調印の翌年に制定された1852年国際著作権法により翻訳権の概念が英国著作権法に導入され，これにより無許諾の翻訳は禁じられることになった[47]。ただし，翻訳が保護されるための要件として複雑な手続が必要とされた。これは，翻訳権を留保する意思を原著作物の表紙頁に印刷して表示し[48]，その原著作物は最初の発行から3カ月以内に英国内で登録と納本を行い，さらに許諾された翻訳は一定の期間内（最小限の部分について登録・納本から1年以内，全部について3年以内）に発行され，その翻訳についても登録と納本の手続を求めるものであった[49]。

このような負担を著作者に強いることから，翻訳権による保護を求める者は少ないのではないかとの懸念もあったが，翻訳権に関する規定は1855年にはプロシアにも拡大した[50]。

3 認められた行為に関する規定

本条約は，第4条において演劇の著作物に関する公正な模倣または翻案について，また第5条にて新聞紙・定期刊行物の複製および翻訳に関する認められた行為（permitted acts）の規定を置いている。これらの規定はいずれも，現在の著作権法制における権利の例外・制限規定の前身にあたるものと位置づけられ，著作者の権利を設定することと同時に，著作物の一定の利用を確保する途

---

44) Ricketson and Ginsburg, supra note 4, p. 634 (para.11.15).
45) 1852年国際著作権法の法案の審議に際して，後に商務省大臣となるヘンリ・ラボシェール（Henry Labouchere）は1852年2月13日，交渉の初期段階でフランス側は，現時点で原著作物に限定されている保護を翻訳にも拡大するように圧力をかけてきたが，英国政府としてはその提案に同意したり，殊更に拡張した保護を翻訳に付与することは適切ではないと考えていたと説明している。Deazley, R., supra note 17, Article 4. フランスは，後のベルヌ創設条約の検討に際しても翻訳権を複製権に擬制する考え方を持っていた。Ricketson and Ginsburg, supra note 4, p. 634 (para.11.15).
46) Deazley, R., supra note 17, Article 3.
47) Seville, supra note 8, p. 51.
48) 翻訳権を留保する旨の表示例を資料4に示す。Peter Burke, *The Law of International Copyright Between England and France in Literature, the Drama, Music, and the Fine Arts: Analyzed and Explained,* London: Sampson Low & Son, 1852, title page.
49) Seville, supra note 8, p. 51.
50) Ibid., p. 52.

を用意しようとする意識もあったことを読み取ることができる。

　まず前者の規定は，演劇の著作物を対象として，その公正な模倣または翻案を禁止するものではなく，侵害的な翻訳のみを阻止することが意図されると解され，適法な模倣か侵害かの判断は各国の裁判所が自国の法律に基づき判断すると定める。これに基づき，英国1852年国際著作権法は，第6条にて「この法律に含まれるいかなる部分も，英国の舞台において，外国で発行された演劇の作品または楽曲の公正な模倣または翻案を禁止するものと解釈されてはならない」を設けた[51]。

　本条約におけるこの規定は，前節で検討した翻案権に基づく翻訳の保護を行う一方で，外国で最初に発行された演劇または音楽の著作物について，「公正な模倣または翻案」にあたる場合には翻訳権は及ばないとする規定である。同様の規定は，以降英仏各国が締結した著作権条約にも認めることができる[52]。しかし，その文言の意味内容の曖昧さが問題視されるようになり，英国1852年国際著作権法の第6条については1875年に廃止されることになった[53]。このように，演劇の著作物の公正模倣または翻案は権利行使の対象とはしない本規定は，複数の条約に採用され，英国の1852年国際著作権法のように国内法整備もすすめられたにもかかわらず，ベルヌ創設条約には採用されることがなく[54]，比較的短命に終わる結果となった[55]。

　一方，後者の規定は，英仏いずれかの国で発行された新聞紙または定期刊行

---

51) 第6条の原文はつぎの通りである（International Copyright Act, London（1852），Primary Sources on Copyright (1450-1900), eds L. Bently & M. Kretschmer, www.copyrighthistory.org）。本条約では演劇の著作物のみを対象としているが，英国1852年国際著作権法は楽曲も含めている点に注意。VI. Nothing herein contained shall be so construed as to prevent fair Imitations or Adaptations to the English Stage of any Dramatic Piece or Musical Composition published in any Foreign Country.
52) 1853年フランス・スペイン条約（第5条），1854年英国・ベルギー条約（第4条），1857年英国・スペイン条約（第4条），1860年英国・サルディニア条約（第4条）。
53) Seville, supra note 8, p. 52, footnote 28.
54) 模倣と翻案についてはベルヌ創設条約に関する事前検討でも最も見解が分かれた論点の一つであった（園田・前掲注8）13頁）。
55) 演劇の著作物の公正な（fair）模倣または翻案について，このような規定が置かれた理由は何か，著作物の種類として演劇のみが対象とされたのはなぜか，さらにベルヌ創設条約では不採用とされた本規定の考え方はその後どのようになったのかとの疑問点について，今回の研究では十分に明らかにはできなかった。これら点については，当時の演劇の著作物の役割や位置づけ，ベルヌ条約創設条約の準備会議での検討結果などを手がかりにさらに解明することとしたい。

物から抽出された記事は，出所明示を条件として，相手国で複製または翻訳をすることができると定める。本条の規定に基づき，英国1852年国際著作権法は第7条につぎのような規定を設けた。

　国際著作権法またはこの法にあるいかなる規定にかかわらず，外国の新聞紙または定期刊行物に掲載された政治上の議論に関するいかなる記事は，その出所が明示されている場合，わが国の新聞紙または定期刊行物において複製しまたは翻訳することができる。また，上述の態様で掲載されたその他主題に関する記事は，その出所が明示されている場合，同じように複製しまたは翻訳することができる。ただし，著作者が，その著作権および同じ著作物を翻訳する権利を維持する旨の意思を最初に発行されたその新聞紙または定期刊行物の見えやすい場所に表示しない場合に限る。この場合，同じ著作物は，最初に発行された新聞紙または定期刊行物について次条により要求される方式なく，書籍に拡張された国際著作権またはこの法により保護を受けなければならない[56]。

本条約第5条と比較すると，1852年国際著作権法第7条の条文には，記事の内容について「政治上の議論（political Discussion）」に関するという条約にはない新しい要素が盛りこまれている。すなわち，英国の立法者は，本条約締結後の国内法改正に際して，新聞紙と定期刊行物の記事内容を政治上の議論にかかわるものとそれ以外のものに二分し，前者の要素を含む外国の記事については，たとえその著作者が著作権を留保する旨の意思表示をしていたとしても，出所明示を条件として英国内で複製または翻訳を行うことができ，後者に関する記事については，本条約第5条の定めに基づき複製を禁じる旨を表示すれば

---

[56] 第7条の原文はつぎの通りである（出典は前掲注51）に同じ）。
　Notwithstanding anything in the said International Copyright Act or in this Act contained, any Article of political Discussion which has been published in any Newspaper or Periodical in a Foreign Country may, if the Source from which the same is taken be acknowledged, be republished or translated in any Newspaper or Periodical in this country ; and any Article relating to any other Subject which have been so published as aforesaid may, if the Source from which the same is taken be acknowledged, be republished or translated in like Manner, unless the Author has signified his Intention of preserving the Copyright therein, and the Right of translating the same, in some conspicuous Part of the Newspaper or Periodical in which the same was first published, in which Case the same shall, without the Formalities required by the following Section, receive the same Protection as is by virtue of the International Copyright Act or this Act extended to Books.

外国著作者はその記事の複製を禁止させることができるとの内容に再構成した[57]。

では，新聞紙・定期刊行物の記事について認められた行為を設定し，さらに政治上の議論に関するものはさらにその範囲を拡大させうるとの考え方は，どのような理由により正当化されるのだろうか。これにはまず，該当する記事の著作物性の存否を問う考え方がある。単なる雑報や事実に関する説明は著作物としての保護対象となる要件を満たさないとの理由によるものであるが，換言すれば記事内容に「文学的な」要素，すなわち保護対象となる著作物性が認められる場合については十分に説明することができない[58]。第二に，公共性の観点に理由を求めるもので，これは著作物のある記事を含め，教育，研究または一般的情報を提供するなど有益な効果をもたらす一定の場合に限り許容するという考え方である[59]。

本条約第5条の規定は，著作者が明示的な禁止を表示していないことを要件としているが，1852年国際著作権法第7条の規定のように，記事内容が政治上の議論に関する場合にはこのような留保も許しておらず，結果としてそのような著作物は事実上公有物と同等の位置づけとなる[60]。これは，政治上の議論に関する記事については，それ以外の分野の記事と比較して公共性の要素をより高く評価したことの反映と考えることができよう[61]。

なお，新聞紙・定期刊行物の複製と翻訳については，ベルヌ創設条約にも同種の規定が見られる（第7条)[62]。

第5節　まとめ—結びに代えて—

本稿では，19世紀中葉における欧州の文化と法制度を牽引する英仏両国間で締結された著作権に関する条約について検討した。

18世紀以降，国内法に登場した著作権法制は，19世紀前半になると外国との関係における著作権保護，すなわち外国で自国民を著作者とする著作物の保護

---

57) Deazley, R., supra note 17, Chapter 4.
58) Ricketson and Ginsburg, supra note 4, p. 17（para.1.17）.
59) Ibid.
60) Ibid.
61) これと類似の考え方は，たとえばわが国の現行著作権法第32条（引用）や第40条（政治上の演説等の利用）にも認められる。

および自国内で外国人を著作者とする著作物の保護することに関心が集まるようになり，これを実現する方法として二国間条約が活用され，欧州各国間で二国間条約が網状に形成された。本稿では，英仏条約を事例として，最も基本的な条項となる著作物の定義，権利の生成および認められた行為の3点を対象に分析を行った。本条約は，翻訳権の確立，認められた行為，またそれまで欧州で蔓延していた海賊版への対策など，欧州における著作権法制度の発展に大きな役割を果たし，以降設定される二国間条約の基準として，さらにはその後のベルヌ創設条約の基盤としてマイルストーン役を果たしたと評価することができる。

もっとも二国間条約は両国政府間の交渉の結果によるため，その内容に様々な差異が生じることは避けることができず，二国間条約の発展は同時に，それぞれの二国間条約における規定の統一性の欠如という限界も明らかにした。これにより，著作者に統一的な保護を確保するためには，二国間条約と同様の規定を含む多国間条約こそが，国際著作権関係における統一性を実現する唯一の方法であるとの認識が広がり[63]，のちのベルヌ創設条約のための素地を形成した。また，ベルヌ創設条約は単に複数の二国間条約を集約したものではなく，当時すでに電信や郵便分野において導入されていた同盟（Union）という制度的枠組みも援用して，二国間条約では果たされなかった統一性や普遍性を志向していくことになる。

---

62) ベルヌ創設条約第7条のテキストはつぎの通りである。
Articles from newspapers or periodicals published in any of the countries of the Union may be reproduced in original or in translation in the other countries of the Union, unless the authors or publishers have expressly forbidden it. For periodicals it shall be sufficient if the prohibition is indicated in general terms at the beginning of each number of the periodical. This prohibition cannot in any case apply to articles of political discussion, or to the reproduction of news of the day or miscellaneous information.
同盟国の一において公にしたる新聞紙または定期刊行物の項目（筆者注：「記事」の意と解される）は著作者もしくは発行者が明らかにこれを禁止するに非ざれば他国において原文のままもしくはこれを翻訳して複製することを得べし。但し定期刊行物に関しては毎号の始めにおいて一般に禁止するをもって足れりとす。この禁止はいかなる場合においても政事上の論説もしくは時事の記事および雑報の複製にこれを適用することを得ず（邦訳は内務省警保局『著作権保護ニ関スル国際同盟条約・国際同盟条約追加規程・ベルヌ条約及追加規程ニ関スル解釈的宣言書』（内務省警保局，1898年）3頁を参照のうえ一部の文字・表現を現代文に改めた）。

63) Ricketson and Ginsburg, supra note 4, p. 42 (para.2.02).

本稿では英仏各国を当事国とする条約と国内法を中心に検討を行った。このため，ドイツやイタリア等その他の欧州諸国が当事国となる二国間条約や国内法については触れることができなかった。また，著作物の種類と権利の生成または「認められた行為」との関係，さらに二国間条約の規定内容とベルヌ創設条約のための事前準備会合における検討経緯，非政府組織の役割，その帰結としての条約文との関係についても，さらに解明されるべき課題が少なくない。これらの諸点については稿を改めて論じることとしたい。

　脱稿後，Sam Ricketson, "The Public International Law of Copyright and Related Rights", in *Research Handbook on the History of Copyright Law*, eds. Isabella Alexander and H. Tomas Gomez-Arostegui, pp. 288-312（Cheltenham: Edward Elgar, 2016）. に接した。

資料1　検討対象の二国間条約

当事国	相手国	名　　称	署名日・作成地
フランス	サルディニア	文学的または美術的著作物の権利の相互保護のために1843年8月28日フランスとサルディニア間で締結された条約 Convention conclue, le 28 août 1843, entre la France et la Sardaigue, pour la garautie réciproque de la propriété des oeuvres littéraires ou artistiques	1843年8月28日トリノ
英国	ハノーバー	ハノーバー条約（1847年8月4日） Hanover Convention: copyright. Place and date of signature: 4 Aug. 1847	1847年8月4日ロンドン
フランス	ポルトガル	精神的および美術的著作物の権利ならびに商標の権利の相互保護のために1851年4月12日フランスとポルトガル間で締結された条約 Convention conclue, le 12 avril 1851, entre la France et le Portugal, pour la garantie réciproque de la propriété des oeuvres d'esprit et d'art, et de celle des marques de fabrique	1851年4月12日リスボン
フランス	ハノーバー	文学的および美術的著作物の権利の相互保護のために1851年10月20日フランスとハノーバー間で締結された条約 Convention conclue, le 20 octobre 1851, entre la France et le Hanovre, pour la garantie réciproque de la propriété des oeuvres littérature et d'art	1851年10月20日ハノーバー
英国	フランス	国際著作権の設立のための英国とフランス共和国間の条約 Convention between Her Majesty and the French Republic, for the establishment of International Copyright	1851年11月3日パリ
フランス	ベルギー	精神的および美術的著作物の権利の相互保護のために1852年8月22日フランスとベルギー間で締結された条約 Convention conclue, le 22 août 1852, entre la France et la Belgique, pour la garantie réciproque de la propriété des oeuvres d'esprit et d'art	1852年8月22日パリ
フランス	スペイン	精神的および美術的著作物の権利の相互保護のため1853年11月15日フランスとスペイン間で締結された条約 Convention conclue, le 15 novembre 1853, entre la France et l'Espagne, pour la garantie réciproque de la propriété des oeuvres d'esprit et d'art	1853年11月15日マドリード
英国	ベルギー	国際著作権の設立のための英国とベルギー間の条約 Convention between Her Majesty and the King of the Belgiants, for the establishment of International Copyright	1854年8月12日ロンドン
英国	スペイン	国際著作権の設立のための英国とスペイン間の条約 Convention between Her Majesty and the Queen of Spain, for the establishment of International Copyright	1857年7月7日マドリード
英国	サルディニア	国際著作権の設立のための英国とサルディニア間の条約 Convention between Her Majesty and the King of Sardinia, for the establishment of International Copyright	1860年11月30日トリノ

各条約の名称は，フランスを当事国とする条約については，J. Delalain, *Recueil des conventions conclues par la France pour la reconnaissance des droits de propriété littéraire et artistique* (3e éd), Typographie de Jules Delalain : Paris, 1867を，また英国を当事国とする条約については，Primary Sources on Copyright (1450-1900)〈http://www.copyrighthistory.org/cam/index.php〉から入手した資料，および英国国立公文書館（National Archives）から入手した"Hanover Convention: copyright. Place and date of signature: 4 Aug. 1847"に拠った。

資料2 著作物の定義と例示に関する規定の比較（1843年～1886年）

当事国		仏	英	仏	仏
相手国		サルディニア	ハノーバー	ポルトガル	ハノーバー
署名日		1843.8.28	1847.8.4	1851.4.12	1851.10.20
著作物の定義（注1）					
文書	-; écrits	＊		＊	＊
書籍	books; livres		＊		＊
小冊子	pamphlets; brochures				
その他の文書	all other writings; tous autres écrits				
演劇用の著作物	dramatic works; œuvres dramatiques		＊		＊
楽曲	musical compositions; compositions musicales	＊	＊	＊	＊
素描	design; dessin	＊			＊
絵画	painting; peinture	＊		＊	＊
彫刻	sculpture; sculpture	＊	＊（注3）	＊	＊
版画	engraving; gravure	＊		＊	＊
石版画	lithographs; lithographies			＊	＊
図解	illustrations; illustrations				
地図	maps; cartes géographiques				
図面	plans; plans				
略図	sketches; croquis				
模型	plastic works; ouvrages plastiques				
著作物の属する分野					
精神的	ouvrages d'esprit	＊		＊	
文学的	literary; littéraire		＊		＊
美術的	artistic; artistique	＊	＊	＊	＊
学術的	-; scientifique				
受け皿規定	autres productions analogues	＊	＊	＊	＊

注1　英仏両語の表現は代表的なものを示した（条約により異なる語が用いられている場合がある）。
注2　compositions dramatiques et musicales
注3　prints and articles of sculpture
注4　受け皿規定には「文学，学術，美術」の3つの分野が記載されている。

英仏	仏ベルギー	仏スペイン	英ベルギー	英スペイン	英サルディニア	(参考) ベルヌ創設条約
1851.11.3	1852.8.22	1853.11.15	1854.8.12	1857.7.7	1860.11.30	1886.9.9
*	*	*	*	*	*	*
	*					*
		*				*
*		*（注2）	*	*	*	*
*	*	*（注2）	*	*	*	*
*	*	*	*	*	*	*
*	*	*	*	*	*	*
*	*	*	*	*	*	*
*	*	*	*	*	*	*
*	*	*	*	*	*	*
						*
		*				*
						*
						*
						*
*	*	*	*	*	*	*
*	*	*	*	*	*	*
		*				
*	*	*	*	*	*	*（注4）

資料3　翻訳および認められた利用に関する規定の比較（1843年～1886年）

当事国		仏	英	仏	仏
相手国		サルディニア	ハノーバー	ポルトガル	ハノーバー
署名日		1843.8.28	1847.8.4	1851.4.12	1851.10.20
翻訳	translation; traduction	2条, 3条		3条, 4条, 5条	
演劇の著作物の公正な模倣・翻案	fair imitation, adaptation; imitations faites de bonne foi, appropriations				
新聞・定期刊行物の記事の複製・翻訳	articles extracted from newspapers or periodicals; articles extrits de journaux ou de recueils périodiques	5条		6条	

当事国		英	仏	仏	英
相手国		仏	ベルギー	スペイン	ベルギー
署名日		1851.11.3	1852.8.22	1853.11.15	1854.8.12
翻訳	translation; traduction	2条, 3条	2条, 4条, 5条	2条, 3条, 4条, 8条, 9条, 10条	
演劇の著作物の公正な模倣・翻案	fair imitation, adaptation; imitations faites de bonne foi, appropriations	4条		5条	4条
新聞・定期刊行物の記事の複製・翻訳	articles extracted from newspapers or periodicals; articles extrits de journaux ou de recueils périodiques	5条	7条	6条	5条

当事国		英	英	（参考）ベルヌ創設条約
相手国		スペイン	サルディニア	
署名日		1857.7.7	1860.11.30	1886.9.9
翻訳	translation; traduction			5条
演劇の著作物の公正な模倣・翻案	fair imitation, adaptation; imitations faites de bonne foi, appropriations	4条	4条	
新聞・定期刊行物の記事の複製・翻訳	articles extracted from newspapers or periodicals; articles extrits de journaux ou de recueils périodiques	5条	5条	8条

資料4 翻訳権留保の表示例。Peter Burke, *The Law of International Copyright Between England and France in Literature, the Drama, Music, and the Fine Arts: Analyzed and Explained,* London: Sampson Low & Son, 1852. 本書は英仏両語が並記されており，表紙にはそれぞれの言語による表示が印刷されている。

LONDON:
SAMPSON LOW & SON, 169 FLEET STREET.
1852.

The author of this work notifies that he reserves the right of translating it.

LONDRES:
SAMPSON LOW et FILS, 169 FLEET STREET.
1852.

L'auteur de cet ouvrage s'en réserve le droit de traduction.

参考文献一覧

本稿の作成に際しては，つぎの文献（脚注に示したものを含む）を参照した。ウェブサイトの URL は2016年10月10日時点で閲覧したものを示す。

安形麻理『デジタル書物学事始め—グーテンベルク聖書：ネットワーク時代の図書館情報学』（勉誠出版，2010年）
安藤隆之＝玉崎紀子『ヨーロッパ演劇の形：演劇文化論集』（勁草書房，2001年）
木棚照一『国際知的財産法』（日本評論社，2009年）
白田秀彰『コピーライトの史的展開』（信山社出版，1998年）
園田暁子『1830年代から1960年代にかけての国際著作権法整備の過程における著作権保護に関する国際的合意の形成とその変遷』（平成18年度産業財産権研究推進事業報告書）（知的財産研究所，2007年）
園田暁子「著作権と文学者(1)　ワーズワースと著作権」知財研フォーラム72号，59頁（知的財産研究所，2008年）
園田暁子「著作権と文学者(2)　ディケンズと国際著作権」知財研フォーラム73号，49頁（知的財産研究所，2008年）
園田暁子「著作権と文学者(6)　バルザックから19世紀の作家たちへの手紙」知財研フォーラム77号，43頁（知的財産研究所，2009年）
園田暁子「著作権と文学者(7)　ベルヌ条約へ向けての動きとユゴー」知財研フォーラム78号，33頁（知的財産研究所，2009年）
内務省警保局『著作権保護ニ関スル国際同盟条約・国際同盟条約追加規程・ベルヌ条約及追加規程ニ関スル解釈的宣言書』（内務省警保局，1898年）
西岡洋子「国際電気通信連合成立前史にみる国際的電気通信制度の形成過程に関する検討」Journal of Global Media Studies, vol. 3, 27頁（駒澤大学グローバル・メディア・スタディーズ学部，2008年）
野村義男訳編著『文学的および美術的著作物の保護に関するベルヌ同盟の生成と発展—著作権法施行70周年記念』（文化庁，1969年）
松村赳＝富田虎男編著『英米史辞典』（研究社，2000年）
リュシアン・フェーヴル，アンリ＝ジャン・マルタン『書物の出現』（上・下）（関根素子他訳）（筑摩書房，1985年）
宮澤溥明『著作権の誕生—フランス著作権史』（日本ユニ著作権センター，1998年）
宮下志朗「マインツからアントワープへ」『印刷革命がはじまった—グーテンベルクからプランタンへ』（凸版印刷株式会社印刷博物館，2005年）
宮下志朗『文学のエコロジー』（放送大学教育振興会，2013年）
山田奨治『『海賊版』の思想：18世紀英国の永久コピーライト闘争』（みすず書房，

2007年)

Peter Burke, *The Law of International Copyright Between England and France in Literature, the Drama, Music, and the Fine Arts: Analyzed and Explained*, London: Sampson Low & Son, 1852.

George Arthur Codding, Jr, *The International Telecommunication Union: an experiment in international cooperation*, New York : Arno Press, 1972: reprint of 1952 ed.

Deazley, R. (2008) 'Commentary on *Copyright Amendment Act* 1842', in *Primary Sources on Copyright (1450-1900)*, Chapter 3, eds L. Bently & M. Kretschmer, ⟨www.copyrighthistory.org⟩

Deazley, R. (2008) 'Commentary on *International Copyright Act* 1852', in *Primary Sources on Copyright (1450-1900)*, Chapter 3, eds L. Bently & M. Kretschmer, ⟨www.copyrighthistory.org⟩

Paul Edward Geller, "Copyright History and the Future: What's Culture Got to Do with It?", Journal of the Copyright Society of the USA, vol. 47 (2000), pp. 209-264.

Paul Goldstein and P. Bernt Hugenholtz, *International copyright: principles, law, and practice*, 3rd ed., Oxford: Oxford University Press, 2013.

Primary Sources on Copyright (1450-1900), eds L. Bently & M. Kretschmer, ⟨www.copyrighthistory.org⟩

Silke von Lewinski, *International copyright law and policy*, Oxford: Oxford University Press, 2008.

Sam Ricketson and Jane C. Ginsburg, *International copyright and neighbouring rights: the Berne Convention and beyond* (2nd ed.), Oxford: Oxford University Press, 2006.

Catherine Seville, *The internationalisation of copyright law: books, buccaneers and the black flag in the nineteenth century*, Cambridge: Cambridge University Press 2006.

Stephen M. Stewart, *International copyright and neighbouring rights*, London: Butterworths, 1983.

J. Delalain, *Recueil des conventions conclues par la France pour la reconnaissance des droits de propriété littéraire et artistique* (3e éd), Typographie de Jules Delalain : Paris, 1867.

Thomas Noon Talfourd, *A Speech Delivered by Thomas Noon Talfourd, in the*

House of Commons, on Thursday, 18th May, 1837: On Moving for Leave to Bring in a Bill to Consolidate the Law Relating to Copyright and to Extend the Term of Its Duration, London: Edward Moxon, 1837.

著作権法における行政法的規制と公私協働
― 不明権利者の裁定制度・拡大集中管理の法的基礎づけ ―

龍村　全

第1節　はじめに―現行著作権法における行政的規制
第2節　裁定制度の意義
第3節　行政主体による事務管理―行政的規制と私法的手法の重畳適用の可否
第4節　私人による不明権利者の事務管理
第5節　拡大集中管理の導入可能性
第6節　拡大集中管理のその他の課題

第1節　はじめに―現行著作権法における行政的規制

　著作権法は，主として私権としての著作権，著作隣接権を規律する民事法であるが，著作権法中にはさまざまな形で行政の関与が予定されている。
　一つは，権利者の利用者との間の紛争処理に関するものである。たとえば，あっせん，調停，協議勧告である。その中で，その最終決定を行政が行う裁定手続がある。権利者不明の裁定，商業用レコードの二次使用料の額の裁定などである。
　つぎに，著作権等の登録関連業務がある。文化庁は著作権，著作隣接権の登録業務を行っており，一部は，それを指定法人，指定登録機関に委ねている。
　三つ目には，権利制限規定の適用対象の指定などがある。たとえば，図書館資料の複製が認められる施設の指定，教科書（拡大）図書への掲載の補償金の額の決定，視聴覚障害者のための複製が認められる情報提供事業法人の指定，記録保管所の指定などである。
　四つ目のグループとしては，集中管理団体に関する一連の規制である。指定団体，指定管理団体，著作権等管理事業者などに対する規制である。
　このように，国または行政機関に著作権法上の一定の役割を担わせるものは諸外国にも存在するが，著作権行政に関する行政機関（著作権行政機関）が果

たす役割や機能には，ほぼ共通する一定の類型が認められる[1]。①権利者が所在不明な著作物の利用許諾，②集中管理団体の指定，その運営の監督，管理委託約款の規制，殊に，著作物使用料等の決定あるいは集中管理団体による使用料の規制，③登記・登録制度の運営，④行政的な違反行為の調査，⑤紛争処理（利用料や利用許諾の規定を巡る問題の処理等）などである。

この中で，①については，許諾を国の行政機関自身が行う場合とその権限を授権された行政機関が行う場合がある。前者の例としてはわが国の不明権利者の裁定があり，後者の例としては，カナダの著作権委員会（Copyright Board of Canada）がある。また，行政機関以外の集中管理団体等が許可を得て行うことができるとする制度も存在し，さらには，北欧，英国に見られる非構成員の権利許諾をも行う拡大集中管理制度が存在する。

近時，コンテンツの円滑な流通，とくにいわゆる孤児著作物問題，不明権利者の著作物の解決が求められ，その解決策の一つとして，集中管理団体を通じた権利処理，特に北欧諸国に見られる拡大集中管理が議論の俎上に昇ってくるようになってきた。本稿では，不明権利者の裁定制度を一例として，その制度の性質，理論的根拠づけ，さらに，その延長としての拡大集中管理のありうべき理論的根拠づけについて概観する。

---

1) 諸外国の著作権行政機関に共通する機能として，①紛争処理（利用料や利用許諾の規定を巡る問題の処理等），②利用料の構築（集中管理団体による利用料の承認等），③集中管理団体の監督，④その他，があるとし，④に，行政的な違反行為の調査，権利者が所在不明な著作物の利用許諾を含め，これらがどのような比重で割り振られているのかにより著作権行政機関を幾つかの類型に分類する見解がある。第一は，多機能型システム（Extensive System）で，①から④すべての機能を広範囲に備えた行政機関（カナダの著作権委員会），第二は，審判所型システム（Tribunal System）で，①がその主な機能であるもの（イギリスの著作権審判所），第三は複合型システム（Hybrid System）と残余型システム（Residual System）であり，前者は二つ程度の機能を含む場合（オーストラリアの著作権審判所（紛争処理と利用料の構築）），後者は四つのうち一つしか有しないもの（アルゼンチンの制度）と整理する（Claire Kusy, Comparative Study on Copyright Administrative institutions, in Ysolde Gendreau ed. Copyright administrative institutions: conference organised by the Centre de Recherche en Droit Public (CRDP) of the Faculty of Law of the Université de Montreal, 11-12 october 2001. (Cowansville:Editions Yvon Blais, 2002) pp.642-644.，『諸外国における著作物等の利用円滑化方策に関する調査研究報告書』147頁〔今村哲也〕（情報通信総合研究所，2013年）参照）。

第2節　裁定制度の意義

1　裁定制度と強制許諾

　上記のように，わが国では，権利者不明の著作物等について裁定制度を設け，権利者不明の著作物等について，文化庁長官の裁定により利用が可能になる仕組みを設けている（著作権法67条）。この裁定制度は，国際的には，強制許諾（compulsory license）の範疇に分類され，民事上の契約関係に模し，ライセンス方式を取ったものとして整理されることが多い[2]。

2　権利者不明の裁定の法的性質

　この性質をライセンスと考えると，国が第三者（不明権利者）に代わって許諾を行っているものとも見える。しかし，実際には，裁定制度は，公権力の行使の効果として，申請者が一定の負担（手数料の納付その他一定の手続の履践）により，著作権等による禁止権を解除されるという効果を付与されるものであり，純粋の行政手続である。不明権利者の許諾の意思表示を擬制したり，みなしたりするものでもない[3]。この制度は，行政法上の概念整理によると，どのよう整理されるであろうか。

　行政法上は，行政処分の相手方が不明な場合に対応する一般的な制度は設けておらず，個別的に，所管の法令上での手当てがなされている。たとえば，土地収用法においては，土地所有の相手方が不明，所有者名が判明しない場合，不明裁定の制度がある（土地収用法48条4項・49条2項）[4]。

　不明権利者の裁定は，行政主体による行為であり，法令に基づく一方的な決定として行われ，結果，具体的な法律上の効果を発生させるという行政作用を果たしており，行政法学上の行為形式としては「行政行為」とされるものであ

---

[2]　玉井克哉「行政処分と事務管理―孤児著作物問題の二つの解決策―」Netcom 21巻5頁（2015年）。Copyright Restriction Level としては，Exception に次ぐ強い制限に属するとされる（Daniel Gervais, *Collective Management of Copyright and Related Rights*, 3rd Ed (Kluwer 2016), p.28）。なお，不明権利者の問題についての諸外国の状況については，『コンテンツの円滑な利用の促進に係る著作権制度に関する調査研究報告書』（三菱UFJリサーチ＆コンサルティング，2007年）参照。

[3]　玉井・前掲注2）6頁も，「公権力の行使たる行政処分によって意思表示を代替するのではないから，条約上の強制許諾ではないと解される」とする。

[4]　阿部泰隆『行政法解釈学Ⅰ』349頁（有斐閣，第2刷・補訂，2011年）。

る。それは文化庁長官が行政主体となって行う行政行為であるが，一方では，申請者に対し権利の許諾を得たことと同様の権利を付与する授益的行政行為であるとともに，他方で，不明権利者には，その結果として著作権法上の権利（禁止権）の制限を行うものとなり，侵害的行政行為になる。

　行政法学上の伝統的な行政行為の分類に即していえば，まず，申請者に対する関係では，権利付与の効果が創設的に認められるものであり，法律行為的行政行為としての形成的行為であり，それは権利を付与するのであるから，形成的行為の行政行為の一つである「特許」または「設権行為」と考えられる[5]。ただし，行政行為の附款として，対価の支払いを内容とする「負担」が附加されたものである。他方，同時に，権利者に対する関係では，その限度で私権の制限を受け，結果的に許諾権限の喪失を余儀なくされることを意味し，その点では，形成的行為の一種である「剥奪行為」に該当する。このように，不明権利者の裁定は，申請者にとって権利付与という授益的側面と負担という不利益（賦課的）側面を併せ持つという混合処分であるとともに，一方では申請者に対する利益的効果を，他方では第三者たる権利者に対する不利益的効果を同時に併せ持つ行為であって，二重効果的行政行為（複効的行政行為）（Veraltungsakt mit Doppelwirkung）[6] の一場合でもある。

　第二に，それは行政行為の一つである「代理（行為）」に擬せられる余地もある。「代理（行為）」[7] は，本人のなすべき行為を国等の行政主体が代わってなすことにより，第三者自らがなしたのと同じ効果が生ずる行為であり，当事者間の協議が調わない場合に国が代わってする裁定がその例として上げられている[8]。

---

[5]　美濃部達吉『行政法撮要（上）』81頁（有斐閣，改訂増補第3版，1931年）は，形成的行為の一つとして，「設権行為」とは「権利能力，行為能力，特定ノ権利又ハ包括的ノ権利関係ヲ設定スル行為ヲ謂フ」とし，「或ハ之ヲ『特許』ト称スルコトヲ得」とし「設権行為」と「特許」を同義とする。「特許」を「自然ニハ存在セザル法律上ノ力ヲ付与スル行為」とし，「公法上又ハ私法上ノ権利ヲ設定スルモノ」もあるとする。田中二郎『行政法総論』309頁（有斐閣，1957年）（以下「田中・総論」と略記），田中二郎『新版行政法（上）』123頁（弘文堂，全訂第2版，1974年）（以下「田中・上」と略記）もこれを引き継ぎ，両者を同一のものとする。従来，公法・私法二分論の立場から，その効果は公法的なものか私法的ものかは問わないとされていた（田中・上123頁。前掲・美濃部81頁）。

[6]　石崎誠也「西ドイツにおける『二重効果的行政行為論』」自治研究57巻11号86頁，12号117頁，58巻1号102頁（1981年），阿部・前掲注4）34頁，324頁など。

[7]　田中・総論309頁，田中・上123頁。

第三に，この行政手続の構造全体としての行政作用の特性を捉え，「公用制限」の一つである「公用負担」としての「公用使用」であるとの理解も可能である。「公用使用」は，公法・私法二分論を前提に，特定の公益事業のために，ある事業者が他人の所有に属する土地その他の財産権について公法上の使用権を取得し，その反面において，所有者その他の権利者が公益事業のための使用を受忍すべき公法上の義務を負う場合をいうとされてきたが[9]，著作権法上の不明権利者の裁定も，土地収用法の使用裁定（47条の2第1項）に類したものとして理解されうる[10]。この点からは，不明権利者の裁定の手続は，公用使用類似の二重効果的行政行為を中核とする一連の法的仕組みであるといえよう[11]。

8）　このように，行政法総論における行為形式論において私人間紛争に対する行政の権力的関与行為としての「裁定」，「裁決」が布置されてきた場所は，一般に，形成行為中の「代理」行為であるとされるとの指摘がある（斎藤誠「私人間紛争に対する行政の権力的関与──『行政法理と私法秩序』に関する一考察」成田頼明先生古稀記念『政策実現と行政法』159頁（有斐閣，1998年））。

9）　田中二郎『新版行政法（下）』158頁（弘文堂，全訂第2版，1983年），柳瀬良幹『公用負担法』120頁（有斐閣，新版，1971年）。そのため，公用使用における相手方の使用の権利は公法上の権利であり，それが私法上の権利である場合は公用使用ではなく，また，設定される使用の権利は公法上のものである，とされた（前掲・柳瀬121頁）。なお，前掲・柳瀬121頁は，同時に，著作権の目的たる著作物が一定の場合には著作権者の同意なくして利用せられ得るものとせられているのも（著作権法30条－47条・67条－70条），著作権が公用使用の目的物とせられている場合である」とし，著作権者不明の裁定の場合もこれに含めている。

10）　公法・私法二分論を前提としない場合でも，公用収用や公用使用は行政作用の一類型として理解されている（たとえば，小早川光郎『行政法（上）』216頁（弘文堂，1999年））。なお，柳瀬・前掲注9）131頁は，公用使用について，所有権中の使用の権能が収用されるのではなく，所有権の上に新たにその目的物を使用する（私権でない）権利が設定され，その結果，それに対応して所有権の内容が制限される，との構成を取る（仲野武志『国家作用の本質と体系Ⅰ　総則・物権編』2頁（有斐閣，2014年）も参照）。

11）　行政作用法を個々の行政行為単位ではなく，それら諸要素の有機的組合わせとしての「法的仕組み」として捉える見解について，小早川光郎「行政の過程と仕組み」高柳信一先生古稀記念『行政法学の現状分析』151頁（勁草書房，1991年），同「行政法の存在意義」『行政法の新構想Ⅰ──行政法の基礎理論』10頁（有斐閣，2011年），小早川・前掲注10）187頁，塩野宏『行政法Ⅰ　行政法総論』66頁，97頁（有斐閣，第6版，2015年）（以下「塩野Ⅰ」と略記）など参照。

第3節　行政主体による事務管理―行政的規制と私法的手法の重畳適用の可否

1　裁定制度と事務管理

近時，不明権利者の裁定や拡大集中管理の理論的基礎として事務管理法理が示唆されることがある[12]。不明権利者の裁定についていえば，当事者が行政主体であるものの，それは私法の仕組み（ライセンス）を転用した制度であると見る見方である。換言すれば，不明権利者の裁定は文化庁長官の行政処分として行われるものの，これを強制許諾という契約類似の現象と捉え，権利許諾を内容とする行政契約に見立てて，かつ，契約締結の前提となる介入正当化を民法上の「事務管理」（民法699条）の法理に求めるものであるといえよう。

現在の行政法理論では，行政法関係にも私法の適用が可能なことが一般的に肯定されている。そのため，行政主体が同時に，私法上の事務管理規定の適用により事務管理者となりうることに違和感はない。

しかし，事務管理が法律行為として行われる場合には，それは行政主体による私法上の契約（行政契約）と理解されることとなるが，そこには，行政主体が一般に事務管理を行えるのかという問題と，管理行為が第三者に権利者の著作権等を許諾するという契約（行政上の契約）という法律行為により行われることになるため，行政主体がそのような契約を行うことができるか，という問題とが含まれるように思われる。前者は，行政上の事務管理法理一般の適用の問題であり，後者は，行政契約の問題であると考えられる。

2　行政上の事務管理

(1)　行政上の事務管理の概念

ところで，行政法学上，「一般法理」として事務管理の概念が公法の分野においても妥当するとして，講学上，「公法上の事務管理」が認められることが説かれ[13]，（公法・私法二元論を前提として）法律に特別の規定のある場合を

---

12)　玉井・前掲注2）6頁，『拡大集中許諾制度に係る諸外国基礎調査報告書』14頁（ソフトウェア情報センター，2016年）〔田渕エルガ〕，Gunnar Karnell, Extended Collective License Clauses and Agreement in Nordic Copyright Law, Columbia-VLA Journal of Law & Arts, Vol.10, Issue 1 (1985-1986), p.78.，鈴木雄一「権利者不明作品問題と拡大集中許諾制度」ジュリスト1499号32頁（2016年）参照。

除き，一般には，それは民法上の事務管理に準じて考えてよいものとされてきた。公法・私法二元論に囚われない現在の行政法学理論の多数からは，「行政上の事務管理」[14]と言い換えられている。

　学説上は，事務管理制度を行政法に用いることを行政過程論として肯定する従来からの立場[15]と，行政実務における事務管理は要件のいずれかを欠くことになるとする否定説[16]に分かれている。なお，判例には事務管理の法理により解決した事案がいくつか存在する[17]。

(2) 行政主体による私法上の事務管理の可否

　一方当事者が行政主体であるだけで，その行為としては純粋に私法上のものなのであれば，理論上は，民法上の事務管理の要件を満たすならば，その適用を否定する積極的な根拠は見出しがたく，行政上の事務管理が原理的に成立しえないとする理由はないであろう[18][19]。ただし，否定説が指摘するように，行政の場合，広く法律の規定により行政活動範囲や権限が抽象的に規定されている場合が少なくない。行政機関にとって，その公共性ゆえ，それが「自己の事務」と評価される場合や，行政機関側に何らかの法律上の権限があると考えられる場合が多い。それらの場合は，ほぼ事務管理の要件を欠くことになることは事実であろう。

(3) 行政主体による不明権利者裁定と事務管理（行政契約）との重畳適用

　ところで，行政主体が不明権利者の裁定とは別に，重畳的に民法上の事務管

---

13) 田中・総論254頁，田中・上101頁。その結果，事務の性質も公法に属することになる。八木雅史「公法と事務管理―西ドイツに於ける判例・学説の検討」関西大学大学院法学ジャーナル49号1頁以下（1987年），平田健治「事務管理法の構造・機能の再検討(1)」民商法雑誌89巻5号25頁（1984年），副田隆生「事務管理法の構造・機能とその適用範囲（下）」判タ522号134頁（1984年）はドイツにおける行政機関が公法上の義務に応じて活動する場合に関する事務管理の裁判例を紹介する。

14) 鈴木庸夫「自治体行政による事務管理」自治法規実務研究会『現行自治六法速報版平成二七年度版』別冊2頁（第一法規，2014年），北村喜宣「行政による事務管理（一）〜（三）」自治研究91巻3号33頁，4号28頁，5号51頁（2015年），二見絵里子「環境損害に対する事務管理制度の適用の可能性―不適正処理廃棄物に関する事務管理に基づく費用償還請求事件をきっかけとして」早稲田大学大学院法研論集150号393頁（2014年）以下。塩野Ⅰ・36頁，47頁。

15) 鈴木・前掲注14) 2頁，塩野Ⅰ・36頁，47頁注(9)。

16) 北村・前掲注14) 91巻5号59頁，二見・前掲注14) 393頁以下。

17) 大判大正8年4月18日民録25輯574頁〔鉱業権落札登録税事件〕，名古屋地岡崎支判平成20年1月17日判時1996号60頁〔産廃業者不法投棄事件（第一審）〕，名古屋高判平成20年6月4日判時2011号120頁〔産廃業者不法投棄事件・控訴審〕，最判平成18年7月14日判時1946号45頁〔相続税申告事務管理事件〕。

理，行政契約を行うことができるであろうか。

　この問題は，授権法律（ここでは著作権法）が行政機関に民法上の事務管理，行政契約を行うことを許容しているか否かという個別の実体法の解釈問題と考えることができる。これは，個別法がその場合の事務処理の方法を一義的に定めて事務管理制度の適用を排除しているかどうか，換言すれば，行政行為の法形式を用いることが強行的に定められているか否か，あるいは，個別法の先占領域であるのかどうか，という問題であり，それは授権法律の解釈により個々に判断される問題となる[20]。

　不明権利者の裁定においては，その詳細な行政手続の規定だけでなく，たとえば補償金の額の調整においても，土地収用法における収用・使用裁決のそれと同じように，訴訟によるものとされ（著作権法72条1項），当事者は法定され（同条2項），当事者訴訟によるものとされる（行政事件訴訟法4条前段。形式的当事者訴訟）。この点も，契約的アプローチよりも柔軟な構造を有する。

　このように見ると，著作権法においては，不明権利者の裁定制度という独特の規律密度（Regelungsdichte）の高い手続が設けられていることから，（少なくとも不利益処分については）事務管理，行政契約締結の権限は排除されていると解され，事務管理・許諾契約締結という別ルートの選択肢を設けるには，別途，法律の授権が要求されると考えるべきであろう[21]。

　また，不明権利者の裁定の場合は，（本人が不明なため，本人に対する関係

---

[18]　なお，抽象的に行政機関の行為に事務管理法理を適用することそれ自体の法律の留保の問題は，理論的には，事務管理が法律行為（ここでは行政契約）により行われる場合の，具体的な行政契約と法律の留保の問題ともまた別の問題である。ただ，具体的な管理行為と離れて前者を議論する実益がなく，事務管理の成否と不可分である管理行為の是非の問題に収斂するため，ここでは行政契約と法律の留保について検討すれば足りよう。行政活動一般に民法の適用を肯定し，行政契約の非権力性や合意に基づく点などから法律の留保を不要とする立場からは，行政契約の方法による事務管理全体について不要論になることになろう（塩野Ⅰ・48頁は，本人の意思に反して介入するものではないことから，法律の留保論は直接適用されるものではないとする）。なお，事務管理の効果が違法性阻却だけにとどまらず，本人に対する費用償還請求などの効果も生ぜしめることからすると，法律の根拠なく，そのような結論を直接導くことが妥当か否かも視野に入れる必要はあろう（なお，注21）参照）。

[19]　ただし，（管理行為の相手方ではなく，本人に対する関係の問題であるが）事務管理は，（推定的同意に基づくものにすぎず）相手方私人の同意という要素すら欠いて法定債権債務関係を発生させるものであるので，その点，行政契約の場合とも異なる面がある（同意を行政活動の規範的正当化の根拠と捉える，野田崇「行政法における『民主的な意思』」芝池義一先生古稀記念『行政法理論の探究』79頁（有斐閣，2016年）参照）。

[20]　塩野Ⅰ・36頁。

では特に，また契約相手方との関係でも）一方的に権利義務を決定することができるという行政行為の大きな特色（「規律力」[22]）が有効かつ適切に当てはまる。定型的に処理が必要な手続においては，厳格に設計され規律密度においても優れる行政法規の規律，法的仕組みの方が適しているであろう。

原則的な民事法の規律によれば，権利者不明については，権利者に相続が発生している場合には，相続人不明であれば裁判所が相続財産管理人を，不在者の場合は不在者財産管理人を選任し，裁判所の関与の下に当該財産管理人が必要な財産処分を行うことになる（さらには，失踪宣告の制度も用意されている）。しかし，著作物等の権利処理のためにそのような重い手続を踏むことはコスト的に到底見合わないという「市場の失敗」を背景として，行政的規制としての裁定制度が設計されたのであり[23]，民事的規律への逆戻りは，効率性の観点からも選び得ない。

このように，行政主体により，不明権利者の裁定とは別に，不明権利者を本人とした事務管理（行政契約）を行うことは予定されていないと解される。そ

---

21) 「行政私法」の考え方からは，行政機関が法的拘束を免れる「私法への逃避」（Flucht ins Privatrecht）を防ぐ意図から，安易に民事法が適用されることには消極的な方向となろう。行政の活動に私法が適用されることになると，一方当事者である行政主体に対する法的拘束力が弱くなる不都合を問題にするのが「行政私法」の考え方である。行政私法については，山本隆司「公私協働の法構造」金子宏先生古稀祝賀『公法学の法と政策（下）』557頁（有斐閣，2000年）（以下「山本・法構造」と略記），山本隆司「私法と公法の〈協働〉の様相」日本法社会学会編『現代における私法・公法の〈協働〉』法社会学66号19頁，22頁（有斐閣，2007年）（以下「山本・〈協働〉の様相」と略記），塩野Ⅰ・45頁，高木光『行政法』230頁（有斐閣，2015年），エバーハルト・シュミット－アスマン著・太田匡彦＝大橋洋一＝山本隆司訳『行政法理論の基礎と課題―秩序づけ理念としての行政法総論』291頁（東京大学出版会，2006年）など参照。

22) 塩野Ⅰ・155頁。

23) 国家が著作権等の集中管理の分野に介入する実質的な理由は，一方では利用者側に著作物を利用する需要があり，他方，権利者側は所在不明のため，その探索，財産管理人の選任，意思確認等の権利処理に多大のコストが掛かり，「取引費用」の問題から私的自治の自律性が機能不全となる「市場の失敗」にあると考えられる。このように，市場の失敗が国家の市場への介入を正当化する事由となることについて，井上嘉人「市場と表現の自由理論（一）」広島法学27巻3号40頁（2004年），西尾勝＝村松岐夫『講座行政学（五）業務の執行』74頁以下（有斐閣，1994年）など，行政法と市場の失敗の関係について，福井秀夫「市場の失敗としての行政法の再構成―阿部泰隆理論の到達点と展望を踏まえて」阿部泰隆先生古稀記念『行政法学の未来に向けて』（有斐閣，2012年），板垣勝彦『保障行政の法理論』502頁（弘文堂，2013年）（以下「板垣・保障行政」と略記）参照。前掲・福井110頁は，「取引費用」の問題として土地収用の例を挙げる（ただし，経済学教科書によっては，取引費用は市場の失敗の分類から外す見解もある。八田達夫『ミクロ経済学Ⅰ』9頁（東洋経済新報社，2008年））。

れは，不明権利者の裁定の理論的な基礎づけを事務管理に求めることが適切でないことを示唆する。

3　私法上の事務管理法理の援用の是非

　後述のように，不明権利者の問題では，事務管理の本来の趣旨である一定の社会関係における私人間の相互扶助が問題となっているのではない。事務管理の想定する利益調整は，善意から出た介入に関する私人間のそれであり，著作権法においても利用と権利保護との調整は図られてはいるが，それは利用者側の著作物利用の便宜との調整に焦点を合わせたものであり，権利者本人の利益を主眼に置いたものではない。不明権利者の裁定は，不明権利者本人の（推定的）意思のいかんを問わずに，行政活動として一方的に決定するという構造を有する（そのため，不明権利者の裁定では，事務管理のような本人の意思を中心とした諸要件は不問である）。

　さらにいえば，不明権利者の裁定は，私人間の利益（たとえば，事務管理者の費用償還関係）の調整を図ろうとするものではなく，著作権行政として著作物の円滑化を促進しようする政策的な判断として行うものであり，著作権法の観点から著作物利用者と権利者との間の利益調整を図るものである。この行政活動の根拠となっているのは不明権利者本人の意思ではない。行政はむしろ公益を優先するのである。これに対し，民事法は私的自治が支配し，意思主義理論を根幹とした体系を持つ。このように考えると，不明権利者の権利処理には，私的自治を前提とする個人間の自発的な扶助を内容とする事務管理という制度は適合していないといわざるをえない[24]。

　以上のようにみてくると，裁定制度を民法の事務管理法理を具現したものとみることや，その制度的な思想，根拠を民事法の事務管理法理に求めることは妥当でないと考えられる。

---

24)　山本隆司『行政法の主観法と法関係』323頁（有斐閣，2000年）は，民主政的正統性を帯びた行政を中心に構築された行政法においては，行政法規定により図られている利益衡量は包括性・総合性を特色とするのに対し，個人のイニシアティブを前提に裁判所が紛争解決をする民事法は，より繊細な個別的な利益衡量に適した個別的な紛争解決志向のものであり，両者には利害調整の作動方法に違いがあることを指摘する。この点からみても，民事法は一律の大量処理には向かない。

第 4 節　私人による不明権利者の事務管理

1　私人による事務管理による不明権利者の許諾の可否

　行政法上の裁定制度が存在するとしても，それとは別に，私法ルートによっても，私人による事務管理がそれと並存しうるであろうか。すなわち，不明者権利について，私人が事務管理として権利者不明の著作物を利用者に許諾する業務を行う挙に出た場合，それは合法化されうるのであろうか。しかも，私人といっても，一般個人またはそれに準ずるような事業主が行う場合と，集中管理団体のような一定規模の法人が事業として不明著作権者著作物の許諾業務を行う場合とが考えられるが，両者の間には社会的な影響に大きな違いがある。

(1)　民法上の事務管理の要件の充足性

　ところで，民法上の事務管理の要件は，一般に，(i)他人の事務を管理すること，(ii)他人のためにする意思があること（事務管理意思），(iii)法律上の義務（権限）がないこと，(iv)本人の意思に反しまたは本人の利益に反することが明らかではないこと（本人の意思または本人の推知しうべき意思に反しないこと）[25]，の四つとされる。

　これら事務管理の要件との関係では，不明権利者の権利許諾はどのように考えられるだろうか。他人の事務は，客観的他人の事務，主観的他人の事務，中性の事務に区分されるところ，権利不明者の権利の許諾が客観的他人の事務であることは明らかであり，また，許諾契約の締結という法律行為が「管理」に該当することも，現在の通説では一般には肯定されよう。

　他人のためにする意思とは，他人の利益を図る意思をもって事務を管理することであるが，この要件を満たすか否かは問題となりうる。しかし，不明権利者の場合，本人の意思は確認することができず，その意思に明らかに反するとも断定はできない。このような確認をすることもできないという特殊事情をど

---

[25]　この点，反対説がある。本人の意思が推知できる場合には本人の意思に基づくと言えるが，本人の意思が不明な場合は，客観的に本人の最も利益とする所に合することを要するとし，結果としての利益が成立の条件であるとする見解として，戒能通孝『債権各論』382頁（巌松堂書店，改訂版，1946年）がある。この見解は，管理することが本人の意思に適合していることも要件とする。その例として，商人が顧客の需要を予想して商品を購入する場合を挙げる。平田春二「事務管理の成立と不法干渉との限界」谷口知平教授還暦記念『事務管理・不当利得の研究(2)』248頁（有斐閣，1971年）（以下「平田（春）・谷口還暦」と略記）もほぼ同様の結論を採る。

のように見るべきかが問題点となりうる[26)27)]。

　民法上の事務管理の要件は，もともと極めて緩やかなものであり，その要件を満たすと解される余地も少なくない。権利者不明の場合，意思に反することが明らかではない状況にあり，形式的には，これら要件を充足しているとみることができる場合はありうるであろう。

(2) 私人による不明権利者の事務管理の問題点

　以上の結果は，何人でも不明権利者の権利の事務管理を行うことが可能であるということを認めることを意味する。しかし，見ず知らずの者が他人の権利を許諾するという行為に事務管理論を持ち込むことは望ましいことなのであろうか。本人とは何の面識もない個人または団体が，事務管理として不明権利者の推定的な意思に基づくものとして介入し権利処理をすることを積極的に認めることには抵抗感を覚える向きが多いのではなかろうか[28)]。ことに，処分行為（譲渡）を「管理」に含めるという解釈を取る場合，一層その点がクローズアップされる。

① 事務管理の制度趣旨・目的

　第一に，もともと事務管理制度の趣旨・目的は，相互扶助の精神に基づく行為が社会共同の福祉を増進するためとされてきた[29)]。学説の事務管理制度の趣旨・目的の理解は，「私法的共同生活」あるいは，「社会共同生活における社会連帯・相互扶助の理想」[30)]という点でほぼ共通する。

　ここでは，「社会生活」ないしは「共同生活」とされるように，その介入に違法性を阻却されるべき実態を伴った，本人・管理者間に何らかの生活上の「共同」関係が念頭に置かれているようにも思われる。「親族間，扶養義務者間，

---

26) ただし，不明権利者の裁定制度のように「相当な努力」要件もないため，不明者の意思推定には，善管注意義務を尽くしたと評価されるため，どのような調査を要することになるのかは明らかではない。不明権利者に相続が発生している場合には，相続人調査の上，相続人の意思を確認することになろう。

27) なお，事務管理において，本人の生存，実在が要件とされるのかは一つの問題ではあるが，事務管理の要件として，特定の誰かのためであるかは認識する必要はないとされ，本人が不特定である場合や本人性について錯誤があっても，他人のためにする意思は満たすとされる（我妻榮「債権各論（下一）（民法講義Ｖ４）」902頁）ことからすると，要件とされることはないと解されよう。

28) 「民法が本人の利益や意思に反する干渉を―たとえ干渉者がそのことを知らず，また善良な管理者の注意をもってしても知ることができないにせよ―適法行為として承認し干渉者にその干渉の継続を義務づけるということは，個人の意思を……尊重する民法の建前からして，まことに奇異なことではないであろうか。」との指摘（平田（春）・谷口還暦235頁）に同感する向きは多いのではないか。

知人間等」が例に挙げられるのもそのせいであろう[31]。事務管理が問題となる事案の多くは，何らかの社会的関係を有する者（相続人その他の親族，同居者，隣人，共有者，有効・無効となった契約関係の相手方，法定代理人など）が事務管理者として本人の事務を管理していた場合である。本来，事務管理制度において念頭に置かれていたものは，一定の社会的関係がある者による管理行為であり，何らの接点のない者との間では，「お節介」の類に堕するものもありうる。両者の区別のためには明確な基準が望ましいと思われるが，現状，学説上は，本人の意思のみにより構成された事務管理の要件論に変わりはない。

② 事務管理者の義務の履行の不能

第二に，事務管理者の義務の履行可能性の点から見ても問題がある。民法の事務管理の規定によると，事務管理者は次の義務を負うこととされている。一つは，事務管理を始めたことを遅滞なく本人に通知すべきとする管理通知義務

---

[29] 事務管理に関する比較法研究としては，鳩山秀夫「事務管理の起源及び本質」『民法研究 第四巻』49頁（岩波書店，1930年），磯村哲『不当利得論考』111頁以下（大学図書，2006年），佐藤正滋「事務管理法の比較法的研究―ドウスン『事務管理』の紹介を通じて―」法律時報34巻2号24頁（1962年），平田健治「事務管理法の構造・機能の再検討(1)～(3)」民商法雑誌89巻5号1頁，6号1頁，90巻1号37頁（1984年），副田隆重「事務管理法の構造・機能とその適用範囲（上・下）」判タ514号226頁，522号133頁（1984年），谷口知平＝甲斐道太郎編『新版注釈民法(18)』105頁（有斐閣，1991年）〔高木多喜男〕，平田健治「求償利得における，他人の事務処理活動に対するコントロール原理としての事務管理法理の位置付け―三種の法定債権相互の関係についての一視点」阪大法学57巻4号49頁（2007年），同「事務管理法の規範構造を考える―ヤンゼン説とドイツ民法の編纂過程を示唆に―」阪大法学62巻2号33頁（2012年），一木孝之「事務管理者に生じた経済的不利益等の填補をめぐる史的素描―『事務管理法としての不利益填補責任』考察のための基礎作業として―」早稲田法学84巻3号149頁（2009年），齋藤哲志『フランス法における返還請求の諸法理』252頁以下（有斐閣，2016年）などがある。

[30] 「社会生活における相互扶助の理想」（我妻・前掲注27）891頁，893頁），「人類扶助」，「社会連帯・相互扶助」の理想，「社会生活における相互扶助の理想」（松坂佐一『事務管理・不当利得』5頁（有斐閣，新版，1973年）），「社会連帯・相互扶助という利他性の理念」（澤井裕『テキストブック事務管理・不当利得・不法行為』6頁（有斐閣，第3版，2001年）），「相互扶助の精神に基づく行為」，「社会共同の福祉」（平田（春）・谷口還暦233頁）など。

[31] ただし，事務管理の「社会連帯的な機能」を指摘し，その例として，日本人世話会による在留邦人の引揚援護事務を挙げつつ（前掲・在留邦人引揚援護事務事件参照），「親族間，扶養義務間，知人間等における扶養や第三者の弁済等，私的な相互扶助をめぐる割合がむしろ高い」としながら，親族，知人間での個人的レベルでの助け合いから社会連帯まで，つまりは「私的扶助から社会的扶助まで広く規律する」として，「事務管理の社会化」（宇賀克也＝大橋洋一＝高橋滋編『対話で学ぶ行政法』34頁（有斐閣，2003年））を示唆するものとして，加藤雅信『事務管理・不当利得・不法行為』4頁（有斐閣，第2版，2005年）がある。

（民法699条）であり，もう一つは，本人またはその相続人等が管理可能となるまで管理を継続する義務（管理継続義務）（民法700条）である。前者は，本人の意思確認の機会を確保する趣旨であるが，権利者不明の場合は，もともとその履行は不可能である。後者は，本制度が前提とする状況が管理が暫定的であることを窺わせる。そうすると，権利者不明の場合は，（少なくとも上記2点について）管理人としての義務がそもそも履行が不能か，履行がきわめて困難な場合であるといえる。

③ 事務管理の効果としての対外的無効

しかも，事務管理の法律上の効果もきわめて不安定なものである。事務管理の効果は本人と事務管理者との対内的関係だけのものであり，第三者に対する関係での効果，対外的効果は生じないものとされている[32]。すなわち，法律行為による事務管理においては，事務管理者の名義で行った場合は，対外的には，本人に法律行為の効力が帰属することはなく，また，本人名義で行った場合には（事務管理によっては代理権限は認められず）無権代理行為として，やはり本人に効果は帰属しないとするのが通説なのである[33]。本人の追認が得られなければ，管理者は直接第三者に契約責任を負い，あるいは無権代理人として無権代理責任を負うことになるのである[34]。このように，効果帰属の点においても，事務管理の法定安定性の欠如にははなはだしいものがある[35]。

---

[32] 最判昭和36年11月30日民集15巻10号2629頁，大判大正7年7月10日民録24輯1432頁。反対・大判大正6年3月31日民録23輯619頁。

[33] 我妻・前掲注27）924頁，松坂・前掲注30）39頁など。

[34] 打田畯一「事務管理と無権代理」前掲『不当利得・事務管理の研究(2)』281頁，三宅正男「事務管理の行為の本人に対する効力」谷口知平教授還暦記念『不当利得・事務管理の研究(1)』338頁（有斐閣，1970年），平田春二「事務管理は代理権を発生させるか」加藤一郎＝米倉明編・ジュリスト増刊『民法の争点』264頁（有斐閣，1978年）（以下「平田（春）・争点」と略記）。

　　ただし，有力に反対説がある。於保不二雄「事務の他人性」法学論叢36巻6号1頁（1937年），同『財産管理権論序説』193頁（有信堂，1954年）所収，岡村玄治『債権法各論』566頁（巌松堂書店，1929年），平田（春）・谷口還暦265頁，四宮和夫『事務管理・不当利得・不法行為（上）』37頁（青林書院，1981年）など。なお，近藤英吉『債権法各論』164頁（弘文堂書房，1933年）は，本人に管理者に対する追認義務を認める。債務負担については民法650条2項による代弁済請求構成でこれを認める見解もある（前掲注29）『新版注釈民法(18)』311頁〔三宅正男〕，加藤・前掲注31）22頁）。

[35] 事務管理者から許諾を受ける利用者側からすれば，事務管理者が権限を取得するに至った背景は不透明な状況に置かれて許諾契約を行う場合が少なくないと思われる。

④ 非権利者による処分行為としての法律行為の効力

そもそも，事務管理者は権利者である本人の権利については何らの権限も有しない立場にあり，事務管理者による法律行為による管理（ことに処分行為）は，民法上，議論のある，非権利者のよる処分行為の一場面である。

民法上，非権利者による処分行為の効力については，ドイツ民法185条1項のような一般規定はないものの，一般に無効（不確定無効）とされているところである[36]。

なお，非権利者の処分行為の有効性について，他人物売買（民法560条）の規定がしばしば引き合いに出され，契約自体は有効であると説かれる[37]。しかし，ここでいう売買契約の有効性は債権契約としての有効性のことと解され，無権限者による処分行為は物権的行為の側面においてはやはり履行不能であり（原始的不能）[38]，無効とされよう。もっとも，この点も追認により有効となるとされているため[39]，講学上の「不確定無効」の一例とされている。無権限者による処分行為が無効とされる意味はそのようなことを指すものと解される。

非権利者の処分行為は，無権代理の追認規定（民法113条2項）の類推適用によりその遡及的有効化が認められているが[40]，不明権利者の場合には，短期

---

36) 田島順「非権利者の処分と其追完」法学論叢32巻2号431頁（1935年），於保不二雄「追完（Konvalesenz）に就いて」法学論叢33巻1号45頁（1935年）前掲注34）『財産管理権序説』243頁所収，於保不二雄編『注釈民法(4)』252頁（有斐閣，1967年）〔奥田昌道〕，山本進一「他人の権利の処分と追認」ジュリスト別冊『民法判例百選Ⅰ総則・物権』86頁（有斐閣，1974年）・同『民法の基本問題（総則・物権）』155頁（信山社出版，1995年）所収，平野裕之「非権利者処分無効—無権代理無効との関係」椿寿夫編『法律行為無効の研究』415頁（日本評論社，2001年），川島武宜『民法総則』413頁（有斐閣，1965年），幾代通『民法総則』421頁（青林書院新社，第2版，1984年），椿寿夫＝新美育文編著『解説・関連でみる民法Ⅱ』129頁（日本評論社，2007年）〔五十川直行〕，伊藤進『授権・追完・表見代理論』131頁（成文堂，1989年），中舎寛樹『表見法理の帰責構造』596頁（日本評論社，2014年），於保不二雄・奥田昌道編『新版注釈民法(4)』475頁（有斐閣，2015年）〔奥田昌道＝平田健治〕。ただし，反対，近藤英吉『註釋日本民法（總則編）』449頁（巌松堂書店，1932年）。
37) 柚木馨＝高木多喜男編『新版注釈民法(14)』193頁〔高橋眞〕（有斐閣，1993年）など。
38) したがって，権利の移転時期についての議論では，売主が所有者から当該目的物の所有権を取得すると同時に買主に移転するものとされている。その結論を判示した判例として，大判大正8年7月5日民録25輯1258頁，最判昭和40年11月19日民集19巻8号2003頁がある。前掲注37)『新版注釈民法(14)』193頁参照。
39) 通説（川島・前掲注36)394頁，幾代・前掲注36)420頁ほか）。判例もその結論を認める。大判昭和10年9月10日民集14巻1717頁，最判昭和37年8月10日民集16巻8号1700頁，東京高判昭和39年5月20日東高民時報15巻5号103頁。
40) 最判昭和37年8月10日民集16巻8号1700頁。

的には本人による追認は期待できない場合である。後に触れる拡大集中管理のような，非構成員の権利の処分行為の場合も，その追認の取りつけの見通しは不確定な状況に置かれることになる[41]。

⑤ **第三者に対する事務管理義務と事務管理の不成立**

ところで，民法学説の通説によると，管理者が第三者に対して当該事務を管理すべきこと自体を内容とする義務を負う場合には，そもそも管理者と本人との間に事務管理は成立しないとされている[42]。したがって，事務管理者が何らかの事情から，利用者となる第三者との間に，不明権利者の著作物の利用許諾を取り付けるべき義務を負担する契約関係があると，そもそも事務管理は成立しないことになる。

⑥ **小 括**

こうして見ると，場合によりその要件を満たす場合がまったくないとはいえないものの，いずれにしてもそれは限定的，個別的なものとならざるを得ないとともに，もともと事務管理制度そのものが不安定なものであることがわかる。

2 事務管理の要件の見直しの余地―不当介入の抑止要件の必要性

前述のように，事務管理の要件はきわめて緩やかなものと解されているが，介入の程度が深いものと考えられる「処分行為」までも「管理」に含まれると解すべきであるかはもともと論点として指摘されていた[43]。民法上一般には，「管理」は「処分」（行為）には至らない保存行為，利用行為，改良行為の意味で用いられるが[44]，学説は事務管理の関係では「処分行為」の「管理」該当性を肯定しており[45]，判例も同様である[46]。しかし，処分行為については，

---

[41] 後出の拡大集中管理に関して，玉井・前掲注2）6頁は，「権利者はいつでも明示的な意思を示して管理を終了させる（オプト・アウト）ことができる」とするが，不明権利者にそれを期待することは難しい。

[42] 我妻・前掲注26）908頁。ただし，この場合，第三者と本人との間に何ら義務がなければ，第三者と本人との間に事務管理が成立するとする（同頁）。もっとも，管理者が第三者に対して本人に対する事務を管理する義務を負う場合，管理者と本人との間にも事務管理を肯定する見解もある（ただし，管理者と第三者との契約が本人を受益者とする「第三者のためにする契約」でないことを条件とする）（澤井・前掲注30）13頁，四宮・前掲注34）21頁以下）。角田光隆「欧州事務管理法の原則と我国の事務管理法―事務管理の要件―」信州大学法学論集9号179頁（2007年）。

[43] 高木多喜男「フランスにおける処分行為と事務管理の成立」谷口知平教授還暦記念『事務管理・不当利得の研究(3)』436頁（有斐閣，1972年）（以下「高木・谷口還暦」と略記），金山正信「事務管理の要件」谷口知平教授還暦記念『不当利得・事務管理の研究(2)』271頁（有斐閣，1971年）など参照。

これを安易に肯定することに疑問を呈する考え方は以前より存在した[47]。

中には事務管理を認めるべき処分行為があることは事実であるが，直ちにそれを，「保存」，「利用」や「改良」行為と全く同列に置くことには疑問が残る。しかし，民法学における事務管理の解釈論には，その後も特段の議論の進展は見られず，従来の枠組みにとどまっている。立法論としては，事務管理の要件論として，介入の違法・合法を選り分ける基準として「合理的な理由」のような一般条項的な要件を設けることなど[48]，客観的に許される介入行為の基準

---

[44] たとえば，民法103条は権限の定めのない代理権の権限の範囲を，保存行為と物または権利の性質を変えない範囲内での利用・改良行為と定める。不明権利者に比較的近い不在者財産管理人の権限も上記の代理人の権限が準用されている（民法28条）。また，共有物の管理に関する民法252条では，（保存行為を除く）「管理」から別途規定される「変更」と「処分」が除かれ，したがって処分に至らない程度での共有物の利用・改良行為が「管理」に属するとされ（前掲注36）『新版注釈民法(4)』83頁，88頁〔佐久間毅〕もこの三つを「管理行為」と呼ぶ），共有者全員の同意が必要とされる「変更」と各自がなし得る「保存」の中間に「管理」が設けられている（川島武宜＝川井健編『新版注釈民法(7)』455頁〔川井健〕（有斐閣，2007年））。

なお，不在者財産管理人の権限の理論的基礎付けを不在者の利益等に求めるものとして，武田直大「不在者財産管理の理論的課題」水野紀子＝窪田充見編『財産管理の理論と実務』147頁（日本加除出版，2015年）がある。

[45] 鳩山秀夫「事務管理の要件及び効果」前掲注29）『民法研究 第4巻』117頁，同『増訂日本債権法各論（下）』754頁（岩波書店，1924年），末弘厳太郎『債権各論』894頁（有斐閣，第6版，1921年），小池隆一『準契約及事務管理の研究』（清水書店，1935年），我妻・前掲注27）901頁，松坂・前掲注30）15頁，金山・前掲注43）271頁，前掲注29）『新版注釈民法(18)』187頁〔金山正信〕，四宮・前掲注34）16頁，加藤・前掲注31）8頁。反対，広中俊雄『債権各論講義』375頁（有斐閣，第6版，1994年）。広中博士は，本人が追認により処分行為をなしうるように準備するという一種の管理行為とする。

[46] 大判明治32年12月25日民録5輯11巻118頁（総債権者による家資分散（破産）に関する協定に基づく財産処分の事案），大判大正7年7月10日民録24輯1432頁（共同買主の一人による契約解除の事案），最判昭和36年11月30日民集15巻10号2629頁（同居人による不動産処分の事案）。

[47] 高木・谷口還暦436頁以下は，処分行為を認めることに慎重ないし警戒的な複数のフランス民法学説を紹介する（「有益性」とともに「必要性」を要求するもの，「緊急性」を要求するもの，介入の「正当性」を求めるもの，「時宜に適していること」が必要とするものなど）。平田（春）・谷口還暦243頁，平田（春）・争点264頁，平田健治「事務管理法における利他的行為の位置付けをどう考えるか」法時・増刊『民法改正を考える』330頁（日本評論社，2008年）（以下「平田（健）・法時増刊」と略記）も参照。平田健治「事務管理」内田貴＝大村敦志編・ジュリスト増刊『民法の争点』263頁（有斐閣，2007年）は「一般的に，紛争の基礎にある法律関係が事務管理の成否，換言すれば権利領域，自己決定領域への干渉の可否判断に際して最大限考慮されるべきであるが，従来の判決，特に初期のそれは，この点で不十分であった」とする。

[48] 玉井・前掲注2）6頁も，「相当と認められる者」という一定の要件を前提としているようにも読める。

を定めることも考えられるところである[49)50)51)]。

3　業としての事務管理の余地―集中管理団体による事務管理

　本人との間の社会的に密接な関係を背景とした個別的な事情による事務管理成立の可能性は否定されないであろうが，業として不明著作物の大量権利処理が必要となる集中管理団体により事務管理が行われる場合は，個別の事務管理の場合と同列に考えることはできない。後述のように，集中管理団体は公共性のある事業を遂行するため，中立公正な運営の確保，事業の透明化が要求される存在であり，そのような団体がその法的有効性すら不確実な推測的根拠に基づく許諾事務を行うことは，本来は避けられるべきものであろう。

　裁定制度と別に，誰でも事務管理を行いうることを認めることが妥当である

---

49)　欧州・共通参照枠草案（DCFR）では，「合理的な理由」を要求する。ペーター・シュレヒトリーム編・半田吉信＝笠井修＝石崎泰雄＝遠藤研一郎＝田中志津子＝舟橋秀明＝角田光隆＝藤原正則＝滝沢昌彦訳『ヨーロッパ債務法の変遷』322頁以下（信山社，2007年），平田健治「共通参照枠草案（DCFR）における事務管理法の検討」阪大法学65巻2号297頁（2015年），クリスティアン・フォン・バールほか編『ヨーロッパ私法の原則・定義・モデル準則・共通参照枠草案（DCFR）』247頁（法律文化社，2013年），角田・前掲注42）179頁参照。

　　欧州・共通参照枠草案（DCFR）における「合理的な理由」の内容は，管理者による本人の意思の探求義務を尽くしたか否かの点で判断される規定振りとなっている（V.-1:101条(2)項）。その点，客観的な介入是非判断の基準とは趣きを異にする。しかし，同条(2)項は「合理的な理由」のすべてを規定し尽くしたものと解さない解釈もあり得ないではなく，当該要件を一般条項的要件と解する余地もあろう。

50)　民法（債権法）改正検討委員会においても，当初，事務管理も検討課題に掲げられたが，「本人から委託されない事務の担い手（国，公共団体，民間団体，個人）のあり方が，それぞれ検討されるべき課題となるだろう」との認識は示されているが，上記の問題意識に即した指摘は見られない（民法（債権法）改正検討委員会編『詳細・債権法改正の基本方針Ⅴ・各種の契約(2)』435頁（商事法務，2010年））。ただし，平田（健）・法時増刊330頁は，「他人への権利領域への介入という意味での不法行為との調整は十分か」との問題設定を行い，必要的事務管理では本人や管理人の意思に依拠しすぎず，より客観化された判断基準を置くべきことを主張する。

51)　一般に知的財産権の許諾契約は，賃貸借契約に準ずる契約類型として考えられ，賃貸は利用行為に属するものとされる（小島喜一郎「ライセンス契約の法的性質について―民法典型契約規定にもとづく分析と検討―」専修法学論集101号22頁（2007年），その中で引用の諸文献参照）。しかし，著作物等の利用許諾を一様に「管理」に該当するとしてよいかという問題もないではない。不動産賃貸は賃借人保護立法等により物権設定に近く「処分行為」に準ずるとされるが（前掲注36）『新版注釈民法(4)』88頁），同様に，著作物等の利用許諾も事実上それにより利用目的が完結し，また，不明権利者の場合は，事実上，期限の定めのない利用となる蓋然性が高く，しかも，資本投下の回収に対価が見合わない場合もあるなど本人への利益合致性が問題となる場合もある（前掲・小島26頁）など，実質は処分行為に近いとの評価もあり得る。

か否かは，民法だけでなく，著作権等の集中管理に関する規律秩序を，著作権等管理事業法などの特別法を外延に含む著作権法の観点からも検討することが必要である。個別の事情により，事務管理が認められる事態もあり得ると思われるが，広く事務管理的な介入が横行することは，著作権の集中管理秩序に大きな混乱をもたらすものと危惧される。

くわえて，集中管理団体が広く利用者からの申出を受けて著作物の利用を許諾することを標榜して事業を行う以上，前述のように，同団体と利用者（団体）間では，権利者より許諾を取りつける義務を負担する内容の契約関係が成立しており，まさに，第三者に対して事務管理すべき義務を負担する関係に立つと考えられ，そもそも事務管理は成立しない場合に該当することになろう。

第5節　拡大集中管理の導入可能性

1　拡大集中管理制度の理論的根拠づけ

拡大集中管理制度は，著作物の利用者団体と集中管理団体との間の協議により決められた利用許諾契約などの契約の効果を当該集中管理団体の非構成員にまでに拡張して及ぼすことを認めるものとされる[52]。権利者不明著作物等や

---

[52] 拡大集中管理制度の概念は，現時点では流動的なものと思われる。一般には，拡大集中許諾（extended collective licensing）を意味すると思われるが，ここではわが国の実情に応じて，広義で，許諾権の場合だけでなく，報酬請求権に関する集中管理を含めて拡大集中管理とした（なお，厳密には，拡大集中管理とされるものは，果たして契約の効果の拡張なのか，それとも集中管理団体の許諾等の対象への第三者の権利の取り込みにすぎないのか，さまざまな構成があり得るところであり，それは制度設計により異なるのではないかと考えられる）。また，集中管理にも一任型と非一任型があるが，ここでは典型的な集中管理である前者の場合を想定した。

なお，拡大集中管理制度については，菱沼剛『知的財産権保護の国際規範』115頁（信山社，2009年），『平成21年度コンテンツ取引環境整備事業（デジタルコンテンツ取引に関するビジネスモデル構築事業）報告書』62頁以下（三菱総合研究所，2010年），今村哲也「権利者不明著作物の利用の円滑化に向けた制度の在り方について―英国における近時の法案からの示唆―」季刊企業と法創造28号172頁以下（2011年），前掲注1）『諸外国における著作物等の利用円滑化方策に関する調査研究報告書』，小嶋崇弘「拡大集中許諾制度」コピライト55巻649号17頁（2015年），同「著作物等の集中管理を通じた著作物利用の円滑化」著作権研究42号85頁（2015年），作花文雄「マス・デジタル化時代における著作物の公正利用のための制度整備―拡大集中許諾制度の展開・『Orphan Works』問題への対応動向（前・後）」コピライト55巻650号50頁，651号24頁（2015年），前掲注12）『拡大集中許諾制度に係る諸外国基礎調査報告書』，鈴木雄一・前掲注12）など参照。

大量デジタル化によるコンテンツのアーカイブ利用などの問題への極めて有力な対処策として注目されている制度である。不明権利者の裁定は，権利者不明の場合を対象とするものであるが，このような強制許諾的な考え方を拡大集中管理の場合にも及ぼし，集中管理団体の非構成員の権利処理を当該集中管理団体に行わせることができるであろうか。また，それをどのような根拠により導くことができるのか，あるいは，どのようにその正統性を基礎づけることができるのであろうか。

(1) **事務管理法理**

まず，それを事務管理法理により基礎づけることができるであろうか。拡大集中管理の対象が許諾権であるか報酬請求権であるかによりやや様相が異なる。

許諾権型の管理についていえば，事務管理法理は本人の推定的意思に沿うものであることが根幹的な要件であるが，拡大集中管理団体が事務管理者の義務である通知を行った結果，非構成員が明示的に反対の意思を表明した場合には，そもそも事務管理の要件を満たさないため事務管理は成立し得ない[53]。何らかの事情から本人の推定的意思により判断せざるを得ない場合には事務管理が成立する余地はあるが，前記のとおり，それは個別的な事情に依拠した個別的，単発的なものにすぎず，膨大な数のデジタル著作物などの権利処理を迫られる拡大集中管理制度の安定した根拠とはなりえず，制度の正当化根拠としてはふさわしいものではない[54]。

現行法上の裁定という行政法的手法も，権利者不明という特殊な状況がある場合に止めている。拡大集中管理は，権利者不明の場合のように，やむをえず強制許諾的な処理を行うのではなく，利用者の便宜を優先し，権利者の権利を剝奪して利用を可能とする制度である。この論点がさらに加わるため，拡大集中管理においては事務管理の法理の適用は一層困難となる。

他方，拡大集中管理団体が委任を受けた権利が許諾権ではない報酬請求権の場合は，著作物等の利用自体は制限を受けないため（利用後の報酬請求だけの関係となる），前提がやや異なることになる。報酬請求権の場合は，本人の推定的意思は経済的な問題に関する意思だけで捉えられやすいと考えられるため，

---

[53] ただし，その意思表示をオプトアウトと構成することで事務管理構成と整合性を取る道もあり得るが，いずれにしても事務管理とするには無理があろう。
[54] 玉井・前掲注2) 6頁は，「本人たる権利者の推定的意思に沿っていることが正当化の根拠」とした「民法の一般法理を具現した制度を著作権法の場面で構築する」ものとする。

許諾権の場合に比べると，その要件は満たしやすいことになるが，報酬請求権の行使が委任者に対する関係で義務的なものであると考えられるのであれば，結局，事務管理が成立しない場合に該当することになるものと思われる。

(2) **労働協約の拡張適用（一般的拘束力）法理**

使用者と労働組合との間の労働協約は，締結した組合の組合員にのみ効力が生ずるのが原則であるが，例外的に，それが労働者の大部分に適用されるに至ったときに組合員以外にもその効力が拡張される場合がある（労働協約の拡張適用または一般的拘束力）。わが国にも，事業場単位の一般的拘束力（労働組合法17条）と地域的な一般的拘束力（同法18条）の制度がある。このような拡張適用の法理を拡大集中管理に援用するという考え方がありうることが示唆されることもある[55]。

しかし，この制度は，公正労働基準を実現しようとする国家的政策に基づき法律により特別に制度化されたものであり[56]，労働者保護立法としての強い公共性を有する制度である。また，未組織労働者は組合を脱退する（オプトアウトに相当）など協約の拘束を免れる手段を有していないため，学説上は労働協約の拡張適用による不利益変更を否定する（逆にいえば「有利原則」を肯定する）見解が有力であり[57]，また，調整を行った場合に限り有効とするなどの中間説[58]もある。それらは一律処理が求められる拡大集中管理とは制度として異質なものである。拡大集中管理に，労働者保護のような広がりのある社会政

---

55) 前掲注12)『拡大集中許諾制度に係る諸外国基礎調査報告書』14頁，Johan Axhamn & Lucie Guibault, Cross-border extended collective licensing: a solution to online dissemination of Europe's cultural heritage?, Final report prepared for Europeana Connect（2011），p.33，など参照。なお，労働法分野ではその他にも他人決定的規範が散見される（団体交渉における代表制度，就業規則制度など。野川忍『労働協約法』330頁（弘文堂，2015年）参照）。

56) これは，ドイツの一般的拘束力宣言制度の強い影響を受けたものであり，一定の政策目的に基づき人為的に国家法により創設された制度であるとする理解が一般的である。萱谷一郎「労働協約の一般的拘束力」『現代労働法講座(6)』232頁（総合労働研究所，1981年），東京大学労働法研究会『注釈労働組合法（下）』836頁（有斐閣，1982年），西谷敏『労働組合法』373頁（有斐閣，第3版，2012年），名古道功「労働協約の変更と拡張適用」日本労働法学会編『講座21世紀の労働法(3)』129頁（有斐閣，2000年）など参照。

57) 山口浩一郎『労働組合法』198頁（有斐閣，第2版，1996年），西谷・前掲注56) 381頁など。判例も原則は有利原則を否定しつつも，「著しく不合理であると認められる特段の事情」があるときは不利益変更を否定すべきことを認める（最判平成8年3月26日民集50巻4号1008頁〔朝日火災海上保険事件〕）。

58) 諏訪康夫「労働組合法17条をめぐる基礎的考察」一橋論叢99巻3号366頁（1996年）。

策的な公共性が認められるのかについても疑問もある。しかも，労働協約は，それによる非組合員の不利益変更の点はあるものの，本質的に，第三者の私権を剥奪することを目的とするものではない。許諾権型の拡大集中管理で問題とされている事柄は，厳密には，必ずしも相手方（使用者：利用者）との契約（協約：利用許諾規程）の効力の拡張の問題なのではなく（あるいは，それには限られず），むしろ本質は非構成員の権利の第三者（集中管理団体）による処分の問題であり，問題の本質が異なるのではないかと思われる[59]。

ところで，昨年から，環太平洋パートナーシップ（TPP）協定に伴い，知的財産権関連の制度整備が求められ，著作権分野においても文化審議会著作権分科会において検討の結果，「環太平洋パートナーシップ（TPP）協定に伴う制度整備の在り方等に関する報告書」が公表されている。その中の検討項目として，損害賠償に関する規定の見直しが掲げられ，法定の損害賠償の制度の新設が方向性として示された。

同報告書では，侵害された著作権等が著作権等管理事業者により管理されている場合は，著作権者等は，当該著作権等理事業者の使用料規程により算出した額（複数ある場合は最も高い額）を損害額として賠償を請求できるようにすることが相当であると結論づけられた[60]。これは，集中管理団体と許諾契約者との間の使用料規程に基づく損害額を許諾契約者以外の第三者にも及ぼすものであり，民事的な契約関係を拡張適用する例である[61]。このような立法も，上記の労働協約の例と共通した側面を有する。しかし，これも上記の労働協約と同じく，利用許諾規程の拡張適用の問題にすぎない。

---

[59] これと異なり，報酬請求権型の拡大集中管理の場合は，契約の効力の拡張適用の問題と整理する余地がある。

[60] 文化審議会著作権分科会法制・基本問題小委員会「資料・環太平洋パートナーシップ（TPP）協定に伴う制度整備の在り方等に関する報告書」32頁以下，「資料・環太平洋パートナーシップ（TPP）協定に伴う制度整備の在り方等に関する報告書（概要）」コピライト56巻660号68頁（2016年），
http://www.bunka.go.jp/seisaku/bunkashingikai/chosakuken/bunkakai/43/pdf/shiryo3_2.pdf 参照。

[61] その他，契約の効力が第三者に及ぶ場合として，民法上の第三者のためにする契約のほかでは，第三者に対する契約保護効の法理があるが，これは債権者と一定の関係にある第三者に債務者への損害賠償請求を認めようとするものであり，本件とは特に関係はない（田上富信「契約の第三者に対する効力」遠藤浩＝林良平＝水本浩監修『現代契約法体系(1)』103頁（有斐閣，1983年）など）。

(3) 相当比率の権利者による団体構成による正当化

　北欧諸国などでは，拡大集中管理を担うことができる団体の資格要件として，当該管理対象著作物等の多数または相当数の権利者を構成員とする団体であることが共通して要求されている。拡大集中管理を担う団体には，大多数の利用者を代表する団体と協議して使用料規程等を合意している団体が選ばれ，そのことにより団体の正統性が基礎づけられるとされる[62]。

　しかし，それは当該団体が拡大集中管理の当事者，主体の候補となりうることの正当性を述べるものにすぎず，第三者に対する許諾権限取得の正当性を直接基礎づけるものではない。その点を根拠として正当化を主張するにしても，法規範的に正当化をするためには国家法の媒介が不可欠である。

(4) 集中管理団体への公権力行使の行政権限の委任

　以上のように見てくると，不明権利者の裁定や拡大集中管理による非構成員の権利許諾は，私法上の論理だけではその実現は困難であり，やはり公権力の行使を背景とした根拠が必要とならざるをえないと考えられる。拡大集中管理を導入の是非の検討に当たっては，法律による行政の原理，法律の留保論などの行政法学の一般理論との整合性の問題を避けては通れない。

　現行の法体系上は，私人に対し一方的に私権の設定・創設，剥奪，制限など，直接の私法上の効力を発生させる形成的行為を行うことを正当化するためには，やはり，行政主体により，「法律による行政の原理」に基づき，行政行為として行うことが必要であり，わが国の法制下では，法律の留保原則との関係から，法律による行政権限委任型でなければこの制度を導入することは困難であると考えられる[63]。

　このように考えると，第三者の権利に関する裁定権限を拡大集中管理団体という私法人に与えるには，法律により公権力の行使としての行政権限を委任し行政主体性を付与し，業務執行における公権力を委任する方法による道を選ばざるをえないことになろう。

　ところで，行政法においては，行政により私権の剥奪が許容されるためには何らかの公益がなければならないとされ，行政法学は，公益こそが行政主体が

---

62) 作花・前掲注52)（前編）57頁，小嶋・前掲注52) 18頁など。
63) アイスランド，デンマーク，ノルウェー，フィンランド，イギリスは，いずれも拡大集中管理は許可ないし認可制である。例外はスウェーデンであり，同国では政府の認可を得る必要がない（前掲『拡大集中許諾制度に係る諸外国基礎調査報告書』15頁）。

担う利益であり，それに私益より高い価値が認められる場合がある（私益に対する公益の優越性）ことを私権の剥奪・制限の正当化理由に用いてきた[64]。そのような観点からは，行政権限の委任を行うに当たっては，コンテンツ流動円滑化利益が公益であることの立証が求められることになろう[65]。

前述のように，不明権利者の裁定は，土地収用法における起業者に土地の使用をさせる使用裁決との類似性が高い。土地収用法上，私企業が起業者となることができ，使用裁決により土地所有権を制限し起業者に土地を使用させることができるものとされている。それはその起業者の私益のためだけではなく，当該事業主の事業を利用する可能性のある国民一般の利益を保護する処分であり，公益でもあるとされる[66]。これは，私人が公益を代表することを認めるものでもある。拡大集中管理のための行政権限の委任に当たっては，コンテンツ流動円滑化利益がこのような「私益に代表される公益」に擬することが可能か否かが問われることになる[67]。

---

64) 芝池義一「行政法における公益・第三者利益」12頁・芝池義一＝小早川光郎＝宇賀克也編『ジュリスト増刊・法律学の争点シリーズ9　行政法の争点』（有斐閣，第3版，2004年）。土地収用法20条4号の事業主認定の要件としての「公益上の必要」や，学説上の行政行為の撤回の要件としての「公益上の必要性」などに見られる。

65) 行政法学上，公益は「個別行政作用毎に具体的に考えられるべき事項」とされ，法令上に見られる公益の具体的内容も一義的でない（土地収用法204条4号，地方自治法232条の2，情報公開法7条，公益社団法人及び公益財団法人の認定等に関する法律（以下「公益認定法」と略記）など）。塩野宏「行政法における『公益』について—公益法人制度改革を機縁として—」日本学士院紀要64巻1号25頁（2009年）同『行政概念の諸相（行政法研究第八巻）』105頁（有斐閣，2011年）所収（以下「塩野・公益」と略記），塩野宏「行政法における『公と私』」曽根威彦＝樹澤能生編『法実務，法理論，基礎法学の再定位』188頁（日本評論社，2009年）前掲『行政概念の諸相』99頁所収。塩野Ｉ・44頁，47頁，塩野宏『行政法Ⅲ　行政組織法』120頁（有斐閣，第4版，2012年）（以下，「塩野Ⅲ」と略記）はいずれも，統一的な公益概念や公益概念の実益について消極的に総括する。

行政法学における公益論は，主として行政訴訟における「法律上の利益」，原告適格との関係から関心が持たれてきた（たとえば，亘理格「公私機能分担の変容と行政法理論」公法研究65巻188頁（2003年），仲野武志「不可分利益の保護に関する行政法・民事法の比較分析」民商法雑誌148巻6号61頁以下（2013年）など）。その他，仲野武志「公権力と公益」磯部力＝小早川光郎＝芝池義一編『行政法の新構想Ｉ　行政法の基礎理論』65頁（有斐閣，2011年），曽和俊文「公益と私益」芝池義一先生古稀記念『行政法理論の探究』40頁（有斐閣，2016年）など参照。

66) 仲野武志「行政法における公益・第三者の利益」高木光＝宇賀克也編『ジュリスト増刊・新・法律学の争点シリーズ8　行政法の争点』14頁（有斐閣，2014年）は，これを「私益に代表される公益」と呼ぶ。

2 「私人による行政」としての拡大集中管理

　このような行政権限の委任先としては，現状で見回すところでは，多数の権利者からの委任を受けている私法人（民法上の公益法人）である指定著作権等管理事業者や指定団体が候補に挙げられる可能性が高い[68]。それらは民法上の法人であるため，それらに公権力行使の権限を委ねることは，「私人による行政」[69]の一場面となる。

(1) 著作権法上の集中管理団体

　現在，著作権法または著作権の関連法令上，いくつかの集中管理団体が認められている。これら集中管理団体には二つのタイプがある。

　一つは，著作権等を管理する著作権等管理事業者であり，もう一つは，文化庁長官により指定された，実演家の権利やレコード製作者の権利等の著作隣接権の権利行使を行う「指定団体」と「指定管理団体」である[70]。前者は，権利者から委任を受け「許諾権」としての著作権等を管理するものであり，後者は，主として[71]，著作隣接権者の「報酬請求権」の権利行使を行うものであり，実演家やレコード製作者等に著作権法上認められた権利の権利行使を当該

---

67)　個別行政作用法である著作権法内の行政的規制においても若干の議論がある。権利に対抗する利益として，著作物利用者の利益とともに，著作物の提供または提示を受ける第三者の利益，社会全体の利益（集団的利益・集合的利益）が指摘される。しかし，コンテンツ流動円滑化利益がこのような社会共同の利益となり得るかについては，論者も「社会全体の利益というものが，著作者の権利という私益を制約する直接の根拠となり得るかどうかは問題」とし，私権に対抗する公益としての意義を持たせることに躊躇が示される（上野達弘「著作権法と集団的・集合的利益」民商法雑誌150巻6号1頁（2015年））。

68)　玉井・前掲注2）6頁も，「管理者について，慎重に選定する必要がある」とし，「諸外国の議論で実際に俎上に載っている事務管理者は，一方で公的機関，他方で権利者による団体である。」と指摘する。

69)　「私人による行政」一般について，米丸恒治『私人による行政—その法的統制の比較研究』（日本評論社，1999年），同「「民」による権力行使—私人による権力行使の諸相とその法的統制」田村悦一先生古稀記念『「民」による行政—新たな公共性の再構築』52頁（法律文化社，2005年），山本隆司「「民による行政」の法的統制」北村喜宣＝山口道昭＝出石稔＝礒崎初仁編『自治体政策法務』198頁（有斐閣，2011年）など参照。

70)　その中にも，公益認定法に基づき公益認定を受けた公益法人であるものもあれば（公益社団法人日本芸能実演家団体協議会），一般社団法人の指定団体もあり（一般社団法人日本レコード協会など），公益認定を受けていること自体にとくに分類上の大きな意義は見出しにくい（塩野・公益117頁，118頁（注25）参照）。もともと，公益法人制度（民法34条）自体が，公益の実現が国・公共団体以外の団体によっても行いうることを前提とするのであり，私人が公益実現の主体たり得ることは認められていた（芝池・前掲注64）12頁）。

団体によってのみ行うことができるとされているものである。たとえば，実演家が有する一定の実演家の権利（実演家やレコード製作者の放送事業者・有線放送事業者に対する商業用レコードの二次使用料請求権および貸レコード業者に対する商業用レコードの貸与報酬請求権，著作権者の私的録音録画補償金請求権など）は，その具体的な権利実現を行うためには，指定団体または指定管理団体に権利委任して分配を受けるしか方法がない[72]。それは私権の権利行使の主体を制限するものであるが，行使される権利の性質からそのような団体の規制のあり方が規定される面もある。

これらの集中管理団体は団体としての要件が法定され[73]，また，すでに指定法人に対する規制に類した文化庁の監督権限（報告，帳簿・書類の提出，改善勧告等）（著作権法95条9項）が認められている[74]。著作権等の管理業務については著作権等管理事業法による規制があり，著作権等管理事業者は登録制とされ，その中でも文化庁長官により指定される「指定著作権等管理事業者」は指定団体に準ずる規制を受ける形になっている[75]。後に見るように，補助的

---

71) 指定団体が，同時に，著作権等管理事業者の登録も行い著作権等管理事業者を兼務し，録音権・録画権，放送権・有線放送権，送信可能化権など，許諾権である著作隣接権の管理も行うこともあり，それは妨げられない（公益社団法人日本芸能実演家団体協議会など）。

72) ただし，放送実演に係る報酬請求権（著作権法94条2項）や放送実演の有線放送による同時再送信に係る報酬請求権（著作権法94条の2））のように，付与された権利が報酬請求権であっても，指定団体により権利行使することが義務づけられていないものもある。そのため，報酬請求権という実体法上の権利の性質とその権利行使の主体（指定団体）が常に連動しているわけでもない（後者は，指定団体ではない一般社団法人映像コンテンツ権利処理機構（aRma）により行使されている）。放送実演については，実務上の実情が考慮されたものと考えられ，例外的な現象であると思われる（本来は，報酬請求権は，性質上，個別権利行使には適さないと考えられる）。なお，集中管理が義務づけられる類型である義務的集中管理（Compulsory collective management）について，菱沼・前掲注64) 116頁，Daniel Gervais, supra note 12 at 49. など参照。

73) 通則的な規定として著作権法95条6項1号～4号が，私的録音録画補償金の指定管理団体には同法104条の3，また，著作権等管理事業者一般に関しては著作権等管理事業法6条，指定著作権等管理事業者については同法23条がある。

74) 指定団体は，実演家の商業用レコードの二次使用・貸与権については公益社団法人日本芸能実演家団体協議会であり（実演につき「(その連合体を含む)」と明定され，同法人が指定対象に予定されていたことが窺われる）（著作権法95条5項・6項)），レコード製作者の商業用レコードの二次使用・貸与権については一般社団法人日本レコード協会であり，私的録音録画補償金の「指定管理団体」は，一般社団法人私的録音補償金管理協会（SARAH）と一般社団法人私的録画補償金管理協会（SARVH）である（同104条の2第一項）。その他，著作権等管理事業者のうち「指定著作権等管理事業者」には，一般社団法人日本音楽著作権協会などが指定されている。

事務を行う指定法人においてすら，中立性，専門性，透明性の確保等の観点から一定の規制に服しており，これら団体に公権力行使の行政権限の委任が行われるとなると，当該団体の組織や運営の統制の観点から，指定法人と比しても，一層，密度の高い規制が検討される可能性があろう。

(2) 集中管理される権利の性質と行政委任権限の内容

上記のうち，報酬請求権の権利行使を行う指定団体は，唯一，当該団体によってのみ権利行使ができるとされる存在であり，報酬請求権は許諾権ではないので，許諾するか否かの自律的な決定権限である権利者の権利の強制許諾的な処理をさせているわけではない。したがって，報酬請求権の場合は，集中管理団体に強制許諾的な権限を付与する必要はなく，付与する権限は権利行使（金銭支払請求）の委任の意思を擬制する限度で足りることになる。

このように，これら団体により集中管理される権利の性質，内容により，行政委任される権限の内容も異なるという関係に立つと考えられる。

(3) 非権力的な行政事務の委任と「手続私化」―著作権法分野における公私協働[76]

ところで，行政事務の私人への委任は非権力的な行政事務についても行われる。これは，非権力的な補助的行政事務の分野にみられる。代表的な例は，資格試験・検査業務の実施等などであるが，登録事務もそれに準ずる分野に属する[77]。委託先も，特殊法人，独立行政法人，認可法人などだけでなく，民法上の法人である公益法人や指定法人・指定機関などの場合もある（「インフォーマルな公的組織」[78]）。これら法人に対しては，業務の中立性，専門的能力の確保[79]の観点から一定の要件が法定されているほか，それらの義務，監督行政庁の監督権など一定の法的統制が行われている[80]。現行著作権法においても

---

75) 米丸・前掲注69) 380頁は，民間団体の例として，指定法人と並んで事業者団体にも言及する。なお，既に昭和39年の第一次臨時行政調査会答申の中でも，「同業者が法令によりまたは自主的に組織する団体の自律的な規制により，許認可目的が達成されるもの」も権限委譲の対象に掲げられていた（米丸・前掲注69) 334頁）。

76) 公私協働については，山本・法構造531頁，山本・前掲注24)『行政上の主観法と法関係』，山本隆司「民間の営利・非営利組織と行政の協働」前掲注64)『行政法の争点〔第3版〕』154頁，同「民間の営利・非営利組織と行政の協働」前掲注66)『行政法の争点』188頁，山本・〈協働〉の様相16頁，同「日本における公私協働」藤田宙靖博士東北大学退職記念『行政法の思考様式』171頁（青林書院，2008年）（以下「山本・日本の公私協働」と略記），同「日本における公私協働の動向と課題」『新世代法政策学研究』2号277頁（北海道大学グローバルCEOプログラム「多元分散型統御を目指す新世代法政策学」事務局，2009年），大久保規子「協働の進展と行政法学の課題」前掲注65)『行政法の新構想Ⅰ』223頁，塩野Ⅰ・46頁，400頁，板垣・保障行政21頁以下など参照。

77) 山本・法構造557頁，山本・日本の公私協働183頁，塩野Ⅲ・110頁など。

この種の行政事務があり，たとえば，プログラムの著作物については一般財団法人ソフトウェア情報センター（SOFTIC）が「指定登録機関」とされ[81]，その他，視聴覚障害者のための情報提供事業を行う指定法人もある[82]。

さらに，行政権限の委任が必要とされない形態もあるとされる。行政主体からの委託がそもそも存在しない「行政補助」（行政主体との間に権限委任関係がない「国家負担軽減的活動」を含む）と呼ばれるものである[83]。不明権利者の裁定制度の中の手続的要件の「相当の努力」として，文化庁長官が指定する「広く権利者情報を保有していると認められる者」に対する照会手続[84]や，文化庁長官が定める権利者情報の提供を求める方法（公益財団法人著作権情報センター〔CRIC〕のウェブサイトへの掲載[85]）などがそれに相当しよう。

その中でも，公権力の行使の行政権限の委任が行われず，そのような権限は行政主体に留保しつつ，非権力的な行政事務を私人に委任するという方法がとられる場合がある。ドイツ公法学で提唱される「手続私化」（Verfahrenspriva-

---

78) 山本隆司「行政の主体」前掲注65）『行政法の新構想I』105頁，山本・日本の公私協働175頁，大橋洋一『行政法I 現代行政過程論』401頁（有斐閣，第3版，2016年）（以下「大橋I」と略記），徳本広孝「インフォーマルな行政活動の法的限界—ドイツにおける学説と判例を素材に一」本郷法政紀要3号109頁（1994年）など参照。

なお，行政法学上，これまで行政権限の委任は，もっぱら特殊法人，指定法人・指定機関等について，国家による統治権（公権力）の独占の原則との観点から，認可などの法定要件の充足，主務官庁からの監督制度などの法律上の対処が論じられてきた。塩野宏「指定法人に関する一考察」芦部信喜先生古稀祝賀『現代立憲主義の展開（下）』483頁（有斐閣，1993年），塩野Ⅲ・110頁，藤田宙靖『行政組織法』156頁以下（有斐閣，2005年），米丸・前掲注69）311頁以下，325頁以下参照。

79) 米丸・前掲注69）335頁以下，山本・前掲注69）「『民による行政』の法的統制」199頁，200頁注7など参照。

80) なお，私人による行政において，私人の組織・手続を法治国原理・民主主義原理の要請と適合するように国が監視・規律すべきものとする，山本隆司教授の「私行政法」の視点については，山本・法構造557頁，山本・〈協働〉の様相31頁，山本・前掲注69）「『民による行政』の法的統制」198頁など参照。

81) 著作権法78条の2，プログラムの著作物に係る登録の特例に関する法律，同施行規則20条，昭和62年文化庁告示第1号。なお，米丸・前掲注69）330頁参照。

82) 著作権法施行令2条1項2号・2条の2第1項2号。

83) ドイツ行政法学説上，行政権限は委任されていないが行政の技術的事務や事実行為に継続的または一時的に協力する民間委託の方法を「行政補助」（Verwaltungshilfe）という。その中に，私人による「国家負担軽減的活動」（staatsausssparendes）がある。国家負担軽減的活動は，資金助成，国の監督や一定の拘束を受ける場合もあるが，行政機関との間に権限委任関係のない私人の独立した活動とされる（米丸・前掲注69）35頁，板垣・保障行政471頁。山本・法構造539頁など参照）。

84) 著作権法67条，著作権法施行令7条の7第1項2号。

85) 著作権法施行令7条の7第1項3号，平成21年文化庁告示第26号・第3条。

tisierung）がそれである。「手続私化」は，最終的な決定権限を行政機関に残したまま，手続の遂行の一部を私人に委ねることをいう[86]。非権力的な行政事務の委任と手続私化は，重なり合う部分があることになる。第三者の権利の許諾・行使業務における公私協働の形態としては，このような中間的な行き方，すなわち，裁定自体は行政機関が行うが，私人はその補助機関としてその前提となる一定の行政事務を行う役割を担うといった制度設計も検討対象となろう。

第6節　拡大集中管理のその他の課題

1　拡大集中管理のその他の問題点

今後，検討されるべき拡大集中管理の課題は多いが[87]，ここではつぎの点を指摘するに止める。

(1) 行政と私人間の「距離」──行政組織の外延の明確化

本来，集中管理に関係する法律関係は，著作権，著作隣接権という純粋な私権の権利関係に関する複層した契約関係であり，それらはいずれも民事法上の事務委託関係である。それに行政が介入するのは，膨大な著作物や実演の利用回数，広範囲に亘る利用者，煩瑣な支払手続などを背景に，この問題に関与する関係者が多数に及び，利害関係が錯綜する複雑な法律関係を伴うという公共性が背景にあり，また，それらに関わる私法人について適正な運営が公共的に求められるからである。

他方，私法分野に行政の公権力が直接に介入することは，本来，抑制的であるべきでないのかという問題がある。それは，行政と私人間に求められる「距離」の観点からの検討を要する課題でもある。ここでいう「距離」とは，規制を行う行政主体と規制を受ける私人が明確に区分され，両者の間に透明な距離が保たれていることを確保し，行政による私人（民間団体）への過剰な介入を自制すべきとする観点からの議論である[88]。このような問題意識から，公権力行使の行政権限の委任による拡大集中管理が望ましい姿といえるかどうかも含めて検討が求められる。

---

86)　板垣・保障行政116頁，角松生史「行政事務事業の民営化」前掲注66)『行政法の争点』185頁)。

87)　拡大集中管理に関しては，多くの問題点が指摘されている（前掲注1)『諸外国における著作物の利用円滑化方策に関する調査研究報告書』108頁〔小嶋崇弘〕，小嶋・前掲注52)「拡大集中許諾制度」21頁以下)。

(2) スリー・ステップ・テストとの関係

条約上の3ステップ・テストとの関係は大きな論点であり続ける[89]。公権力行使型の強制許諾的な処理としての拡大集中管理がスリー・ステップ・テストとの関係上，問題ないものと評価できるのかについては，引き続き，確認が必要となろう。

(3) オプトアウトと行政権限の委託

拡大集中管理においては，非構成員の「オプトアウト」の権限がその正当性を裏付ける重要なキーとなっている。このような非構成員の権利，権限をどのように構成するのかは大きな問題点となろう。オプトアウトは，行政処分の公定力，規律力を削ぐ方向での私人側のイニシアティブによる行為であり，それにふさわしい法的仕組みの構築が必要になる。それは，事前通知に対する拒否という行政処分前の手続として設けられるべきものなのか，事後の申立による行政処分の取消手続なのか，その行政法上の位置づけの検討が必要となろう[90]。

2　今後の方向性

集中管理団体内に権利者情報の蓄積，集約化が進んで行くとなると，そのような情報を保有する団体にさまざまな問題解決を依存することに迫られる可能性は大きい。しかし，指定法人への行政権限の委任の例を見ても，その依存すべき範囲をどの部分とすべきなのか，さまざまな段階，程度が考えられる。いずれにしても，この問題の検討に当たっては，法律の留保原則その他の行政法理論との理論的な整合性を図ることが前提となる。

---

88) 大橋洋一『対話型行政法学の創造』（弘文堂，1999年）はしがきⅱ頁，大橋Ⅰ・26頁。論者により「距離」は多義的であり，その他，大橋洋一「制度的留保理論の構想分析」金子宏先生古稀祝賀『公法学の法と政策（下）』262頁（有斐閣，2000年）同『都市空間制御の法理論』355頁（有斐閣，2008年）所収，毛利透「行政法学における『距離』についての覚書」同『統治構造の憲法論』281頁以下（岩波書店，2014年）所収，板垣・保障行政284頁，516頁など参照。

89) 作花・前掲注52)（前）66頁参照。この問題はここでは取り上げない。

90) 現在の不明権利者裁定制度においても，裁定後，不明者が判明し，あるいは名乗り出てきた場合はどのような処理となるのかについても不透明である。元不明権利者側による「オプトアウト」は想定されていない。行政庁側による行政行為の撤回となるとしても，行政行為の撤回が制限される場合に該当する可能性が高く，結局，補償金の収受による解決は動かないことになろうが，別途，元不明権利者の救済措置が検討される余地がないではない。

わが国の法体系の下で，権利不明者，孤児著作物の問題の対応について，どのような方向性が取られるべきなのかは，著作権法だけでなく，著作権法における行政的規制（行政法），民事法と関連づけ，私法，著作権法との公私協働の文脈で議論される必要が出てくる[91]。どのような制度設計が望ましいのか，地に足のついた議論が必要となろう[92]。その際，著作権，著作隣接権の分野において多様な役割を担い，今後も一層の担い手となりうる立場にある集中管理団体を，どのように設計し，どのように規律，統制して行くべきなのか，集中管理団体法（Collecting Society Law）のあり方は著作権管理の中心的課題の一つとなろう。

---

[91] これまで，著作権法，その他の知的財産権法は，行政法各論の視野にはあまり入っていなかったと思われる。この分野についても，今後，行政法の「参照領域」（Referenzgebiete）（原田大樹『行政法学と主要参照領域』1頁（東京大学出版会，2015年），大橋Ⅰ・17頁など参照）として，行政法の見地から研究されるべきものと考える。

[92] 大量デジタル化によるコンテンツのアーカイブ利用の場合などには，公共図書館など非営利的な公共セクターにおける限定された権利制限も一つの選択肢として検討の対象として残ろう。Karl-Friendrich Lenz「『孤児著作物』等に関するドイツの最近立法」青山法務研究論集8号1頁以下，福井健策「『孤児著作物』と知のデジタル整備」中山信弘先生古稀記念『はばたき—21世紀の知的財産法』743頁（弘文堂，2015年）参照。

出版権規定の形成過程
―出版権法案と昭和9年改正を中心に―

金子　敏哉

第1節　はじめに
第2節　出版権制度の導入
第3節　出版権に関する各規定の沿革

第1節　はじめに

　出版者の権利を巡っては，出版社はその権利の確立を目指して活動し，議員立法の動き（出版権法案）等も見られたところであったが，最終的に政府提出法案に基づく著作権法の改正により，著作者との契約に基づく出版権規定の整備という形で立法がされた。―1934年の旧著作権法（明32法39）の一部改正（昭9法48）のことである。

　そして1970年の全面改正を経て2014年，電子書籍に対応した出版権の整備のため，著作権法の一部改正（平26法35）が行われた。平成26年改正前の出版権規定は，出版権の権利内容が頒布目的での複製行為に限定されている等（改正前著作権法80条1項参照），紙の書籍の出版を対象としたものであったが，平成26年改正法により，電子書籍のオンライン配信に対応した出版権の設定が可能となったのである（著作権法80条1項2号等参照）。

　平成26年改正は，80年前の出版権制度導入以来の大きな改正であるが，出版権の性格（出版権設定契約に基づき設定される用益物権類似の権利）や内容（出版義務・存続期間等）は，基本的に昭和9年改正以来の枠組みを維持したものとなっている。また改正の経緯の点でも，出版社による出版者固有の権利の要求・議員立法の可能性等があったことなど[1]，改正の背景について昭和9年改正と共通する点もみられる。

　本稿では，今後の解釈・立法論等の検討のための基礎的な作業として，出版権制度の基本的な制度枠組みが構築された昭和9年改正とこれに先立つ出版権法案とその修正を中心に[2]，現行著作権法の出版権規定（著作権法79条以下）の

形成過程を明らかにしようとするものである。

なお本稿における，出版権法案や旧著作権法の条文，旧法下の文献等の引用に当たっては，旧字体・旧仮名遣い・漢数字を新字体・新仮名遣い・算用数字に原則として改めている。

第2節　出版権制度の導入

1　出版権法案の審議（第64回帝国議会）

昭和9年改正に至る以前から，出版社は出版者の権利の確立を求めて活動し，東京出版協会での検討を踏まえて衆議院議員により度々出版者の権利に関する法案（発行権法案（第51回（大正15年）帝国議会）），出版権法案（第52回（昭和2年）・59回（昭和6年）・64回議会（昭和8年）に提出））が提出されていた[3]。

これら出版社の活動，法案の提出の背景には，旧著作権法に出版者の権利に関する規定が設けられていなかったこととともに，大正末期から廉価版全集の出版競争（いわゆる円本騒動）が過熱し無断出版や著作者の二重契約が頻発し

---

1) 平成26年改正に至る経緯については鈴木友紀「電子出版の発展に向けた出版権の整備──著作権法の一部を改正する法律の成立──」立法と調査364号19頁（2014年），金子敏哉「新法解説　著作権法の一部を改正する法律」法学教室412号82頁以下（2015年）等を参照。改正法の内容については文化庁長官官房著作権課「著作権法の一部を改正する法律（平成26年改正）について」コピライト642号20頁以下（2014年）を参照。

　本稿の背景となる問題意識（専用利用権の創設を志向する点も含め，金子敏哉「出版権のこれまでとこれから」ジュリスト1483号54頁（2014年）も参照）は，筆者が委員として参加した，2013年の文化審議会著作権分科会出版関連小委員会での出版権規定の改正を巡る議論とともに，2005年の文化審議会著作権分科会法制問題小委員会契約利用ワーキングチームにおける著作権の一部譲渡等の検討を背景としたものとなっている。土肥一史先生には，この出版関連小委員会・契約利用WTをはじめ様々な場でご指導を頂いたことを改めて御礼申し上げる。

2) 昭和9年改正の経緯と趣旨については，出版権法案を踏まえたものである点も含め既にその立案担当者の解説（小林尋次『現行著作権法の立法理由と解釈』132頁以下（文部省，1958年。2010年に第一書房より刊行された再刊版を利用））等で詳しく解説されているところである。本稿ではこれをふまえつつ，より具体的に，出版権規定の各条文に対応する内容が，どのように形成されていったかを明らかにすることを目的とするものである。

3) 東京出版協会における出版者の権利を巡る検討，発行権法案・出版権法案の提出および第64会議会における出版権法案の審議未了までの経緯につき，藤田知治「出版権法制定の必要と其の制定運動の経過」法律時報5巻9号22頁以下（1933年）を参照。またその後の展開も含めて，布川角左衛門『出版権・出版契約・出版契約書の話』19頁以下（文部省，1960年），伊藤信男「出版権の歴史（下）」コピライト128号7頁以下（1971年）を参照。

た事態への出版社の懸念があったことが指摘されている[4]。

これらの法案はいずれも審議未了[5]で廃案となっている。ただし特に，第64回帝国議会（昭和8年）に提出された出版権法案（提出時の出版権法案）については，東京出版協会と文芸家協会の間での妥協に基づいて修正された案[6]が衆議院の委員会・本会議で可決され（出版権法案（衆議院修正）），また貴族院では別の法案といえるほどの大幅な修正（出版権法案（貴族院修正案））を経て審議未了となったが，これらの修正の内容が，第65回議会における政府提出法案に基づく昭和9年改正（そしてその後の現行法）に一部反映されている。

(1) 提出時の出版権法案

提出時の出版権法案[7]は，東京出版協会内の検討によりまとめられたものであり，出版社側が望んでいた立法の内容を示しているものといえよう。提出時の出版権法案と，現行の出版権制度の相違点がよく示されているのが，1条から3条の規定である。

第1条 本法に於て出版権と称するは出版を以て業とする者が著作権の他人に属する著作物又は著作権の存せざる著作物を複製し之を発売頒布する権利を謂う

---

[4] 藤田・前掲注3）22頁，日本雑誌協会・日本書籍出版協会『日本雑誌協会日本書籍出版協会50年史』156頁以下（2007年），小林・前掲注2）132頁以下を参照。岩波茂男「出版権の確認」東京朝日新聞昭和8年2月11日号朝刊9頁においても，二重出版を巡る具体的な事件が紹介されている。著作者の立場から菊池寛「話の屑籠」文藝春秋昭和8年4月特別号256頁以下（1933年）（菊池寛『話の屑籠』302頁（不二屋書房，1934年）に再録）を参照。

[5] 第59回議会では修正もなく衆議院を通過したものの，貴族院において審議未了で廃案となっている。

[6] 妥協案の内容と経緯につき林田英雄「出版権法案に関する文芸家の対抗運動」法律時報5巻9号（1933年）25頁以下を参照。また修正案については，第64回帝国議会衆議院少年救護法案委員会会議録（速記）第15回（昭和8年3月11日）1頁以下参照（以下，委員会会議録（第15回）として引用）。妥協案と修正案はほぼ同一の内容であるが，その相違点については後掲注30）を参照。

[7] 条文については第64回帝国議会衆議院議事速記録第11号（昭和8年2月5日）171頁以下を参照。
　第64回議会に提出された出版権法案の内容は，第52回帝国議会に提出された法案の内容と同一であるため，以下では，第52回議会の提出法案に関する東京出版協会「出版権法案略説」東京出版協会『出版権法案略説　出版権法案参考資料』（1927年。明治大学図書館所蔵）の逐条解説を第64議会提出の出版権法案の趣旨を示す資料として参照する。

第２条　自己の計算に依り著作権の他人に属する著作物の出版を引請けたる発行者は其の著作物に付出版権を専有す

　著作権法第１条に依り著作者の有する著作物複製の権利は出版権の存続中著作者より発行者に移転したるものと看做す

第３条　著作権の存せざる著作物の発行者は其の著作物の複製に用ふる版型に付てのみ出版権を専有す

　このように提出時の出版権法案では，①他人が著作権を有する著作物についての出版権（２条）と，②著作権の存しない著作物についての出版権（３条）という二種類の出版権が定められていた。いずれの出版権についても「専有す」との文言が用いられており，取得・譲渡等については登録が対抗要件とされ（12条），その侵害について刑事罰（15条以下）や差止請求権（17条）が定められていた。

　①　他人が著作権を有する著作物に係る出版権（２条）

　２条の出版権は，著作権者との契約に基づき成立する用益物権的な権利[8]という点では，現行制度と同様の性質を有するものである。ただし出版事業者[9]との出版契約一般について出版権の成立を認めていた（また２条２項による複製権の移転の擬制を伴う）点が現行制度（昭和９年改正法）との大きな相違点である。

　このように出版権法案の内容は，他人が著作権を有する著作物に関して用益物権類似の権利を創設するとともに，出版契約一般のデフォルトルール（出版契約の成立により当然に出版権が成立すること等）としての意義も有していた。

　この他，昭和９年改正・現行法下の出版権との大きな相違点としては，複製一般（旧著作権法の「複製」概念には翻訳・翻案等も含まれる[10]）を権利範囲とし

---

8)　東京出版協会「出版権法案参考資料」東京出版協会・前掲注７）６頁，藤田知治「出版権法案に就いて答ふ（上）」読売新聞1933年２月12日朝刊４頁も出版権を一種の用益物権と説明している。これに対して末弘厳太郎「著作権と出版権」法律時報５巻９号22頁以下（1933年）は，出版権の法的性質を，著作物に係る著作権の有無にかかわらず，著作権の部分的な譲渡ではなく，著作権とは別個の営業的独占権として理解することが適切であると指摘している。

9)　第１条により出版権の主体は「出版を以て業とする者」と規定されていたが衆議院での修正に際して理由は不明であるが，「出版を以て業とする者が」との文言は削除された。

10)　もっとも東京出版協会・前掲注７）１頁以下では，出版権の効力が翻訳・翻案に及ぶことについて明示的に言及しているものではない。

ている点（1条），出版契約の存続期間（＝出版権の存続期間。4条1項）につき特段の合意がない場合著作権の存続期間満了時までとする点（4条2項），出版権の譲渡[11]を（著作権者の承諾等を要件とせず[12]）認める（7条）点，一定の要件[13]のもとで出版権者からの通告による絶版（とこれに伴う出版契約の解除）が許容されていた点（9条）等が挙げられる。

他方で提出時の出版権法案には，著作権者の利益に配慮した規定（6条・10条・11条（出版権消滅時の機械器具の優先買受権））も設けられていた。このうち6条（出版権存続期間中の著作権者による，全集への収録等（発行から15年以上経過後）・新聞雑誌からの別途利用（発行から3カ月以上経過後）の許容），10条（出版権者が正当な理由なく著作物の複製・発売頒布を1年以上怠った[14]場合の，著作権者からの（相当の期間を定めた履行の催告の上での）将来に向けた契約解除権）は，対応する現行制度（著作80条2項（全集発行等の許容），81条（出版義務）と84条（消滅請求権））のもととなった規定といえる（期間については，後述の衆議院修正を参照）。

② 著作権の存しない著作物に係る出版権（3条）

そして第二の類型が，著作権の存在しない著作物[15]に係る出版権である（3条）。これらの著作物については，出版事業者[16]による著作物の発行により，当然に発行者が出版権を取得するものとされたが，その権利範囲は著作物の複製一般ではなく当該「版型」による複製[17]に限定されていた（3条）。またそ

---

11) また8条では，出版権の譲受人が出版契約の履行につき著作権者に対して譲渡人と同一の権利義務を負うこと（ただし，譲渡人・譲受人・著作権者間の特約がない限り，計算の確定した金銭債権・債務は承継されないこと）を定めていた。
12) 東京出版協会・前掲注7）5頁では，出版契約により出版権の譲渡を禁ずる合意は契約当事者間では有効であるが，第三者に対抗可能とすべきでないとして，出版契約による譲渡制限についてあえて明文の規定を設けなかったとの説明がされている。
13) 提出時の法案9条では，著作物の発行から3年以上経過後，「著作物に対する一般の需要少く爾後の発行を継続するも利益なき場合」に，3か月以上の猶予期間を伏して通告をすることが要件とされていた。この点に関する衆議院での修正については後掲注42）参照。
14) 東京出版協会・前掲注7）7頁では，10条は最初の発行とその後の継続発行の両者に適用されると解説している。
15) 東京出版協会・前掲注7）2頁では，著作権の存続期間満了後の著作物と，法律・判決等の旧著作権法11条の著作権の目的とならない著作物が例として挙げられている。
16) 前掲注9）参照。
17) 東京出版協会・前掲注7）3頁では，3条の出版権につき，出版物を原本として化学的・機械的方法により原型のまま複製する行為は侵害となるが，たんにその内容文書を利用して新たな編集物を出版する行為は侵害とならないとの説明をしている。

の存続期間も，発行から10年に限定されていた（4条2項）。

これら著作権の存在しない著作物につき出版権を認めるべき理由としては，古典の復刻，法令等の編集物についても発行者の立場からは等しく保護されるべきことが挙げられている[18]。3条の出版権は，現行法から見れば著作隣接権的な権利であるが，東京出版協会の資料などでは3条の法的性質について特段の説明はされていない。

(2) 衆議院における修正

昭和8年1月28日，原夫次郎・山枡儀重議員らが第64回帝国議会衆議院に出版権法案を提出し[19]，2月5日の衆議院本会議において少年救護法案委員会への付託が決定された[20]。そしてこの衆議院の委員会での審議（第4回（2月20日）[21]と第10回（3月4日）[22]）に際し，著作者側（文芸家協会[23]「出版権法案に対する意見」（昭和8年2月20日））・文藝家協会「出版権法案に対する意見(二)」（昭和8年3月）[24]，文芸家協会の会員であった犬養健議員の委員会での発言）から出版権法案に対して強い反対意見が示されることとなる。

当初の文芸家協会の意見（「出版権法案に対する意見」（昭和8年2月20日））[25]は，個別の条文の問題点とともに，全体として出版権法案の内容が出版者の利益を擁護するものであり著作者の利益を無視するものであること，また出版契約に関する規定は独自立法ではなく著作権法の改正によって行うべきこと[26]を指摘し，出版権法の立法自体に反対するものであった[27]。

しかし文芸家協会の意見を踏まえて出版権法案の内容が修正され，とくに昭

---

18) 東京出版協会・前掲注7）2頁。
19) 第64回帝国議会衆議院議事速記録第8号120頁参照。
20) 第64回帝国議会衆議院議事速記録第11号171頁以下参照。
21) 第64回帝国議会衆議院少年救護法案委員会会議録（速記）第4回（昭和8年2月20日）8頁以下参照（以下，委員会会議録（第4回）として引用する）。
22) 第64回帝国議会衆議院少年救護法案委員会会議録（速記）第10回（昭和8年3月4日）1頁以下参照（以下，この会議録については委員会会議録（第10回）として引用する）。
23) 出版権法案に対する文芸家協会の対応の経緯と内容については，林田・前掲注6）25頁以下を参照。
24) 林田・前掲注6）27頁参照。日付については，「昭和8年3月」との記載であるが，内容的に第10回委員会における山枡委員の修正案を踏まえたものであり，3月7日以前の出来事として位置づけられている。
25) 林田・前掲注6）26頁以下参照。榛村専一「出版権法案上程への質疑」読売新聞1933年2月21日朝刊4頁（榛村専一は文芸家協会の顧問弁護士であった）でも同様の指摘がされている。

和8年3月9日の懇談会により出版社と著作者の妥協案がまとまり[28]、この妥協案に基づき内務当局の意見も踏まえた修正案が3月10日の第3回出版権法案小委員会[29]で作成され[30]この修正案[31]が衆議院の委員会（3月11日）[32]・本会議（3月14日）[33]にて可決されるに至った。

　以下では、主要な修正内容について概観する。
　① 他人が著作権を有する著作物に係る出版権
　㈠ 「原作のまま印刷」複製する権利への限定、複製権の移転規定の削除
　前述のとおり、提出時の法案1条は出版権の内容を「複製」する権利と定めていたが、この点につき著作者側からは、旧著作権法下の「複製」概念に照らして、映画化・戯曲化等の全ての権利が出版権者に帰属・移転することとなるとの懸念が示されていた[34]。

　この懸念に関して、衆議院修正1条では、出版権の権利範囲を「複製」から「原作の儘印刷複製」する権利に限定している。また2条2項についても複製

---

26) 第64回帝国議会の衆議院の審議の時点での内務省の方針も、1935年に予定されていた著作権条約に関する国際会議の結果をまって著作権法の改正とあわせて出版権の立法を行うべきというものであった（委員会会議録（第10回）・前掲注22）4頁以下〔勝田栄吉発言〕）参照。
27) 林田・前掲注6）28頁では、3月7日以前の段階においては、衆議院の委員会での修正に関わらず、文芸家協会としては、「初めの方針通り1935年の著作権法の大改正までは、根本的に、出版権法の出現を拒む態度を変えなかった」と述べている。3月8日の評議員会における方針転換については後掲注41）に対応する本文参照。
28) 藤田・前掲注3）24頁、林田・前掲注6）28頁参照。この懇談会には、内務省から小林尋次らも出席していた（東京堂編『出版年鑑昭和9年版』37頁（東京堂、1934年））。
29) 出版権法案小委員会は、第10回少年救護法案委員会（3月4日）に設置が決定され、第1回（3月6日）・第2回（3月7日）・第3回（3月10日）の計3回開催されたが、その内容については懇談という形で行われ、会議録（少年救護法案委員出版権小委員会会議録（筆記））には、出席者等の他記録は残されていない。なお第2回・第3回小委員会には、内務省から小林尋次・中里喜一が出席している。
30) 3月9日の懇談会における妥協案と、衆議院の委員会・本会議で可決された修正案は、その内容をほぼ同じくするが、妥協案2条3項（前掲注44）参照）の「著作権者」が修正案では「著作者」となっている点、3条（著作権の存しない著作物に係る出版権）についての修正（後述）等、わずかな修正がみられる。この修正は、第3回小委員会で行われたものと推測される（第15回少年救護法委員会における出版権法案小委員会の委員長の報告（委員会会議録（第15回）・前掲注6）1頁〔星島二郎発言〕を参照）。
31) 前掲注6）参照。
32) 委員会会議録（第15回）・前掲注6）1頁以下参照。
33) 第64回帝国議会衆議院議事速記録第26号636頁参照。
34) 林田・前掲注6）26頁以下、委員会会議録（第4回）・前掲注21）9頁以下〔犬養健発言〕、委員会会議録（第10回）・前掲注22）2頁〔犬養健発言〕参照。

権の出版権者への移転に代わり，著作権者が出版権の目的物につき原作の儘印刷複製（の許諾を）できないとの規定に改められている。

　(ロ)　出版権の存続期間・全集への収録等許容までの期間の短縮等

　また出版契約（＝出版権）の存続期間（提出時4条2項。原則著作権の消滅まで）については，著作者側から，書籍の一般的な売れ行き・需要の実情に鑑みれば存続期間の原則は3年で十分であること[35]が指摘され，また全集への収録等（6条）についても期間を短縮（発行から2年（新聞雑誌については発行から1カ月））するとともに著作者の死亡時の全集の発行を認めるべきとの意見が示された[36]。

　これら著作者側の意見を踏まえて，衆議院修正4条2項では，出版契約の存続期間を，別段の定めがない場合に成立時から3年（但し更新を妨げない）とした。また衆議院修正6条では，各期間を短縮するとともに（全集への収録等につき発行時から原則15年→最初の[37]発行時から原則3年（1項），新聞・雑誌等に掲載された著作物の別途の利用につき発行時から3カ月→1カ月（2項）），著作者死亡時には特約の有無にかかわらず[38]1項・2項の期間が死亡と当時に満了したものとみなすことが新たに規定された（3項）。

　(ハ)　出版権の譲渡につき，原則として著作権者の同意を必要に

　出版権法案を巡る議論において，特に出版社側と著作者側の意見対立が最後まで続いたのが，提出時の7条（出版権の譲渡）についてである。

　文芸家協会と犬養健議員は，出版権者が何人であるは著作権者にとっての重大な関心事項であるとして，出版権の譲渡につき著作権者の承諾を必要とすべ

---

35)　委員会会議録（第10回）・前掲注22）3頁〔犬養健発言〕（ただし，教科書や辞書等については最初の1年に限らず売れること等も指摘），菊池寛「出版権法案について」菊池寛『話の屑籠』146頁（不二屋書房，1934年）以下は，出版権を認めること自体は合理的としながらも，大抵の本は1年もすれば売れ行きが止まってしまうこと等を挙げて，出版権の存続期間については3年で十分であると述べている。

36)　林田・前掲注6）27頁，委員会会議録（第4回）・前掲注21）10頁〔犬養健発言〕，委員会会議録（第10回）・前掲注36）3頁以下〔犬養健発言〕（特に雑誌等につき1か月とする理由について，雑誌が翌月書店に多数並んでいるということは考えにくいこと等（4頁）が指摘されている），菊池・前掲注36）147頁（3カ月も過ぎては出版の期を失することになるとして，これに関する期間は1カ月で十分としている）参照。また同9頁〔中野勇治郎発言〕，岸田國士「出版権法案について　著作者側の一私見」東京朝日新聞1933年2月11日9頁でも6条の期間に対する懸念が示されている。

37)　提出時の法案では，発行時から15年とされていたものが，修正案では「最初に発行」されたときからに修正された。

38)　このため，修正案6条3項は明示的な強行規定であった。

きことを強く主張した[39]。しかし出版社側は，多くの点で文芸家協会側の意見を踏まえた修正に応じたようであるが，この出版権の譲渡の点については，3月9日の懇談会の最終局面まで譲らなかったようである[40]。他方文芸家協会側も，従来の方針を変更して，修正された法案の成立について妥協的な態度で3月9日の懇談会に臨むこととしたが，出版権の譲渡の点についてのみは交渉が決裂しても譲歩しないものとしていた[41]。

しかし最終的には，3月9日の懇談会で妥協が成立し，衆議院修正7条但書に「但し出版契約に別段の定めなきときは著作者の同意を得るを要す」との条文が追加された。

　㈡　その他の修正点

その他の修正点としては，出版権者からの絶版許容される要件を最初の発行から3年以降に変更した点（提出時9条，衆議院修正8条）[42]，著作権者からの出版契約解除権の要件を1年から6カ月に短縮等した点（提出時10条，衆議院修正9条）[43]等[44]が挙げられる。

②　著作権の存しない著作物に係る出版権

他方で著作権の存しない著作物に係る出版権（3条）については，直接的に

---

39) 林田・前掲注6) 27頁，委員会議録（第4回）・前掲注21) 10頁〔犬養健発言〕，委員会議録（第10回）・前掲注36) 4頁〔犬養健発言〕。
40) 出版社側が，出版権の譲渡につき著作者の同意を必要とすることについて，最終局面まで抵抗した理由は明らかではない。委員会議録（第10回）・前掲注36) 2頁〔山枡儀重発言〕においても，同意を必要とするという案に対して「余程複雑になる点がある」ため後で懇談をしたいと述べるにとどまっている。
　　なお東京出版協会による出版権法案の逐条解説では，出版権の譲渡につき契約による別段の定めを規定しなかった理由について，契約による譲渡制限について第三者への対抗を認めないためと説明しており（前掲注12）参照），出版社側が出版権の自由譲渡性を強く重視していたことがうかがわれる。
41) 以上の経緯について，林田・前掲注6) 28頁参照。
42) 委員会議録（第10回）・前掲注22) 4頁〔犬養健発言〕も参照。衆議院における修正の中では，出版権者側の権原が提出時の法案よりも拡大された数少ない規定の一つであるが，出版権の存続期間を原則3年としたこととのバランスを図ったものかもしれない。
43) 具体的には，出版権者が正当の理由なく（1年→）「6箇月以上」著作物の「印刷」複製・発売頒布を（怠りたる→）「為さざる」場合に，著作権者は（相当の期間→）「3箇月以上の期間」を定めて履行の催告の上で契約を解除できることと規定された。これらの修正は，委員会における犬養委員の意見（委員会議録（第4回）・前掲注21) 10頁〔犬養健発言〕，委員会議録（第10回）・前掲注22) 4頁〔犬養健発言〕）を踏まえたものであるが，「正当の理由」については，その内容が不明確であるとの犬養委員の指摘にもかかわらず，維持された。

は著作権者の利害にかかわらないためか著作者からの強い反対意見も表明されなかった[45]が，3月9日の懇談会の妥協案においては，「複製」が「印刷複製」に改められるとともに，その発生時が「発行」から「最初の発行」に改められた。また3月10日の第三回出版権法案小委員会でまとめられた修正案では，3条の出版権の主体を「発行者」から「最初の発行者」に改めるとともに，「版型」について「版型（写真術又は之と類似の方法に依り複製する場合を含む）」と修正された。以上の修正の趣旨・背景は明らかではない[46]。

(3) 貴族院における大幅修正と審議未了

昭和8年3月14日衆議院本会議で修正・可決された出版権法案は，即日貴族院に送付された。3月15日に貴族院本会議は出版権法案を六大都市に特別市制実施に関する法律案特別委員会に付託し[47]，3月24日（閉会日の前日）の第5回委員会において懇談会という形で検討がされた[48]が，結局，貴族院では出

---

44) その他の修正点として，提出時の出版権法案5条では，旧著作権法19条が適用される場合に出版権が原著作物の発行者に帰属することを定めていたが，著作者側からの懸念（出版社によって勝手に訓点・注釈等が付されることを許容するものとなりかねない）が示された（林田・前掲注12）27頁）こともあり，衆議院の修正では削除され代わりに2条3項として，著作者が19条により新たに著作物を生じない程度の修正増減・翻案を行った場合にも出版権の目的たる著作物については変更がないことが規定された。この他細かな修正点として，前掲注9）の他，登録規定から「抹消」の文言の削除，著作権侵害と出版権侵害が同時に生じた場合に関する罰則規定（18条・19条）が削除された。

45) ただし，第10回委員会冒頭に，山枡委員から出版権の存続期間に関する修正案として，著作権の消滅による出版契約の存続期間満了後も発行者が3条による出版権（著作権の存しない著作物に係るもの）を専有することを妨げないとする案が提示された（委員会会議録（第10回）・前掲注36）1頁〔山枡儀重発言〕）ところ，これに対して，文芸家協会は，著作権の消滅後出版者がなお10年の出版権を有することは「奇異である」との意見（林田・前掲注6）27頁）を示している。

46) 「最初の」発行者との限定が，仮に著作権の存続期間中も含めて「最初」に発行したとの趣旨であれば，衆議院の修正案3条による出版権は，未発行の著作物の最初の発行の場合にのみ認められることとなり，(1965年の全面改正により導入された) ドイツ著作権法71条，EU保護期間指令（1993年10月29日の著作権および特定著作隣接権の保護期間を調和させる理事会指令）4条における未発行著作物に係る著作隣接権と近い内容のものとなる（ドイツ著作権法71条については，WIPジャパン株式会社『平成22年度文化庁委託事業　諸外国の著作権法等における出版者の権利及び出版契約に関連した契約規定に関する調査研究報告書』年83頁以下（2011年），横山久芳「電子出版時代の出版者の保護」年報知的財産法2011（2011年）227頁以下を参照。

47) 第64回帝国議会貴族院議事速記録第25号306頁。

48) 第64回帝国議会貴族院六大都市に特別市制実施に関する法律案特別委員会議事速記録第5号（昭和8年3月24日）1頁参照。この回の委員会には，説明員として小林尋次（内務事務官），佐々木良一・秋山要（司法書記官）が説明員として出席しており，この場で後述の貴族院での修正案の説明がされたことが推測される。

版権法案の審議は未了に終わった。

　この第5回委員会での懇談の内容は会議録に速記が残されていないが，貴族院での審議にあたり，内務省・司法省の意見により大幅な修正が行われたことが，（東京出版協会の関係者の論文）[49]と文芸家協会の関係者の論文（貴族院における修正案（以下，「貴族院修正案」を呼ぶ）の条文も掲載）[50]においてそれぞれ指摘されている。

　貴族院修正案は，出版権法案の内容（とくに衆議院における修正点）を踏まえている点も一部ある[51]が，別の法案といってもよいほどの全面的な修正[52]が行われており，もはや用益物権類似の出版権を創設するものというよりも，出版契約上の原則的な権利義務関係を詳細に[53]規律する（ただ登録による第三者効を一部認める）ものとなっている。またあわせて著作権の存しない著作物に係る出版権についての規定も存在しない。

　とくに出版権の性質と効力に関して，貴族院修正案において，出版権の内容は直接的には定義されず（それゆえ「専有」の文言も用いられていない），出版者が出版契約上有する権利が「出版権」と呼ばれているに過ぎない。著作権者は「出版契約の本旨に従い」出版権の目的たる著作物につき自ら出版をしまたは第三者を出版しない義務を負う（6条1項[54]）が，出版権の登録についてはそ

---

49) 藤田・前掲注3）25頁を参照。
50) 林田・前掲注6）28頁以下では，閉院式の前日（3月24日の委員会を指すものと解される）にまとめられた最終版の修正案の条文が掲載されている（榛村専一『著作権法概論』267頁以下（厳松堂書店，1933年）には貴族院の委員会で修正可決された法案として掲載）。
51) 具体的には，衆議院の修正案を踏まえたものとして，出版契約存続中に全集への収録等が許容される条件（貴族院修正案7条），出版契約の原則的な存続期間を翌年から3年（新聞・雑誌に掲載された著作物については翌年から1か月）とする点（同13条），出版権の譲渡につき原則として著作者の同意を必要とする点（同17条），印刷術による複製のみを「出版」と定義し（同1条），翻訳・新たな創作といえる翻案に係る権利が著作権者に留保される点（貴族院修正案6条2項）が挙げられる。また出版権消滅時の複製器具等の優先買受権（貴族院の修正案16条）も提出時の法案11条の条文の内容を踏まえたものである。
52) 藤田・前掲注3）25頁では，貴族院修正案の主要な内容について「(1)出版権を本来の絶対権とせず，債権たる本質を有せしめて，唯之にある程度の第三者対抗力を賦与すること，(2)出版契約の内容たる基準事項を詳細に規定すること，(3)著作権の存せざる著作物に付ての出版権保護を別の法律に譲ること」と整理している。
53) たとえば，貴族院修正案10条・11条（報酬とその支払時期等の任意規定）や，12条（複製完了時に無償で複製物10部を著作者に交付する義務。任意規定）等を参照。
54) ただし同1項但書では，節録引用等の著作権の制限に該当する場合（旧著作権法30条各号）については，著作権者による出版と出版許諾を許容していた。

の後の著作権の譲受人・質権設定者に対しても出版権の効力が生じると規定されるのみであり（貴族院修正案18条），それ以外の第三者（とくに後の出版権者等）との関係が規定されていない。そして出版権の侵害についての差止請求権も刑事罰も定められていない。これらの規定振りからすれば，貴族院修正案における出版権は，専ら著作権者に対する債権（ただ登録により著作権の譲受人・質権者との関係でも効力が生じる）と理解されていたことがうかがわれる。

　これら貴族院における修正点は，前述のとおり内務省・司法省の意見に基づくものと推測されるが，翌年の昭和9年改正の内容とも大幅に異なるものとなっている。

　しかし貴族院修正案で新たに設けられた規定のうち，8条（著作者は出版権者による複製の着手前に出版契約の本旨に反さない範囲で著作物に変更を加える権利を有する（1項）とし，出版権者は新たな複製の着手前に通知する必要があるとする（2項））と15条（著作権者が何時でも複製物を全部買取り将来に向けて出版契約を解除できる（ただ出版権者に対する損害賠償責任は免れられない）とする）は，著作者による修正増減請求権と増刷前の通知義務（旧著作権法28条の7，著作権法82条），出版の廃絶のための消滅請求（旧著作権法28条の8，著作権法84条3項）として昭和9年改正以降の出版権制度に引き継がれていくこととなる。

　貴族院修正案については趣旨説明等の公表資料が見受けられないが，昭和9年改正（旧著作権法28条の7・28条の8）の解説では，著作者の人格的利益の保護のための規定と説明されている[55]。

　とくに28条の7につき立案担当者の解説では，同条を設けた真の動機は「出版権設定の規定を設けることにつき，当時著作界から猛烈な反対意見があったので，これを納得せしめるために，著作者保護もこれほど配慮しているとのことを示すために加えた」と述べられている[56]。もっとも貴族院修正案の時点では，文芸家協会側も衆議院修正の内容で妥協をしていたのであり[57]，昭和9年改正時点は別として，出版権法案（貴族院修正案）8条において修正増減

---

[55] 小林・前掲注2）143頁以下（なお出版廃絶のための消滅請求権の主体が「著作権者」となっている点については144頁）参照。

[56] 小林・前掲注2）143頁参照。また併せて増刷時の通知義務違反について特に制裁を定めなかった点について，出版社側からこの種の規定に猛烈な反対があったことや修正増減の機会は常に与える等の制約があったことを指摘している。

[57] 衆議院通過後に著作者側が改めて態度を硬化させた可能性も考えられるが，少なくとも藤田・前掲注3）25頁，林田・前掲注6）28頁ではそのような事情は挙げられておらず，むしろ司法省・内務省の意見によりこれらの修正が行われたことが推察される。

請求権に係る規定が最初に設けられた動機とまで言えるは不確かである。

2　昭和9年改正（第65回帝国議会）

　第64回帝国議会の閉会後の昭和8年（1933年）4月，内務省は従来の方針[58]を変更し，出版権法案を政府より次の議会に提出することとその要綱（出版権法案（貴族院修正案）とほぼ同一のもの）を公表した[59]。

　しかしその後この方針はさらに変更され[60]，出版権規定の整備は独自立法ではなく著作権法の改正によって行われることとなり，またその内容も出版権法案（貴族院修正案）とは大きく異なる，用益物権類似の出版権規定の導入として行われることとなった。改正法案は第65回帝国議会に提出され，貴族院の委員会の審議におい28条の3但書（全集等への収録）につき，死亡時に関する部分のみを強行規定とし3年経過後については特約を許容する修正[61]が加えられた他は原案通り両院[62]において可決し，成立した（昭9法48）。

　昭和9年改正による出版権規定の重要な特徴は，①用益物権類似[63]の出版権制度を創設し，出版権侵害者に対する訴権や罰則[64]（旧著作権法28条の11による偽作規定の準用）や第三者対抗要件としての登録（旧著作権法28条の10）を定めるとともに，②出版権を出版契約によって当然成立するもの（出版権法案

---

58) 前掲注22)参照。
59) 「来議会提出の出版権法案　内務省立案の要綱」東京朝日新聞昭和8年4月24日朝刊2頁，東京堂・前掲注28) 39頁以下参照。
60) 「懸案の著作権法改正案漸く成る議会に愈提出の運び」東京朝日新聞昭和9年2月12日朝刊2頁では，改正案の要綱として，出版権者の権利（とくに侵害に対する訴権の付与）と義務，著作者の人格権保護の規定等が挙げられている。
61) 提出時の28条の3但書は，「但し出版権の設定ありたる後3年を経過したるとき又は著作権者たる著作者の死亡したるとき」につき著作権者による全集への収録等を許容し，政府委員はこの但書について強行規定であると説明していた（第65回帝国議会貴族院出版法中改正法律案特別委員会議事速記録第5号昭和9年3月19日4頁〔大森浩太発言〕。以下，同会議録は第65議会貴族院委員会速記録第5号として引用する）。
　これに対して岩田宙造議員より，3年経過後の部分に関しては特約を許容すべき場合があるとともに，死亡時に関して強行規定であることを明確にすべきとして，「但し著作権者たる著作者の死亡したるとき又は設定行為に別段の定なき場合に於いて出版権の設定ありたる後3年を経過したるとき…」と修正すべきことを提案し（第65回帝国議会貴族院出版法中改正法律案特別委員会議事速記録第6号昭和9年3月20日2頁〔岩田宙造発言〕，政府委員もこの修正に賛成し，この修正案が認められた。この修正は，実質的には，出版権法案（衆議院修正）6条（前掲注38)）の内容に戻したものといえる。
62) 第65回帝国議会における出版権規定に関する具体的な質疑は，貴族院出版法中改正法律案特別委員会（第4回（3月17日），第5回（3月19日），第6回（3月20日），衆議院出版法中改正法律案委員会（第3回（3月24日））において行われている。

（提出時・衆議院修正）の考え方）ではなく，特別に出版権を設定する合意が行われた場合にのみ出版権が設定されることとした[65]点である。またこれらに伴い，③出版契約一般に関する規定と④著作権の存しない著作物に係る出版権に関する規定も昭和9年改正では設けられなかった。

　以上の点で昭和9年改正は，出版権法案（提出時・衆議院修正）とは①の点で共通する[66]が②③④の点で相違する。また出版権法案（貴族院修正）とは④以外の点で全く異なる性質の規定となっている。

　この基本的な性質の相違にも関わらず，昭和9年改正の出版権規定による権利義務の具体的な内容は，出版権法案（衆議院修正）の主要な規定（出版権に係る「原作のまま」等の範囲の限定（旧著作権法28条の3），原則3年の存続期間（28条の4），（著作権者からの契約解除権→）出版（継続）義務と消滅請求権[67]，全集への収録等の許容（28条の3但書），出版権の処分に著作権者の同意を要件とする点（28条の9））をもとに[68]，貴族院修正案由来（内務省側の意見によるものと推測される）修正増減請求権（旧著作権法28条の7）・出版廃絶のための消滅請求（28条の8）を加えたものとなっている。

　これに対して，出版権法案（衆議院修正）の規定の中でも，著作権の存しない著作物に係る出版権（3条）と雑誌・新聞等に掲載された著作物に関する特別規定（6条2項）[69]等[70]は昭和9年改正には引き継がれなかった。

---

63) 議会における政府側の答弁においても，出版権の法的性格を地上権類似の制限物権として説明している（第65議会貴族院委員会速記録第5号・前掲注61）3頁〔大森浩太発言〕，第65回帝国議会衆議院出版法中改正法律案委員会議録第3回昭和9年3月24日10頁〔小林尋次発言〕（以下，同会議録は第65議会衆議院委員会議録（第3回）として引用する））。

64) 偽作（第3章）と章の異なる罰則規定（旧著作権法37以下）についても準用されることが衆議院の委員会における政府側の答弁でも説明されている（第65議会衆議院委員会議録（第3回）・前掲注63）10頁〔小林尋次発言〕）。

65) 小林・前掲注2）135頁以下，第65議会衆議院委員会議録（第3回）・前掲注63）3頁〔小林尋次発言〕を参照。

66) ただし提出時の出版権法案とは，複製権の出版権の移転の擬制も伴う点が相違していた。

67) 出版権法案（衆議院修正）9条の解除権の内容（前掲注14）および43）参照）に対して，旧著作権法28条の5は出版権設定時から（別段の定めがなければ）3カ月以内の出版義務と義務違反時の催告なしの出版権消滅請求権を定め，旧著作権法28条の6は（別段の定めがなければ）「継続して出版する」義務と，義務違反時に3カ月以上の期間を定めた履行の催告上での出版権消滅請求権を定めている。

68) 小林・前掲注2）133頁も，昭和9年改正法案は出版権法案が「骨子」となったことを強調している。

これら出版権法案との相違点のうちとくに②に関して昭和9年改正の立案担当者は，立案当時に慣行されていた出版契約書式において既に出版権法案の内容が盛り込まれていた実情[71]に鑑み，出版権法案（提出時・衆議院修正）のような立法を行うと当時の出版契約すべてについて対世的な出版権を生ずることとなりあまりに広く行き過ぎるおそれがあるとして，対世的な出版権を設定する明示的な合意がある場合にのみ出版権が成立するものとしたと説明をしている[72]。

　また出版契約一般の規定を設けず（③），出版権に係る権利義務の規定も（出版権法案と比較して）最低限のものとなった点について，立案担当者によれば，当初は出版契約法の草案（出版権法案（貴族院修正案）を指すものと推測される）も作成してみたが，机上の理論よりも自然に出来上がった慣例慣行に基づく法制化が望ましいと考えた，との説明がされている[73]。

---

[69] 出版権法案（衆議院修正）6条2項（雑誌等に掲載された著作物の発行後1ヵ月以上経過後の別途の利用を許容）につき前掲注36) 37) を参照。また貴族院修正13条では，雑誌等に掲載された著作物につき出版権の原則的な存続期間を1ヵ月としていた（前掲注51) 参照）。

[70] 出版権法案（衆議院修正）の諸規定のうち，昭和9年改正に引き継がれていない規定としては，著作権の存しない著作物に係る出版権関連規定（3条等）と，新聞・雑誌等に掲載された著作物の別途利用（6条2項），訓点の付加等に関する2条3項（前掲注44) 参照），7条（出版権譲渡時の契約上の地位の承継。提出時から修正なし），8条（出版権者からの解除権），10条（出版権消滅時の複製器具の優先買受権。提出時から修正なし）が挙げられる。

　とくに平成26年改正に際し，雑誌に掲載された著作物に関する出版権が問題となったこと等（『文化審議会著作権分科会出版関連小委員会報告書』（2013年12月）27頁以下参照）からすれば，昭和9年改正法において新聞・雑誌等に掲載された著作物に関する規定が設けられなかった理由が注目されるが，残念ながらその理由は不明である。

[71] 土屋正三「出版契約の実際─出版権小論補遺」警察研究5巻9号23頁以下（1934年）で紹介されている「内務省警保局の収集にかかる『出版契約実例』」が，この記述の基礎資料となっているものと推測される。ここで紹介されている契約実例と出版権法案の異同等についてはまた別の機会に検討したい。

[72] 小林・前掲注2) 134頁以下（とくに135頁）。また著作権の一部移転による手法についても，恒久的に著作権の一部が著作者を離れる形となることも望ましくないこと等を指摘している。

[73] 小林・前掲注2) 145頁以下。なお小林尋次「出版権の法認（著作権法改正の眼目2)」コピライト52号1頁（1965年）では，契約内容に係る立法は法務省（司法省）で民法の特別法として立案制定すべきこと等から昭和9年改正の方法がとられたと説明されている。

第3節　出版権に関する各規定の沿革

(1)　現行著作権法下の改正の概観[74]

　昭和9年改正により導入された出版権規定は，昭和45年改正でも若干の修正の他，基本的に同様の規定として維持されることとなる。

　昭和45年改正による修正点としては，①出版権の権利内容を「複製し之を発売頒布する権利」（旧著作権法28条ノ3）から頒布目的で「複製する権利」とした（著作権法80条1項）（支分権の明確化に伴うもの），②質権が設定されている場合の出版権の設定に関する規定の新設（著作権法79条2項），③全集への収録が許容される期間（著作権法80条2項）・出版権の存続期間（著作権法83条2項）の起算点を設定時から「設定後最初の出版」時とした，④出版権者による第三者への複製の許諾の禁止（著作権法80条3項。後述），⑥出版義務の期間を設定時から3月以内から原稿等の引き渡し日から6月以内とし，出版継続義務に「慣行に従い」との文言を追加した（著作権法81条），⑦出版廃絶のための消滅請求の行使が認められる場合について「複製権者である著作者が，自己の著作物の内容が自己の確信に適合しなくなったとき」と規定した（著作権法84条3項），⑧出版権消滅後の複製物の頒布に関する規定が設けられた（著作権法85条）ことが挙げられる。

　平成11年改正による譲渡権（著作権法26条の2）の新設の際，複製権者がその複製権の範囲内で出版権を設定するとの形式が維持され，公衆への譲渡については出版権者が譲渡権に係る許諾を得るとの形とされたことにあわせて，85条は譲渡許諾契約の問題として削除された[75]。

　そして平成26年改正により，電子出版に対応した出版権の整備のために，80条1項2号（いわゆる2号出版権）の新設による公衆送信行為への対応等の大きな改正が行われた[76]。ただ平成26年改正による2号出版権に関する規定も，電子出版の特性等を考慮しながらも[77]，従来の出版権制度の枠組みを維持するものとなっている。

---

　74)　本稿では，昭和45年改正の経緯等に関する詳細な検討までは行うことができなかったため，規定の変遷の概観にとどめている。

　75)　加戸守行『著作権法逐条講義』537頁以下（著作権情報センター，六訂新版，2013年）を参照。

　76)　平成26年改正に関しては，前掲注1)の各文献を参照。

ただし出版権者による許諾の禁止（平成26年改正前著作権法80条3項。昭和45年改正で導入[78]）については，電子書籍の配信については出版社自身による配信システムのみでは対応できない現状にあることとともに，紙の書籍についても単行本が出版権者により継続出版されている間に他社での文庫化が行われる場合も少なくないとの実態を踏まえ，特許法の専用実施権（著作権法77条4項）と同様，複製権等保有者の承諾を得た場合に限って，出版権者が第三者に複製又は公衆送信を許諾できることが定められた（著作権法80条3項）。これに合わせて著作権法114条3項が出版権にも適用されることが明示されている。

(2) 出版権関連規定の沿革（一覧）

以上の検討を踏まえて，現行著作権法上の出版権規定の主要な形成過程（最初の由来となる時点とその後の大きな修正が行われた場面）を整理すると以下のようになる（平成26年改正に関する部分は全体に関わるため，特筆すべき点のみ記載している）。出版権法案から現行法に引き継がれなかった点については前述している。

〔出版権の設定（79条）〕　出版契約に基づき当然に成立する出版権（出版権法案（提出時・衆議院修正））→出版権設定合意に基づき設定される出版権（昭和9年改正）→平成26年改正による電子出版への対応（「公衆送信行為」等）

〔出版権の内容（80条1項）〕　「原作のまま」等の権利範囲の限定は，出版権法案（衆議院修正）に由来→平成26年改正による電子出版への対応（1号出版権・2号出版権等）

〔全集等への収録の許容（80条2項）〕　出版権法案（提出時）→期間（3年）や著作者の死亡時に関して出版権法案（衆議院修正）→昭和9年改正（一律強行規定とする政府案に対して，貴族院において特約の取扱いを出版権法案（衆議院修正）と同様にする修正）

〔出版権者による第三者への許諾（80条3項）〕　昭和45年改正による禁止→平成26年改正により複製権保有者等の承諾があれば可能に

---

77) たとえば増刷時の修正増減請求権（改正前著作権法82条1項）は，電子書籍の配信に関しては増刷が観念できないことから，出版権者が公衆送信状態を継続している場合に修正増減請求権を行使できる（著作権法82条1項2号）とされている。この他出版（継続）義務と消滅請求権に関しては1号出版権と2号出版権を別個に扱うものとし（著作権法84条），出版権の一部譲渡も明文で許容された（著作権法87条）。

78) 昭和45年改正で80条3項を設けた趣旨について，加戸・前掲注75）525頁は，出版権が出版権者が自ら出版を行うことを前提とした権利であり，第三者への複製許諾まで許容すると複製権の制限付き譲渡と変わらなくなることを指摘している。

〔出版義務・出版継続義務と義務違反時の消滅請求権（81条，84条1項・2項）〕
著作権者からの契約解除権（出版権法案（提出時））→期間等の修正（出版権法案（衆議院修正））→出版（継続）義務と消滅請求権として整備・期間等の修正（昭和9年改正）→期間等の修正（昭和45年改正）→平成26年改正

〔修正増減請求権（82条）〕　出版権法案（貴族院修正）→昭和9年改正→平成26年改正（公衆送信への対応）

〔出版権の原則的な存続期間（83条）〕　著作権の存続期間満了まで（出版権法案（提出時））→契約（設定）時から3年（出版権法案（衆議院修正））→出版権設定後最初の発行時から3年（昭和45年改正）

〔出版廃絶のための出版権消滅請求権（84条3項）〕　出版権法案（貴族院修正）→昭和9年改正→文言の修正（昭和45年改正）

〔出版権消滅後の複製物の頒布（85条）〕　昭和45年改正で導入→平成11年改正で削除

〔出版権の制限（86条）〕　（著作権者による出版（許諾）につき出版権法案（貴族院修正）[79]）→偽作規定の準用（昭和9年改正）→昭和45年改正

〔出版権の譲渡（87条）〕　出版権法案（提出時）→著作権者の同意を要件に（出版権法案（衆議院修正））→平成26年改正（出版権の一部譲渡を許容）

〔対抗要件としての登録（88条）〕　出版権法案（提出時）

(3) おわりに

　本稿は，著作権法の出版権に関する各規定の沿革についての検討を行った。

　本稿の検討からは，出版権制度は，①第64回帝国議会の出版権法案に対する衆議院での修正（東京出版協会と文芸家協会の妥協によるもの）を出版権者の権利義務内容の基礎としつつ，②設定出版権という基本的性格（昭和9年改正）と，修正増減請求権・出版廃絶のための消滅請求権（出版権法案（貴族院修正）由来）については，内務省側の意見が特に反映されたものであることが推測される。

　本稿の検討は，沿革の検討という点でも（とくに昭和45年改正以降について）不十分なものであるが，今後の議論にとって示唆となる部分があれば幸いである。

---

79) 著作権の制限に該当する場合の著作権者による出版（許諾）を許容。前掲注54) 参照。

著作権法裁判例における「規範主体論」

藤田　晶子

第1節　はじめに〜問題の所在〜
第2節　裁判例の経過・動向
第3節　二つの最高裁判決と差戻審判決
第4節　文化審議会著作権分科会法制問題小委員会・司法救済ワーキングチーム
第5節　新たな法理論〜「ジュークボックス法理」(JB 法理)〜
第6節　刑事法の領域における著作権の「間接侵害」の取扱い
第7節　「規範的主体論」の適用範囲の検討と新しい判断基準
第8節　おわりに〜結語〜

第1節　はじめに〜問題の所在〜

1　序説

　本稿のテーマ,「規範的主体論」という論点は,著作権法裁判例の中で従来,いわゆる「カラオケ法理」などとも呼ばれてきた理論であるが,このテーマについては,文化庁の審議会においても長年にわたって議論されてきた経緯がある。筆者の記憶の中でも,「著作権分科会法制問題小委員会司法救済ワーキングチーム」のテーマとなる手前の時期から,現行の著作権法に新たに「一般的包括的」な『間接侵害』の規定の立法をしてはどうか,といった議論が行われていた時期があった。著作権法関係裁判例の「規範的主体論」もしくは「間接侵害」規定の立法というテーマが,そのように長年の間,議論が重ねられてきたということは,著作権法制に関する数ある論点の中でも,それだけ非常に難しい問題であるといえるのではないかと思われる。
　本稿の全体の構成としては,まず,第1節でこの理論の「問題の所在」を確認し,第2節では,これまで争われてきた「裁判例の経過・動向」をダイジェスト版で振り返る。「裁判例の経過」については,最初の端緒として,昭和63年の「クラブ・キャッツアイ」事件最高裁判決に触れるが,現在の平成28年か

ら振り返ると、約30年近くにわたる裁判例の集積があることになる。その集積の中でも、時期によってこの理論が適用された対象事案や裁判規範としての考慮要素・ファクターが変容してきており、約30年間の裁判規範の変容の流れにも着目する。

つぎの第3節「二つの最高裁判決と差戻審判決」では、「まねきTV」事件と「ロクラクⅡ」事件という二つの最高裁判決と知財高裁の差戻審判決がこの問題についての1つの区切りとして、どのような結着を付けて終了したかを確認し、さらに、上記最高裁判決以降の事件である「自炊代行サービス業」事件にも触れて、この二つの最高裁判例がその後の事案にどのような影響を与えているかという点も検討する。

そして、第4節の「文化審議会著作権分科会法制問題小委員会・司法救済ワーキングチーム」では、文化庁の審議会ではこの問題の立法論が長く議論されてきたことから、審議会の議論の現状を紹介する。さらに、第5節では、最新の学説・法理論である、『コンテンツ自動化提供法理』（JB法理）を紹介し、その内容と適用場面について分析をする。

そして、つぎの第6節では、少し視点を変えて、この「カラオケ法理」、「規範的主体論」の適用事案として扱われていた事件が、刑事法の領域でどのように扱われているかという点にも触れた上で、最後に、第7節と第8節では、甚だ未熟ながら、この問題の今後の方向性、考え得る新たな判断基準について筆者の意見を述べさせていただく。

2　問題の所在

昨今、わが国の著作権法関係裁判例においては、著作権侵害の行為「主体」は誰なのか、侵害主体の認定の問題が大きな論点の一つとなっている。問題となる行為態様自体は、一見して直接の侵害行為とは評価できない、「直接行為者」とは言い難い様相を呈しているが、その侵害行為の「道具」とか「場」を提供する、あるいはシステムや機器を開発して、頒布・販売する、そういった行為態様によって、直接の複製行為などの侵害行為もしくは侵害的状況を援助・助長し、ひいては著作権者、権利者側から見ると看過できない侵害的事象を惹起した者の責任が問われる事例が散見される。直接的侵害行為への加担もしくは寄与する行為が、刑事法的に言えば著作権侵害の「正犯」であると、「構成要件に該当する実行行為」であると認定しづらいものが対象になってい

る。そのような加担・寄与する行為，幇助行為といった態様の場合に，いかなる法律構成，法律要件によってその責任が認められるべきであるか，その検討が必要となる。

　そして，判例法理としては，初期の頃は，いわゆる「カラオケ法理」[1]と呼ばれていた理論が「裁判規範」として打ち出されたが，その後の経過をたどると，次節「裁判例の経過・動向」で後述するように，ある一定時期を過ぎると，この理論が「一人歩き」をし始め，必ずしも「カラオケ」関連事案に限らず，カラオケ以外の様々な事案，たとえばインターネット関連事案などに適用されていくようになる。そして，一つの時代の区切りとして，「まねきTV」事件と「ロクラクⅡ」事件の最高裁判決が平成23年1月にほぼ同時に出された。そして，両事件とも破棄・差戻判決だったことから，知財高裁で差戻され，平成24年1月にそれぞれ差戻審判決が出て，訴訟手続としては一応の終止符が打たれた。

　しかしながら，「まねきTV」事件も「ロクラクⅡ」事件も，最高裁判決の判示が非常に簡潔な論理であることから，その読み方，分析・評価は色々であって，今後の類似事案や新手のサービス業事例が出て来た場合[2]，そういった新手のサービス業事例にも，有効かつ法的安定性を担保した裁判規範が確立してこの問題が解決されたかという観点から見ると，なかなかそのようには評価し難いのが現状ではないかと思われる。以上のような問題意識のもとに，その後の最新の法理論についても分析を試み，拙い意見を述べさせていただく。

第2節　裁判例の経過・動向

　裁判例の経過を振り返るに際して，まず，上記二つの最高裁判決「以前」の裁判例を3期に分けた。昭和63年の「クラブ・キャッツアイ」事件最高裁判決から始まって現在に至るまで，約30年間の系譜・経過があるため，裁判規範としての「規範的主体論」の確立期を「第1期」，つぎに，直接的行為態様の「主体以外」者に対する差止請求等を肯定する理論を唱える裁判例が登場する

---

1) 昭和63年頃以降の初期に，当初は次々とカラオケ関連事案が多く登場したことから，いわゆる「カラオケ法理」と呼ばれるようになったものと解される。しかし，本稿では，本テーマの判例理論を統一的に「規範的主体論」と呼ぶこととする。
2) 第3節3項で後述する「自炊代行サービス業」事件は，上記二つの最高裁判決以後の新しいサービス業事例である。

時期を「第2期」、それから「規範的主体論」を規範として事案に当てはめをすると、係属する個別の裁判体によって評価が分かれる事案、「規範的主体論」の裁判規範としての妥当性、適格性が問題とされるようになった時期を「第3期」とした。この第3期には、「規範的主体論」の限界が色々と説かれるようになってきて、「規範的主体論」の妥当性、適用範囲を再検討すべきではないかという議論がなされるようになった時期となる。

1 判例法理「規範的主体論」の確立期（第1期）

(1) 「クラブ・キャッツアイ」事件・最高裁昭和63年3月15日判決～カラオケ・スナック営業～

まず、第1期は、「規範的主体論」の登場とその確立期である。端緒は、「クラブ・キャッツアイ」事件判決（最高裁昭和63年3月15日判決）[3]で、本件はカラオケ・スナック営業の事案である。

事案の概要は、音楽著作物の著作権の管理団体である原告の許諾を得ずに、スナック店舗内にカラオケ装置と音楽著作物である楽曲が録音されたカラオケテープを備え置き[4]、客が選択した曲目のカラオケテープの再生による演奏を伴奏として店内で歌唱させ、ホステス等にも客とともに、あるいは単独で歌唱させるなどしていたスナック経営者である被告らに対し、音楽著作物の演奏権侵害であるということで、差止および損害賠償を求めたという事案である。

上記事案について、最高裁は、「クラブの共同経営者である本件上告人らが、カラオケ機器を備え置き、ホステス等従業員においてカラオケ装置を操作し、客に歌唱を勧め、カラオケテープの再生による演奏を伴奏として他の客の面前において、客単独で或いはホステスと共に歌唱させ、これにより店の雰囲気作りをして客の来集を図り利益を上げることを意図していた。」との事実認定をした上で、客だけが歌う場合、あるいは従業員だけが歌う場合、客と従業員でデュエットする場合、色々と歌唱のパターンはあり得るところ、客のみが歌唱する場合でも、「客の歌唱は、カラオケ・スナック経営者ら（上告人）と無関係に歌唱しているのではなく、その従業員による歌唱の勧誘、備え置いたカラオケテープの範囲内での選曲、上告人らが設置したカラオケ装置の従業員操作

---

3) 判例時報1270号34頁、最高裁判所裁判集民事153号541頁。
4) 本件は昭和63年判決なので、まだ通信カラオケのようなデータ通信になってない時代、カラオケテープ時代の事案である。

を通して，上告人らの「管理の下に」歌唱しているものと解され」る，「他方，上告人らは，客の歌唱をも店の営業政策の一環として取り入れ，これを利用していわゆるカラオケ・スナックとしての雰囲気を醸成し，かかる雰囲気を好む客の来集を図って営業上の利益を増大することを意図しているというべき」であるとして，「客による歌唱も，著作権法上の規律の観点からは上告人らによる歌唱と同視しうる」，したがって，右経営者らは当該音楽著作物の著作権者の許諾を得ない限り，客による歌唱につき，「その歌唱の『主体』として演奏権侵害による不法行為責任を免れない」と判示した。なお，このテーマの議論の前提として一つ注意すべき点は，多数の類似事案の裁判例の中で，差止請求だけが問題になった事案，損害賠償請求だけが問題になった事案，それから差止と損害賠償の両方が問題になった事案があることである。本件に関しては，差止請求とともに不法行為に基づく損害賠償請求が問題になった事案である。

端緒となるこの最高裁判決のポイントは，「著作権法上の規律の観点から，」という表現からもうかがわれるように，著作権の利用主体性を「規範的」に把握するものと解されており，その「規範的」判断の要素として，客の歌唱という音楽著作物の利用についての①「管理・支配の帰属」，②「経済的利益の帰属」，この2点を総合考慮して行為主体性の評価を行うという裁判所の基本的な判断枠組みを明らかにしたものと解されている[5]。

(2) 上記最高裁判決後の裁判例

「規範的主体論」の確立期（第1期）に属する，上記「クラブ・キャッツアイ」事件後の裁判例としては，下記のような事件が挙げられる。①「管理・支配の帰属」と，②「経済的利益の帰属」いう考慮要素を用いた最高裁の理論を前提として，侵害行為主体性の認定が扱われた一連の関連事件を時系列に挙げたものである。

---

[5] なお，この年代の事案に関しては，著作権法の改正附則14条の問題や政令の該当性等，厳密には理論的な問題も含んでいるが，本稿は裁判例の一つひとつの細部を紹介，説明する趣旨ではないため，ポイントの指摘にとどめさせていただく。なお，改正附則14条は以下のとおり。
　〇著作権法附則14条（録音物による演奏についての経過措置）
　　「適法に録音された音楽の著作物の演奏の再生については，放送又は有線送信に該当するもの及び営利を目的として音楽の著作物を使用する事業で政令で定めるものにおいて行われるものを除き，当分の間，旧法第三十条第一項第八号及び第二項並びに同項に係る旧法第三十九条の規定は，なおその効力を有する。」

記

- 「パブクラビクラ・まはらじゃ」事件・高松地判平成3年1月29日判決[6]
  〜カラオケ・スナック営業〜
- 「スナック魅留来」事件控訴審・大阪高裁平成9年2月27日判決[7]
  〜カラオケス装置リース業〜
- 「カラオケボックス・ビッグエコー」事件・東京地判平成10年8月27日判決[8]
  〜カラオケ・ボックス営業〜
- 「バレエ公演・ベジャール」事件・東京地判平成10年11月20日判決[9]
  〜バレエ上演〜
- 「NEO・GEO」事件・大阪高裁平成10年12月21日判決[10]
  〜ゲームソフトの専用コントローラー販売〜
- 「ときめきメモリアル」事件・最判平成13年2月13日判決[11]
  〜ゲームソフトの数値改変メモリーカードの輸入・販売〜
- 「(パブハウスG7)ビデオメイツ」事件・最判平成13年3月2日判決[12]
  〜カラオケ・スナック営業及び通信カラオケ装置リース業〜
- 「演奏会プロモーター」事件・東京地裁判決平成14年6月28日判決[13]
  〜音楽演奏会〜
- 「DEAD OR LIVE」事件・東京地裁平成14年8月30日判決[14]
  〜ゲームソフトのメモリーカード改変ツール作成販売〜

---

6) 昭和63年(ワ)第400号・判タ753号217頁。
7) 平成6年(ネ)第841号・判時1624号131頁,(原審)大阪地裁平成6年3月17日判決・昭和63年(ワ)第6200号・判例時報1516号116頁。
8) 平成9年(ワ)第19839号 判時1654号34頁,(控訴審)東京高判平成11年7月13日判決・平成10年(ネ)第4264号・平成11年(ネ)第790号(判時1696号137頁)。
9) 平成8年(ワ)第19539号(知的財産権関係民事・行政裁判例集30巻4号841頁)。
10) 大阪高裁平成10年12月21日判決・平成9年(ネ)第2116号(知的財産権関係民事・行政裁判例集30巻4号981頁),(原審)大阪地裁平成9年7月17日判決・平成5年(ワ)第12306号・平成6年(ワ)第1130号(判タ973・203頁)。
11) 平成11年(受)第955号(民集55・1・87, 判時1740号78頁),(原審)大阪高裁平成11年4月27日判決・平成9年(ネ)第3587号(判時1740号78頁),(第一審)大阪地裁平成9年11月27日判決・平成8年(ワ)第12221号(判タ965号253頁)。
12) 最判平成13年3月2日判決(判時1744・108頁)。
13) 平成13年(ワ)第15881号(判時1795・151頁),(控訴審)東京高判平成15年1月16日判決・平成14年(ネ)第4053号(裁判所ウェブサイト)。
14) 平成13年(ワ)第23818号(判時1808・111頁),(控訴審)東京高判平成16年3月31日判決・平成14年(ネ)第4763号(判時1864・158頁)。

- 「P2P 音楽ファイル交換（ファイルローグ）」事件・東京地裁平成15年1月29日中間判決[15]・同年12月17日終局判決[16]
  〜 P2P ファイル交換・共有システムサービス〜

　「クラブ・キャッツアイ」事件後は，平成3年のカラオケ・スナック営業事案から，平成9年のカラオケ装置リース業事案，そのつぎはカラオケ・ボックス営業事案と続き，「バレエ公演・ベジャール」事件，「NEO・GIO」事件あたりになると平成10年，「NEO・GEO」事件というのは，ゲームのコントローラー販売という事案で，「規範的主体論」の考え方を前提としつつも，事案への当てはめにおいて，「管理・支配性」がない，さらに「利益の帰属」もないとして，侵害主体性が否定された事案であった。

　そして，「ときめきメモリアル」事件は，ゲームソフトの数値改変メモリーカードの輸入・販売行為について，著作者人格権の「同一性保持権」侵害が問題となった事案である。それから，平成13年になると「(パブハウスG7) ビデオメイツ」最高裁判決が出ている。これは「カラオケ・スナック」関連事案ではあるが，通信カラオケ装置の「リース業者」の侵害行為主体性が問題となった事案である。

　「クラブ・キャッツアイ」事件のようなカラオケ店の経営者や客の行為態様ではなく，そのカラオケ店に通信カラオケ機器を「リース契約」に基づいて納品している業者が責任を負うか否かが問題になった事案で，上記「スナック魅留来」事件と本件（「ビデオメイツ」）の下級審（控訴審）で，リース業者が負う注意義務の内容についての解釈が分かれていたところ，この「(パブハウスG7) ビデオメイツ」事件最高裁判決で，リース業者の注意義務の具体的内容の捉え方について最高裁が一応の決着をつけたという事案であった。

　さらに平成14年になると，音楽演奏会の事案である「演奏会プロモーター」事件がある。同14年の「DEAD OR LIVE」事件の事案は，「ときめきメモリアル」事件と似ている，ゲームソフトのメモリーカード改変ツールの作成・販売の事案である。

　そして，この第1期に挙げた最後が，「P2P音楽ファイル交換（ファイルローグ）」事件であるが，ファイル交換システムで個別の音楽ファイル自体はネッ

---

[15] 平成14年（ワ）第4237号判時1810号29頁。
[16] 判時1845号36頁。

トワーク上で繋がっているユーザー同士の送受信でやり取りされ，サービス提供業者自身は音楽ファイルの送信自体は行わないというファイル交換・共有システムを提供していたという事案である。この事件で裁判所が示した「規範的主体論」の考慮要素としては，上記①「管理・支配の帰属」と②「経済的利益の帰属」というファクターの他に，当該サービス業者が提供するシステムの内容といった，③「行為の性質論」という点も考慮されていた。

これは，侵害行為「主体」性の認定に際して，「管理・支配の帰属」，「経済的利益の帰属」の二つの考慮要素に限定するのではなく，「行為の性質論」という点の具体的分析が加わることで，要するに提供しているシステムや機器，「道具」の持つ本質がどのようなものかということと，管理・支配，利益の帰属とともに，この三つのファクターを総合考慮して判断するという理論構成を示しており，第1期（確立期）とは言いながらも，それ以前と比べて若干変容しつつあるともいえる。このように，主体性の認定に際して斟酌される要素は，この頃から必ずしも①管理・支配，②利益の帰属だけではないというところがある。

以上のように，判例法理「規範的主体論」の確立期（第1期）は，「カラオケ」関連事案に始まって，バレエ公演や，音楽演奏会，ゲームソフトの改変ツール，P2Pファイル共有システムなど，「規範的主体論」の基本的な考え方は，時期を追って様々な事案に使い回されていったという経過が窺われる。

2　直接的行為態様の主体以外への差止請求を肯定する裁判例の登場（第2期）

(1)　大阪地裁「ヒットワン」事件（大阪地裁平成15年2月13日判決）

つぎに，第2期に入ると，著作権侵害の「直接的行為」ではない行為態様の場合，すなわち，機器を提供したり，システムを開発してユーザーに提供するような行為の場合，著作物を直接的に複製したり，公衆送信したりするのはユーザーであって，システムや「道具」の提供者の行為は，直接的行為者に「加担」，「寄与」して侵害行為を援助・助長する教唆・幇助行為ではないか，したがってこのようなシステムや「道具」の提供者は，「幇助者」と構成すべきではないのか，その方が理論的に無理なく整理されるのではないかという考え方があって，侵害行為の「主体以外」の者に対する「差止請求権」の行使を肯定する裁判例が登場する。その一つに，「ヒットワン」事件・大阪地裁平成

15年2月13日判決[17]がある。

これは通信カラオケリース業の事案であって，前述の第1期の裁判例として触れた「スナック魅留来」事件や「(パブハウスG7) ビデオメイツ」事件最高裁判決と同様，「通信カラオケ装置・機器のリース業者」の責任が問われた事案であった。主な争点としては，①通信カラオケ装置リース業者が管理音楽著作物の利用「主体」であるといえるのか，それから，②当該行為態様を自然行為的に見ると，これは教唆，幇助行為ではないかと構成すると，教唆，幇助行為者に対して楽曲データの使用禁止措置をとる差止請求ができるのか，といった論点が主に争われた。

端的に言えば，リース業者は，店舗で音楽著作物を演奏しているわけでも，その場で演奏行為に関わっているわけでもなく，従前の「クラブ・キャッツアイ」事件のように「カラオケ店経営者」の立場にもなく，通信カラオケ装置・機器類を店舗経営者との間でリース契約を締結して納入している業者にすぎない。この事案に対して大阪地裁は，「歌詞・楽曲の演奏・上映行為は，(中略)被告は，カラオケ装置及び同装置に蓄積された楽曲データをリース契約及び通信サービス提供契約に基づいて提供しているものの，それ以上に，本件各店舗における演奏行為に関与するものではなく，いつ，どの楽曲を演奏するかについて個々のカラオケ楽曲の演奏行為に直接的な関わりを有するものではないから，被告が管理著作物に係る歌詞・楽曲の演奏・上映行為の直接的な行為主体であるということはできない。」と述べて，リース業者の直接的利用行為主体性を否定した。

さらに，当該行為を「幇助」だとすると，幇助行為者に対して「差止請求」は可能か否かという点が問題となり，これについては，カラオケ装置および楽曲データをリース契約および通信サービス提供契約によって提供し，本件各店舗における歌詞・楽曲の演奏ないし上映を可能としているものであり，しかも，本件各店舗の経営者が原告である日本音楽著作権協会（JASRAC）から現に著作物使用許諾を得ていないことを知りながら，これらの提供を継続しているのであるから，本件各店舗の経営者がしている著作権侵害行為を故意により幇助している者である。そしてこのような幇助行為者も差止請求権の根拠である著作権法112条1項の「著作権を侵害する者又は侵害するおそれのある者」に含

---

17) 平成14年（ワ）第9435号・判時1842号120頁。

まれる旨判示した。

その理由の構成は、やはり従前の「規範的主体論」的な論法がそのまま使われており、①幇助者による幇助行為の内容・性質、②現に行われている著作権侵害行為に対する幇助者の管理・支配の程度、③幇助者の利益と著作権侵害行為との結び付き等を総合観察すると、「幇助者の行為が当該著作権侵害行為に密接な関わりを有し、当該幇助者が幇助行為を中止する条理上の義務があり、かつ当該幇助行為を中止して著作権侵害の事態を除去できるような場合」は、当該幇助行為を行う者は侵害主体に準じるものと評価できるから、同法112条1項の『著作権を侵害する者又は侵害するおそれがある者』に当たるものと解するのが相当」との判断を示した。

このようなアプローチ方法、すなわち、行為態様を評価的・規範的、あるいは擬制的な見方をしないで、機器の提供や「道具」や「場」の提供、ツールの開発、そういったものは行為態様として「直接的行為」ではないのであるから、複製行為や公衆送信行為そのものの行為ではないという見方を前提として、それでも差止請求の対象として結論的には認めるというアプローチ方法である。

この点については、差止請求権の対象となる行為「主体」、112条の対象は「直接行為者」に限定されるのだという、差止請求権の主体限定、「直接行為者ドグマ」ともいわれる理論が前提にあり、「幇助者」がなぜ112条の差止請求の対象中に含まれるのかというところの理論的な説明が必要なところである。この点に関し、「ヒットワン」事件の裁判例は、構成としては以上のような、従前にはなかったアプローチ方法をとった。

(2) 第2期に位置するその他の裁判例

行為態様は「幇助」にすぎないとしながら、結論として差止請求を認めるという論法を示した第2期のカテゴリーの他の事件としては、「2ちゃんねる」事件控訴審・東京高裁判決平成17年3月3日判決[18]や、行為者の態様を「幇助」にすぎない、と判示しながら、著作権法112条の差止請求権の「類推適用」という手法を採った「選撮見録」事件の第一審・平成17年10月24日大阪地裁判決[19]などが挙げられる。

「選撮見録」事件の一審判決については、次項でも触れるが、理論構成として、112条の「類推適用」という手法を採っている点が大いに特徴的な裁判例

---

18) 平成16年（ネ）第2067号・判時1893号126頁。
19) 大阪地裁平成17年（ワ）488号・判時1931号198頁。

である。本件サービス業者の行為態様は「幇助」行為であるから，まずは，112条は「直接適用」はできない，という筋道を通る。しかし，それに決着せず，「類推適用」という手法で結論として差止請求権の行使を認めている。では，「類推適用」が可能であるとする理論的構成はどう説明するかというと，「類推の基礎」の法的構成はかなり疑問がある判示であると思われる。また，前提として，このようなネットワーク関連事案の事実認定の難しさも大いに垣間見られる事案である。

　以上のように，「規範的主体論」が使われる事案の行為態様が，「直接的行為」とは評価できないのではないか，端的には教唆・幇助と構成すべきではないか，他方，差止請求等の司法的救済，責任は結論としては認めたい，そのための手法が模索された時期でもあった。

3　「規範的主体論」の限界・適用範囲の再検討を要するその後の裁判例（第3期）

(1)　判断手法の変容と「規範的主体論」の限界

　つぎに第3期であるが，この時期になると，インターネット関連，ネットワーク関連事案が次々と登場し，「規範的主体論」の限界が強く意識されるようになってくる。「規範的主体論」が裁判規範としての法的安定性を保ち，うまく機能しているとは言えない判断が垣間見られる事案が出てきて，「規範的評価」が過ぎるのではないか，もしくは「規範的主体論」の適用範囲の再検討が議論されるようなっていく。

記

⑪　「録画ネット」仮処分命令申立事件・東京地決平成16年10月7日決定[20]
⑫　「まねきTV」仮処分命令申立事件・東京地裁平成18年8月4日決定[21]
⑬　「MYUTA」事件・東京地裁平成19年5月25日判決[22]
⑭　「選撮見録」事件控訴審・大阪高裁平成19年6月14日判決[23]

---

20)　平成16年（ヨ）第22093号・判時1895号120頁，同仮処分異議申立事件・平成17年5月31日東京地裁決定（平成16年（モ）第15793号）。
　　同抗告審・平成17年11月15日知財高裁決定（平成17年（ラ）第10007号）。
21)　平成16年（ヨ）第22022号・判時1945号95頁，抗告審・平成18年12月22日知財高裁決定（平成18年（ラ）第10009号）。
22)　平成18年（ワ）第10166号・判時1979号100頁。
23)　大阪高裁平成17年（ネ）第3258号他・判時1991号122頁，（原審）大阪地裁平成17年10月24日判決（大阪地裁平成17年（ワ）488号・判時1911号65頁）。

上記はいずれもインターネット，ネットワーク関連の事案であって，なおかつ，「録画ネット」事件，「まねきTV」事件，「選撮見録」事件は，地上波テレビ放送の視聴システムサービスの事案である。地上波テレビ放送の視聴システムサービスの事例は，一見，システムは非常によく似ているように見えるが，実は，一つひとつのシステムの構成に微妙に違いがあり，そのシステムの内容を詳細に見ると，サービス事業者の工夫が垣間見られる事案である。

(2) 「選撮見録」事件

① 事案の概要・判旨

その中の一つ，「選撮見録」事件を取り上げてみると，この事件については，なぜ「規範的主体論」が裁判規範として限界なのか，「規範的主体論」がフィットするものと，フィットしないものがあり，フィットしない事案には無理やり適用してはいけない，そこのところのきちんとした「仕分け」の必要性を痛感させられる事案であった。事案の概要は，マンション等の集合住宅向けにビルトインで構築された，テレビ番組視聴システムの開発・提供業者の責任が問われたものであるが，マンション等の集合住宅の管理室にサーバがあり，本件のシステムサービスの構成を簡略に言えば，建物にテレビアンテナを立てて，テレビ放送を受信し，集合住宅の管理室にあるサーバに全局録画が可能なシステムであって，ユーザーは個別のテレビ番組予約と全局丸ごと予約とを選択して視聴できる。そのマンション等の集合住宅に住んでいる居住者の手元には，「ビューワーとリモコン」があり，各居室から管理室にあるサーバにアクセスすると，全局コピーされている見逃したテレビ番組を見られるというシステムで，本件では，マンション等の管理室のサーバにテレビ番組データの複製物ができることから，複製権侵害と公衆送信権侵害，送信可能化権侵害が問題となり，これらを根拠に差止請求と廃棄請求を行ったという事案である[24]。

第一審判決は，前述の第２期の裁判例として触れたとおり，これは「直接的行為」ではなく，「幇助」行為である，したがって，112条は「直接適用」ができない，しかし，112条「類推適用」という手法で構成して差止を認める，との判断である。

そして，本件の控訴審判決は，控訴人（被告）自身は直接に物理的な複写等の行為を行うものではないが，控訴人が敢えて採用した，放送番組から，単一

---

[24] 拙稿「著作権法裁判例における『規範的主体論』」月刊コピライト661巻56号9頁（2016年）の図解参照。

のファイルを複数の入居者が使用とするという「選撮見録」のテレビビデオレコーダーシステムとは,「控訴人(被告)商品の構成自体に由来するもの」であって,そのことは使用者には知りようもないことがらであって,使用者の複製等について関与も著しく乏しいから,その意味で,控訴人は,控訴人商品の販売後も,「使用者による複製等(著作権,著作隣接権の侵害)の過程を技術的に決定・支配しているものということができる。」旨判示した。

さらに,以上のような「管理・支配性」のみならず,控訴人商品の実用的な使用のために必要となるEPGを継続的に供給するなどにより,「使用者による違法な複製行為等の維持・継続に関与し,これによって利益を受けている」ものであるから,自らコントロール可能な行為により侵害の結果を招いている者として,規範的な意味において,独立して著作権,著作隣接権の侵害主体となると認めるのが相当であるとの判断を示した。そして,「差止請求」については,その侵害は「商品の構成自体に由来」し,商品を販売しないことは,侵害の停止,予防として直截的かつ有効であるから,侵害行為の主体と言い得る控訴人に対し,控訴人商品の販売による入居者の侵害行為の差止請求をすることができる,と判示して,原審が採った112条「類推適用」の手法を採らずに,むしろ当事者の類推適用の主張を斥けるという判断を示した。

② 控訴審と原審の理論構成の比較・相違点

本件は,原審と控訴審の理論構成を比較すると興味深く,事案の事実認定自体さほど変わってないはずなのに,理論構成がことごとく相違することが窺える。すなわち,一つは,まずシステム提供業者は侵害「主体」か否かという点では,原審は「規範的主体論」を前提としつつも,「幇助」と見るべきだから侵害「主体」には当たらないとした。

ところが,控訴審は,基本的には「管理・支配」,「利益の帰属」という考慮要素とその当てはめの論理が展開され,侵害「主体」と解するのが相当と,侵害主体性を肯定するという判断をしている。すなわち,「主体」性の認定判断がまずは割れている。

また,差止請求の可否と差止の範囲についても,理論構成が異なる。原審は法112条については該当性をまず否定するというのが前提にあって,「類推適用」を肯定するという論法であったが,控訴審は基本的に「規範的主体論」の適用で侵害「主体」性を肯定するという論旨であるので,112条の「類推適用」はしない,使えないという判断を示している。この点でも理論構成が割れてい

る。

　さらに，前提としてそもそも本件の「直接的行為者」が誰なのかという点でも，マンション等の管理室にあるサーバを対象に，管理組合（「設置者」）が主体なのか，あるいは，各居室でリモコンを操作している「入居者」が直接的行為者なのかについても，原審と控訴審の理論構成が割れている。

　以上のように，事実認定自体がさほど変わらない中で，従来からの裁判規範である「規範的主体論」を前提としながら，①「主体」の認定，②差止請求の理論的構成，③直接的行為者の認定の各争点に関する裁判所の判断がことごとく分かれている。これでは裁判規範としての機能を果たしていないのではないかとの疑問が生じ，侵害行為「主体」性をある程度規範的に評価するにしても，これまでとは異なる考慮要素，もしくは別の構成が必要なのではないかということが強く意識される。「管理・支配」性，「経済的利益の帰属」以外の別の考慮要素，規範が必要ではないか。

　以上により，従来型の「規範的主体論」の適用範囲を限定していく必要性，「規範的主体論」の限界論に至る。

第3節　二つの最高裁判決と差戻審判決

1　「まねきTV」事件の訴訟経過

　次に，約4年間にわたって行われた訴訟手続に終止符が打たれることで一つの区切り，エポックとなったのが，「まねきTV」事件と「ロクラクⅡ」事件の二つの最高裁判決・差戻審判決である。「まねきTV」事件もインターネット関連のテレビ放送視聴システムサービスが問題となったものであるが[25]，事案の概要は，被告業者が「まねきTV」という名称でユーザーにテレビ番組視聴サービスを提供していたところ，NHK，その他民放各社の放送事業者が，テレビ番組の送信可能化権侵害を主張して訴えたという事案である[26]。サービス提供業者が建物に設置したテレビアンテナがあり，地上波テレビ放送を受信して，ブースターと分配機で各ユーザーの「ベースステーション」に接続してあり，テレビ放送の受信データが入力され，個々のユーザーは，ハブとルー

---

[25]　拙稿・前掲注24）11頁の図解参照。
　　　　このようなサービスは，主に在外邦人が日本のテレビ放送番組を自由に見たいというニーズに合わせたサービス事業であると言われていた。

ターを通ってユーザーのパソコン等で操作してテレビ放送の視聴ができる。

そして，この「ベースステーション」とユーザーは，1対1の関係，すなわち，各ベースステーションとユーザーは1対1の紐づけ状態になっており，各「ベースステーション」から不特定または多数に向けて公衆送信されるということはなく，なおかつ，各「ベースステーション」には受信データの複製物は作られず，ただ，データ通信が流れていくだけなので，原告側請求の根拠としては複製権侵害ではなくて送信可能化権が根拠になっている。

前述の「第3期」の所でも挙げた「録画ネット」事件など，各ユーザーの機器に複製物ができるという事案もある。ネット通信機器の業者管理という意味では「まねきTV」事件も「録画ネット」事件も，一見，似たような事案ですが，「まねきTV」事件に関しては，ともかく「1対1」の紐づけ状態の機器に複製物が作製されず，データ通信が流れていくのみという構成が特徴となっている。

このような「まねきTV」事件の訴訟経過は，仮処分命令申立事件と本案訴訟が係属し，その経過をたどると，ソニー製の「ベースステーション」を用いた当該サービス・システムで，インターネット回線を通じて専用モニター又はパソコンに放送データを送信することをサービス提供業者（被告）自身の行為と評価することは困難である，ユーザーの立場から見れば，「ベースステーション」をサービス提供業者（被告）に預託することにより，その利用が容易になっているにすぎないという理由で，サービス業者の行為「主体」性を否定する判断が示され，この判断がその後に続く本案訴訟においても，知財高裁の控訴審判決まで維持された。

ところが，平成23年1月18日の最高裁判決[27]で，この下級審の判断が実質的に覆される。下級審レベルでは，ずっと行為「主体」性が否定されてきたサービス・システムについて，著作権法が送信可能化を規制の対象となる行為として規定した趣旨，目的は，「公衆送信のうち，公衆からの求めに応じ自動

---

26) 被告が構成しているサービスシステムは，ソニー製の「ロケーションフリーテレビ」という，秋葉原などで誰でも買える市販の機器の構成要素である「ベースステーション」という機器をユーザーが購入して，それを業者に預託，そして，被告はその「ベースステーション」を事務所で管理し，インターネット回線を通じてテレビ番組を視聴できるようなシステムを構築してサービスを提供していた。本システムは有料で，ユーザーからは入金金3万1,500円，さらに月額使用料5,040円を徴収してサービスを提供していた。

27) 平成21年（受）第653号・判時2103号124頁。

的に行う送信が既に規制の対象とされていた状況の下で，現に自動公衆送信が行われるに至る前の準備段階の行為を規制することにある。」そういう送信可能化の趣旨において，「このことからすれば，公衆の用に供されている電気通信回線に接続することにより，当該装置に入力される情報を受信者からの求めに応じ自動的に送信する機能を有する装置は，これがあらかじめ設定された単一の機器宛てに送信する機能しか有しない場合であっても，当該装置を用いて行われる送信が自動公衆送信であるといえるときは，自動公衆送信装置に当たるというべきである」と述べ，当該システムの「自動公衆送信装置」該当性を肯定した上で，そして，「自動公衆送信が当該装置に入力される情報を受信者からの求めに応じ自動的に送信する機能を有する装置の使用を前提としていることに鑑みると，その主体は，当該装置が受信者からの求めに応じ情報を自動的に送信することができる状態を作り出す行為を行う者と解するのが相当であり，当該装置が公衆の用に供されている電気通信回線に接続しており，これに継続的に情報が入力されている場合には，当該装置に情報を入力する者が送信の主体であると解するのが相当である」旨判示した。

　この点，上記判旨においては，「入力」行為という言葉がキーワードとなっている。すなわち，送信行為の「主体」性を判断する上で，「入力」行為に着目し，「入力する者」が送信の「主体」となるという規範を示している。訴訟経過中は一貫して侵害「主体」性を否定してきた下級審の判断を，最高裁は覆して破棄・差戻判決とした。

　その後，平成24年に，知財高裁は，最高裁判決の判示を受け，「自動公衆送信の主体は，当該装置が受信者からの求めに応じ情報を自動的に送信することができる状態を作り出す行為を行う者と解するのが相当であり，当該装置が公衆の用に供されている電気通信回線に接続しており，これに継続的に情報が入力されている場合には，当該装置に情報を入力する者が送信の主体であると解するのが相当である。」，「被告は，ベースステーションを自ら管理するテレビアンテナに接続し，当該テレビアンテナで受信された本件放送がベースステーションに継続的に入力されるように設定した上，ベースステーションをその事務所に設置し，管理しているから，ベースステーションに本件放送の入力をしている者は被告であり，ベースステーションを用いて行われる送信の主体は被告である。」と判示して，原判決取消，送信可能化行為および公衆送信行為の差止めを認め，損害賠償請求についても一部認容判決[28]をした。

最高裁判決が示したキーワードの「入力」行為を重視する考えをそのまま踏襲し，侵害行為「主体」性認定の重要ファクター，鍵としたというわけである。

2 「ロクラクⅡ」事件の訴訟経過

つぎに，もう一つの重要な最高裁判決である「ロクラクⅡ」事件であるが，この事件の事案も一見，「まねきTV」事件と非常によく似たテレビ番組視聴システムサービスである。事案の概要は，放送事業者である原告らが，被告の営む「ロクラクⅡビデオデッキレンタル」という名称の事業が，日本国内で放送されるテレビ番組を複製し，本件サービスの利用者が，そのテレビ番組を海外で視聴できるようにするものであって，被告の行為は，原告らが著作権を有する番組を複製し，または原告らが著作隣接権を有する放送に係る音または影像を複製する行為に当たるから，原告らの著作権（複製権）または著作隣接権（複製権）を侵害するとして，対象テレビ番組の複製等の差止，本件対象サービスに供されているハードディスクレコーダーの廃棄および逸失利益等の損害賠償を求めたという事案である[29]。

「ロクラクⅡ」事件のサービス・システムは，前述の「まねきTV」事件と比較しても非常に似ており，サービス提供業者が設置した，テレビアンテナ，ブースター，分配機のシステムが構築されているが，サービス業者は各ユーザーに対応している「親機ロクラク」という機器を設置，管理し，ユーザー側は手元に「子機ロクラク」という機器を持っていて，「子機ロクラク」を操作して「親機ロクラク」に録画された見たいテレビ番組を視聴することができるというサービス・システムとなっている。そして，「親機ロクラク」と，「子機ロクラク」の機器がセットとなっていて，これも「1対1」の紐づけの関係となっている。したがって，各「親機ロクラク」から不特定または多数にデータが送信されるということはない。

しかし，「まねきTV」事件とは異なる点は，テレビ番組の受信データが流れてくるだけではなく，「親機ロクラク」の機器にその複製物ができるシステムとなっている点である。したがって，「まねきTV」事件が請求の根拠とした送信可能化権侵害ではなく，複製権侵害を根拠に請求が立てられている。

第一審判決[30]は，従来からの「規範的主体論」を前提に，「管理・支配」性，

---

28) 知財高裁平成24年1月31日判決・平成23年（ネ）第10009号・判時2142号96頁。
29) 拙稿・前掲注24) 12頁の図解参照。

「経済的利益の帰属」の要件を立てて，「行為の管理支配性や利益の帰属という上記最高裁判決において示された要素を充足する者について，行為の主体として評価し得る場合が存するのであるから，同判決等を踏まえつつ行為の性質等の事情を総合的に考慮することは，規範的に行為の主体性を検討する上で，有用かつ必要であると解され」ると述べて，「管理・支配性」については，「被告は，日本国外の利用者に日本のテレビ番組の複製物を取得させるという本件サービスの目的に基づき，当初，親機ロクラクの設置場所を提供して管理支配することで，日本国外の利用者が格段に利用しやすい仕組みを構築し，いまだ，大多数の利用者の利用に係る親機ロクラクを，東京都内や静岡県内において管理支配しているものということができる。」，「本件サービスにおいて親機ロクラクの果たす役割からすれば，被告は，別紙サービス目録記載の内容のサービス，すなわち，本件対象サービスを提供しているものということができ，本件番組及び本件放送に係る音又は影像の複製行為を管理支配していると認めることができるとともに，それによる利益を得ているものと認められる」として，被告の複製行為の「主体」性を肯定した。

ところが，控訴審判決[31]は，一審判決の事実認定を大きく変えることなく，「規範的主体論」への当てはめにおいては判断を一転して，「管理・支配性」については，「控訴人（被告）が親機ロクラクとその付属機器類を一体として設置・管理することは，結局，控訴人が，本件サービスにより利用者に提供すべき親機ロクラクの機能を滞りなく発揮させるための技術的前提となる環境，条件等を，主として技術的・経済的理由により，利用者自身に代わって整備するものにすぎず，そのことをもって，控訴人が本件複製を実質的に管理・支配しているものとみることはできない。」と述べ，さらに，「経済的利益の帰属」については，「当該機器自体の賃料等の対価の趣旨を超え，本件複製ないしそれにより作成された複製情報の対価の趣旨をも有するものとまで認めることはできず（略），その他，当該各金員が本件複製ないしそれにより作成された複製情報の対価の趣旨をも有するとまで認めるに足りる証拠はない。」と判示して，控訴人（被告）が本件複製を行っているものと認めるべき事情とはいえないとして一審判決を取り消した。

---

30) 平成19年（ワ）第17279号東京地裁平成20年5月28日判決・判時2029号125頁。
31) 知財高裁平成21年1月27日判決・平成20年（ネ）第10055号・同第10069号・民集65巻1号632頁。

さらに、最高裁（上告審）[32]は、基本的には前述の「まねきTV」事件と同様に、「放送番組等の複製物を取得することを可能にするサービスにおいて、サービスを提供する者（以下「サービス提供者」という）が、その管理、支配下において、テレビアンテナで受信した放送を複製の機能を有する機器（以下「複製機器」という）に入力していて、当該複製機器に録画の指示がされると放送番組等の複製が自動的に行われる場合には、その録画の指示を当該サービスの利用者がするものであっても、サービス提供者はその複製の主体であると解するのが相当である。」と判示して、放送受信データの「入力」行為に着目し、これをキーワードとして、「上記の場合、サービス提供者は、単に複製を容易にするための環境等を整備しているにとどまらず、その管理、支配下において、放送を受信して複製機器に対して放送番組等に係る情報を入力するという、複製機器を用いた放送番組等の複製の実現における枢要な行為をしており、複製時におけるサービス提供者の上記各行為がなければ、当該サービスの利用者が録画の指示をしても、放送番組等の複製をすることはおよそ不可能なのであり、サービス提供者を複製の主体というに十分であるからである。」と判示して、控訴審の判断を覆し、破棄・差戻判決をした。すなわち、本件の訴訟経過では、第一審、控訴審、上告審が、基本的には「規範的主体論」を前提法理としながら、その当てはめによる結論が二転したことになる。

本件でも「入力」行為がキーワードとなり、システム全体から見ると、アンテナを設置して受信し、機器に「入力」する、この部分が肝心、すなわち「枢要な行為」は「入力」行為であると認定している。

以上のとおり、「規範的主体論」すなわち侵害行為主体の認定の問題は、まず、「カラオケ・スナック」事案に始まって、様々なカラオケ関連事案を経て、時間の経過に伴って、やがて「カラオケ」事案から離れて「バレエ公演」や「音楽演奏会」等の事案にも適用され、「ファイル交換」のようなネットワーク関連事案、「２ちゃんねる」といったインターネット掲示板の事案等にも適用されていくようになり、その後、上記の二つの最高裁判決により、一連の訴訟手続の経過としては一応の終止符が打たれたことになる。

---

[32] 最高裁平成23年１月20日判決・平成21年（受）第788号、判時2103号128頁。

3　上記最高裁判決以後の裁判例～「自炊代行サービス業」事件～

(1)　知財高裁平成26年10月22日判決[33]（原審：東京地裁平成25年9月30日判決）[34]

次に，以上の二つの最高裁判決以後，「規範的主体論」に関する裁判例ではどのような事例が出て来たかを検討すると，比較的最近の判例で，「自炊代行サービス業」事件・知財高裁平成26年10月22日判決がある。「自炊代行」とは，ユーザーが自宅や職場に山積みなっている書籍，漫画や雑誌等をサービス業者に送り，サービス業者がこれを裁断して，そしてスキャナで読み込み，データファイル化してメールやUSBメモリ等で納品するといったサービスである。最近はiPadやKindleなどの便利な端末が普及しつつあることから，ユーザーのニーズは根強い便利なサービスである。

事案の概要は，このようなサービスを営んでいた被告会社に対し，当代の著名な作家，漫画家らが原告となって，ユーザーから電子化ファイルの依頼があった書籍等について，権利者の許諾を得ることなく上記のようなサービスを提供する行為は，複製権が侵害されるおそれがあるという主張で，112条1項の差止請求及び不法行為に基づく損害賠償請求を求めたという事案である。

原審の東京地裁平成25年9月30日判決を見ると，かっこ書きで「（最高裁平成21年（受）第788号同23年1月20日第一小法廷判決・民集65巻1号399頁参照）」とあるが，これが前述の「ロクラクⅡ」事件最高裁判決の参照言及となっている。前述の二つの最高裁判決以後の事件であるため，上記最高裁判決が引用規範，リーディングケースになっている。

判旨は，本件の業者が提供するサービス全体の一連の工程・経過を，「〔1〕利用者が法人被告らに書籍の電子ファイル化を申し込む，〔2〕利用者は，法人被告らに書籍を送付する，〔3〕法人被告らは，書籍をスキャンしやすいように裁断する，〔4〕法人被告らは，裁断した書籍を法人被告らが管理するスキャナで読み込み電子ファイル化する，〔5〕完成した電子ファイルを利用者がインターネットにより電子ファイルのままダウンロードするか又はDVD等の媒体に記録されたものとして受領するという一連の経過によって実現される。」と認定した上で，「電子ファイル化により有形的再製が完成するまでの利用者と法人被告らの関与の内容，程度等をみると，複製の対象となる書籍を法人被告らに送付するのは利用者であるが，その後の書籍の電子ファイル化とい

---

[33]　平成25年（ネ）第10089号・判時2246号92頁。
[34]　平成24年（ワ）第33525号・判時2212号86頁。

う作業に関与しているのは専ら法人被告らであり，利用者は同作業にはまったく関与していない。」，「その中で本件のサービスの『枢要行為』は何かというと，本件における複製は，書籍を電子ファイル化するという点に特色があり，電子ファイル化の作業が複製における枢要な行為というべきであるところ，その枢要な行為をしているのは，法人被告らであって，利用者ではない。」と述べている。

すなわち，本件サービスに関しては，書籍を「電子ファイル化」するという点に特色があり，電子ファイル化の作業が本件の複製における「枢要行為」である，という。「ロクラクⅡ」事件最高裁判決が示したメルクマールの「枢要行為」は，同事件ではテレビ放送の受信データをシステムに「入力」する行為（テレビアンテナを設置して放送をキャッチし，ブースターと分配機で「親機ロクラク」に「入力」する行為）が「枢要行為」であったが，本件の事実関係では「電子ファイル化」作業が「枢要行為」と認定された。そして，その「電子ファイル化」作業を行っているのは被告らであって，利用者ではない。したがって，本件のサービス提供業者が複製行為の「主体」であると結論付けた。「自炊代行」というサービス全体は，先ほどの［1］ないし［5］の工程があるが，作業過程［4］あたりに位置する「電子ファイル化」作業が「枢要行為」であるとして結論を出している。

(2) 「自炊代行」サービスの態様

ところで，「自炊代行」サービスと一口にいっても，実は様々なパターン，バリエーションがある。後ほど，新しい学説である「ジュークボックス法理（JB法理）」に触れるが，その中でも本件の「自炊代行」のサービスパターンと，これとは異なる「自炊の森」という事例のパターンが登場する。両者は理論構成も異なり，それぞれ異なった法理で処理する旨説明されており，本件のパターンは「ジュークボックス法理」の適用対象外，「自炊の森」パターンは「ジュークボックス法理」適用事案とされている。

記

- 自炊代行サービスの態様
  ① ユーザーが書籍を購入して裁断の上，業者の店舗に持ち込み，業者がスキャナでデータ化する場合
  ② ユーザーが業者の店舗に持ち込んだ書籍を，業者が裁断・スキャナでデータ化する場合

③ ユーザーが業者の店舗に持ち込んだ書籍を，ユーザー自身が店舗内のスキャナでデータ化する場合

④ 業者が店舗内に裁断済みの書籍を用意しており，ユーザーに書籍を貸して，ユーザー自身が店舗内でスキャナでデータ化する場合

⑤ スキャナ，裁断機等をレンタルし，ユーザーが自宅でデータ化する場合

　上記に教科書事例的に様々な「自炊代行」のバリエーションとして挙げられているものを並べたが，②のパターンが「自炊代行サービス業」事件に近いパターンかと思われる。また，④業者が店舗内に裁断済みの書籍を用意しており，ユーザーに書籍を貸して，ユーザーが店舗内でスキャナでデータ化する場合であるが，これが「自炊の森」といわれているパターンである。ユーザーが，自炊カフェに行くと，たくさんの本棚に切り刻んでバラバラになって，ファイルで留めてあるような本が並んでおり，ユーザーは，読みたい本を選んで，店内のコピー機とスキャナ機器で自分でデータ化して持ち帰る。そういったパターンであるが，これはどのように法律構成されるだろうか。それから，⑤はスキャナ，裁断機をレンタルしてユーザーが自宅でデータ化する場合であるが，自炊のノウハウややり方を教えて，機器も貸すけれど，作業はユーザー自身が行うということなので，法30条の私的複製の色濃いパターンであるように思われる。以上のように，「自炊代行」と一口でいっても，色々な態様があり得るということは，法律構成も一律とは限らないことになろう。

第4節　文化審議会著作権分科会法制問題小委員会・司法救済ワーキングチーム

　つぎに，「規範的主体論」のテーマは，冒頭で述べたとおり，長年，文化庁文化審議会で「間接侵害」規定の立法論として議論されてきたテーマであるので，立法論の現状を確認する。「間接侵害」規定創設の是非，規定のあり方が文化庁で議論がされてきたのは，筆者の記憶では，かれこれ十数年以上前に遡り，初期の頃は「一般的包括的」な「間接侵害」規定を設けてはいかがかといった議論がされていたと記憶している。

　そして平成24年1月12日，審議会から，それまでの議論の総まとめとして，

下記の「『間接侵害』等に関する考え方の整理」が出された。

記

> **「『間接侵害』等に関する考え方の整理」**
> (1) 差止請求の対象について
> 　差止請求の対象は，直接行為者に限定されるものではなく，一定の範囲の間接行為者も差止請求の対象とすべき。
> (2) 従属性説か独立性説か
> 　間接侵害の成立の前提として，直接侵害行為の要否については，直接行為者による侵害の成立を前提とする従属性説を採る。
> (3) 差止請求の対象となる間接行為者の範囲の類型としての3類型
> 　(i) 専ら侵害の用に供される物品（プログラムを含む。以下同じ。）・場ないし侵のために特に設計されまたは適用された物品・場を提供する者
> 　(ii) 侵害発生の実質的危険性を有する物品・場を，侵害発生を知り，又は知るべきでありながら，侵害発生防止のための合理的措置を採ることなく，当該侵害のために提供する者
> 　(iii) 物品・場を，侵害発生を積極的に誘引する態様で，提供する者

まず，(1)差止請求の対象については，直接行為者に限定するのではなく，一定の範囲の「間接行為者」も差止請求の対象とすべき，としている。

(2)の従属性説か独立性説かというのは，これは刑事法の領域の議論にも似ているが，著作権の「間接侵害」が成立する場合，直接正犯，すなわち直接的行為者の存在を必要とするか否か，独立性説か，従属性説かという議論であり，これについては，従属性説をとると示している。さらに，(3)「間接行為者」の範囲の類型としては，三つのパターンが提示されている。(i)は，間接行為者から提供される「道具」，「場」に「専ら」要件が盛り込まれた類型である。「道具」，「場」の性質論として，「侵害専用品」，「侵害専用システム」と言い得るものかが問われる。つぎに，(ii)は間接行為者から提供される「道具」，「場」が「専ら」とはいえない場合，要するに，「道具」，「場」に汎用性があって，他にも適法利用の可能性があるのだが，侵害発生に使われる実質的危険性，蓋然性はかなり高いという「道具」，「場」が対象となっているものである。そこに「知り，又は知るべきでありながら」という主観的要件を付け加える形で「絞り」をかけているという類型である。したがって，提供される「道具」，「場」が「専ら」ではないというところが，(i)と(ii)の違いと思われる。最後に(iii)の類

型は,「物品・場を,侵害する積極的に誘引する態様で,提供する者」とあるが,「積極的に誘引」とは何か,これが筆者にはよくわからない。後述の「ジュークボックス法理」に関連して,「間接侵害」の3類型という所でも登場するので,論者の説明を紹介したい。

この平成24年1月の「考え方の整理」が示された後,翌年の平成25年2月に,「『間接侵害』等に係る課題(検討経過)」というのが出され,各関係団体のヒアリングを行った結果,「間接侵害」の立法の必要性については積極も消極も賛否両論であり,これまでの裁判例の集積との兼ね合いもあって,最高裁の解釈と,間接侵害の立法が併存することによる混乱への懸念,裁判例が認めてきた差止請求の対象を立法で限定することは反対等の意見が並び,いまだ賛成論・反対論の双方の立場が立法に求めるものを統一していくのは時期尚早,との見解で,結局,未だ「間接侵害」規定の立法には至っていないのが現状となっている。前述の「ロクラクⅡ」事件,「まねきTV」事件という二つの最高裁判決とその差戻審判決もあり,現時点で関係各方面の意見を集約するのは難しいということで,立法は時期尚早という状況である。

第5節　新たな法理論～「ジュークボックス法理」(JB法理)～

1　近時注目の新たな法理論

さて,以上の経過を辿り,近時,新たな法理論として,「ジュークボックス法理」(JB法理)という理論が学説として提唱されている。この,「ジュークボックス(JB)」というのは,一つの比喩的表現であって,「コンテンツ自動化提供法理」という名称でも解かれている[35]。「JB法理」の本体の内容もさることながら,「JB法理」とは別の隣接法理ともいうべき補助的な法理もいくつかあり,非常に精緻な法理論である。

この「ジュークボックス(JB)法理」というレトロなネーミングであるが,比喩的な表現なので,要するに,本物の「ジュークボックス(JB)」を思い浮かべてみると店内にボックスがあり,そこにレコードが多数入っていて,客がコインを入れて聴きたい曲のボタンをポンと押す,そうすると,その楽曲が店内で再生される。そのような場面を頭に思い浮かべると,その「ジュークボッ

---

35)　「著作権研究」(著作権法学会の紀要)の38号ないし40号,3号にわたって展開され,3号通算で約180頁に及ぶ,非常に精緻な理論である。

クス(JB)」の楽曲再生について店がJASRACと契約をしていない，無許諾の演奏ということだとすると，「ジュークボックス(JB)」設置店が「直接的行為者」であるという点についてはあまり議論がない，疑問を持たないであろう，というところが，まずこの比喩的な表現の出発点である。ユーザーが機器操作(「ボタン押し」)をしさえすればコンテンツを取得できる状態にしている者を「直接行為者」という法理，ということである。

その「JB法理」の前提として，「リクエスト者法理」というのがあり，これは何かというと，ユーザーは複製・送信等の「リクエスト」を出しているにすぎず，要するに「ジュークボックス(JB)」の客は，曲を選んでコインを入れて「ボタン押し」をするだけ。しかし，その「ジュークボックス(JB)」を設置しているのは店である，ということで，「ボタン押し」をしてリクエストを出しているだけの客が行為主体なのではなく，提供業者が複製，送信等を行っているのだという結論になる。「リクエスト者法理」とはそういう説明であるが，これにより，「『JB法理』は『リクエスト者法理』の自動化された一場面」である，との説明がされている。

この「リクエスト者法理」とはまた全く別に，「業者ボタン押し法理」という法理がある。「JB法理」は要は業者がお膳立てした自動化された機器を前提にして，ユーザー自身がボタンを押すというのを前提にしているのであるが，ユーザーではなくて，サービス提供業者自身がボタンを押したらどうなるか，いうのを対象にしたのがこの「業者ボタン押し法理」という法理である。これは，ユーザーがコンテンツ提供者で，サービス提供者がボタンを押す法理ともいえるわけであるが，この場合は，論者によると「JB法理」によらないことになる。すなわち，「業者ボタン押しの1点のみで，「JB法理」によらず業者が主体になる」という趣旨の説明がされている[36]。

以上が非常に大まかではあるが，『JB法理』の比喩的な表現が意図するところであって，上記のように，「JB法理」とは別の「隣接法理」もいくつかあって，精緻で難しい理論である。

では，従来から「裁判規範」として長く使われてきた「カラオケ法理」はどうするのかというと，先ほど，昭和63年から現在に至るまで，ダイジェスト版で裁判例を振り返ってきたが，「行為の性質」論，「管理・支配」性，「経済的

---

36) 大渕哲也「著作権間接侵害の基本的枠組（後編）」著作権研究40号269頁（2014年）。

利益の帰属」といった考量要素を総合的に評価する従来型の「規範的主体論」を明確に否定している。

また，いわゆる「手足論」，道具（手足）として使って背後者が実行行為をしているのだという「手足論」も明確に否定している。結論として要は，「規範的主体論」の復活，残像を一切認めないということである。その趣旨につき「著作権研究」に「カラオケ『法理』が復活（残存）するという可能性は，本稿の立場では明確に否定される。」[37]，「カラオケ法理は理論的に失当」[38]と，非常に明瞭に説かれている。

2 「JB法理」（A）の3要件

従前の裁判例で使い回してきた「規範的」な評価方法である「規範的主体論」に代わって，「直接行為」，「直接主体」性はこの「JB法理」で処理されると説かれる。この「JB法理」を「A」カテゴリーとしておいたが，「B」というカテゴリーもある。後ほど，「JB法理」の適用対象外となる「B」類型が登場するが，まずは，「JB法理」を「A」のカテゴリーとして，下記が「JB法理」が適用されるための「3要件」になる。

記

「ジュークボックス（JB）法理」（A）

＜JB法理（A）の3要件＞（「著作権研究」40号240頁以下参照）
① 業者のコンテンツ源提供（調達）主体性（第①要件）
　JB法理の最枢要要件と位置づける。
② 自動化機器性（第②要件）
　(a) 完全自動化機器と，
　(b) 準完全自動化機器の2種類がある。
③ 業者の（枢要）機器の提供（設置管理）主体性（第③要件）
　（枢要）機器としては，複製機器（パソコン，コピー機，ダビング機，いわゆる自炊機等）等が問題となる。

まず第一に，①業者のコンテンツ源提供（調達）主体性。これが第①要件である。要するに，複製，送信等の対象となっている「コンテンツ」を誰が調達，

---

37) 大渕・前掲注36）243頁。
38) 大渕・前掲注36）298頁。

提供しているかという点である。例えば，先ほどの「まねきTV」事件や，「ロクラクⅡ」事件の事案では，建物にアンテナを設置して，テレビ放送をキャッチして，ブースターと分配機で「ベースステーション」や「親機」に入力する，というところである。この点，前述の最高裁判決では，「ベースステーション」等への「入力」行為が，「枢要行為」である，と裁判所は述べているが，アンテナでテレビ放送波をキャッチをして「入力」するまでのところの設定，提供，それが「コンテンツ源提供」に当たるものと思われる。そして，論者によると，「コンテンツ源提供」は誰かという点が，JB法理の3要件の中でも，「最枢要要件」と位置づけられている。逆に，前述の「自炊代行」事件の裁判例になった事案のパターンでいくと，本や雑誌はユーザーが段ボールで業者に送っているので，「コンテンツ源提供」はユーザーであって，自炊代行業者ではない。その点だけ見ても，「自炊代行」事件の事例が，「JB法理」の第①要件を満たさないということになる。

つぎに，②自動化機器性というのが第②要件であるが，「JB法理」は比喩的であって，要するに全部機械，機器等でお膳立てされて提供されていて，ユーザーはボタンを押すだけ，リクエストを出すだけで何もしない。リクエストをしてボタンを押しているだけ，そういう前提である。したがって，その後はボタン押しすれば，当然の流れで演奏なり，複製なりができなければいけないわけなので，「自動化機器性」という要件が出て来くることになる。さらにこの点がまた少し複雑で，(a)完全自動化機器と(b)準完全自動化機器というのがある。「まねきTV」事件や「ロクラクⅡ」事件の例で考えると，アンテナを設置して放送波をキャッチ，システムを通って機器に入力されていくというのは，完全自動化機器と整理してよいように思われる。要は「完全に自動化された」システムだということである。「準完全自動化機器」というのは，提供されている機器，システム等が完全自動とはいえず，業者以外の者の作業が少し必要な場合を指す。たとえば，「自炊の森」という店舗に行くと，店内の本棚に裁断済みの切り刻んだ本が並んでいて，ユーザーが本を選んで，店内のスキャナにセットする。そして，ボタン押しをする。ユーザーのセット行為とボタン押しとが必要なので，基本の「JB法理」の完全自動化機器よりは少し業者の手を離れた手間がかかっている。

以上のように，この第2要件については，完全自動化機器と準完全自動化機器の2種類があると説明されている。

最後に，第三の要件が，業者の（枢要）機器の提供（設置管理）主体性である。この「枢要機器」というのは，例えばどういうものを予定しているのかというと，複製機器（パソコン，コピー機，ダビング機，いわゆる自炊機等）等が問題となると説明されている。

以上，この三つの要件を満たす場合，これを「直接行為者」であると認定する。この三つを満たすと著作権侵害である複製行為や，公衆送信行為，送信可能化行為の「直接行為者」と認定できるというのである。「JB法理」の適用の帰結は「直接行為者」と言い切るということになるが，このように，「JB法理」の3要件は，「直接行為者」を認定する法理論である。

3 「間接侵害」（B）の3類型

さらに，前述のとおり，「JB法理」（A）とは別に，「B」というカテゴリーがあって，「間接侵害」の3類型というのが登場する。「JB法理」（A）は「直接行為者」を認定する法理なので，これは「JB法理」とは別物であり，性質の異なるカテゴリーである。

記

「間接侵害」（B）の3類型

（「著作権研究」38号48頁～52頁）

B1：専ら侵害の用に供される物品・場ないし著作権侵害のために特別に設計されまたは適合された物品・場を提供すること。
　　（B1型の実例）「ときめきメモリアル」事件最高裁判決，「選撮見録」事件控訴審判決

B2：相当程度の著作権侵害発生可能性を有することが予測される物品・場を，侵害発生を知りまたは知るべきでありながら，著作権侵害発生防止のための合理的措置を採ることなく提供すること。
　　（B2型の実例）「ヒットワン」事件大阪地裁判決，「P2Pファイルローグ」事件

B3：物品または場を，著作権侵害発生を積極的に誘引する態様で提供すること
　　（B3型の実例）　米国のGrokster事件，ウエッブサイトを開設し，当該ウエップサイトに無許諾の音楽ファイルを投稿することを積極的に呼びかける者

上記のB1, B2, B3という類型が，論者より「間接侵害」（B）として説か

れているが，これは先ほど触れた文化庁審議会の「考え方の整理」の(i)(ii)(iii)という3類型とほぼ同様の法理である。要するに，「JB法理」というのは，前述の3要件によって，「直接行為者」を認定する法理であるので，これとは別に，「間接侵害」の「B」という類型を三つ設けて，(i)「専ら」要件が盛り込まれるものと，(ii)「専ら」に当たらず，「相当程度の侵害発生を知り，または知るべき」という「主観的要件」で絞るもの，(iii)それと筆者にはよくわからない「積極誘引」の3類型が挙げられている。

(1) **B1型**

「B」の間接侵害の3類型に当てはまるという「実例」が「著作権研究」には紹介されている。まず，「専ら」要件のB1型が，「ときめきメモリアル」事件最高裁判決，「選撮見録」事件控訴審判決とのことである。「ときめきメモリアル」事件[39]は，ゲームソフトの改変ツール輸入，販売の事案で，ゲーム上で，高校の入学式から始まって，何人か女子高生のキャラクターがあって，その好きなタイプの女の子に，卒業式の際に「愛の告白」をしてもらう。そのためには，プレイ中のプロセスで経験値を上げる必要があり，経験値を上げていかないと最後にお目当ての憧れの女の子に告白してもらえないといったような恋愛シミュレーションゲームであるが，告白に至る過程を飛ばして，いきなり告白を受けることが可能になるような数値にする経験値の改変ツールを輸入，販売した者の行為が著作者人格権（同一性保持権）侵害に当たるのか，という点が問題になった事案である。

「専ら」要件の実例として「ときめきメモリアル」事件最高裁判決と，先ほども触れた，「選撮見録」事件控訴審判決[40]（マンション等の集合住宅のビルトインのテレビ視聴システム事案）が「B1」類型の実例として挙げられている。

(2) **B2型**

つぎに，B2型であるが，これは提供されている「道具」や「場」が汎用性があって他に適法な利用方法が見込まれるので「専ら」要件は満たさないが，侵害発生の実質的危険性，蓋然性が高いもので，プラス「主観的要件」で絞っ

---

39) 最判平成13年2月13日判決・平成11年（受）第955号　民集55巻1号87頁　判時1740号78頁，（原審）大阪高裁平成11年4月27日判決・平成9年（ネ）第3587号　判時1740号78頁，（第一審）大阪地裁平成9年11月27日判決・平成8年（ワ）第12221号　判タ965号253頁。
40) 大阪高裁平成19年6月14日判決（控訴審判決），大阪高裁平成17年（ネ）第3258号他・判時1991号122頁。

ていくというパターンである。これの実例としては，前述の大阪地裁の「ヒットワン」事件が挙げられている[41]。通信カラオケ装置・機器のリース業者は，カラオケ店経営者でもなければ，客でもなく，従業員でもない。問題の音楽著作物の演奏・歌唱の際に，通常は店内にいない。「直接的行為」から距離が離れていて遠い。しかも，カラオケ店によって，きちんとJASRACと契約を結んでいる「良い子」の店舗と無許諾の「悪い子」の店舗の両方がありうる。そういうカラオケ装置のリース業者の事案であった。

それから，もう一つのB2型の実例として，P2Pの「ファイルローグ」事件[42]が挙がっている。これは先ほども少し触れたように，ファイル交換の専用クライアントソフトを自分のパソコンにインストールして起動すると，そのネットワークに参加してユーザー同士のパソコンがつながって，サービス業者の中央サーバ自体は複製，送信行為等は行わず，「インデックス情報」だけで，そのユーザー同士で直接音楽著作物をやり取りできる。そういう，ファイル交換システムの提供者の事案であった。

(3) B3型

それから，B3型は，「積極的に誘引する態様で提供すること」とあるが，これが筆者にはよくわからない類型である。これの実例として，米国の裁判例で，「Grokster」事件が挙がっている。「ファイルローグ」事件の場合は，業者が提供しているサービスの構成を見ると，「中央管理サーバ型」と言われている。他方，米国裁判例事件の「Grokster」事件の事案は，「中央管理サーバ」がなく，「分散型ファイル交換システム」であると言われている。中央に業者が設置しているインデックス情報を管理している中央サーバがないパターンであっても，そのような「場」を提供して，侵害発生を積極的に誘引している，ということであろうか。

さらに，具体的な裁判例ではないが，ウェブサイトを開設し，当該ウェブサイトにも無許諾の音楽ファイルを投稿することを積極的に呼びかける者という例も挙げられている。実例としてよくあるのが，違法着うたの掲示板のような事案であろうか。このような場合は，携帯の掲示板を立ち上げ管理するサイトの運営者がいて，ネット上で様々な音楽ファイルの投稿を呼びかけると，趣味

---

41) 大阪地判平成15年2月13日判決，判時1842号120頁。
42) 東京地裁中間判決・同終局判決（東京地裁平成15年1月29日中間判決・同年12月17日終局判決）。

的に音楽ファイルをアップロートする「貼り師」という者達がいて，音楽ファイルを掲示板にアップするといった事例のサイト運営者が想定されると思われるが，実際の事例では，そのようなウェブサイトを開設するような者は，大抵，自身も運営サイトに音楽ファイルのアップロード行為もしているのがほとんどである。通常はサイト運営者は両方を兼ねているので，直接行為者もしくは共同行為者で，あえて「積極的に誘引する者」と言わなくても事足りるようにも思われる。

以上をまとめると，「JB 法理」（A）の論者は，3 要件を満たす者は「直接行為者」となり，それとは別に，「間接侵害」（B）の 3 類型があって，「実例」としては上記各裁判例事案等を挙げている。

4 「JB 法理」による「まねき TV」事件，「ロクラクⅡ」の最高裁判旨の評価

つぎに，「JB 法理」の考え方によって立つとした場合，「まねき TV」事件と「ロクラクⅡ」事件の二つの最高裁判決の論旨をどのように評価しているか，という点にも触れてみたい。前述の二つの最高裁判決は，「入力」行為が「枢要行為」であるという新たなメルクマールを打ち出していたが，「行為の性質」論，「管理・支配」性や「経済的利益の帰属」といった考慮要素を総合考慮して判断する，これまでの「規範的主体論」を捨て去る趣旨というよりも，上記考慮要素に固まることなく，各事案ごとの「枢要行為」とは何かを，行為の本質的部分を見定めながら柔軟に認定していくことに主眼があるように思う。

しかし，この点，「JB 法理」論者は，「クラブ・キャッツアイ」事件最高裁判決ないし『カラオケ法理』とは明確に決別した」と解説されている[43]。

また，最高裁の論旨は，本来的「直接行為者」の認定に努めていること示すものとして評価できる旨，説かれている。その理由は，①従前の「クラブ・キャッツアイ」事件最高裁判決への参照言及がないこと，②「利益性」が考慮要素として全く挙げられていないこと等が指摘されている。

たしかに，「クラブ・キャッツアイ」事件最高裁判決への参照言及はない。「自炊代行サービス」事件では，「ロクラクⅡ」事件の最高裁判決を引用，参照言及しているが，あのような参照言及がないという点である。「クラブ・キャッ

---

43) 大渕・前掲注36) 247頁。

ツアイ」事件は、前述の裁判例の「第1期」冒頭でご紹介したとおり、「規範的主体論」のリーディングケースとして、長年の間、繰り返し引用されてきたものであるから、それの引用がないのは「決別」であるというわけである。また、「枢要行為」という新たなメルクマールが加わっており、従来型の「経済型利益の帰属」という利益性の考慮要素がまったく出てこないとの指摘である。したがって、「まねきTV」事件と「ロクラクⅡ」事件の二つの最高裁判決は、「カラオケ法理」、いわゆる従来型の「規範的主体論」とは明確に決別した、「便法を排して著作権法の本来あるべき手法によっており、」(中略)「今世紀におけるわが国著作権法にとって画期的第一歩」であると評価されている[44]。

5 「自炊代行業」事件との関係

次に、「JB法理」(A) と、「自炊代行」事件の理論構成との関係についても、少しだけ触れておく。前述の裁判例事案の場合の「自炊代行サービス」パターン、②のパターンによると、「コンテンツ源提供者」は誰か、「JB法理」(A) によると「第①要件」の「最枢要要件」ということになるが、この場合は、「コンテンツ源提供者」はユーザーということになる。要するに、業者が書籍等を裁断して「電子ファイル化作業」をやり、これが「ロクラクⅡ」事件最判でいうところの本件の「枢要行為」なのであるが、他方、「JB法理」(A) の適用で解決されるかと言うと、「JB法理」で「最枢要要件」は「コンテンツ源提供者」であることであるから、ユーザーが「コンテンツ源提供者」となると、これは「JB法理」(A) の適用対象外になる。

そうすると、「JB法理」によらず別の法理で考える必要があり、「業者ボタン押し法理」という、先ほどの「JB法理」とは別の隣接的な法理、①「リクエスト者法理」と②「業者ボタン押し法理」の二つに触れたが、「業者ボタン押し法理」により、「ボタン押し」をしている業者が「主体」になる、という結論になるようである。「JB法理」の論者によると、サービス提供業者がボタンを押したとたん、その1点のみで、業者が「主体」といえると説明されている。

一方、いわゆる「自炊代行カフェ」等の店舗に行ったら、本棚にたくさんの裁断済みの本が並んでいて、ユーザーが本を選んで店内のスキャナで電子データファイル化をするという、前述の④の場合、「自炊の森」のパターンである

---

[44] 大渕・前掲注36) 253頁。

が，この場合は，「JB法理」（A）の適用の典型例の一つというように位置づけられている。

　この点，業者がまず書籍等を用意して，予め裁断して店内に並べているわけであるから，コンテンツ源を提供しているのは「業者」となる。そこが先ほどの「自炊代行サービス」事件のパターン（②）との違いである。そして，店内にスキャナとコピー機があり，「自動化機器性」（第②要件）を満たし，業者の（枢要）機器の提供（設置管理）主体性も満たすと見れば，さらに，スキャナに本をセットして「ボタン押し」をするのはユーザーですから，ピタリ「JB法理」に当てはまるとも言うことができ，同法理（A）の適用の結果，「直接行為者」は「業者」であるという結論に至る。

　「ジュークボックス（JB）」という用語自体が比喩的であり，「自炊の森」のパターンでは，「コンテンツ」は本棚に裁断されて並んでいて，そこへユーザーが来店して本棚の書籍を選んで来て，コピー機やスキャナにセットするのであるから，店舗全体が大きな「ジュークボックス（JB）」というイメージなのだろうか。そして，ユーザーが「ボタン押し」をするというわけである。

6　「JB」法理の当てはめに係る疑問について

　筆者は「JB」法理については，まだ理解不足で腑に落ちないところがある。思いつきで，具体例として果たして本当に適切かどうか不明であるが，「自炊の森」のような営業スタイル，自炊カフェのような店舗では，昨今はいわゆる「同人誌」活動，サークルなども盛んに行われているので，こういう店舗で同人達が集まることも多いと思われる。例えば，店内に設置されている裁断済みの漫画，小説，詩集等のいいとこ取りでスキャナ読み込みをして「名場面集」を作るなどの編集物を作製したり，あるいは自分で作製したものを挿入しながら読み込みと電子ファイル化をするとか，そういった同人誌サークル等の作業は自炊カフェなどではあり得る場面ではないかと思われる。そうすると，色々なものをピックアップした編集著作物や，翻案による二次的著作物が，店舗が用意した裁断済み書籍等の利用とスキャナ機の読み込み作業で出来上がってくる場合，かなり複雑なものが出来上がってきますが，どのように構成するのだろうか。

　店舗全体が大きな「ジュークボックス（JB）」で，書籍等とスキャナ機は確かに店が提供し，ユーザーに有料で提供しているが，この場合，編集や翻案を

行っているのはユーザーであると思われる。二次的著作物や編集物を作製したときに，外観的な見た目の「電子ファイル化」作業は前述の事例とさほど変わらない場合でも，同様に店舗全体が大きな「ジュークボックス（JB）」で「コンテンツ提供源」と「業者の（枢要）機器の提供（設置管理）」性はあったとしても，この場合は「自動化機器」性があるとは言い難いように思われる。ユーザーが編集，翻案等の主体だとすると，業者の提供行為はどのように評価すべきであろうか。「間接侵害」（B）の B2 型であろうか。

また，上記とも関連して，「JB 法理」は，従来行われてきた裁判例の「規範的主体論」の規範的，擬制的な評価方法を否定する目的で提唱される理論であるが，「JB 法理」の 3 要件を満たすこと，イコール「直接行為」と認定される，という手法にも，直感的に少なからず，そこには評価的，規範的な要素があるのではないかと感じる。

法律的判断であるから，100％自然行為的，物理的な判断はできないものの，極力規範的評価を否定する，規範的評価を排除して「カラオケ法理」のような，過度に擬制的な認定をしてはいけない，捨て去るのだと説かれても，上記 3 要件を満たす，イコール「直接行為」というところにも，少なからず規範的，評価的な部分は必ず入ってきているのではないかと思われる。「自炊の森」パターンが，「JB 法理」適用の 1 つの場面だという位置づけだとすると，本を 1 冊何か選んでスキャナのボタンを押せば，店舗全体もしくはシステムが大きな「ジュークボックス（JB）」だといえばそうかもしれないが，先ほどの事例のように，ユーザーのセット作業と，出来上がる電子ファイルの内容次第で，同じ店舗が「ジュークボックス（JB）」すなわち「直接行為者」にもなり，あるいは「間接侵害」にもなるのも，ある意味，評価的，擬制的なところがあるのではないだろうか。

筆者のような者が理解不足で申し上げるのは誠に恐縮であるが，何かもう一つ，「JB 法理」と事案への当てはめについて，腑に落ちてこないところがある。

さらに，「JB」法理の当てはめに係る疑問としては，以上に加えて，次に述べる過去の関連裁判例への当てはめの結果として，「JB」法理の適用対象として処理される事例が少ないという点もある。

7　「JB 法理」と過去の関連裁判例との関係

裁判例を，昭和60年代から始めて，第 1 期，第 2 期，第 3 期，2 つの最判，

それ以後，と見てきたが，下記は，今まで「規範的主体論」をベースに判断してきたといわれる過去の裁判例群を，「JB法理」に当てはめるとどうなるかというのを示したものである[45]。

記

```
① 「クラブ・キャッツアイ」事件＝
    曲再生は店の単独行為，従業員歌唱は共同行為      ＝JB法理対象外
② 「ヒットワン」事件＝
    「間接侵害」B2型                              ＝JB法理対象外
③ 「ときめきメモリアル」事件＝
    「間接侵害」B1型                              ＝JB法理対象外
④ 「選撮見録」事件＝
    「間接侵害」B1型                              ＝JB法理対象外
⑤ 「録画ネット」事件＝「JB法理」で業者が主体
⑥ 「ロクラクⅡ」事件＝「JB法理」で業者が主体
⑦ 「まねきTV」事件＝「JB法理」で業者が主体
⑧ 「2ちゃんねる・小学館」事件＝
    「間接侵害」B2型                              ＝JB法理対象外
⑨ 「P2P・ファイルローグ」事件＝
    「間接侵害」B2型                              ＝JB法理対象外
⑩ 「TVブレイク」事件＝
    「間接侵害」B2型                              ＝JB法理対象外
⑪ 「バレエ公演・ベジャール」事件＝
    バレエ講演興行主とダンサーの共同行為            ＝JB法理対象外
⑫ 「演奏会プロモーター」事件                       ＝JB法理対象外
⑬ 「自炊代行」事件＝
    「業者ボタン押し法理」で業者主体                ＝JB法理対象外
```

まず，「クラブ・キャッツアイ」事件は，「JB法理」は「規範的主体論」，「カラオケ法理」完全否定説であるから，曲再生は店の単独行為で，従業員歌唱は共同行為ということで，「JB法理」の対象外となる。つぎに，第2期でご紹介した大阪地裁の「ヒットワン」事件は，「間接侵害」のB2型になる。「専

---

45) 大渕・前掲注36) 308頁の別表参照。前記の別表をもとに少し付け加えたものもある。

ら」要件がなく，「主観的要件」で絞るというパターンである。それからゲームソフトのメモリ改変ツール輸入販売の「ときめきメモリアル」事件，これは「専ら」要件の類型でB1型である。これも「間接侵害」なので「JB法理」対象外である。それから「選撮見録」事件，マンション等の集合住宅向けのビルトインのテレビ視聴システム事案であるが，これも「専ら」要件のB1型となり，したがって，これも「JB法理」対象外である。

そして，「JB法理」の3要件がうまく当てはまってくるのは，「録画ネット」事件，「ロクラクⅡ」事件，「まねきTV」事件の3事例ということになる。論者も「JB法理」の3要件を満たして，業者が「主体」であると説明されている。

つぎに，「2ちゃんねる」事件，これはいわゆるネット掲示板の「2ちゃんねる」が著作権侵害の「場」となった事案である。掲示板の「2ちゃんねる」に，小学館の本の対談記事をネット上の第三者が，丸ごとアップロードしたのであるが，そのアップロード者ではなくて，「2ちゃんねる」の管理者の主体性が争われた事案である。「2ちゃんねる」は，よく名誉毀損や誹謗中傷行為の温床となって社会問題になっているが，著作権侵害については，基本的に「規範的主体論」によって控訴審で「2ちゃんねる」の管理者の主体性が認められた事案であった。これも「間接侵害型」でB2型，主観的要件でしぼる類型である。それから，「ファイルローグ」事件，これも「間接侵害」のB2型である。したがって，「JB法理」対象外である。

さらに「TVブレイク」事件，今回はご紹介しきれていないが，そういう事案もあり，これも「間接侵害」のB2型で「JB法理」対象外である。

「規範的主体論」は「カラオケ」関連やインターネット関連だけではなく，前述の裁判例の経過で見たとおり，他の色々な事案にも使い回されている。「バレエ公演・ベジャール」事件。これは，キーロフバレエ団を招聘したイベント興業会社がテレビ東京とタイアップして日本公演を開催したときに，来日したダンサーが踊った演目の振り付けが，舞踊家（振り付け師）の許諾を受けてないというので，イベント会社をバレエの上演権侵害と構成して訴えたという事案である。これもバレエ公演の興業主の「主体」性が問題になったわけだが，論者の説明によると，興業主とダンサーの共同行為と構成して，これも「JB法理」の対象外である。それから，「演奏会プロモーター」事件。これは音楽演奏会おける演奏権侵害について，主体はプロダクションと音楽会の興業

主のどちらかという点が問題になった事案であるが，これも「JB法理」対象外である。最後に，「自炊代行サービス」事件は，先ほども触れたように，ユーザーが「コンテンツ源の提供者」で書籍等を段ボールで業者に送るのであるから，「業者ボタン押し法理」が適用法理となり，業者のボタン押しの点で業者が主体となる。これも「JB法理」の対象外というわけである。

以上を見ると，「JB法理」によって処理可能となる事件は，インターネット関連の「録画ネット」事件，「ロクラクⅡ」事件，「まねきTV」事件が当てはまってくるが，あとは先ほどの「自炊の森」であろうか。今後，新たなネット関連サービス業の事案が出てきたときに，「JB法理」の適用は十分に期待されると思われるが，とりあえず過去の裁判例群に当てはめてみると，以上のように意外と「JB法理」で処理可能とされる事案というのは少ない，ということになる。

「JB法理」の3要件，自動化機器とか，枢要機器提供といった要素は，インターネット関連やネットワークシステム系にはフィットするとも言えそうである。しかし，先ほども述べたとおり，「自炊の森」パターンなどへの適用をした場合の「JB法理」というものが，主体性の認定方法として「規範的評価」を捨てて，「カラオケ法理」の復活を認めないと説かれながら，どこか感覚的にやはり評価的，擬制的な部分を認めざるを得ないのではないかとも思われる。

さらに，くわえて，上記のとおり，「間接侵害」（B）にカテゴライズされるものが非常に多いということが，論者のまとめからも明らかである。しかし，先ほど文化庁審議会の議論にも触れたとおり，著作権法の「間接侵害」規定の立法は未だ議論が集約されず，成立しうる状況にはない。他方で，技術や社会の進歩，それにまつわる紛争例というのは日々動いており，紛争の最前線では的確な裁判規範が望まれる。

以上のような問題意識と疑問，処理可能な適用対象事案の少なさとも相まって，筆者には「JB法理」が今ひとつ，腑に落ちてこない理由となっている。筆者の理解不足な点も多々あり，思いつきで述べた点については，色々とご批判があるかと思われ，今後より一層，検討を続けたい。

第6節　刑事法の領域における著作権の「間接侵害」の取扱い

1　著作権侵害事例と刑事事件の動向

　次に，少し視点を変えて，刑事法の領域における著作権の「間接侵害」事例がどのように扱われているかを少しだけ紹介する。刑事法の領域に目を向けると，著作権法には119条から124条の間に罰則規定があり，これによって「著作権法違反被告事件」として刑事事件として立件されているものが相当数ある。刑事法の世界というのは，国家社会倫理規範違反の「法益侵害」に対する国家刑罰権の発動ということで，刑法上の「罪刑法定主義」の構成要件の厳格解釈，それから「刑法の謙抑性」など，民事法とは異なる刑事法領域の指導理念がある。したがって，民事法・商事法の領域と刑事法の領域では，理論構成や結論の平仄がぴったり合うとは限らないというのは当然と思われる。

　ただ，同様の類似事案を扱っていて，民事と刑事の法律構成がまったく違っていたり，かけ離れるとなると，それで本当によいのかという問題意識が生じる。ぴったりとは合わなくても，全体的な一国の法制として，ある程度の法律解釈としての整合性には注意を払わなければいけないのではないか，という問題意識である。

　著作権法違反の刑事事件は，法務省の「警察統計資料」等によると昨今は著作権関係の新事件数で著作権法違反の起訴件数が増加しており，かなりの件数の刑事裁判があることがわかる[46]。

2　刑事裁判例

(1)　「サンフレッチェ」事件（大阪地裁平成23年5月17日判決）

　その中の一つ，大阪地裁の平成23年の「サンフレッチェ」事件は，典型的な「スナック・カラオケ」事案である。事案の概要は，「サンフレッチェ」という飲食店で無許諾で音楽著作物を演奏していて，大阪地検が裁判所に公判請求したという事案で，いわゆる典型的な「カラオケ法理」事案であると同時に，飲

---

[46]　若干古い数字であるが，たとえば，「起訴件数」が2006年には261件，2007年には232件，これが「検挙数」になると，2011年に409件というように，その後もネット関連事案が増えて増加傾向にある。

食店経営者の態度，事案の経過が悪質なものだった。最初は，権利者のJASRAC側から民事調停を起こされたが，経営者が出席せず不成立となり，さらに，仮処分命令の申立があって，差止により店内のカラオケ機器が執行官保管になったが，その執行官保管のカラオケ機器の封印を3回も破棄して，さらに利用を継続したという強者（つわもの）であった。権利者側は，業を煮やして刑事告訴，公判請求という流れで，本件判決は，有罪で懲役1年6月となった（執行猶予3年）。量刑事情や判旨を見ると，客の歌唱について，客はいわゆる「手足論」で刑法上の「間接正犯」の「道具理論」を使って，飲食店の店主（直接行為者）の正犯性を基礎づけている。以上のように，典型的な「カラオケ・スナック」事案は，客の歌唱を「道具」とする「間接正犯理論」で構成されている。

(2) 「第③世界」事件（京都地裁平成21年2月23日判決・同2月13日判決・同20年12月2日判決）

　本件は，京都地検の事件で「第③世界」という携帯の着うたサイトが音楽著作物の著作権侵害の「場」となっている。被告人はA，B，Cと3人おり，被告人Aは「場」である「第③世界」サイトを立ち上げた者，被告人Bは，無許諾の楽曲を当該サイトにアップロードして提供していた者，要するに「貼り師」である。さらに，注目されるのは，被告人Cであるが，当該サイトの運営者Aにサーバをレンタルしていた，レンタルサーバの運営会社である㈱エーウォーカーである。レンタルサーバの運営会社が，「著作権法違反幇助」で逮捕，起訴された初めての事案とのことである。

　この「第③世界」というサイトは，非常に大掛かりな携帯電話の着うたサイトで，ユーザー数が推定100万人，3年間で1億2,000万円の広告収入を得ていたという事案であった。被告人Aはサイト運営だけでなく，某かのアップロード行為も行っており，楽曲の貼り師の被告人Bはもちろん問題ないとして，構成が問題となりうるのは被告人Cのレンタルサーバ会社である。被告人Cは，前述の「2ちゃんねる」事件とも比較すると興味深いが，著作権侵害のサイトだということを，JASRACから通知を受けてこれを了知し，いったん被告人Aの掲示板を削除している。しかし，Aやユーザーから苦情を言われてまた元に戻したという経過事情があった。そこで結論は，「著作権法違反幇助罪」有罪，量刑は罰金50万円という判断で，起訴状の「罪名及び罰条」は著作権法119条1項（罰則）のほか，23条1項（公衆送信権），刑法62条1項の「幇助罪」

が示され，判決もこれに習って適用されている。

「2ちゃんねる」事件と比較すると，先ほどの「間接侵害」（B）のB2型のように，著作権侵害の事実を知って，場を知って提供して，本当はそれを削除してやめなければいけないのに，知りながらこれを放置し続けた者の責任という意味では，これまで，民事的には「規範的主体論」で著作権侵害の「主体」，すなわち正犯であるという理論を構成してきた。直接アップロードをした者ではなくても，そのような事情を知ってそのまま「場」を提供し続けるのは正犯か，「幇助」行為ではないか，「幇助」でも差止請求の対象となりうるか，といった議論を見てきたわけである。ところが，この点，刑事事件としては何の疑問も迷いもなく，当然の如く「幇助罪」と構成されている。そして，幇助罪は必要的減刑（刑法63条），裁判も「略式命令」で罰金50万円という量刑になっている。正犯か，間接的な従犯か，「規範的主体論」といった議論はまったく出て来ない。なお，本件は著作権侵害に基づく民事訴訟も提起されており，原告と㈱エーウォーカーとは，訴訟上の和解が成立していまして，和解調書で和解条項として色々な遵守事項が盛り込まれている（Aに対しては金1億7,089万5,700円の損害賠償額認容判決）。

第7節　「規範的主体論」の適用範囲の検討と新しい判断基準

以上に触れたように，従来型の「規範的主体論」というのは，たしかに，ネットワーク関連事案等で「裁判規範」としてうまく適合しない事案が多数出て来ている。今後も想定外の新手のサービスが出てきた場合，その傾向は続くものと思われる。裁判規範としての限界がわかりやすく表れた「選撮見録」事件について，原審の理論構成と控訴審の構成の比較の所で述べたとおり，筆者は従来型の「規範的主体論」の擁護者ではない。しかし，長年の間，事案の内容によっては，「行為の性質」論，「管理・支配」性，「経済的利益の帰属」性という考慮要素を事案ごとに総合判断するという手法が使われて機能してきたわけであるから，全面否定，残存を認めないというのもどこか行き過ぎのように思われる。うまくフィットする事案には有用な裁判規範として機能してきた判例法理である。したがって，適合しない事案に過度な擬制をしいて無理に適用するのが問題なのであって，重要なことは，適合しない，うまく規範として

機能しない事案の場合は，別の機能的な考慮要素を積極的に取り入れた総合判断をすることではないかと思われる。従来型の「規範的主体論」も適材適所で，規範が有効に機能する場面で使うことに問題はなく，要はそこをうまく仕分けしていく必要があるのではないだろうか。

この点，前述のとおり，「間接侵害」の立法の機が熟さず，なかなか実現しない状況であるから，裁判の現場で「規範的」に主体を認定していく必要性は続くと思われる。ある程度，規範的，評価的に主体を認定していく場面で，管理・支配，利益の帰属あるいは行為の性質論という従来型の考慮要素だけではなくて，各行為態様の性質に応じた要素を積極的に取り入れた納得のいく新たな「規範的」評価による主体論を考えていったらどうだろうか。

重要な点は，いずれのケースにおいても，「道具」や，「場」，システム自体の持つ個々の性質論をよく見極めること，それから，「カラオケ法理」というのは，間接行為者の直接的行為者に対する「行為支配」性，行為の「密接関連」性を責任の基礎とするものであるから，行為支配性，密接関連度が高い，刑事法的にいえば「間接正犯」類似の構成が可能であるような事案に限定していくといったことが考えられる。フィットする事案とフィットしない事案の仕分けという意味で，直接行為と間接行為者の「密接関連性」，これをよく見ることが重要に思われる。

また，「知りながらまたは知るべくして」といった主観的要件，「注意義務」で絞り込んでいくという「間接侵害」のB2型の手法は，「道具」や「場」が「専ら」，すなわち，著作権法の領域での「侵害専用」の性質を持たず，汎用性のある事案の場合に，一つの方法として有用ではないかと思われる。そういったところを中心に，従来型の「規範的主体論」の適用範囲を限定していく仕分けと新たな判断基準として有用と思われる要素として，下記の要素を考える。

記

(1) 「道具」の性質論の検討による，「侵害専用品」，すなわち定型的侵害寄与物か，例外的侵害寄与物か分析による危険度，寄与度の判定
　① 利用に際して権利者の許諾を得られない，
　② 利用をしながら「権利侵害をしない」という選択肢が存在しない，
　③ 当該物品等の個人向け販売が想定されない，
　④ 機能上「使用者が複製する」という要件を必然的に欠くという事情
(2) 直接侵害行為との「密接関連度」の強弱と因果関係

従来型の「規範的主体論」の考慮要素がうまく機能する範囲の限定。
(3) 主観的事情，主観的注意義務の存否
（予見可能性並びに回避可能性）
(4) 直接侵害者に対する差止めの現実的実効性
(5) 権利者の利益の要保護性と侵害者の利益の要保護性の比較考量

　繰り返し使われて確立してきた判例法理である従来型の「規範的主体論」は，適用がうまくフィットするところには十分に機能させて，使うべきところは使う。しかし，フィットしない領域には過度に使わない。行為態様（道具や場，システム全体の性質論）をよく分析して，事案に合った新たな要素を取り上げ，総合考慮の要素としていく。「ロクラクⅡ」事件の最高裁判決では，金築裁判官の「補足意見」が付されているが，そのような趣旨に受け取れる。「カラオケ法理」の全面否定，脱却というよりも，ケースの性質，状況によって「利益の帰属」という点は深く考慮しない場合もあると思われる。「固定的な要素ではない」というのは，そういう意味に解されないだろうか。
　ロクラクⅡ事件において，「枢要行為」というキーワードが出てきたが，場合によっては道具が「専ら」著作権侵害専用品と評価できる場合もあるだろう。
　他方，「専ら」でない場合は汎用性があって，他の適法利用の可能性があることから，言ってみれば，「良い子」のカラオケ店と，「悪い子」のカラオケ店が世の中にある場合に，カラオケ機器リース業者として責任を負わされるためには，契約の相手方のカラオケ店が，「悪い子」であることを知っているか，もしくは知っているべき注意義務違反がなければ納得が得られない。ウェッブ上の掲示板のレンタル業者が，掲示板の利用者が侵害行為者であることを知っているか，知りうべきであるかも同様である。このような場面では，「主観的要件」で絞り込んでいくという考慮要素が機能すると思われる。管理・支配，利益の帰属は固定的な考慮要素でなくて，柔軟に色々な角度から，事案に沿った考慮要素を取り入れていこうという趣旨に受け取れる。「規範的主体論」の全面否定をする必要性，必然性もないように思われる。使うべきところで使い，使えないところでは無理に使わない，ということである。

記

> (A) 従来型の「規範的主体論」の妥当範囲
>   「クラブ・キャッツアイ」事件
>   「バレエ公演・ベジャール」事件
>   「演奏会プロモーター」事件
> (B) 「専ら」要件,「侵害専用品,侵害専用システム」
>   「選撮見録」事件
>   「録画ネット」事件
>   「ロクラクⅡ」事件
>   「まねきTV」事件
> (C) 他の利用方法・用途がある場合（主観的要件（知って・注意義務）で絞り）
>   「ヒットワン」事件
>   「パブG7・ビデオメイツ」事件
>   「2ちゃんねる・小学館」事件

　以上により,「規範的主体論」の妥当範囲を検討しつつ, A, B, Cという仕分けと考慮要素を考えてみるに, 結局のところ, Bカテゴリーの「専ら」,「侵害専用品」と, Cの「主観的要件」で絞るところでは, 究極的にはやはり「立法で解決」すべきことなのではないかと思われる。

　B, Cでは本来的に「間接侵害」の立法をすべきと考えるが, そこがまだなかなか立法ができないとして, それを新たな「規範的主体論」の「考慮要素」と言ってよいかどうかは検討を要する。

第8節　おわりに～結語～

　本稿のテーマは, 民法理論からの検討はもちろんのこと, 特許法, 商標法といった他の知財法の裁判例との比較という視点からの分析もあるだろう。近時は特許の領域でも「間接侵害」の規定を持ちながら, 管理・支配, 利益の帰属というファクターで特許権侵害の行為主体性を判断する裁判例[47]がある。また, 商標法の領域でも管理・支配・利益の帰属という考慮要素が使われているケースがある（「チュパチャプス」事件（知財高裁・平成24年2月14日判決））[48]。

---

47)　東京地裁平成19年12月14日判決・平成16年（ワ）第25576号裁判所ウェブサイト。

さらに，民事法で理論構成に散々悩んでいても，刑事法的には，事案の態様によって何の迷いもなく「幇助罪」で構成している場合もある。

　また，外国法との比較という観点からは，この点，一口に判例法の国といいながらも，英国法と米国法では全然違う法制を採っており，興味深い。米国は，代位責任，寄与責任という判例法理が適用されているが，英国法はまったく異なる法制で，「二次的侵害」規定という成文法があり，制限立法方式の細かい規定を持っている。「間接侵害」を立法を考えるに際して参考になるのではないか思われる。

　以上の各視点についても，今後もさらに検討を続けていく所存である。

---

48) 平成22年（ネ）第10076号・判時2161号86頁（原審：東京地裁平成22年8月31日判決・平成21年（ワ）第33872号・判時2127号87頁）。

リーチサイトと著作権の間接侵害

角田　政芳

第1節　問題の所在
第2節　リーチサイトに関する検討の経緯
第3節　リーチサイトに関する従来の検討内容に関する整理
第4節　リーチサイトの類型
第5節　リーチサイトの法的問題点
第6節　著作権の間接侵害法理に関する議論の状況
第7節　リーチサイトに対するカラオケ法理と間接侵害法理の適用可能性
第8節　おわりに―立法論にかえて―

第1節　問題の所在

　リーチサイトとは，「自身のサイトにはコンテンツ等を掲載せず（ただし，サムネイル情報などの説明表示を除く），他のサイトに蔵置された著作権侵害コンテンツ……へのリンク情報を提供し，利用者を特定のサイトへ誘導することを目的としたサイト」といわれている[1]。ただし，端的に，「消費者を侵害コンテンツに誘導するためのリンクを集めて掲載するサイト」とか，「別のサイトにアップロードされた違法コンテンツへのリンクを集めたサイト」といわれることもある[2]。

　また，リーチサイトは，ほかにインデックシングサイトとか誘導サイトとも称されている。また近年はリーチサイトの機能を有するアプリも登場している。

　そして，今年，2016年5月9日に知的財産戦略本部が決定した「知的財産推進計画2016」[3]（以下「推進計画2016」という）においては，以下のように述べら

---

1)　電気通信大学『リーチサイト及びストレージサイトにおける知的財産権侵害実態調査報告書』3頁（2012年）。以下「リーチサイト報告書」という。2016年6月6日に開催された法制・基本問題小委員会第1回会合参考資料3の15頁も，「自身のサイトにはコンテンツを掲載せず，他のウェブサイトに蔵置された著作権侵害コンテンツへのリンク情報を提供して，利用者を侵害コンテンツへ誘導するためのウェブサイト」と述べている。
2)　平成23年1月「文化審議会著作権分科会報告書」。

れている。

「消費者を侵害コンテンツに誘導するためのリンクを集めて掲載するサイト（以下「リーチサイト」という。）は，現在の著作権法上，侵害行為に該当するかどうか明らかでないとして，当該リーチサイト運営者に対して削除要請を行っても対応がなされないなど，現行制度での対応が難しい実態も生じている。……侵害コンテンツの違法流通に現に大きな役割を果たしているリーチサイトを通じた侵害コンテンツへの誘導行為に対し法制面の検討を含めた対応を進めること，侵害コンテンツを提供するサイト等の運営資金となっているオンライン広告への対応を進めることなどが必要である。」

推進計画2016は，リーチサイトについては「現在の著作権法上，侵害行為に該当するかどうか明らかでない」と述べているが，長い間，その間接侵害該当性が検討されるべきであるとされてきた。

また，国際的にも，リンキングないしリーチサイトが著作権の直接侵害に当たるのか間接侵害に当たるのかについて，1900年代初頭のインターネットの登場後，各国において議論されてきた。そして，今年2016年9月16日から20日の間に開催されたAIPPIミラノ総会でも「議題（著作権）インターネットにおけるリンク張りと利用可能化」において議論が行われたようである。そこでのAIPPI日本部会の意見は，すでに総会前に公表されており，その中では，リーチサイトについては，「日本では，著作権者は，原則として，自らの著作物へリンクを貼る他者の行為を規制できない。」と述べ，ただし「間接的（二次的）な著作権侵害が認定される場合がある。」と回答しているが，「当該第三者は，不法行為責任を負う。」と述べるにとどまっている[4]。差止請求は困難であるいう意味かと思われる。

リーチサイトに関する立法論としては，結論から言えば，これを公衆伝達権の直接侵害とするアプローチと間接侵害とするアプローチ，そして擬制侵害とするアプローチがあり得る。

リーチサイトについては，以上のほかに，権利者に対する民事上・刑事上の救済・制裁方法としての削除要請やサイトブロッキング等がある。また，「約97％のまとめ型リーチサイトが広告を掲載し，アフィリエイト等による収入

3） http://www.kantei.go.jp/jp/singi/titeki2/kettei/chizaikeikaku20160509.pdf
4） AIPPI日本部会「ミラノAIPPI国際総会（2016年）」の議題に対する日本部会の意見（2））AIPPI 61巻7号46頁以下（2016年）参照。

を得ているであろう実態も浮き彫りとなった」との報告があり[5]，広告主の法的責任も検討対象となる。

本稿は，リーチサイトに関する従来の検討内容を整理し，その解決法理としての著作権の間接侵害法理を検討するものである。なお，リーチサイトの問題は著作隣接権についても生じるが，ここでは著作権についてのみ論じる。

第2節 リーチサイトに関する検討の経緯

2010年5月18日の知的財産戦略本部・コンテンツ強化専門調査会・インターネット上の著作権侵害コンテンツ対策に関するワーキングチームの報告書「インターネット上の著作権侵害コンテンツ対策について」の「リーチサイトによる著作権侵害への対策について」（以下「WT報告書」という）においては，以下のように述べられていた。

「○これら一定の行為については，著作権侵害に該当する場合があると考えられるが，直接の侵害者ではないこともあり，その範囲が明確でない。
○このため，著作権の間接侵害についての議論の中で整理していくことが必要。
○また，特に悪質なサイトについては，侵害対策の一環として，削除等の対策を検討することも必要。」

また，WT報告書28頁では，リーチサイトが著作権侵害として認められるべき要件のイメージとして，以下の2点が考えられるとしていた。
「（i）当該サイト全体の性格が様々な著作権侵害コンテンツのサイトへの誘導を目的としていることが，サイトの文面や著作権侵害コンテンツへのリンクが多くを占める状態から，客観的に明らかであること，
（ii）当該サイトの管理者が，それぞれのリンク先が著作権侵害コンテンツのサイト或いはファイルであることを認識していると認められること」

そして，「（当該要件に該当するような一定の行為については）現在検討が行われている著作権の間接侵害の要件や差止請求権の在り方の議論の中で当該行

---

[5] 清水利明＝鈴木香織＝安田和史「階層化が進む違法コンテンツの流通とFReCsシステムを用いた実態調査」情報システム学会 第8回全国大会・研究発表大会レジュメ5頁参照。

為の位置づけを整理してゆく必要がある。」と述べていた。

一方，その著作権の間接侵害に関する検討については，平成23年1月の「文化審議会著作権分科会報告書」において「第2章　いわゆる『間接侵害』に係る課題について」において，「いわゆる『リーチサイト』（別のサイトにアップロードされた違法コンテンツへのリンクを集めたサイト）が，いわゆる『間接侵害』との関係でどのような位置付けになるのかにつき，検討を開始した。」とされていた。

その間接侵害に関する検討は，すでに平成20年4月から文化審議会著作権分科会・法制問題小委員会の第1回「司法救済ワーキングチーム」から開始され，平成24年1月12日には，立法へ向けたものとして「『間接侵害』等に関する考え方の整理」が公表された（以下「WT 間接侵害整理」という）。

そこでは，「差止請求の対象として位置付けるべき間接行為者の類型」として，以下の3類型が挙げられており，それらは間接侵害の類型でもあり，リーチサイトがこの3類型のいずれに属するかは検討されてはいない。

「（ⅰ）　専ら侵害の用に供される物品（プログラムを含む。以下同じ。）・場ないし侵害のために特に設計されまたは適用された物品・場を提供する者

（ⅱ）　侵害発生の実質的危険性を有する物品・場を，侵害発生を知り，又は知るべきでありながら，侵害発生防止のための合理的措置を採ることなく，当該侵害のために提供する者

（ⅲ）　物品・場を，侵害発生を積極的に誘引する態様で，提供する者」

第3節　リーチサイトに関する従来の検討内容に関する整理

WT 報告書の内容は，以下のように整理することができる。

第一に，リーチサイト自体は，著作権の直接侵害ではなく，第二に，リーチサイトは著作権の間接侵害の要件等の議論の中でその行為の位置づけを行う必要があり，第三に，リーチサイトが著作権侵害として認められるべき要件のイメージとしては，（ⅰ）当該サイト全体の性格が様々な著作権侵害コンテンツのサイトへの誘導を目的としていることが，サイトの文面や著作権侵害コンテンツへのリンクが多くを占める状態から，客観的に明らかであることと，（ⅱ）当該サイトの管理者が，それぞれのリンク先が著作権侵害コンテンツのサイト

或いはファイルであることを認識していると認められることの二つとされてきた。

　第一に，リーチサイト自体は，著作権の直接侵害ではなく間接侵害に属するものと理解されてきた。

　しかしながら，後述のように，少なくとも立法論としては著作権の直接侵害と間接侵害とは相対的な取扱いがなされるものである。

　わが国においては，著作権の間接侵害に該当する行為として立法化したのち，当該行為に効力が及ぶ排他権を導入した経験がある。すなわち，昭和58年の「商業用レコードの公衆への貸与に関する著作権者等の権利に関する暫定措置法」(貸しレコード法) 1条では「商業用レコードを公衆に貸与する行為に関し，……著作者……の権利を定め，もってこれらの者の複製権……の保護に資することを目的とする。」と述べ，同法4条では「貸与しようとする者は……当該商業用レコードの貸与につき前条（著作物……につき……第21条……に規定する権利を有する者）の許諾を得なければならない。」と定めていたが，昭和59年の改正著作権法26条の3により著作者の排他権としての貸与権を導入した。昭和58年の「貸しレコード法」は，昭和55年に始まった貸しレコードビジネスが，レコードを借りたユーザーの90％以上に私的使用目的の複製を行わせるビジネスであるという性格のものであったが，ユーザーの複製行為自体は自由利用行為で著作権侵害とはならず（著作権法30条1項），そのユーザーの複製行為を幇助する行為である点に着目して制定されたものであって，「貸しレコード業者の貸与行為が最終的には利用者による録音を目的としているという実態に着目して複製権あるいは録音権にその根拠を求めたものと推測される。」といわれるように[6]，その理論構成は著作物の直接利用行為への幇助を禁止するものであった。

　また，現在注目を集めている欧州裁判所の今年（2016年）9月7日の判決も，違法サイトへのリンキングが2001年の欧州指令3条の「公衆伝達」に該当し得るとしたが，公衆伝達権に著作権侵害行為を幇助ないし加担する行為が含まれるとした立法例ということができる。

　第二に，リーチサイトの問題は，著作権の間接侵害の要件の議論の中で，その行為の位置づけを整理する必要があるとされてきた。

---

[6] 半田正夫『著作物の利用形態と権利保護』86頁（一粒社，1989年）。

ただし，この場合には，著作権の間接侵害には，著作権の侵害主体論で展開されている手足論やカラオケ法理は含まれないことに留意する必要がある。「他の者を自己の手足ないしは道具として用いていると評価できる場合には，その演奏は使用者である法人等の利用行為とみなし，法人等が直接的に侵害の責任を負うことに異論はなく，現に営業主が直接侵害の責任を負うとされた事例は多数存在する。」といわれるように[7]，手足論やカラオケ法理は，米国における代位責任 vicarious liability やドイツ著作権法100条の事業者の責任（Haftung des Inhabers eines Unternehmens）と同様に著作権の直接侵害であって間接侵害ではないからである。

もっとも，カラオケ法理を採用した「キャッツアイ最判については，本来は間接侵害で扱われるべきものが，拡張的直接侵害論で扱われて」いるとする見解もある[8]。

第三に，リーチサイトの著作権侵害の要件のイメージについては，「WT報告書」は著作権侵害を行っているリンク先のサイトへアクセスしてダウンロードや閲覧するユーザーに対する幇助行為とだけ捉えているようにみえる。

しかしながら，リーチサイトの運営者の間接侵害責任なら，上記のユーザーの無断ダウンロードや閲覧に対する幇助あるいは教唆だけではなく，リンク先の著作権（公衆送信・公衆伝達権）や著作者人格権侵害の幇助でもあるという考慮が必要である。

さらに，この場合におけるリーチサイトのユーザーの行為に対する間接侵害責任については，当該ユーザーが私的使用目的のダウンロード（複製）を行っている場合（著作権法30条1項）と，業務上使用目的のダウンロード（複製）を行っている場合や，違法アップロードであることを知りながら複製している場合（著作権法30条1項3号）を区別し，両者ともに間接侵害責任を認めるかどうかの検討も必要となる。

第4節　リーチサイトの類型

リーチサイトには，前述のように，自身のサイトに他人の著作物を複製する

---

[7]　中山信弘『著作権法』606頁（有斐閣，第2版，2014年）。
[8]　著作権法学会「シンポジウム『間接侵害について』」著作権研究第38号（2011年）〔大渕哲也〕。

ことはせず，当該著作物自体はつねにリンク先サイトから直接ユーザーに送信されるものであるが，これらには，①自身のサイトに他人の著作物は表示しないでリンク情報だけを提供する形態と，②著作物を表示しているものがある。

①の形態は，単純なハイパーリンクないしこれをインデックス化してまとめているサイトであり，「まとめ型リーチサイト」と称されることもある。たとえば，「FC2ブログサイト内の『ドラマ動画みっけ！』などが挙げられる。」とされている[9]。この形態においては，ユーザーが対象ファイルをクリックするとリンク元の画面からリンク先の画面に遷移する点が特徴である。

②の形態は，エンベッドやフレームリンクのように自身のサイトに他人の著作物やそのサムネイルを表示するものであり，「検索型リーチサイト」と呼ばれることがあり，「代表的なサイトとして，WooopieやFooooなどが挙げられる。」とされている[10]。この形態においては，ユーザーはリンク元の画面からリンク先の画面を視聴，ダウンロードすることができるもので，画面がリンク先に遷移することがない点が特徴である。

これら①の形態においても②の形態においても，そのリンク先が違法に蔵置されたファイルであるものと，適法に蔵置されたファイルであるものとがある。いずれにおいても，リーチサイトは，ユーザーのダウンロードによる複製権侵害を幇助する可能性だけでなく，リンク先の著作権（公衆送信権・公衆伝達権）侵害および著作者人格権（公表権・氏名表示権・同一性保持権）侵害を間接侵害する可能性があるが，②においては，リーチサイト自身が著作者人格権を直接侵害する可能性がある。

リーチサイトのリンク先の著作物は，すべてが違法なものとは限らないが[11]，最近の調査では，「リンク先コンテンツの違法率についてサンプル調査を行った結果，100％違法なコンテンツへのリンクが掲載されていることも確認できた。侵害コンテンツへのリンクに特化したサイトであることがわかった。」との報告がある[12]。

さらには，リーチサイト自体が，特定の著作権者の許諾を得ているものと，

---

9) リーチサイト報告書4頁参照。安田和史「リーチサイトの運営者にかかる著作権侵害の責任に関する考察」知財ジャーナル2014年58頁以下には，詳細な類型が紹介されている。
10) リーチサイト報告書4頁参照。
11) リーチサイト報告書7頁参照。
12) 清水＝鈴木＝安田・前掲注5）レジュメ5頁参照。

どの著作権者の許諾も得ていないものがある。前者においては，当然，自身が特定の公衆送信権侵害の直接侵害者となることはなく，ユーザーの複製権・公衆送信権侵害とリンク先の公衆送信権の幇助者となる可能性もないが，後者においては自身が公衆送信権の直接侵害者となる可能性があり，ユーザーの複製権・公衆送信権侵害の幇助者となる可能性が生じることとなる。

第5節　リーチサイトの法的問題点

1　リンク行為に関する学説と判例

　推進計画2016が掲げるリーチサイトに対する著作権者の保護のための法制度の構築のためには，つぎの二つの点を解決する必要がある。

　第一に，リーチサイトは違法サイトへのリンクをまとめたものであるが，わが国の学説および判例においては，そのリンク自体は著作権の直接侵害でも間接侵害でもないとされているからであり，第二に，その間接侵害自体の概念，法律構成，法的効果および立法論について長い間行われてきた検討は現在混迷状況にあるからである。

　とくに，第一の点について，学説は，「リンクを貼ることだけでは，リンク元で複製が行われているわけではないので，基本的には複製権侵害の問題は生じない。」と述べ，フレームリンクについても，「著作権法的観点からすれば，複製等が行われていない以上複製権侵害や公衆送信権侵害に問うことは難しいのではないかと考えられる。」とされている[13]。そのため，リーチサイトも同様であると考えられているからである。

　また，この点に関する判決例としては，著作権侵害サイトへのリンクが著作権を侵害するかどうかが争われて大阪地判平成25年6月20日判時2218号112頁「ロケットニュース事件」がある[14]。本件においては，原告が，被告に対して，原告の動画を無断でアップロードしている他人の動画共有サイト「ニコニコ動画」に，被告ウェブサイト「ロケットニュース24」上で当該動画の引用タグまたはURLでリンクを貼って，動画再生ボタンをクリックすると被告ウェブサ

---

[13] 中山・前掲注7）252頁。同旨の見解として，岡村久道『著作権法』170頁（民事法研究会，第3版，2014年），作花文雄『詳解著作権法』456頁（ぎょうせい，第3版，2008年）などがある。

[14] 本件判決の研究として，安田和史「違法動画へのリンク行為に関し，著作権侵害を否定した事例」知財ジャーナル2016年107頁以下がある。

イト上で原告の動画を視聴できる状態にしている行為は，原告の公衆送信権，公表権，氏名表示権を侵害しているとして，その削除と損害賠償等を請求した。

本件判旨は，被告の直接侵害について，「被告は，『ニコニコ動画』にアップロードされていた本件動画の引用タグ又はURLを本件ウェブサイトの編集画面に入力することで，本件動画へのリンクを貼ったにとどまる。……閲覧者の端末上では，リンク元である本件ウェブサイト上で本件動画を視聴できる状態に置かれていたとはいえ，本件動画のデータを端末に送信する主体はあくまで「ニコニコ動画」の管理者であり，被告がこれを送信していたわけではない。したがって，本件ウェブサイトを運営管理する被告が，本件動画を『自動公衆送信』をした（法2条1項9号の4），あるいはその準備段階の行為である『送信可能化』（法2条1項9号の5）をしたとは認められない」とした。また，被告の間接侵害については，「本件ウェブサイト上で本件動画を視聴可能としたことにつき，原告から抗議を受けた時点，すなわち，「ニコニコ動画」への本件動画のアップロードが著作権者である原告の許諾なしに行われたことを認識し得た時点で直ちに本件動画へのリンクを削除している。このような事情に照らせば，被告が本件ウェブサイト上で本件動画へリンクを貼ったことは，原告の著作権を侵害するものとはいえないし，第三者による著作権侵害につき，これを違法に幇助したものでもなく，故意又は過失があったともいえないから，不法行為は成立しない。」と判断している。

しかし，本件では，ユーザーは，本件被告ウェブサイト上で原告の動画を視聴できており，いわゆるフレームリンクないしエンベッドというべきリンク行為であるから，リンク先と共同して公衆送信権の直接侵害を行っているとも，リンク先の公衆送信権侵害の幇助を行っているということもできた事例というべきである。本件判決は，被告ウェブサイトに著作物自体が掲載されておらず，著作物がリンク先からユーザーに直接送信されている点だけに着目した判断である。

本件判決のほかに，プロバイダー責任制限法4条の情報開示請求事件において，発信者が明白な著作権侵害者であるかどうかの判断の中でリンクが著作権を侵害するかどうかが争われた事例として，東京地判平成26年1月17日裁判所ウェブサイト「どーじんぐ娘事件」と東京地判平成28年9月15日裁判所ウェブサイト「ツイッター事件」がある。

「どーじんぐ娘事件」では，原告が著作権を有する漫画の電子ファイルをパ

スワードを設定してアップロードしたブログにリンクを貼っていた発信者とそのアップローダーが同一人であるとして公衆送信権侵害を認めたものである。

「ツイッター事件」では，原告が著作権を有する写真がツイッターにおいて氏名不詳者により無断でアカウントのプロフィール画像として用いられ，その後当該アカウントのタイムラインおよびツイートにも表示されたことは原告の著作権（複製権，公衆送信権）および著作者人格権（氏名表示権，同一性保持権等）が侵害されたと主張して発信者情報の開示を請求した。判旨は，「本件写真の画像が本件アカウント3〜5のタイムラインに表示されるのは，本件リツイート行為により同タイムラインのURLにリンク先である流通情報2(2)のURLへのインラインリンクが自動的に設定され，同URLからユーザーのパソコン等の端末に直接画像ファイルのデータが送信されるためである。すなわち，流通情報3〜5の各URLに流通情報2(2)のデータは一切送信されず，同URLからユーザーの端末への同データの送信も行われないから，本件リツイート行為は，それ自体として上記データを送信し，又はこれを送信可能化するものでもなく，公衆送信（著作権法2条1項7号の2，9号の4および9号の5，23条1項）に当たることはないと解すべきである。」と判断している。

いずれの判決例も，原告の著作物が，リンク元サイトには蔵置されることなく，リンク先からユーザーに直接送信されることのみを理由として公衆送信権・送信可能化権侵害（「ツイート事件」では，さらに複製権，公衆伝達権，同一性保持権，氏名表示権の侵害）はないと判断している。

なお，著作権侵害の事件ではないが，最決平成24年7月9日判時2166号140頁「児童ポルノリンク事件」は，被告人が，自己のウェブページに児童ポルノのURLを掲載してリンクを貼った行為につき，ユーザーが困難な操作を経ないでそのコンテンツを閲覧することができ，かつ被告人の行為が全体としてユーザーの閲覧を積極的に誘引するものであるとして児童ポルノ公然陳列に該当するとした高裁判決に対する上告を棄却した。この決定については，大橋正春裁判官の反対意見が付されており，「被告人の行為については児童ポルノ公然陳列罪を助長するものとして幇助犯の成立が考えられるのであり，その余地につき検討すべきであって，あえて無理な法律解釈をして正犯として処罰することはない」と述べている。

このような著作権侵害サイトへのリンクを著作権の間接侵害と位置付ける例としては，ドイツの著作権侵害追及協会（Gesellschaft zur Verfolgung von

Urheberrechtsverletzungen e.V., GVU) の立場がある。すなわち，その2007年次報告書によれば，GVUではインターネット上の著作権侵害のレベル（主体）を，（a）リリースグループと（b）ポータルサイトやファイル共有サイト（ビットレントネットワーク）を運営するフィシリテーター，トラッカー，ファーストシーダーの二つに識別している。

リーチサイトは，ここでは，トラッカーと称されている。つまり，「『トラッカー』は『ストリーミング』サイト，『ファイルホスティング』サイトの違法コピー，ビットレントネットワークにリンクしているポータルサイトのオペレーターである。こうしたポータルサイトとそのオペレータは，ユーザによる違法コピーへのアクセスを可能にすることで間接的に著作権を侵害し，結果としてユーザーによる著作権侵害を助長している。……2008年には，……約300のトラッカーが法執行機関によって確認された。インターネット上の著作権侵害はこれら三つ（筆者註：フィシリテーター，トラッカー，ファーストシーダー）のチャンネルで頻繁に実行されている。」と報告されている[15]。

2　リーチサイトの直接侵害該当性

リーチサイトないしリンキングを著作権の間接侵害ではなく，著作権の支分権としての公衆送信権ないし送信可能化権の直接侵害と捉える立場がある。

たとえば，ドイツの判例および欧州裁判所では，その支分権である公衆伝達権の効力が及ぶ行為とする直接侵害アプローチを採用してきている[16]。

たとえば2010年4月29日のBGH "Vorschaubilder"（GRUR 2010, S.628）は，検索エンジンGoogleのサムネイルThumbnails表示によるリンクについてドイツ著作権法19条a項の「公衆提供の権利」を侵害するとし，フレーミングについても2007年1月10日ミュンヘン地裁判決（LG Muenchen 1 MMR 2007, 260）が同法19条a項の公衆に使用できる方法で著作物を提供する行為に当たるとしていたが，これらはあくまでも「公衆提供の権利」（Recht der öffentlichen

---

15)　文化庁編『インターネット上の著作権侵害対策ハンドブック― 欧州編 ―』2010年（http://www.bunka.go.jp/seisaku/chosakuken/kaizokuban/handbook/pdf/internet_shingai_handbook.pd＜以下省略＞）99頁以下の「参考：GVU 年次報告書によるインターネット上の著作権侵害対策の概要」による。

16)　ドイツおよび欧州裁判所における判例については，茶園茂樹「EUにおける公衆への伝達権とリンク」渋谷達紀教授追悼論文集『知的財産法研究の輪』599頁（発明推進協会，2016年）を参照。

Zugänglichmachung）の直接侵害に当たるとしたものであった[17]。

また，従来の欧州裁判所の判決例においては，リンク先が著作権侵害サイトである場合はなかった[18]。

しかしながら，2016年9月8日，欧州裁判所は，"GS Media v. Sanoma Media" 事件判決[19]において，違法にコンテンツがアップロードされた他人のサイトにリンクを張る行為は，そのサイトが違法サイトであることを知りながら，営利として行っているときには，2001年5月のEC情報社会ディレクティブ3条に定められている公衆伝達権（making available to the public）の侵害に当たる可能性があるとの判断を下して注目を浴びている。

この欧州裁判所判決が引用しているEC情報社会ディレクティブ3条には，以下のように規定されている。

「第3条　作品を公衆に伝達する権利およびその他目的となる物を公衆に利用可能にする権利
1．加盟国は，著作者に，有線または無線によって，その作品を公衆に伝達することを許諾または禁止する排他的な権利を与える。これには，公衆の構成員がおのおの選択する場所および時間においてその作品にアクセスできる態様で，公衆に利用可能にすることを含む。
2．加盟国は，公衆の構成員がおのおの選択する場所および時間において，次に掲げるものについてアクセスできる態様で，有線または無線手段によって，公衆に利用可能にすることを許諾または禁止する排他的な権利を規定する。
　(a)　実演家について，その実演を固定したもの
　(b)　レコード製作者について，そのレコード
　(c)　映画を最初に固定した製作者について，そのフィルムの原作品および複製物
　(d)　放送機関について，その放送を固定したもの。これには，電線または電波によって送信される放送か否かは問わず，有線または衛星を含む。」[20]

このEC情報社会ディレクティブ3条は，1995年に成立したWCT8条の公

---

17)　リーチサイト報告書33頁以下参照。
18)　茶園・前掲注16) 614頁は，「CJEUの判例では，リンク先の著作物が著作権者の許諾なしに掲載されたものである場合について述べられていない。」とする。
19)　ECJ 20160908Decision（C160/15）。
20)　http://www5c.biglobe.ne.jp/~k-yosuke/direc2001_29_EU.htm

衆伝達権に倣って設けられたものであり，わが国の公衆送信権と送信可能化権（著作権法23条）も同様である。ただし，わが国の公衆送信権等は，EC 情報社会ディレクティブ 3 条や WCT 8 条より狭い権利内容となっている[21]。それでもなお，リーチサイト行為やリンク行為にも，公衆送信権が及ぶと解釈する余地がないわけではない[22]。

その WCT 8 条において公衆伝達権は，「著作者は，その著作物について，有線又は無線の方法による公衆への伝達（公衆のそれぞれが選択する場所及び時期において著作物の使用が可能となるような状態に当該著作物を置くことを含む。）を許諾する排他的権利を享有する。」と定められている。

この公衆伝達権は，わが国著作権法23条の公衆送信権，公衆伝達権，送信可能化権より広い概念であり，「公衆への伝達」に「公衆のそれぞれが選択する場所及び時期において著作物の使用が可能となるような状態に当該著作物を置くことを含む。」とされている点が広く，リーチサイトやリンク行為をこれに含ませる解釈は十分可能なことであろう。ただし，この WCT 8 条に関する合意声明においては，「伝達を可能にし，又は行うための物理的な設備を単に提供することは，この条約又はベルヌ条約の意味する伝達には該当しないものと理解される。」と明らかにされている[23]。この合意声明は，とくにインターネット・プロバイダーの責任について，「直接的な責任を負わされることはない……。その人が，例えば寄与的・代位的な責任など，他の形での責任を根拠として，有責とされ得るかどうかということは，ケースごとの状況によって決まる，全く別の問題だろう。」と述べているところからすれば，リーチサイトやリンク行為を行う者について，間接侵害アプローチについては WCT は検討していないということとなろう。

しかしながら，ファイル交換サービスを行う者の公衆送信権侵害該当性が争われた東京地決平成14年 4 月 9 日，同平成14年 4 月11日判時1780号25頁「ファイル・ローグ事件」の決定に関して，「送信者が音楽 CD を MP3 ファイルに変換，すなわち無断複製をして，これをパソコンの共有フォルダに蔵置している

---

[21] 作花文雄『詳解著作権法』272頁（ぎょうせい，第 4 版，2010年）。
[22] 茶園・前掲注16) 619頁も，「リンクを貼る者が公衆送信を行うと解する必要があるが，この解釈はあり得ないではない。」と述べて，ドイツ BGH の広い解釈に倣う方法を示している。
[23] 社団法人著作権情報センター『WIPO が管理する著作権及び著作隣接権諸条約の解説並びに著作権及び著作隣接権用語解説』237頁（2007年）参照。

状態で被告サーバーと一体となった情報の記録された自動公衆送信装置（法2条1項9号の5イ）に当たるということができ，また，その時点で，公衆の用に供されている電気通信回線への接続がされ，当該電子ファイルの送信可能化（同号ロ）がされたものと解することができる。さらに，上記電子ファイルが受信側パソコンに送信された時点で同電子ファイルの自動公衆送信がされたものと解することができる。」として，むしろ現行著作権法における公衆送信権と送信可能化権侵害に該当する事例と捉える見解がある[24]。この見解によれば，本件被告は公衆送信権の直接侵害を行っている者ということとなる。

第6節 著作権の間接侵害法理に関する議論の状況

1 著作権の間接侵害法理

わが国においては，今日まで，著作権の間接侵害の定義，法律構成ないし理論構成，法的根拠論，そして立法論については，いずれも明確にされていない。

著作権の間接侵害とは，著作権者の許諾を得ない第三者の著作権の直接利用行為を幇助ないし加担する行為である。この著作権者の許諾を得ない第三者には，通常は著作権侵害者がこれに該当するが，著作権侵害者にとどまらず特に私的使用目的の利用行為者など著作権が制限される行為者も含まれる。

この著作権の間接侵害の定義については，著作権侵害の幇助であるとする見解や著作権侵害の予備的行為であるとする見解がある。しかしながら，著作権の間接侵害は私的な利用行為への幇助・加担行為も含むものであるから，両者とも著作権侵害の成立を前提としている点で正確とはいえない。両者の区別が認識されていない立法として商標法37条7号がある。この規定では，商標権者の許諾を得ていない者が自己が商標権侵害をするために商標表示物の製造・輸入を行う予備的行為と他人に商標権侵害をさせるために行う間接侵害を分けることなく擬制侵害としている。

著作権侵害の幇助行為を侵害とするのは米国法における著作権の寄与侵害（Contributory Infringement）であり，著作権侵害の予備的行為を侵害とするのはドイツにおける学説の一部である。いずれも，著作権の直接侵害の成立を前提とする侵害法理であるが，必ずしも直接侵害の成立を要件としない点で，

---

[24] 半田正夫＝松田政行『著作権法コンメンタール』992頁（勁草書房，第2版，2015年）〔水谷〕。

わが国の著作権の間接侵害とは異なる。米国法における特許権の寄与侵害においては常に「直接侵害なければ間接侵害なし」とされており，わが国の，いわゆる従属説に立つものである。米国では私的実施や私的利用には原則として特許権や著作権が及ばないとはされていないから常に従属説を採用することができる点で，私的実施や私的利用には特許権や著作権が原則として及ばないと法定しているわが国における間接侵害の法律構成とは異なっても問題がない。

また，いわゆる著作権侵害の主体論のなかで，著作権の間接侵害の概念の中に，侵害手足論，カラオケ法理，そしてジュークボックス理論を含めるような見解がある。著作権の侵害に間接的に関与する者の責任という意味で共通するという視点に立ったものであろうが，第三者の著作物直接利用行為自体ないしその直接利用行為と評価されるか，みなされる行為を著作権の直接侵害の主体とする手足論，カラオケ法理，ジュークボックス理論とは明確に異なる法理である。未だそのような区別がなされていなかった判決例として，東京高判平成17年3月31日「ファイルローグ事件控訴審」があり，「本件サービスが，その性質上，具体的かつ現実的な蓋然性をもって①特定の類型の違法な著作権侵害行為を惹起するものであり，②控訴人会社がそのことを予想しつつ本件サービスを提供して，そのような侵害行為を誘発し，しかもそれについての③控訴人会社の管理があり，④控訴人会社がこれにより何らかの経済的利益を得る余地があるとみられる事実があるときは，控訴人会社はまさに自らコントロール可能な行為により侵害の結果を招いている者として，その責任を問われるべきことは当然であり，控訴人会社を侵害の主体と認めることができる」と述べている。

①と②は間接侵害の要件であり，③と④はカラオケ法理の要件であって，初期の段階では，著作権の間接侵害と直接侵害であるカラオケ法理の区別がついていなかったように思われる。

2 著作権の間接侵害の類型論
(1) 渋谷達紀教授の類型論

間接侵害に関する立法化の動きの中で渋谷達紀教授は，著作権の侵害主体につき，侵害行為や侵害とみなされる行為を実行した本人のほかに，「①本来の侵害主体が被用者または法人の機関である場合における使用者または法人は侵害主体とみなされる。また，判例によれば，②不特定多数の侵害主体による著作権の侵害行為を幇助する者，③著作権の制限された行為をする不特定多数者

のために便宜を供与する者，④著作物の私的使用をする不特定多数者のために便宜を供与する者も，侵害主体とみなされている。」と述べられている[25]。

この渋谷教授の類型のうち，①は，著作権の侵害主体論における手足論であって直接侵害であり，②と④は間接侵害法理に，③は一部直接侵害としてのカラオケ法理に対応しているが間接侵害の類型である。

また，②の行為は，民法が定める損害賠償請求権を基礎付ける不法行為の一種としての幇助ではなく著作権という排他権の侵害を幇助・加担する行為である。この点については，「共同不法行為者（民719条2項）としての幇助者とは異なる。判例が不特定多数者に対する幇助者を侵害主体とみなしてきたのは，本人の侵害行為を効果的に差し止めるには，いわば水道の元栓に当たる地位にある者を侵害主体とみなす必要があったからである。」と述べられている[26]。この点を混同して，著作権侵害の幇助は，すなわち共同不法行為である幇助であるから，不法行為に基づく差止請求を認めないわが国では差止請求が困難であるとする見解が多い。

ただ，著作権の侵害主体に関しては，「権利者に無断で利用行為を行うこと及び著作権法113条によって侵害とみなされる行為を行うことが著作権法112条1項にいう『侵害』に当たることまでは争いがない」としながら，「通説は，権利者に無断で利用行為を行うことのみを同項にいう『侵害』とみる（禁止権説）。……禁止権説が妥当と考えられる。」とも述べられている[26]が（上野達弘「著作権法における『間接侵害』」ジュリスト1326号81頁とする），これらの者は，差止請求の相手方であって（著作権法112条1項），わが国著作権法上，著作権侵害者は，直接侵害（著作権法21〜28条），擬制侵害（著作権法113条）および間接侵害（著作権法119条2項2号）を行う者であることが明らかであって，「侵害のおそれがある者」まで含ませることはできない。

さらに，わが国における多くの見解においては，わが国の著作権法には間接侵害に関する規定は存在しないとされている。それらの見解においては，著作権法119条2項2号が私的使用目的の複製者に自動複製機器を使用させた者に対する刑罰規定にすぎず，民事責任については規定がないからだと考えてられているものと思われる。しかしながら，立法担当者は，民事責任については，

---

25) 渋谷達紀「著作権の侵害主体—判例の整理と立法への提言—」知財プリズム10巻120号1頁（2012年）。
26) 渋谷・前掲注25) 1頁参照。

「幇助や教唆であっても，民法第719条第2項で共同不法行為責任を問い得るわけでありますし，また，私的使用目的で複製する利用者自身も民事責任は認められますので，特別の規定を設けておりません。」と述べている[27]。

リーチサイトは，この類型では，②，③，④に該当するといえよう。

(2) **中山信弘教授の類型論**

中山教授は，「間接侵害の明確な定義はないが，その形態を大別すると以下のように括ることができよう（これは便宜上の分類にすぎない）。」と述べたうえで，以下の3類型を示している。すなわち，

① 侵害物品の譲渡，所持，貸与，輸入等のように，侵害を拡大させる行為
② 侵害の施設・場所や機器等の提供のように，侵害を助長する行為
③ プロバイダーのように，侵害物を拡散する行為[28]

この中山教授の類型によれば，リーチサイトは，③に属するようにも見える。しかしながら，明示されてはいないが，①の類型に属するというべきであろう。

中山教授は，①の類型については，「教唆・幇助という概念では捉え難い行為類型ではあるが，それらについては既に113条1項2号において侵害とみなすと規定されているものが多い。」としていわゆる著作権等の擬制侵害のうちの一類型がこれに当たるとしている。そして，「自動複製機器を使用させる行為（119条2項2号）と，技術的保護手段の回避を行うことを専らその機能とする装置・プログラムの譲渡・貸与等（120条の2第1号）の両者については刑事罰も規定されており，これらもみなし侵害規定の一種であるといえよう。」と述べている[29]。

①の類型は，特定の著作物に関する専用品（物・プログラム等）による間接侵害の類型ということができる。特定の著作物を無断で複製等した侵害物品の譲渡，所持，貸与，輸入行為は，その譲受人によるさらなる複製をはじめとする著作権侵害行為を幇助する行為といえるのであって，特定の著作物の著作権を侵害する専用品（物・プログラム）の間接侵害である。

同様の外国の立法例として，たとえば英国著作権法24条1項は「二次侵害－侵害複製物の作成のための手段の提供」には，当該著作物の侵害物が含まれることを認識しており，その間接侵害ないし二次侵害とした規定を有している。

---

27) 加戸守行『著作権法逐条講義』821頁（著作権情報センター，6訂新版，2013年）。
28) 中山・前掲注7) 606頁。
29) 中山・前掲注7) 606頁。

中山教授の第一類型と英国著作権法24条1項の間接侵害ないし二次侵害は，特許法における専用品の間接侵害に近いが，検討の必要がある。

なぜなら，著作権の間接侵害には，特許法101条1号と4号の専用品による間接侵害や，後述の「WT 間接侵害整理」における第一類型の専用品（物・プログラム）による間接侵害が成立するのは，通常は，当該著作物自体またはその複製物に限られるからである。その外には，当該著作物だけの複製や演奏等利用行為に特化したものがありえる。この点は，特許権によっても著作権によっても保護されることとされているプログラムについて比較すると理解しやすい。この点は，後述する。

(3) 「WT 間接侵害整理」による間接侵害の類型

「WT 間接侵害整理」においては，間接侵害の類型を「差止請求の対象として位置付けるべき間接行為者の類型」は，すでに前述した通りである（566頁参照）。

（ⅰ）の第一類型は，特許法におけるいわゆる専用品による間接侵害であり，最判平成13年2月13日民集55巻1号87頁「ときめきメモリアル事件」のように，特定の対象著作物の著作権・著作者人格権侵害を幇助するものといえる場合に該当することとなる。ただし，整理においては，「専ら侵害の用に供される物品・場」における「場」には，ウェブサイト等が該当するものとされているが，ウェブサイトが特定の著作物，たとえば，ときめきメモリアルという特定のゲームソフトの無断複製・翻案等に専ら供される物品ということは困難であり，ウェブサイトの提供は，（ⅱ）の類型に属するというべきであろう。リーチサイトは特定の著作物のみの利用に特定されたものではないから，この類型に属することはないものと思われる。

この第一類型には，どのような著作物の複製，演奏，上映，公衆送信等にも提供できる装置は含まれないのであって，特許権の間接侵害の中心的類型が第一類型であるのと決定的に異なっている。

特許権の間接侵害においては，その特許発明の実施にのみ使用する物として，その特許発明の構成要素ないし専用部品の製造販売が明確である。たとえば，プログラムの特許権の専用品による間接侵害における専用品は当該特許発明であるプログラムの部品であるモジュールである。この点については，知財高判平成17年9月30日判時1904号47頁「一太郎事件控訴審」における被告製品（一太郎）について，「Y製品は，……複数のプログラムが集まっているものとみ

ることもできる。本件で問題となったヘルプ非表示機能を実現しているモジュール（以下『ヘルププログラム』という。）も，一つのプログラムといえよう。」といわれている[30]。そのようなモジュールの生産，譲渡等は特許権の間接侵害行為となるが，著作物としての同一のプログラムの部品であるモジュール（ヘルププログラム）の生産（複製）は無断複製であって複製権の直接侵害である。決して，当該プログラム著作権の間接侵害とはならないのである。

（ⅱ）の第二類型は，特許法における非専用品による間接侵害であって，米国特許法271条ｃ項の寄与侵害とドイツ特許法10条１項の間接侵害と同様のものであり，わが国著作権法では私的複製者へ自動複製機器を提供する者の行為に対応するものである。整理においては，この類型に該当するケースとして，大阪地判平成15年２月13日判時1842号120頁「ヒットワン事件」が挙げられているが，リーチサイトは，これに属する行為ということとなろう。

ここでは，第一類型と同様に，特定された著作物について著作権が侵害されることが必要であると強調されている。したがって，一般的に違法な複製・上演・演奏・上映・口述・展示・譲渡・貸与・翻訳・編曲・変形・翻案がなされるために用いられる物品や場を提供するだけでは，著作権の間接侵害は成立しない。たとえば，間接侵害が問題とされるカラオケ店やカラオケボックスにおいて提供される物品・場は，どのような音楽も演奏可能な装置等では足りず，特定された音楽の著作物の複製物や演奏等をさせる装置等でなければならず，同様に，著作物が特定されていないインターネットのサービスプロバイダーや動画投稿の場（サイト）の提供だけで，著作権の間接侵害が成立するというわけではないことが強調されているといえよう。

また，第二類型では，「②侵害発生を知り，又は知るべきでありながら」という主観的要件の充足が求められ，さらに「③侵害発生防止のための合理的措置を採ることなく」ということが求められている。したがって，その行為者に侵害発生を防止する能力がある場合にのみ成立するものとされている。

第二類型では，その事例として，「著作権侵害が生じているカラオケ店に通信カラオケサービス等を提供するリース業者などが考えられる」としてヒットワン事件が例示されている。この事例でも，特定の原告の管理著作物の演奏権侵害を行う者に対して，その侵害の事実を知りながら，また，そのサービス等

---

30) 古谷栄男「ソフトウェア特許における間接侵害」小松陽一郎先生還暦記念論文集『最新判例知財法』224頁（青林書院，2008年）。

を提供することを止めようとすれば止められたはずであるのに，あえて提供した行為者の責任を問うものとなっている．いわゆる不作為義務違反ともいえる責任となっている．

　この第二類型を，プログラムの特許権と著作権の間接侵害として対比すると以下の通りとなる．

　プログラムの特許権において，非専用品の間接侵害は，専用品とはいえないモジュールであって，特許発明であるプログラムの課題解決に不可欠なもので，汎用品ではないものを，特許発明の存在と，そのモジュールが特許発明であるプログラムの生産に使用されるものであることを知りながら，それを使用する者に対して提供する行為である．

　これに対して，著作権がこれと同一のプログラムについて成立している場合に，当該著作権の間接侵害の第二類型に該当するためには，モジュールを作成して，プログラムを使用する者に，そのことを知りながら，中止しようとすればできたのに，あえて提供する行為ということとなる．

　しかしながら，著作権法上，この行為は，やはりプログラムの複製と譲渡行為であって，直接侵害であり，間接侵害とは捉えられてはいない．

　つまり，モジュールの作成譲渡という同一の行為であっても，特許法上は間接侵害となるが，著作権法上は，間接侵害となるわけではない．

　プログラムの著作権の間接侵害は，プログラムの構成要素であるモジュールを作成販売することではなく，その複製機器や上映機器の製造販売行為にすぎず，これらは，特定のプログラム著作物の複製機器ではなく，一般的にプログラムを複製可能な機器にすぎない．そのような機器の製造販売は，特許法上のプログラムの特許権の間接侵害については想定されていないものである．

　このことは，今日，著作権の間接侵害理論が，特定の著作物の直接利用行為に用いる物・場の提供者の侵害責任を問うものとはなってはおらず，その点が，議論の混迷をもたらしているように思われる．

　(ⅲ)の第三類型は，わが国の特許法にも著作権法にも規定はないが，米国特許法271条b項とドイツ特許法10条2項における侵害教唆である．

　リーチサイトは，むしろユーザーに対して著作物の無断ダウンロードをそそのかす行為ということも可能であり，そのように評価できる場合には，この類型に属することとなる．「WT間接侵害整理」においても，「例えば，ウェブサイトを開設し，当該ウェブサイトに無許諾の音楽ファイルを投稿することを積

極的に呼びかける者などが，この類型に該当するものと考えられる。」としている。

第7節　リーチサイトに対するカラオケ法理と間接侵害法理の適用可能性

　リーチサイトは，自身のサイトにはコンテンツを掲載することなく，コンテンツを違法にアップロードしている他人のサイトにアクセスしてダウンロードや閲覧しようとするユーザーに対して，リンク先情報を提供して誘導してアクセスを容易化するサービスの提供行為である。

　わが国の判例においては，このように自身のサイトにはコンテンツを掲載することなく，コンテンツを掲載している他人のサイトにアクセスしてダウンロードや閲覧しようとするユーザーに対して，P2P技術を用いてファイル共有サービスを提供する行為を公衆送信権侵害とした知財高判平成14年3月31日「ファイル・ローグ事件」がある。

　本件判決は，まず，その結論として，「一般的に違法な利用もあり得るというだけにとどまらず，本件サービスが，①その性質上，具体的かつ現実的な蓋然性をもって特定の類型の違法な著作権侵害行為を惹起するものであり，②控訴人会社がそのことを予想しつつ本件サービスを提供して，そのような侵害行為を誘発し，③しかもそれについての控訴人会社の管理があり，④控訴人会社がこれにより何らかの経済的利益を得る余地があるとみられる事実があるときは，控訴人会社はまさに自らコントロール可能な行為により侵害の結果を招いている者として，その責任を問われるべきことは当然であり，控訴人会社を侵害の主体と認めることができるというべきである。」と述べて，原審判決と同様に，本件サービスの提供者である被告の著作権侵害主体性を認めた。

　①と②は間接侵害法理の要件であり，③と④はいわゆるカラオケ法理の要件であって，本件控訴審判決では，③と④についてしか述べていないが，原審判決の「第3　当裁判所の判断」を引用する。」と述べているから，原審判決と同様の理由に基づいて，本件サービス提供者の著作権侵害主体性を認めたこととなる。本件判決は，その理由として，以下のように認定している。

　本件被告の本件サービスは，「キーワードと拡張子でファイルを検索できるものと認められる。……本件サービスは，インスタントメッセージサービス機

能もあるものの，基本的にはファイルの交換に特化したものであって，ファイルを特定するための情報の収集・整理（検索のためのデータベースの構築），検索（特定の語をその名称に含むファイルないしフォルダの検索要求を受付け，その所在を回答する。），利用者同士の直接のファイルの送受信の仲介という，ファイル交換に必要な基本的機能を一体的に有するものであり，また，この機能を実現するためのハードウェア（サーバ）を備え，ソフトウェア（本件クライアントソフト）を個々の利用者に提供している」というものである。

したがって，本件ファイル・ローグ事件の被告は，自身のサイトにコンテンツを掲載することなく，ユーザーが希望する他人のサイトの「キーワードと拡張子でファイルを検索できるもの」であって，ユーザーの無断ダウンロードを幇助している点でリーチサイトにおける他人の違法サイトのURLの提供と共通している。

しかしながら，本件ファイル・ローグ事件においては，ユーザーのアクセス先は違法アップロードサイトとは限らず，適法にアップロードしたサイトもあり得るが，リーチサイトではユーザーがアクセスするのは違法アップロードサイトに特定されている点が異なっている。また，ファイル・ローグ事件におけるサービス提供者は，提供する相手先サイトが違法アップロードサイトであるかどうかを知っているわけではないが，リーチサイトでは違法アップロードサイトのリンク先情報を収集しているのであって，当然相手先サイトが違法サイトであることを知りながら本件サービスを提供している点が異なっている。

したがって，ファイル・ローグ事件とリーチサイトのサービス提供者は，そのユーザーにコンテンツをダウンロードまたは閲覧させている点で共通しているだけでなく，さらに違法サイトによる著作権（公衆送信権・公衆伝達権）侵害とユーザーの複製権侵害と公衆送信権侵害を幇助しているといえる点でも共通している。

両者における相違点の第一は，ファイル・ローグ事件の被告サービスにおいては，ユーザーの複製権に加えて公衆送信権侵害を幇助することとなるが，リーチサイトではユーザーはダウンロードするにとどまるからユーザーの複製権侵害を幇助するだけであり公衆送信権侵害を幇助することがない点である。

相違点の第二は，リーチサイトの情報提供行為が，侵害サイトに特化した情報を収集してユーザーの閲覧やダウンロードをさせており，複製権侵害を幇助または教唆する行為である点で大きく異なっており，その悪性が強いといえよ

う。ファイル・ローグ事件において間接侵害法理とカラオケ法理による侵害責任が認められたのであれば，悪性のより大きいリーチサイトの間接侵害該当性が認められてしかるべきこととなる。

第8節　おわりに─立法論にかえて─

　リーチサイトは，わが国の現行法上は，著作物の間接的利用行為であって間接侵害であるが，各国の現行法の権利構成により，直接侵害または間接侵害に該当することとなる。

　しかし，その立法論としては，第一に間接侵害規定を新設してリーチサイトをその類型に含ませる間接侵害アプローチ，第二に間接的な利用行為にも公衆送信権ないし公衆伝達権（著作権法23条）の効力が及ぶとする改正を行う直接侵害アプローチ，第三に擬制侵害とする擬制侵害アプローチがある。直接侵害アプローチは，著作権法の「公衆送信権」と「公衆伝達権」をWCT8条に規定される「公衆伝達権」と同様の内容にする立法論である。すでに，わが国の著作権法は，ユーザーに対して私的使用目的の複製をさせる貸しレコードのレンタル行為が，当初間接侵害構成であったのを，私的使用目的の複製をさせる貸しレコードのレンタル行為に対する排他権として貸与権を導入した経験を有している。擬制侵害アプローチは，特許法101条において間接侵害を擬制侵害として規定しているという経験を有している。ただし，擬制侵害は，本来侵害でない行為を侵害行為とみなすものである点に鑑みれば，直接侵害アプローチがベターであろう。

　重要なことは，リーチサイトが著作権の間接侵害に該当することの十分な理解である。間接侵害に関する立法論は，早急に再構築すべきものと思われる。

時事の事件の報道
―著作権法41条をめぐる現代的課題―

上野　達弘

第1節　はじめに
第2節　著作権法41条
第3節　論　点
第4節　おわりに

第1節　はじめに

　著作権法41条は,「時事の事件の報道のための利用」を許容する権利制限規定である（以下「本条」という）。たとえば，テレビ局が絵画の盗難事件をニュース番組で報道する際，番組中に当該絵画を放送するのが一般的であるが，そのような行為は，著作権者の許諾を得るまでもなく，本条の規定によって許容される。時事の事件の報道というのは社会的意義を有するため，本条の規定はこれに伴う著作物利用を許容したのである。

　もっとも，従来であれば，「報道」というのは，新聞，テレビ，ラジオなど，その手段と主体が限られていたため，本条の適用範囲も限定的だったと言えよう。しかし最近では，インターネットを中心とする情報発信手段の多様化により，個人のブログはもちろんのこと，バイラルメディアやニュースアグリゲーションといった新たなサービスも登場している。そのよう中，本条の適用範囲は重要な問題であり，近い将来において大きな議論に発展する可能性も高い。

　本稿は，この問題に関する準備的考察として，従来の議論の整理と課題の抽出を試みるものである。

第2節　著作権法41条

1　意　義

　著作権法41条は,「写真，映画，放送その他の方法によつて時事の事件を報

道する場合には，当該事件を構成し，又は当該事件の過程において見られ，若しくは聞かれる著作物は，報道の目的上正当な範囲内において，複製し，及び当該事件の報道に伴つて利用することができる」と規定する。

　たとえば，ある美術館から絵画が盗まれたという「事件」が起きて，新聞社やテレビ局が当該事件を報道する場合，本条の規定の適用により，取材の過程で当該絵画を撮影するのはもちろんのこと，新聞記事の中で当該絵画を複製することになっても複製権の侵害に当たらず，また，ニュース番組の中で当該絵画を放送することになっても公衆送信権の侵害に当たらない。

　さらに，オリンピックの開会式が行われたという「事件」が起きて，ラジオ局が当該事件をニュース番組で報道する場合，本条の規定の適用により，取材の過程で開会式会場に流れていた入場行進曲を録音するのはもちろんのこと，当該ニュース番組の中で当該入場行進曲を放送することになっても公衆送信権の侵害に当たらない。

　本条の規定の趣旨は，つぎのように説明できよう。すなわち，社会における時事の事件を公衆に伝達する報道というのは，知る権利に資する社会的意義を有すること，時事の事件の報道には速報性が求められるため，これに伴う著作物利用について事前に著作権者の許諾を得るのは困難であること，当該報道に伴う著作物利用がその目的上正当な範囲で行われる場合は，著作権者の利益を不当に害するものではない。以上のことから，本条の規定に基づく権利制限は正当化されると考えられるのである[1]。

2　位置づけ

　もっとも，たとえ本条の規定がなくても，別の規定の適用や解釈論によって，一定の著作物利用について著作権侵害が否定される場合もある。

　たとえば，テレビ放送番組において，画面の背景に他人の著作物が小さく映り込んだものの，当該著作物の創作的表現が感得できないために当該著作物を

1）　加戸守行『著作権法逐条講義』317頁（著作権情報センター，六訂新版，2013年）は，「本条は，時事の事件を報道する場合には，その事件を構成する著作物を報道することが報道目的上当然に必要であり，また，その事件中に出現する著作物を報道に伴って利用する結果となることが避け難いことに鑑み，これらの利用を報道の目的上正当な範囲内において認めたものであります。時事の事件の報道のための利用を認めるのは，それが報道に伴う随伴的利用であり，著作権が及ぶものとすることが理論的にも実際的にも適当ではないと考えられるからであります」とする。

利用していないと評価される場合は，本条の規定がなくても，そもそも著作物の利用がないことを理由に著作権侵害が否定される[2]。ただ，本条の規定は，たとえ他人の著作物の創作的表現を直接感得できる場合でも適用され得る点で，固有の意義を有する。

また，たとえ他人の著作物の創作的表現を直接感得できる場合でも，当該著作物が報道の対象ではなく，背景的に付随したに過ぎない場合は，本条の規定がなくても，著作権法30条の2〔付随対象著作物の利用〕の規定に基づき，一定の条件の下で著作権侵害が否定される。ただ，本条の規定は，当該著作物が「軽微な構成部分」とは言えないために，あるいは，当該著作物が「写真の撮影等の対象」に当たるために，同条の規定が適用されない場合でも適用され得る点で，固有の意義を有する。

さらに，たとえ他人の著作物が報道の対象となっている場合でも，当該著作物が論評の対象となっているような場合は，本条の規定がなくても，著作権法32条1項〔引用〕の規定に基づき，一定の条件の下で著作権侵害が否定される。ただ，本条の規定は，報道の対象である著作物を大きなサイズで掲載するなど，「引用の目的上正当な範囲内」に当たらないために同項の規定が適用されない場合や，当該著作物が「公表された著作物」でないために同項の規定が適用されない場合でも適用され得る点で，固有の意義を有する[3]。

実際のところ，旧著作権法には本条に相当する規定はなかったが，現行法の立法過程においてその必要性が認識され，ベルヌ条約ストックホルム規定（1967年）10条の2第2項等を参考にして設けられたのが本条の規定である[4]。

---

2) 加戸・前掲注1）319頁も，「例えば応接間での有名人のインタビューに際しその人の背景に絵画作品が架かっているとすると，テレビ番組あるいは写真の中にそれが必然的に入ってくるということがありますが，それは，ここの報道利用かどうかの問題以前の問題として，そもそも著作物の利用たり得ないという場合がございます」とする。また，東京高判平成14年2月18日判時1786号136頁〔雪月花事件：控訴審〕参照。

3) もっとも，最近は，著作権法32条1項〔引用〕を柔軟に解釈する裁判例（知財高判平成22年10月13日判時2092号136頁〔美術鑑定証書事件：控訴審〕，東京地判平成26年5月30日（平22（ワ）27449号）〔美術鑑定証書Ⅱ事件〕）が見られ，同項をフェアユース的に活用しようとする見解もある（議論のまとめとして，上野達弘「権利制限の一般規定―受け皿規定の意義と課題―」中山信弘編『しなやかな著作権制度に向けて―コンテンツと著作権法の役割―』（信山社，2017年・近刊）参照）。ただ，同項は，「報道……の目的上正当な範囲内で行なわれる」という部分で本条の規定と重複しながらも，「公正な慣行に合致」すれば，公表された著作物を「引用」できるとする規定であるため，もし引用規定をフェアユース的に解釈するのであれば，両規定の関係をどのように説明するかが問題となろう。

3　本稿の課題

　本条の要件を満たすと，当該著作物を「複製し，及び当該事件の報道に伴って利用することができる」ことになる[5]。そして，この場合は「翻訳」して利用することもできる（著作権法43条2号）。また，本条の規定の適用を受けて作成された複製物の公衆譲渡も，原則として許容される（同法47条の10本文）[6]。なお，出所を表示する慣行がある場合は出所明示義務を負う（同法48条1項3号）。

　本条の規定は「複製し，及び当該事件の報道に伴って利用することができる」と定めているため，報道の前段階である取材の過程で「複製」することに加えて，報道自体に伴って「利用」することを許容している。ここにいう「利用」には，複製や公衆送信など様々な著作物利用行為が含まれるため，本条の規定の適用を受けると，新聞や雑誌への複製が許容されるのみならず，テレビやラジオによる放送，あるいはウェブサイトへの掲載による自動公衆送信も許容されることになる[7]。

　従来であれば「報道」というのは，新聞，テレビ，ラジオなど，その手段と主体が限られていたため，本条の適用範囲も限定的だったと言えよう。しかし，インターネットを中心とする情報発信手段の多様化により，個人のブログはもちろんのこと，バイラルメディアやニュースアグリゲーションといった新たなサービスも登場している。そのような中，現在において，本条の規定がどのような場合に適用されるかが問題となる。

　以下では，本条の要件に沿って従来の議論の整理と論点の抽出を試みる。

4）　『法案コンメンタール―文部省文化局試案について―』（文化庁）44-1頁以下参照。
5）　なお，本条の規定は著作隣接権についても基本的に準用されているため（著作権法102条1項・9項），著作物のみならず，実演やレコードといった著作隣接権の対象についても適用されることになる（ただし，出所明示義務は免除されている〔同条2項参照〕）。
6）　ただし，当該複製物を報道の目的以外の目的のために頒布等すると，目的外使用として複製権または譲渡権の問題が生じ得る（著作権法47条の10ただし書・49条1項1号）。
7）　なお，「実務上は，放送局と団体間の契約に基づき，法的には『引用』や『報道利用』として特に許諾なく利用できる場合であっても，許諾を得たり，使用料を支払ったりすることもあります」と言われる（梅田康宏＝中川達也『よくわかるテレビ番組制作の法律相談』242頁（日本加除出版，第2版，2016年）参照）。

第 3 節　論　点

1　時事の事件の報道

　第一に，本条の規定を受けるためには，「時事の事件を報道する場合」に当たることが必要である。

(1)　時事の事件

　まず，「時事の事件を報道する場合」に当たるためには，前提として「時事の事件」が必要である。したがって，何らかの事件があっても，それが「時事の事件」と言えなければ，本条は適用されない。

　この点に関して，起草者は，「結局のところ，それは，出来事がニュース性を有するかどうかの問題だろうと思います。つまり，過去の記録的な価値ということでなくて，その日におけるニュースとして価値を持つかどうかの問題であります」とする[8]。

　その意味は必ずしも明確でないが，ここにいう「その日におけるニュース」という記述が，報道を行う日に生じた事件のみが「時事の事件」に当たるとする理解を意味するならば，妥当でなかろう[9]。そして，本条の立法過程で参照されたベルヌ条約10条の2第2項において「時事の事件」が「current events」と規定されていることや，本条の正当化根拠の一つが，時事の事件の報道には速報性が求められるため事前に著作権者の許諾を得ることの困難性にあることからすれば，「時事の事件」とは，ある事件が最近生じたものであることが必要とされよう[10]。

　裁判例においても，平成元年7月20日に行われた山口組五代目継承式の模様を撮影したビデオの一部（約4分間）を，大阪府警察本部が3年半ぶりに山口組系暴力団の一斉摘発を行った平成元年10月4日に放送したニュース番組の中でテレビ放送したという事案で，「被告の本件番組担当スタッフは，本件ビデオの製作及び複製ビデオテープの配付は，新組長の威光を末端組員（系列の団体の構成員）に対しても周知徹底させるために行われたものであり，勢力拡大

---

[8]　加戸・前掲注1）317頁以下参照。
[9]　中山信弘『著作権法』356頁（有斐閣，第2版，2014年）も同旨。
[10]　前掲注4）『法案コンメンタール』44-5頁は，「『時事の事件』というのは，現時または近時に起った事件であって，現在の社会的関心事であるものをいう」とする。

の動きの一環であると位置付けて,『山口組が,渡邉芳則五代目山口組組長の威光を末端組員(系列の団体の構成員)に対しても周知徹底させるために,本件継承式の模様を撮影して本件ビデオを作成し,その複製物を系列の団体に配付したこと』を時事の事件として報道したことが認められ」と判示したものがある(山口組五代目継承式事件)[11]。これは,当該ビデオの作成と配布という事件が最近生じたものと言えるという観点から「時事の事件」に当たると判断されたものと理解できよう。

また,平成6年の刑事事件に関して控訴審判決(平成17年10月14日)によって死刑宣告を受けた被告人が平成15年頃に文通相手とやりとりしていた手紙が,平成17年11月4日号の写真週刊誌の記事において公開されたという事案で,「本件記事は,本件刑事事件の控訴審で控訴人に対して死刑が宣告された後,間もない時期に掲載されているところ,本件刑事事件が重大かつ凶悪な犯罪であり,控訴審では一審の無期懲役刑を破棄して死刑が宣告されるなどの状況にあるから,控訴人が本件刑事事件についていかなる意見を持ち,どのように反省をしているかなどについては,時事の事件の問題についての公共の関心事であるということができる」などと判示して,同条の適用を認めたものがある(獄中書簡事件)[12]。

(2) **事件の報道**

また,「時事の事件を報道する場合」に当たるためには,「報道」と言える必要がある。したがって,何らかの事件の伝達があったとしても,それが「報道」と言えなければ,本条は適用されない。

この点に関して,起草者は,「客観的に判断して時事の事件と認められるような報道でなければならず,著作物の利用が眼目であって,意図的に時事の事件と称して利用することは許されません」とする[13]。

その意味は必ずしも明確でないが,他の法令において,「報道」を「不特定かつ多数の者に対して客観的事実を事実として知らせること(これに基づいて意見又は見解を述べることを含む。)をいう」(個人情報の保護に関する法律76条2項〔平成27年改正施行後〕)と定義する例があること,本条の正当化根拠の一つ

---

11) 大阪地判平成5年3月23日判時1464号139頁〔山口組五代目継承式事件〕参照。
12) 名古屋高判平成22年3月19日判時2081号20頁〔獄中書簡事件:控訴審〕参照。
13) 加戸・前掲注1)317頁参照。また,原秋彦「時事の事件の報道—TBS事件」斉藤博=半田正夫編『著作権判例百選』161頁(有斐閣,第3版,2001年)は,「事件や事実を取材し編集し発表ないし伝達することを言うものと解される」とする。

が，世の中に生じた時事の事件を公衆に伝達する報道の社会的意義にあること，本条の立法過程で参照されたベルヌ条約10条の2第2項においては，「報道」が「reporting」と定められていることからすれば，「事件を報道する場合」とは，事件を公衆に伝達することが主たる目的であることが必要とされよう。

これに従うと，たとえば，著名なアーティストによって本日ライブコンサートが行われたという出来事が「時事の事件」に当たるとしても，当該ライブの模様を，名曲や名演奏を鑑賞させる目的で長時間放送することは，「事件を報道する場合」に当たらない。起草者が，「野球の実況中継あるいは劇場の舞台中継のように長時間にわたる趣味・鑑賞的なもの」を「事件の報道をする場合に該当しない例」として挙げているのも[14]，そうした観点から理解できよう。

裁判例においても，展覧会の主催者である新聞社が，新聞朝刊の一面左上部に「幻のバーンズコレクション日本へ」との見出しの下で掲載した記事（後掲図2）の中で展示品の絵画を掲載したことについて，「右記事は，優れた作品が所蔵されているが，画集でも見ることのできないバーンズコレクションからよりすぐった作品を公開する本件展覧会が平成6年1月

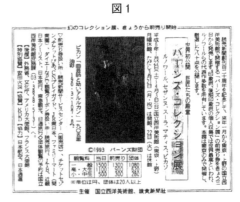

図1

から東京の国立西洋美術館で開催されることが前日までに決まったことを中心に，コレクションが公開されるに至ったいきさつ，ワシントン，パリでも公開されること，出品される主な作品とその作家を報道するものであるから，著作権法41条の『時事の事件』の報道に当たる」と判示する一方で[15]，前売券を今日から発売することを告知する記事の中で展示品の絵画を掲載したことについては（図1），「当日の出来事の予告ではあるが客観的な報道ではなく，むしろ，好意的に見て主催者からの告知又は挨拶文，とりようによっては被告が主催する本件展覧会の入場券前売り開始の宣伝記事と認められるから，いずれに

---

14) 加戸・前掲注1）318頁参照。
15) 東京地判平成10年2月20日判時1643号176頁〔バーンズコレクション事件〕（讀賣新聞平成4年12月2日付1面について）参照。

しても，著作権法41条の『時事の事件を報道する場合』に当たるということはできない」と判示したものがある（バーンズコレクション事件）[16]。後者の告知記事については，それが事件を公衆に伝達することが主たる目的であったとは言えないという観点から「事件の報道」であることが否定されたものと理解できよう。

同様に，オークションカタログに商品である美術品の画像が掲載された事案において，「本件パンフレットには，『国内オークション史上初，香港オークション開催』の見出しが付けられ，『国内オークション史上初の海外開催となるエスト・ウエスト香港オークション。』との記載があるものの，その他は，開催日時や開催場所に関するものや，本件オークション等の宣伝というべき内容で占められており，被告が『時事の事件』であると主張する初の海外開催という事実に関連する記述は見当たらない。上記記載の内容に照らすと，本件パンフレットは，被告の開催する本件オークション等の宣伝広告を内容とするものであるというほかなく，時事の事件の報道であるということはできない」と判示したものがある（エスト・ウエストオークションズ事件）[17]。

また，宗教法人代表である元夫による「霊言」と呼ばれる発言を含む映像の一部が名誉毀損に当たるとする訴訟提起を発表する記者会見に際して，当該霊言のDVDを複製して報道関係者等に頒布した事案で，「同条の適用対象は報道を行う者であって，報道の対象者は含まれない」とした上で，「被告は，本件記者会見を行ったことが認められるものの，本件記者会見についての報道を行った者ではないから，著作権法41条の適用はないというべきである」と判示したものがある（霊言DVD事件）[18]。

さらに，ある女優Aが初めてヌードになって出演した映画が映画祭において公開されて話題騒然となったこと等を内容とする雑誌記事に，当該映画のヌードシーンが掲載されたという事案で，「本件記事の構成及び内容からみれば，本件記事が主として伝達している内容は，女優Aが本件映画で初めてヌードになっているということに尽きるものであって，本件記事は，読者の性的好奇心を刺激して本誌の購買意欲をかきたてようとの意図で記述されているものとい

---

16) 前掲注15）東京地判平成10年2月20日〔バーンズコレクション事件〕（讀賣新聞平成5年11月3日付30面について）参照。
17) 東京地判平成21年11月26日〔エスト・ウエストオークションズ事件〕参照。
18) 東京地判平成24年9月28日判タ1407号368頁〔霊言DVD事件〕参照。

わざるを得ない。そして，本件映画においてAがヌードになっているということが時事の事件の報道に該当しないことは明らかである」として，本条の適用を否定したものがある（いちげんさん事件）[19]。これは，本件記事が事件を公衆に伝達することが主たる目的であったとは言えないという観点から「事件の報道」であることを否定したものと位置づけられよう[20]。

(3) 課　題

　もっとも，「時事の事件を報道する場合」をめぐっては，以下の点が残された課題となる。

　一つ目に，どれほど最近に生じた事件であれば「時事の事件」と言えるかという点である。たとえば，年末のテレビ番組において同年中に起きた事件を取り上げることや，月刊誌において前月に起きた事件を取り上げることが，「時事の事件」の報道に当たるかが問題となる[21]。

　二つ目に，どのような出来事が生じれば「事件」と言えるかという点である。たとえば，あるゲームがインターネットのSNS上で突然大きな話題になっているということや，ビートルズの来日コンサートからちょうど20年を迎えたということが，現時点で生じている事実や出来事と言えるとしても，それを「事件」と評価できるか，そこでは「社会の関心事」と言える必要があるかといった点が問題となる[22]。

　三つ目に，どのような場合に「報道」と言えるかという点である[23]。たとえば，一般人のブロガーが街やネット上で起きている出来事を取材した記事をインターネットに掲載することも「報道」に当たると言えるかどうかが問題となる[24]。

---

19)　東京地判平成13年11月8日〔いちげんさん事件〕参照。
20)　もっとも，女優Aが初めてヌードになった映画が京都映画祭で大きな話題になったことを事件であると見るならば，一本件写真の掲載が「報道の目的上正当な範囲内」と言えるかどうかは別として―本件記事が「時事の事件を報道する場合」に当たらないと評価すべきかどうかは検討を要するように思われる。梅田康宏「時事の事件の報道―バーンズコレクション事件」中山信弘ほか編『著作権判例百選』131頁（有斐閣，第4版，2009年）も，「41条の適用を否定した結論には異論がないが，当該記事は映画が京都市主催の企画コンペで最優秀作に選ばれて制作された経緯や京都映画祭の様子なども伝えており，判決が，記事全体を『時事の事件の報道』ではないと断ずる趣旨であれば疑問がある」とする。
21)　三村量一「マスメディアによる著作物の利用と著作権法」コピライト594号6頁（2010年）は，「年末番組も『時事の報道』として認めてもいいのではないかと，個人的にはそういう見解を持っていますし，年報も『朝日年鑑』くらいはいいのではないか」とする。

2　対象著作物

　第二に，本条の適用を受けるためには，「当該事件を構成し，又は当該事件の過程において見られ，若しくは聞かれる著作物」に当たることが必要である。

(1)　事件を構成する著作物

　まず，「事件を構成」する著作物とは，起草者によれば，「事件の主題となっている著作物」とされる[25]。

　たとえば，美術館から絵画が盗まれたという事件をテレビのニュース番組で報道する際に，当該絵画は「事件を構成する」著作物に当たるため，これを当該番組の中で放送することができる。

　裁判例においても，山口組五代目継承式事件では，同継承式の模様を撮影したビデオについて，「被告の本件番組担当スタッフは，……『山口組が，渡邉芳則五代目山口組組長の威光を末端組員（系列の団体の構成員）に対しても周知徹底させるために，本件継承式の模様を撮影して本件ビデオを作成し，その複製物を系列の団体に配付したこと』を時事の事件として報道した」ことから，

---

[22]　梅田・前掲注20）131頁は，「極めて些細な日常の出来事等については社会の関心事とはいえず，本条にいう『時事の事件』には該当しないというべきである」とする。他方，三村・前掲注21）6頁は，「『時事の事件の報道』というと，ニュースの中の社会面のニュースばかりなのか，あるいは政治面のニュースばかりなのかという感じも字面上受けないわけでもないですが，必ずしもそういうわけではなくて，『時の人』とか『話題の人』のインタビュー記事とか，あるいは業界の『トレンド情報』の紹介とか，地方局とか地方紙であれば，その地方特有の『四季の話題』の紹介とかいうものも『時事の事件の報道』と言ってよいと思います」とする。

[23]　中山・前掲注9）357頁も，「報道の概念については定義がない。従来は，新聞・雑誌・テレビ・ラジオ等のマスコミを念頭に置いていたのであろうが，インターネットの発展により，個人でも事件の報道を行うことが可能になってきた。どこまでを報道と考えるか，という点については判例も学説もなく，今後の課題であろう」とする。

[24]　半田正夫＝松田政行編『著作権法コンメンタール2』385頁〔久々湊伸一＝生駒正文〕（勁草書房，第2版，2015年）は，「近時，インターネット技術の発展により個人レベルの必要な報道も含めてよいか否かということが考えられるが，認めてよいと思われる」とする。また，渋谷達紀『著作権法』331頁（中央経済社，2013年）は，「報道する者の資格は限定されていないから，ツイッターなどにより一般人も報道をすることができる」とする。金井高志「インターネット上での消費者による著作物利用行為と権利制限規定」コピライト657号15頁（2016年）も同旨。他方，梅田・前掲注20）131頁は，「ネット上の情報を単に寄せ集めただけのブログのようなものもまた『報道』とは言い難い。これらを排除するため，『独自の取材に基づく』事実の伝達であることが要件として加えられるべきであろう。したがって，フリーライターの個人的なブログなども独自の取材に基づけば41条の『報道』に該当する。この他，購入した配信記事の掲載は，『報道』に含めて良いと考える」とする。

[25]　加戸・前掲注1）318頁参照。

「本件ビデオは，右事件を構成する著作物であ」ると判示された[26]。

　また，バーンズコレクション事件では，新聞社が，秘蔵コレクションの展覧会が平成 6 年 1 月から東京の国立西洋美術館で開催されることが前日までに決まったことを中心に，コレクションが公開されるに至ったいきさつ，ワシントンやパリでも公開されること，出品される主な作品とその作家を報道する場合であったことから，「本件展覧会に出品される80点中に含まれる有名画家の作品 7 点が作品名を挙げて紹介されている中の一つとして本件絵画三が挙げられているから，本件絵画三は，同条の『当該事件を構成する著作物』に当たる」と判示された[27]。

　他方，いちげんさん事件では，仮に本件記事の伝達内容が「（本件映画をめぐる）過熱，大騒ぎの最大の原因は，本件映画で主演をつとめた女優Aがはじめてヌードになって，官能的な場面を大胆な演技で見事演じきったことによるものであった」という事項を含むとしても，「Aのラブシーンなどを撮影した本件写真は，そうした事項との関連で著作権法41条にいう『当該事件を構成』するものではな……い」と判示された[28]。

(2)　事件の過程における著作物

　つぎに，「事件の過程において見られ，若しくは聞かれる著作物」とは，起草者によれば，「ある事件を視聴覚的に報道しようとすれば利用を避けることができない事件中に出現する著作物」とされる[29]。

　たとえば，美術館から絵画が盗まれたという事件をテレビのニュース番組で報道するに当たって，当該絵画が盗まれた後の展示室を撮影する際，当該絵画以外の彫刻が映像に映り込んだ場合，当該彫刻は「事件の過程において見られ……る著作物」に当たるため，これを番組の中で放送することができる。また，オリンピックの開会式が行われたという事件をラジオのニュース番組で報道す

---

[26]　前掲注11）大阪地判平成 5 年 3 月23日〔山口組五代目継承式事件〕参照。

[27]　前掲注15）東京地判平成10年 2 月20日〔バーンズ・コレクション事件〕（讀賣新聞平成 4 年12月 2 日付 1 面について）参照。

[28]　前掲注19）東京地判平成13年11月 8 日〔いちげんさん事件〕参照。もっとも，同判決はこの点に関する理由を示しておらず，また，女優Aが初めてヌードになった映画が京都映画祭で大きな話題になったことを事件と見るならば，―本件写真の掲載が「報道の目的上正当な範囲内」と言えるかどうかは別として―本件写真は当該事件と一定の関連性を有していることから，「事件を構成する」著作物に当たらないと評価すべきかどうかは検討を要するように思われる（なお，同判決の裁判長は，本条に関する柔軟な解釈を示している三村量一元判事である点も興味深い）。

[29]　加戸・前掲注 1 ）318頁参照。

る際，開会式の会場で入場行進曲が流れた場合，当該行進曲は「事件の過程において……聞かれる著作物」に当たるため，これを番組の中で放送することができる。

したがって，時事の事件とは直接の関連性を有しない著作物を意識的に取り込んだような場合，当該著作物は「事件の過程において見られ，若しくは聞かれる著作物」に当たらないと解される。

裁判例においても，総合商社等がベンチャー企業に出資して日本初の大規模な風力発電のファンドを立ち上げたという事件をテレビ放送のニュース番組で報道するに当たって，当該ベンチャー企業のオフィスを取材した際に，壁面に架かっていた風車の写真の木製パネルを壁から降ろし，これをテーブルの上に置き，ズームアップをして，当該写真の一部のみをビデオカメラで撮影したという事案で，「本件各写真及びそれらの被写体である風力発電所は，同被告らが立ち上げるというファンドとは無関係なものであり，被告らの主張上も，被告Y6が同ファンドの設立前に手がけた事業に関係するものにすぎないというのであるから，本件各写真は，当該事件を構成する著作物でないのはもちろんのこと，当該事件の過程において見られ，もしくは聞かれる著作物でもないといわなければならない」と判示したものがある（風車の写真事件）[30]。

(3) 課　題

もっとも，「当該事件を構成し，又は当該事件の過程において見られ，若しくは聞かれる著作物」をめぐっては，以下の点が残された課題となる。

一つ目に，時事の事件に関連性を有するものの，時間的または内容的に時事の事件との関連性が低い著作物の場合，どれほどの関連性があれば，「当該事件を構成し，又は当該事件の過程において見られ，若しくは聞かれる著作物」と言えるかという点である。

たとえば，有名俳優が死去したという時事の事件をテレビのニュース番組で報道する際に，当該俳優が過去に出演した映画の名場面は「当該事件を構成」する著作物に当たるかどうか問題になる[31]。また，10年前に絵を盗んだ犯人が本日逮捕されたという事件を報道する際に，盗まれた絵が犯人逮捕という「当該事件を構成」する著作物に当たるかどうか問題となる[32]。さらに，ある刑事事件を報道する際に，高校の卒業アルバムや個人ウェブサイトに掲載され

30）　札幌高判平成23年11月18日〔風車の写真事件：控訴審〕（第一審判決〔札幌地判平成22年11月10日〕引用部分）参照。

ている被疑者の写真が「当該事件を構成」する著作物に当たるかどうか問題となる[33]。

二つ目に，いわゆる報道用写真も「当該事件を構成し，又は当該事件の過程において見られ，若しくは聞かれる著作物」と言えるかという点である。

たとえば，テロ事件を取材したジャーナリストによって撮影された現場のスクープ写真や，火山噴火の被害者によって撮影された噴火現場の映像が，「当該事件を構成し，又は当該事件の過程において見られ，若しくは聞かれる著作物」に当たるかどうかが問題となる。

この点について，起草者は，「本条では，報道用の写真は，利用できる著作物とはなりません。といいますのは，事件現場を撮影した写真自体は，その事件を構成する著作物でもないし，その事件の過程において見られ聞かれる著作

---

[31] 中山・前掲注9）355頁は，「例えば有名俳優の死去の報道に際してその俳優の過去の出演映画の名場面を短く放映することは当然のように行われているが，厳密な解釈をすると，その過去の映画はその俳優の死去という事件を構成するものでもないし，また死去という事件の過程において見られるものでもないので，41条が適用されないと解することも不可能ではない。しかし常識的に考えて，このような場合には権利者の損失にも繋がることもほとんどないであろうし，緩やかな解釈をして，ある事件と相当な関連があれば41条の適用を認めるべきである」とする。また，三村・前掲注21）8頁以下は，ある歌手が死亡した場合に過去のヒット曲やレコードジャケットを放送することについて，「死亡報道の際には，そのくらいまでは認めてもよいだろうと思っています」（9頁）とする。他方，渋谷・前掲注24）332頁は，「有名画家の死亡記事の中に引用されている代表作のようなものは，いずれにも当たらない。その複製が許されるのは，公正利用行為としての引用による利用（32条1項）の要件を充たす場合である」とする。また，日本新聞協会研究所編『新聞と著作権』104頁以下（日本新聞協会，1993年）［吉田健］は，本条と引用規定（著作権法32条1項）の適用可能性を指摘した上で，「結局，この問題は著作権法上の根拠をどちらに求めるかという理論構成の違いに帰することになるが，どちらかと言えば，引用報道と考える方が無理の少ない解釈と言えよう」（105頁）とする。高林龍『標準著作権法』（有斐閣，第3版，2016年）185頁も同旨。

[32] 三村・前掲注21）7頁以下は，「事件後何周年の行事」に関して「元になった出来事自体も行事を構成する事件の一部ということで，条文の文言からいっても『当該事件を構成し』といってもいいのではないか」（8頁）とすると共に，10年前の事件について判決が下されたという裁判報道に関して「判決の審議の対象になっている事件というのは裁判の中身を構成している事実そのものですので，事件自体は過去のものであっても，審理の対象になっている事件という意味で『事件を構成する』といって構わない」（8頁）とする。

[33] 三村・前掲注21）9頁は，刑事事件の場合は「報道に顔は付きものという形になっています」とした上で，被疑者の写真を高校の卒業アルバムから用いることは，結論として許容されるとする（ただし，小学校の卒業アルバムなど「幼少期の写真を載せることに意味がないという場合は，『報道の目的上正当な範囲内』かどうかという点で疑問があるだろうと思います」とする）。

物でもないからであります」と述べて，これを否定している[34]。実際のところ，この問題は立法過程においても懸念され，報道用写真を本条の対象に含まないように立法すべきものとされていた[35]。これに対して，近時の見解の中には，「報道対象となる客体が写っていれば41条の対象としてもよいのではないか……。報道用写真といっても被写体自体が事件を構成するものであれば，私は構わないのではないかと思っています」とするものがある[36]。

3 正当な範囲内

第三に，本条の適用を受けるためには，「報道の目的上正当な範囲内において」行われることが必要である。

(1) 従来の議論

この点に関して，起草者は，「正当な範囲内というのは，報道するために本

---

[34] 加戸・前掲注1）319頁参照。

[35] 前掲注4）『法案コンメンタール』44-6頁。本条のもとになった文部省文化局試案44条（同条1項は，「写真，映画，放送その他の方法によつて時事の事件を報道する場合には，著作物は，目的上正当と認められる範囲内において，事件を報道するために複製し，又は録画し，及び事件の報道に伴つて利用することができる」と定める）に関する「特に問題となる点」として，「報道のための写真をその事件の報道のために使用する場合を含むようにも読めるとの指摘（法務省刑事局）もあるところであり，こうしたものを含まないものであることを明確にすることを検討する要があると考えられる」としていた。

[36] 三村・前掲注21）9頁参照。同頁は，「過去の事件の写真というのは大体報道のための写真を引っ張り出してこなければならない……。ルオーの絵が盗まれたから，ルオーの絵画を掲げることは構わないという事案を考えますと，ルオーの描いたその絵画をその度にカメラマンが実物を撮りに行かなければいけないのかということです。しかも盗まれているわけですから，実物が今はないわけですよね。そうするとどこかにある何かの目的でほかの人が撮影をしたルオーの絵の写真を利用して報道するほかないのですが，それはここでいう報道用写真とどう違うのかという気がします。……ルオーの絵を写した写真であれば，たまたま以前にも1回盗まれたことがある絵なので，前の事件の報道に使われた写真をもう1回使えばいいのではないかと思います。……他の例を挙げれば，太平洋戦争の不発弾が爆発したという事件が今回起きましたというとき，その爆弾が落とされたときの空襲の様子ですと，戦時中のニュースフィルムしか残っていません。それを使ってはいけないということでは，報道のしようがないと思います。……北朝鮮とか，中国などの事件で地元の特定の報道機関の写真しか存在しない場合や，外国の特定のメディアにしか撮影が許可されていないような場合には，そこで使用されている写真をそのまま使用することが，国民の知る権利に資するという観点からは，まさに報道本来の目的を果たしているという場合もあるだろうと思います」などとする。ただ，同頁は，「他の新聞社が掲載した写真をそのままコピーして自社の新聞に掲載するような場合は，『報道の目的上正当な範囲内において』という点で問題があるかもしれません」としている点には留意が必要。

当に必要かどうか，著作物の本来的利用と衝突しないかどうかで判断していただきたい」とした上で，「スポーツ・ニュースの番組でスポーツ行事の報道に伴って入場マーチや応援歌が流れてくるのはかまいませんが，その報道時間の長さによっては正当な範囲を超えると判断される場合もございましょう。また，盗難絵画の複製の場合でも，上質紙にカラー印刷して鑑賞に耐えるような利用ケースであれば問題となりましょう」と述べている[37]。

本条の正当化根拠の一つが，報道に伴う著作物利用がその目的上正当な範囲で行われる場合は著作権者の利益を不当に害するものではない点にあることからすれば，当該著作物利用が「報道の目的上正当な範囲内」に当たるかどうかは，その態様に関する諸事情（例：伝達の手段，質，量，サイズ，頻度，期間，デジタル／アナログ，ダウンロード禁止の有無）を考慮しつつ，著作権者の利益を不当に害しないかどうかという観点から判断されることになろう。

たとえば，ある映画が公開されたという時事の事件をテレビで報道する際に，当該映画（全100分間）のうち15分間をテレビ放送するような場合は，たとえ時事の事件の報道に当たるものであったとしても，映画の本来的な利用である劇場上映やDVD販売を害する可能性が高いため，「報道の目的上正当な範囲内」に当たらないと解される。

裁判例においても，約3時間にわたる他人の講演の全部を，コメントを付しつつインターネットでライブ配信したことについて，本条の適用を否定したものがある（真理講演会事件）[38]。

また，いちげんさん事件では，週刊誌のモノクログラビア記事（3頁）と活版記事（2頁）のうち本件グラビア3ページ目に女優Aのヌードシーンを含む映画「いちげんさん」の映像を撮影した写真（3枚）が掲載されており，同頁の上半分にはAの上半身のヌード写真がアップで掲載され，同頁の下半分には，上半分の写真の約4分の1の大きさの写真が二つ掲載されたという事案で，仮に本件記事の伝達内容が「（本件映画をめぐる）過熱，大騒ぎの最大の原因は，本件映画で主演をつとめた女優Aがはじめてヌードになって，官能的な場面を大胆な演技で見事演じきったことによるものであった」という事項を含むとしても，「Aのラブシーンなどを撮影した本件写真は，そうした事項との関連で著作権法41条にいう『当該事件を構成』するものではなく，また，上記事項を

---

[37] 加戸・前掲注1）319頁参照。
[38] 東京地判平成28年12月15日〔真理講演会事件〕参照。

伝達するための『報道の目的上正当な範囲内』のものともいえない」と判示された[39]。

他方、山口組五代目継承式事件では、番組の中で山口組関係の放送は約7分間であり、そのうち、山口組五代目継承式の模様を撮影した本件ビデオ（約1時間27分）の5パーセント弱である4分十数秒間が放送されたということを考慮して、「本件放送の放送時間は4分10数秒間であり、単純計算では本件番組中の山口組関連の報道全体の放送時間約7分間の約6割を占めるようにみえるが、両者は時間的に重複しているものであり、被告は、本件放送中も、本件ビデオのみを放送するのでなく、出演者が、画面に写し出された本件継承式について感想を述べたり解説を加えたりしており、これらは、視聴者が、本件ビデオの作成及びその複製ビデオテープの配付という事件がいかなる意味を有するかを理解するのに資する行為である。……以上の諸点を総合して考えると、本件放送は、報道の目的上正当な範囲内において本件ビデオを利用したものと評価するのが相当である」と判示された[40)41)]。

また、バーンズコレクション事件では、新聞朝刊の一面左上部に3点の絵画がカラー印刷で掲載されている（ピカソ「曲芸師と幼いアルルカン」〔本件絵画三：約98mm×約57mm〕、セザンヌ「カード遊びをする人たち」〔約97mm×約135mm〕、ルノワール「音楽学校生の門出」〔約85mm×約54mm〕）事案で（図2）、「複製された本件絵画三の大きさが前記の程度であること、右記事全体の大きさとの比較、カラー印刷とはいえ通常の新聞紙という紙質等を考慮すれば、右複製は、同条の『報道の目的上正当な範囲内において』されたものと認められる」と判示さ

---

39) 前掲注19) 東京地判平成13年11月8日〔いちげんさん事件〕参照。
40) 前掲注11) 大阪地判平成5年3月23日〔山口組五代目継承式事件〕参照。

れた[42]。

さらに、獄中書簡事件では、A4判見開き2頁からなる写真週刊誌において、「死刑判決（高裁）"少年"被告の『あまりに無反省な』獄中書簡」といった見出しおよび本文と共に、本件手紙の一部や被害者を撮影した写真が掲載されており、量的には写真部分が半分よりやや多くなっているという事案で（図3）、「本件記事は、控訴人の本件刑事事件についての考え方等が記載されている本件各引用部分を利用するとともに、これらの記載部分から推認される控訴人の反省の状況等について論評をしている内容といえるから、これらの事柄について報道することは、報道の目的上正当な範囲の利用ということができる」と判示された[43]。

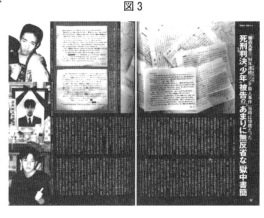

図3

(2) 課題

もっとも、「報道の目的上正当な範囲内において」をめぐっては、以下の点

---

[41] もっとも、茶園成樹「ニュース番組における他社製作ビデオの一部利用と著作権侵害」堀部政男＝長谷部恭男編『メディア判例百選』201頁（有斐閣、2005年）は、「本件については、本件ビデオの製作およびその複製ビデオテープの配付という事件の報道として、本件ビデオの外部形状のみを示すだけでは、本判決が述べるように不十分であるとしても、本件ビデオの一部を、その内容をごく簡単に紹介する程度に利用すれば足り、約4分間も放送することは、むしろ継承式自体の解説を目的とするものであって、報道の目的上正当な範囲を超えているという考え方もできないではない」とする。また、山中伸一「ビデオ映画の一部のニュース番組での放送が時事の報道のための利用に当たるとされた事例」特許管理44巻10号1424頁（1994年）は、「本件ビデオの一部を4分10数秒間にわたり放映するというのは、報道のため必要な範囲内での利用といえるか疑問である」とする。さらに、本橋光一郎「時事の事件の報道のための利用—『山口組継承式事件』」村林隆一先生古稀記念論文集『判例著作権法』746頁（東京布井出版、2001年）も、「ビデオの表面を撮影するなり、ビデオ内容を特定する程度において放送するのが相当であって、4分間もの放送をするというのは、正当な範囲を逸脱するのではないかという考え方もでてこよう」とする。

[42] 前掲注15）東京地判平成10年2月20日〔バーンズコレクション事件〕（讀賣新聞平成4年12月2日付1面について）参照。

[43] 前掲注12）名古屋高判平成22年3月19日〔獄中書簡事件：控訴審〕参照。

が課題となる。

　一つ目に、利用される著作物が未公表か否かを考慮するかどうかという点である。本条の規定は、未公表の著作物にも適用される点で引用規定（著作権法32条1項）と異なるが、未公表の著作物については「正当な範囲内」に当たることが認められにくくなると考えるべきかが問題となる[44]。

　二つ目に、インターネットで報道が行われる場合の「正当な範囲内」をどう考えるべきかという点である。インターネットの場合、著作物利用が時間的に継続することが少なくないなど、新聞やテレビの場合と比較すると、著作物利用を許容した場合に著作権者に与える不利益が異なることが考えられる。そのため、インターネットによる報道の場合に、「正当な範囲内」の判断においてどのような事情を考慮すべきかが問題となる。

第4節　おわりに

　著作権法41条は、「時事の事件の報道のための利用」を許容する規定であるが、最近では、インターネットを中心とする情報発信手段の多様化に伴い、個人のブログはもちろんのこと、バイラルメディアやニュースアグリゲーションといった新たなサービスが登場したことにより、本条の適用範囲は重要な問題となっている。近い将来、これが大きな議論に発展する可能性も高い。

　本稿は、本問題に関する準備的考察として、従来の議論の整理と課題の抽出を試みたものに過ぎないが、今後の議論の礎となれば幸いである。

---

[44]　茶園・前掲注41）201頁は、「未公表著作物が利用される場合には、公表著作物の利用の場合よりも権利者に与える不利益が大きくなるために、利用が正当な範囲を逸脱すると判断される可能性が高まることになろう」とする。

応用美術に関する裁判例について
―「TRIPP TRAPP 事件」以降の裁判例を中心として―

清水 節

第1節　はじめに
第2節　「TRIPP TRAPP 事件」判決について
第3節　その後の応用美術に関する裁判例
第4節　裁判例のまとめ
第5節　おわりに

第1節　はじめに

　実用に供され，あるいは産業上の利用を目的とする「応用美術」については，著作権法上どのような地位が与えられているのか，従前から議論がなされてきた。この点に関し，2015年に行われた「TRIPP TRAPP 事件」知財高裁平成27年4月14日判決[1]では，今までの通説的な見解と異なり，美的観点からの高い創作性の判断基準を設定することは相当でないとの見解が示され，当該物品について著作物性が肯定された。この判決に対しては，批判的な評価を含めて様々な見解が表明されており[2]，当該判決の合議体の構成員である筆者も若干のコメントを述べた[3]。

　本稿では，「TRIPP TRAPP 事件」判決を簡略に示した後，この判決以後に行われた応用美術に関するいくつかの判決を紹介し，実用的な美術品に対する著作権法による保護についての近時の裁判例の考え方を検討したい（なお，本稿における「応用美術」とは，実用に供される目的を有する視覚的表現物一般であり，その中には，「美術の著作物」に該当するもの（当然，創作的な表現を有する）が含まれるが，美術の範囲に属しない表現物や，創作的でない表現物も含まれる。これ

---

1) 平成26年（ネ）第10063号・原審・東京地方裁判所平成25年（ワ）第8040号。なお，この判決の前年に行われた知財高裁平成26年8月28日判決（平成25年（ネ）第10068号）「ファッションショー事件」控訴審判決も，「美的特性を備えている部分」の分離可能性という従前の応用美術に対する見解と異なる視点を提供するものとして注目された。この判決については，後記注7）で取り上げる。

に対し，実用に供される「美的な表現物」のみを「応用美術」とする定義もある）。

第2節　「TRIPP TRAPP 事件」判決について

1　事案の概要

　X（原告・控訴人。以下同じ）らは，いずれもノルウェー法人であり，代表者のデザイナーがデザインした幼児用椅子（X製品）を昭和40年代から製造販売しているところ，日本法人のY（被告・被控訴人。以下同じ）に対して，その製造販売する幼児用椅子（Y製品，6種類）の形態が，X製品の形態的特徴に類似していると主張し，Yに対し，①X製品の著作権等の侵害，②不正競争防止法違反，③一般不法行為の成立などを理由として，製造販売の差止めおよび損害賠償の支払等を求めた。

　一審判決は，①X製品のデザインは，著作権法の保護を受ける著作物に当たらない，②X製品は，従来の椅子には見られない顕著な形態的特徴を有しているが，Y製品の形態がX製品の商品等表示と類似のものといえず，不正競争防

2）　この判決に対する評釈または言及する解説としては，中川隆太郎「問い直される実用デザインの保護のルール－ TRIPP TRAPP 事件知財高裁判決のインパクト」コピライト55巻653号30頁（2015年），田村善之・判解（上・下）・ビジネス法務15巻10号43頁，15巻11号96頁（2015年），本山雅弘「応用美術の保護をめぐる著作権法のインターフェイスについて」コピライト55巻658号2頁（2016年），小林利明「知財判例速報　応用美術（椅子）の著作物性」ジュリスト1484号8頁（2015年），相良由里子・AIPPI40巻5号291頁（2015年），森本晃生「裁判例評釈　いわゆる応用美術の著作物性判断基準につき従前の立場を変更した知財高裁第2部判決」パテント68巻10号67頁（2015年），金子敏哉「応用美術の保護―TRIPP TRAPP 事件控訴審判決をふまえて」パテント69巻4号（別冊14）101頁（2016年），三山峻司「実用品デザイン（応用美術）の保護範囲」知財管理66巻3号322頁（2016年），生駒正文「椅子デザインの著作物性」特許ニュース14157号1頁（2016年），木村剛大「幼児用椅子 TRIPP TRAPP は果たして著作物なのか」パテント69巻7号94頁（2016年），井上由里子「応用美術としての椅子のデザインの著作物性」ジュリスト1492号266頁（2016年），「著作権判例百選（第5版）」36頁〔奥邨弘司〕，茶園成樹編『著作権法』37頁（有斐閣，第2版，2016年），島並良＝上野達弘＝横山久芳『著作権法入門』43頁（有斐閣，第2版，2016年）。なお，横山久芳「著作権法における応用美術の保護のあり方」はばたき―21世紀の知的財産法563頁（弘文堂，2015年），中山信弘「応用美術と著作権」季刊ジュリスト18号98頁（2016年）参照。

3）　筆者は，この判決についての裁判長であり，「応用美術に対する著作権による保護」コピライト56巻663号2頁（2016年）において，当該判断に至る背景事情や判決に示された考え方などにつき，裁判所法75条に抵触しない範囲で，若干の個人的見解を述べた。本稿で紹介する判決についても，筆者が関与しているものに関しては，同様の立場である。

止法に基づく請求は理由がない，③一般不法行為も成立しない，と判断して，請求を棄却した。

2 控訴審判決の内容

X製品（TRIPP TRAPP）

控訴審判決は，①以下のとおり述べて，X製品が，「美術工芸品」に該当しないが，いわゆる応用美術と呼ばれる，実用に供され，あるいは産業上の利用を目的とする表現物であることを認定した上，その著作物性を検討し，「美術の著作物」としての著作物性を肯定したが，X製品とY製品との類似性を否定して著作権侵害を認めず，②不正競争防止法違反および③一般不法行為の成立をいずれも否定して，Xらの控訴を棄却した（以下，本稿では，著作権に関する点のみ取り上げる）。

「著作権法は，同法2条1項1号において，著作物の意義につき，「思想又は感情を創作的に表現したものであって，文芸，学術，美術又は音楽の範囲に属するもの」と規定しており，同法10条1項において，著作物を例示している。

X製品は，幼児用椅子であることに鑑みると，その著作物性に関しては，上記例示されたもののうち，同項4号所定の「絵画，版画，彫刻その他の美術の著作物」に該当するか否かが問題になるものと考えられる。

この点に関し，同法2条2項は，「美術の著作物」には「美術工芸品を含むものとする。」と規定しており，前述した同法10条1項4号の規定内容に鑑みると，「美術工芸品」は，同号の掲げる「絵画，版画，彫刻」と同様に，主として鑑賞を目的とする工芸品を指すものと解される。

しかしながら，X製品は，幼児用椅子であるから，第一義的には，実用に供されることを目的とするものであり，したがって，「美術工芸品」に該当しないことは，明らかといえる。」

「そこで，実用品であるX製品が，「美術の著作物」として著作権法上保護さ

れ得るかが問題となる。
　この点に関しては，いわゆる応用美術と呼ばれる，実用に供され，あるいは産業上の利用を目的とする表現物（以下，この表現物を「応用美術」という）が，「美術の著作物」に該当し得るかが問題となるところ，応用美術については，著作権法上，明文の規定が存在しない。
　しかしながら，著作権法が，「文化的所産の公正な利用に留意しつつ，著作者等の権利の保護を図り，もって文化の発展に寄与することを目的と」していること（同法１条）に鑑みると，表現物につき，実用に供されること又は産業上の利用を目的とすることをもって，直ちに著作物性を一律に否定することは，相当ではない。同法２条２項は，「美術の著作物」の例示規定にすぎず，例示に係る「美術工芸品」に該当しない応用美術であっても，同条１項１号所定の著作物性の要件を充たすものについては，「美術の著作物」として，同法上保護されるものと解すべきである。
　したがって，X製品は，上記著作物性の要件を充たせば，「美術の著作物」として同法上の保護を受けるものといえる。」
　「応用美術は，装身具等実用品自体であるもの，家具に施された彫刻等実用品と結合されたもの，染色図案等実用品の模様として利用されることを目的とするものなど様々であり（証拠略），表現態様も多様であるから，応用美術に一律に適用すべきものとして，高い創作性の有無の判断基準を設定することは相当とはいえず，個別具体的に，作成者の個性が発揮されているか否かを検討すべきである。」
　「Xら主張に係るX製品の形態的特徴は，①「左右一対の部材A」の２本脚であり，かつ，「部材Aの内側」に形成された「溝に沿って部材G（座面）及び部材F（足置き台）」の両方を「はめ込んで固定し」ている点，②「部材A」が，「部材B」前方の斜めに切断された端面でのみ結合されて直接床面に接している点及び両部材が約66度の鋭い角度を成している点において，作成者であるX代表者の個性が発揮されており，「創作的」な表現というべきである。
　したがって，X製品は，前記の点において著作物性が認められ，「美術の著作物」に該当する。」
　「応用美術には様々なものがあり，表現態様も多様であるから，明文の規定なく，応用美術に一律に適用すべきものとして，「美的」という観点からの高い創作性の判断基準を設定することは，相当とはいえない。

また，特に，実用品自体が応用美術である場合，当該表現物につき，実用的な機能に係る部分とそれ以外の部分とを分けることは，相当に困難を伴うことが多いものと解されるところ，上記両部分を区別できないものについては，常に著作物性を認めないと考えることは，実用品自体が応用美術であるものの大半について著作物性を否定することにつながる可能性があり，相当とはいえない。

　加えて，「美的」という概念は，多分に主観的な評価に係るものであり，何をもって「美」ととらえるかについては個人差も大きく，客観的観察をしてもなお一定の共通した認識を形成することが困難な場合が多いから，判断基準になじみにくいものといえる。」

　「応用美術に関しては，現行著作権法の制定過程においても，意匠法との関係が重要な論点になり，両法の重複適用による弊害のおそれが指摘されるなどし，特に，美術工芸品以外の応用美術を著作権法により保護することについては反対意見もあり，著作権法と意匠法との調整，すみ分けの必要性を前提とした議論が進められていたものと推認できる（証拠略）。

　しかしながら，現行著作権法の成立に際し，衆議院及び参議院の各文教委員会附帯決議において，それぞれ「三　今後の新しい課題の検討にあたっては，時代の進展に伴う変化に即応して，（中略）応用美術の保護等についても積極的に検討を加えるべきである。（以下略）」と記載され（証拠略），応用美術の保護の問題は，今後検討すべき課題の1つに掲げられていたことに鑑みると，上記成立当時，応用美術に関する著作権法及び意匠法の適用に関する問題も，以後の検討にゆだねられたものと推認できる。

　そして，著作権法と意匠法とは，趣旨，目的を異にするものであり（著作権法1条，意匠法1条），いずれか一方のみが排他的又は優先的に適用され，他方の適用を不可能又は劣後とするという関係は，明文上認められず，そのように解し得る合理的根拠も見出し難い。

　加えて，著作権が，その創作時に発生して，何らの手続等を要しないのに対し（著作権法51条1項），意匠権は，設定の登録により発生し（意匠法20条1項），権利の取得にはより困難を伴うものではあるが，反面，意匠権は，他人が当該意匠に依拠することなく独自に同一又は類似の意匠を実施した場合であっても，その権利侵害を追及し得るという点において，著作権よりも強い保護を与えられているとみることができる。これらの点に鑑みると，一定範囲の物品に限定

して両法の重複適用を認めることによって，意匠法の存在意義や意匠登録のインセンティブが一律に失われるといった弊害が生じることも，考え難い。

　以上によれば，応用美術につき，意匠法によって保護され得ることを根拠として，著作物としての認定を格別厳格にすべき合理的理由は，見出し難いというべきである。

　かえって，応用美術につき，著作物としての認定を格別厳格にすれば，他の表現物であれば個性の発揮という観点から著作物性を肯定し得るものにつき，著作権法によって保護されないという事態を招くおそれもあり得るものと考えられる。」

　「応用美術は，実用に供され，あるいは産業上の利用を目的とするものであるから，当該実用目的又は産業上の利用目的にかなう一定の機能を実現する必要があるので，その表現については，同機能を発揮し得る範囲内のものでなければならない。応用美術の表現については，このような制約が課されることから，作成者の個性が発揮される選択の幅が限定され，したがって，応用美術は，通常，創作性を備えているものとして著作物性を認められる余地が，上記制約を課されない他の表現物に比して狭く，また，著作物性を認められても，その著作権保護の範囲は，比較的狭いものにとどまることが想定される。

　以上に鑑みると，応用美術につき，他の表現物と同様に，表現に作成者の何らかの個性が発揮されていれば，創作性があるものとして著作物性を認めても，一般社会における利用，流通に関し，実用目的又は産業上の利用目的の実現を妨げるほどの制約が生じる事態を招くことまでは，考え難い。」

　「著作物性が認められる応用美術は，まず「美術の著作物」であることが前提である上，（中略），その実用目的又は産業上の利用目的にかなう一定の機能を発揮し得る表現でなければならないという制約が課されることから，著作物性が認められる余地が，応用美術以外の表現物に比して狭く，また，著作物性が認められても，その著作権保護の範囲は，比較的狭いものにとどまるのが通常であって，Y主張に係る乱立などの弊害が生じる現実的なおそれは，認め難いというべきである。」

3　検　討
(1)　応用美術に関する見解

　応用美術に関する見解は多岐にわたり，正確に分類することは困難であるが，

概括的に整理すると，以下のように分類される[4]。なお，従前の裁判例は，B1説に近いものが多数であったといえる。

A　美術工芸品に該当する応用美術のみを著作権法により保護する見解（著作権法2条2項を制限規定と解する）[5]

B　美術工芸品に該当しない応用美術であっても，純粋美術と同視できるような美的鑑賞性を有するものは著作物性を肯定する見解—純粋美術と同視できるか否かの判断基準により以下の2説に分かれる。

（B1）高度の芸術性や高い創作性を必要とする見解[6]

（B2）鑑賞対象部分を製品から分離して把握できることを必要とする見解[7]

C　応用美術であっても，一般の著作物と同様の要件により著作物性を判断すべきとする見解[8]

4）　前掲注2）奥邨・著作権判例百選の整理による。
5）　加戸守行『著作権法逐条講義』68頁（著作権法情報センター，6訂新版，2013年）。前掲注2）本山12頁も，著作権法「2条2項は限定説で解するほかない」としており，限定説と呼ばれる（この説との対比で，上記BおよびC説は例示説と呼ばれる）。
6）　中山信弘『著作権法』163頁（有斐閣，第2版，2014年），田村善之『著作権法概説』33頁（有斐閣，第2版，2011年）他多数。前掲中山171頁は，「意匠法との境界を画するという観点から，保護を受ける応用美術とは，著作権法で保護されている純粋美術と同視できるものであると解すべきである。」「応用目的が存してもなお著作権法の保護を受けるに足るプラスαがある応用美術に限り著作物として認知すべき」とする。
7）　高林龍『標準著作権法』41頁（有斐閣，第3版，2016年），奥邨弘司・判例評論678号（判時2259号）20頁。前掲高林は，応用美術を4類型に区分し，「③量産品であり実用目的も有するが，鑑賞対象部分を製品から分離して把握することができる場合」は，鑑賞対象部分を著作権および意匠権として保護し，「④量産品であり実用目的を有しており，鑑賞対象部分を分離して把握することができない場合」は，著作権としては保護せず，意匠権としてのみ保護する。また，前掲注1）「ファッションショー事件」控訴審判決は，「著作権法2条1項1号の上記定義規定からすれば，実用目的の応用美術であっても，実用目的に必要な構成と分離して，美的鑑賞の対象となる美的特性を備えている部分を把握できるものについては，上記2条1項1号に含まれることが明らかな「思想又は感情を創作的に表現した（純粋）美術の著作物」と客観的に同一なものとみることができるのであるから，当該部分を上記2条1項1号の美術の著作物として保護すべきである」と判示しており，この見解であると解される。
　　ただし，この分離可能性については，物理的な分離可能性のみを指すのか，規範的（観念的）な分離可能性でも足りるのか，見解が異なる（作花文雄『詳解著作権法』146頁（ぎょうせい，第4版，2010年）参照）。
8）　上野達弘「応用美術の著作権保護」パテント67巻4号（別冊11号）96頁（2014年），斉藤博『著作権法』83頁（有斐閣，第4版，2007年），駒田泰土「応用美術の著作権保護について」知財年報2009・226頁。前掲斉藤85頁は，「著作物作成の目的は著作物性判断の要素とはならない。（中略）この領域に限って，もっぱら美を表すとか，鑑賞の対象というような要素を加重することは妥当とはいえまい」とする。

(2) 控訴審判決の要点

　以上のとおり，「TRIPP TRAPP 事件」控訴審判決は，まず，①「美術工芸品」に該当しない応用美術について，著作権法所定の著作物性の要件を充たすものは，「美術の著作物」として保護されるとして，応用美術が「美術の著作物」に該当し得ることを前提とした上で，美術工芸品に該当しない応用美術をも保護することを肯定する。すなわち，上記A説を否定する。次に，②応用美術は，様々なものがあり表現態様も多様であるから，「美的」という観点からの高い創作性の有無の判断基準を設定することは相当とはいえず，個別具体的に，作成者の個性が発揮されているか否かを検討すべきであるとして，従来いくつかの裁判例で示されてきた，応用美術において著作物性を認めるために高い創作性の基準を設定する上記B1説を否定する。また，③実用品自体が応用美術である場合，当該表現物につき，実用的な機能に係る部分とそれ以外の部分とを分けることは，相当に困難を伴うことが多いものと解され，上記両部分を区別できないものについて常に著作物性を認めないことは相当とはいえないとし，上記B2説（分離可能性説）も採用していない[9]。

　さらに，④応用美術に関する現行著作権法の制定過程を検討した上で，応用美術につき意匠法によって保護され得ることを根拠として，著作物としての認定を格別厳格にすべき合理的理由は見出し難いとし，応用美術について，意匠法による保護を優先すべきとする従来の見解（上記B1説の多く）に疑問を呈し，著作権法と意匠法との重畳的な保護を肯定する。そして，⑤応用美術について著作物性を認められる余地が狭く，著作物性を認められても，その著作権保護の範囲が比較的狭いものと想定されることなどを理由として，応用美術について著作物性を認めても，産業上の利用目的の実現を妨げるほどの制約を招くことまでは考え難いと述べ，応用美術における保護の範囲が拡大することによる一般社会における弊害は認め難いと判示する。

　以上の①～⑤の5点が，「TRIPP TRAPP 事件」控訴審判決の特徴的な点といえようが，本稿では，これらの要点に関して，その後に行われた裁判例ではどのような見解が示されているかを見ていく。

---

[9] 筆者自身としては，実用目的を離れて見た場合に美的要素を有することが，応用美術における著作物性の判断基準となることは否定しないが，つねに物理的に分離できることが保護の要件とは考えない。したがって，前掲注7）で述べたように，分離可能性説が規範的（観念的）な分離可能性でも足りるとするのであれば，この見解に反対するものではない。前掲註3）コピライト56巻663号18頁参照。

第3節　その後の応用美術に関する裁判例

1　「ピクトグラム事件」大阪地裁平成27年9月24日判決[10]
(1)　事案の概要

　ピクトグラムとは，一般に絵文字，あるいは絵単語などと呼ばれ，人の動作や建造物などの絵柄を介して一定の情報を視覚的に認識させるものである。本件では，Xの代表者（P1）が，大阪市に実在する施設をグラフィックデザインの技法で描いて，四隅を丸めた四角で囲い，下部に施設名を記載した本件ピクトグラムについて，P1が代表者であるデザイン研究所が，Y1との間で使用許諾契約を締結し，Y2（大阪市）が，本件ピクトグラムを大阪市内の相当数の観光案内図等に記載していたところ，契約上の地位を承継したXが，当該契約の満了後に，その原状回復義務違反および本件ピクトグラムの著作権侵害等を理由に，Yらに対し，その撤去・抹消，追加報酬および損害賠償の支払等を求めた（訴訟では，契約関係が争われるとともに，ピクトグラムのほか地図デザインの著作物性（著作権法10条1項6号）についても争われたが，本稿では，ピクトグラムの著作権に関する点のみ取り上げる）。

(2)　地裁判決の内容

　本判決は，本件ピクトグラムについて，掲載された観光案内図等を見る者に視覚的に対象施設を認識させることを目的に制作され，実際にも相当数の観光案内図等に記載されて実用に供されているものであり，応用美術の範囲に属すると認定した上で，以下のとおり判示し，19個のピクトグラムについて個別に検討していずれも著作物であると認め，不法行為責任は否定したものの，ピクトグラムを一部修正したことに関し，Y2に相当報酬額として22万円余りの支払を命じたものである。

　「応用美術の著作物性については，種々の見解があるが，実用性を兼ねた美的創作物においても，「美術工芸品」は著作物に含むと定められており，印刷用書体についても一定の場合には著作物性が肯定されていることからすれば，それが実用的機能を離れて美的鑑賞の対象となり得るような美的特性を備えている場合には，美術の著作物として保護の対象となると解するのが相当であ

---

10)　平成25年（ワ）第1074号。

る」

「ピクトグラムというものが，指し示す対象の形状を使用して，その概念を理解させる記号（サインシンボル）である（証拠略）以上，その実用的目的から，客観的に存在する対象施設の外観に依拠した図柄となることは必然であり，その意味で，創作性の幅は限定されるものである。しかし，それぞれの施設の特徴を拾い上げどこを強調するのか，そのためにもどの角度からみた施設を描くのか，また，どの程度，どのように簡略化して描くのか，どこにどのような色を配するか等の美的表現において，実用的機能を離れた創作性の幅は十分に認められる。このような図柄としての美的表現において制作者の思想，個性が表現された結果，それ自体が実用的機能を離れて美的鑑賞の対象となり得る美的特性を備えている場合には，その著作物性を肯定し得るものといえる。

この観点からすると，それぞれの本件ピクトグラムは，その美的表現において，制作者であるＰ１の個性が表現されており，その結果，実用的機能を離れて美的鑑賞の対象となり得る美的特性を備えているといえるから，それぞれの本件ピクトグラムは著作物であると認められる」

「大阪城
　大阪城は角度により屋根部分の数やその形態が全く異なるところ，３つの屋根部分が見える角度の大阪城を，屋根の下の三角形状の壁部分のみを白抜きして強調し，他の部分を捨象して青色に塗りつぶした形状のみで表現し，石垣部分については，現在の石垣の高さよりも大きく構成して強調してスケール感を

出しつつ，格子状の線部分を白抜きにして石垣を簡略に表現するなどしている。当該本件ピクトグラムは，一見して大阪城と認識できるものの，その表現には個性が表れており，実用的機能を離れても，それ自体が美的鑑賞の対象となる美的特性を備えているといえる。」（他の18個のピクトグラムについての判断は省略）

「Yらは，本件ピクトグラムについて著作権法による保護を与えることにより，わずかな差異を有する無数のピクトグラムについて著作権が成立し，権利関係が複雑となり混乱を招き，利用に支障を来すなどの不都合が生じる旨指摘する。この点，本件ピクトグラムが実在の施設等を前提とすることから，当該施設を描く他の著作物と似通う部分が生じることは当然予想されるが，本件ピクトグラムの複製又は翻案は，上記アに記載の選択により個性が表現されたものであるから，ほとんどデッドコピーと同様のものにしか認められないと解され，多少似ているものがあるとしても，その著作物との権利関係が複雑となり混乱を招くといった不都合は回避されるものである。」

(3) **検　討**

「ピクトグラム事件」判決は，応用美術に属するとされるピクトグラムについて，その制作者の個性が表現されていることを理由に，実用的機能を離れて美的鑑賞の対象となり得る美的特性を備えていると認定しており，特に高い創作性の基準を求めることなく，著作物性を認めている。また，ピクトグラムについて著作権法による保護を与えることにより無数のピクトグラムについて著作権が成立し，権利関係が複雑となり混乱を招く等の批判に対して，著作権法による保護（複製または翻案の禁止）は，ほとんどデッドコピーと同様のものにしか認められないから，権利関係が複雑となる等の不都合は回避されると判示しており，応用美術における保護が一定程度拡大することを許容している。その結果，従前よりやや広い範囲で応用美術における著作物性を認めたように感じられる。

2　「加湿器事件」東京地裁平成28年1月14日判決[11]

(1) **事案の概要**

Xらは，試験管様の加湿器（X加湿器1～3）を共同で開発したプロダクト

---

11)　平成27年（ワ）第7033号。

デザイナーであり，X加湿器1および2を国際展示会や国際見本市に出展した（これらの加湿器は，被覆されていない銅線で電源が供給されていた）ところ，生活雑貨の輸入等を業とする株式会社であるYは，同じく試験管様の加湿器（Y商品）を中国から輸入し，国内の各取引先に販売した（その後，Xらは，X加湿器3の販売を開始した）。

Xらは，Yに対し，Y商品がX加湿器1および2の形態を模倣したものであり不正競争防止法違反に当たる，X加湿器1および2は美術の著作物でありY商品はこれを複製・翻案したものであるから著作権を侵害する，として，Y商品の輸入，販売等の差止等と損害賠償の支払を，それぞれ求めた。

(2) **一審判決（東京地裁平成28年1月14日判決）の内容**

一審判決は，Y加湿器1および2は，開発途中の試作品ともいうべきものであり，いずれも市場における流通の対象となる物とは認められないから，不正競争防止法2条1項3号にいう「商品」に当たらないと判示した上，著作権侵害について，以下のとおり，両加湿器はいずれも美的鑑賞の対象となり得るような創作性を備えていると認めることはできないから，著作物に当たらないと

X加湿器

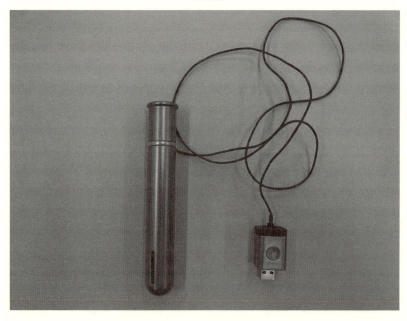

して，Xらの各請求をいずれも棄却した。

（著作権）「法2条1項1号は「著作物」とは「思想又は感情を創作的に表現したものであって，文芸，学術，美術又は音楽の範囲に属するものをいう」旨，同条2項は「この法律にいう『美術の著作物』には，美術工芸品を含むものとする」旨規定している。これらの規定に加え，同法が文化の発展に寄与することを目的とするものであること（1条），工業上利用することのできる意匠については所定の要件の下で意匠法による保護を受けることができることに照らせば，純粋な美術ではなくいわゆる応用美術の領域に属するもの，すなわち，実用に供され，産業上利用される製品のデザイン等は，実用的な機能を離れて見た場合に，それが美的鑑賞の対象となり得るような創作性を備えている場合を除き，著作権法上の著作物に含まれないものと解される。

これを本件についてみるに，証拠（略）及び弁論の全趣旨によれば，X加湿器1及び2は，試験管様のスティック形状の加湿器であって，本体の円筒状部の下端に内部に水を取り込むための吸水口が，本体の上部に取り付けられたキャップの上端に噴霧口がそれぞれ取り付けられており，この吸水口から内部に取り込んだ水を蒸気にして噴霧口から噴出される構造となっていることが認められる。そして，以上の点でX加湿器1及び2が従来の加湿器にない外観上の特徴を有しているとしても，これらは加湿器としての機能を実現するための構造と解されるのであって，その実用的な機能を離れて見た場合には，X加湿器1及び2は細長い試験管形状の構造物であるにとどまり，美的鑑賞の対象となり得るような創作性を備えていると認めることはできない。

したがって，X加湿器1及び2は著作物に当たらないと解すべきである。」

(3) **控訴審判決（知財高裁平成28年11月30日判決**[12]**）の内容**

控訴審判決は，以下のとおり，①X加湿器1および2を「他人の商品」（不正競争防止法2条1項3号）に該当するものと認めた上，Y商品はX加湿器1および2を模倣したものであるから，Y商品の輸入は不正競争に当たるとし（ただし，口頭弁論終結時点で同法所定の上記保護期間は経過していると認定），②X加湿器1および2は美術の著作物とは認められないから，Xらは著作権を有しない，と認定判断し，一審判決を変更し，不正競争防止法違反の不法行為に基づく損害賠償請求について一部認容・一部棄却をし，同法違反に基づく差止請求

---

12) 平成28年（ネ）第10018号。

と著作権に基づく請求は全部棄却した（以下，本稿では，著作権に関する点のみ取り上げる）。

「著作権法は，建築（同法10条1項5号），地図，学術的な性質を有する図形（同項6号），プログラム（同項9号），データベース（同法12条の2）などの専ら実用に供されるものを著作物になり得るものとして明示的に掲げているのであるから，実用に供されているということ自体と著作物性の存否との間に直接の関連性があるとはいえない。したがって，専ら，応用美術に実用性があることゆえに応用美術を別異に取り扱うべき合理的理由は見出し難い。また，応用美術には，様々なものがあり得，その表現態様も多様であるから，作成者の個性の発揮のされ方も個別具体的なものと考えられる。」

「応用美術は，「美術の著作物」（著作権法10条1項4号）に属するものであるか否かが問題となる以上，著作物性を肯定するためには，それ自体が美的鑑賞の対象となり得る美的特性を備えなければならないとしても，高度の美的鑑賞性の保有などの高い創作性の有無の判断基準を一律に設定することは相当とはいえず，著作権法2条1項1号所定の著作物性の要件を充たすものについては，著作物として保護されるものと解すべきである。

もっとも，応用美術は，実用に供され，あるいは産業上の利用を目的とするものであるから，美的特性を備えるとともに，当該実用目的又は産業上の利用目的にかなう一定の機能を実現する必要があり，その表現については，同機能を発揮し得る範囲内のものでなければならない。応用美術の表現については，このような制約が課されることから，作成者の個性が発揮される選択の幅が限定され，したがって，応用美術は，通常，創作性を備えているものとして著作物性を認められる余地が，上記制約を課されない他の表現物に比して狭く，また，著作物性を認められても，その著作権保護の範囲は，比較的狭いものにとどまることが想定される。そうすると，応用美術について，美術の著作物として著作物性を肯定するために，高い創作性の有無の判断基準を設定しないからといって，他の知的財産制度の趣旨が没却されたり，あるいは，社会生活について過度な制約が課されたりする結果を生じるとは解し難い。

また，著作権法は，表現を保護するものであり，アイディアそれ自体を保護するものではないから，単に着想に独創性があったとしても，その着想が表現に独創性を持って顕れなければ，個性が発揮されたものとはいえない。このことは，応用美術の著作物性を検討する際にも，当然にあてはまるものである。」

「X加湿器1は，加湿器を試験管様のスティック状のものとし（さらに，下端は半球状とし，上端にはフランジ部を形成する。），本体の下端寄りの位置に吸水口を設け，キャップの上端の噴霧口から蒸気を噴出するようにしたものであり，水の入ったコップ等に挿して使用することにより，ビーカーに入れた試験管から蒸気が噴き出す様子を擬するようにしたものである。この観点からみると，リング状パーツ5は，試験管に入った液体の上面を模したものとも理解され，このような構成自体は，従来の加湿器にはなかった外観を形成するものといえる。しかしながら，前述のとおり，著作権法は，表現を保護するものであって，アイディアを保護するものではないから，その表現に個性が顕れなければ，著作物とは認められない。加湿器をビーカーに入れた試験管から蒸気が噴き出す様子を擬したものにしようとすることは，アイディアにすぎず，それ自体は，仮に独創的であるとしても，著作権法が保護するものではない。そして，ビーカーに入れた試験管から蒸気が噴き出す様子を擬した加湿器を制作しようとすれば，ほぼ必然的にX加湿器1のような全体的形状になるのであり，これは，アイディアをそのまま具現したものにすぎない。また，X加湿器1の具体的形状，すなわち，キャップ3の長さと本体の長さの比（試験管内の液体の上面），本体2の直径とキャップ3の上端から本体2の下端までの長さの比（試験管の太さ）は，通常の試験管が有する形態を模したものであって，従前から知られていた試験管同様に，ありふれた形態であり，上記長さと太さの具体的比率も，既存の試験管の中からの適宜の選択にすぎないのであって，個性が発揮されたものとはいえない。

したがって，著作物性を検討する余地があるのは，上記構成以外の点，すなわち，①リング状パーツ5を用いたこと，②吸水口6の形状，③噴霧口7周辺の形状であるが，いずれも，平凡な表現手法又は形状であって，個性が顕れているとまでは認められず，その余の部分も同様である。

したがって，X加湿器1及び2には，著作権法における個性の発揮を認めることはできない。」

(4) 検 討

「加湿器事件」一審判決は，著作権法が文化の発展に寄与することを目的とすることや，応用美術が所定の要件の下で意匠法による保護を受けられることなどを理由に，応用美術は，実用的な機能を離れて見た場合に，それが美的鑑賞の対象となり得るような創作性を備えている場合を除き，著作権法上の著作

物に含まれないと判示する。この点は，応用美術に対する保護に消極的な従前からの裁判例の判示と同様の面を有しながら，美的鑑賞の対象となり得るような創作性については，高度な基準を求めるものではない。

　これに対し，「加湿器事件」控訴審判決は，応用美術に実用性があることを理由として別異に取り扱う合理的理由は見出し難いとした上で[13]，応用美術において著作物性を肯定するには，「美術の著作物」である以上，それ自体が美的鑑賞の対象となり得る美的特性を備えなければならないとしても，高度の美的鑑賞性の保有などの高い創作性の有無の判断基準を一律に設定することは相当とはいえないとした。そして，著作権法2条1項1号所定の著作物性の要件を充たすものは著作物として保護されると判示し，「TRIPP TRAPP 事件」控訴審判決と同様に，応用美術において著作物性を肯定するために高度の美的鑑賞性の保有などの高い創作性の基準を設定することを否定する。ただし，「美術の著作物」としてそれ自体が美的鑑賞の対象となり得る美的特性を備えなければならないとも判示しており，応用美術として保護されるために「美術の著作物」であることを当然の前提とした「TRIPP TRAPP 事件」控訴審判決よりも，更に進んで，「美術の著作物」としての一定の美的特性の具備を求めている。

　そして，応用美術の表現について，当該実用目的等の機能を実現するという制約が課されるから，著作物性を認められる余地が狭く，著作物性を認められてもその保護範囲が比較的狭いと想定されることを理由として，応用美術における著作物について高い創作性の有無の判断基準を設定しないからといって，他の知的財産制度の趣旨が没却されたり，社会生活について過度な制約が課されたりする結果を生じるとは解し難いと判示する。この点は，「TRIPP TRAPP 事件」控訴審判決と同様の判示であるが，同判決が，意匠法による保護との重複適用を主として検討したのに対し，「加湿器事件」控訴審判決は「他の知的財産制度」としており，これは，意匠法のみならず，不正競争防止

---

13) 控訴審判決では，著作権法の建築，地図，図形，プログラム，データベース等の規定の存在を理由に，実用に供されていることと著作物性の存否とに直接の関連性はないと指摘する。たしかに，美術の著作物以外の著作物については，通常，実用性の有無によって著作物性は区別されていない（たとえば，言語の著作物における，契約書や実用マニュアル。音楽の著作物における駅の発車音やパチスロ遊技機における当選音など）。美術の著作物において応用美術が別途扱われる大きな理由は，その実用性だけではなく意匠法の存在ではないかと解される。前掲注3）コピライト56巻663号15頁参照。

法の形態模倣（同法2条1項3号）や立体商標（商標法2条等）の制度なども念頭においたものと解される。

3 「ゴルフシャフト事件」東京地裁平成28年4月21日判決[14]
(1) 事案の概要
　Xは，Yから製造販売するゴルフシャフトのデザインの制作を依頼され，本件原画に基づいて本件シャフトデザインを作成して本件カタログデザインとともに納品したところ，Yがその後製造販売したYシャフトとそのためのYカタログについて，Yに対し，①Yシャフト（83種類）がXの著作物である本件シャフトデザイン（主位的）または本件原画（予備的）の翻案に当たるとともに，Yシャフトの製造は，その意に反して本件シャフトデザイン（主位的）または本件原画（予備的）を改変してなされたものであるから，Xの著作者人格権（同一性保持権）を侵害し，②Yカタログの製作は，Xの意に反して，Xの著作物である本件カタログデザインを改変してなされたものであるから，Xの著作者人格権（同一性保持権）を侵害していると主張して，Yに対し，①Yシャフト（一部）による著作権（翻案権，二次的著作物の譲渡権）侵害につき使用料相当額の不当利得金等の返還，②YシャフトおよびYカタログによる著作者人格権（同一性保持権）侵害につき慰謝料等の支払およびYシャフトおよびYカタログの製造および頒布の差止等を求めた。

(2) 一審判決の内容
　一審判決は，以下のとおり，本件シャフトデザイン，本件原画および本件カタログデザインは，いずれも，著作権法上の著作物に当たらないとして，Xの請求を全部棄却した。
　「著作権法2条1項1号は「著作物」とは「思想又は感情を創作的に表現したものであって，文芸，学術，美術又は音楽の範囲に属するものをいう」旨，同条2項は「この法律にいう『美術の著作物』には，美術工芸品を含むものとする」旨規定している。これらの規定に加え，同法が文化の発展に寄与することを目的とするものであること（1条），工業上利用することのできる意匠については所定の要件の下で意匠法による保護を受けることができることに照らせば，純粋な美術ではなくいわゆる応用美術の領域に属するもの，すなわち，

---
14) 平成27年（ワ）第21304号。

ゴルフクラブのシャフトのように実用に供され，産業上利用される製品のデザイン等は，実用的な機能を離れて見た場合に，それが美的鑑賞の対象となり得るような創作性を備えている場合を除き，著作権法上の著作物に含まれないものと解される。」

本件シャフトデザイン

縞模様部分（ロゴ側）

縞模様部分（反対側）

「ア　本件シャフトデザインは，ゴルフクラブのシャフト表面の外装に係るものであり，（中略），シャフトのグリップ側は無地の赤，半ばよりヘッド側は無地の黒であり，両者の間にグレー，赤及び黒の3色で構成され徐々に赤色と黒色の幅が変わっていく縦縞が10本配されている。中央には赤の地及び縦縞模様を横一直線に貫通する黒色線があり，その上にかぶせるようにYのブランド名「Tour AD」のロゴ，Yの会社名等が白文字で描かれている。また，本件原画は本件シャフトデザインの制作過程で作成されたものであり，その構成は，（中略），本件シャフトデザインとほぼ同様である。

イ　Xは，A社からYのシャフトの外装をデザインすることの依頼を受け，Yの担当者と打ち合わせて作業を進めていった。Xはテレビ写りがよく目立つこと等のYの要望を受けて4種類のデザインイメージ概略図を作成し，同担当者はその中から最も希望に沿う案を選択し，これを基に，同担当者が種々の指示・要望を行いXがそれらを全て反映した新たな案を作成するという作業を5，6回繰り返した後，本件原画が作成された。

ウ　本件シャフトデザインは，本件原画を無色透明のシート（転写箔）に印刷したものを黒色のシャフト本体の表面に貼り付け，更にロゴ等を印刷して完

成されるものである。

　以上認定した事実によれば，本件シャフトデザイン及び本件原画は，ゴルフクラブのユーザーの目を引くことなど専ら商業上の目的のため，発注者であるYの意向に沿って，実用品であるシャフトの外装デザインとして作成されたことが明らかである。一方，本件の関係各証拠上，本件シャフトデザイン及び本件原画が，シャフトの外装デザインという用途を離れて，それ自体として美的鑑賞の対象とされるものであることはうかがわれない。そうすると，（中略），本件シャフトデザイン及び本件原画はいずれも著作権法上の著作物に当たらないと判断することが相当である」

(3)　控訴審判決（知財高裁平成28年12月21日判決[15]）の内容

　控訴審判決は，以下のとおり，本件シャフトデザイン等の著作物性について詳細に検討した上，これを否定し，控訴を棄却した。なお，YシャフトおよびYカタログによるXの著作権（翻案権，二次的著作物の譲渡権）侵害および著作者人格権（同一性保持権）侵害について，仮に，本件シャフトデザイン等に著作物性が認められるとしても，被告シャフトは，本件シャフトデザイン等の表現上の本質的特徴を直接感得できるものではないと判断し，これらをいずれも否定したが，この点は省略する。

　「著作権法は，建築（同法10条1項5号），地図，学術的な性質を有する図形（同項6号），プログラム（同項9号），データベース（同法12条の2）などの専ら実用に供されるものを著作物になり得るものとして明示的に掲げているのであるから，実用に供されているということ自体と著作物性の存否との間に直接の関連性があるとはいえない。したがって，専ら，応用美術に実用性があることゆえに応用美術を別異に取り扱うべき合理的理由は見出し難い。また，応用美術には，様々なものがあり得，その表現態様も多様であるから，美的特性の表現のされ方も個別具体的なものと考えられる。

　そうすると，応用美術は，「美術の著作物」（著作権法10条1項4号）に属するものであるか否かが問題となる以上，著作物性を肯定するためには，それ自体が美的鑑賞の対象となり得る美的特性を備えなければならないとしても，高度の美的鑑賞性の保有などの高い創作性の有無の判断基準を一律に設定することは相当とはいえず，著作権法2条1項1号所定の著作物性の要件を充たすも

---

15)　平成28年（ネ）第10054号。

のについては，著作物として保護されるものと解すべきである。

　もっとも，応用美術は，実用に供され，あるいは産業上の利用を目的とするものであるから，美的特性を備えるとともに，当該実用目的又は産業上の利用目的にかなう一定の機能を実現する必要があり，その表現については，同機能を発揮し得る範囲内のものでなければならない。応用美術の表現については，このような制約が課されることから，作成者の個性が発揮される選択の幅が限定され，したがって，応用美術は，通常，創作性を備えているものとして著作物性を認められる余地が，上記制約を課されない他の表現物に比して狭く，また，著作物性を認められても，その著作権保護の範囲は，比較的狭いものにとどまることが想定される。そうすると，応用美術について，美術の著作物として著作物性を肯定するために，高い創作性の有無の判断基準を設定しないからといって，他の知的財産制度の趣旨が没却されたり，あるいは，社会生活について過度な制約が課されたりする結果を生じるとは解しがたい。また，応用美術の一部について著作物性を認めることにより，仮に，何らかの社会的な弊害が生じることがあるとすれば，それは，本来，著作権法自体の制限規定等により対処すべきものと思料される。」

　「実用に供される機能的な工業製品ないしそのデザインについて，応用美術として著作権法による保護を求める場合には，応用美術が美術の著作物である以上，美的鑑賞の対象となり得る美的特性を備えなければならないが，応用美術には，装身具等の実用品自体であるもの，家具等に施された彫刻等実用品と結合されたもの，染色図案等実用品の模様として利用されることを目的とするものなど様々なものがあり，表現態様も多様であるから，前述したように，応用美術が一方において実用的機能を有することを理由として，一律に著作物性を否定することは相当ではなく，また，「美的」という観点からの高い創作性の判断基準を設定することも相当とはいえない。」

　「シャフトのデザインは，実用に供され，あるいは産業上の利用を目的とする側面を有するものであるから，当該実用目的又は産業上の利用目的にかなう一定の機能を実現する必要があるとともに，商業的観点からの要請もあるので，その表現については，同機能を発揮し得る範囲内のものであり商業的観点も重視されなければならない（これらに基づくデザイン上の制約としては，例えば，シャフトという物品上で表現し得るものであることに加え，印象に残る色彩の使用や製品名・製造者名等の記載などが求められることが想定される。）。

しかし，同機能を発揮しつつも，なお，デザインが作成者の個性の表現であると認められる場合も想定されるから，実用的，商業的観点から作成され，評価されるデザインであるという理由で，一律にそのデザインの著作物性を否定するのは相当ではない。シャフトのデザインの表現については，上記のような実用的，商業的観点からの制約が課されることから，作成者の個性が発揮される選択の幅が限定され，創作性を備えているものとして著作物性が認められる余地が狭いものと解されるが，個性を表現する余地がないわけではない。」

　「Xは，①本件シャフトデザイン等の縞模様を含むベース部分は，トルネード（竜巻）をイメージし，人間のパワーの源である赤から，シャフトのカーボンを表す黒に昇華していく表現であり，ゴルフ界に嵐を巻き起こすという意味を込めている，②ブランドロゴの横字画部の右側を鋭角に伸ばすことでボールの弾道やエネルギーの伸びと指向性を表現している，③ブランドロゴをトルネード模様（縞模様）の上に配置することでシャフト縦方向へのパワーを表現する工夫を凝らしているから，本件シャフトデザイン等には創作性が認められるべきである，と主張する。

　しかし，①縞模様は，本件シャフトデザイン及びYシャフト以外にもシャフトのデザインに用いられた例がある（証拠略）上に，様々な物のデザインとして頻繁に用いられ，縞の幅を一定とせずに徐々に変更させていく表現も一般に見られるところである。ゴルフシャフトの色として，赤，黒及びグレーの3色を用いた例は証拠上複数見られる（証拠略）。よって，本件シャフトデザイン等を縞模様とし，縞の幅を変化させ，縞の色として赤，黒及びグレーを選択したことは，ありふれている。

　また，②いわゆるデザイン書体は，文字の字体を基礎として，これにデザインを施したものであるところ，文字は，本来的には情報伝達という実用的機能から生じたものであり，社会的に共有されるべき文化的所産でもあるから，文字の字体を基礎として含むデザイン書体の表現形態に著作権としての保護を与えるべき創作性を認めることは，一般的には困難であると考えられる。しかも，本件において，「Tour AD」のブランドロゴは，上記ア（エ）のとおり，既存のフォントを利用した上で，「T」の横字画部を右に長く鋭角に伸ばしたものであるところ，文字として可読であるという機能を維持しつつデザインするに当たって，文字の一字画のみを当該文字及び他の文字の字画を妨げない範囲で伸ばすことは一般によく行われる表現であること，文字の一字画を伸ばした先

を単に鋭角とすることも，平凡であることからすれば，この表現が個性的なものとは認められない。

　さらに，③ブランドロゴをトルネード模様の上に配置したことに関しては，シャフトのデザインに製品等のロゴを目立つように配置することは，他のゴルフクラブのシャフトにも頻繁に見られる（証拠略）表現であり，細長いシャフトに文字を大書して目立たせる配置をすることの選択の幅は狭いから，ブランドロゴをトルネード模様の上に配置したことが個性的な表現とはいえない。

　よって，本件シャフトデザイン等に，創作的な表現は認められず，著作物性は認められない。」

　「本件カタログデザインには，本件シャフトデザイン等より更に創作的な表現はなく，著作物性は認められない。」

(4) 検　討

　「ゴルフシャフト事件」一審判決は，著作権法が文化の発展に寄与することを目的とすることや，応用美術が所定の要件の下で意匠法による保護を受けられることなどを理由に，応用美術は，実用的な機能を離れて見た場合に，それが美的鑑賞の対象となり得るような創作性を備えている場合を除き，著作権法上の著作物に含まれないと判示する。これらの点に関する判示は，美的鑑賞の対象となり得るような創作性について高度な基準を求めない点も含めて，「加湿器事件」一審判決と同様である[16]。

　これに対し，「ゴルフシャフト事件」控訴審判決は，応用美術としての著作物性を肯定するには，「美術の著作物」である以上，それ自体が美的鑑賞の対象となり得る美的特性を備えなければならないとしても，高度の美的鑑賞性の保有などの高い創作性の有無の判断基準を一律に設定することは相当とはいえず，著作権法2条1項1号所定の著作物性の要件を充たすものは著作物として保護されると判示する。これらの点に関する判示は，「加湿器事件」控訴審判決と同様である[17]。そして，応用美術の表現について，機能を実現するという制約から著作物性を認められる余地が狭く，その保護範囲が比較的狭いと想定されることを理由として，応用美術における著作物について高い創作性の有

---

[16]　「加湿器事件」一審判決と「ゴルフシャフト事件」一審判決とは，合議体において，裁判長と陪席裁判官1名を同じくする。

[17]　「加湿器事件」控訴審判決，「ゴルフシャフト事件」控訴審判決，「TRIPP TRAPP事件」控訴審判決は，いずれも裁判長が筆者であり共通する。

無の判断基準を設定しないからといって，他の知的財産制度の趣旨が没却されたり，社会生活について過度な制約が課されたりするとは解し難いと判示する点も，「加湿器事件」控訴審判決と同様である。新たな説示としては，応用美術の一部について著作物性を認めることにより，何らかの社会的な弊害が生じることがあるとすれば，著作権法自体の制限規定等により対処すべきものとした点がある。これは，従来から著作権法による保護の弊害として指摘されていた，いわゆる「写り込み」等を理由とする著作権侵害の濫用的な主張，著作権が成立した場合の長期間（基本は50年間）の保護期間，著作者人格権の濫用的な行使などを念頭に置いて，その対処を（応用美術において著作物性を認める範囲を制限することにより回避するのではなく）著作権法自体の解釈・運用や法律改正により解決すべき問題として指摘したものと思料される[18]。

4 「エジソンのお箸事件」東京地裁平成28年4月27日判決[19]

(1) 事案の概要

Xは，幼児用箸の製造販売業者であり，図面（X図面）に基づいて「エジソンのお箸」という商品名の幼児用箸（2種類，X製品）を製造販売したところ，同じく幼児用箸の製造販売業者であるYが製造販売した「デラックストレーニング箸」という商品名の幼児用箸（20種類，Y商品）について，X図面およびX製品の著作権（複製権・翻案権）を侵害したと主張し，Yに対し，Y商品の製造，販売の差止等と損害賠償金の支払を求めた。

(2) 一審判決の内容

一審判決は，X製品について，以下のとおり，美的鑑賞の対象となり得るような美的特性を備えていると認めることはできないから，著作物に当たらないとして，Xの各請求を棄却した（以下，本稿では，X図面に関する点は省略する）。

「著作権法2条1項1号は，「著作物」とは「思想又は感情を創作的に表現したものであって，文芸，学術，美術又は音楽の範囲に属するものをいう」旨規定し，同条2項は，「この法律にいう『美術の著作物』には，美術工芸品を含むものとする」と規定している。そして，そもそも，著作権法は，文化的所産

---

18) 裁判例の解説の範囲を超えることであるが，筆者としては，アメリカ合衆国のフェアユース規定とは異なる形であっても，著作権法において，何らかの一般的な著作権の権利制限規定を検討すべきではないかと考えている。
19) 平成27年（ワ）第27220号。

に係る権利の保護を図り，もって「文化の発展に寄与すること」を目的とするものである（同法1条参照）。これに対し，産業的所産に係る権利の保護については，工業上利用することができる意匠（物品の形状，模様若しくは色彩又はこれらの結合であって，視覚を通じて美感を起こさせるもの）につき，所定の要件の下で意匠法による保護を受けることができる（同法2条1項，3条ないし5条，6条，20条1項等参照）など，工業所有権法ないし産業財産権法の定めが設けられており，このほか，商品の形態については，不正競争防止法により，「実質的に同一の形態」等の要件の下に3年の期間に限定して保護がされている（同法2条1項3号，同条5項，19条1項5号イ等参照）。

　以上のような各法制度の目的・性格を含め我が国の現行法が想定しているところを考慮すれば，実用に供される機能的な工業製品ないしそのデザインは，その実用的機能を離れて美的鑑賞の対象となり得るような美的特性を備えていない限り，著作権法が保護を予定している対象ではなく，同法2条1項1号の「文芸，学術，美術又は音楽の範囲に属するもの」に当たらないというべきである。

　なお，Xは，実用に供される機能的な工業製品やそのデザインであっても，他の表現物と同様に，表現に作成者の何らかの個性が発揮されていれば，創作性があるものとして著作物性を肯認すべきである旨主張するけれども，著作権は原則として著作者の死後又は著作物の公表後50年という長期間にわたって存続すること（著作権法51条2項，53条1項）などをも考慮すると，上述のとおり現行の法体系に照らし著作権法が想定していると解されるところを超えてまで保護の対象を広げるような解釈は相当でないといわざるを得ず，Xの上記主張を採用することはできない。」

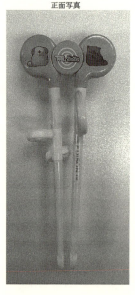

X製品
正面写真

「X製品については，①幼児が食事をしながら箸の正しい持ち方を簡単に覚えられることを目的とした幼児の練習用箸であり，このような用途・機能を有する実用品として量産される工業製品であること，②一方の箸には，人差し指挿入用のリング及び中指挿入用のリングが設けられ，他方の箸には，これら

2つのリングよりは大きな，やや縦長楕円形の，親指挿入用のリングが設けられているところ，これら各リングが配置されている位置及び向きは，リングが上記3指の位置を固定して，正しい箸の持ち方の手の形になるようにするという目的に適った位置及び向きであり，人体工学に基づいて設計されたものであること，③箸本体を上部の円形部材等で連結させているところ，これは1本1本の箸を固定して箸先の交差を防止するという機能を果たす目的によるものであることが認められる。これら各点に照らせば，上記②のリングの個数，配置，形状等及び上記③の連結箸である点は，いずれも上記①の幼児の練習用箸としての実用的機能を実現するための形状ないし構造であるにすぎず，他に，X製品の外観のうち，XがY商品と共通し同一性があると主張する部分を見ても，際立った形態的特徴があるものとはうかがわれない。そうすると，X製品が，上記実用的機能を離れて美的鑑賞の対象となり得るような美的特性を備えているということはできない（もとより純粋美術と同視し得る程度の美的特性を備えているということもできない。）。

なお，X製品についてXが保護を求めているところのものは，結局のところ，前示のとおり意匠法が意匠として保護を予定している量産され工業上利用可能な物品の形状等そのものであり，X製品9と同一の形状とみられる意匠について現に意匠登録もされている（ただ，Y商品の販売開始時期に比してその出願・登録が遅かったにすぎない。）ものである。」

「以上によると，X製品は，著作権法2条1項1号所定の著作物には当たらないというべきである。」

(3) 控訴審判決（知財高裁平成28年10月13日判決[20]）の内容

控訴審判決は，以下のとおり，X製品の著作物性について検討した上，その具体的な連結の態様を見ても，X製品が他社製品と比較して特徴的であるとまではいえず，美的鑑賞の対象となり得るような何らかの創作的工夫がなされているとは認め難いとして，美術の著作物としての創作性を否定し，控訴を棄却した。

「Xは，工業的に大量生産され，実用に供されるものであるからといって，「美的」という観点からの高い創作性の判断基準を設定することは相当でなく，「美術工芸品」に該当しない応用美術であっても，著作権法2条1項1号所定

---

20) 平成28年（ネ）第10059号。

の著作物性の要件を満たすものについては,「美術の著作物」としてこれを保護すべきである（意匠法等の他の法律によって保護されることを根拠として，実用に供される機能的な工業製品ないしそのデザインは，その実用的機能を離れて美的鑑賞の対象となり得るような美的特性を備えていない限り，著作権法が保護を予定している対象ではないとするのは誤りである）とした上で，X製品は，①キャラクターが表現された円形部材により最上部で結合された連結箸である点，②1本の箸に人差し指と中指を入れる2つのリングを有し，かつ，他方の箸に親指を入れる1つのリングを有して，合計3つのリングが設けられている点において，他社製品（証拠略）に比べて特徴的な形態を有しており，そこには作者の個性が発揮されていて創作性が認められるから,「美術の著作物」として保護されるべきものである，と主張する。

イ　しかしながら，Xの主張は採用できない。理由は次のとおりである。

(ア)　第一に，実用品であっても美術の著作物としての保護を求める以上，美的観点を全く捨象してしまうことは相当でなく，何らかの形で美的鑑賞の対象となり得るような特性を備えていることが必要である（これは，美術の著作物としての創作性を認める上で最低限の要件というべきである）。したがって，Xの主張が，単に他社製品と比較して特徴的な形態さえ備わっていれば良い（およそ美的特性の有無を考慮する必要がない）とするものであれば，その前提において誤りがある。

(イ)　第二に，原告各製品の形態は一様ではなく，少なくとも前記①の点をもって共通の特徴的な形態とするのは誤りである。

（中略）

以上のとおり，X製品はいずれも連結箸であるが，必ずしも「キャラクターが表現された円形部材により最上部で結合され」ているとはいえず，せいぜい，原判決が認定するとおり,「箸本体を上部の円形部材等で連結させている」といい得るにすぎない。したがって，前記①の点をもって共通の特徴的な形態とするのは誤りである。

(ウ)　第三に，X製品は，幼児が食事をしながら正しい箸の持ち方を簡単に覚えられるようにするための練習用箸であって，その目的を実現するために，2本の箸を連結する，あるいは，箸を持つ指の全部又は一部を固定するというのは，いずれもありふれた着想にすぎず，このことは甲号証（証拠略）の各製品や，乙号証（証拠略）の各公報に描かれたデザインを見ても明らかである。ま

た，かかる着想を具体的な商品形態として実現しようとすれば，箸という物品自体の持つ機能や性質に加え，練習用箸としての実用性が求められることからしても，選択し得る表現の幅は自ら相当程度制約されるのであって，美術の著作物としての創作性を発揮する余地は極めて限られているものといえる。

　(エ)　以上に基づいて検討するに，まず，箸を連結すること自体はアイデアであって表現ではない（なお，連結部分にキャラクターを表現することも，それ自体はアイデアであって，著作権法上保護すべき表現には当たらない。）し，その具体的な連結の態様を見ても，X製品が他社製品（証拠略）と比較して特徴的であるとまではいえず，まして美的鑑賞の対象となり得るような何らかの創作的工夫がなされているとは認め難い。よって，前記①の点に美術の著作物としての創作性を認めることはできない。

　次に，箸を持つ指やその位置が決まっている以上，これを固定しようと考えれば，固定部材を置く位置は自ずと決まるものであるし，人差し指，中指，親指の3指を固定することや固定部材として指挿入用のリングを設けることも，例えば，X製品が製造販売されるより前に刊行された乙号証（証拠略）の各公報においても類似の構成が図示されている（すなわち，A公報（証拠略）には，一対の箸のうち1本が人差し指と中指を入れる2つのリングを有し，他方の1本が親指と薬指を入れる2つのリングを有するものが図示されている。B公報（証拠略）には，一対の箸のうち1本が人差し指と中指を入れる2つのリングを有し，他方の1本が薬指を入れる1つのリングを有するものが図示されている。）ように，特段目新しいことではない。X製品も通常指を置く位置によくあるリングを設けたにすぎず，その配置や角度等に実用的観点からの工夫があったとしても，美的鑑賞の対象となり得るような何らかの創作的工夫がなされているとは認め難い。よって，前記②の点についても，美術の著作物としての創作性を認めることはできない。

　(オ)　以上のとおり，Xが主張する前記①②の点は，いずれも実用的観点から選択された構成ないし表現にすぎず，総合的に見ても何ら美的鑑賞の対象となり得るような特性を備えるものではない。

　よって，前記①②の点を理由に，X製品について美術の著作物としての著作物性を認めることはできないというべきである。」

(4)　**検　討**

　「エジソンのお箸事件」一審判決は，著作権法だけでなく，意匠法や不正競

争防止法の規定を考慮した上で，実用に供される機能的な工業製品ないしそのデザインは，その実用的機能を離れて美的鑑賞の対象となり得るような美的特性を備えていない限り，著作権法上の著作物に含まれないと判示する。この点は，応用美術に対する保護に消極的な従前からの裁判例の判示と共通するが，「加湿器事件」一審判決と同様に，美的鑑賞の対象となり得るような創作性については，高度な基準を求めるものではない。

これに対し，「エジソンのお箸事件」控訴審判決は，実用品であっても美術の著作物としての保護を求める以上，美的観点をまったく捨象してしまうことは相当でなく，何らかの形で美的鑑賞の対象となり得るような特性を備えていることが必要であるとした上，当該製品の形態，機能等を詳細に検討し，その配置や角度等に実用的観点からの工夫があったとしても，美的鑑賞の対象となり得るような何らかの創作的工夫がなされているとは認め難いとして，美術の著作物としての創作性を否定しており，著作物性の否定という結論を同じくする同一審判決とはやや判示内容が異なる。すなわち，「エジソンのお箸事件」控訴審判決は，応用美術における著作物に対する保護について高い創作性の基準を設けないだけでなく，美的観点と創作性を関連させて，創作性の観点を中心に著作物性を判断しており，この点が特色と感じられる。

第4節　裁判例のまとめ

1　各裁判例について

以上の各裁判例について，前記第2節3(2)の「TRIPP TRAPP事件」控訴審判決の要点①～⑤を念頭に置いて検討する。

まず，①「美術工芸品」に該当するか否かを基準として応用美術の著作物性を検討している裁判例はなく，いずれも制限説（前記A説）を否定し，例示説の立場をとっているものと解される。

つぎに，②いずれの裁判例も，応用美術について著作物性を肯定するためには，美的鑑賞の対象となり得る美的特性または創作性（創作的工夫）を備えなければならないと判示するが，高度の芸術性や高い創作性が必要であると説示する裁判例はない。なお，当該応用美術に著作物性を認めた裁判例は，「ピクトグラム事件」地裁判決だけである。「TRIPP TRAPP事件」控訴審判決では，応用美術も「美術の著作物」であることが前提となると示されていたが，美的

鑑賞の対象となり得る美的特性を備えることは説示されていない。ただし，著作物性を認めるのに高度の芸術性や高い創作性を必要としない点は，同様である。

　また，③応用美術について，実用的な機能に係る部分と鑑賞対象部分とを分けられるか否かを基準として著作物性を判断した裁判例はない。ただし，「ピクトグラム事件」地裁判決，「加湿器事件」一審判決，「ゴルフシャフト事件」一審判決および「エジソンのお箸事件」一審判決は，いずれも「実用的機能（観点）を離れて」美的鑑賞の対象となり得る美的特性または創作性を有するか否かを判断しており，実用的な機能と美的鑑賞の対象とが別途評価できることが明示されている。もっとも，「加湿器事件」控訴審判決，「ゴルフシャフト事件」控訴審判決および「エジソンのお箸事件」控訴審判決も，実用的な機能と異なる視点から美的特性の有無を判断することを否定するものではないと解される。

　さらに，④応用美術の保護に関する著作権法と意匠法など他の法律との関連については，「エジソンのお箸事件」一審判決が，意匠法や不正競争防止法による保護を理由に応用美術における著作物の保護にやや消極的な説示をする（「加湿器事件」一審判決および「ゴルフシャフト事件」一審判決も，意匠法による保護を指摘する）のに対し，「加湿器事件」控訴審判決および「ゴルフシャフト事件」控訴審判決は，応用美術における著作物について高い創作性の有無の判断基準を設定しなくとも他の知的財産制度の趣旨が没却されることはないと判示し，「TRIPP TRAPP事件」控訴審判決ほど著作権法と意匠法との重畳的な保護を明示するものではないが，著作権法による保護が意匠法を含む他の知的財産制度による保護と併存し得ること示すものと解される。

　最後に，⑤応用美術について創作の余地が少なく著作物性が認められる範囲が狭いことを指摘するのは，「ピクトグラム事件」地裁判決，「加湿器事件」控訴審判決，「ゴルフシャフト事件」控訴審判決および「エジソンのお箸事件」控訴審判決であり，その結果，応用美術の一部について著作物性を認めても，権利関係の混乱や一般社会における弊害は回避できるであろうと明示するのは，「ピクトグラム事件」地裁判決，「加湿器事件」控訴審判決および「ゴルフシャフト事件」控訴審判決である。なお，「ゴルフシャフト事件」控訴審判決は，更に進んで，応用美術の一部について著作物性を認めることにより生じ得る社会的な弊害は，著作権法自体の制限規定等により対処すべきものと指摘する。

2 まとめ

　以上の裁判例の概括的な傾向について私見を述べると，応用美術についての最近の裁判例では，対象となる応用美術品について，「美術工芸品」であるか否かにかかわらず，「美術の著作物」として，美的鑑賞の対象となり得る美的特性または（および）創作性を有するか否かを基準に著作物性が検討されるが，その際，高度の芸術性や高い創作性は求められない。この美的鑑賞の対象となり得る美的特性または（および）創作性は，実用的な機能とは異なるものとして把握される必要があるが，分離され得ることが求められているのか否かは明らかでない。裁判例において，意匠法を中心とする著作権法以外の知的財産制度を重視して，応用美術に対する著作権法による保護に消極的な立場と，両者を別な問題として重複的な保護を肯定する立場の双方がある。応用美術について著作物性を認めることによる権利関係の混乱や一般社会における弊害を検討する裁判例もあるが，それらの裁判例では，応用美術に著作物性を認める余地が少ないことなどを理由として，それほど重大なものではなく，応用美術における著作物性の判断基準を厳格にしなければならないわけではないと開示されている。

　今後の実務としては，対象となる応用美術品について，実用的な機能とは異なる視点から，どのように美的鑑賞の対象となり得る美的特性または（および）創作性を認定していくのかが課題となるであろう。

第5節　おわりに

　本稿では，「TRIPP TRAPP 事件」控訴審判決以降の裁判例の紹介およびその検討が中心となり，それ以前の前掲注1）の「ファッションショー事件」控訴審判決を含めた裁判例や学説の詳細については，紙幅の関係もあり十分検討することができなかった。また，取り上げた裁判例についても，筆者が関係するものや執筆段階で未確定のものがあり，個人的な見解の表明は控えることとしたので，検討に不十分な面があることは否めない[21]。ただ，現段階での裁判例の概括的な傾向は前記第4節に示したとおりであり，この点が，今後の応用美術に関する裁判例や学説の展開に少しでも役立つことがあれば幸甚である。

---

21)　林いずみ「応用美術の著作物性」特許ニュース14379号1頁（2017年）は，本稿と同様の裁判例を取り上げて，考察を行っている。

土肥一史先生略歴および業績一覧

I 略　歴（平成28（2016）年12月現在）

昭和21年生まれ

学歴・職歴
昭和45（1970）年
3月　福岡大学法学部法律学科卒業
昭和47（1972）年
3月　福岡大学大学院法学研究科民刑事法専攻修士課程終了
昭和50（1975）年
3月　福岡大学大学院法学研究科民刑事法専攻博士課程単位取得満期退学
4月　福岡大学法学部常勤講師
昭和53（1978）年
4月　福岡大学法学部助教授
昭和57（1982）年
10月　Max-Planck Institute für Gewerbliche Rechtsschutz und Urheberrecht,客員研究員（昭和59（1984）年9月まで）
昭和60年（1985）年
4月　福岡大学法学部教授（平成11（1999）年9月まで）
昭和63（1988）年
2月　Max-Planck Institute für Gewerbliche Rechtsschutz und Urheberrecht, Freier Mitarbeiter（昭和63（1988）年8月まで）
平成4（1992）年
4月　福岡大学大学院法学研究科修士課程教授（平成11（1999）年9月まで）
平成8（1996）年
4月　西南学院大学法学部非常勤講師（知的財産権法・国際知的財産権法）（平成11（1999）年3月まで）
平成10（1998）年
4月　福岡大学大学院法学研究科博士課程教授（平成11（1999）年9月まで）
平成11（1999）年
10月　一橋大学大学院国際企業戦略研究科教授（平成22（2010）年3月まで）
平成12（2000）年
4月　駿河台大学法学部非常勤講師（知的所有権法・演習）（平成15（2003）年3月まで）
同月　中央大学法学部非常勤講師（特別講義・演習）（平成13（2001）年3月まで）

平成14（2002）年
4月　九州情報大学・大学院非常勤講師（知的財産法）（平成17（2005）年3月まで）
平成16（2004）年
4月　早稲田大学大学院法務研究科非常勤講師（著作権法）（平成17（2005）年3月まで）
平成17（2005）年
4月　県立長崎シーボルト大学非常勤講師（情報管理特論）（平成20（2008）年3月まで）
平成18（2006）年
4月　福岡大学法科大学院非常勤講師（知的財産法）（平成20（2008）年3月まで）
平成20（2008）年
4月　長崎県立大学シーボルト校（情報管理特論）（平成29（2017）年3月まで）
平成22（2010）年
3月　一橋大学名誉教授（現在）
4月　日本大学大学院知的財産研究科教授（平成28（2016）年7月まで）
平成23（2011）年
4月　駿河台大学法科大学院非常勤講師（特許法）（平成25（2013）年3月まで）
平成25（2013）年
4月　吉備国際大学客員教授（現在）

学会活動および社会的活動
昭和48（1973）年
10月　学会報告「工業所有権の競業性」九州法学会
昭和56（1981）年
5月　学会報告「権利侵害警告の不正競争防止法上の評価」日本工業所有権法学会
平成元（1989）年
11月　知的財産研究所「タイプフェイス保護のあり方委員会」委員（翌年3月まで）
平成2（1990）年
6月　日本工業所有権法学会理事（平成27（2015）年6月まで）
10月　知的財産研究所「タイプフェイスの保護制度委員会」委員（翌年3月まで）
平成3（1991）年
7月　知的財産研究所「意匠の国際的保護のあり方についての基礎的研究委員会」委員（翌年3月まで）
同月　知的財産研究所「技術開発成果の法的保護委員会」委員（翌年3月まで）
10月　シンポジウム報告 "Das Japanische am japanischen UWG" Deutschen Institut für Japanstudien
平成4（1992）年
5月　学会報告「欧州各国における実用新案制度の比較研究」日本工業所有権法学会

7月　知的財産研究所「工業所有権関連技術の円滑な移転・流通に関する委員会」委員（翌年3月まで）
11月　シンポジウム報告「日本における商品デザインの保護―国際意匠保護シンポジウム不正競争防止法の観点から」中央大学駿河台会館

平成5（1993）年
6月　日本工業所有権法学会常務理事（平成27（2015）年6月まで）
8月　知的財産研究所「外国著名商標の保護の実態及び商標の冒認出願に関する委員会」委員（翌年3月まで）

平成7（1995）年
5月　著作権法学会理事（現在）

平成8（1996）年
8月　知的財産研究所「周知商標の保護の実態及び情報交換に関する委員会」委員（翌年3月まで）

平成9（1997）年
6月　学会報告「マルチメディアと知的財産」九州法学会
10月　著作権審議会専門委員（平成13年9月まで）
同月　知的財産研究所「商標の国際出願・登録制度に関する調査研究委員会」委員（翌年3月まで）

平成10（1998）年
3月　「工業所有権仲裁センター（知的財産仲裁センター）調停人・仲裁人候補者」（現在）
10月　著作権審議会専門委員（平成13（2001）年まで）

平成11（1999）年
1月　第四港湾建設局入札監視委員会委員（12月まで）
4月　弁理士審査会臨時委員　（平成13（2001）年1月まで）
8月　知的財産研究所「インターネット上における商標の保護に関する調査研究委員会」委員（翌年3月まで）
9月　知的財産研究所「21世紀に向けての知的財産制度のあり方に関する調査研究委員会」委員（翌年3月まで）
10月　知的財産研究所「アジア諸国における知的財産保護委員会」委員（翌年3月まで）
11月　学会報告「商取引のグローバリゼーションと商標制度」アジア経済研究合同学会
同月　ソフトウエア情報センター「第三者責任法制研究会」委員（翌年3月まで）
12月　発明協会「商標国際登録に関する委員会」委員長　（平成13（2001）年3月まで）

平成12（2000）年
1月　知的財産研究所「民事及び商事に関する裁判管轄権及び外国判決に関するハーグ条約草案検討委員会」委員（3月まで）

3月　日本弁理士会中央知的財産研究所研究員（現在）
4月　日本機械輸出組合知的財産権問題専門委員会主査（現在）
6月　学会報告「公共の利益と強制実施制度」日本工業所有権法学会
同月　知的財産研究所「ドメイン名と商標等との調整に関する調査研究委員会」委員長（翌年3月まで）
7月　知的財産研究所「インターネットの世界性と商標権の属地性との調整における商標保護のあり方に関する調査研究委員会」委員（翌年3月まで）
10月　日本学術会議「民事法学研究連絡委員会」委員（平成18年10月まで）
同月　著作権審議会専門委員（平成13（2001）年9月まで）

平成13（2001）年

1月　工業所有権審議会臨時委員（弁理士審査分科会）（平成17（2005）年11月まで）
3月　文化審議会専門委員（著作権分科会）（平成15（2003）年2月まで）
5月　知的財産研究所「プロパテント時代における権利のあり方に関する調査研究」委員（翌年3月まで）
6月　知的財産研究所「商標の保護対象等に係る国際調和に関する調査研究委員会」委員長（翌年3月まで）
7月　知的財産研究所「ドメイン名紛争事例に関する調査研究委員会」委員長（翌年3月まで）
同月　知的財産研究所「不正競争防止法に関する調査研究委員会」委員長（翌年3月まで）
8月　カンボジア重要政策中枢支援「法制度整備」に係る民法作業部会委員（翌年3月まで）

平成14（2002）年

1月　著作権情報センター付属著作権研究所「権利制限委員会」委員（翌年7月まで）
6月　学会報告「先使用権制度の比較法的研究」日本工業所有権法学会
同月　知的財産研究所「不正競争防止法における民事的救済措置の強化及び概念規定の見直しに関する調査研究委員会」委員長（翌年3月まで）
同月　産業構造審議会臨時委員（平成28年7月まで）
9月　特許庁審判官研修

平成15（2003）年

1月　科学研究費委員会専門委員（平成15年9月まで）
3月　文化審議会臨時委員（著作権分科会）（平成22年2月まで）
同月　講演「模倣の自由と不正競争」裁判官研修会
同月　発明協会「知的所有権判例研究会」会員（平成24年3月まで）
6月　民事紛争処理研究基金「民事法学研究連絡委員会」委員（平成18年10月まで）
9月　学会報告 "Protection of domain name on the Internet-Should registrars

transfer their domain name to famous TM holders?" 18th Law Asia 2003
同月　特許庁審判官研修講師
11月　農業資材審議会委員（平成23年3月まで）
平成16（2004）年
1月　産業構造審議会商標制度小委員会委員長（平成23（2011）年12月まで）
6月　日本工業所有権法学会理事長（平成27（2015）年6月まで）
7月　大学設置・学校法人審議会専門委員（大学設置分科会）（翌年3月まで）
同月　特許庁審判官研修講師
8月　ベトナム国「法制度支援」プロジェクト（フェーズ3）に係る民法改正共同研究会的財産法小委員会委員（平成18（2006）年3月まで）
11月　コンテンツ専門調査会委員（平成19（2007）年7月まで）
平成17（2005）年
2月　産業財産権制度関係功労者表彰及び産業財産権制度活用優良企業等選考委員会委員（平成21（2009）年2月まで）
4月　学会報告「著作物の利用と契約」著作権法学会2005年度研究大会
11月　シンポジウム報告 "Current and future content protect policy in Japan-Aiming at making Japan an Intellectual property-based Nation" DICON2005 SEOUL KOREA
平成18（2006）年
1月　独立行政法人大学評価・学位授与機構専門職大学院認証評価に関する検討会議委員（翌年1月まで）
4月　輸出入取引審査会委員・輸出入取引審議会企画調整部会長（平成20（2008）年3月まで）
平成20（2008）年
1月　関税法69条の5，同69条の9，同69条の14及び同69条の19に規定する専門委員（現在）
7月　新しいタイプの商標に関する検討ワーキング委員長（平成21（2009）年6月まで）
9月　技術情報の保護等の在り方に関する小委員会委員長（平成23（2011）年6月まで）
10月　産業構造審議会臨時委員（通商政策部会）（平成24（2012）年6月まで）
平成21（2009）年
3月　著作権分科会法制（・基本）問題小委員会委員長（現在）
8月　営業秘密の管理に関するワーキング主査（平成24（2012）年6月まで）
平成22（2010）年
1月　インターネット上の著作権侵害コンテンツ対策に関する意見交換会（同年3月まで）
2月　文化審議会委員（著作権分科会）（現在）
3月　産業構造審議会臨時委員（平成24（2012）年6月まで）

9月　技術的制限手段に係る規制の在り方に関する小委員会委員長（翌年6月まで）

平成23（2011）年
4月　文化審議会著作権分科会長（現在）

平成24（2012）年
1月　産業構造審議会商標制度小委員会委員長（平成28（2016）年7月まで）

平成25（2013）年
2月　講演「新しいタイプの商標と類似性の判断」知財高裁研究会
5月　学会報告「商標の使用と権利侵害：総論」日本工業所有権法学会
同月　文化審議会著作権分科会出版関連小委員会委員長（翌年3月まで）
7月　産業構造審議会臨時委員（知的財産分科会）（平成28（2016）年7月まで）
9月　食料・農業・農村政策審議会臨時委員（平成27（2015）年7月まで）
12月　著作物等の適切な保護と利用・流通に関するワーキングチーム委員長（翌年3月まで）

平成26（2014）年
4月　参議院文部科学委員会参考人
7月　文化審議会著作権分科会著作物等の適切な保護と利用・流通に関する小委員会主査（現在）

平成27（2015）年
6月　座談会「アカデミアに求められるもの」日本工業所有権法学会設立40周年・著作権法学会合同記念開催
10月　新たな時代のニーズに的確に対応した制度等の整備に関するワーキングチーム主査（現在）
同月　基調講演「悪意の商標出願」特許庁主催TM5・一橋講堂

平成28（2016）年
4月　基調講演「日本面臨TPP的挑戦」臺湾大学第4回著作権法制学術検討会
9月　知的財産教育財団「商標の識別性に関する課題についての調査研究」委員長（翌年3月まで）
10月　衆議院TPP特別委員会参考人

II　業績目録（平成28（2016）年12月現在）

昭和49（1974）年
11月　「議決権拘束契約の許容性とその限界」福岡大学大学院論集6巻1号

昭和51（1976）年
11月　「議決権拘束契約の効果と執行可能性(1)」福岡大学法学論叢21巻2号
同月　「商法26条及び28条について(1)」福岡大学法学論叢21巻2号

昭和52（1977）年
3月　「フランス法における議決権行使自由の原則の展開」福岡大学法学論叢21巻
　　　3-4号
10月　「議決権拘束契約の効果と執行可能性(2)」福岡大学法学論叢22巻2号
昭和53（1978）年
3月　「営業譲受人の債務責任―ドイツ商法典25条の成立過程―」福岡大学法学論
　　　叢22巻3-4号
4月　『特許法50講』（共著）有斐閣
8月　「実用新案権に基づく差止及び損害賠償請求事件において先使用による通常
　　　実施権の存在が認められた場合」（判例評釈）特許管理28巻8号
11月　「営業主体混同行為」（判例評釈）判例タイムズ367号
12月　『日本企業立法史』（共著）法律文化社
同月　「1978年学界回顧・工業所有権」法律時報50巻12号
昭和54（1979）年
3月　「株主保護協同契約に関する会社法上の問題点」福岡大学法学論叢23巻3-4
　　　号
12月　「1979年学界回顧・工業所有権」法律時報51巻12号
昭和55（1980）年
4月　「監査役の第三者責任」「他人名義による株式の引受」「新株申込証拠金」（判
　　　例評釈）『判例演習会社法』九州大学出版会
5月　「審決取消訴訟の審理範囲」ジュリスト715号
6月　『意匠法25講』（共著）有斐閣
11月　「総委託販売先に対する権利侵害警告」（判例評釈）福岡大学法学論叢25巻1
　　　号
12月　「1980年学界回顧・工業所有権」法律時報52巻12号
昭和56（1981）年
3月　「仮差押と銀行の手形買戻請求権」「手形の買戻と民事保証人の地位」（判例
　　　評釈）『判例演習手形法』九州大学出版会
5月　「特許侵害警告と不正競争防止法」（判例評釈）特許管理31巻5号
昭和57（1982）年
6月　「営業誹謗行為としての権利侵害警告」日本工業所有権法学会年報5号
昭和58（1983）年
4月　「図案化文字と意匠法上の模様」（判例評釈）発明80巻4号
昭和59（1984）年
6月　「取締役会の権限」蓮井良憲先生還暦記念論集『改正会社法の研究』法律文
　　　化社
昭和60（1985）年
4月　「出願の分割」（判例評釈）判例評論314号
8月　「コーヒーショップ・ニナリッチ事件」（判例評釈）特許管理35巻8号

10月 "Rechtsvergleichende Ueberlegungen zur unberechtigen Abnehmerverwarnung" GRUR. Int.
12月 「美術の著作権と所有権の緊張関係」(判例評釈) 発明82巻12号
同月 「在外者の期間延長」(判例評釈) 別冊ジュリスト86号
同月 「権利範囲の認定と公知事実」(判例評釈) 別冊ジュリスト86号
昭和61 (1986) 年
9月 「併合出願における出願の一部放棄」(判例評釈) 発明83巻9号
10月 『特許法』(共著) 有斐閣
11月 「西ドイツ改正貸借対照表指針法と税理士」九州北部税理士回報263号
昭和62 (1987) 年
2月 「編物段数早見表」(判例評釈) 別冊ジュリスト91号
5月 「市場の透明性と不正競業行為―広告行為を中心にして―」日本工業所有権法学会年報10号
8月 「意匠権設定登録前の専用実施権者の地位と不正競争防止法上の保護の可能性」(判例評釈) 発明84巻8号
9月 「他人の信用・名声の利用と不正競争防止法」特許研究4号
同月 「無効審決の送達の前後と権利侵害警告」(判例評釈) 特許管理37巻9号
11月 「近年における無体財産権をめぐる判例の動向」法律のひろば40巻11号
昭和63 (1988) 年
10月 「ビデオテックス・データベース・著作権」九州法学会会報1986・88年
平成元 (1989) 年
4月 「原審の判決, 追加判決の一部が破棄され原審に差し戻された事例」(判例評釈) 発明86巻5号
6月 「周知性を具備すべき時点・出願公開後の補正と補償金請求権行使のための警告」(判例評釈) ジュリスト935号
平成2 (1990) 年
2月 「ニューメデイア社会における広告規制―西ドイツ法を手掛りとして―」電気通信普及財団研究調査報告書 No. 4
3月 「単一欧州市場の完成と工業所有権」特許研究 (特許庁) 9号
12月 「商標法にいう商品の意義」(判例評釈) 特許管理40巻12号
平成3 (1991) 年
1月 「スリック・ゴーカート事件」(判例評釈) 村林隆一先生還暦記念『判例商標法』発明協会
6月 「不正商品問題と1990年ドイツ製品海賊禁圧法」日本工業所有権法学会年報14号
平成4 (1992) 年
1月 『商法総則商行為』(共著) 嵯峨野書院
同月 『企業経営と法律』(共著) 有信堂
4月 「全部公知の特許権の技術的範囲」(判例評釈) 判例時報1409号

6月　「書体文字盤と商品形態の保護」（判例評釈）小野昌延先生還暦記念『判例不正競業法』発明協会
7月　「不正競争防止法における周知性」ジュリスト1005号
11月　「知的財産権をめぐる先進国と途上国」国際問題1992年392号
12月　「EC各国における技術開発成果補完的保護制度」日本工業所有権法学会年報16号

平成5（1993）年
2月　「無審査に基づく権利の行使と注意義務」半田正夫先生還暦記念論集『民法と著作権法の諸問題』法学書院
同月　「知的財産法の動向と企業実務への影響」News Letter 企業環境（国民経済生活センター）
同月　「木目化粧紙事件」（判例評釈）判例時報1439号
4月　「考案未完成を理由とする実用新案出願の拒絶」（判例評釈）特許管理43巻4号
5月　『知的財産権の管理マニュアル』（共著）第一法規
6月　「EC統一意匠制度の進捗状況─1992.2.25/26の公聴会報告」DESIGN PROTECT1993年23号

平成6（1994）年
『Das Japanische im japanischen Recht』（共著）iudicium Verlag
3月　「外国著名商標の保護の実態及び商標の冒認出願に関する調査研究問題点解決の方策・平成5年度特許庁工業所有権制度問題調査報告」知的財産研究所
5月　「多角筒柱幼児用知育玩具事件」（判例評釈）ジュリスト別冊128号
9月　「無審査に基づく排他的独占権の行使」蓮井良憲先生・今井宏先生古稀記念『企業監査とリスク管理の法構造』法律文化社
10月　「先願発明の補正と要旨変更」（判例評釈）民商法雑誌第111巻1号
11月　「特許を受ける権利と名義変更届」（判例評釈）判例時報1503号

平成7（1995）年
6月　「不正競争防止法並びに商標法上のおとり広告の評価」（判例評釈）知財管理45巻6号
8月　『ケーブル放送と著作権法』（G・シュリッカー著・単訳書）信山社
9月　「大学における著作物の利用と著作権」福岡大学LLニューズレター・福大LLセンター
12月　『特許・意匠・商標の基礎知識』（共著）青林書院

平成8（1996）年
4月　「不正競争防止法による商品形態の保護」バイヤー教授還暦記念論文集『知的財産と競争法の理論』第一法規
11月　「歌舞伎屋号「音羽屋」と営業表示性」（判例評釈）判例時報1576号

平成9（1997）年
3月　『新版　特許・意匠・商標の基礎知識』（共著）青林書院

7月 「特許法167条の一事不再理効の適用範囲」（判例評釈）知財管理47巻7号
8月 『不正競争の法律相談』（共著）青林書院
12月 「臨床試験と事業の準備行為」（判例評釈）発明94巻12号
同月 『特許法50講［第4版］』（共著）有斐閣
平成10（1998）年
3月 「周知商標の保護」紋谷暢男先生還暦記念『知的財産法の現代的課題』発明協会
4月 『知的財産法入門』（単著）中央経済社
6月 「登録商標の類否判断」（判例評釈）ジュリスト1135号
12月 『知的財産法入門［第2版］』（単著）中央経済社
平成11（1999）年
3月 「医薬品製造承認申請のためになされた試験と特許法69条1項に規定する『試験又は研究』」特許研究27号
同月 「真正商品の小分け行為と広告表示」牧野利秋判事退官記念論文集『知的財産法と現代社会』信山社出版
4月 「日本舞踊「音羽流」の類似名称の使用と歌舞伎の『音羽屋』の当主からの許諾」（判例評釈）知財管理49巻4号
5月 「後発品製造承認申請のための臨床試験と特許法69条の『試験又は研究』」（判例評釈）判例時報1667号
10月 「真正商品の広告表示と商標権及び著作権の効力」（判例紹介）国際商事法務27巻10号
12月 「全部公知の意匠権の効力」（判例評釈）三枝英治先生・小谷悦司先生還暦記念論集『判例意匠法』発明協会
平成12（2000）年
2月 「歌舞伎の屋号の使用許諾と日本舞踊の家元制度」（判例評釈）山上和則先生還暦記念『判例ライセンス法』発明協会
3月 「テレビゲームソフトと著作権法」『平成11年度市民のための著作権講座講演録』著作権情報センター
同月 『知的財産法入門［第3版］』（単著）中央経済社
5月 「商品の加工行為と商標権の効力」（判例評釈）発明97巻5号
6月 「訂正審決の確定と無効審決の取消」（判例評釈）ジュリスト1179号
10月 「テレビゲームと著作権法」コピライト40巻10号
12月 「広告表示と商標の無断使用」（判例紹介）国際商事法務28巻12号
同月 「ドメイン名と商品等表示の抵触関係」知財研フォーラム43号
平成13（2001）年
3月 『知的財産法入門［第4版］』（単著）中央経済社
4月 「商標法4条1項15号に規定する混同の意義」（判例評釈）知財管理51巻4号
5月 「原画―木目化粧紙事件」（判例評釈）別冊ジュリスト157号
同月 「ドメイン名の使用差止を認めたジャックス訴訟」に係る富山地裁判決（判

例評釈）法律のひろば2001年5月号
6月　『ドメイン名と商標の抵触問題』（単著）日本機械輸出組合
8月　「ゲームソフトと知的財産法」法学教室252号
10月　「ドメイン名と著名商標等との抵触関係」TOKUGIKON219号
同月　「ジャックス富山地裁判決」（判例評釈）発明98巻10号

平成14（2002）年
3月　「不正競争関係訴訟の傾向と特徴」判例タイムズ1079号
同月　『知的財産法入門［第5版］』（単著）中央経済社
5月　「ドメイン名の法律問題」工業所有権法学会年報25号
6月　「ネットワーク社会と商標」ジュリスト1227号
同月　『特許と強制実施制度及び米国の最近の知的財産問題動向』（共著）日本機械輸出組合

平成15（2003）年
3月　『知的財産法入門［第6版］』（単著）中央経済社
同月　「不正競争防止法2条1項2号に規定する商品形態模倣行為」特許研究35号
同月　「ドメイン名使用差止控訴審事件」（判例評釈）高田桂一先生古稀記念『現代ビジネス判例─企業行動の新たなる指針』法律文化社
7月　「フレッドペリー並行輸入事件」（判例評釈）知財管理53巻7号
10月　「不正競争防止法改正　企業秘密漏洩に刑事罰」読売新聞10月20日朝刊

平成16（2004）年
2月　「職務発明規定がない場合の相当の対価」（判例評釈）別冊ジュリスト170号
3月　『知的財産法入門［第7版］』（単著）中央経済社
同月　「著作権法の権利制限規定の性質」著作権研究所研究叢書12号
5月　「著作権の制限」コピライト517号
6月　『職務発明の現状と展望及び米国と中国における知的財産権問題』（共著）日本機械輸出組合

平成17（2005）年
1月　『知的財産法入門［第8版］』（単著）　中央経済社
5月　『演習ノート知的財産法』（共編著）法学書院
6月　『営業秘密の保護および米中欧における知的財産権問題』（共著）日本機械輸出組合
12月　「取引先に対する権利侵害警告と不正競争防止法」中山信弘先生還暦記念『知的財産法の理論と現代的課題』弘文堂

平成18（2006）年
2月　『知的財産法入門［第9版］』（単著）中央経済社
5月　『演習ノート知的財産法』（共編著）法学書院
6月　『知的財産権侵害物品に対するわが国の水際規制の問題点と米国及び中国における知的財産権問題』（共著）日本機械輸出組合
7月　「著作権法の改正問題」コピライト46巻7号

8月 「著作権譲渡契約時に知られていなかった著作物の利用方法と契約の効力」紋谷暢男教授古稀記念論文集『知的財産法の現代的課題』発明協会
9月 「インターネットにおける商標保護」(共著)『企業活動における知的財産』大阪大学出版会
11月 "Patent Term Extension System and Approval of Manufacture of Drugs" AIPPI. 51. 11.
同月 『演習ノート知的財産法[第2版]』(共編著)法学書院

平成19(2007)年
1月 「不正競争防止法の現状と課題」ジュリスト1326号
2月 経済教室「著作権の延長部分　基金に」日本経済新聞2月1日朝刊
3月 『知的財産法入門[第10版]』(単著)中央経済社
4月 『不正競争防止法研究：権利侵害警告と営業秘密の保護』(共編著)レクシスネクシス・ジャパン
6月 『アジアと米国における知的財産権問題及び外国人の権利享有問題』(共著)日本機械輸出組合
同月 「産業財産権法及び著作権法と不正競争防止法の補完関係」日本工業所有権法学会年報30号

平成20(2008)年
1月 「医薬品輸入承認申請書添付資料中の営業秘密と秘密保持命令」L&T38号
11月 「不正競争防止法による営業秘密の適切な保護」Bisiness Law Journal No. 10.

平成21(2009)年
3月 『知的財産法入門[第11版]』(単著)中央経済社
同月 「商標的使用と商標権の効力」別冊パテント62号
4月 「著名商標の保護」L&T43号
同月 ＜座談会＞「現行商標制度の課題」L&T43号
9月 「営業秘密侵害罪に関する不正競争防止法の改正について」ジュリスト1385号
12月 「名誉回復等措置―ジョン万次郎事件」(判例評釈)別冊ジュリスト198号

平成22(2010)年
3月 『知的財産法入門[第12版]』(単著)中央経済社
同月 『演習ノート知的財産法[第3版]』(共編著)法学書院
4月 「仮処分事件における秘密保持命令の申立」(判例評釈)ジュリスト1398号
10月 「チョコレート立体商標事件」(判例評釈)判例時報2084号

平成23(2011)年
3月 『『冒認出願と特許取戻し請求権」最近の内外の知的財産権問題に関わる主要動向』日本機械輸出組合
同月 「標章を商標たらしめるものはなにか」別冊パテント64号
同月 「ブランドイメージの保護」『松田治躬先生古稀記念論文集』東洋法規出版
7月 「商標制度のガラパゴス化を憂える」Bisiness Law Journal No. 42.

12月　"RIGHTS TO SUE FOR ASSIGNMENT IN JAPANESE PATENT LAW" Patent Practice in Japan and Europe; Liber Amicorum for Guntram Rahn. Kluwer Law Intrnational

平成24（2012）年
3月　『知的財産法入門［第13版］』（単著）中央経済社
6月　経済教室「技術流出どう防ぐ（上）絶対守るべき秘密特定を」日本経済新聞6月12日朝刊
7月　『実務解説　特許・意匠・商標』（共著）青林書院
10月　「非伝統的商標の機能性と本質的価値」パテント65巻10号
12月　「結合商標の類否判断」『現代知的財産法講座Ⅲ知的財産法の国際的交錯』日本評論社
同月　「混同の虞れの認定について」別冊パテント8号

平成25（2013）年
1月　「商標パロディ」牧野利秋先生傘寿記念論集『知的財産権法理と提言』青林書院
3月　『知的財産法入門［第14版］』（単著）中央経済社
9月　「位置商標の識別性と類似性」竹田稔先生傘寿記念『知財立国の発展へ』発明推進協会
同月　「広告宣伝の知的所有権管理」『知的財産権の管理マニュアル』第一法規

平成26（2014）年
1月　座談会「新春鼎談グローバル時代の知財利活用政策と戦略」特許ニュース13630号
3月　「地域団体商標『博多織』」事件」（判例評釈）日本大学知財ジャーナル7号
5月　「悪意の商標出願」知的財産法研究148号
同月　「権利侵害と商標の使用―総論・使用主体論」日本工業所有権法学会年報37号
8月　巻頭言「文化遺産のワンストップ・ポータルサイトを」ビジネス法務14巻8号

平成27（2015）年
6月　「新商標の識別性と類似性」中山信弘先生古稀記念論文集『はばたき―21世紀の知的財産法』弘文堂
10月　『知的財産法入門［第15版］』（単著）中央経済社
12月　「商標権，意匠権と著作権の抵触関係」DESIGN PROTECT 108号

平成28（2016）年
1月　「新商標制度の導入に際して」商標懇114号
3月　『商標法の研究』（単著）中央経済社
同月　「音商標の識別性，類似性及び本質的特徴」別冊パテント14号
同月　「IKEA事件」（判例評釈）IPマネジメントレビュー20号
9月　「『商標的使用』と用途表示」渋谷達紀教授追悼論文集『知的財産法研究の

輪』発明推進協会

「感謝」—あとがきに代えて—

編集委員会代表 　外川　英明

1．出会い

　土肥一史先生に，はじめてお会いしたのは，1982年（昭和57年）秋頃，西ドイツのミュンヘン，イザール川の畔にあるマックスプランク知的財産法研究所（現在のモダンな建物に移転する前の研究所）であった。私は，この年の3月末から当時勤務していた会社の海外研修制度で渡独し，4か月のドイツ語研修を受けたのち，8月頃からマックスプランク知的財産法研究所にお世話になっていた。

　研修開始当時，マックスプランク研究所内には，日本人研究者はひとりもいなかった。日本語を話すのは，主任研究員のDr. Guntram Rahn 弁護士だけであった。並行して通っていた特許事務所の中でも研究所の中でも，ドイツ語だけしか使うことができず，「日本語を話したい！」という私の気持ちは，「切望」のレベルに増幅していた。

　ある日，コーヒーブレイクに使っていた研究所の地下室へ向かう階段近くで，眼光鋭い，スマートな日本人風の男性と出会った。"Sind Sie Japaner?"（日本の方ですか？），"Ja"（はい）。若き日の土肥先生である。私に救世主が現れた瞬間であった。

　当時は，まだ工業所有権法専門の学者は数少ない時代であった。にもかかわらず，土肥先生に続き，東洋大学の盛岡一夫先生もマックスプランク研究所に来られ，私のそれまでの「切望」が満たされるとともに，先生方からの強い知的刺激を享受させていただいた。

2．マックスプランク研究所

　土肥先生は，マックスプランク研究所で，朝から夜まで，一日中，熱心に研究されていた。学者とは，こんなに長時間研究していても，疲れないものなのだと感嘆させられた。1982年の日本工業所有権法学会年報に発表された「営業誹謗行為としての権利侵害警告」を読ませていただいて，たくさんの質問を直接させていただいたのが大変新鮮であった。

土肥先生は，いつも好奇心に溢れ，その温かいお人柄ゆえにたくさんの友人に囲まれ，ミュンヘン生活を楽しんでおられた。町の中心，マリーエンプラッツを下駄を履いて歩いて，興味を惹かれたバイエルン人（ミュンヘンを中心とするバイエルン地方やオーストリア等に居住する民族）から質問攻めにあったり，「花より団子」をドイツ語に直訳してドイツ人を煙に巻いたりと茶目っ気あふれる先生の周辺には笑いが絶えなかった。お忙しい研究生活の合間をぬって健康面にも気を配られており，ドイツ人とよくサッカーを楽しんでおられたし，スキーもされていたと思う。

3．レーゲンスブルクへの旅行

あるとき，土肥先生とレーゲンスブルクへ日帰り旅行する計画を立てた。私は，ドイツの運転免許証を持ち，フォルクスワーゲンに乗っていたので，先生の住居近くの道路わきで先生をピックアップする約束をした。しかし，当日，詳細な原因は忘れたが，約束の時間に大幅に遅刻して待合せ場所に向かった。携帯電話の無い時代である。「待ちくたびれて帰ってしまわれたかもしれない」。申し訳ない気持ちでどきどきしながら待合せ場所に到着すると，先生は足を大の字に広げ，歩道にじかに座って待っておられた。この情景は，今でも，強く記憶に残っている。心の広い優しい先生である。

実は，私は，ドイツに来る直前に日本の自動車免許証を取得したばかりの運転の初心者であった。よく助手席に乗ってくださったと思う。一路，レーゲンスブルクへ。世界最古のソーセージ屋といわれる店の炭火焼のレーゲンスブルガーブルストを一緒に堪能させていただき，素晴らしい思い出をたくさん作らせていただいた。

土肥先生の記憶力は，大層なものである。「あんたは，いつも同じ茶色のベストを着ていた。」「あんたが，ミュンヘンで作っていた三色の鳥めしはいかがなものか？」など，本人が忘れてしまったようなことも覚えておられる。前述した私とのエピソードも土肥先生から「違う，違う」と訂正されそうだが，約35年前の話であるから，多少の記憶違いはご容赦いただきたい。

4．帰国後

帰国後も，土肥先生から講演の依頼を受けて福岡大学までうかがったところ，講演の後，ゴルフ部顧問であった土肥先生やゴルフ部員とゴルフをし，水炊き

をごちそうになり，車で夜の福岡をご案内いただいた。先生の車に乗せてもらうと，自動的にドイツ語のテープが回りだし，研究熱心な先生の一面を垣間見させていただくとともに，帰国後，ドイツ語からすっかり離れてしまったわが身を深く反省したものである。

その後，先生は居を東京に移し，一橋大学，日本大学で教鞭をとられた。上京されて間もなく，国立市の一橋大学教員宿舎へ夫婦そろってご招待いただいた。紀ノ国屋の高価なマグロを材料とした鉄火丼等，様々な料理がすべて土肥先生ご自身の手作りであった。夫婦ともどもその美味しさに驚かされるとともに先生の温かいお心遣いに感激した。土肥先生の研究に対する真摯で厳しい姿勢とは対照的に，気さくでユーモアに溢れる会話も十分楽しませていただいた。

私は，その後，会社を退職し，中央大学法学部に専任教員として赴任した。土肥先生のように楽しく充実した教員生活を送ってみたいと思っての決断であった。土肥先生は，私の人生に最も影響を与えた方のお一人である。その後も，委員会，研究会で定期的にお会いし，現在に至っている。

先生のお人柄は，ミュンヘンでお会いした当時とまったくお変わりがない。私のドイツ研修1年半と土肥先生のドイツ研修2年の一部が偶然重複した幸運に，今も，大いに感謝する次第である。

5．「知的財産法のモルゲンロート」発刊

土肥一史先生は，めでたく古稀を迎えられた。先生の古稀記念論文集の発刊に際し，大学関係者，弁護士，弁理士，裁判所関係者，企業関係者等様々な方々から多くの玉稿を賜ったし，多くの方々に古稀のお祝いにご賛同いただいた。この中には，学生として土肥先生にお教えいただいた方々も含まれている。

本論文集は「知的財産法のモルゲンロート」と題されている。「モルゲンロート」とは，ドイツ語の"Morgenrot"をカタカナ表記したものであり，"Morgen"（朝）と"Rot"（赤色）を結合した語である。この語は，通常「朝焼け」「暁光」「曙光」等を意味するが，比ゆ的に「あけぼの」「黎明」等も意味する。登山用語としては，日の出とともに空が赤く染まっていく山の情景を意味しているようである。

我々知財関係者は，これからも「モルゲンロート」に勇気づけられ，鼓舞されながら，土肥一史先生を先頭に，さらに先へ先へと一致団結して邁進していきたいものである。

<編集後記>

　一橋大学大学院国際企業戦略研究科に在籍し，土肥先生のご指導を受けてから早いもので10年以上経過しました。大学院を卒業した後も，折を見て，土肥先生とお会いできる機会を設けると，土肥先生に所縁のある多くの方々が日本全国から参加してくださいます。これもひとえに，厳しくも優しい土肥先生のお人柄によるところが大きいと思います。この古稀記念論文集への寄稿をお願いした際にも，ご多用中にもかかわらず，多くの方々が快くお引き受けくださりました。そしてこのたび，この古稀記念論文集出版の運びとなりました。
　この古稀記念論文集を土肥先生に捧げることができるのは，執筆者の皆様のご尽力おかげであり，心より感謝申し上げますとともに，皆様とともに，土肥先生の古稀を心からお祝い申し上げます。土肥先生には，今後もご研究の益々の発展とご健康を心からご祈念申し上げます。
　　　　　　　　　　　　　　　　　　　　　　　　　　　（高松　孝行）

　私と土肥先生とのご縁は，私が大学院修了後に若手研究者育成事業である特別研究員に採用されて飛び込んだ知的財産研究所（現：一般財団法人知的財産研究教育財団）において，まったく面識もなくご著作のみで存じ上げていた土肥先生に，ありがたくも指導教員をお引き受けいただいてよりのことです。以来，各種委員会や学会で委員長，理事長の席にあって絶妙な采配を振るわれ，平素は気さくな笑顔と鋭い切り返しで周囲に緩急を与えるお姿を垣間見てきました。諸々の事情を飲み下しながらも，「言葉は丁寧に使いましょうね」という先生のお言葉を，折々に思い起こしては姿勢を正される思いで居ります。今後とも先生にはぜひ，益々ご健勝にて，ご指導を賜りたく存じております。
　この記念論文集の発刊に携わらせていただけることを光栄に存じつつ，執筆者，出版社の方々のご尽力に，深く感謝申し上げます。
　　　　　　　　　　　　　　　　　　　　　　　　　　　（加藤　暁子）

　私は，知的財産法について何も知らない駆け出しの弁護士時代に，一橋大学の大学院国際企業戦略研究科で，土肥先生を指導教授として直接ご指導いただく幸運に恵まれました。仕事多忙を言い訳に，なかなか進まない修士論文を，土肥先生の励ましとご配慮でやっとの思いで完成させたこと，そのあとの口述試験で，「まだまだだね。」と一喝されたことなどを，つい昨日のことのように思い出します。教え子として，この記念論文集の編集に携わることができましたのは，この上ない大きな喜びでした。これからも弟子として，末永くご指導

を賜りたいと願っております。

　土肥一史先生古稀記念論文集『知的財産法のモルゲンロート』の刊行に際しましては，ご多用中に御寄稿いただきました30名にのぼる執筆者の方々，中央経済社の露本敦様のご尽力に深く感謝いたします。また，記念式典の催行に際しましては，早稲田大学の上野達弘先生にもひとかたならぬ多大なご協力を賜りました。心より御礼を申し上げます。　　　　　　　　　　（藤田　晶子）

知的財産法のモルゲンロート
――土肥一史先生古稀記念論文集

2017年3月30日　第1版第1刷発行

編者	外川英明
	高松孝行
	加藤暁子
	藤田晶子
発行者	山本　継
発行所	㈱中央経済社
発売元	㈱中央経済グループ パブリッシング

〒101-0051　東京都千代田区神田神保町1-31-2
電話　03 (3293) 3371 (編集代表)
　　　03 (3293) 3381 (営業代表)
http://www.chuokeizai.co.jp/
印刷／東光整版印刷㈱
製本／誠製本㈱

©2017
Printed in Japan

＊頁の「欠落」や「順序違い」などがありましたらお取り替えいたしますので発売元までご送付ください。(送料小社負担)

ISBN978-4-502-21721-0 C3032

JCOPY〈出版者著作権管理機構委託出版物〉本書を無断で複写複製（コピー）することは，著作権法上の例外を除き，禁じられています。本書をコピーされる場合は事前に出版者著作権管理機構（JCOPY）の許諾を受けてください。
JCOPY〈http://www.jcopy.or.jp　eメール：info@jcopy.or.jp　電話：03-3513-6969〉